Walter Schübler
Anton Kuh

Walter Schübler
Anton Kuh
Biographie

WALLSTEIN VERLAG

Der Wissenschaftsfonds.

Veröffentlicht mit Unterstützung
des Austrian Science Fund (FWF),
Einzelprojektförderung P26346-G23
und Publikationsförderung PUB 540-G24

Kostenfreies PDF:
e-book.fwf.ac.at

Open Access:
Mit Ausnahme der Abbildungen oder sofern nicht anders festgehalten
ist diese Publikation lizenziert unter der
Creative-Commons-Lizenz Namensnennung 4.0:
siehe http://creativecommons.org/licenses/by/4.0/

»*Zu der unvergeßlich bunten, zum Teil leider schon verblichenen Menschenlandschaft, die der Sonnenuntergang der europäischen Kultur gerade noch bestrahlte, gehör[t] u. a. [...] Anton Kuh* –«[1]
                                                            Max Reinhardt

»*Ulrich erinnerte sich einer ähnlichen Erfahrung aus seiner Militärzeit: Die Eskadron reitet in Zweierreihen, und man läßt ›Befehl weitersagen‹ üben, wobei ein leise gesprochener Befehl von Mann zu Mann weitergegeben wird; befiehlt man nun vorne ›Der Wachtmeister soll vorreiten‹, so kommt hinten heraus: ›Acht Reiter sollen sofort erschossen werden‹ oder so ähnlich. Auf die gleiche Weise entsteht auch Weltgeschichte.*«[2]
                                                            Robert Musil

– Auf die gleiche Weise entstand auch das »Nachleben« Anton Kuhs.

Inhalt

Vorbemerkung 9
Personsbeschreibung 11
»Eine wahre Wedekind-Tragödie« – Wie er wurde. 17
1909 – 1917 34
»Sodbrennen im Artisten-Café« – Der Sprechsteller 43
1917 – 1919 60
»Polemische Lassos« – Der »apostolische Denunzius« K. Kraus . 84
1919 – 1920 92
Reinstes Deutsch vs. beste Mehlspeis –
Anton Kuhs »Prager Herkunft« 102
»Mit den Waffen von Otto Gross und Sigmund Freud
ins jüdische Schlafzimmer« – »Juden und Deutsche«. 104
Wie der Herr, so 's G'scher – »Kraushysterische Peter Zapfels« . 111
1921 117
Beim »Personal der Welt« – Etabliert 122
1921 – 1922 124
»Akustischer Kehraus einiger Nachmittage« –
»Von Goethe abwärts« 136
»Die Druckerschwärze ist noch frisch« –
»Börne, der Zeitgenosse« 141
1923 – 1924 146
»Der Rest ist Speiben« – Theater-Kritiker 159
1924 – 1925 175
»Eine Unternehmung wie jede andere« – »Die Stunde« 187
»An seinen Früchteln sollt ihr ihn erkennen« –
»Der Affe Zarathustras« 197
1925 – 1926 207
»Wehe dem, der das letzte Wort hat« oder:
Außer Spesen nichts gewesen – Prozeß K. Kraus vs. Anton Kuh . 208
1926 221
»In jeder Beziehung die freieste Stadt der Welt« – Berlin 222
Eleve am Theater in der Josefstadt –
Als Kritiker Gunn in »Fannys erstes Stück« 225
»Herzlich grüßt Anton Kuh!« –
Trittbrettfahrer einer aktennotorischen Fehde 228
1926 229

Ethos und »Ethospetetos« – Anton Kuh vs. Karl Kraus 231
1926 234
In einem Gefühl »unterirdischen Corpsgeistes« –
Bewerbung bei Maximilian Harden 237
1927 240
»Verpatzter Äther« – Im Radio 245
Tonfilmdrama »A conto« – Drehbuchautor 253
1928 – 1930 271
A.E.I.O.U.? – L.M.I.A.! – »Der unsterbliche Österreicher« . . 294
1930 305
»Wenn der Literat den Raufbold spielt ...« –
Anton Kuh vs. Arnolt Bronnen 307
Nestroy, verpreußt –
Anton Kuhs »Lumpacivagabundus«-Bearbeitung 313
1931 322

Abbildungen 326

»Kuhrioses« – In der Anekdote 334
1931 – 1932 339
»Bis aufs psychologische Beuschel« –
»Physiognomik« und Physiognomik 344
»Einen Knobel-Penez ...« oder »Ein Bier für Herrn Kraus!«? –
Das Geheimnis hinter dem roten Vorhang 354
1932 – 1933 358
»Weit? ... Von wo?« – Der »Emigrant in Permanenz« im Exil . . 371
1933 – 1936 378
»Ein Klavier auf dem Wintergletscher?!« –
»The Robber Symphony« 394
1936 – 1938 397
»Undesired expert« in den USA – New York, in Etappen 408
1938 – 1941 414

Anhang

Anmerkungen 423
Chronologie 517
Dank 521
Siglen und Abkürzungen 522
Quellen und Literatur 525
Bildnachweise 535
Personen- und Werkregister 537

Vorbemerkung

Dies Buch schmeckt, wo möglich, »nach den Quellen«.[1] Sie geben »den Augen und Sinnen sozusagen den Kammerton A«.[2] Der sprachliche Eigenwert des Quellenmaterials vermittelt eine Ahnung von der Zeit, aus der es stammt, von der »akustischen Atmosphäre«, in der Anton Kuh sich bewegte.

Auf den »O-Ton« zu setzen, wenn Kuh am Wort ist, lag umso näher: Ihn zu referieren ist nicht annähernd so unterhaltsam wie ihn zu zitieren.*

Die Exkurse sind Umwege, die die Ortskenntnis erhöhen.

Zur Methodik nur so viel: Die Kapitel »›Kuhrioses‹ – In der Anekdote« und »›Einen Knobel-Penez …‹ oder ›Ein Bier für Herrn Kraus!‹?« sind hier *auch* programmatisch. Gelegentlich lasse ich ohnehin ins Getriebe blicken – hoffend, daß dabei keine Verstimmung aufkommt.[3]

Dies Buch leistet *auch* die Rekonstruktion von Kuhs Hauptwerk: seiner Stegreif-Reden. Sie sind die Wegmarken.

---

* Den Nachweisen von Texten Anton Kuhs wird in eckigen Klammern die in den »Werken« (Göttingen 2016) dafür jeweils vergebene Nummer beigefügt; sie sind dort leichter zu finden als an den Erstdruckorten. Innerhalb von Zitaten aufgehobene Absätze werden mit einem Schrägstrich markiert.

Personsbeschreibung

Größe: 1.74. Statur: »gracil«[1]. Gesicht: länglich. Haare: schwarz. Augen: braun. Mund: »normal«. Nase: »normal«. Besondere Kennzeichen: keine.[2]
Hat einen »leicht trippelnden, zwar etwas hüftweichen und gezierten, aber durchaus flotten Gang«.[3]
Trägt seit seinem 19. Lebensjahr im linken Auge ein **Monokel** – Durchmesser: 42 Millimeter, minus 3,5 Dioptrien –, das sich nicht »preziösem Geckentum«[4] oder schmissigem Kommißgeist verdankt, sondern – ganz konkret – Alleinstellungsmerkmal ist und das nervöse Zwinkern des Auges nicht gänzlich verbergen kann.
Mauschelt klangreich exzessiv, um »das latente Jüdeln um [ihn] herum in ein eklatantes zu verwandeln«.[5] Gegen jede Konjunktur und inmitten eines virulenten Antisemitismus trägt er sein Judentum auch sprachlich zur Schau: Er mauschelt – Punktum! Spricht also ungeniert – ungeniert von der Diffamierungsabsicht, die mit diesem antisemitischen Kampfwort verbunden ist – und ohne distanzierende Anführungszeichen ein Deutsch mit stark jiddischem Akzent. Jede sprachliche Parodie hebt darauf ab: »Die Rolle des katholischen Priesters in ›Maria Stuart‹ spielt Anton *Kuh*. Do hätt' sich kaum e Geeigneterer finden lossn!«[6] – »In dieser total verbocheten Welt, die das Strahlende in adäquat benebbichter Art in den Staub zu ziehen wie das Erhabene zu schwärzen liebt, sehne ich den Augenblick herbei, wo, von der Parteien Haß und Gunst verwirrt, das Bild meines, und wenn Sie zerspringen, Charakters schon endlich in der von Trotteln über dieselben und für dieselben gemachten Literaturgeschichte schwankte.«[7]
Trägt bestes englisches Tuch, auf Maß gearbeitet vom Nobelschneider Kniže.
Starker **Raucher**.
Bekennender **Neurastheniker**, einer jener Nervösen mithin, die als Phänomen der modernen, »beschleunigten«, überreizten Jahrhundertwende-Großstadtkultur beschrieben wurden.[8] Hält sich auf »die Nervosität als Witterungssprache zwischen den Menschen« durchaus etwas zugute, wenn er sie mit der »robuste[n] Geschlossenheit unnervöser Menschen« vergleicht.[9] Die Kehrseite dieses »unglückseligen Danaergeschenks« eines übersensiblen Temperaments: Die auf Permanenz gestellte Aufgekratztheit nagt an der Substanz. Kuraufenthalte schon in

jungen Jahren können das Tempo, in dem die Kerze von beiden Enden abbrennt, nicht mindern.

Hegt seine **Idiosynkrasien**, namentlich jene gegen die »Feschität« in all ihren Erscheinungen:[10] gegen die schmissige Offiziersschneid; die Kreuzfidelität der Operette; die kecke, sich kühn wähnende Andersmeinung, die sich, genau besehen, nur triumphanter Unbildung schuldet; die fixfingerig »flotte« Schreibe, die schlicht oberflächlich ist; die glatte, ganz auf up-to-date gebürstete Versiertheit; die blickheischende Pose der Ungezwungenheit; den »Feschak«, der mit neckischen Accessoires »Charakter« und »Persönlichkeit« markiert und doch nicht kaschieren kann, daß er seicht ist.

Hotel-Jahresmieter seit seinem 17. Lebensjahr. – Häuslichkeit, »Heim« sind ihm Vorschein des Todes. Er ist geradezu manisch auf Achse. Unterwegs – ob zu Vorträgen oder privat –, hat er das »beruhigende« Gefühl, »Durchgangspassagier der Erde zu sein«.[11]

Bohemien, ostentativ. Das ist ihm keine Attitüde, die sich darin erschöpft, später aufzustehen als andere Leute, den restlichen Tag von drei, halb vier Uhr nachmittags bis Mitternacht im Kaffeehaus, dann in Bars zu verbringen, dem Alkoholgenuß zuzuneigen, seine Zechen aufschreiben zu lassen, seine Papiere in Unordnung zu haben, seine Haare unfrisiert zu tragen, Artikel nicht zu liefern, für die er schon Vorschuß kassiert hat, seine Liebschaften öffentlich zu erledigen.[12] Vielmehr besteht er darauf, über jene Fasson, die vom bürgerlich-behördlichen Gesetzbuch zugeschnitten wird, hinaus selig zu werden.[13] Nimmt sich die Freiheit, nach dem Wahlspruch »Quod licet bovi, non licet Jovi!«[14] zu leben, oder: Alles, was Gott verboten hat. Nachtschwärmer, dem der Morgen »kein Anfang ist, sondern ein Ausklang«, zu dem Begriffe wie Décadence, Eros, Geliebte, Aroma, Freude, Anarchismus gehören,[15] der »im Achtstundentag der Arbeit eine geringere Dotation des Erdenglücks und der Freiheit erblickt als in der Vierundzwanzigstundennacht der Liebe«.[16] Läßt keine Gelegenheit aus, das »Épater le bourgeois« geistlaunisch zu exerzieren. Immer wieder gelüstet's ihn, »aus bösem proletarisch-ruppigem Trieb« die Auslagenfenster einzuschlagen, hinter denen sich wer oder was auch immer dem gutbürgerlichen Idyllenbedürfnis darbietet.

»Schmutzfink der Aufrichtigkeit«, ist er ein »geborene[r] Spielverderber«.[17] Bildung ist ihm kein zeitfernes Ornament, sondern »Instrument eines zeithellen Verstandes«.[18] Dem Zeremoniellen, dem Würde-Getue, der Attitüde der Wohlanständigkeit, dem Neid, der sich als Sittlichkeit drapiert[19], begegnet er in antibürgerlichem Affekt mit dem Götz-Zitat.

Als »**physiologisch linksstehende[r] Mensch**« ist er zwar gegen die Unfreiheit, aber für den Adel, soll heißen: »**gegen das Privileg auf die reinen Hemden […], aber nicht gegen die reinen Hemden selbst**«.[20] Und wenn er auch »ein Gymnasialbolschewik« war – »in der Religionsstunde Spartakussist« –, vor die Wahl gestellt »zwischen dem schlimmsten Seelenquäler, der den Katalog als Bakel schwingend wie ein Caracalla dastand, und [s]einem Nebenmann, der [ihm] mit zuckendem Kretinslächeln zuraunte: ›Uj jessas, der Profax!‹ – [er] lief zur Monarchie.«[21]

»**Hamsunist**«: Läßt sich vom Lebenswind treiben, »ohne nach moralischen Wertungen und Handlungen zu lechzen, aber doch immer mit der tiefen Freude am Wunder des Daseins«; genießt das Leben »wie eine paradiesische Wildnis […], voll Voraussetzungslosigkeit, aber nicht mit der Koketterie des Nichtstuers, mit ein bißchen Melancholie, aber ohne Pose«: ein »*aristokratischer Landstreicher*«.[22]

»**Zeitlebens ein Besitzloser**«, und das »aus Überzeugung fast mehr als aus Zwang«[23], hat er, der gut verdient, ständig Schulden. Er schnorrt, hat aber mit der Zunft der kleinen Schnorrer nichts am Hut – er schnorrt stilvoll und in großem Stil, ist darin »Weltklasse«[24]. Er kennt eine Unmenge Leute aus den besten Kreisen, die er anpumpen kann – Rudolf Kommer, der Galerist und Kunsthändler Fritz Monschein (nachmals Frederick Mont) und später dann Alexander Korda zählen zu seinen Mäzenen –, zudem *besteuert* er zahlungskräftige Zeitgenossen. Leo Perutz, den er in Salzburg einmal als »Geschäftsträger« zu Erich Maria Remarque schickt, um diesen um 400 Schilling anzupumpen, spielt Kuh den bösen Streich, nur 4 Schilling 20 zu fordern, was dessen Pläne dann gehörig über den Haufen wirft: eine Gemeinheit, die Kuh Perutz lange nachträgt.[25]

Ob im Kaffeehaus oder in teuren Restaurants: Er zahlt nie selbst, immer begleicht einer aus der Runde die Rechnung für ihn. Schließlich beschenkt *er* die Runde in verschwenderischem Maß durch seine Anwesenheit, »mit geistreichem Klatsch, mit Quintessenzen neuester Philosophien«.[26]

Exzedent. Das Ungestüme, Lodernde, Sichselbstverzehrende zeichnet nicht allein den Stegreif-Redner aus, Kuh *lebt* nach dem Wahlspruch, mit dem Walter Pater das Wesen des Künstlers beschreibt: »in die Minute des Daseins möglichst viel Pulsschläge zusammendrängen«[27] – exzessiv. Er würde die »Rolle des Exzedenten«, dem nichts Menschliches fremd ist, gegen keine andere tauschen wollen.[28] Wenn dabei auch nichts andres als Störung der Ruhe herauskäme, insistiert er: »Vive l'excès!«[29]

»Vor das Glück haben die Götter *nicht* den Schweiß gesetzt«, setzt er seiner Aperçu-Sammlung »Von Goethe abwärts« als Motto voran.³⁰ Hegt seine Abneigung **gegen das** »**Problemateln**«, gegen »Tanzproduktionen mit Weltanschauung«³¹, gegen die »tiefbohrend-deutsche Ekstase, die sich mit dem Tatbestand der gottgefälligen Heiterkeit nicht zufriedengeben kann«³².

Hat als **Individualist** eine »Scheu vor der Massenakustik, vor Aufzügen, Emblemen, Redensarten, vor allem aber vor dem donquichotisch-pathetischen ›Wir‹«³³.

Bekennender »**Gegenteils-Fex**«*³⁴, ist er »ein Ausnahmsfall von renitentem Geist«³⁵, für den es »ein einziges argumentum ad rem« gibt: »das argumentum ad hominem«³⁶ – ganz nach dem Motto: »Nur nicht gleich sachlich werden! Es geht ja auch persönlich.«³⁷

Provoziert gern, legt den Finger auf den wunden Punkt, ist goschert und »geschmacklos« und bis zuletzt programmatisch »**taktlos**«: »Wo das Wort ›taktlos‹ fällt, ist man bald im Bilde! Die den gelben Fleck noch innerlich, in ihrem subalternen, kulturübertünchten Herzen tragen, sind stets die geborenen Flüsterer und ›Pst!‹-Macher. Bekleiden sie aber gar den Hofratsrang, jene Würde also, wo das Buckerlmachen und Leisetreten nach oben sich mit dem Profoßenton nach unten verbinden darf, dann bekommt der ›Takt‹ einen Polizeicharakter.«³⁸

Mit sich selbst verfährt er ebenfalls keineswegs zimperlich. **Selbstironisch**, macht er kein Gewese um sich. Daß er als Stegreif-Sprecher und damit Artist vom Zimmermädel seines Wiener Hotels auf eine Stufe mit deren Tante, der »Tätowierte[n] aus'n Wurstelprater«, gestellt wird, jener Riesendame, »deren ganzer Leib mit pikanten Bildern bemalt ist (›Konswärkä … lauter Konswärkä … Konswärkä an den Armen, Konswärkä an den Beinen, ja Konswärkä sogar auf dem Steiß …!‹ verhieß der Ausrufer)«³⁹, amüsiert ihn. Daß er immer und überall allesamt in Grund und Boden sprudelt, seinem Laster des Nicht-zu-Wort-kommen-Lassens, schreibt er's schmunzelnd zu, daß er nach Jahren in

---

* Franz Jung sieht 1930 Anton Kuh, neben Franz Blei, unter den prospektiven Mitarbeitern seiner in Gründung befindlichen Monatsschrift »Gegner«, die »gegen die herrschende Ansicht in ihrem Stoffgebiet Prinzipielles zu sagen haben«, als Garanten für den programmatischen »geistigen Außenseiter-Standpunkt« des Periodikums (Franz Jung: Prospekt für den Inhalt der Zeitschrift. In: Briefe und Prospekte. Dokumente eines Lebenskonzeptes. Zusammengestellt und kommentiert von Sieglinde und Fritz Mierau. Herausgegeben von Lutz Schulenburg. Hamburg 1988 [= Franz Jung: Werke in Einzelausgaben, Bd. 11], S. 170-171).

Paris noch kein einigermaßen akzeptables Französisch spricht. Und den billigen Scherz mit seinem Namen, »daß es für einen distinguierten Ausländer [in Paris] kein größeres Malheur gibt, als ›Kuh‹ zu heißen«, versagt er sich auch nicht.⁴⁰* Und wenn ihm der Ober des Café Central mitteilt, daß sein Hund während des Kuraufenthalts seines Herrchens täglich dessen Kaffeehausstunden gehalten habe, und auf die verdutzte Nachfrage »Und was tut er hier?« die Antwort erhält: »Na nix. Er bettelt die Leut' an, setzt sich zu dem und zu dem«, schießt ihm durch den Kopf: »Meine Lebensweise!«⁴¹ Und wenn er darüber schreibt, daß Peter Altenberg seine Unabhängigkeit an Nachtlokalmäzene verkaufte, kann er sich die nachdrückliche Nebenbemerkung »ein leiser Merks für den Schreiber dieser Zeilen!« nicht verkneifen.⁴²

Eindrücke

»Fahrig und haltlos, sozusagen aus Grundsatz, sprudelte er grossartige Spracheinfaelle von sich, er wiederum kein beschaulicher Zecher, sondern ein passionierter Sich-Betaeuber, achtlos seiner Gesundheit wie der buergerlichen Sittsamkeit gegenueber. Er hatte etwas Meteorhaftes, jaeh Aufblitzendes und Verhuschendes, [...] er loderte und verlosch in einem Rausch von Sprachironie, Schlagfertigkeit und Verstandesueberschaerfe.«⁴³

»[D]ieses von Leidenschaften fast zerrissene Antlitz, von schwarzem lockigem Haar gleichsam überflammt [...]; die Gestalt [...] eines Tänzers: eine sprudelnde Beweglichkeit, Lebhaftigkeit, ein [...] Sichausschleudern von Gestikulationen. [...] Gesten [...], wie wir sie von Bacchanten annehmen.«⁴⁴

»Mittelgroß, schlank, beweglich, fahrig mit einem immer bleichen Gesicht, zwischen dessen riesenhaften Poren sich stets ein nervöses Zucken bewegte, mit auf und ab wippenden schweren Augensäcken, schnell auf- und zuklappenden Augenlidern, einem Mund mit gewaltigen Lippen, einer dunklen wilden Zigeunermähne, deren Locken er

---

* Französisch und also »Küh« ausgesprochen, ist Kuh appositionslos schlicht der Arsch (»cul«) oder als »Cul de Paris« eine Modeschöpfung des Fin de siècle, »dazu bestimmt, dem Hinterteil der Damen [...] graziös hervorgehobene Geltung zu verschaffen« (Friedrich Torberg: Die Tante Jolesch oder Der Untergang des Abendlandes in Anekdoten. München 1975 [= Gesammelte Werke in Einzelausgaben, Bd. VIII], S. 252).

unablässig mit kurzen schnellen Bewegungen zurückwarf, einem zerklüfteten Gesicht voll Klugheit und Hinterhältigkeit, in dem ein übergroßes Einglas festgerammt klebte.«[45]

»Eine wahre Wedekind-Tragödie« –
Wie er wurde

»Ein reines Wedekind-Drama« sei ihre Familie, klagt Auguste Kuh Ende 1919 Hermann Bahr ihr Leid.¹ – Welche Rolle verkörpert darin ihr Sohn Anton? Und wer sind die Dramatis personae?

Auguste Kuh, am 22. Januar 1855 in Prag als Tochter des Lederhändlers Baruch Perlsee und dessen Gattin Franziska geboren und seit 24. Dezember 1882 mit Emil Kuh verheiratet, 1885 Umzug nach Wien.

Georg Kuh, ältester (überlebender²) Sohn, Jahrgang 1888, studierter Jurist, geht als Bankbeamter Anfang 1914 in die USA, kann dort nicht Fuß fassen und kehrt Mitte 1917 nach Wien zurück.

Anton Kuh, am 12. Juli 1890 geboren, »über dessen ›geistige Manieren‹ man sich [zwar] hie und da in Wien beklagt hat«, aber in den späten 1910er Jahren die »einzige junge Elementarkraft unseres Journalismus«³.

Margarethe »Grete« Kuh, am 1. September 1891 geboren, im Ersten Weltkrieg freiwillige Krankenpflegerin und ab 1917 »Private«⁴.

Marianne »Mizzi« Kuh, geboren am 30. Januar 1894, Krankenschwester, laut Meldezettel: »Private«.⁵

Anna »Nina« Kuh, am 15. Oktober 1897 geboren, die am 20. Juni 1918 bei einer Vernehmung zu Protokoll gibt: »Schulbildung: Volks-, Bürger- u. Handelsschule«, »Beruf und Stellung im Berufe: Keinen«.⁶

Johann »Hans« Kuh, Jahrgang 1895, hat die Szene bereits verlassen, ist als Handelsschulabsolvent und nunmehriger »Kontorist« Anfang 1914 in die USA ausgewandert.

Auch nicht mehr im Spiel: der Vater, Emil Kuh, hinreißender Redner, schlagfertiger, geistreicher Causeur, begnadeter Parodist und Stimmenimitator, an dessen sprudelndem, kaustischem Witz man nur manchesmal »jenen Geist der Suite, den methodische Menschen mehr vorziehen als eine gewisse, an feste Ordnung nicht gebundene Genialität«, vermißt.⁷ Ein Jugendfreund attestiert seinen Leitartikeln schmunzelnd den »romantische[n] Idealismus des väterlichen Achtundvierzigertums,* durch keine Zahlen- und Sachkenntnis gehemmt«.⁸

---

* Emil Kuh ist Sohn des Publizisten und Reichsratsabgeordneten David Kuh, einer Galionsfigur der Prager Deutschen. Der Enkel hat mit dieser Tradition nichts mehr am Hut: »Ich lernte die Stadt meiner Väter mit neunzehn Jahren kennen. Man führte mich auf den Friedhof zum Grabmal

Nach dem frühen Tod des Familienerhalters, der am Pfingstsonntag 1912 im 57. Lebensjahr an »Schlagadernverkalkung«[9] verstirbt, scheinen die ohnehin permanent prekären Verhältnisse chronisch desolat geworden zu sein. Mögen die zahlreichen Prager und Wiener Honoratioren, Kollegen und Freunde, die dem langjährigen Redakteur des »Neuen Wiener Tagblatts« am 29. Mai 1912 in der israelitischen Abteilung des Wiener Zentralfriedhofs die letzte Ehre erweisen, für dessen Beliebtheit und Ansehen zeugen – Zählbares hinterläßt er, zeitlebens sorglos im Umgang mit Geld und Gesundheit, seiner Familie nicht.

Das familiale Wedekind-Drama, in dem – das nur nebenbei, aber nicht zu vergessen – Kinder mit ihren Eltern selbstverständlich per Sie verkehren, spielt in den Kulissen der Boheme. Auguste Kuh, von ihrer Tochter Grete als »unbürgerlich« und »alles eher, als was man Hausfrau nannte«, beschrieben, hat zwar keinen Beruf erlernt, ist aber hoch gebildet und verdient sich, »weil sie u. wir nie Geld hatten«, mit Latein-, Griechisch- und Französisch-Nachhilfeunterricht sowie Klavierstunden »manchmal [ein] paar Gulden«.[10] Sie bringt auch vereinzelt Artikel sowie Übersetzungen literarischer Texte aus dem Französischen in der »Prager Presse« und im »Prager Tagblatt« unter und gibt den zuständigen Redakteuren unverhohlen zu verstehen, daß ihr schon klar ist, daß die Bekanntheit ihres Sohnes Anton ihr dabei keineswegs Türen öffnet, sondern im Gegenteil beim Akquirieren von Aufträgen nur schadet, weil er mit allen anbindet.[11] Nicht bloß für Anton Kuh, auch für seine Schwestern und seine Mutter ist das Kaffeehaus »dauernder, selten verlassener Aufenthaltsort«.[12]

Klagen über »Existenzschwierigkeiten«, über »erfolgloses ›Schnorren‹«[13] – einige Schnorrbriefe sind überliefert[14] –, aktennotorische Zechprellerei, in der Sprache des »Zentralpolizeiblatts«: »betrügerische Kost- u. Quartierschulden«[15], Beschwerden über die wenig verläßliche Unterstützung seitens ihres Sohnes[16] und Mahnungen Dritter an die Adresse Anton Kuhs[17] konturieren den materiellen Hintergrund der konfliktträchtigen Konstellation.

> meines Großvaters, der sich im Geist, doch nicht in der Gesinnung seines Enkels als Zeitungsmann und Politiker betätigt hatte und dafür von Studenten mit der Inschrift bedankt worden war: ›Alle Ehre von der Treue kommt‹. Leitartikler vorgeschrittenen Alters musterten mich mißratenen Erben des Liberalismus, inwieweit ich durch den Ausspruch bewegt würde. Es war eine Luft um uns von Rütlischwur und Ritterschlag. Soviel Pathos war ich nicht gewachsen – ich entlief den Pionieren des Deutschtums in ein tschechisches Beisl« (Anton Kuh: Prag. Eine Vision der Wirklichkeit. In: Neues Wiener Journal, Jg. 35, Nr. 12.209, 20.10.1927, S. 11-12 [Nr. 939]).

Nach dem »Hingang« ihres »Herzenskindes« – Georg stirbt am 27. November 1919 an Blutvergiftung –, das nach der Rückkehr aus den USA in seiner neuen Karriere als Journalist – er publiziert unter dem anglisierten Vornamen »George« unter anderem im »Neuen Wiener Journal« – keinen Boden unter die Füße bekommt, obwohl Auguste Kuh sich für ihren von ihr verzärtelten, unleidlichen Ältesten bei Arthur Schnitzler und Hermann Bahr verwendet, klagt sie letzterem gegenüber: »Neid und Scheelsucht eines nur auf seine Geltung bedachten jüngeren Bruders« hätten Georg »von jedem Unternehmen ferngehalten«. Er sei in der Verbitterung gestorben, »von seinem Bruder, dem er echte Liebe und neidlosen Beifall gezollt, verächtlich beiseite geschoben worden zu sein.«[18] Ähnlich in einem Brief an Arthur Schnitzler: Georg sei von seinem Bruder »in seinem ganzen schriftstellerischen Bestreben fürchterlich unterdrückt« worden.[19]

Nicht als küchenpsychologische Erklärung von Anton Kuhs behaupteter »Scheelsucht«, sondern als einziges weiteres Zeugnis, das etwas Licht auf die Stellung der zwei Kuh-Brüder innerhalb der Familie wirft, hier die »Aussage« von deren ältester Schwester: Auguste Kuh habe Anton, mit seinem gewinnenden Charme von Kindesbeinen an Everybody's Darling, dem älteren Bruder gegenüber von klein auf geradezu stiefmütterlich zurückgesetzt, weil sie ihn als Konkurrenz für den von ihr vergötterten »Erstgeborenen« betrachtete.[20]

Näher dran an Wedekind, aber auch kaum besser ausgeleuchtet ist die Rivalität der Kuh-Schwestern um Otto Gross, den charismatischen Verfechter umfassender Libertinage, dem »sexuelle Revolution, Hetärentum, Matriarchat, Polygamie, Orgie [...] keine Gedankenspiele und keine spekulativen Felder [waren], sondern ein geistig-körperlicher Aktionsraum, in den er andere einbezog und den er mit anderen besiedelte«.[21] Stets mit von der Partie: Opium, Morphium, Kokain.

Mizzi lernt Gross vermutlich im Sommer 1914 kennen, als dieser sich nach seiner Entlassung aus der Landesirrenanstalt Troppau zur Nachbehandlung bei Wilhelm Stekel im Bad Ischler Sanatorium Wiener aufhält. Sie ist längerfristig mit ihm liiert, von 1914 bis zu seinem frühen Tod 1920, hat mit ihm eine Tochter, die am 23. November 1916 geborene Sophie.

Grete ist als Krankenpflegerin zur selben Zeit in Vinkovci, Slawonien (heute Kroatien), stationiert, da Gross dort als Assistenzarzt Dienst tut und seiner Ehefrau Frieda brieflich mitteilt, daß er seine neue Freundin heiraten wolle.[22]

Nina wird im Juni 1918 nach einer heftigen Auseinandersetzung mit Mizzi um Otto Gross von der Polizei einvernommen und gibt dort zu

Protokoll, daß sie seit Sommer 1914, »von kurzen Unterbrechungen abgesehen«, mit Gross verkehre und zwischen ihnen ein »Liebesverhältnis« bestehe.[23]

Wiederum unter dem ausdrücklichen Vorbehalt, daß es nicht darum zu tun ist, »allen Findlingen in [m]einer Obhut ihre Väter nachzuweisen« – Siegfried Kracauer über die Neigung des Trivialbiographen, alle frühen Lebensabschnitte wenn schon nicht als Vorzeichen, so doch als »logische« Vorgeschichte zu sehen[24] –, im folgenden kursorisch die schulischen Beurteilungen Anton Kuhs, deren Gesamtqualifikation in etwa unter den Begriff »verhaltensoriginell« zu fassen wäre und damit auf den »Neurastheniker« vorauszuweisen scheint: Über die Volksschulzeit ist nicht mehr bekannt, als daß der Sechsjährige 1896/1897 eingeschult wurde: Alle Unterlagen vor 1900 wurden skartiert.[25] Der »Haupt-Katalog der Ia Classe vom Schuljahre 1900/01« des »k.k. Staatsgymnasiums im III. Bezirke Wiens« vermerkt zwar nicht eben berauschende »Leistungen in den einzelnen Unterrichtsgegenständen«: »Religionslehre: genügend / Lateinische Sprache: nicht genügend / Deutsche Sprache (als Unterrichtssprache): genügend / Geographie und Geschichte: genügend / Mathematik: genügend / Naturgeschichte: nicht genügend / Zeichnen: nicht genügend / Turnen: genügend / Kalligraphie: genügend« und unter »Äußere Form der schriftlichen Arbeiten«: »nicht empfehlend« – eine Beurteilung, die sich durch die ganze Gymnasialzeit hindurchzieht, nur fallweise gibt's hier ein »minder empfehlend« –, aber immerhin unter »Sittliches Betragen« noch »befriedigend« und unter »Fleiß«: »ungleichmäßig«. Während sich unter den Benotungen der einzelnen Unterrichtsgegenstände in den Folgejahren kaum einmal ein »befriedigend« findet, geht's mit der Beurteilung des Betragens ab dem zweiten Semester des Schuljahres 1903/1904 rapide bergab: Der »Haupt-Katalog der IVa Classe vom Schuljahre 1903/04«: »Sittliches Betragen: minder entsprechend wegen seines Benehmens beim Unterrichte u. seinen Mitschülern gegenüber«; »Haupt-Katalog der V. Classe vom Schuljahre 1904/05«: im ersten Semester »minder entsprechend wegen Unordnung und Unterrichtsstörung«, im zweiten »entsprechend«; »Haupt-Katalog der VI. Classe vom Schuljahre 1905/06«: »Sittliches Betragen: minder entsprechend wegen fortgesetzter Störung des Unterrichts«. Auch die »Leistungen in den einzelnen Unterrichtsgegenständen« – »Religionslehre: nicht genügend / Lateinische Sprache: genügend / Griechische Sprache: nicht genügend / Deutsche Sprache (als Unterrichtssprache): nicht genügend / Geographie und Geschichte: nicht genügend / Mathematik: nicht genügend / Naturgeschichte: genügend / Turnen: nicht genügend /

Stenographie: genügend« – dürften dazu beigetragen haben, daß Anton Kuh am 31. Mai von der Schule abgemeldet wird. Am »k.k. Erzherzog Rainer-Realgymnasium im II. Gemeindebezirke in Wien«, wo er im Schuljahr 1906/1907 in die fünfte Klasse einsteigt, sind die Noten nach dem ersten Semester nicht besser: »Sittliches Betragen: minder entsprechend wegen vielfacher Störung des Unterrichtes«. Kuh wird am 2. März 1907 »ordnungsgemäß« abgemeldet. Um einiges besser dann die Noten, die der »Klassen-Katalog der 6. Klasse vom Schuljahre 1906/07« des k.k. Staats-Obergymnasiums zu Krumau ausweist. Auch wird Kuhs »Sittliches Betragen« mit »entsprechend« beurteilt.

Danach verliert sich die Spur der Gymnasialkarriere, die im Herbst 1911 mit einem mageren »mit Stimmenmehrheit zum Besuche einer Universität für reif erklärt« bei der Maturitätsprüfung am Krumauer Obergymnasium – zu der Kuh als Externer zugelassen worden ist – endet. Im »39. Jahresbericht des k.k. Staats-Obergymnasiums in Krumau«[26] wird im »Verzeichnis der approbierten Abiturienten im Schuljahre 1910/11« in der Rubrik »Gewählter Beruf« beim Externisten Anton Kuh angeführt: »Jus«. Ein reguläres Studium ist allerdings nicht nachzuweisen, weder an der Juridischen Fakultät in Wien oder Prag noch an irgendeiner anderen, auch wenn Kuh bei einer Einvernahme am 9. Januar 1926 angibt, er habe »2 Jahre Universität« absolviert,[27] und auch wenn er in Gastspiel-Verträgen als »Herr Dr. Anton Kuh« firmiert[28] und in Briefen als »Sehr verehrter Herr Dr. Kuh!« adressiert wird.[29] »Titel verleiht in Wien das Kaffeehaus«, mokiert sich Kuh, »Titel trägt man fürs Kaffeehaus. Ich erinnere mich eines der frühesten Backenstreiche, die mein Knabenantlitz für die Verhöhnung eines Mitmenschen trafen – es war ein Advokaturschreiber, der sich des Kellners und der abendlich umworbenen Dienstmädchen halber ›Doktor‹ nannte und dem ich, als er eines Tages ruhelos das große Billardbrett des Stammcafés umschritt, zugerufen hatte: ›Na, Herr Doktor – den ganzen Tag da umeinanderpromovieren?‹«[30]

Kuhs Hang zum Sarkasmus wird, einem weiteren autobiographischen Schnipsel zufolge, in der Schulzeit grundgelegt: »Das Gehör eines so unglücklichen Namensträgers [wird] frühzeitig zu jener Notwehr erzogen, die man als ›satirische Veranlagung‹ bezeichnet; denn es ist schon dem Knaben, der auf den Namen ›Kuh‹ hört, als hätte die Stupidität der ganzen Welt sein Ohr als Zielscheibe genommen. Er geht in die Schule und hört hinter seinem Rücken den Chor-Reim: / Die Kuh gibt Milch und Butta / Wir geben ihr das Futta … / Oder ein Kollege faßt ihn in plötzlicher Anwandlung von Tiefsinnigkeit beim

Arm und fragt ihn: ›*Kuh, warum machst du nicht Muh?*‹ / Ich habe mich von Kindesbeinen an daran gewöhnt, diese Fragen ad absurdum zu führen, indem ich sie wörtlich nahm; also etwa der letzten Frage entgegnete: ›Ich weiß nicht, ich habe es schon versucht, es geht so schwer.‹ Doch man kann sich leicht vorstellen, wie einen die Gewöhnung an solche Humore frühzeitig zum Menschenkenner und -verächter erzieht.«[31]

Noch vor der Matura ein erster Stellungstermin, wie die Akten der Militäradministration festhalten, ein Bestand, mit dem sich zumindest *eine* der launigen Angaben des autobiographischen Texts »Wie ich wurde« fundieren läßt: »Der Krieg findet Kuh«, wie der's dort formuliert, »in den vordersten Reihen des Hinterlandes«[32], genauer: ursprünglich »auf Kriegsdauer« als »Einjährig-Freiwilligen«[33] dem k. u. k. Infanterie-Regiment Nr. 84 zugeteilt – dem Regiment »Freiherr v. Bolfras, Wien-Umgebung. (Einer Art Provinz-Filiale der Deutschmeister.)«[34] –, und zwar der I. Ersatz-Kompanie, wo er am 21. Juni 1915 einrückt. (Im Juni 1911 und im September 1912 lautete der Befund der Stellungskommission noch: »Dzt. Unt[au]gl[ich], schwach, zu[rück]stellen«; im April 1913: »Zum Waffendienst unt[au]glich, hochgrad[ige] allg. Körperschw[äche], waffenunfähig«.)[35] Er wird allerdings am 29. September 1915 für dienstuntauglich erklärt und am 26. Oktober 1915 für »invalid, waffenunfähig« und als »bürgerlich erwerbsfähig« per 30. September 1915 – und damit nach drei Monaten und zehn Tagen »anrechnungsfähiger Dienstzeit«, so die Superarbitrierungsliste – entlassen. Der »Konstatierungsbefund« des k. u. k. Garnisonsspitals Nr. 2 in Wien, wohin Kuh am 28. August 1915 »zur Konstat[ierung] seines Leidens« überstellt und am 4. September wieder entlassen wird, lautet auf »Ticker-Krankheit (maladie de tics)«.[36]

Auch wenn es scheint, als sei sein Berufsweg ohnehin familiär vorgezeichnet – Großvater David war Begründer und langjähriger Herausgeber des »Tagesboten aus Böhmen«, Vater Emil lange Jahre Zeitungsredakteur, zuletzt, von 1899 bis zu seinem Tod 1912, Leitartikler[37] des »Neuen Wiener Tagblatts« –, Anton Kuh empfindet die Schreiberei als mindere Art, seinen Lebensunterhalt zu verdienen: »Mein Jugendideal war: am Tag Nietzsches sämtliche Werke zu schreiben und am Abend einen Tirolerbuben aus Papiermaché auf meinen Knien hutschen und ihn noch mal das schöne Liedchen singen zu lassen: Morgen-ro-hot, Morgen-ro-hot ... Statt dessen bin ich auf der mittleren Linie geblieben und schreibe Feuilletons.«[38] – Gut, »[m]it achtzehn ist jeder von uns ein Genie, mit achtundzwanzig jeder ein Redakteur«[39] – so Anton Kuh über allzu hoch fliegende Ambitionen –, und immerhin hat er sich anfangs nicht weit von der »Hutschen« verdingt: beim Kabarett.*

Die »einzige junge Elementarkraft unseres Journalismus. Ein Ausnahmsfall von renitentem Geist«[40], wie Kuh Mitte 1918 von Berthold Viertel apostrophiert wird, hatte ein erkleckliches Maß an Renitenz nötig, um als solche auch anerkannt zu werden.[41] Das junge Talent wird zwar von Karl Tschuppik, 1910 bis 1917 Chefredakteur des »Prager Tagblatts«, protegiert, der stimmt allerdings dessen ätzenden Witz und hochgezwirbelte Schreibe redigierend gehörig herunter. Kuh fühlt sich zum »Schapsel« und »Tinterl« degradiert, wenn man ihm keine »Ausnahmsstellung« einräumt[42]. Er droht damit – vierfach und balkendick unterstrichen –, »keine Zeile mehr nach Prag« zu schicken, wenn man dort seine besten Sachen vermodern läßt[43], und verbittet sich's Maximilian Schreier, dem Herausgeber des Wiener »Morgen«, gegenüber wutentbrannt, daß man ihn, der sich schließlich als Theaterreferent des »Prager Tagblatts« »hinlänglich bekannt gemacht« hat, für »Fleißaufgaben« und »Gelegenheits-Dienste« heranzieht und ihn beim »Morgen« offenbar nicht in der Rolle des »distinguierten Gastes, sondern [in der] des zur Anpassung erzogenen Tinterls« sieht und seine Texte durch redaktionelle Eingriffe platt macht.[44]

Wie andere Intellektuelle seines Jahrgangs kann auch Anton Kuh sich des prägenden Einflusses der wirkmächtigen Nietzsche-Mode um die Jahrhundertwende nicht entziehen. Wenn Friedrich Nietzsche im Vorwort zum »Zweiten Stück« der »Unzeitgemässen Betrachtungen«, zu »Vom Nutzen und Nachtheil der Historie für das Leben«, programmatisch verlautbart, er arbeite »gegen die Zeit«,[45] vermeint man in einigen Selbstaussagen Kuhs einen Nachhall davon zu vernehmen. Nicht bloß beim Trapez-Akt des Stegreif-Sprechens ist ihm befeuernder Antrieb, daß er »grundsätzlich nur *gegen*« spricht[46], Kuh ist generell »Gegenteils«-Fex.[47]

»Sein« Nietzsche ist der »Umwerter aller Werte«, der Umstürzler und Rebell, der militant den herrschenden kulturellen Normen opponiert, der Anarchist und Amoralist, der – »Anti-Philosoph unter den Philo-

---

* Anton Kuh tritt in den Jahren 1914, 1915 in den neugegründeten Kabaretts »Rideamus« – das Etablissement in nächster Nähe zur Barnabitenkirche (der heutigen »Mariahilfer Kirche«), anfangs unter der Leitung von Robert Blum, ab Herbst 1914 unter jener von Ralph Benatzky, verzichtet aus Gründen der »Schicklichkeit« auf die Bezeichnung »Kabarett« oder gar »Varieté« und nennt sich »Bunte Bühne ›Rideamus‹« – und »Uhu« (Wien I, Riemergasse 11, Direktion: Alexander Rotter) auf. – Der Meldezettel vom 12.5.1914: »Charakter (Beschäftigung): Schriftsteller & Cabarettier«.

sophen« – nicht mit verblasener Begrifflichkeit nach dem Wesen der Wahrheit sucht, sondern ganz konkret nach dem »Wesen des Glücks«[48], der unbefangen und respektlos seine Denkbahn schreitet, der »begann, die Dinge wieder von vorne anzusehen; ohne sich vor Fiktionen und geistigen Übereinkünften der Menschheit zu verbeugen«[49], der nicht fragt »Frei *wovon*?«, sondern »Frei – *wozu*?«.

Und Kuh nimmt Friedrich Nietzsche, nach dessen »Bildungsphilister« er seinen »Intelligenzplebejer« strickt, immer wieder gegen ebendenselben in Schutz, immer wieder auch gegen die Indienstnahme durch die antiintellektuellen, völkisch-nationalen und zumal nationalsozialistischen Proponenten eines trivialisierten »Übermenschen« und »Willens zur Macht«, die »ihren« Leibphilosophen zum Apologeten säbelrasselnder deutscher Machtpolitik verfälschen; ihn zum deutschen Patrioten umbügeln[50] und als »Philosophen der Macht« in die Montur des »Potsdam-Deutschen« stecken.

Die zweite intellektuell prägende Figur ist charismatischer Akteur im Kuhschen Familiendrama: In den Boheme- und Anarchisten-Zirkeln Münchens, Berlins, Asconas und Wiens als Prophet verehrt; hochbegabter und einst hochgeschätzter Schüler Sigmund Freuds, der, als er die Psychoanalyse gesellschaftskritisch wendet und damit politisiert, verstoßen wird; der, mit unüberhörbar nietzscheanischem Anklang, durch eine »Zurück-Umwertung aller Werte«, soll heißen eine Überwindung patriarchaler Herrschaft, zu einer »goldene[n] erste[n] Zeitperiode« paradiesischer Urform, egalitärer, matriarchaler Verhältnisse (zurück)zugelangen strebt;[51] zu einer Art mutterrechtlichen Kommunismus, »rein von Pflicht und Moral und Verantwortlichkeit, von wirtschaftlichen und rechtlichen, moralischen Verbindlichkeiten, von Macht und Unterwerfung; rein von Vertrag und Autorität, rein von Ehe und Prostitution«[52]: Otto Gross.

Als die »menschlich bedeutendste Figur, der [er] je begegnete«[53], bezeichnet Anton Kuh diesen Inbegriff des Rebellen, programmatisch unangepaßt und trotz massiver Anfeindung und Ablehnung konsequent und ohne Konzessionen seinen Weg gehend. »[E]inem einzigen genialen Psychoanalytiker« sei er in seinem Leben begegnet, einem, der »sein Leben zwischen Polizeistation, Sanatorium und Irrenhaus [verbrachte]. Das spricht für ihn. Seine Art Psychoanalyse war eben keineswegs etwas so Harmloses, Obrigkeitsbeliebtes, zum ›Vater leih' mir die Scher‹-Spiel Taugliches, wie sie seit Freud die Jünger samt und sonders betreiben.« Also nicht »eine Art psychischer Klistierverabreichung«. »Sie war für ihn eine neue, revolutionäre Methode« zur »Auskurierung der Menschheit«, die nur über die Abschaffung von »mancherlei staatsgeheiligte[n]

Institutionen« zu bewerkstelligen sei, »die der Gesundheit des Menschengeschlechts abträglich sind: [...] Ehe, Moral, Virginität usw.«[54]

Der Vater dieses »Revolutionär[s] *a genere*« mit »seinem hackigen, wüst zerschnittenen Gesicht [...], seinem kinderreinen Fanatismus, seinem marterbereiten Dozententum«[55], Hans Gross, seit 1905 Inhaber des Grazer Lehrstuhls für Kriminalistik und Kriminologe von Weltruf, läßt seine Beziehungen spielen und seinen Sohn, der bis 1908 in Graz als Privatdozent für Psychopathologie gelehrt hatte, im November 1913 in Berlin verhaften, unter Polizeibegleitung an die österreichische Grenze expedieren und mit der Diagnose »unheilbarer und gefährlicher Geisteskranker« in der Privat-Irrenanstalt Tulln bei Wien und späterhin in der Landesirrenanstalt Troppau, Schlesien, zwangsinternieren. Über eine Protestkampagne, die von expressionistischen Zeitschriften initiiert wird, gelangt die Affäre auch auf die Seiten der großen liberalen Zeitungen und in Form einer Anfrage im Landtag auch aufs politische Parkett. Die Zwangsinternierung Otto Gross' muß im Juli 1914 aufgehoben werden, er bleibt aber unter Kuratel. Kurator: sein Vater – der die Entmündigung betrieben hatte.

Otto Gross stirbt, nachdem man ihn zwei Tage davor halb verhungert und erfroren und auf Entzug mit einer Lungenentzündung auf der Straße aufgelesen hatte, am 13. Feber 1920 in einem Sanatorium in Berlin-Pankow.

Im Nachlaß Anton Kuhs in den Beständen des Österreichischen Literaturarchivs findet sich ein fragmentarischer Durchschlag von Otto Gross' Programmschrift »Die kommunistische Grundidee in der Paradiessymbolik«. Ansonsten umfaßt dieser sogenannte Splitternachlaß ein paar Dutzend Briefe und Briefentwürfe, zumeist aus dem Zeitraum 1915 bis 1920, darunter: der Brief eines aufgebrachten Lesers an Maximilian Schreier, den Herausgeber der Wiener Montagszeitung »Der Morgen«, dem zufolge Anton Kuh in seinen frühen Erwachsenenjahren ständiger Besucher der Freudenau – Galopprennbahn im Südosten Wiens und Treffpunkt der Hautevolee – gewesen sei und als Rennplatz-Habitué auch Wettaufträge besorgt habe, wobei er des öfteren Gelder, die ihm zu diesem Zweck anvertraut worden waren, mit der fadenscheinigen Ausrede unterschlagen habe, er hätte sich an der Wettmaschine geirrt[56]; Mahnungen – im Ton schwankend – des »Prager Tagblatts«, für die Pauschale, die er bezieht, gefälligst auch Texte im vereinbarten Umfang zu liefern,[57] oder die dezidierte Drohung, die regelmäßigen Überweisungen einzustellen, bevor er nicht den Vorschuß – der sich im Juni 1919 auf immerhin 900 Kronen beläuft – abgearbeitet hat;[58] briefliche Aufforderungen, er möge geliehenes Geld zurückgeben[59]; eine gerichtliche Ladung für den

21. November 1919 zur Verhandlung »Anton Kuh gegen Österreichische Aktiengesellschaft der Hotel- und Kuranstalten Abbazia« vor dem Bezirksgericht Landstraße, »betr. Kuraufenthalt im Sanatorium Tobelbad (von 6. bis 26. Juni 1919)«, konkret: einen offenen Betrag – für »Zimmermiete, Pension, Kurtaxe, ärztliche Untersuchung, Bäder- und Heilmittel, Medikamente, aussertourlich verabfolgte Speisen, Fahrmittel, Telefongebühren, Versicherungsbeiträge« – von K 2.089.44[60]; das mit »Wien, 17. November 5^{h}20« datierte Protokoll einer Ehrenerklärung, »aufgenommen in der Ehrenangelegenheit der Herrn Oberleutnant Hauffe contra Anton Kuh«, dem zufolge Hauffe auf Kuhs Bemerkung hin, »er suche sich Freunde in intellektuelleren Kreisen, als es das Offizierkorps darstelle – ein Offizier sei für ihn nur eine ›Simplicissimus‹-Figur« –, Genugtuung mit Waffen verlangt habe und die »Vertreter des Herrn Oberleutnant Hauffe« erst auf die Erklärung des »Vertreters des Herrn Kuh, dass Herr Kuh in keiner Weise die Absicht hatte, dem Offizierskorps in beiden Fällen nahegetreten zu sein«, und er überdies »auf dem Standpunkt der Antiduell-Liga« stehe und daher die Genugtuung mit der Waffe verweigere, die Angelegenheit »für ritterlich erledigt« erklären;[61] ein Schreiben von »Hof- und Gerichts-Advokat Dr. R. Herzer«, in dem Kuh unter dem 4. Januar 1919 »In Sachen: Amon« mitgeteilt wird, daß Herzer von »Frl. Amon« angewiesen worden sei, die »wegen Durchführung der Eheschließung eingeleiteten Schritte nicht weiter fortzusetzen«.[62] Einen Monat davor hatte Bibiana Amon ihrem Verlobten auf Briefpapier des »Grand Hôtel, Wien« die Gründe für die Auflösung des Eheversprechens mitgeteilt. »Unsicher« und »lebensunklug«, wie sie nun einmal sei, blauäugig und naiv, könne sie nichts weniger ertragen als »ewige Ungewißheit, verursacht von einem Menschen, dessen Verantwortungsgefühl einfach nicht vorhanden« sei; könne sie niemand weniger brauchen als einen Menschen, der ihr »ohnehin schwer kämpfendes Dasein noch mehr belastet durch Verworrenheit, Un[n]atürlichkeit und Haltlosigkeit«.[63] Detaillierter geben Anton Kuhs handschriftliche »Zehn Bibiana-Gebote« Aufschluß über permanente Beanstandungen seitens Bibiana Amons, der »Strahlende[n], als Gretchen von Peter Altenberg entdeckt, aber nun schon zu [Anton Kuhs] Helena erblüht«[64]:

»1.) Ich soll nicht mit anderen Leuten über die Bez[iehung] zu B[ibiana] reden.
2.) Ich soll nicht lügen.
3.) Ich soll aesthetischer werden.
4.) Ich soll mir von einem Therapeuten einen Vortrag über das Wort ›Ethik‹ anhören.

5.) Ich soll jeden Tag umherhören, ob die Mama zu essen hat.
6.) Ich soll nachdenken Tag u. Nacht[,] wie ich es ermögliche, Hemmungen zu bekommen.
7.) Ich soll nicht vergessen[,] B[ibiana] zu respektieren.
8.) Ich soll meine schmutzigen Gedanken nicht meiner schönen [1 Wort unleserlich]* Freundin mitteilen, sondern sie verschlucken.
9. Ich soll ernstlich nachdenken, wie ich am besten der B[ibiana] im Leben weiterhelfen kann.
10.) Ich soll eingedenk meines tiefen Schuldbewußtseins beim Aufwachen u. vor dem Zu-Bett-Gehen mir mit allem Aufwand meiner Energie und Kraft 2 Tetschn (zusammen 4) geben.«[65]

Des weiteren im Nachlaß: eine Feldpostkorrespondenzkarte aus »Castellnuovo, Süd-Dalmatien«, die an »Herrn Anton Kuh, Wien III, Café Radetzky«, adressiert und, kaum leserlich, mit »WSDambron« unterzeichnet ist, laut Paul Elbogen ein überaus bemerkenswertes Exemplar aus der »Musterkollektion von prächtigen und häßlichen Giftgewächsen«, die »damals auf dem immer mehr verfaulenden Boden« Wiens wuchs: »Wolfgang Sylvain Dambron. Das Geschöpf war angeblich Statist gewesen. Es tauchte, goldblond, götterschön und nur leicht hermaphroditisch, eines Tages auf unserem nachmittäglichen ›Korso‹ auf der Kärntner Straße auf; gekleidet – war es wirklich 1913? – in einen violettgrauen Cutaway, violettgrauen Hut und Krawatte samt violettgrauen Schuhen. Er (oder es) lebte, wie man bald erfuhr, in einer teuren Pension, mit einem bekannten Kabarettier W. als Lebensgefährten; und mit Anton Kuh [...] als Hofnarren und diplomatischem Beantworter zahlloser eindeutiger ›Liebesbriefe‹ von Dambrons Anbetern aller drei

* In der Wiener Wochenzeitung »Der Morgen« findet sich in der Ausgabe vom 6.10.1919 folgende mit dem Kürzel »–uh« – das ist Anton Kuh – gezeichnete »Berichtigung«: »Das vorwöchentliche Referat über ›Sie lacht‹ hatte nicht mich sondern den Nachtsetzer zum Autor Aus der Handvoll richtiggesetzter Worte sei Zeile 2 ›Bundestreue‹ und Zeile 5 ›Frechheit‹ hervorgehoben. Die übrigen waren Druckfehler.« Direkt unter Anton Kuhs Berichtigung steht unter der Spitzmarke »*Berichtigung der Berichtigung*« zu lesen: »Das vorwöchentliche Referat über ›Sie lacht‹ hatte nicht mich, sondern meinen mangelhaft entwickelten Geruchssinn zum Autor. Aus der Handvoll *leserlich* geschriebener Worte sei Zeile 2 ›Bundestreue‹ und Zeile 5 ›Frechheit‹ hervorgehoben. Die übrigen waren *unleserlich*. / *Schani,* / Setzerlehrling und Prügelknabe im ›Morgen‹. / P.S.: Das nächste Referat von –uh erscheint als Manuskript im Faksimile unter der Rubrik ›Preisrätsel‹.«

Geschlechter. Wovon lebten sie? Es ist schwer, es schwarz auf weiß auszudrücken und getrost nach Hause zu tragen: Unter vielen anderen standen eine russische Gräfin und – davon unabhängig – ihr Gatte mit den beiden Pensionsbewohnern in einem Zusammenhang, den man intim nennen darf. So bedrohte eben der reizvolle Wolfgang Sylvain den Grafen, sein weniger reizvoller, aber umso muskulöserer Freund die Gräfin, mit Verrat ihrer mutuellen Beziehungen.«[66]

Weiters ergeben die spärlichen Briefschaften, zusammengelesen, daß Anton Kuh in seinen frühen Zwanzigern in einer Clique im Café Radetzky und im Café Hungaria hinter dem Haupt-Zollamt verkehrt, bevor er Mitte 1916 ins »Central« (Herrengasse 14, Ecke Strauchgasse) und dort in den Altenberg-Kreis wechselt, »wo der abtrünnige Journalismus sein Dach [hat], der Empörungswille junger Theater- und Musikrezensenten«.[67] Neben Prager Freunden und Bekannten – Franz Werfel, Egon Erwin Kisch und Otto Pick arbeiten im Wiener Kriegspressequartier, Ernst Polak und Milena Polak (geb. Jensenská) leben seit 1918 in Wien – verkehren dort Franz Blei (ewig junger »Weltmann des Geistes«[68]), Alfred Polgar (der »Marquis des Feuilletons«[69]), der »spaßhafte Kulturhistoriker« Egon Friedell (»Ein Klassenprimus, der den schlimmen Buben spielt. Mit dem respektlosen Ulk der Schülerzeitschrift frönt er den Lehrerinstinkten«[70]), Otto Soyka (»Tat-Romancier, Pokerspieler aus vitalstem Herausforderungstrieb ans Schicksal, blaß wie die schlechterfundenen Namen seiner Helden«[71]), Otfried Krzyzanowski (»der verbettelte Dichter [...], schlottrig, knochig, häßlich, aber gebildet und edel«[72]), der Versicherungsmathematiker und Romancier Leo Perutz, Eugen Lazar, der Chefredakteur der »Wiener Allgemeinen Zeitung«, Adolf Josef Storfer, Journalist und Psychoanalytiker, Gründer und nachmals geschäftsführender Direktor des Internationalen Psychoanalytischen Verlags, Arne Laurin, der nachmalige Chefredakteur der »Prager Presse«, der von Otto Weininger imprägnierte Philosoph Gustav Grüner sowie sein Bruder, der Lyriker Franz Grüner, der versiffte Journalist Egon Dietrichstein, der Talkum-Industrielle, Bohemien und Dichter sowie Interpret anzüglicher Chansons Franz Elbogen.

Anton Kuh über die Atmosphäre des in einem ehemaligen Börse-Gebäude beheimateten und mit einem Arkaden- und Säulenhof ausgestatteten Lokals: »Das Allerheiligste lag rückwärts und nannte sich Kuppelsaal. Nicht deshalb allein ... sondern weil Rauch und Lärm dieses Vierecks ins Grenzenlose stiegen, zu einer Höhe, wo eine Kuppel kaum mehr sichtbar war. Aber diese Kapellenhoheit, diese Unüberdachtheit des Qualms bildeten die Eigenart des Raumes. / In den anderen Trakten saß der Sozialismus, der Panslawismus, der k. k. Hochverrat; Dr. Kramař und Masaryk, slowenische Studenten, polnische und ruthenische Parlamentarier, gelehrte Arbeiterführer – der fanatische Leitartikel. Der Kaffee roch wunderbar, und auf dem großen Rundtisch schichteten sich die Zeitungen in allen Landessprachen. / Dort hinten aber residierte das Feuilleton. / Es schleppte sich um die Jahrhundertwende als Rattenschweif Peter Altenbergs ein, des ersten und eigentlichsten Kaffeehausdichters, der nebenan im alten Absteighotel ›London‹ wohnte, inmitten improvisierter Liebespaare, aber als seine Adresse in den Kürschner eintrug: ›Wien, 1. Bezirk, Café Central‹!«[73] – »Café Central« lautet auch die Adresse einer an Anton Kuh gerichteten Ansichtskarte aus dem Sommer 1917 sowie eines Telegramms vom Mai 1918.[74]

Im Windschatten des politischen Umsturzes vollzieht sich im November 1918 eine »Sezession im Wiener Geistesleben«, soll heißen: eine Kaffeehaus-Sezession. Zwei Tage nachdem vom Balkon des Landhauses schräg vis-à-vis dem »Central« aus die Republik Österreich ausgerufen worden war, »saß alles, was politisch und erotisch revolutionär gesinnt war, drüben im neuen Café [zwei Häuser weiter, W. S.] – die Mumien blieben im alten«[75] –: im neueröffneten Café Herrenhof (Herrengasse 10). Daß auch Kuh dem grabeskühlen »Asyl der Resignationen, bewohnt von Klausnern, die sich alle gern den einstigen Karl V. vom Gesicht ablesen ließen«, den Rücken kehrt, versteht sich.

Patron des »Herrenhof« ist »nicht mehr Weininger, sondern Dr. Freud; Altenberg wich Kierkegaard; statt der Zeitung nistete die Zeitschrift; statt der Psychologie die Psychoanalyse, und statt des Espritlüftchens von Wien wehte der Sturm von Prag. / Daher war die Luft zunächst antiwienerisch, europäisch. Man debattierte zwar wieder (was durch Tarock, Schach und Poker bereits aus der Mode gekommen war), aber nicht mittels Bonmots und Pointillismen, sondern mit Skalpmessern und unter gleichzeitiger Wegnahme einer Geliebten. / Das war vor allem der Fortschritt: es ging an jedem Tisch Wichtigstes, Beziehungsvollstes vor, oft unter Begleitung von Kokain – ja, und an die Stelle des Wortes ›Verhältnis‹ war jetzt überhaupt die Vokabel ›Beziehung‹ getreten. / Der Aktivismus zog ein: Werfel, Robert Müller, Jacob Moreno-Levy.«[76]

Die plüschgepolsterten Halbkreis-Logen des auslaufenden, von einem Glasdach erhellten Mittelsaals des »Herrenhof« – sie bieten für fünf, sechs Personen Platz, sind bei Bedarf auch mit Stühlen zu einem Kreis erweiterbar, der acht bis zehn Personen Platz bietet – sind die Zentren des literarischen Treibens des Kaffeehauses: »Wortschlachten und Sexualgefechte«.[77]

Jede dieser Logen hat einen Vorsitzenden, nach dem sie benannt ist. So sitzt etwa in Adler-Loge der Begründer der Individualpsychologie, Alfred Adler, mit Frau und Kindern sowie mit Schülern, zu denen Gina Kaus und Manès Sperber gehören,[78] und einem dieser Stammtische präsidiert Ernst Polak, aus Prag stammender Bankbeamter – ab März 1918 Devisenhändler an der Wiener Niederlassung der Österreichischen Länderbank, ab Januar 1923 Prokurist, läßt er sich per 1. Januar 1925 pensionieren[79] –, literarisch ungemein beschlagen und geschliffen formulierend, der, mit seinem gepflegten Schnurrbärtchen an den Filmstar Adolphe Menjou erinnernd, von Kuh »Herschel Menjou« genannt wird[80] und »mit messerscharfer Nase und Rede den Dunst« zerteilt – »man orientierte sich jener und dieser entlang über die Zweckrichtung des Beisammenseins«.[81]

In einem dämmrigen Nebenraum tagt die Stammtischrunde Leo Perutz', der streng über die handverlesene Auswahl der »zugelassenen« Tischgenossen wacht. Dazu gehören der Romancier und Lustspielautor Paul Frank, der Lyriker Josef Weinheber, der Rechtsanwalt und streitbare Publizist Walther Rode, der Verleger E. P. Tal, der Reiseschriftsteller Arnold Höllriegel, der Journalist und Publizist Karl Tschuppik. Wenn er in Wien ist, läßt sich auch Joseph Roth abends im »Herrenhof« sehen. Er sitzt mit Alfred Polgar, Franz Werfel, Anton Kuh, Karl Tschuppik und Max Prels, einem Redakteur des »Neuen 8 Uhr Blattes«, an einem Tisch.[82]

Immer wieder zäumen Perutz und Kuh, im »Central« wie auch privat, das »Dardl-Roß« auf, soll heißen, sie spielen Tartl. Daß es den Kontrahenten am Kartentisch dabei – wie in den Partien zwischen Perutz und Hugo Sperber* – weniger um den schnöden Gewinst geht als vielmehr

---

* *Tartlpartie. / Dialog in einem Wiener Kaffeehaus.*
Der Rechtsgelehrte Dr. Sperber und der Dichter Perutz bilden eine im Kreise des Wiener literarischen Nachwuchses seit Jahren berühmte Tartlpartie. Die nachfolgenden Aufzeichnungen dienen dem Zweck, den etwas engen Kreis dieses Ruhmes zu erweitern.
Dr. Sperber (mischt die Karten): Aber bitte ohne Wunder! / *Perutz: Mir* ist noch kein Klient freigesprochen worden. / *Dr. Sperber* (hat ausgeteilt): Er jammert nicht; das ist schon sehr bedenklich, um nicht zu sagen: finster und bitter. / *Perutz:* I have a dardl. / *Dr. Sperber:* Name, Stand, Charakter? / *Perutz:* Bis zum Schober in Ell. / *Dr. Sperber:* Möge es Ihnen zum Hals heraushängen ... Grinzener! Besser als zehn Grüner. (Greift plötzlich nach dem Magen, rasch ab, kehrt aber aus der Mitte des Spielzimmers zum Kartentisch zurück und steckt sein liegengelassenes Geld ein. Erklärend:) Es ist nicht etwa Prinzip, bloß Mißtrauen. (Enteilt.) / *Perutz* (entwirft den

darum, einen virtuosen verbalen Schlagabtausch zu zelebrieren, diese Vermutung liegt nahe. Was jedenfalls das Finanzielle betrifft, gerät meistens Perutz ins Hintertreffen.

Während Franz Blei, Robert Musil und Hermann Broch nur fallweise am Polak-Tisch gastieren, finden sich hier fast täglich zusammen: Anton Kuh – der auch nach der Sezession, die nicht so streng praktiziert wird, wie sie gern dargestellt wird, parallel zumindest fallweise immer noch auch im »Central« verkehrt –, Franz Werfel (nach seiner Verheiratung mit Alma Mahler allerdings nur noch sporadisch), Milena Polak, Gustav Grüner, der Journalist Richard Wiener, der Schriftsteller und Musiker Victor Wittner (von 1930 bis 1933 Chefredakteur des Berliner »Querschnitts«), der Architekt Hans Vetter, Adolf Josef Storfer, der Kunsthistoriker und enge Freund Karl Kraus' Ludwig Münz, Albert Ehrenstein (»Hamlet vor der Matura«[83]), der Dramatiker, Erzähler und Lyriker Fritz Lampl, 1919 Mitbegründer des »Genossenschaftsverlags«, der Arzt und Schriftsteller Ernst Weiß, in den Jahren 1918 bis 1922 auch der aktivistische Schriftsteller Karl Otten.

Plan zu einem historischen Roman aus dem spanischen Erbfolgekrieg. Nach Dr. Sperbers Rückkehr): Ich habe der Dardl zweie und glaube an Liebe und Treue. / *Dr. Sperber:* Jetzt werden Sie zerspringen, womit Sie übrigens Ihren Leserkreis schon längst hätten erfreuen sollen: *Schlecht!* Ich habe das sogenannte absolute, kantische Dardl bis zum Aß in Arthur mit der Bella. / *Perutz: Zeigen!* / *Dr. Sperber:* Gezeigt wird in »Tristan und Isolde« ... Ich habe einen Eichelsibbler (spielt aus), Beweis Lokalaugenschein. / *Perutz:* Ich habe der Dardl zweie ... / *Dr. Sperber:* Schlecht! Ich habe ein Quardl bis zum Aß in Arthur ... / *Perutz:* Ich habe der Dardl zweie (notiert) und glaube ... / *Dr. Sperber:* Bedauernswerter! Lecken Sie die zwei Dardln aus ... Hoher Gerichtshof! Meine Herren Geschworenen! *Fuß!* Ich habe ein süßes Fießchen bis zum Aß in Arthur. Legen Sie ab die menschliche Gestalt. Es kann Ihnen nicht schwer fallen. / *Perutz:* Ablegen tut man einen Zylinder ... Wieviel Pujens haben Sie? / *Dr. Sperber:* Genug, damit Sie zerspringen. In der Partie werden Sie auf keinen grünen Resultat kommen. / *Perutz:* Ich habe der Dardl zweie ... / *Dr. Sperber:* Fuß! Bis zum König in Arthur. Besser als ein Roman aus dem siebzehnten Jahrhundert. / *Perutz:* Ich habe der Dardl zweie ... / *Dr. Sperber* (mit hohler Stimme): Ein sechstes Gebein! ... Hundert, zweihundert, dreihundert, vierhundertzehn ... Kein wirtschaftlich voll ausgenütztes sechstes Gebein, aber es dürfte genügen. Lieber Perutz, wie sagt ein wirklicher Dichter so schön? Mitten wir im Leben sind vom Tode umfangen. Sind Sie schon zersprungen? / *Perutz* (wirft die Karten hin): Sie haben vier Pujens zu viel aufgeschrieben. Ablecken! (Es wird frisch geteilt.) (L. in: Der Tag, Jg. 2, Nr. 131, 10.4.1923, S. 2).

In »Starbesetzung« – Polak, Werfel, Kuh, Gustav Grüner – liefert sich diese Stammtischrunde einen »pointensprühenden Wettbewerb der Einfälle und Meinungen, die wie Bälle im Ping-Pong-Spiel« hin und her geschupft werden, und das »so rasant, als ginge es um die Erringung einer Weltmeisterschaft«.[84]

Ebenfalls am Polak-Tisch: Otto Gross, der mit missionarischem Eifer die sexuelle Revolution verficht, die die Menschheit von der Unterdrückung durch patriarchalische Herrschaftsstrukturen befreien soll. »Psychoanalytiker auf Barrikadenhöhe«, springt er »alle zwei Minuten auf und [nimmt] irgendeine Frau oder einen Mann auf seine peripatetischen Hüpfgänge durchs Lokal mit – er [kann] nicht anders die letzte Konsequenz eines Gedankens entwickeln.«[85]

Nicht nur »die ganze Familie« Kuh ist dem »dämonischen Menschen« verfallen[86], auch die erweiterte Familie, der »Herrenhof«-Stammtisch, steht ganz im Bann des charismatischen Sozial- und Sexualrevolutionärs. Ernst Polak und Ernst Weiß »sind schon ganz narrisch«, teilt Bibiana Amon am 23. Juni 1919 Anton Kuh, der zur Kur in Tobelbad bei Graz ist, brieflich mit: »Ernst Weiß speziell hat schon seinen Verstand mitsamt dem Kopf verloren, vor lauter ›Analyse‹ mit Otto Gross. Er redet schon ganz irre und ist für einen gewöhnlich Sterblichen höchst selten zu sprechen. Vor lauter Komplexen, die Otto an ihm entdeckt hat. Ähnlich geht es E. Pollak, nur scheint er etwas kühler zu sein.«[87] Und nicht bloß predigt Gross uneingeschränkte sexuelle Libertinage – sein Essayband »Drei Aufsätze über den inneren Konflikt« ist Pflichtlektüre[88] –, Promiskuität wird in der Boheme-Atmosphäre des »Herrenhof« programmatisch gelebt, wobei die Frauen nicht Spielfiguren sind, wie Kuhs Bemerkung, die Frauen »kiebitzten nicht dem Spiel, sondern bildeten es«[89], einseitig mißverstanden werden könnte, sondern emanzipierte Mitspielerinnen.

Das Kaffeehaus ist nicht bloß Brutstätte[90], Umschlagplatz und Labor revolutionärer Ideen – »Hier werden die Meinungen gebildet, die Gemeinplätze und manchmal auch die Gemeinheiten«[91] –, es fungiert auch, ganz banal, als Arbeitsplatz resp. Büro. Dort schreibt man, erledigt man die Korrespondenz, dort trifft man Kollegen, Geschäftsfreunde, liest – im »Central« etwa liegen 250 Zeitungen und Zeitschriften auf –, und auch der jeweils benötigte Band des »Brockhaus«, des »Meyer« oder des Wiener Adreßbuchs wird auf Verlangen serviert. »Auch Vermittlung von Telephonnachrichten wird gratis und diskret besorgt, indem der Zahlmarkör den eintretenden Stammgast mit dem durch den ganzen Raum hallenden Ruf begrüßt: ›Herr von Pollitzer wurden von einer Dame angerufen, war aber nicht die Frau Gemahlin.‹«[92]

In Prag – ab Herbst 1916 immer wieder auf Wochen und Monate Lebensmittelpunkt – verkehrt Anton Kuh mit Karl Tschuppik, mit dem ihn eine innige Freundschaft verbindet, mit Franz Werfel und Max Brod, ist häufig bei den ausgelassenen Soireen des gastfreien Textilindustriellen und Mäzens Eugen Loewenstein[93] zu sehen sowie als »Hospitant« am Literatentisch im Café Arco, Ecke Dlážděná und Hybernská, wo die »junge«, dem Expressionismus nahestehende Generation ihr Hauptquartier hat (während die alte sich im Café Continental auf dem Graben versammelt): Franz Werfel, Max Brod, Franz Kafka (der sich selten sehen läßt), Johannes Urzidil, Hans Janowitz, Franz Janowitz, Karl Brand, Oskar Baum, Otto Pick, Otto Ro(senf)eld, Ernst Feigl, Willy Haas, Paul Leppin, Paul Kornfeld, Rudolf Fuchs. Das »Arco« ist als »Szenelokal« auch Fixpunkt auswärtiger Gäste: »Anton Kuhs Schwestern schnupften [hier] ihr Kokain und sein Schwager Dr. Groß, ewig auf der Flucht, gelangte von allen Themen zu seinem ewigen Steckenpferd, dem Mutterrecht«, weiß der »Arco«-Habitué Johannes Urzidil zu berichten.[94]

Ab Juli 1917 verkehrt Kuh regelmäßig mit Leo Perutz[95]: im »Central«, dann im »Herrenhof«, abends in der Carlton-, der Reiss- und der Renaissance-Bar wie auch privat tagsüber und abends bei Gesellschaften in Perutz' Wohnung; oft zu Gast: Egon Erwin Kisch, Franz Elbogen, Hugo Sperber, das »letzte Original des Wiener Barreaus«, dem ein leider standeswidriges Werbeplakat mit folgendem Text vorschwebt: »Räuber, Mörder, Kindsverderber / Gehen nur zu Doktor Sperber«[96], Egon Dietrichstein, Franz Werfel, Otfried Krzyzanowski, Paul Frank, Paul Stefan, bisweilen Arnold Höllriegl und Lia Rosen. Bei den Perutzschen Abendgesellschaften gibt Kuh des öfteren eines seiner »großen Programme«[97] – deklamiert etwa am Abend des 6. Oktober 1918 »prachtvolle Shakespearesche Königsmonologe«[98] –, soll heißen eines seiner für alle Bescherten unvergeßlichen »Privatkabaretts«, oder einen »kleinen speech«. Da karikiert er innert zehn Minuten ein vollständiges Drama, etwa Franz Grillparzers »Ahnfrau« à la Burgtheater oder Gerhart Hauptmanns »Weber« à la Stadttheater Leitomischl.[99] Oder stellt eine der Dutzenden urwüchsigen Jargon-Possen, die er auswendig kann, auf die improvisierte Bühne.[100] Als Alleinunterhalter vertreibt er auch hie und da die Langeweile in den Salons betuchter Wiener Herrschaften – gegen gutes Honorar, versteht sich: »Börsen- und Rennwettenverluste schluckt die Sippschaft – ausgerechnet ihr Dabeisein bei der Literatur soll gratis sein?!«[101] Für die Kaffeehaus-Habitués und die befreundeten Drahrer sind die oft nächtelangen solokabarettistischen »Vorstellungen« gewöhnlich umsonst: ein »Katarakt von Geist und Witz, unausschöpfbar, kalt moussierend, Elektrizität erregend, jeden Einwand überdröhnend«, erinnert sich Paul Elbogen: »Wir wankten aus unzählbaren Nächten heim – mit vor Lachen erstarrten Gesichtern.«[102]

1909 – 1917

Ein Einstand mit Aplomb und damit ganz nach dem Geschmack des jugendlichen Arrogants: Gerade 19 geworden, zeichnet Anton Kuh am 13. August 1909 erstmals einen Beitrag im »Prager Tagblatt«, einer der renommiertesten Zeitungen der Monarchie, mit vollem Namen! Noch dazu das Einserfeuilleton, das in drei breiten Spalten überläuft bis auf Seite drei. Dabei ist die Prag-Flanerie »Kultur. Impressionen eines Passanten« nicht Kuhs erste Veröffentlichung. Fünf Monate zuvor finden sich zwei Piècen in der kommißhumorigen Wiener Satire-Illustrierten »Die Muskete«, die mit »Kuh« unterzeichnet sind. Und bereits ab Mai 1908 hat er im von seinem Onkel Oscar Kuh herausgegebenen »Montagsblatt aus Böhmen« wiederholt und des langen und breiten aus der Donaumetropole berichtet, etwa über den »Kaiser-Huldigungs-Festzug«, bei dem am 12. Juni 1908 von 12.000 Mitwirkenden anläßlich des Jubiläums des 60. Jahrestages der Thronbesteigung Kaiser Franz Josephs »die Geschichte Eurer Majestät ruhmvollen Hauses in lebenden Bildern« gezeigt wird und der »Eurer Majestät Vertreter der Völker Österreichs vorführt, die Eurer Majestät in Treue und Verehrung zujubeln wollen«, wie der Präsident des Festzugskomitees in seiner Meldung an den Kaiser kniefällig formuliert.[103] Aber schon der fünfzehn-, sechzehnjährige Gymnasiast hatte für seinen Vater, Redakteur des »Neuen Wiener Tagblatts«, Premierenkritiken und Rezensionen geschrieben,[104] und dem ersten namentlich gezeichneten Artikel im »Prager Tagblatt« sind Dutzende anonyme Beiträge vorangegangen. Das Privileg, seinen Namen unter oder über einen Artikel zu setzen, hing nicht an dessen Umfang, sondern an der Ancienität des Schreibers.

Kuh liefert sehr viel »unter dem Strich«: Feuilletons über Wiener Typen – etwa das forcierte »Hallodritum«, mit dem der »Winter-Ehemann« alljährlich zum »Sommer-Lebemann« mutiert, sobald er seine Familie auf Sommerfrische weiß[105] –, Gepflogenheiten wie die populäre Vergnügung des Mittagsständchens im Burghof[106], Befindlichkeiten und Aktualitäten wie etwa das Glücksspiel Bukidomino, das zwar auf der vom k.k. Justizministerium 1904 veröffentlichten »Liste verbotener Spiele« steht, aber im Wien der 1910er und 1920er Jahre grassiert,[107] Impressionen aus der hochsommerlichen Stadt[108], Nachrufe auf Prominente aus Literatur und Politik. Er entwirft ellenlange Porträts zu runden

Jahrestagen etwa von Frank Wedekind[109], Shakespeare[110] und Gustav Freytag[111], trägt aber auch, wenn er sich, wie so oft, in Prag aufhält, »Entdeckungen eines Zugereisten«[112] und Prager Streiflichter bei, Skizzen eines geistesgegenwärtigen Flaneurs, Beobachtungen, die mit einer »Chronik«-Meldung ein Schlaglicht auf einen gesellschaftlichen Tatbestand werfen, etwa auf die Unterschiede im Grußverhalten zwischen der Donau- und der Moldaumetropole – hie Koketterie, wahlweise petschierlich oder streberhaft; da Zeremoniell, »ein kaufmännisches Eintragen des Nominalwertes der persönlichen Würde«[113] –, und Besprechungen von Aufführungen am Neuen deutschen Theater und am Landestheater (im Winter 1916/1917). Von Januar 1916 bis August 1917 berichtet Kuh auch regelmäßig über den Wiener Theaterbetrieb – häufig »Referate«, die gleich im Anschluß an die Premiere telephonisch an die Redaktion übermittelt werden – sowie vereinzelt (ab Juni 1917) über Parlamentsdebatten und Gerichtsprozesse. 1913 aber auch ausführlich über die Landplage der »stud. med., stud. jur. und stud. phil. mit dem souveränen Burschensignum«, als die von deutschnationalen Studenten inszenierten Krawalle – Übergriffe auf jüdische Kommilitonen und Professoren – im Frühjahr derart überhand nehmen, daß der Rektor am 21. Juni die Schließung der Universität und die Sistierung der Lehrveranstaltungen und Prüfungen verfügt.[114]

Im Vergleich zu den vor Selbstbewußtsein strotzenden, »chuzpösen« Beiträgen zum »Montagsblatt aus Böhmen« – da kanzelt der Jungspund etwa im März 1910 die gesamte Wiener Presse ab, die in ihren allzu pietät-, takt- und weihevollen Nachrufen auf den langjährigen Wiener Bürgermeister Karl Lueger einen fatalen Sachverhalt unterschlagen habe: die atmosphärischen Verwüstungen, die der Volkstribun, der den Antisemitismus zum politisch-populistischen Programm erhoben hatte, angerichtet habe, indem er die »Bierbank in den Beratungssaal« gestellt und »die Dummheit repräsentationsfähig gemacht« habe – wirken die frühen Arbeiten im »Prager Tagblatt« mit ihrer Bildungshuberei überladen und überanstrengt, sprachlich und vom Duktus her beinah betulich, »verstuckt«, weit entfernt jedenfalls von dem, was man als »typisch Kuh« bezeichnen würde, und noch die Beiträge der späten 1910er Jahre wirken »con sordino« – gedämpft von Chefredakteur Karl Tschuppik, der das junge Talent zwar protegiert, dessen Texte aber gehörig herunterstimmt.

Ab Feber 1914 liefert Anton Kuh einigermaßen regelmäßig Beiträge, in dichter Folge ab Winter 1915/1916. Da sind die Tageszeitungen voll mit lakonischen, jeweils numerierten »Verlustlisten«, die, getrennt nach Offizieren und Mannschaft, alphabetisch die Verwundeten, Toten und

Kriegsgefangenen aufführen und die schon im Herbst 1914 in Fortsetzungen, die sich über mehrere Ausgaben erstrecken, Seiten um Seiten füllen; mit ellenlangen Rubriken wie »Patriotische Spenden« – etwa »Für die Familien der Reservisten und Hinterbliebenen unserer gefallenen Soldaten« –, die nicht nur das jeweilige »Gesamtergebnis« ausweisen, sondern vereinzelt namentlich die Spender und den erlegten Betrag (so spendet etwa »Witwe Moritz aus dem Anlasse, daß sie nach längerer Zeit Nachricht von ihrem im Felde stehenden Sohne erhalten hat«, 25 Kronen[115]). Da nehmen die unzähligen Hilfsaktionen, Notfonds und Sammlungen wie »Gold gab ich für Eisen« (bei der patriotische Bürgerinnen und Bürger etwa einen Ring, ein Paar Ohrgehänge, eine Krawattennadel, eine Uhrkette oder Manschettenknöpfe spenden), der »Wehrmann im Eisen« (eine der zahlreichen Spendenaktionen zugunsten von Kriegswitwen und -waisen*) Spalten um Spalten ein. Desgleichen »Auszeichnungen für Verdienste im Kriege«: Tag für Tag wird kundgetan, daß der Kaiser resp. der König beschlossen habe zu ernennen: »in Anerkennung hervorragender Dienstleistung vor dem Feinde« dem Obersten X den Orden der Eisernen Krone zweiter Klasse mit der Kriegsdekoration; »in Anerkennung tapferen und erfolgreichen Verhaltens vor dem Feinde« dem Generalmajor Y das Ritterkreuz des Leopold-Ordens mit der Kriegsdekoration; »in Anerkennung tapferen Verhaltens vor dem Feinde dem *vor dem Feinde gefallenen*« Major Z die Kriegsdekoration zum Orden der Eisernen Krone dritter Klasse.[116] Desgleichen »Aus dem Goldenen Buch der Armee«: Nicht nur die jeweilige Tapferkeitsmedaille, sondern auch die »Heldentat« jener namentlich Genannten wird hier angeführt, mit der sie »im Ringen mit dem Feinde« und »zur Bewunderung aller Bürger« den Ruhm des Vaterlands »in unvergleichlich tapferer Art« erhöhten.

---

* Initiiert von Korvettenkapitän Theodor Graf Hartig, wird am 6.3.1915 der erste »Wehrmann im Eisen« – eine von Josef Müller angefertigte überlebensgroße Lindenholzfigur eines Ritters – auf dem Wiener Schwarzenbergplatz von drei Honoratioren, darunter Erzherzog Leopold Salvator, publikumswirksam erstbenagelt. Mit einer Spende erwirbt man die Lizenz, einen Nagel – nach Höhe der Spende wahlweise in Eisen, Silber (resp. versilbert) oder Gold (resp. vergoldet) – in den Wehrmann zu treiben. Während an den ersten zwei Tagen jeweils 1400 Personen auf diese Art ihren Patriotismus öffentlich bekunden, läßt die Spendenfreudigkeit rasch nach: Im Dezember 1915 vermeldet die »Neue Freie Presse« in ihrer täglichen Rubrik *Der »Wehrmann im Eisen«*, mal 64, mal 59, mal 54 Personen, die am Vortag Nägel eingeschlagen haben. – Die Aktion findet zahlreiche Nachahmer, vor allem in Österreich-Ungarn und im Deutschen Reich.

Da haben auch die geistigen Regimenter längst mobil gemacht. Die erste öffentliche Initiative zur moralischen Aufrüstung der deutschen Bevölkerung durch Größen aus Wissenschaft und Kunst datiert vom 4. Oktober 1914. Der »Aufruf an die Kulturwelt«, der an diesem Tag in den großen deutschen Tageszeitungen erscheint und, in zehn Sprachen übersetzt, weltweit verbreitet wird, trägt die Unterschriften von dreiundneunzig Repräsentanten deutscher Geisteswelt, darunter sechsundfünfzig Professoren. Sie verwahren sich darin »gegen die Lügen und Verleumdungen, mit denen unsere Feinde Deutschlands reine Sache in dem ihm aufgezwungenen schweren Daseinskampfe zu beschmutzen trachten«; bestreiten, »daß wir freventlich die Neutralität Belgiens verletzt haben«, »daß eines einzigen belgischen Bürgers Leben und Eigentum von unseren Soldaten angetastet worden ist, ohne daß die bitterste Notwehr es gebot«; sprechen den Franzosen und den Engländern, »die sich mit Russen und Serben verbündeten und der Welt das schmachvolle Schauspiel bieten, Mongolen und Neger auf die weiße Rasse zu hetzen«, das Recht ab, »sich als Verteidiger europäischer Zivilisation zu gebärden«; und versichern abschließend in patriotischem Überschwang, »daß wir diesen Kampf zu Ende kämpfen werden als ein Kulturvolk, dem das Vermächtnis eines Goethe, eines Beethoven, eines Kant ebenso heilig ist wie sein Herd und seine Scholle«. In der »Erklärung der Hochschullehrer des Deutschen Reiches« vom 16. Oktober 1914 machen die 3016 Unterzeichneten dem Epitheton »geistiges Leibregiment der Hohenzollern«, mit dem die Berliner Universität vom Physiologie-Ordinarius Emil Du Bois-Reymond bedacht wurde, alle – zweifelhafte – Ehre, indem sie »mit Entrüstung« das Ansinnen der »Feinde Deutschlands, England an der Spitze«, zurückweisen, zugunsten der Akademiker »einen Gegensatz machen [zu] wollen zwischen dem Geiste der deutschen Wissenschaft und dem, was sie den preußischen Militarismus nennen. In dem deutschen Heere ist kein anderer Geist als in dem deutschen Volke, denn beide sind eins, und wir gehören auch dazu. [...] Unser Glaube ist, daß für die ganze Kultur Europas das Heil an dem Siege hängt, den der deutsche ›Militarismus‹ erkämpfen wird, die Manneszucht, die Treue, der Opfermut des einträchtigen freien Volkes.«[117]

Das gemeine Volk wird »mitgenommen«: Auf dem Gelände des Kaisergartens und der angrenzenden Galizinwiese im k.k. Prater findet von Mai bis Oktober die »Kriegsausstellung Wien 1917« statt, eine überarbeitete Neuauflage des im Jahr zuvor auf 50.000 Quadratmetern inszenierten Spektakel-Themenparks mit musikalischem Begleitprogramm. War die Galizinwiese 1916 noch von einem engmaschigen Netz unterschiedlicher Schützengräben-, Verteidigungs- und

Stollenanlagen durchzogen – das erste, bereits im Herbst 1915 im Prater veranstaltete »Kriegsspektakel« und *der* Publikumsmagnet, der Schützengraben, war nunmehr in die Abteilung »Marine-Schauspiele« integriert –, erwarten das p. t. Publikum – Eintritt 1 Krone, an Sonn- und Feiertagen 60 Heller, Kinder und Mannschaft 40 Heller – am Ende seines Parcours durch die Trophäenhalle und die Schaustellungen der einzelnen Waffengattungen, vorbei an Prothesen-Werkstätten, den Abteilungen »Kriegsgefangenenwesen«, »Kunst«, »Kriegsgräber«, »Literatur«, der »Halle der Verbündeten« und der Kriegsfürsorge, dort nunmehr das aus Innsbruck überstellte Kolossal-Rundgemälde »Die Schlacht am Berg Isel bei Innsbruck am 13. August 1809« von Michael Zeno Diemer, der Pavillon der Sappeurtruppe und jener der »Marine-Schauspiele« (neu auch die Abteilung »Ernährungswesen und Hauswirtschaft im Kriege«). Das Ziel des »patriotischen Vorhabens« ist indes unverändert: »In erster Linie der Bevölkerung einen Einblick in die moderne Kriegführung zu gewähren, den Zusammenhang aller mit dem Kriege in Verbindung stehenden geistigen, wirtschaftlichen und sozialen Tätigkeit darzulegen, den ungeheuren Apparat zu demonstrieren, der in Bewegung gesetzt werden muss, um dem einzigen grossen Ziele zuzusteuern, ferner über die ungeheure Wichtigkeit, die der Arbeit jedes Einzelnen im Hinterlande zukommt, aufzuklären, und auf die Notwendigkeit hinzuweisen, dass jedermann im Hinterlande seine Pflicht tun und sich der Gesamtheit unterordnen müsse. In zweiter Linie die zur Linderung der Kriegsschäden geschaffenen militär-humanitären und Fürsorge-Einrichtungen zu stärken und zu popularisieren. / Die Ausstellung sollte auch einen patriotischen Mittelpunkt in der Zeit der Bedrängnis schaffen und durch ihren vorwiegend belehrenden Charakter Verständnis für die ungeheure Arbeit, die aufgewendet werden muss, um die im Volke schlummernden Kräfte für einen einzigen bestimmten Zweck dienstbar zu machen, zu wecken und das Zusammengehörigkeitsgefühl aller Nationen des Staates zu stärken.«[118] – Weniger verblümt 1916: »Die Bevölkerung wird sich ein Bild über alles das machen, was mit dem Kriege in innigem Zusammenhang steht, und wenn überhaupt die Opferwilligkeit der Bevölkerung noch steigerungsfähig ist, ermutigt werden, bis zum Ende auszuharren.«[119] – Karl Kraus glossiert 1916 unter dem Titel »Es zieht« einen Zeitungsbericht über die Abteilung 21 der Kriegsausstellung, »Kunst«: »… um die Palme ringen…. *Die imposanten Winterlandschaften stellen gewissermaßen die kriegerischen Ereignisse in den Schatten …. Schattenstein …. fesselt der Blick …. Mehrere Landschafter der Wiener Künstlervereinigungen haben gewissermaßen durch den Krieg an Tiefe und geistiger Auffassung gewonnen* .... Das Ölgemälde ›Operation einer Schußwunde‹ .... im Vordergrunde unsere braven Soldaten .... in dieser flüchtigen Übersicht .... ein Ruhmestitel unserer Kriegsmaler .... *Aufmachung* .... kennzeichnen *den ehrlich-künstlerischen Zug, der durch alle Säle geht«* – mit dem Fazit: »Zumachen!«[120]

Anton Kuh verbringt den Ersten Weltkrieg im Hinterland. Nach gut drei Monaten Dienst in einer Ersatz-Kompanie Ende Oktober 1915 für »waffenunfähig« erklärt, bleibt ihm der Schimpf des Armeeliteratentums, dem im Rahmen des Kriegspressequartiers die – bis auf wenige Ausnahmen auch willfährig erfüllte – Aufgabe zugedacht ist, den Seelenaufschwung und die »Moral« jener im Felde wie auch an der »Heimatfront« in Lyrik und Prosa zu befördern, erspart. Minutiös nimmt sich Kuh der ganz banalen Schrecken des Hinterlands an der erstickenden Dumpfheit eines militarisierten Alltags, der Unbarmherzigkeit von Militärärzten, die bei Assentierungen Krüppel für diensttauglich erklären, der materiellen Not, der Verelendung, des Hungers, der Verzweiflung, der Brutalisierung. Vom allgemeinen Begeisterungstaumel der »großen Zeit« keine Spur, dennoch finden sich vereinzelt Arbeiten, die – ganz auf der Linie des »Prager Tagblatts« – Konzessionen an die Ressentiments gegenüber den Kriegsgegnern erkennen lassen.[121]

Er schildert unter den Rubriken »Kleine Chronik«, »Vom Tage« und »Notizen« die Atmosphäre in der vom Krieg gebeutelten Reichshaupt- und Residenzstadt, glossiert die zunehmend prekäre Versorgungslage, die behördlich verfügten Einschränkungen des gesellschaftlichen Lebens und Treibens: Zu Silvester 1915 etwa werden die Wiener unter Hinweis auf den »Ernst der Kriegszeit«, daran erinnert, »daß viele Familien in Trauer, viele in banger Sorge um ihre im Felde stehenden, verwundeten, gefangenen oder vermißten Angehörigen sind. Dieser Hinweis wird für jeden, der Gemüt und Gesittung besitzt, wohl an sich genügen, um zu vermeiden, daß Kränkungen durch taktlosen Silvesterlärm und Silvesterulk erfolgen. Überdies sind solche Ausschreitungen behördlich verboten und die Wache hat den Auftrag, rücksichtsvoll, aber nötigenfalls auch strenge vorzugehen.«[122] Aufgrund der »kriegsbedingt« ohnehin prekären Versorgungssituation und überdies rückgängigen Kohlelieferungen werden behördlicherseits am 16. Dezember 1916 drastische Sparmaßnahmen verfügt: Nicht nur haben Gewerbebetriebe (ausgenommen Lebensmittelhändler) spätestens um 19 Uhr zu schließen und wird die Außenbeleuchtung von Vergnügungsetablissements, Gasthäusern und Geschäftslokalen verboten, auch die Sperrstunde wird für Gasthäuser auf 23 und für Kaffeehäuser auf 24 Uhr festgesetzt und per 12. Feber 1917 vorverlegt auf 22 resp. 23 Uhr.[123]

Der durch den schneereichen und eisig kalten Winter 1916/1917 verursachte extreme Kohlemangel zieht nicht nur die Sperre der Theater-, Konzert- und Kinosäle, die Schließung der Schulen, die beinah gänzliche Einstellung der öffentlichen Beleuchtung sowie die Vorverlegung der Gaststätten-Sperrstunde nach sich, sondern im Feber auch eine weitere Einschränkung des Betriebs der öffentlichen Verkehrsmittel. Seit Ende September 1916 ist auch der Stellwagenverkehr auf ein Minimum reduziert; man braucht die Pferde für »kriegswichtige« Transporte. Per 13. Feber 1917 wird der Stellwagen außer Dienst gestellt.[124] Die Einführung der Sommerzeit in Österreich-Ungarn im Jahr 1916 – der Grund erhellt aus der amtlichen Kundmachung: »bessere Ausnützung des Tageslichtes und Ersparung an künstlicher Beleuchtung«[125] – kommt Anton Kuh, den bekennenden Neurastheniker, besonders hart an.

Engpässe in der Versorgung Wiens mit Speisefett treten bereits 1915 auf. Amtlich festgelegte Höchstpreise ändern nichts an der exorbitanten Teuerung der knappen Ressource. Mit 17. September 1916 wird zwar die Fettkarte eingeführt, die zentrale Bewirtschaftung – die Rationen werden laufend gekürzt: von ursprünglich 120 Gramm wöchentlich auf 60 im Jahr 1917 und auf 40 im Jahr 1918 – kann jedoch die Versorgung nicht sicherstellen. Mit 25. Juli 1916 müssen auch Gastronomiebetriebe an den zwei (ab 1. September 1916 drei) »fleischlosen« Tagen, dienstags und freitags, die Speisekarte fleischfrei halten (die mit Mai 1915 in Kraft getretene Verordnung betraf bis dahin per Verkaufsverbot nur Privathaushalte). Ab 27. Dezember 1915 gibt es per Verordnung keine Milch mehr in den Nachmittagskaffee, ab 9.12.1916 wird er in Kaffeehäusern gänzlich verboten.[126]

Ab 1. Januar 1915 wird der Brotkorb ruckweise höher gehängt. Mit diesem Datum wird das Semmelkörberl per Verordnung von den Tischen der Gastronomiebetriebe verbannt. Gut einen Monat später ist auch die Kaisersemmel Geschichte, das »Kriegsweckerl« tritt auf den Plan, bevor es, wie alles Kleingebäck, zwei Monate darauf verboten wird. Mit der Einführung der Brotkarte im April 1915 wird auch in Gasthäusern Brot nur mehr auf Kupons verabreicht. Ab 25. September 1916 ist die »Verabreichung von Brot an Gäste von Schank- und Speisewirtschaften im Lokale oder über die Gasse« überhaupt verboten.[127]

Am 9. Oktober 1916 begibt sich im k.k. Hof-Burgtheater eine denkwürdige Szene – Hedwig Bleibtreu in der Rolle der Elisabeth, der Ehefrau Götz': »*Brotverteilung im Burgtheater.* Als dieser Tage im Burgtheater ›Götz von Berlichingen‹ aufgeführt wurde, kam es zu einem merkwürdigen kleinen Zwischenspiel. Im dritten Akt – die Burg Götzens ist von den Kaiserlichen belagert – erscheint die Frau Götz von

Berlichingens auf der Szene mit einem enormen Brotlaib am Arm, von dem sie bedächtig für ihre Familie und den Troß Schnitte auf Schnitte herunterzuschneiden beginnt. In diesem Moment bemächtigte sich des dichtgefüllten Hauses eine eigenartige Aufregung. Ein Raunen und Wispern ging durch das Publikum, und die Störung, die dadurch entstand, teilte sich den Schauspielern mit, von denen einzelne ihr Lachen nicht verbergen konnten, so daß durch einige Augenblicke das Spiel stockte. Schließlich trat die notwendige Ruhe wieder ein und das Drama konnte ungestört seinen Fortgang nehmen.«[128]

Mit 1. Januar 1916 wird der Ausschank von Bier zeitlich strikt reglementiert und eingeschränkt – er ist nur zwischen 19 und 22 Uhr erlaubt –, ab 2. September 1916 mengenmäßig drastisch: auf ein Krügerl pro Gast.[129] Bereits Mitte 1915 kommt es zu Engpässen bei der Versorgung mit Tabak und damit massiven Preissteigerungen.[130] Die Zwangsbewirtschaftung erfolgt allerdings erst Mitte 1918. Die wöchentliche Quote, die auf die ab 8. Juni 1918 ausgefolgte Raucherkarte bezogen werden kann: 36 Zigaretten oder 12 Zigarren oder ein Päckchen Zigaretten- oder zwei Päckchen Pfeifentabak.[131]

Die Ersatzmittel-Ausstellung, kurz Ema,[132] am 8. Juni 1918 in Vertretung des Kaisers von Erzherzog Franz Salvator in der Kaiserhalle der Kriegsausstellung 1917 auf dem Areal des Kaisergartens im Prater eröffnet, bildet die triste Versorgungslage ungeschminkt ab – ganz entgegen dem von den Behörden intendierten Zweck: »die breitesten Schichten unserer Bevölkerung aufzuklären, zu belehren und darüber zu beruhigen, daß unsere heimische Produktion auch bei noch so drückendem Mangel der gewohnten Rohstoffe und Bedarfsgegenstände auf den meisten Gebieten in der Lage sei, die Bevölkerung in dem schweren, entbehrungsreichen Kampfe im Hinterlande zu unterstützen und somit beizutragen, die tückischen Aushungerungspläne unserer Feinde zunichte zu machen«.[133]

Erlässe und Verordnungen[134] sonder Zahl auf der einen Seite, exorbitant steigende Preise, grassierende Spekulation und Schiebertum, Kettenhandel und Unterschleif in großem Maßstab auf der anderen. Nicht bloß im Bereich der Militärverpflegung, auch die »Özeg«, die Österreichische Zentral-Einkaufsgesellschaft, eine gemeinnützige Organisation zur Versorgung der Bevölkerung mit Konsumgütern zu möglichst niedrigen Preisen – eine Ergänzung der staatlich organisierten Lebensmittelversorgung –, bei der Bevölkerung, die sie für Versorgungsengpässe und rasant steigende Preise verantwortlich macht, ohnehin unbeliebt, ist wegen vereinzelter Fälle von Preistreiberei, Wucher und Unterschleif immer wieder im Gerede.[135]

> Prag, Klub deutscher Künstlerinnen, 19.1.1917, 19.30 Uhr: Über Meyrinks »Golem«

Im Klub deutscher Künstlerinnen warten am Freitag, dem 19. Januar 1917, um halb acht Uhr abends mehr Menschen, als der große Saal zu fassen vermag, gespannt darauf, was der Sproß der alteingesessenen Prager Publizistenfamilie über Gustav Meyrinks »Golem« zu sagen habe. Angekündigt ist nicht eine literaturwissenschaftliche Interpretation, sondern nichts Geringeres als der »Schlüssel zum Meyrinkschen Traumschloß«. Die Tür zu Meyrinks Welt könne jeder öffnen, »denn jeder Mensch steht zwischen Tod und Leben, Traum und Wirklichkeit. Wie jeder einzelne zu sich selbst, zum visionären Sehen und Verstehen kommen kann«, das werde der Inhalt des Vortrags sein.[136] Anton Kuh enttäuscht sein Auditorium nicht. Er hält das enthusiasmierte Publikum mit seiner eindringlichen Beredsamkeit fünf Viertelstunden lang in gebannter Aufmerksamkeit. Die »Deutsche Zeitung Bohemia« attestiert dem Sohn Emil und Enkel David Kuhs nach dessen »in fesselndster, pointierter, weite geistige Rundblicke eröffnender Form« präsentierten Darlegungen, »daß er den Geist dieser glänzenden Meister des literarischen Feuilletons geerbt« habe.[137] Eine ausführliche Besprechung des Vortrags im »Prager Tagblatt« hebt auf einen Vorzug des frei, aus dem Stegreif Sprechenden ab: »Anton Kuh ist im besten Sinn des Wortes Conférencier; er beherrscht die Technik des Sprechens, seine Stimme hat den großen Klang und das Pathos, er ist dabei aber stets der natürliche, gänzlich posenfreie Sprecher, dem es gelingt, auch sehr komplizierte Gedankengänge durch eine Art der Transponierung des Abstrakten ins Anschauliche deutlich zu machen.« Von den »zweierlei Arten des Verstehens« sei der Vortragende ausgegangen, »dem rein intellektuellen Erfassen eines Kunstwerks, das Meyrink nicht gerecht werden kann, und der zweiten Art, die eine Stimmungsbereitschaft« erfordere. Zum Verständnis des »Golem«, den Kuh als »rekonstruierten Traum« liest, brauche es eine »inspiratorische Traumstimmung«, in der das »Wunschlicht der Seele« alle »unterirdischen und doch taghellen Fäden« zu erfassen vermöge. Fazit: »Hier hat wirklich ein genialer Mitempfinder und Versteher eine Welt beleuchtet, die dem stumpfen Blick wie dem bloßen Intellekt ewig verschlossen bleibt.«[138]

»Sodbrennen im Artisten-Café« – Der Sprechsteller

»Man muß ihn hören, nicht zitieren«;[1] »Anton Kuh läßt sich kaum ›besprechen‹; er spottet im wahrsten Sinne des Wortes jeder Beschreibung«;[2] »Einen Vortrag Kuhs wiederzugeben ist sehr schwer. Man müßte bei jedem Satze eine Regiebemerkung machen, die alle seine Gesten und Grimassen wie auch das mitunter elementar losbrechende Pathos schildert«;[3] »Ein Feuerwerk in dürren Worten zu beschreiben ist eine undankbare Sache. Man kann sagen: es gab eine große Helligkeit und einen anmutigen Funkenregen. [...] dann habe ich vielleicht festgehalten, was Kuh gesagt hat, aber ich habe den Leser um das Beste betrogen: um den Genuß, wie er es gesagt hat. Denn es ist unmöglich, den ästhetischen Genuß eines Feuerwerks durch Druckerschwärze anschaulich zu machen. Er wirkt nur unmittelbar auf die Sinne ...«[4] – Zahlreich beklagen Rezensenten ihre Verlegenheit, die Eindrücke, die während eines Kuh-Vortrags auf sie hereinprasseln, auch nur näherungsweise auf Papier zu bannen. Man müsse ihn erleben, alles andere könne nur ein müder Abklatsch sein.

Der Versuch, über Kuhs »Hauptwerk« – und das sind seine Stegreif-Reden – zu handeln, das für alle Zeiten als verloren gelten muß, steht vor der nämlichen Verlegenheit. Es gibt indessen zuhauf Besprechungen, die eine Ahnung von der fulminanten Bühnenwirkung des »Sprechstellers«[5] vermitteln.

»Schauspiel eines in Tätigkeit präsentierten Feuerkopfes«[6]; »Weltmeister der Respektlosigkeit«[7]; »höchst eigenartige Kreuzung zwischen dem Wiener Café Herrenhof und Fausts Studierzimmer«[8]; »Der Unbehauste, Funkelnde, Selbstvernichtende, der Hirnzigeuner von lukianischem Geblüt – der an irgendeiner Stelle Hörer packt und sonderbar bewegt: über diesem ›Irrlicht‹ [...] steht ein Stern«[9]; »dieser temperamentvolle Klug- und Scharfsprecher«[10]; »Zwei Stunden Gedanken-Artistik und etwas mehr, ein philosophisch-literarisches Labskaus, ein Florettieren mit der Metaphysik und eine glanzvolle Solo-Parade der Dialektik«[11] – es kommt aber auch vor, daß Kuh nicht über den grünen Klee gelobt wird.

Berthold Viertel spricht anläßlich des zweiten Auftretens von Kuh in Prag weitere Eigentümlichkeiten des Stegreif-Redners an, die in abgewandelter Form immer wieder thematisiert werden sollten: »Denn das war kein Vortrag einer Abhandlung, keine Kathederarbeit, keine Rede wie Ja und Nein, nein, sondern allerpersönlichste Redekunst, Auswirken einer artistischen Eigenart. Sein Sprechertum braucht, wie die Schauspielerei, den Spiegel und das Echo, weil die Einzigartigkeit und Einmaligkeit des schöpferischen Ereignisses den Augenblick überdauern will und soll. Es kennzeichnet den Rhapsoden, daß nicht das Worüber, sondern das Wie seines Sprechens entscheidet. [...] Wichtiger als das Thema scheint mir für Anton Kuh das Publikum zu sein, die dunkle, dumpfe elektrizitätsschwangere Wolke, aus der er seine Geistesblitze zieht. Es ist ein Unterschied, ob jemand Geist hat oder ob er Geist produziert. Anton Kuh hat zweifellos Geist wie nur wenige – aber wenn das stumme Publikum da drunten ihn reizt, produziert er Geist. Erst die unbewußt gefühlte Tatsache, daß ein modernes, gebildetes Publikum so vage ist, so verschwommen, so ungefähr und beiläufig und, zwar angeregt, aber im tiefsten uninteressiert an rein geistigen Problemen, macht den Redner Kuh so leidenschaftlich präzis und entscheidend bekennerisch. Dieses polare Verhältnis zum Publikum eignet ihn zum Journalisten und zum improvisierenden Redner, mit satirischer Grundtendenz. [...] Ein moderner Kunsttyp à la Wedekind, der Künstler als Hofnarr des modernen Publikums, als tragischer Komiker seiner Sendung, als rhapsodischer Rächer und Zeuge und Täter des Geistes, hinter der Maske des Zeitvertreibs die Vertreibung dieser Zeit!«[12]

Was rühmt man dem »Sprechsteller« nicht alles nach: ein Feuerwerk an Witz, blendende Beobachtungen, eleganteste geistige Akrobatik, brillante Verve, lebendigste Gestik und Mimik, überwältigenden rhetorischen Elan, erschöpfende Sachkenntnis, blitzende Dialektik, funkelnde Aphoristik, unwiderstehlichen Charme, anmutigen Witz, mitreißendes Temperament – aber die Quintessenz? Zerstieben die eineinhalb, zwei Stunden Stegreif-Artistik nicht in ein ploppendes buntes Nichts? Was bleibt, wenn der tosende Beifall verklungen ist? Mehr als die angeregte Stimmung, die das hingerissene Publikum mit in den Abend nimmt?

Die charmante Selbstbespiegelung eines amüsanten Plauderers, so lautet auf den Punkt gebracht der Eindruck, den »Inquit« in der »Vossischen Zeitung« von der Matinee über den Prozeß Caro gegen Petschek im Deutschen Künstlertheater wiedergibt, in der Kuh der Streit zwischen Petschek-Montecci und Caro-Capuletti, zwischen Braunkohle und Stickstoff, zwischen altem und neuem Reichtum, wie »Inquit« es formuliert, den Anlaß gibt »zum Aufsetzen einer zeitgemäßen Bowle aus Witz, Schlagfertigkeit, Tiefsinn und Unsinn; einer stark moussierenden, wohlschmeckenden, mehr den Gaumen reizenden als durstlöschenden Mischung«. Aber wer wolle Anton Kuh auch Gründlichkeit abverlangen, er liefere einfach, was seine Anhänger von ihm erwarten: »Selbstdarstellung eines unverbindlich plaudernden, schalkhaft gescheiten, das Wort und die Geste beherrschenden, auf Verblüffung abzielenden, treffsicheren Improvisators.«[13] Der Berliner »Vorwärts« spricht nach dem »Külz- und-Kunst«-Vortrag gar von einer »Selbstladeschnauze«, die eine Rakete nach der anderen abgefeuert habe, von denen aber nur ab und zu auch eine witzsprühend losgegangen sei, die meisten Pointen jedoch seien unter den Tisch gefallen.[14]

Ähnlich Bernhard Diebold, der Kuh nach dem Vortrag »Schwanneke oder Die Pleite des Geistes« ziemlich unverhohlen als Pausenclown hinstellt: Auch wenn Kuh in exzentrischen Kreisen denke, die öfter hinter dem Kopf herumzielen statt vom Hirn direkt aufs Objekt, so mache er seinem Auditorium doch eine schrullige Philosophie zurecht, »die zwar den Geist nicht nährt, jedoch aufs angenehmste kitzelt«. So hätten die griechischen Sophisten die großen Herren Griechenlands beim Abendessen unterhalten, wenn zum Dessert bereits die Weine ungemischt gefordert wurden und kurz darauf die Flötenspielerinnen kamen. »Nach dem Jongleur der witzigen Begriffe erschien die Wirklichkeit zum fleischlichen Begreifen.«[15]

Wer will, der bleibt ohnehin nicht an der moussierenden Oberfläche hängen, sondern läßt sich auch auf das durstlöschende Darunter ein. Fast will es scheinen, als sei Franz Blei in dem plastischen Porträt des Redners Kuh, das er nach dessen »Snob«-Vortrag schreibt, diesem auf Bestellung beigesprungen. Hatte schon die Einleitung zu Bleis Porträt, die sich konkret zur Berliner Sonntagsmatinee äußert[16], Kuh attestiert, daß man »seine Kritik Berliner Zustände ernster zu nehmen hat, als sie auftritt«, so statuiert Franz Blei generell, als wär's eine Entgegnung auf den »Schaumschläger«-Vorwurf: »Denn da wird ja nicht so unverbindlich witzig gesprochen, sind nicht Dinge und Personen nur so angekitzelt. Sondern da ist mit höchster Dezision gesprochen und mit einer Leidenschaft der Gesinnung, die ja überhaupt nur und allein der Anlass solcher Rede sein kann, nicht selbstgefällige Schöngeisterei, die sich spreizt. Das plätschert nicht munter und schäumt zuweilen ein bisschen auf, sondern das haut und sticht, muss es sein, auch gegen sich selber.«[17]

Kuh ist sich der Gefahr bewußt, daß sein Publikum – auf Pointen lauernd, die es auf offener Szene beklatschen kann – über dem Witz die Wahrheit vergißt, daß er, dessen Witz sich aus einer tiefsitzenden Abneigung gegen Wichtig- und Würdigtuerei mit Laune verbindet, nur als besserer Clown, als geistiger Knockabout wahrgenommen wird. Er legt durchaus Wert darauf, ernst genommen zu werden. Auch wenn er sich selber immer wieder auf die Schaufel nimmt, verwahrt er sich dagegen, von einem Publikum, das sich dadurch vom Ernstnehmen entbunden glaubt, das vor Betretenheit in die bequeme Haltung »Der olle Aphorismen-Onkel! Er lacht sich ja selber aus!« flüchtet, als »amüsant« qualifiziert zu werden. Damit vergällt man ihm das Podium – auch Stegreif-Redner haben ihre Schmerzen.[18] Und er weiß Max Brod Dank, »der sich einmal in einem entzückend-mitfühlenden Aufsatz die Leute aufs Korn nahm, so da in ungenannten und doch bekannten Eitelkeiten verletzt, und unwillig über den Haufen geredet, die Höhe der Anregung und Informiertheit, die ihnen mein Vortrag gegeben, dazu mißbrauchen, mir nachher herablassend den Zettel ›amüsant‹ anzukleben!«.[19]

Kuh bietet beides, Witz und Wahrheit, Laune und Ernst – bisweilen schlägt er sogar ganz nach der Seite des Ernsts aus. Der Rezensent des »Montagsblatts aus Böhmen« vermutet, daß »Der alte Goethe und der junge Schopenhauer« für einen Teil der zahlreichen Zuhörer eine Enttäuschung gewesen sei: »Dieser Teil hatte nämlich erwartet, daß Anton Kuh als eine Art geistiger Artist auf dem Drahtseil teils halsbrecherische Paradoxenkunststücke vorführen, die Zuhörer mit den bunten, glitzernden Koriandoli seiner Einfälle überschütten und zum Schluß etwa mit einem tollkühnen Gedankensaltomortale mitten ins Publikum hineinspringen und sich lachend verbeugen werde. Dieser Teil der Zuhörer kam nicht auf seine Kosten. Der andere Teil jedoch [...] war aufs angenehmste überrascht, in Kuh einen vorzüglichen, wahrhaft frei sprechenden Redner [...] kennenzulernen und einen klugen, ernsten, scharfen, tiefschürfenden Denker, einen Nachspürer fremder Gedankengänge, einen Charakterforscher.«[20]

Ernster Tenor grundiert schon jene Vorträge Kuhs, wo er bekennerisch auf dem Podium steht. Was dem Animo des Vortragenden keinen Abbruch tut, im Gegenteil: »Nichts ist, handwerklich gesehen, billiger als Gesinnung. Ohne sie muß der Redner Anmut, Einfall, Witz und Eigenart beweisen, mit ihr braucht er nichts als eine starke Stimme. Sie ist die Siegfriedfront, in die er sich aus einer Indisponiertheit am leichtesten zurückzieht.«[21]

Wenn er etwa, wie er es häufig tut, Wedekind als Anlaß nimmt, über die bürgerliche Sexualmoral und doppelte Buchführung in Sachen Moral vom Leder zu ziehen. Oder unter dem Titel »Die Tragik des Judentums« seine Anamnese der jüdischen Moderne expliziert. Da registriert der anonyme Rezensent des »Prager Tagblatts«, daß diesmal »kein dem Spiel mit Worten hingegebener Sprach-Artist auf dem Podium [stand], sondern einer, den man von Augenblick zu Augenblick von der Wucht eines intensiven Erlebnisses seiner Gedanken übermannt sah«, und spürt »hinter dem ironischen Flimmern [...] die reinere Flamme des Bekenntnisses«.[22]

Selbst bei dem unter humoristisch-parodistischen Auspizien stehenden Vortrag »Warum haben wir kein Geld?«, einer sonntäglichen Matinee im Theater in der Josefstadt – die Anton Kuh »in Stellvertretung Max Pallenbergs« bestreitet[23], selbst in seinem ureigenen Element als von Wien über Prag bis Berlin bekannter Pionier und Prophet der Pleite beläßt er es nicht bei einer lustigen Witzelei über die allgemeine Malaise oder eine Parodie auf den wohl versprochenen, aber wohlweislich nicht gehaltenen Amstelbank-Vortrag Max Pallenbergs, sondern entwirft »mit der Gründlichkeit eines Wahrheitsfanatikers ein selbst die Einzelheiten scharf zeichnendes Bild des sterbenden Liberalismus und der Selbstzerstörung der kapitalistischen Welt«, wie ihm die ihm ganz und gar nicht gewogene »Reichspost« attestiert, die nicht ansteht, ihn, den sie sonst regelmäßig antisemitisch anpöbelt, »einen der vorzüglichsten unter den geistigen Rednern unserer Zeit« zu nennen.[24]

Erst recht bei den dezidiert unter ein politisches Signum gestellten Vorträgen der dreißiger Jahre. Heimito Doderer, langjähriger rezensierender Besucher Kuhscher Vorträge, will einen angesichts der sich zuspitzenden politischen Lage zunehmend ernsten Kuh ausgemacht haben, der sich nicht, wie so oft, vom Hundertsten ins Tausendste verliert, sondern tatsächlich beim Thema bleibt. Als Kuh in einer Sonntagsmatinee am 13. März 1932 im Theater in der Josefstadt über »Goethe und die deutsche Reichspräsidentenwahl« und also über den deutschen Ungeist spricht, sei das Publikum »nicht auf die Kosten seiner Lachlust« gekommen, es sei Kuh mehr darum zu tun gewesen, »seine Feinde zu belehren, als den Beifall seiner Freunde zu ernten«.[25] Daß einige enttäuscht nach Hause gehen würden, die »Kuhisten« nämlich, das hatte Anton Kuh bereits kurz nach Beginn seines Vortrags prophezeit. Und Piero Rismondo, der diese Bemerkung in seiner Rezension festhält, weiter: »Nein, das war auch nicht der streichelustige Lausbub, dessen flirrende und kitzelnd-revolutionäre Lozzelachs zu hören man gekommen war. Gleichwohl spielte Kuh vielleicht den satanischesten Streich seines Lebens: er warf *coram publico* die Schellenkappe weit von sich. Unverhüllt kam der Ernst zum Vorschein, blutiger Ernst.«[26]

Gutes Gespür beweist Berthold Viertel, als er sich ganz zu Beginn der Karriere des Stegreif-Redners zweierlei Publikum vorstellen kann, das Kuh anzieht: »die revolutionäre Jugend, der er voraustoben und sie dabei entflammen könnte – und die wohlgesittete, konservative Bürgerlichkeit, die einen Anton Kuh, gerade wenn sie geistiges Niveau hat, jederzeit um seiner genialen Unarten willen verwöhnen wird und der er, je mehr sie ihn verwöhnt, umso heftiger, umso zügelloser entgegenzischen, sich entgegenbäumen und entgegenwerfen muß.«[27]

Wer nur kommt, weil er sich von Kuh einen Hauptspaß erwartet, wird zwar nicht enttäuscht – aber nur, soweit er über sich selbst lachen kann. Denn Kuh katzbuckelt nicht vor den Versammelten, sondern er wird durchaus »unpleasant«, wie Alfred Kerr feststellt, der bei der Berliner Soiree zum Thema »Warum haben wir kein Geld?« im Parkett sitzt.[28] Schon in der Ankündigung des Vortrags »Der Breitner ist schuld!« stellt Kuh im Mai 1926 für all jene, die ihm seit Tagen immer dieselbe Frage ins Ohr zischen: »Sprechen Sie für oder gegen?«, klar: »Stammbesucher meiner Vorträge wissen, daß ich grundsätzlich nur gegen spreche, getreu jenem Ausspruch eines Redners: ›Ich kenne die Argumente meines Nachredners nicht, aber ich mißbillige sie.‹ / Diesmal allerdings betrifft das ›gegen‹ mehr das Auditorium als die Titelperson.«[29]

Und Kuh hat das seit Beginn seiner Vortragstätigkeit nicht anders gehalten. Schon bei seinem Debüt, dem »Golem«-Vortrag in Prag, löckt er wider den Stachel. Der Rezensent der »Bohemia« spricht von »Unannehmlichkeiten«, die Kuh seinem Prager Publikum zu sagen gewagt hat, »wenn es nämlich eine Unannehmlichkeit ist, über sein eigenstes Wesen von einem Fremden aufgeklärt zu werden«.[30] Der anonyme Rezensent der zionistischen »Selbstwehr« wird etwas konkreter, wenn er referiert, daß Kuh auch auf »das jüdische Prag zu sprechen« gekommen sei, »dessen Wesen er in einer Inzucht der Rasse und der Tradition sieht und dem er einseitigen Intellektualismus und Mangel an Erotik« vorwerfe.[31]

Erst recht gilt Kuhs oppositionelles Verhältnis zum Publikum *in politicis*. Ende November 1932 tritt er mit seinem Vortrag »Was würde Goethe dazu sagen?« in Aussig, auf sudetendeutschem Boden, auf. Unbekümmert um die erwartbar feindselige Stimmung im Saal der dortigen Stadtbücherei zieht er am Ende des Goethejahrs nicht nur gegen den deutschen »Geistespapst«, sondern, vehementer noch, auch gegen dumpfen Nationalismus deutscher Prägung vom Leder – und erntet derart lebhaften Beifall, daß der Rezensent des »Aussiger Tagblatts« verdutzt von »einer Art zweite[m] Wunder von Kanaan« spricht.[32]

Üblicherweise braucht Kuh sein Publikum nicht erst während des Vortrags zu gewinnen. Heimito Doderer beschreibt die gespannte Unruhe, die sich in Wien breit macht, als ruchbar wird, daß Kuh nach vierzehnmonatiger Pause im März 1930 wieder einmal in der Stadt auftritt – und die Erwartung der Glücklichen, die eine Karte für den Vortrag im Theater in der Josefstadt ergattern hatten können: »Drinnen herrschte jene Atmosphäre apriorischer Aufgeräumtheit, Lachmuskeln im Anschlag, die einer gewissen prophylaktischen Einstellung entspringt: auf jeden Fall nichts ganz ernst nehmen zu wollen, was immer der Satiriker sagen werde. Denn er ist eben ein Satiriker und überdies der Kuh.« Und nimmt ihn gegen das schiere Unterhaltungsbedürfnis des Publikums in Schutz: Was Kuh so besonders mache, sei die Improvisation, und für seine Fähigkeit, »wirkliche Essays zu improvisieren«, gebühre ihm die Bezeichnung »großer Künstler«.[33]

Ob nun die »große Auffahrt von Autos, strömender Zulauf von Publikum« ins Theater in der Josefstadt, der »Andrang bei der Billettenkasse, als sei man einer Sensationspremiere gewärtig«, auf den Vortragenden zurückzuführen sei oder auf sein Thema, »Sachlichkeit in der Erotik«, ist für den Rezensenten der »Neuen Freien Presse« leicht entschieden: auf beide, »sowohl Anton Kuh wie sein Thema. Gerade die Vereinigung dieses hellen, ganz vorurteilsfrei und angenehm amoralischen Kopfes mit einem so brennend wichtigen Thema weckt das stärkste Interesse. Man wird auch keineswegs enttäuscht. Kuh enttäuscht ja auf dem Podium niemals. Wie jetzt kein anderer neben ihm ist er ein meisterhafter Redner.«[34]

»Der unverstandene Wedekind« wird in Prager Zeitungen angekündigt als »Vortrag, der die letzten Dinge der Erotik behandelt«[35]. Der Rezensent der »Prager Presse« stellt denn auch klar, daß, wer den »unterhaltsamen Geschlechtsfragensprecher Kuh« zu vernehmen erhofft hatte, diesmal kaum auf seine Rechnung gekommen sei: »mitteilungs-, überzeugungsbedürftig wie noch nie, entriet Kuh diesmal aller Zugeständnisse an das Niveau der Zuhörer und formte das Bild, das er sich von dem Dichter und Menschen Wedekind geschaffen hat, mit jenem unverfälschten Fanatismus, der Wedekinds treibende Kraft gewesen ist.«[36] Und jener der »Bohemia« muß, auch wenn er über die »geschmacklose Reklame«, die neuerdings für Kuh gemacht werde, die Nase rümpft, anerkennen, daß dessen Vorträge »wirklich ein hohes geistiges Vergnügen« sind, und er benennt die unterschiedlichen Erwartungen von Kuhs disparatem Publikum: »Wenn Kuh sein Brillantfeuerwerk geistreicher Einfälle und philosophischer Witze abbrennt, gibt es wirklich für den Literaturmob etwas zu gaffen. Seine pointierten Trivialitäten, in denen versucht wird, ganze weite Begriffs- und Gefühlskomplexe auf das Schlaghafte eines Feuilletontitels zu reduzieren, bleiben der Mehrzahl der Zuhörer [...] fester im Gedächtnis haften als die tieferen Wahrheiten seiner ›Wie ich es sehe‹-Kritik. Schaumschlagen mag immerhin nur ein Kinderspiel sein, wer möchte deshalb die farbige Schönheit leugnen, die auch in der Seifenblase den ewigen Himmel spiegelt? Kuhs

Art zu sprechen wirkt ungemein anregend; es ist unmöglich, als kühler Beurteiler dazusitzen, man muß vielmehr geistig mitarbeiten, und trüge man selbst nichts anderes Gehalt- und Wertvolles mit nach Hause, so doch das befriedigende und energiefördernde Bewußtsein einer gut geleisteten persönlichen Geistesarbeit.«[37]

Kuh verkehrt mit seinem Publikum in einer Art kriegerischer Direktheit. Wenn die Gesellschaft, die er in ihren Eitelkeiten, ihrer Trägheit, ihrer Blasiertheit angreift, ihm gegenüber sitzt, ist das für ihn Stimulans. »Je heller die Erregung im Publikum brennt, desto stärker lodert Anton Kuh. Und er ist wie der Dornbusch; wer mit ihm in Berührung kommt, lässt immer Wolle dabei.«[38] Ein Teil seiner Spannung entlädt sich schon an den nächsten Dingen, die im Bereich seiner Wahrnehmung auftauchen. Es braucht nur einer vom Platz aufzustehen, schon hört er sich von Kuh zurechtgesetzt. Wiederholt werden Diskussionen nach dem Vortrag avisiert, ein Versprechen, das den Kartenvorverkauf ungemein fördert, denn das Publikum weiß, daß Kuh zur Höchstform aufläuft, wenn er Kontra gibt. Der Vortrag »Die vergeistigte Liebe« wird angekündigt als »eventuell auf Diskussion gestellte Conférence«[39], und Kuh läßt denn auch präzisieren, »daß ihm Menschen entgegengesetzter Denkrichtung als Gäste willkommener wären als gleichgestimmte«.[40] Tatsächlich bittet Kuh Zwischenrufer bisweilen auf die Bühne, aber keiner wagt es je, sich der Duellforderung zu stellen – zum Bedauern des spektakellüsternen Publikums. Der Rezensent der »Vossischen Zeitung« hält denn auch fest, daß der Höhepunkt des »Schwanneke«-Vortrags zweifellos der Augenblick gewesen sei, da Kuh, »ein rasender Roland, den störenden Jünger des ›Metaphysikers der Druckfehlerberichtigung‹ Karl Kraus in einen Orkus von Gelächter schickte«.[41]

Was den stärksten Eindruck auf seine Zuhörer macht, ist Kuhs stupende Lebendigkeit. Sein Temperament ist saal- und abendfüllend, und diese vibrierende, zuckende Gespanntheit eines Geistes in Aktion überträgt sich auf sein Auditorium. Er fesselt durch seine Lebhaftigkeit und Raschheit, durch den Wechsel von kühnen Abstraktionen, lockeren Bemerkungen, Paradoxen, Bosheiten und ist in allem, was er sagt, persönlich bis zum äußersten. Er glänzt durch eine blendende Diktion und originelle Formulierungen, zieht im Kontakt mit seinem Publikum alle Register, von einnehmendem Charme über Respektlosigkeit und Unverschämtheit bis hin zu kaltem Hohn. Er entwickelt ein Thema und hält sein Auditorium – vom Thema scheinbar weg- und abschweifend und schließlich doch zum Sinn des Ganzen zurückfindend – bei der Stange. Er spricht sämtliche Anführungszeichen, Klammern und Regiebemerkungen mit, spricht sozusagen kursiv, vergißt manchmal ein Substantiv, das er schon in den vorausgehenden Epitheta verbraucht hat, doch liefert er's im nächsten Satz nach.

Zu Beifallsstürmen reißt Kuh sein Publikum hin, wenn er, der ein empfindliches Ohr für lokale Sprachfärbungen, individuelle Zungenschläge und Sprachmasken hat, in seine scharfen und akzentuierten Sätze ganz unvermittelt und übergangslos zur Illustration einer Analyse Parodien hineinstellt, wenn er in blitzraschen Verwandlungen wie ein Schauspieler auftritt, der in einem Stück alle Rollen selbst bestreitet. Wenn er etwa im Vortrag »Warum haben wir kein Geld?« den Urahn der Rothschilds im Gespräch mit seinem Nachfahren auf die Bühne stellt, den knochentrockenen Urkapitalisten, der mit dem Verräter am Geld hadert, der nach »Kulturwerten« schielt. Oder im April 1933 unter dem Titel »Der Geist des Mittelalters oder Worüber man nicht sprechen darf«, ganz Sprachphysiognomiker, Schüsselbegriffe der Nazi-Propaganda wie »Umstellung«, »Synthese«, »Einstellung« oder »Raum« in ihrer heroischen Geschwollenheit zerpflückt und, den deutschen Rundfunk imitierend, »Weltgeschichte aus dem Bierkrügel« zum Besten gibt. Seine Zuhörer schaudert es, und sie schütteln sich gleichzeitig vor Lachen, wenn er den politischen Kundgebungen stimmlich Gestalt gibt. Ob er nun einen jesuitischen Polizeikommissär gibt, einen alten jüdischen Journalisten, einen blasierten Schauspieler oder einen besessenen Literaturjüngling, er kopiert diese Typen nicht, sondern versteht es, in ihre Haut zu schlüpfen. Und wenn er einen radotierenden Betrunkenen gibt, der, den Hut im Nacken, beim achten Viertel hält und 1913 die dräuende politische, soziale und geistige Pleite vorauslallt, dann ist der Kerl »aus der Erde, die die Weinstöcke genährt, geformt, mit Fusel angefeuchtet, man spürt seinen alkoholischen Hauch, der uns wie aus einem Fasse entgegenschlägt und der Genius loci leuchtet im heiligen Feuer klassischer Ordinärzeit.«[42]

Das Szenario der Kuhschen Performances ist karg. An Requisiten auf der Bühne: ein Tisch, ein Stuhl, auf dem Tisch – ab Mitte der zwanziger Jahre – eine Flasche Kognak, manchmal ein Glas dazu, das er sich ab und zu randvoll einschenkt. Kuh nimmt Platz, redet sich warm, kommt in Bewegung, steht auf, steht hinter dem Stuhl, gestikuliert, geht dann anderthalb, zwei Stunden herum, sprechend, ringend, die Worte aus den Gesten schöpfend, vom Tisch zu den Fußlichtern, von der Rampe zur Flasche zurück, in Abschweifungen, bisweilen stockend, dann wieder angetrieben von Einfällen. Immer wieder unterbrochen von spontanem Beifall, von Zeit zu Zeit ein Zwischenruf, der schlagfertig pariert wird.

Anton Kuh schont nicht nur sein Publikum nicht, er macht erst recht vor sich selber nicht halt. Er ist mit straff konzentrierter Energie bei der Sache. Sein Stegreifen hat mit dem Sprechen nach einstudiertem Text, dem Pendeln zwischen tonloser Litanei und pathetischer Fehlbetonung, oder dem Aufsagen nach einem Konzept oder einem vorgesetzten Plan oder in der Manier jener Kabarettisten, die durch verlegenes Knopfnesteln, Pausenmachen, Hüsteln, Krawattenzupfen, Ins-Publikum-Grinsen der Einstudiertheit ein legeres Äußeres verleihen möchten[43], nichts zu tun. Sein Publikum erlebt mit, »wie einer schwitzend *coram publico*« denkt, es erlebt »Nacktabend[e] des Geistes«.[44]

Beinahe polizeiwidrig dumm: Die Wiener Polizeibehörde verlangt im März 1924, daß man ihr die Stegreif-Conférence Anton Kuhs vorlege, die die Aufführung von Frank Wedekinds nach wie vor verbotenem »Sonnenspektrum« in den Wiener Kammerspielen – als geschlossene Nachtvorstellung für geladene Gäste – einleiten sollte. Sie wäre genauso überrascht gewesen wie die Premierenbesucher, die schon der Generalprobe beigewohnt hatten, und hätte wohl eingesehen, daß die Erfüllung dieses Verlangens ebenso zweck- und sinnlos war wie die Aufforderung dazu lächerlich. »Kuh sprach nämlich, obschon er sich an das Thema hielt, das ihm im Hirne brannte, Neues zur (Herzens-) Sache. Und sprach es, was doch anders (und auch heller und heftiger) als am Vorvormittage klang, in einer Form, deren Geschlossenheit der dieser Theatervorstellung zu entsprechen schien.«[45]

Selbst wenn Kuh mit einem Vortrag auf Tournee geht und wie zum Beispiel mit »Sachlichkeit in der Erotik« am 16. Feber 1930 in Berlin, am 2. März in Wien und am 6. März in Prag auftritt oder mit »Warum haben wir kein Geld?« am 15. November 1931 in Wien, am 23. November 1931 in Prag, am 5. Dezember 1931 in Berlin, am 16. Dezember 1931 in Mährisch-Ostrau und am 23. Januar 1932 in Hamburg, steht zwar ein thematischer Kern, aber er gerät vom Hundertsten ins Tausendste, ganz nach seiner Maxime: »Sich so in jeder Seitengasse des Themas verlieren, daß man die Hauptstraße abschneidet –: Grundbedingung einer guten Rede.«[46]

Selbst wenn er »vorliest«, improvisiert er: etwa im Vortrag »Von Grinzing bis Peking«, der im Feber 1928 angekündigt wird als »Anton Kuhs Panoptikum«, als »heiterer, parodistischer Abend«, an dem Kuh »aus seinen gedruckten und ungedruckten Schriften« *sprechen* wird. »So wenig, wie sich Kuh in seiner ganzen Persönlichkeit in einen bürgerlichen Rahmen oder Beruf zwängen läßt, so wenig taugt er auch zur Rolle des Autors, der »aus seinen Werken vorliest«. »Selbst das bereits Gedruckte verändert bei ihm unter dem Einfluß dessen, was ihm der

Tag und die Stunde, manchmal sogar der Abend zuträgt, seinen Inhalt und wird von ihm mit einer oft geradezu genialen Assimilation an den Augenblick, an seine eigene Stimmung und an die, die er aus den vor ihm sitzenden Zuhörern sich entgegenwehen spürt, aus dem Stegreif neu geformt, mit neuen Pointen und glitzernden Facetten versehen, so daß auch oft Gehörtes neu wird.«[47]

Was von den Titeln der Kuhschen Stegreif-Reden zu halten ist, wissen seine Zeitgenossen: »Das im Augenblick geborene Werk jedoch verachtet den Titel jedesmal – auch in *dem* Falle, daß Kuh einmal wirklich den angekündigten Gegenstand traktieren sollte.«[48] »Warum haben wir kein Geld?« (Sonntag, 15. November 1931, 11.30 Uhr, Theater in der Josefstadt) wird drei Tage davor im »Neuen Wiener Journal« noch angekündigt als »Meine Einlage bei der Amstelbank«.[49] »Die Weltpest oder Die Diktatur der Postbeamten« (Brünn, Samstag, 20. Mai 1933, Dopž-Saal) als »Der Geist des Mittelalters«[50] und als »Der Geist des Mittelalters. (Wovon man nicht sprechen darf!)«.[51] In Prag wird der Vortrag »Die Weltpest oder Die Diktatur der Postbeamten« (Mittwoch, 24. Mai 1933, 8 Uhr, Saal der Städtischen Bibliothek) vier Tage zuvor unter »Weltpest oder Von Asch über Wien nach Berlin und zurück«[52] angekündigt. Der vom Verein für internationale Kulturarbeit veranstaltete Preßburger Vortrag wird ursprünglich angekündigt als »Hamlet im Sanatorium«, in einem gestalteten Inserat am Tag der Veranstaltung dann als »Hamlet und Faust oder das Genie und der Bürger«.[53] »Die jüdischen Reichen« (Prag, Donnerstag, 12. Oktober 1922, 8 Uhr abends, Großer Uraniasaal) wird in der »Bohemia« angekündigt als »Der Jude und der Deutsche«[54], im »Prager Tagblatt« als »Juden und Deutsche«.[55] »Wien – Prag oder: Die Diktatur der Bureaukratie« (Prag, Freitag, 17. April 1925, 8 Uhr, Uraniasaal) war ursprünglich angekündigt unter dem Titel »Prag, Erlebnisse und Erkenntnisse«[56], dann unter »Wien – Prag (Ein kulturpolitischer Vergleich)«.[57] Titeländerungen, die wirken wie bloße Akzentverschiebungen – aber Anton Kuh kommt ohnehin immer vom Hundertsten ins Tausendste.

Auch wenn es oftmals völlig nebensächlich sein mag, *worüber* Kuh spricht – sein »rednerisches Gebiet erstreckt sich von Stendhal, Sexus, Voltaire bis zum Heurigen und der Prater-›Hutschen‹«.[58] Wiederholt ist Wedekind, der Bürgerschreck und Sexualrevolutionär, Thema. Auf den Spuren Otto Gross' wandelnd, widmet sich Kuh unter Titeln wie »Die sexuelle Revolution«, »Die Erotik des Bürgers« oder »Dilettanten der Liebe« auch des öfteren seinem Leib- und Magenthema, beharrlich auch seinen im Großessay »Juden und Deutsche« vorgetragenen provokanten Thesen. Er reagiert auf aktuelle Vorfälle. Polemisiert etwa

53

unter dem Vortragstitel »Ein Pferd, ein Pferd ...« am 3. Januar 1922 gegen Leopold Jessners Inszenierung von »Richard III.«, die gerade im Wiener Raimund-Theater gastiert, und gegen die »modernen Regisseure aus der Schule des Berliner Bluffs«[59] sowie Fritz Kortners Interpretation der Hauptrolle als »gekrönter Fleischerknecht«. Oder nimmt im März 1924 den hohe Wellen schlagenden Kadivec-Prozeß zum Anlaß, sich im Kleinen Musikvereinssaal über die österreichische Justizbürokratie auszulassen. Oder die diplomatischen Turbulenzen, die eine Prager Karikaturen-Ausstellung im Frühjahr 1934, um unter dem Titel »Erlaubte Karikaturen« über politische Photomontagen zu sprechen. Er greift Stimmungen auf, zieht etwa im Mai 1926 gegen das wehleidige Geraunze über den Wiener sozialdemokratischen Finanzstadtrat Hugo Breitner unter dem Titel »Der Breitner ist schuld!« her, der für alles, was im heruntergekommenen Wiener Theater- und Vergnügungsbetrieb schiefläuft, verantwortlich gemacht wird. Oder tritt 1931, 1932, mitten in der Weltwirtschaftskrise, mit »Warum haben wir kein Geld?« als Paria des Kapitalismus und Routinier der Pleite auf.

»Mit äusserster Intensität seine bis zum Bersten gefüllte Person aus Anlass eines Publikums zur rednerischen Entladung zu bringen«, so beschreibt Franz Blei die höchst seltene Begabung Anton Kuhs, die ihm, Blei, außerordentlich Disparates in einer Person zu vereinen scheint: »Nämlich ein fortreissendes Temperament und gleichzeitig die Fähigkeit, mit der Hellsichtigkeit eines Schlafwandlers am unsichtbaren Seile des Gedankens zu wandeln, also sowohl Chaos wie Ordnung zu sein, und beides in einem«. Blei weiter: »[D]a ist mit höchster Dezision gesprochen und mit einer Leidenschaft der Gesinnung, die ja überhaupt nur und allein der Anlass solcher Rede sein kann, nicht selbstgefällige Schöngeisterei, die sich spreizt. Das plätschert nicht munter und schäumt zuweilen ein bisschen auf, sondern das haut und sticht, muss es sein, auch gegen sich selber. Was ist ein solcher Redner wie dieser Anton Kuh? Ein Mensch, der sich blossstellt. Ein Wehrloser. Einer, der sich weder in Deckung noch in Schutz begibt.«[60]

Einen ähnlichen Eindruck gewinnt Alfred Kerr, der den Berliner Vortrag »Warum haben wir kein Geld?« fasziniert resümiert: »Das Ganze: kaum ein Vortrag. Sondern der Eindruck von einem Menschen. [...] In seinen Vorträgen war ich zum ersten Mal. Es ist kein Vortrag, sondern der Eindruck von einem Menschen.«[61]

Kuh ist mit dem höchsten Einsatz zugange: sich selbst. Er verschenkt sich. Oder, wie ein Prager Rezensent den »von einer geradezu antiken Leidenschaft und Beredsamkeit überhitzten Gedankenlauf« beschreibt, deren einzigartiger Wirkung man sich unmöglich entziehen könne: »Eine Exhibition geistig-artistischer Grazie!«[62]

Wie eine Nachbetrachtung seiner ersten Vorträge wirken Kuhs Einlassungen über den Bauchredner, den er als »einzigen würdevollen, souveränen Beruf auf Erden« bezeichnet, dessen Kunst der Inbegriff einer absoluten Leistung sei.[63] Der Bauchredner, der einen »Ersatzmann ins Treffen des Daseins« führe, den redenden Bauch nämlich, sei von keiner Weltanschauung und Zeitströmung abhängig, von keinem Milieu und Publikum und brauche dem Zuhörer keine Konzessionen, geschweige denn sich mit diesem gemein zu machen. Er bleibe stets Souverän und damit bei sich, gehöre sich selbst. Im Gegensatz zum Zirkusclown, dessen Narrentum sein Schicksal, nicht sein Beruf sei und der sich hinter Gipsnase und Gummibauch verausgabe, sodaß ihm nach dem »Rausch des Selbstbewußtseins« in der Manege nichts bleibe als das »Sodbrennen im Artisten-Café«.

Von der Zuhörerseite her siedelt er das Stegreif-Spektakel auch in der Artisten-Arena an: als Equilibristen-Nummer. Sie versetzt den Zuschauer in die hoffnungsvolle Bangnis, »jetzt und jetzt werde das straff gespannte Seil der Rhetorik reißen und der hocherhabene Sprecher in die Manege plumpsen.«[64] »Nichts Odioseres als Wortreiter, die nie aus dem Sattel fliegen!«, bringt Kuh die Erwartung des zahlenden Publikums auf den Punkt. »Nicht ohne Selbstironie« lautet die redaktionelle Fußnote des »Berliner Börsen-Couriers« zu diesem Aperçu.[65]

Franz Blei mutmaßt, daß die Muse des Stegreif-Redners höchst bissige Zähne habe: Kuh werde vor der Rede acht Stunden »mit aufs äusserste erregten Nerven seines Hirns im Bett liegen und acht Stunden nachher mit aufs äusserste erschöpften Nerven«. Der bestätigt diese Vermutung in seinen »Bekenntnissen eines Improvisators«, in denen er sich ins Blatt schauen läßt, von dem er eben nicht abliest: Stegreif-Sprecher bezahlen den »Genuß der Glutdurchflossenheit und des Sekundentriumphs« mit dem darauf folgenden »Katzenjammer. Sie fallen nämlich aus dem Schall ins Nichts. Die anderen sind befruchtet – sie entleert.«[66]

Was zeichnet dieses »arithmetische Mittel aus Nietzsche und einem Bauchredner«[67], als das Kuh den Stegreif-Artisten bezeichnet, aus: Das seien Menschen, »bei denen die Filmspule der Phantasie mit so rasender Geschwindigkeit läuft, daß, was ihr im Augenblick zufliegt, eine Sekunde später gesprochen oder gedacht, schon nicht mehr wahr ist.«[68] Das Reden sei »ein Wettgalopp zwischen Bild und Wort. Wenn dieses der Phantasie hoffnungslos nachjagt und um eine Nasenlänge geschlagen bleibt – dann hat der Redner gesiegt. Wenn es ihr voranläuft, hat er verspielt.«[69]

Wie aber kommt er erst ins Reden? Wie »stegreift« er? Was prädestiniert ihn dazu? In dem launigen Text »Über das Reden« läßt er sich in die Karten sehen: »›Stegreifreden‹, das heißt im Grunde: sich einbilden können, daß man unter dem Galgen steht und nur noch fünf Minuten für eine rettende Ansprache Zeit hat.«[70] Oberste Regel: »des Redners Blutdruck ist wichtiger als seine Beschlagenheit. Voll wie ein Faß muß dein Hirn beim ersten Satz sein. So daß du's nur mit einem Witz anzuzapfen brauchst, damit es überläuft.«[71]

Entgegen Franz Bleis Annahme hütet sich Kuh davor, sich seine Rede vorher »in allen Gedanken- und Beweisgängen deutlich zu machen«. Täte er's, ergäbe das ja nur eine Art Memorieren, »die Affekte wären längst verdampft, wenn die Worte auf die Welt kommen. Ich mache mir also bloß klar, was ich jemandem über die Materie, die ich behandeln soll, unter vier Augen und mit ein paar Sätzen sagen würde.«[72]

Wie erlangt man das Animo, das es braucht, um beim Reden in Fahrt zu kommen? – »Dadurch, daß man es sich als Antwort auf eine unbekannte These oder Entgegnung suggeriert, das heißt: sich mit der verschluckten Anrede: ›Falsch!‹ oder ›Im Gegenteil!‹ aufs Podium schwingt. Als seien nämlich Hunderte Menschen im Saal versammelt, die einen mit dem gleichen Ruf empfangen.«[73] Kuh konstruiert sich einen Widersacher, gegen den er sich nach allen Regeln der Fechtkunst in Hieb und Parade funkelnd verteidigt.

Wenn es wirklich geschieht, hat er schon gewonnen! »Er braucht dann keinen Kognak mehr, kein Anfangspathos (das für die Rede ungefähr dasselbe bedeutet wie die Kurbel für das Auto), ja nicht einmal ein Podium. [...] er kann aus dem Zustand des thematischen Blutandrangs nach dem Kopfe nicht mehr in die entsetzliche Verfassung der Blutleere und Affektlosigkeit fallen.«[74] Wenn nicht, stellt er sich vor, der Saal empfange ihn geradezu mit dem Ruf: »Im Gegenteil!« Dann: »Von der straff gespannten Sehne dieser Einbildung schnellt mein Redepfeil los. Es ist durchaus keine rhetorische Arbeit mehr, das Rhetorische ergibt sich daraus so von selber wie aus der Wut des Schimpfens.«[75]

Der Stegreif-Redner schleudert *sein* »Falsch!« oder »Im Gegenteil!« einem »markierten Gegner« ins Gesicht, den er sich mit aufs Podium nimmt, er »polemisiert mit einer Luftgestalt«[76], die er sich als »einen niederträchtigen Dickschädel, als einen prinzipiell Anders-Gesinnten, als einen hämischen Beinsteller« vorstellt, der jede noch so plausible Bemerkung mit der Frage »Wieso?« oder mit der Aufforderung »Beweisen!« unterbricht. Aus der Vorstellung, diesen ekelhaften Popanz am Kragen zu halten und mit ihm anstellen zu können, was er will, sprudelt sein Redefluß.

Wie entgeht er bei dem Drahtseilakt der Gefahr, in die Manege zu plumpsen, aus der »hirnheißen Antwortstimmung«[77] gerissen zu werden, ins Stocken zu geraten, und damit dem Verhängnis, die »Zirkus-Erwartung, ob er nicht doch endlich vom gespannten Seil der Worte« herunterfalle,[78] zu erfüllen?

Kuh hat da so seine Kniffe und Tricks, sich aus dieser Gefahr rauszumanövrieren. Und das sind nicht die billigen Tricks des Kabarettiers, die locker eingestreuten, aufgesetzten Verlegenheitsgesten des Conférenciers mit seinem Habitus der zwanglosen Aufgeknöpftheit: die versonnene, suchende Gebärde etwa, als habe man mitten in der Rede einen Fleck auf dem Ärmel entdeckt, den man, weiterredend, mit großer Umsicht wegzuputzen beginnt; oder das Betrachten der Fingernägel. Er verstummt plötzlich, als zehrte er an einer ablenkenden Reminiszenz, während er in Wirklichkeit denkt: »›Heiliger Gott, spreche ich über Kaninchenzucht oder Zionismus?‹«[79] Oder er läßt »die Grammophonplatte der Sprache leer laufen«, ohne daß er den Stift des Sinnes aufsetzt[80], soll heißen, er macht ein paar Minuten lang »bloß Sprachwind«,[81] bis ihm wieder etwas eingefallen ist und er sich mit einem Ruck aus der Gedankenflaute bugsiert.

Sein »Hausmittel für Undisponiertheit« aber ist und bleibt: Überzeugtheit. Fehlt es ihm an Einfall und guter Laune, eine Welt aus dem Ärmel zu schütteln, dann bezieht er »die Siegfried-Stellung des Vortrags«, das heißt, er beginnt sich »wahnsinnig und brüllend zu erregen. Am nächsten Tage heißt es dann: nicht alles, was Herr Kuh spricht, hält der Kritik stand, aber in ihm glüht der Wahrheitsdrang!«[82]

Wenn der Schwung doch einmal erlahmt, helfen Zwischenrufe. Während Beifall eher bequem macht, wirbeln mäkelnde oder höhnische »Ahas«, »Ohos« und »Hehes« aus Parkett und Galerie die schlapp gewordene Sprechlust wieder auf. Wenn Kuh so schlecht gelaunt ist, daß er den eigenen Überzeugungen phlegmatisch gegenübersteht, teilt er Freunden vor dem Vortrag bestimmte Zwischenrufe zu, auf die reagieren zu müssen ihn wieder befeuert. Sogar »Idiot!« läßt er sich einmal zurufen: »es erbitterte die einen, erwärmte die anderen und brachte Stimmung ins Haus.«[83]

Friedrich Torbergs zweifelhaftes Loblied auf diesen Literaten, der sich leider außerstande zeige, »den Witz und den Geist, den er am Kaffeehaustisch mit müheloser Grandezza versprühte, in eine für den Druck und vollends für den Buchdruck geeignete Form zu fassen«[84], mag an üble Nachrede grenzen; Freunde Kuhs, die über den Verdacht erhaben sind, sie verträten die Sache Karl Kraus', bestätigen indessen Torbergs Beobachtung – indem sie dessen Abschätzigkeit in höchste Anerkennung wenden. Die Schrift sei nicht Kuhs eigentliches Ausdrucksmittel, Schreiben sei für ihn nur ein Umweg, seine Gedanken suchten den kürzesten Weg der Mitteilung, kurz, sein Element der Mitteilung sei die Rede, und zwar die im kleinen Kreis.

Rudolf Olden, langjähriger Chefredakteur des »Berliner Tageblatts«, etwa hält fest, daß die großen Wiener und Berliner Säle mit ihren Hunderten Plätzen nicht Kuhs »wirkliches Forum« seien: »Sondern ... Er kommt auf eine Minute in die Redaktion, etwa zwischen eins und zwei, also frühmorgens, wenn zarte Menschen frisch und auf der Höhe ihrer Nervenkraft sind. Er muss dem Redakteur einen dringenden Wunsch vortragen. Er bittet, ersucht, fordert, plädiert, wirbt. Aus den Nebenzimmern sammelt sich ein Auditorium, das ihn anspornt. Er erwählt sich einen Gegner unter ihnen, der zu kurzen Zwischenrufen zugelassen wird. Das ist der Antagonist, der Feind, der advokatus diaboli, der Andersgläubige, der Vertreter einer fremden Weltanschauung, der Vorkämpfer eines fernen Kosmos, in ihm wird das Böse schlechthin apostrophiert. Anton Kuhs bleiches Gesicht leuchtet, die weissen Hände formen die Plastik kleiner Dinge, die ins Grosse wachsen, ein Katarakt von Worten füllt das Zimmer, aus einem unwahrhaftigen Gedankenstrich entsteht ein heuchlerisches Jahrhundert, aus einem falschen Gestus ein ungerechter Erdteil, eine Weltkatastrophe wird auf den Setzfehler zurückgeführt, der sie vollkommen symbolisiert.« Das sei »die eigentliche Kunst dieses Künstlers«, in der er unübertroffen und unvergleichlich ist. Alles sehr luftig, flüchtig, gewichtlos – trotzdem unvergeßlich. Wenn er vor einem Parkett spreche, weiche er schon ab von seiner Linie, passe er sich einem ihm inkongruenten Format an.[85]

Karl Tschuppik stößt ins selbe Horn: Im kleinen Kreis brilliere der Redner und entfalte »seine Riesenpanorama-Phantasie und den Enthusiasmus des Denkens« ungehemmt, »die kleine Schar, die ihn schätzt und den Reichtum seines Geistes wie einen seltenen Garten bewundert, hat Tieferes und Größeres empfangen«: »Er hat an melancholischen Herbstabenden, in langen Winternächten, an Frühjahrsmorgen, im Freien oder unter Dach, auf langen Spaziergängen, in Redaktionsräumen, Kneipen und stillen Wohnungen die besten Früchte seines Denkens hingegeben, ohne daß sie eine Feder festgehalten hätte. Viele dieser freien, improvisierten Vorträge waren druckreif; es hätte nur eines stillen Mitschreibers bedurft, um etwa ›Beethovens Tod‹, ›Schopenhauer, der Humorist‹, ›Kant, Goethe, Richard Wagner und die Deutschen‹, ›Die Welt Raimunds‹ als Zeugnisse originalen Denkens auch einem großen Kreis zu vermitteln.«[86]

Auch Kurt Tucholsky durfte eines der Kuhschen ›Privatkabaretts‹ erleben, eine Improvisation französischer Parfum-Namen: »Ich habe fast alle vergessen, aber es war zum Heulen.«[87]

In Verlegenheit gerät Kuh regelmäßig, wenn er, auf Vortragstournee im Dritte-Klasse-Abteil durch die Tschechoslowakei unterwegs, von Mitreisenden im Coupé, zumeist Handlungsreisende, die ein Gespräch anknüpfend, von ihm wissen wollen, in welcher Branche *er* denn reise: »Ich ... rede.« – »Sie reden? Das tun wir alle.« – »Ich meine – ich halte Vorträge.« – »Schön. Aber für welchen Artikel halten Sie die Vorträge?« – »Die Vorträge sind mein Artikel.« Unbehagliche Verlegenheit, die sich nur durch die Verständigung über saisonale Konjunkturschwankungen und die schnöde Welt von Chefs und Kundschaften ausräumen läßt. – »Nach zehn Minuten bin ich nicht mehr der Stegreifredner A. K., der im Nebenberuf Aufsätze schreibt, sondern ein Garnreisender der Firma Demosthenes und Cie. Wirtschaftlich untergründet und soziologisch eingeordnet verlasse ich am Reiseziel meinen Waggon. Ich komme mir seriös vor.«[88]

Es hätte durchaus sein können, daß er auch einmal mit jemand im Abteil zu sitzen gekommen wäre, der im selben Artikel reiste, denn Handlungsreisende in Geist und Kultur sind in den 1920er und 1930er Jahren zuhauf unterwegs: Rezitatoren mit literarischen Programmen, Autoren, die aus eigenen Texten lesen, Universitätsprofessoren, die neueste naturwissenschaftliche Erkenntnisse unters Volk bringen, Reiseschriftsteller, Lebensreformer, Okkultisten, Spiritisten und politische Propagandisten jeglicher Spielart und Couleur – die von den Zeitungen in eigenen Rubriken wie »Aus dem Vortragssaal«, »Vorträge«, »Veranstaltungen« oder »Kunst, Wissenschaft, Literatur« nicht nur angekündigt, sondern auch besprochen werden.

Anton Kuhs Stegreif-Reden, sein Hauptwerk, sind bis auf wenige Ausnahmen ein für allemal verschollen. Seine Rezensenten äußern vielfach und nachdrücklich den Wunsch, Kuh möge seine Reden doch niederschreiben, Freunde beschwören ihn, sie auch in Broschürenform zu veröffentlichen. Dafür ist der Improvisator nicht zu gewinnen. Er weiß sich dabei in bester Gesellschaft: Auch der Ritter Falstaff könnte sich im Wort toller und sprachtrunkener überkugelt haben, als es sogar ein Shakespeare nachgemalt habe. Eine Ahnung davon gebe »jener andere Falstaff, der sein eigener Shakespeare sein wollte«: Peter Altenberg. »Welcher matte Löschblatt-Abdruck seiner Ekstasen sind die Werke dieses Mannes für den, der ihn reden gehört hat! Und noch ein anderer, längst Vergessener, fällt mir ein, mein – wenn ich es sagen darf – erlauchter Vorgänger auf dem Podium: der Westpreuße Bogumil

Goltz. Man braucht nur eine seiner hinterlassenen Schriften mit dem Aufsatz zu konfrontieren, den Ferdinand Kürnberger unter dem Titel ›Soll und Haben eines Naturgenies‹ über ihn schrieb, um zu erkennen, wie wenig da von Redeglut auf dem kalten Papier übriggeblieben sein muss – soviel Meisterhaftes und Vorahnendes auch noch immer stehen blieb!«[89]

1917 – 1919

»Inspiratorische Traumstimmung« für den »Golem« – stocknüchterne Realität hingegen im wiedereinberufenen Reichsrat, aber um nichts weniger aufregend in diesen Tagen.[90] Am 12. Juni 1917 erklärt Präsident Gustav Groß um 11.10 Uhr die vierte Sitzung der XXII. Session für eröffnet. Wie die Vertreter der einzelnen Völkerschaften schon in der konstituierenden Sitzung klargelegt haben, demonstrieren nun vor allem die tschechischen Abgeordneten während der Rede des Ministerpräsidenten, daß sie nicht gewillt sind, dessen Vorhaben, alle Nationalitäten in die Regierung einzubinden – »Seien wir alle vor allem Österreicher!« –, mitzutragen. Heinrich Graf Clam-Martinic versichert die Abgeordneten, daß die Regierung alles aufbieten werde, »damit die Tagung des Reichsrates unserem geliebten Vaterland in dieser ernsten Stunde eine mächtige Stütze sei und der Bevölkerung in dieser schweren Zeit Hilfe und Trost bringe«. Ganz im Sinn der »Thronrede Seiner k. und k. Apostolischen Majestät des Kaisers Karl I.«, gehalten bei der feierlichen Eröffnung des Reichsrats am 31. Mai 1917, versucht er das Haus auf die Einheit des Staatswesens einzuschwören.[91] Vergebens.

Anton Kuh verfolgt die zweite,[92] die siebte[93] und insbesondere die dreizehnte Sitzung der XXII. Session, in der jene legendären Worte fallen – in seinem Bericht[94] zensuriert –, die er immer wieder zitiert, weil sie für ihn geradezu formelhaft das Verhältnis des Staatsbürgers zur Obrigkeit im alten Österreich fassen. In dieser dreizehnten Sitzung am 3. Juli 1917 steht eine Debatte der »§-14-Verordnungen«[95] auf der Tagesordnung – insbesondere die »Kaiserliche Verordnung vom 25. Juli 1914 über die zeitweilige Unterstellung von Zivilpersonen unter die Militärgerichtsbarkeit« –, die die Regierungen Cisleithaniens seit der Vertagung des Reichsrats erlassen haben. Bevor man zur Tagesordnung übergeht, verliest Ministerpräsident Ernst Ritter von Seidler ein mit 2. Juli 1917 datiertes »Allerhöchstes Handschreiben«. Kaiser Karl erläßt darin Personen, die von einem »Zivil- oder Militärgericht wegen einer der folgenden im Zivilverhältnisse begangenen strafbaren Handlungen verurteilt worden sind, die verhängte Strafe«: unter anderem Hochverrat, Majestätsbeleidigung, Beleidigung der Mitglieder des kaiserlichen Hauses, Störung der öffentlichen Ruhe, Aufstand und Aufruhr. Die Amnestie für politische Delikte – in deren Genuß auch eine Handvoll (bis dahin ehemaliger und nunmehr reaktivierter) Reichsratsabgeordneter kommt, als prominentester Karel Kramář, Leitfigur und vehementer Vertreter einer tschechischnationalen Politik –, gedacht als Geste der Versöhnung, heizt jedoch die alten Nationalitätenkonflikte an, die schon in der ersten Sitzung des wiedereinberufenen Reichsrats wieder virulent geworden sind. Sie polarisiert nicht nur im Reichsrat, auch weite Kreise der deutschsprachigen Bevölkerung Wiens sind empört über den (aus ihrer Sicht) Kniefall vor den Rädelsführern der »tschechischen Verräter«.

Der sozialdemokratische Abgeordnete Engelbert Pernerstorfer läßt sich in seiner Wortmeldung »mit Scham und Erbitterung über die Knechtschaffenheit dieses Hauses« – unter lebhaftester Teilnahme desselben – aus, das keiner einzigen §-14-Verordnung jemals die Genehmigung versagt habe; über Graf Stürgkh, »der wirklich viel mehr ein Hochverräter und Staatsverräter war als alle von Militärgerichten Verurteilten *(Lebhafter Beifall und Händeklatschen)*«, und kommt dann auf die »§-14-Wirtschaft« im allgemeinen, daß Schindluder mit dem Notverordnungsparagraphen getrieben wurde, zu sprechen: »Vom Jahre 1897 angefangen haben wir eine Zeit gehabt, wo man überhaupt keinen Österreicher hat finden können, höchstens einen irgendwo in einem Amte verstaubten Hofrat, der behauptet hat, er ist ein Österreicher, aber sonst hat man nirgends einen Österreicher gefunden; wir waren Deutsche, Tschechen, Polen, was Sie wollen, aber Österreicher hat es nicht gegeben. Es ist auch sehr natürlich, daß sich in diesem Österreich niemand wohl gefühlt hat und diese Lust des Hochverrates, von der so vielfach gesprochen wird, war in Österreich immer recht lebhaft. Ich kann mich an meine Jugend erinnern, das ist ja alles schon verjährt – und kann ruhig sagen, ich war in den 70 Jahren ein ausgemachter Hochverräter. [...] Was ein anständiger Mensch ist, meine Herren, muß einmal in seinem Leben Hochverräter gewesen sein. *(Lebhafter Beifall und Händeklatschen.)*«[96]

Für derlei »Flaumacherei« setzt es prompt einen Rüffel von bundesbrüderlicher Seite. In einem offenen Brief an den prononcierten Deutschvölkischen Ernst Graf zu Reventlow[97] – den »ungekrönte[n] König des Hurrah- und Heijoh-Deutschtums« und »Leitartikeleroberer Europas samt umliegenden Ortschaften« – belustigt sich der »Morgen« über den in der von Reventlow redigierten »Deutschen Tageszeitung« (deren Motto: »Für Kaiser und Reich! – Für deutsche Art! – Für deutsche Arbeit in Stadt und Land!«) erhobenen Vorwurf der »Preßtreiberei

61

gegen Deutschland« und über die Empörung vis-à-vis der laschen Haltung der Wiener Zensur, die aus Berlin energisch zur Ordnung gerufen wird, und verwahrt sich dagegen, sich »ins Schlepptau des pangermanischen Wahnsinns nehmen lassen«. Die Reaktion der »D. T.«: »Wie wir im übrigen über den Artikel und die Art der von ihm vertretenen Publizistik denken, wollen wir durch folgenden ›Vergleich ohne *tertium comparationis*‹ andeuten: ›Es war Luther, der den Namen seines Gegners Cochlaeus mit Rotzlöffel übersetzte‹.«[98] Anton Kuh dupliziert: »Graf *Reventlow* holt als Entgegnung auf unsere letzte Glosse zum letzten Argument aus. Es heißt: ›Rotzlöffel‹. Der Herr Graf meint damit offenbar, der Luther oder Götz selber zu sein. Aber der Gebrauch jener vielzitierten Wendung, die zu einer ›ung'schafften Arbeit‹ einlädt, ist allein noch nicht ›Kraft‹. Die Teutonen der Schmelz[99] treffen's nicht schlechter ...«[100]

In der Wiener Montagszeitung »Der Morgen« glossiert Kuh ab März 1917 Woche für Woche die laufenden Ereignisse voll polemischer Verve. Er kommentiert dort ätzend den »blechernen Namens-Schwall«, der in waffenbrüderlich-patriotischem Überschwang nun nach allen Provinzstädten, wo jede Hauptstraße nach Conrad von Hötzendorf und jeder Hauptplatz nach Kaiser Wilhelm benannt worden ist, auch das ehrwürdige Mauerwerk Wiens mit »vaterländischen Reklametapeten« verhunzt;[101] antisemitische Rülpser der Klerikalen und kaum verhohlene Aufrufe zum Pogrom, die im Verlauf des Kriegs immer weniger verblümt in der deutschvölkischen Presse ihren festen Platz haben; das Muckertum und den Mangel an Zivilcourage bei seinen Mitbürgern im Hinterland. Er verfolgt mit Argusaugen Akte von Behördenwillkür und Zensur, die immer wieder auch *seine* Texte verstümmelt.[102] Er registriert entsetzt die Provinzialisierung der Metropole – nennt etwa schon im Januar 1918, verärgert darüber: daß die Theaterzensur Stücke »welscher« Autoren von den Bühnen verbannt, Wien »die größte Kleinstadt deutscher Zunge«[103] – und polemisiert, als sich die Fälle, da »Damen ohne Begleitung« in Wiener Cafés nicht bedient, sondern des Lokals verwiesen werden, gegen die etwas einseitige Auffassung der Wiener Kaffeesieder, in deren Weltbild nur Platz ist für »Damen mit Begleitung« oder »Solchene«, sprich Gattin oder Animiermädel.[104] Er wettert gegen das bürgerliche Frauenbild, das »dem Mann den Platz am Steuer der Welt, der Frau aber in der Kuchel zuweist und sich am Anblick eines lesenden Weibes sittlich entrüstet«.[105] Er verdammt im November 1917 die Preistreiberei, mehr noch als das überhandnehmende »Wurzen« indessen die Niedertracht jener Großkopferten – in den Anklageschriften als »der Gutsbesitzer R. v. B., der Herrenreiter Graf L., der

Großindustrielle Baron M., die Fabrikantengattin Marie v. G.« diskret chiffriert –, die nach Verlassen der Konzert- und Luxuscafés, Konditoreien und Bars stracks aufs nächste Polizeikommissariat eilen, um die exorbitanten Preise jener Schwarzmarkt-Viktualien anzuzeigen, in deren Luxus sie eben noch geschwelgt haben.[106] Er verhöhnt im Oktober 1917 in einem offenen Brief den Münchner »Simplicissimus«, weil dieser, einst Hort des »anderen« Deutschland, eingeschwenkt ist und nun »Für Gott, Kaiser und Reich!« auf sein Panier geschrieben hat und er »den bissigen Bulldog in einen braven Schäferhund verwandelt findet«.[107] Er läßt sich im Dezember 1917 maliziös über die von Statthalterei und Ministerium des Inneren nicht bloß geduldete, sondern offenbar wohlwollend begrüßte »Operettenvertrottlung Wiens« aus.[108] Er poltert im Juli 1918 gegen die patriotischen Tugend- und Moralwächter, denen Frauen als Arbeiterinnen in Munitionsfabriken und als Lazarettschwestern, »eventuell noch: Gretchen in der Gartenlaube, Blumenstickerin der Geschlechtslust« zwar recht sind, die ihnen aber Wahlrecht und Hochschulzugang verweigern.[109]

Und er eckt an. Etwa mit seiner ätzenden Glosse über die Ankündigung des vom Verband deutscher Hochschüler Wiens veranstalteten Vortrags über »Bühne und Leben« von Burgtheaterdirektor Max von Millenkovich – unter dem Pseudonym Max Morold seit 1898 Beiträger zur deutschnationalen, antisemitischen »Ostdeutschen Rundschau« –, die den Zusatz trägt: »*Deutsch-arische Gäste willkommen!*«: »Der k.k. Hofburgtheaterdilettant, der zu den kräftigsten Bejahern der neuösterreichischen Vereinspoesie, zu den unentwegtesten Schildträgern der Souterrainlokalkunst zählt, hat schon im vorigen Jahr sein deutschar'sches Programm entwickelt. Seither hat er keinen Anlaß versäumt, über die Fauna der deutsch-ar'schen Dichtung und die Flora des ostmärkischen Untalents Vorträge zu halten – wohl aber den: ein Burgtheaterdirektor zu sein. Deutsch-ar'sch war alles, was er bisher tat, so mögen denn auch seine deutsch-ar'schen Gäste willkommen sein! Sie wären ja auch im Burgtheater willkommen, wenn sie mehr als zwei Reihen füllten. So aber sind sie ihm herzlich unwillkommen. [...] Die hundertdreißig *stud. jud.* Thusneldens zuzüglich der zweihundertelf Romuald-Wozelkas und Gunther-Schebestas können mit ihrem Laute unter sich sein. Wie er den Saal verläßt, ist er wieder – der Max von Millenkovich.«[110]

Nicht nur die »Muskete« springt dem »deutsch-ar'schen« Burgtheater-Direktor bei,[111] die christlichsoziale »Reichspost« nimmt eine Zuschrift »aus deutschen Hochschülerkreisen« über jene »armseligen Schreiberseelen«, die »in den gewissen, zwar mit deutschen Lettern, aber darum durchaus noch nicht deutsch geschriebenen Blättern« un-

63

ausgesetzt Millenkovich hämisch benörgeln, zum Anlaß, eine ganz besondere »Blüte unseres heimischen Schrifttums«, dessen »Schreiber zu dem Vortrag keinen Zutritt hatten«, herauszugreifen und beim Namen zu nennen: »Ist es nicht ergötzlich, wie hysterisch sich hier klägliches Unvermögen abzappelt, geistreich zu erscheinen, wie einer in dem krampfhaft verzerrten Bestreben, sich witzig zu erweisen, seine völlige Witzlosigkeit enthüllt? [...] Und wie dürftig muß es um einen Schriftsteller bestellt sein, der den ›Witz‹ nicht veschmäht, statt ›arisch‹ ›ar'sch‹ zu schreiben! Kein Zweifel, dieser Herr Kuh würde uns unfehlbar für geistreich halten, wenn wir scherzweise den Tiernamen, den er trägt, ins Maskulinum verwandeln würden, was seine Leser, verlockt durch die Geistlosigkeit seines Geschwätzes, sicher in Gedanken schon oft genug getan haben.«[112] – »Stier«, »Ochs«? Die Schmähungen von rechts sind, überaus geistreich, auf »Muh!« gestimmt.

Als Theaterkritiker exerziert Kuh im »Morgen« auch Woche für Woche sein programmatisches »Épater le bourgeois«, und das respektloser, polemischer, sarkastischer denn je. Als Gerichtssaalreporter nimmt er sich oftmals jener skandalträchtigen Fälle an, die im Bereich »Sittlichkeit und Kriminalität« angesiedelt sind; nimmt er Partei für jene, die der Justizmaschinerie hilf-, weil sprachlos ausgeliefert und unter die Räder der Klassenjustiz kommen, weil sie sich ihrer Haut nicht zu wehren vermögen, da ihnen schlicht die Worte fehlen, die den akademischen Rechtsbürokraten im Talar genehm klingenden Worte. Die Praxis der Rechtsprechung wird nicht bloß mit ihren gesellschaftspolitischen Hintergründen verknüpft – patriarchale Doppelmoral, Heuchelei in Dingen der Sexualmoral –, Kuh schält das Personal, das den Vollzug der irdischen Gerechtigkeit über hat, aus seinen Ornaten – durchaus mit dem Pathos der Empörung. Die Glosse zu einem konkreten »Fall« weitet sich zur Justizsatire, zur mit Ingrimm bedachten Anmaßung des beamteten Zu-Gericht-Sitzens.

Empörung auch über die Willfährigkeit der Subalternen, die Gefängnisinsassen mit Billigung der Richter malträtieren;[113] über Gerichtspsychiater, die sich zum Büttel des Staatsanwalts machen, den hippokratischen Eid hippokratischen Eid sein lassen, wenn es darum geht, auch noch die vom Fronteinsatz schwer ramponierten und traumatisierten Lazarettler wieder »einrückend zu machen«.[114]

Prag, Hotel Zentral, 7.5.1918, 19 Uhr: Der alte Goethe und der junge Schopenhauer

Unter dem Thema »Der alte Goethe und der junge Schopenhauer« zieht Anton Kuh am 7. Mai 1918 im Rahmen einer vom »Prager Tagblatt« für das Kaiser-Karl-Wohlfahrtswerk veranstalteten Vortragsreihe gegen den »Geistespapst« und »Kunsttyrannen« vom Leder, der alles daransetzte, seinen Besitzstand gegen die jungen aufstrebenden Talente zu wahren, vor allem aber gegen »ein goethelndes Spießertum«, »das den Schlafrock tragen will, ohne je den Harnisch angehabt zu haben, und das ›Goethe‹ [...] nur benützt, um das Philistertum zu vergolden«[115]. Und verschreckt von »all dem Drängen der Überhitzt- und Überspitztheit von heute, die das Schaffen und Sagen unserer Jungliteraten umwittern«, wiegelt der Rezensent des »Prager Abendblatts«, der um den erziehlichen Einfluß von Kuhs Vortrag auf die im Saal anwesende Jugend fürchtet, betulich ab: »Vandalismus an geistigem Heiligtum soll man nicht gutheißen und nicht die Pietät zersetzen, mit der wir gerne manche menschliche Schwächen an unseren übermenschlich kraftvollen Olympiern verhüllt haben wollen.«[116] Berthold Viertel erfreut sich hingegen am jugendlichen Elan: »Man sah einen prächtigen Augenblick lang im schmalen blassen Gesichte Anton Kuhs das Profil der Jugend aufleuchten, die den Geist ernst nimmt und an der Idee leidet, die kämpfen muß und produzieren will. Es war das Verlockende an diesem unmittelbaren Spiel der Antithesen, daß man ein Gefühl wie von entscheidenden Geistestaten bekam, die man mitmachen darf. Eine Nuance mehr, sagte Kuh über die Goethesche Harmonik, und Goethe wäre ins Philisterium abgestürzt. Eine Nuance *weniger*, und Anton Kuh hätte genial – eine Nuance mehr, und er hätte unartig gesprochen. Aber wer hätte gedacht, daß die Farbenlehre ein so anregendes Thema abgeben könnte!«[117]

Von »Prager literarische[n] Kreise[n]« aufgefordert, »hier über ein *zeitgemäßes* Thema zu sprechen«[118], steht Kuh drei Wochen nach der vom »Montagsblatt aus Böhmen« als »erfrischende Oase in der unermeßlichen, öden Wüste der Prager Vorträge«[119] bezeichneten Philippika wider den unnahbaren Olympier in der Stadt der »neuen Generation« mit dem Thema »Die neue Generation« auf der Bühne des ausverkauften Mozarteums. »Nicht so gut aufgelegt wie unlängst«, meint Berthold Viertel, der den Grundriß der »neuen Generation« trotzdem »noch nie so kühn und sicher« gezeichnet findet: »Die Sintflut selbst sorgt dafür, daß diese Jugend nicht ›auch eine‹ Jugend sein kann und darf, sondern für uns alle und für sich selber *die Jugend* sein soll und muß. Keine Möglichkeit, daß die Geistigen von morgen, die Denkenden und Wollenden, die Produzierenden, wenn sie aus der Arche steigen und den Boden eines neuen Friedens betreten, in einer literarischen Mode oder überhaupt in der ästhetischen Kategorie steckenbleiben könnten. Es ist mit den ›Idealen‹, den ›Scheinwirklichkeiten‹, dem ›Bücherkasten‹ einer Kulturwelt *tabula rasa* gemacht worden. Der Sprecher der ›neuen Generation‹ zeigte, wie die jungen Köpfe und Herzen unmittelbar an die Wirklichkeit ge-

Prag, Mozarteum, 29.5.1918, 19.30 Uhr: Die neue Generation

raten müssen, wenn sie überhaupt geraten sollen, und daß sie dann in einem tieferen Sinn geraten werden als die vorherigen jungen Generationen. [...] Eine grundneue, weil neu begründende Anschauung überhaupt, Anschauung der ›menschlichen Idee‹, weil des Menschen selbst. Ein Idealismus, der sich da noch bewähren soll, wird, in jedem Sinne, aus dem Blute empor steigen müssen.«[120]

In der Vollversammlung der »deutschen« Reichsratsabgeordneten im Niederösterreichischen Landhaus in der Wiener Herrengasse wird am 21. Oktober 1918 um 5 Uhr nachmittags die Provisorische Nationalversammlung und damit der Staat Deutschösterreich konstituiert. Ein feierlicher Moment – für dessen Ernst Kuh kein Organ hat: »Deutschösterreich ist am Marsch. (Phonetisch zu lesen.) Das Volk tut, wozu es in großen Zeiten berufen scheint: es besinnt sich, ermannt sich, wacht auf, zeigt sich entschlossen. Wie das zugeht? So: / Nach dem Tage, an dem die Bürgerin Beer-Angerer aus dem Café ›Siller‹ aufbrach, allwo sie die Häkelnadel und die ›Wiener Mode‹ fallen ließ, um sich ihrer rhetorischen Pflichten zu erinnern und ein demokratisches ›Gott erhalte!‹ anzustimmen – an dem der Graf Andrássy seine Ansprache mit der Wendung: ›Ich empfehle mich‹ schloß, die er hier von Kaffeesiedern und Gastwirten so oft gehört hatte, daß er sie für das landesübliche ›Eljen!‹[121] hielt – an dem ein Polizeikordon von fünfhundert Mann dazu aufgeboten war, der Volksneugierde ein beunruhigendes Aussehen zu verleihen – nach diesem Tage gab die deutsche Nationalversammlung dem Volke eine Verfassung. Ein Mann klatschte von der Galerie Beifall. Der Präsident Seitz schrieb ihn ins Klassenbuch und ließ ihn hundertmal abschreiben: ›Ich soll die auf Volkswunsch versammelten Abgeordneten Deutschösterreichs nicht in den ihnen in heiligster Stunde übertragenen Pflichten stören.‹ [...] Kein Wunder, daß sich vor dem Ständehaus [...] massenhaft Volk ansammelte, auf Laternen kletterte, Redner auf den Balkon zitierte, ihnen mit ›Hoch!‹- und ›Nieder!‹-Rufen entgegenschrie, sich zu teils sozialistischen, teils nationalistischen Zügen alliierte – kurz: daß jene Sphäre entstand, aus der in Altösterreichs Tagen rauschend entweder die Volkshymne und das ›Prinz-Eugen‹-Lied emporstieg oder sich der Ruf losrang: ›Pfui, Jud!‹ [...] [D]ie Wiener Volkswut [...] hat nur eine Sehnsucht nach dem Auflauf, sei es der Straßen-, sei es der Reisauflauf. / Immerhin war es schwer, sich in dem demokratisch-republikanisch-nationalistischen Straßenwirbel zu orientieren. Die Gesinnung schoß jeden Augenblick ein begeistert aufgenommenes Goal – aber man wußte nicht, wohin: bald lag der Ball im monarchischen, bald im staatlichen, bald im slawischen Netz. Das Volk schrie: ›Goal!‹ Es war aber immer Out: (›Nidda mit Lloyd George!‹) / Ich notiere an

Rufen (in Strophe und Antistrophe geteilt): ›Hoch die Demokratie!‹ – ›Hooooch!‹ – ›Nidda mit die Burschoasen!‹ – ›Nidda!‹ – ›Hoch die Republik!‹ – ›Hooooch!‹ – ›Nidda mit die Adelll!‹ – ›Nidda!‹ – ›Hoch das deutsche Reich!‹ – ›Hooooch!‹ – ›Nidda mit die Hoch!‹ – ›Nidda!‹ / Ich hatte Lust zu rufen: ›Hoch die Palatschinken!‹ (›Hooooch!‹), ›Nieder mit den Tatschkerln!‹ (›Nidda!‹), denn, bei Gott und wenn mich auch der freie oder nationale Geist steinigt, ich glaub' noch immer, daß es bei uns um Palatschinken und Tatschkerln geht. [...] / Hoch die Palatschinken! – Denn ich traue der Wiener ›Gasse‹ nicht über die Gasse.«[122] – Dazu pikiert Richard A. Bermann alias Arnold Höllriegel: »An dem Tag, an dem das Rumpfparlament zusammentrat, um den neuen Staat Deutschösterreich zu begründen, ging ich wie immer ins ›Café Central‹ in der Herrengasse. Es lag dem niederösterreichischen Ständehaus gerade gegenüber, in dem die Sitzung des Parlamentes stattfinden sollte. Die enorm hohe Caféhaushalle war an diesem Tag überfüllt; an allen Tischen saßen aufgeregte Literaten und politisierten. Plötzlich sprang ein junger Bohemien, Anton Kuh, auf einen der Marmortische und begann, mit fliegender Stirnlocke und rollenden Augen etwas zu verlesen, was offenbar ein politisches Manifest war. Ich trat in den Kreis der Zuhörer und verstand den leidenschaftlich ausgebrachten Hochruf: ›Hoch Palatschinken!‹ / Herr Anton Kuh aus Prag hatte sich die Stunde, in der über das Schicksal Österreichs entschieden wurde, dazu ausgesucht, eine zweifellos höchst geistreiche Satire öffentlich vorzutragen. Er behauptete, es sei ganz gleichgültig, was man in solchen aufgeregten Zeiten leben lasse, die Menge werde immer mitbrüllen. So sei denn sein Ruf ›Hoch Palatschinken!‹ / Gerade in diesem Augenblick entstand draußen auf der Straße eine Bewegung; der Präsident der Konstituierenden Nationalversammlung war auf den Balkon des Ständehauses getreten, um den neuen Staat öffentlich zu proklamieren. / Ich (dem die Palatschinken nicht allzu appetitlich vorgekommen waren) trat hinaus vor die Tür des Kaffeehauses.«[123]

Nicht nur Anton Kuh, ein ganzer Berufsstand ist in jenen Tagen gut beraten, der Wiener »Gasse« nicht über die Gasse zu trauen. Hans Bleyer-Härtl, Jurist und im Ersten Weltkrieg Offizier der k. k. Gebirgstruppe: »Es war ein grauer November, da ging Deutsch-Österreichs Kriegerehre unter in einer Flut von jüdischem Haß gegen alles Heldentum. [...] Halbwüchsige Buben hatten da und dort einem General die roten Lampassen heruntergerissen, die Sterne an den Kragen der Offiziere mußten von Staats wegen heruntergenommen werden, und Dr. Deutsch,[124] der Mann, der sich nunmehr offen rühmte, durch Aufwiegelung und Verrat die Armee von hinten her ins Knie gezwungen zu haben, befahl Kerlen mit Verbrechervisagen, jene Offiziere, die trotz alledem ihre Sterne trugen, hinters Haustor zu führen und ihnen dort die Sterne herunterzureißen. / Orgien an Schamlosigkeit füllten in diesem Monat und in den folgenden die Judenblätter in Darlegungen, daß das, was wir Kriegermut, Überwindung der Todesfurcht genannt hatten, richtig bezeichnet Feigheit, nämlich Feigheit vor dem Vorwurf der Feigheit gewesen sei; wahrer Mut aber sei, wenn einer, der Verachtung trotzend, die Gefahr, erschossen, erschlagen und erstochen zu werden, gemieden habe und davongelaufen sei oder sich unter irgend einer Ausrede oder gar durch Selbstverstümmelung gedrückt habe. Jüdische Gelehrte wiesen nach, daß jene, deren Tun wir als heldisch zu preisen gelernt hatten, im besten Falle Hysteriker seien. Anton Kuh hieß oder heißt der Mann, der in der Tageszeitung ›Der Morgen‹ den folgerichtigsten Aufsatz über diese Dinge geschrieben hat, so folgerichtig, daß ich auf offenem Stadtbahnsteig, nachdem ich seinen Aufsatz gelesen hatte, vor Wut aufbrüllte.«[125]

In Bleyer-Härtls Kommißkopf ist Kuhs Generalabrechnung mit dem überkommenen Ehrenkodex, »Ehrlich gestanden«,[126] hängengeblieben, die aus dem Juli 1919 datiert, mit dem Kastengeist, Standesdünkel und der Selbstherrlichkeit der Berufsoffiziere war Kuh bereits im Herbst 1918 ins Gericht gegangen, und das, ohne jedweden mildernden Umstand gelten zu lassen. Nur keine Schonung auch der abgetakelten »Gottgesalbten kleineren und größeren Kalibers«! Angewidert schildert Kuh den »feudalen Totentanz«, den die Mitglieder des österreichischen Herrenhauses[127], ganz »Komparserie einer Prinz-Eugen-Operette«, im Oktober 1918 in ihrem verbohrten Festhalten am längst Bankrott gegangenen »Großösterreich« aufführen: »Ja, mit Verlaub, wieso denn? Warum soll es taktlos sein, eine durch Byzantinismus und Servilismus, durch Schulaberglauben und Unwürde verborgene Beziehung wieder natürlich herzustellen, aus einem verfassungsmäßigen Zustand die Konsequenzen zu ziehen und mit den gewesenen Herrschern zu rechten und zu richten, wie sie's verdient haben? Diese Heiligkeit und Gschamigkeit vor eh'mals Gekrönten ist nur für eines verdächtig: wie unausrottbar, unzerstörbar in den freien, republikanischen Männerbrüsten das Lakaientum, die ganze eitle Anschmierung fortbesteht, wie wenig tief und notwendig ihnen der Geschichtswandel eigentlich erscheint! Sie machen, während sich die Terminologie einer ganzen Welt geändert hat, noch immer ihr innerliches Buckerl.«[128]

Mit November 1918 und dem Auseinanderbrechen der Habsburgermonarchie ist Wien vom Finanz-, Handels- und kulturellen Zentrum eines 52 Millionen Menschen umfassenden Reichs zur Hauptstadt eines

Kleinstaats von sechseinhalb Millionen Einwohnern geschrumpft. In Kuhs Worten: »Nach Abwanderung der anderen Staaten aus dem Stammlokal ›Großösterreich‹[129] [war] Österreich [...] am Marsch. (Phonetisch zu lesen.)«[130]

So sieht das nicht nur ein Großteil der Bevölkerung des Reststaats, sondern auch die Provisorische Nationalversammlung, die am 12. November 1918 die Annahme der elf von Karl Renner verfaßten Artikel des »Gesetzes über die Staats- und Regierungsform von Deutschösterreich« beschließt. Artikel 2: »Deutschösterreich ist ein Bestandteil der Deutschen Republik.« Die verfassunggebende Nationalversammlung erklärt Deutschösterreich am 12. März 1919 neuerlich zu einem Teil der Deutschen Republik. Erst durch das Veto der Alliierten zum Anschluß an Deutschland im Friedensvertrag von Saint-Germain am 10. September 1919 ist die Anschlußfrage – bis zum Jahr 1938 – offiziell vom Tisch, bleibt jedoch politisches Dauerthema.[131]

Die ersten Wochen und Monate der jungen Republik Deutschösterreich sind geprägt von Chaos, Hunger und Not. Es gibt keine Lebensmittel, keine Kohle, keinen elektrischen Strom. Eine Grippeepidemie fordert im Winter 1918/1919 unter der entkräfteten Bevölkerung zudem allein in Wien Tausende Opfer. Von den Fronten fluten Hunderttausende Soldaten der ehemaligen Monarchie zurück in ihre Heimat(en), in die neu gegründeten Nationalstaaten. Die Kronenwährung hat empfindlich an Wert verloren. Die Kriegsanleihen, in die viele Menschen ihre Ersparnisse investiert hatten, waren wertlos geworden.

Durch revolutionäre Umbrüche nach dem Muster der Rätediktaturen in Budapest und München droht der jungen Republik kaum ernsthaft Gefahr, auch wenn Arbeiter- und Soldatenräte gebildet und eine kommunistische Partei gegründet werden, die die sozialistische Gesellschaftsordnung als Ziel und den Klassenkampf als Mittel der Emanzipation des Proletariats definieren, und auch wenn die »Rote Garde« bei den schweren Unruhen Ende Oktober, Anfang November das Straßenbild bestimmt. Diese linksrevolutionäre bewaffnete Truppe, die sich am 31. Oktober 1918 auf Initiative von »Korporal Haller« (d. i. Bernhard Förster) und Oberleutnant Egon Erwin Kisch bei einer Versammlung vor dem Deutschmeister-Denkmal formiert – anfangs circa 200 Mann, ab Mitte November zwischen 400 und 500 –, ist *der* Bürgerschreck der ersten Novembertage. Sie läßt sich im Dezember nicht, wie vom Staatssekretariat für Heerwesen vorgesehen, auf den »freien Staat Deutschösterreich« vereidigen, weil sie nicht gewillt ist, dem Staatsrat, der »zum größten Teil aus Vertretern der Kapitalisten, Kriegshetzer und Kriegswucherer« bestehe und nicht »das Vertrauen des Volkes« genieße,

Gehorsam zu leisten. Die Bemühungen des Unterstaatssekretärs für Heerwesen, Julius Deutschs, die linksradikalen Mitglieder kaltzustellen, führt zur Spaltung der »Volkswehrabteilung Stiftskaserne (Rote Garde)« und schließlich zur Eingliederung des Rests der linksradikalen Rotgardisten als »Volkwehrbataillon 41« in die Volkswehr, die reguläre bewaffnete Truppe der Republik.[132]

Schwere Unruhen und Tumulte münden indessen bis ins Frühjahr 1919 hinein in Gewalttätigkeiten. Im Verlauf einer durch Schußwechsel ausgelösten Massenpanik werden am 12. November 1918 bei der Ausrufung der Republik Deutschösterreich vor dem Parlamentsgebäude zwei Menschen zu Tode getrampelt und Dutzende verletzt. Ein von der Kommunistischen Partei initiierter Demonstrationszug durchbricht am 31. Januar 1919 den von starken Polizeikräften gebildeten Sicherungskordon um das Parlament. Bei den Zusammenstößen werden achtzehn Polizisten verletzt, zahlreiche der 38 verhafteten Demonstranten tragen Schußwaffen bei sich. Am 17. April 1919 fordern Feuergefechte bei Demonstrationen Arbeitsloser, Kriegsheimkehrer und Kriegsinvalider vor dem Parlament sechs Tote und fünfzig Schwerverletzte.

Auch die »Geistigen« steigen auf die Barrikaden – seien's auch bloß die Brüstungen der Theater-Galerien. Nachdem am 9. November 1918 bereits die Premiere des Hermann-Bahr-Stücks »Die Stimme« nach Tumulten erst nach mehrfachen Unterbrechungen zu Ende gespielt werden konnte – laut »Reichspost« ist die »inszenierte wüste Hetze« motiviert durch die »in letzter Zeit von dem Dichter vertretenen vaterländischen Anschauungen und seine katholische Gesinnung, die in seinem […] Werke ›Die Stimme‹ scharf ausgeprägt zum Ausdruck kommt«;[133] die »Wiener Sonn- und Montags-Zeitung« spricht von spontaner »ehrliche[r] Entrüstung über klerikale Tücke und Hinterlistigkeit des Verfassers«[134] –, muß die fünfundzwanzigste Vorstellung der Wittmann-Bauer-Lafiteschen Operette »Der Kongreß tanzt« im ausverkauften Wiener Stadttheater am 3. Dezember 1918 nach organisierten Krawallen abgebrochen werden. Als der Zuckerbäcker Lenzl Weghuber seine Geliebte, die Zofe Loni, nach seinem Entreelied auffordert, Ferdinand Raimund zu ihm zu sagen, schwellen die von Beginn der Vorstellung an vernehmbaren Unmutsäußerungen zu einem vom Geschehen auf der Bühne und applaudierenden Besuchern der Jubiläumsvorstellung nicht mehr zu übertönenden Lärm an. Es wird gepfiffen, gejohlt und geschrien: »Leichenschändung!«, »Operettenschund!«, »Vorhang! Vorhang!«. Von der Galerie flattern Flugzettel ins Haus, in denen es u. a. heißt: »Gewissenlose Nutznießer eurer Verblendung ziehen die unsterblichen Meister in den Kot eines verlogenen Machwerks, indem der kapitalistische Ausbeutertrieb selbst vor den hehren Schöpfungen des Geistes, dem reinsten Gute der Menschheit, nicht haltmacht. *Menschen, wollt ihr die Kunst noch länger prostituiert wissen?! [...] Legt* Verwahrung ein gegen die schamlose Vergewaltigung der Werke eurer großen Künstler durch geldgierige Fabrikanten der Schundoperette!« Es fruchtet weder der Versuch eines Bühnenarbeiters, die Demonstranten von der Rampe aus umzustimmen, noch vermag eine Ansprache von Direktor Hertzka von einer Loge aus die Gemüter zu beruhigen. Im Zuschauerraum und im Vestibül des Theaters arten die Auseinandersetzungen zu Raufereien aus, die Polizei schreitet ein und nimmt einige Verhaftungen vor. Die christlichsoziale »Reichspost« weiß zu berichten, daß die Störaktion von langer Hand geplant ist: »Das Flugzettelbombardement, das niederging, wurde von Franz *Blei* in Szene gesetzt, einem der Hauptmacher des jüdischen sogenannten ›*Jung-Wiener Schriftstellerkreises*‹ im Café Zentral, der sich nun mit Unterstützung willfähriger Anhänger außer sonstigen Theatervorstellungen auch die Aufführung von Theaterskandalen als Aufgabe gesetzt zu haben scheint. Nach der Teilnahme an der Gründung der Roten Garde haben sich nun die Herren Blei, Werfel, Gütersloh recte Kiehtreiber und Genossen scheinbar ein anderes geistiges Betätigungsfeld ausgesucht. Unter den Demonstranten stellte die Polizei eine Anzahl jüdischer Offiziere fest, deren Zugehörigkeit eben zu der erwähnten ›geistigen Clique‹ des Café Zentral außer Zweifel steht.«[135]

Mag der »Bolschewistenterror im Theater«, da der Theaterbetrieb fest in bürgerlicher Hand ist, das »einzige und zeitgemäßeste Gegenmittel« sein; mag er dem »operettenverjauchte[n] Bürgertum« einen Schreck eingejagt haben; »mag«, so Anton Kuh, »kurz gesagt, das Maschinengewehr auch in Geschmacksfragen radikaler entscheiden als aller Feuilletonismus und Ästhetenprotest« – es bleiben prinzipielle Einwände: zum einen, daß dieses gegen die Operette gerichtete Maschinengewehr nur auf eine Ausgeburt der bürgerlichen Kultur zielte mit »ihrem selbstkoketten Schlieferl- und Flitscherltum, ihrer in Musik und Rosatüll getauchten Tetterlhaftigkeit«, Symptom der »politischen Herabgekommenheit des Bürgertums in seinem ganzen Ausmaß. Aber eben darum, weil der Fall ein *politicum* ist, erscheint er im Theater deplaciert. Glaubt man die Hydra zu töten, indem man ihr ein Kopfstück gibt?« Zum anderen: »Daß Krawall zwar eine billige Überfuhr aus der Literatur in die Politik, keineswegs aber das Wesen der Politik ist.«[136]

Sarkastisch kommentiert Anton Kuh auch die »Hausse in Güte und Ethos«, die der Weltkrieg statt Selbsterkenntnis an der Börse der Eitelkeiten gezeitigt habe,* die Politisierung der Intellektuellen und deren Organisierung unter der Devise »Der Geist marschiert«. Geist könne »niemals Richtung, Tendenz, Klassendevise sein«; Geist sei »der ungeselligste Geist unter der Sonne. Er hat eine Scheu vor der Massenakustik, vor Aufzügen, Emblemen, Redensarten, vor allem aber vor dem donquichotisch-pathetischen: ›Wir‹.«

Kurt Hiller aber, der Initiator und führende Repräsentant der »geistigen Rätebewegung« in Deutschland, »transpirier[e] in Sperrdruck und Ausrufungszeichen«.[137] Der von ihm mitbegründete Berliner »Politische Rat geistiger Arbeiter« – er soll sich als Ausschuß der intellektuellen Elite mit dem gewählten Parlament die politische Herrschaft teilen – scheint Kuh ein »geistiger Betätigungsrat« zu sein. Erst recht der nach Berliner Vorbild gebildete Wiener »Bund der geistig Tätigen«, eine Mitte November 1918 formierte aktivistische Vereinigung: eine Angelegenheit »idealistischer Schrullenköpfe«, salopp gesprochen: eine bürgerliche Gschaftlhuberei.[138]

Als dann auch noch die Wiener Mittelschüler ihrer Forderung, Schülerräte als Organe der Schülerselbstverwaltung einzurichten, am 18. Dezember 1918 mit einem Demonstrationszug vom Schwarzenbergplatz in die Herrengasse, den Sitz des Landesschulrats, Nachdruck verleihen, platzt Kuh der Kragen. Diese ganze Rebellion mit »ihre[n] Meetings, ihre[n] Resolutionen, ihr[em] Demonstrationszug samt allen getreulich abgelauschten Formen des Polizeizusammenstoßes«: nachäffendes »Gernegroßtum« – wie schon »im Krieg ihr Scharfschießen und Farbentragen[139], ihre rang- und titelernennende, ober- und unterabteilungsfrohe Militärspielerei« – und damit wenig hoffnungsvolles »Konterfei der Väter«. Nichts dagegen zu sagen, daß sie die »Mittelschulmonarchien in freie Republiken« umwandeln wollen, aber daß sie die Lehrpläne »den rein praktischen Forderungen der Zeit« angepaßt wissen wollen** und damit, wie Kuh es sieht, »mit gangbarstem Tages-

---

* Anton Kuh: Die »Guten«. In: Der Morgen, Jg. 10, Nr. 16, 21.4.1919, S. 5 [Nr. 372]: »Billiges Weltmitleid kam erbarmungsloser Diagnostik zuvor. Da haben wir nun die Folge: Jeder intellektuelle Hinz und jeder eitle Kunz ist ein Miniatur-Christus geworden, bereit, zu segnen, zu salbadern, zu orakeln, *rien comprendre* und *tout pardonner*. Jeder Schleimschreiber und Gedankenpunktwitzling, Meinungsmakler und Individual-Dilettant schließt der Menschheit ganzen Jammer in seine Brust ein, posaunt Zwei-Kreuzer-Phrasen ins Weltall, spricht blutloses, schales Druckzeug durch einen ethischen Riesenschalltrichter.«

** Der Forderungskatalog, den eine Abordnung der circa 3000 demonstrierenden Schüler und Schülerinnen am 18.12.1918 Landesschulinspektor Hofrat

dünkel die Bildung abtu[n]«, läßt in ihm den Wunsch keimen, wenn schon nicht zum inzwischen verpönten Staberl, so doch zur bewährten Disziplinierungsmaßnahme aus Mittelschulmonarchie-Zeiten zu greifen: »Hundertmal abschreiben: ›Ich soll als unwissender Bub nicht bestimmen wollen, was mir zu wissen frommt, und mich insbesondere bei vorlauter Anwendung der Phrase »praktisches Leben« davor hüten, in die Fußstapfer der Erwachsenen zu treten, die selbst noch nicht herausbekommen haben, a) was das praktische Leben, b) was fürs Leben praktisch und c) was der Sinn von »Leben« und »praktisch« ist!‹ Denn dieser Punkt läßt mich bedrückend ahnen, daß es den Mittelschülern weder auf das Gymnasium noch auf die Realschulen, sondern auf die Organisation zu Gymnasiasten und Realschülern ankommt.«[140]

Prinzipiell und kategorisch auch Kuhs Plädoyer dafür, die Generation, die sich schreibend an der Verherrlichung des großen Schlachtens beteiligt hatte, die Plakatträger und Apologeten der alten Zeit, mit lebenslanger Quarantäne zu belegen. Im Wissen darum, daß »unsere bombensichere Kultur von 1914 einer Okkasionsauslage nicht unähnlich war, deren Grafflwerk der leiseste Stoß über den Haufen wirft; daß der Mensch ein Kannibale ist trotz Luftschiffahrt und Betonbau«,[141] ruft er zu einem radikalen Schnitt auf. Auf seiner »Proskriptionsliste« finden sich unter den Propagatoren eines »deutschzentralistischen Großösterreich« neben einem Moriz Benedikt, dem Herausgeber der »Neuen Freien Presse«, »alle die Herren, die mit der Aufgabe betraut sind, Benedikts Welt mit Farben zu beleben, das heißt, unter dem Strich ästhetisch fortzusetzen, [...] die Autoren und Erhalter eines Staatsfeuilletonismus. Sie sind feudal, nobel, träumerisch und aus Brünn. Ihre philosophische

---

Januschke überreicht: »1. Volle Koalitionsfreiheit in den Oberklassen. Den Mittelschülern soll es gestattet sein, nach den Bestimmungen des Vereinsgesetzes nichtpolitische Vereine zu bilden. Es ist daher zunächst die Aufhebung aller Paragraphen der Mittelschul-Disziplinarvorschriften zu verfügen. 2. In den Mittelschulen sind Schulgemeinden zu bilden. In Orten, wo sich mehrere Mittelschulen befinden, werden diese zu Zentralschülerausschüssen zusammengeschlossen. 3. Volle Gewissensfreiheit. Kein Mittelschüler soll fürderhin wegen seiner politischen oder religiösen Überzeugung in seinem Schulfortgang behindert werden. Der Zwang zur Teilnahme an religiösen Übungen hat an allen Mittelschulen aufzuhören. 4. Durchführung einer Schulreform. Der Lehrplan der Mittelschulen soll so umgestaltet werden, daß die Absolventen den Anforderungen des praktischen Lebens besser entsprechen. 5. Insbesondere ist der Lehrplan der letzten Klassen sofort noch vor Wiederaufnahme des Unterrichtes entsprechend den rein praktischen Forderungen der Zeit provisorisch zu ändern.«

Herleitung ist etwa folgende: Eine Zeitung muß als Weltprodukt die Welt bejahen, damit sich der Abonnent in ihr beruhigt, wohlig, sicher fühlt und an sie glaubt. Ergo ist sie für Fortschritt, Entwicklung, Technik, mehr Licht und weniger Denken. Außerdem für alles, was besteht, für Staat, Stadt, Bezirk, Straße, für den Bestand in jeglicher Art. Das macht ihr manchmal Schwierigkeiten. Aber mit bißchen impressionistischem Holldrioh, mit schelmischer Gemütssolidarität und Resignationsbrüderlichkeit bringt man alles zustande – auch auf zerrissenem Boden zu stehen und auf ihm zu hüpfen, ad absurdum geführt zu werden und zu tirilieren. Im gewissen Sinne war darin jeder Österreicher Feuilletonist, der Feuilletonismus geradezu seine Weltanschauung, die einzige Form, in der sich das Widerstreitende zur Bejahung schließen konnte. Die Erde klafft unter den Füßen, die Tschechen ziehen am Seil nach Nordwesten, die Polen nach Nordosten, die Ungarn nach Osten, die Slowenen nach Süden, alle gegen einen, einer gegen alle – was tut er da? Er denkt: es ist nicht schön, aber ihr meint es ja nicht so. Denn das Burgtheater ist doch ein ganz schönes Theater, und der Prater hat sehr alte Bäume, und vom Kahlenberg ist eine sehr hübsche Aussicht, und i bin du, und du bist i, und wir gehören alle zusammen. Der Radetzkymarsch überbraust ja doch euer Gezänk und ihr marschiert eingehängt mit … So löst sich in einer Wurstelpratervision aller Widerspruch.«[142]

Unter die »Feuilletontapezierer«, die sich »von der Wirklichkeit zu einer phänomenalen, großstaatlichen Lesebucherinnerung (Karl V., Thugut, Prinz Eugen und die spanische Erbfolge) mit holdseliger Operettengegenwart« gerettet haben, rechnet Kuh etwa Felix Salten, Hans Müller, Hugo von Hofmannsthal, Richard Schaukal und Mirko Jelusich. Männern wie Jelusich müsse man auf die Finger schauen: »Gebt gut acht, was sie tun und reden! Und ob sie es wagen, sich in den Vordergrund einer Zeit zu stellen, deren größtes Hindernis sie waren.«[143] Und er ruft dazu auf, am »Tourniquet der neuen Zeit« Kontrollorgane aufzustellen, die diese Herrschaften, sollten sie versuchen, »mit unschuldiger Miene« in die neue Zeit hinüberzuschleichen, »kurzweg beim Genick packen und wieder hinauswerfen«.[144]

Seine »Proskriptionsliste« schlägt Kuh in der von Benno Karpeles mitten im Krieg verwegen lancierten pazifistischen Wochenschrift »Der Friede« an, die »aus dem Geist der Empörung gegen das Bestehende«, gegen die »Sintflut von Blut und Dreck« geboren ist.[145] Karpeles schart die besten Köpfe und wachsten Geister um sich, die Liste der Mitarbeiter nimmt sich aus wie das Who's who der zeitgenössischen politischen und literarischen Intelligenz. Er holt renommierte Journalisten in die Redaktion – Karl Tschuppik, Alfred Polgar, Richard A. Bermann –, die Autoren von der äußersten Linken bis zur bürgerlichen Mitte ein Forum bietet, in dem *ein* ungebetener Mitarbeiter unablässig am lautesten seine Stimme erhebt – und Schweigen gebietet: die Zensur. Nicht bloß einzelne Stellen, ganze Spalten, ja halbe Seiten des »Frieden« sind »geweißt«[146]. Auch einer der zehn Beiträge Anton Kuhs, »Pogrom«[147], kann nur verstümmelt erscheinen. Was stehenbleibt, ist immer noch brisant genug und der Moral der kämpfenden Truppe dermaßen abträglich, daß die Feldpost es nicht mehr befördert; die Hefte kommen mit dem Vermerk »unzulässig« zurück.[148]

Eineinhalb Jahre hindurch wird kontrovers und – vorbehaltlich Eingriffen der Zensur – offen über die zukünftige Gestalt des Staates debattiert; Einigkeit besteht nur in einem: in der Ablehnung des Status quo, der siechen Habsburgermonarchie. Und in der Frontstellung gegen jene, die die Trommel rühren für die Waffenbrüderschaft mit dem Deutschen Reich und unablässig und wider jegliche Einsicht ein »deutschzentralistisches Großösterreich« propagieren.

Alfred Polgar, verantwortlich für den literarischen Teil der Zeitschrift, skizziert die Blattlinie der »Wochenschrift für Politik, Volkswirtschaft und Literatur«, deren erste Nummer am 26. Januar 1918 erscheint[149], ex negativo, indem er die »Nichtmitarbeiter« aufzählt: die »sogenannten ›Jungwiener‹« (»eine Gruppe von eisgrauen Herren«, die ihre Blütezeit »unter der milden Regierung Hermann Bahrs« hatte), die »Librettisten« (»Sie haben den Krieg gut überdauert und ihre Werke sind, seit dem Verschwinden der Mehlspeisen, gewissermaßen die letzten Inseln der spezifisch wienerischen Kultur, die noch aus dem alles verschwemmenden Blut- und Kotmeer aufragen«), die »Feuilletonisten« (»Heute laufen die Ereignisse so rasch, daß ihnen die nachdenkliche Betrachtung nicht zu folgen vermag«). Zuallererst müsse eine gute Zeitschrift eine »Zeit-Schrift« sein, »eine Art Uhr, die die politische, soziale, literarische Stunde schlägt«. Eine Zeitschrift auch, die auf die »wienerische Note« werde verzichten müssen.[150]

Und mit ebendieser gern als Wiener Note bezeichneten Spielart des Feuilletons, dem heiteren Geplauder, hat Kuh so gar nichts am Hut. In Tonlage und Gestus sind seine anspielungs- und bilderreichen Texte das genaue Gegenteil der Wiener Feuilleton-Feinsäuselei. Seine Porträts, Skizzen und Geschichten, Besprechungen, Würdigungen und Glossen erschöpfen sich nicht in impressionistischem Pointillismus, sondern geben die Eindrücke eines hellwachen Zeitgenossen wieder. Sie sind scharf konturierte Beobachtungen, die in programmatisch subjektiver Pointierung einen gesellschaftlichen Tatbestand erhellen, ein Schlaglicht werfen auf soziale Mißstände, konzentrierte Miniaturen, die mit gespielter Naivität Phrasen aus der »Chronik«-Meldung beim Wort nehmen und, aufs erste verstörend, blitzartig Erkenntnisse hinter abgegriffenen Floskeln, Klischees und Metaphern zu Tage fördern. Programmatisch respekt- und taktlos und nicht eben zimperlich auch sein Spott, seine Bosheit, seine Häme, die indessen unauflösbar auf das Argument verweisen, also durchwegs analytisch sind. Sein Sprachwitz ist nicht alberne Witzelei, sondern strikt beschreibendes definitorisches Konzentrat.

Als »*physiologisch* linksstehende[m] Mensch[en]«[151] ist ihm das »wasserblütige, beintrockene, schmalbrüstige« Geschlecht der herkömmlichen Literaten zuwider, dessen »Gott die Gescheitheit [ist] und das mit Schreibtafel und Kreide die Welt auf ›richtig‹ und ›unrichtig‹« kontrolliert[152], jene blutleeren »Nichts-Riskierer« und »*physiologischen* Feiglinge«, deren ganzes Streben dahin geht, sich keine Blößen zu geben, und die »statt in der Welt im luftleeren Raum der Intellektualität leben«[153], diese »Hermaphroditen aus Kunst und Bürgerlichkeit, die aus einer stockreaktionären Leiblichkeit ein fortgeschrittenes Hirn bedienen«[154]. Ihm, der in der publizistischen Auseinandersetzung Kopf und Kragen riskiert, sind die feuilletonistischen Dampfplauderer zuwider. Er hegt eine idiosynkratische Aversion gegen die Herrschaften, die auf einer Glatze Locken drehen,[155] die, während über dem Strich Tacheles geredet wird, unter dem Strich gemütlich plaudern und die Mißlichkeiten der Welt mit einem rosa Zuckerguß drapieren.

Anton Kuh ist konkret. Er, dem Dogmatismus und Parteigeist verhaßt sind, läßt sich von keiner Ideologie vereinnahmen. Ihm sind die großen Versprechen abstrakter Utopien und Doktrinen ins Pathologische lappende »idées fixes«, Realitätsverweigerung und Erkenntnishindernis und damit ein Greuel. Für ihn gibt es »ein einziges argumentum ad rem«: »das argumentum ad hominem«[156] – ganz nach seinem Lebensmotto: »Nur nicht gleich sachlich werden! Es geht ja auch persönlich.«[157] Sachlichkeit ist etwas für »affektlose Trockenköpfe«, das »beliebte Gesellschaftsspiel, das die Teilnahmslosigkeit mit gegebenen Tatsachen treibt, […] die kalte Statistiken-Schnauze«.[158]

Ein Jahr nach Gründung liefert »Der Friede« – »was er vor Jahresfrist nicht durfte« – sein Programm, nämlich: in dieser »Fiktion aus Schund und Kitsch« namens Österreich ein »Störenfriede« zu sein.[159] – Ein Programm ganz nach dem Geschmack dieses »Ausnahmsfall[s] von renitentem Geist«[160] namens Anton Kuh, dem die Rolle des »gebornen Frondeurs«, die er in »Pogrom« – in der Prager zionistischen »Selbstwehr« mit Max Brods Empfehlung »Der Schrei dieses Outsiders möge gehört werden«[161] nachgedruckt – den Juden generell zuschreibt, auf den Leib geschneidert ist. Und für den der »Sinn des Feuilletonteils, sofern er überhaupt Sinn hat«, nur in der Anarchie liegen kann, »die innerhalb seiner Grenzen im Gegensatz zum Obern-Strich-Rayon herrscht«.[162]

Kuhs Schrei wird gehört. Nicht nur setzt sich Berthold Viertel eingehend mit dessen »unfromme[m], ja anarchistische[m] Protest« kritisch auseinander[163] – die christlichsoziale »Reichspost« stellt Kuh dafür als Propagator jüdischer Weltherrschaft an den Pranger[164], und der Wiener Landtagsabgeordnete Leopold Kunschak hetzt bei einer Kundgebung des Christlichsozialen Arbeitervereins in der Volkshalle des Neuen Rathauses am 10. Juli 1918 unter dem johlenden Beifall der 2500 Versammelten gegen das verkommene Albion und dessen »wühlerische« Helfershelfer, namentlich gegen einen »jüdische[n] Journalist[en]«, der »in einer jüdischen Zeitung das Wort vom *Juden als dem gebornen Frondeur* geprägt« hat.[165]

Nicht nur die lokale Rechte verfolgt Kuh mit Argusaugen, auch Siegfried Jacobsohn ist nach einem Hinweis Max Brods auf »die einzige junge Elementarkraft unseres Journalismus«[166] aufmerksam geworden und lädt Kuh Mitte 1917 zur Mitarbeit an seiner 1905 gegründeten »Schaubühne« ein. Allerdings vergrault Kuh »S. J.«, indem er der per 1. April 1918 programmatisch »Weltbühne« betitelten Berliner Wochenschrift bereits angebotene Texte schon vorab veröffentlicht. Er publiziert jedenfalls erst wieder nach Jacobsohns Tod am 3. Dezember 1926 in diesem publizistischen Sammelbecken der parteiunabhängigen Linken der Weimarer Republik.

Am Abend des 14. März 1919 gibt Kuh sein Wiener Debüt als Stegreif-Redner. Thema – nicht von ungefähr –: sein Autor, Wedekind, »Wedekind, der Revolutionär«. Nicht von ungefähr deswegen auch sein Erfolg. Denn wenn Kuh mitreißend über den »Sexualrevolutionär« Wedekind spricht, »der sich selber, die Bürger ingrimmig frotzelnd, als Moralist bezeichnete« und »so lange auf die Moralparke der Philister, die um ihre Ruhe zitterten, [schlug], bis das Fell in Fransen ging«[167], hat das Auditorium den Eindruck, daß »der Revolutionär Anton Kuh sich [ihm] mitteilt«.[168] »Denn Kuh sprach mit feurigen Zungen, dem Gedanken untertan, dem Worte hingegeben. Die formvollendeten, geistgeladenen Aperçus, die, von einer prachtvollen Energie getrieben, zischend aus seinem Munde fuhren, waren nicht nur ›blendend‹, sie waren auch treffend.«[169] Für den sensationellen Auftritt erntet Kuh nicht nur den begeisterten Applaus seiner Zuhörer, sondern – wie das »Prager Tagblatt« berichtet – auch ein Engagement als Schauspieler. Der Direktor

Wien, Österreichischer Ingenieur- und Architekten- verein, Großer Saal, 14.3.1919, 18 Uhr: Wedekind, der Revolutionär der »Neuen Wiener Bühne«, Emil Geyer, der sich unter den Zuhörern befand, habe Kuh als Darsteller des Alwa Schön in Wedekinds »Büchse der Pandora« verpflichtet. Auch andere Wiener Bühnen hätten sich bemüht, Anton Kuh zu engagieren.[170]

Kurz darauf, am 1. April 1919, tritt Kuh zwar an der »Neuen Wiener Bühne« auf, allerdings nicht als Alwa Schön, sondern mit der einleitenden Conférence zur Aufführung von Wedekinds »Büchse der Pandora«, die bis dahin nur in geschlossenen Vorstellungen zu sehen gewesen war.

Wien, Neue Wiener Bühne, 1.4.1919, 16.30 Uhr: Einleitende Worte zur Aufführung von Frank Wedekinds »Büchse der Pandora«

Kuhs Vortrag, so die ihm nicht eben gewogene »Arbeiter-Zeitung«, »hatte mehr Schwung, mehr überzeugende Kraft als die ganze Aufführung«[171] mit einem – so übereinstimmend die Kritiker – fehlbesetzten »Fräulein Elisabeth Bergner« als Lulu. Und Anton Kuh als Apologeten des unerbittlichen »Zu-Ende-Denkers« Wedekind, der mit seiner bis »auf den Grund schauenden Psychologie« die »Kunstbedürfnisse und Lebenstalente« des Civis communis, der von der Kunst verlange, »daß sie rosarote Farben ins Leben gießt, während es unter den Dielen stinkt«, durch die »Offenbarung fesselloser zeitgenössischer Elementarität« stärkstmöglich frustriert habe.[172] Wieder wirkt Kuh, wenn er, »von einem Scheinwerfer beleuchtet, zwischen düstern Vorhängen den Dichter und sein Werk« erläuternd, als spreche er in eigener Sache: »ein Redner von blitzartiger Erkenntnis, der seine Gedankengänge heißlaufen läßt; der sich gewissermaßen geistig auf die Zehenspitzen stellt, um nach dem letzten Sinn zu langen.«[173]

Im März 1919 lanciert Benno Karpeles das ambitionierteste und personell höchstkarätig besetzte Tageszeitungsprojekt der Ersten Republik: den »Neuen Tag«, eine journalistische Unternehmung ganz »›ohne Einfluß der Besitzer, ohne Einmischung der Administration‹«, die wie »Der Friede« freimütig bekennen werde, »wo Bekenntnis nottut«. Er werde »im Dienste der Republik, der Demokratie, der sozialen Reform, der Erneuerung unseres öffentlichen Lebens den Kampf führen«.[174] Unter den Mitarbeitern der kurzlebigen Tageszeitung – die letzte Nummer erscheint am 30. April 1920 –, die sich im wesentlichen aus jenen des »Frieden« rekrutierten: Joseph Roth, Robert Musil, Franz Blei, Stefan Grossmann, Egon Erwin Kisch, Rudolf Olden, Karl Tschuppik als Chef vom Dienst und Politik-Redakteur, Alfred Polgar als Leiter des Feuilletons, Arnold Höllriegel, Leo Perutz, Walther Rode, Egon Wellesz, Joseph Schumpeter ... Anton Kuh hält sich von März bis Mai 1919 in dieser »besten Gesellschaft« auf, die indes auch anderwärts als »Volksbelustigung« verpönten Formen der Unterhaltung Platz einräumt, etwa einem hochkomischen Bericht Kuhs über ein Ringer-

Turnier – mit politischer Schlagseite: Wien im April 1919. Zu den Klängen des Gladiatorenmarsches stampft die Crème de la crème des internationalen Ringkampfsports auf die Bühne des Etablissement Ronacher, »20 bis 25 Zentner ›Meisterschaftskonkurrenz‹«: »Sie lassen die Arme hängen wie Möbelpacker, in deren Gelenken die Fähigkeit, sich ein Klavier ohne Umstände auf den Buckel zu schupfen, stolze Rast hält. Eine Unsumme retardierter Watsch-Energien. Zehntausend ungeohrfeigte Totschlag-Ohrfeigen defilieren am Publikum vorbei.«[175] »Die Nationalitäten sind buntgewürfelt«: Vom »stolzen Linzer« über den »kühnen Atzgersdorfer« bis zum »unerschrockenen Znaimer« registriert Anton Kuh alles, was »die politische Naturgeschichte einstmals unter dem Namen ›Österreicher‹ vereinte«. Einer der Stars des Abends: »Herr Hawliczek« aus Prag. Gleich bei seinem ersten Kampf – das Publikum rast – muß der Schiedsrichter einschreiten, und er tut das mit der vehementen Abmahnung: »›Herr Hawliczek, wir sind nicht in Prag!‹«

Wofür »Prag« hier steht, markiert der Zwischentitel vor dieser Episode: »Ein politisches Intermezzo«. Er verweist darauf, daß die Pressionen der jungen tschechoslowakischen Staatsmacht vis-à-vis der deutschen Minderheit in der ehemaligen Reichshaupt- und Residenzstadt rundweg mißbilligt werden.[176] Herr Hawliczek hat also, wie man damals sagte, »roh« gekämpft und wurde vom Schiedsrichter wegen unsportlichen Verhaltens verwarnt.

Der Hintergrund: In Wien angesichts von Hyperinflation und Massenarbeitslosigkeit Endzeitstimmung, in Prag dagegen eine neue Gründerzeit – die Tschechoslowakei hat den Löwenanteil der Industriestandorte der ehemaligen Monarchie geerbt – und Aufbruchsstimmung. Wien, auf dem Weg in die ökonomische und kulturelle Bedeutungslosigkeit, friert im Winter 1918/1919 und wartet auf Brennmaterial-Lieferungen aus den tschechoslowakischen Kohlerevieren. Und Prag läßt Wien warten, läßt die ehemalige »Zentrale« spüren, daß man nun Oberwasser hat. Sogar hinter dem Phänomen, daß Wiens Frauen Mitte der 1920er Jahre den Trend zum gertenschlanken »Sportgirl« verschlafen – das Schnitzlersche »süße Wiener Mädel« ist bekanntlich »mollert« –, wittert man eine Verschwörung: Das tschechoslowakische Außenministerium habe die in Wien tätigen böhmischen Mehlspeis-Köchinnen mit neuen, besonders verführerischen Rezepten versehen, um Wien auch in dieser Hinsicht den Anschluß an die Moderne verpassen zu lassen.[177]

Schon kurz nach dem Krieg warnt Anton Kuh vor der Bedrohung des neuen, durch vehemente ideologische Grabenkämpfe in seiner Stabilität chronisch gefährdeten republikanischen Systems durch reaktionäre Tendenzen in Justiz und Verwaltung, durch Militarismus, völkisch-nationalistische Umtriebe, prolongierte Untertanen-Mentalität und Servilismus. Der »arme Kleinstaat an der Donau, dem die Geschichte den stolzen Namen hinterließ«, war dabei, so Kuhs Befund, zu einer »Schweiz der Komfortlosigkeit« zu verkommen[178]; »der Klaube an Kott und Kaiser, eine muffige Hörigkeits-Moral«, der »Hände auf die Bank«-Geist sei selbst mit dem republikanisch umgemodelten »Exerzier-Reglement dieser Tugenden«, dem österreichischen Volksschullesebuch nämlich, auch in die republikanische Erziehung übersiedelt.[179]

In die Gerichtssäle desgleichen. Auch wenn die Urteile »im Namen der Republik« ergehen, gesprochen werden sie von denselben Richtern, die schon »im Namen des Kaisers« ihres Amtes gewaltet hatten. Mehr noch als über die amtsuntertänige Willfährigkeit empört sich Anton Kuh über Gerichtspsychiater, die nicht *bei* Gericht sitzen, sondern *zu* Gericht.[180] Unablässig thematisiert er auch einen der brisantesten Posten aus der Konkursmasse der Monarchie: die aufgeblasene Bürokratie, die den Zusammenbruch beinah unbeschadet überstanden hat und mit den Bürgern der jungen Republik mit derselben Willkür umspringt wie weiland mit den Untertanen eines qua Gottesgnadentum regierenden Monarchen.

Am 24. Januar 1919 bringt eine christlichsoziale Mehrheit die von Sozialdemokraten eingebrachte Vorlage einer Eherechtsreform – die unter anderem die Trennbarkeit der Ehe auch für Katholiken vorsieht –, gegen die der österreichische Episkopat per Hirtenbrief mobil macht, zu Fall. Kuh beleuchtet unter dem vielsagenden Titel »Der Herr Surm« in der »Neuen Berliner Zeitung« die gesellschaftspolitischen Hintergründe, die zur Abstimmungsniederlage der Sozialdemokraten und zum Scheitern der Liberalisierung des Eherechts geführt haben.[181]

Im Herbst 1919 demonstrieren die Wiener Couleurstudenten, die, seit sich die Lage beruhigt hat, ihr Deutschtum wochentags wieder bei antisemitischen Krawallen in den Hörsälen praktizieren, ihre »abgetakelte Weltanschauung« auch samstags beim sogenannten »Bummel«. »[D]ie unbequeme Republik beschuldigen sie – auf eine Verwüstung deutend, die sie selber anrichteten, und die Richtung des Hasses rasch um einen Winkel von 90 Graden drehend – jüdischer Abkunft. Monarchismus, Pogrom, Schuldlosigkeit – drei Fliegen mit einem Schlag! Wie gesagt: vor zwölf Wochen sind sie stiller gewesen. Da trauten sie sich nicht auf die politische Gasse und waren noch ganz ›Schmachfrieden‹. [...] Unbelehrbar, unerziehbar. Mit derselben treudeutschen Gottesdemut, mit der sie früher die Vormacht des deutschen Globus proklamierten, verkünden sie jetzt ihr: ›Nidder mit di Juden!‹ Es ist etwas weniger – aber es ist etwas. Von Chamberlain, Bismarck, Reventlow, Tirpitz ist ihnen nun einmal nichts als die Kleine Schiffgasse* geblieben. Gegen die aber stürmen sie mit unentwegtem Mannesgrimme. Ihr ›Hipp, hipp, hurra‹ ist verstummt – sie rufen: ›Hepp, hepp, hurra‹.** Wundert sich jemand darüber? Es ist kein Zufall, daß es in Breslau und in Hannover Primaner waren, die solidarisch für die Hohenzollern demonstrierten.[182] Primaner hüben, Primaner drüben – der Typus wird sich niemals wandeln. Es ist der Primaner, der den echten deutschen Mann macht, ob er eine Hackenquartspur im buttrigen Gesicht aufweist oder einen Wilhelm-I.-Bart trägt. Und nimmt man ihm Flotte und Weltgeschichtsspielzeug – so haut er die Juden. Das ›Hoch Hohenzollern‹ dort und ›Nieder mit der Schiffgasse!‹ hier hat gleichen Sinn und gleichen Klang.«[183]

Im Sommer hatte Anton Kuh einem Hohenzoller mit Herrenreiter- und Herrenmenschen-Allüren höchstpersönlich Bescheid gestoßen: Prinz Joachim [Albrecht von Preußen]. Der hatte auf dem Bahnhof von Bad Ischl, ungehalten über eine Zugsverspätung, den Bahnhofsvorstand angerempelt und erklärt, »die ›Hohenzollern würden ohnehin bald zurückkehren und dann werde die Sauwirtschaft bald ein Ende nehmen‹. Im Anschluß daran hatte sich der Prinz in *antisemitischen Beschimpfungen* ergangen, bis der im Bahnhof anwesende Schriftsteller Anton *Kuh* ihm eine deutliche Antwort gab und ihm eine *körperliche Züchtigung* in Aussicht stellte.«[184]

Am Sonntag, 5 Oktober 1919, versammeln sich vormittags in der Volkshalle des Wiener Rathauses sowie auf dem Rathausplatz etwa 5000 Personen zu einer Kundgebung des Deutschösterreichischen Antisemitenbundes, auf der Redner der Großdeutschen und der Christlichsozialen Partei die Abschiebung aller jüdischen Kriegsflüchtlinge binnen vierzehn Tagen fordern – aus »hygienischen Gründen«. Am 25. September hat bereits eine vom Deutschen Volksrat für Wien und Niederösterreich einberufene Versammlung am selben Ort per Resolution die »Abschaffung«, soll heißen Ausweisung der jüdischen Flüchtlinge bis 5. Oktober verlangt, widrigenfalls werde man zur »Selbsthilfe« schreiten. Die Pogromstimmung, die sich im Anschluß an die beiden Kundgebungen dank eines massiven Polizeiaufgebots »nur« in wüstem

---

* Kleine Schiffgasse: Straßenzug in der Leopoldstadt, dem Wiener Gemeindebezirk mit dem höchsten Anteil jüdischer Wohnbevölkerung (1920 umbenannt in Franz-Hochedlinger-Gasse). Metonym für: Ghetto resp. Juden.
** »Hepp, hepp«: antisemitischer Hetzruf.

Krakeel und Radau und »nur« vereinzelt in Übergriffen auf Passanten, Geplänkeln und Reibereien entlädt, veranlaßt die Vertreter ausländischer Missionen, Staatskanzler Renner gegenüber ihre Besorgnis zu äußern. Die Wiener Polizeidirektion läßt am 6. Oktober wissen, daß sie »in zuständiger Wahrung öffentlicher Interessen« bis auf weiteres »die Veranstaltung derartiger Kundgebungen auf der Straße nicht mehr gestatten« werde, weil diese »nicht geeignet [seien], die dem deutschösterreichischen Staate so notwendige Sympathie der maßgebenden Großmächte zu erhalten und das für den Kredit des Staates wie der Volkswirtschaft unerläßliche Vertrauen in unsere staatliche Ordnung zu erhalten«.

Am 23. Oktober bestreiken die Schüler aller fünf Wiener Neustädter Mittelschulen den Unterricht und halten im Festsaal des Gymnasiums – unter wohlwollender Anwesenheit ihrer Lehrer – eine Protestveranstaltung ab, weil sie nicht willens seien, »sich terrorisieren zu lassen«. Tags zuvor haben christlichsoziale und deutschnationale Schüler und Studenten gegen die Aufführung von Arthur Schnitzlers »Professor Bernhardi« agitiert und vor der abendlichen Vorstellung im Stadttheater antisemitische Flugzettel verteilt. Im dritten Akt lautes Zischen im Stehparterre, wo sich die Agitatoren versammelt haben, im vierten Akt Zischen, Trampeln, »Pfui!«- und »Nieder-mit-den-Juden!«-Rufe. Tumult. Die Vorstellung wird unterbrochen. Polizei schreitet ein. Der Obmann des Theaterkomitees, der sozialdemokratische Vizebürgermeister Püchler, und ein Soldatenrat Hübl mahnen die »Demonstranten« zur Ruhe und beschimpfen sie als Laus- und Rotzbuben.

»Zurück zum Staberl!« ist Anton Kuhs erster Gedanke. »Aber da widersetzt sich ja offenbar das moderne, individualistische Empfinden, das in der Erziehung zum Masochismus allen politischen und geistigen Schaden erblickt und darum auch ihr volkstümlichstes Symbol, das ›Staberl‹, verabscheut? Es kommt darauf an. Dort, wo die Erhebung der Jungen gegen die Welt des Staberls als jenes Macht- und Versklavungszeichens geht, wo es sich um Gehirn und Freiheit handelt – *à la bonheur!* Der eigene Rücken schmerzt uns zu sehr, als daß wir nicht mitschritten. Aber die Hannoveraner, die Breslauer und die Wiener Neustädter Buben sind ja gar nicht gegen das Staberl. Ganz im Gegenteil. Die Staberlallmacht ist es, der hier wie dort ihre Lendenbacken gleichsam ›entgegenjucken‹. Sie streiken für den Obrigkeits-Sadismus, für den Staat der Züchtigungspyramide – als Fundament: Unter-Tanen, als Spitze: der Ober-Herr –, ihre Revolte richtet sich gegen die Abschaffung des politisch-militärischen Staberls. Nun denn – man gebe ihnen, was sie so heiß begehren! Man erfülle ihre Träume und lege sie übers Knie! ... Aber müßte man zuvor nicht das gleiche auch mit jenen ihrer bejahrten Kollegen tun, die sich in der Staberl-Sehnsucht mit ihnen begegnen und als ihre Klassenvorstände und Professoren fungieren? In mehr als einem Falle war es ihr beredter oder zwinkernder ›Vortrag‹, der den Schülerstreik förderte. Sollte da nicht die Unterrichtsbehörde mit dem Staberl in der Hand Umschau halten?«[185]

»Polemische Lassos« –
Der »apostolische Denunzius« Karl Kraus

Auch wenn Kuh wenig über hat für das aktivistische Literatentum, ergreift er im Sommer 1919 Partei für eine Gruppe Wiener Schriftsteller, unter der Karl Kraus meinte Umschau halten zu müssen.

In den Aufsätzen »Proteste« und »Gespenster« legt Kraus Ende Juli 1919 eine umfassende Analyse der politischen Situation der jungen österreichischen Republik vor und geht mit jenen Literaten, die sich gegen Ende des Weltkriegs politisch zu betätigen begannen und sich nach dem Sturz der Habsburgermonarchie für die sozialistische Revolution in den Nachfolgestaaten stark machten, heftig ins Gericht.[1]

Die Vorgeschichte: Ohne deren Einverständnis einzuholen, hatte der anonyme Verfasser einer Depesche, in der gegen die vermeintlich drohende Hinrichtung Ernst Tollers in München protestiert wurde, Anfang Juni 1919 die Namen bekannter Wiener Politiker und Künstler unter dieses Schreiben gesetzt. Während sich die meisten »Unterzeichner« davon distanzierten, sprachen Franz Blei, Albert Ehrenstein, Alexander Moissi, Albert Paris Gütersloh, Ida Roland, Hugo Sonnenschein und Franz Werfel in einer Erklärung dem »mutigen Anonymus, der in einem Augenblick, da einem Kameraden in München die Rache des blutdürstigen Bürgertums drohte, unbekümmert unsere Namen unter seinen Protest setzte«, ihren »wärmsten Dank für diese Handlung aus«.[2]

Dieselben Namen (mit Ausnahme Ida Rolands) figurierten auf einem »Flugblatt«, das sich am 20. resp. 21. Juni in einigen Wiener Tageszeitungen fand[3]: einer Protestnote, die sich gegen Gewaltexzesse der ungarischen Räterepublik und namentlich Tibor Szamuelys wandte – und die »Unterzeichner« als Opportunisten und Feiglinge bloßstellte. Sie bedankten sich nämlich erneut dafür, daß sie ungebeten gegen die Hinrichtung Tollers hatten protestieren dürfen und auf diese Weise »der Erfüllung [ihrer] Humanitätspflicht enthoben« waren; und sie bekannten, daß »unsere Proteste gegen die Millionen Morde und Hinrichtungen Unschuldiger, die zwischen dem Kriegsbeginn und dem Zusammenbruch der Militärmonarchien erfolgt sind, nur deshalb nicht laut werden konnten, weil damals Schweigen geboten war und wir, mit Ausnahme des Kriegsfreiwilligen Moissi, uns alle in Positionen befanden, die wir andernfalls gegen die Aussicht eingetauscht hätten, unsere eigene körperliche Sicherheit zu gefährden. Hätte damals ein mutiger Anonymus unter seine Proteste gegen die Kriegsgewalt unbekümmert unsere Namen gesetzt, so wären wir geradezu gezwungen gewesen, ihn zu desavouieren.« Die »Arbeiter-Zeitung« durchschaute die Finte und rieb in der Ausgabe vom 21. Juni den Kollegen vom »Neuen Wiener Tagblatt« und der »Neuen Freien Presse« süffisant unter die Nase, »wer diese Fackel angezündet hat«: Karl Kraus.[4]

Dieser – je nachdem – perfiden oder ingeniösen Bloßstellung von revolutionär sich gebärdenden ehemaligen Etappenhengsten, die sich nun im Namen »weltbrüderlichen Protests« aktivistisch aufschwangen, entgegnete Ehrenstein mit einer knappen, sachlichen Zuschrift an die »Arbeiter-Zeitung«: Die Bemerkung, er habe nicht protestiert, als das Schweigen geboten war, treffe auf ihn nicht zu. »Wahr ist, daß mehrere meiner Proteste bereits im Herbst 1914, meine vor und um 1915 verfaßten kriegsfeindlichen Bücher ›Der Mensch schreit‹ und ›Die rote Zeit‹ 1916 und 1917 erschienen. Wahr ist, daß eine revolutionäre Sammlung der mir von den mittelmächtlichen Zensuren verbotenen Arbeit ›Den ermordeten Brüdern‹ nur in der Schweiz veröffentlicht werden konnte.« Zusatz der »Arbeiter-Zeitung«: »Also war seine ›körperliche Sicherheit‹ durch seine Tätigkeit und die ihr folgenden Schikanen der Behörden sicherlich gefährdet.«[5]

Obwohl Kraus behauptet, er sei in der »allgemeinen Einschätzung des politisch entzündeten Literatentums nicht von der Tatsächlichkeit der Einzelfälle bedingt«,[6] knöpft er sich im Aufsatz »Proteste« die sechs Unterzeichner, deren »revolutionäre Regungen zu einer Nachmusterung des Verhaltens im Krieg unbedingt herausfordern«,[7] einen nach dem andern vor. Er läßt Ehrenstein zwar nicht ungeschoren, aber glimpflich davonkommen, auch wenn er ihm, in Anspielung auf den Text des »Flugblatts«, infamerweise mehrfach Vorhaltungen macht, »daß seine körperliche Sicherheit durch seine Tätigkeit *nicht* gefährdet war«,[8] wischt Sonnenscheins Klarstellung, daß er »während des ganzen Krieges wegen seiner antikriegerischen Gesinnung als politisch verdächtig galt und deshalb den ärgsten Drohungen und Gewaltmaßregeln der alten Regierung ausgesetzt war[9] und »gegen den Krieg, gegen das Militär, gegen die Militärherrschaft und gegen die alten Regierungsformen sich sowohl literarisch als auch praktisch und agitatorisch betätigt« habe,[10] kurzerhand vom Tisch, diskreditiert die restlichen wegen ihres seiner Meinung nach kläglichen Versagens während des Kriegs. Allein ihm, Kraus, komme das Recht zu, nun gegen staatliche Gewalt zu protestieren, denn einzig er habe während des Weltkriegs seine Stimme dagegen erhoben.[11]

Im Pamphlet »Gespenster« stellt Kraus seine Kritik in einen größeren Rahmen und brandmarkt pauschal die Literaten als »intellektuelle Urheber« des Kriegs,[12] die versuchten, ihr Verhalten zu vertuschen, die keine Scham zeigten, »umittelbar von der Lyrik fürs Hauptquartier zur Empörung übergehen« wollten[13] und »Katzenjammer für Reue« ausgäben[14]. In den Literaten, die sich »hinter dem Ofen einer Kriegskanzlei in Aktivisten verwandelt« hätten – »ein Dreckhaufen von hysterischen Freigelassenen«[15] – und die nun »unsere Elendswelt mit Herrschgelüsten heimsuchen« wollten, sieht Kraus eine Bedrohung für die junge Republik, und er warnt sie, unverhohlen drohend, sich mit ihm darüber in eine Auseinandersetzung einzulassen.[16]

Hugo Sonnenschein und Albert Ehrenstein, die schon auf die ihnen von Kraus unterschobene Protestnote repliziert hatten, ließen die Ehrabschneidung nicht auf sich sitzen. Ehrenstein begab sich noch im August 1919 auf den »Kriegspfad gegen Karlchen«, wie er Stefan Zweig schrieb, um sich dessen »Skalp zu holen«.[17] Er faßt unter anderem den Plan, sich für die unterschobene Depesche mit einem Kraus unterschobenen Flugblatt zu revanchieren, einer Art Sonderausgabe der »Fackel«, in Aufmachung und Typographie eine Imitation der roten Hefte, inhaltlich eine satirische Mimikry Krausscher Methoden, soll heißen der tendenziösen Kürzung und Zurichtung von Zitaten.

Und diese Texte – sie datieren aus den Jahren vor dem Weltkrieg, in denen Kraus eine ausgesprochen konservative Phase durchmachte, deren Haltung er selbst, allerdings nicht ohne Vorbehalte, als »rechtsradikal« bezeichnete[18] – sind geeignet, an Kraus' pazifistischem Selbstbild zu kratzen. In einer Rede vor Marineoffizieren im k.k. Kriegshafen Pola, die er am 8. November 1913 als »eine Hoffnung auf Staat und Menschheit« adressiert hatte, hatte er davon gesprochen, daß der »Militärhaß der Demokratie die Überlegenheit des Mißwachses über die Männlichkeit« bedeute. Denkwürdig auch das aktivistische Credo, das Kraus im August 1912 in eine Tirade gegen die zersetzenden Tendenzen der modernen Welt eingebaut hatte, »Die Kinder der Zeit«. Hier wird – gegenüber dem verderblichen Einfluß der Presse – der Armee eine positive Funktion eingeräumt: »Der Säbel, der ins Leben schneidet, habe recht vor der Feder, die sich sträubt«[19]. Erstaunlich auch, daß Kraus keineswegs, wie er im Januar 1919 behauptet,[20] bei Kriegsausbruch »umgelernt« hat. Sein programmatisches Bekenntnis zum Konservativismus und zur staatserhaltenden Funktion der Armee, »Die Kinder der Zeit«, hat er etwa auch noch mitten im Weltkrieg öffentlich vorgetragen, am 12. Mai 1916 im Kleinen Konzerthaussaal.[21]

Inzwischen ist auch Kraus nicht untätig. In der »Fackel« vom Januar 1920 greift er Hugo Sonnenschein an, der im »Neuen Daimon« die »Legende vom weltverkommenen Sonka« veröffentlicht und sich dabei den Spaß erlaubt hatte, auf dem Umschlag der Zeitschrift unter der Spitzmarke »Stimmen der Presse« Kraus' mit unüberhörbar ironischem Unterton versehene Anerkennung von Sonkas antimilitaristischer Haltung aus dem Aufsatz »Proteste« durch schlichte Kürzung in eine lobende Besprechung dieses neuen Prosatexts und also eine Verlagsreklame umzufunktionieren. Kraus ist indigniert über die »Beschmutzung« seines Namens[22] – der nämliche Kraus, der nichts dabei fand, ungefragt sechs Namen unter ein von ihm verfaßtes Flugblatt zu setzen.

In einer ausführlichen Antwort auf Sonnenscheins Entgegnung im »Neuen Wiener Journal« im nächsten »Fackel«-Heft forciert Kraus ein Thema, das er in der Polemik »Literatur«[23] nur angerissen hatte: die Verbindung einer Kritik der expressionistischen Avantgarde mit jener des Kommunismus und der ungarischen Räterepublik und deren Sympathisanten, und verschärft sein Verdikt, indem er das Hochtönende expressionistischer Literatur auf schnöden Geschäftssinn zusammenstaucht. Hugo Sonnenschein konfrontiert daraufhin Kraus mit dem Vorwurf, in der Zeit vor Kriegsausbruch »ein Lobpreiser und ostentativer Verherrlicher des Militarismus, des Adels, der Autokratie« gewesen zu sein.[24] Er zielt mit diesem Vorwurf auf die im Juli 1914 veröffentlichten Aufsätze »Sehnsucht nach aristokratischem Umgang«[25] und »Franz Ferdinand und die Talente«[26], in denen Kraus sich vehement gegen den politischen Liberalismus gewandt hatte. Sonka unterstellt zudem, Kraus' pazifistisches Engagement während des Krieges sei »Hintertürlpazifismus« und das »gespielte Pathos einer Kriegsgegnerschaft« gewesen. Sonka hatte offenbar einen wunden Punkt getroffen, indem er an die Verherrlichung des Militärs in der Rede vor den Marineuren von Pola sowie an den erzreaktionären Aufsatz »Franz Ferdinand und die Talente« in der letzten »Fackel« vor dem Ausbruch des Weltkriegs erinnerte. Kraus' Reaktion: »Sie sind nichts und das ist es, was sie gegen mich haben.«[27]

Die selbstherrliche Pose einmal beiseite gestellt: Was hat *er* gegen sie? – Schließlich hat *er* den Federkrieg angezettelt. Und was bleibt vom ursprünglichen Vorwurf, die Autoren der »jungen Generation« hätten geschwiegen, um von ihren bequemen Posten im Kriegsarchiv nicht an die Front abkommandiert zu werden, mit dem Kraus Albert Ehrenstein und Hugo Sonnenschein das Recht streitig machen will, nach dem Krieg gegen bestimmte politische Entwicklungen zu protestieren? – Genau besehen: nichts.

Ehrenstein, der im Feber 1915 einberufen und für untauglich befunden worden war, wurde zum Ersatzdienst im österreichischen Kriegsarchiv abkommandiert, von dem er Ende Oktober »wegen sabotageähnlichen

Unernstes« beurlaubt wurde. Er hielt sich dann als Lektor des Kurt Wolff Verlags und des S. Fischer Verlags in Leipzig und Berlin auf, bevor er Ende 1916 nach Zürich ging, wo er sich bis September 1918 aufhielt. Kraus muß denn auch schmallippig einräumen: »Albert Ehrenstein hat sich nie der geistigen Betätigung im Dienste der Kriegsschande schuldig gemacht. Er hat ihr keinen Vers gewidmet«[28] und: »Daß er dann nicht für einen Kriegsdichter befunden wird, ist außer Zweifel.«[29] Allerdings habe er dadurch, daß er beim Erscheinen dieser Bücher nicht mehr in Österreich ansässig war, den »Beweis, daß seine körperliche Sicherheit durch seine Tätigkeit gefährdet war, nicht erbracht«.[30] Überdies wolle Kraus den »allgemeinen lyrischen Pazifismus« von Ehrenstein und Co. nicht mit seinem eigenen Kampf vergleichen, der in der »zentralstaatlichen Literatur« einzig sei.[31]

Hugo Sonnenschein, von dem keine einzige kriegspropagandistische Zeile bekannt ist, hatte den ganzen Krieg als Frontsoldat gedient – und damit wohl in Krausscher Logik den Beweis erbracht, daß seine körperliche Sicherheit gefährdet war.

Sei's drum. Auch wenn der Vorwurf opportunistischen Verhaltens im Krieg haltlos ist, denkt Kraus nicht daran, diesen zurückzunehmen und sich zu entschuldigen. Er nimmt Ehrenstein und Sonnenschein vielmehr als Repräsentanten des »politisch entzündeten Literatentums«[32] in die Pflicht und kanzelt sie in seltsam verquerer Logik eben als solche ab.

Läuft der Angriff auf die moralische Integrität ins Leere, verlegt sich Kraus auf ästhetische »Argumente«, um die Widersacher, die es gewagt hatten, seine Anwürfe abzuwehren, doch noch zu desavouieren und am Ende doch recht zu behalten. Als Sonka einige von Kraus' ironischen Bemerkungen zu seinem expressionistischen Gedicht »Ekel vor Europa«, das sich in erotischen Obsessionen ergeht, auf das Titelblatt seines neuen Buchs setzen läßt, kommt Kraus im Januar 1920 nochmals darauf zu sprechen, indem er es als »eines der bemerkenswertesten Kriegsgreuel, die die Literaten in jener Ära verübt haben«,[33] bezeichnet. Was bleibt also vom Vorwurf opportunistischen Verhaltens im Krieg? – Kraus mag die Lyrik Sonnenscheins und Ehrensteins nicht!

In Beweisnot, aber nie um eine Finte verlegen, verlagert Kraus das Kampfgeschehen auf einen Nebenschauplatz. Statt die Diffamierungen zurückzunehmen, »erledigt« er im Juli 1920 mit dem Aufsatz »Ein neuer Mann«[34] Georg Kulka, einen jungen Lyriker aus dem Umfeld des Genossenschaftsverlags und Sympathisanten der ungarischen Räterepublik, den er eines Plagiats an Jean Paul bezichtigt – nicht ohne am vermeintlich schlampigen Verhältnis der literarischen Avantgarde zum geistigen Eigentum deren Naheverhältnis zum Kommunismus ursächlich festzumachen und gleich die ganze »Scheinwelt, die sich Literatur nennt und deren Taten das Werk von Betrügern und Huren sind«,[35] in Bausch und Bogen zu verdammen. Kulka hatte in den »Blättern des Burgtheaters« unter dem Titel »Der Gott des Lachens« Passagen aus der »Vorschule der Ästhetik« veröffentlicht. Kraus witterte Infamie, Diebstahl am geistigen Eigentum und die »Kommunisierung des Geisteslebens«[36].

Kulka verteidigte sich mit der auf den ersten Blick wenig glaubwürdigen Begründung, er habe dem Werk Jean Pauls einen Dienst erweisen wollen[37] – auf der zweiten Blick durchaus glaubwürdig, da er tatsächlich nicht nur über Jean Paul dissertiert, sondern sich bei Verlagen um Neuauflagen von Jean-Paul-Schriften bemüht hatte.

Ehrenstein sprang Kulka, dem »unbekannten dreiundzwanzigjährigen Menschen, den der gewaltige Kraus bei lebendigem Leibe röstete«, in der Zeitschrift des von ihm mitbegründeten Genossenschaftsverlags, »Die Gefährten«[38], bei; mit einer etwas hanebüchenen – eher Bihänder als Florett – Retourkutsche: indem er seinerseits seinen ehemaligen Förderer des Plagiats bezichtigte: »mit literarischem Hohn und krausisch keine kotige Wirkung verschmähendem Spott«[39] durchexerziert anhand des in »Fackel« 546-550 erschienenen Gedichts »Apokalypse«, das er als Plagiat an der Offenbarung Johannis »entlarvt«: eine Persiflage auf den pathetischen Vernichtungsfuror Kraus'. Kulka hätte die »literarische Mystifikation« in der nächsten Nummer der »Blätter des Burgtheaters« aufgelöst, wäre nicht der »apostolische Denunzius« mit seinem »Haltet-den-Dieb!«-Geschrei hineingeplatzt, legt Ehrenstein unter der Kopfzeile »Ein Ritualmord« dar. Seine Verteidigung Kulkas ist auch eine Abrechnung mit seinem einstigen Förderer Kraus. In einem mit Wortspielen gespickten Pamphlet – Ehrenstein nennt Kraus unter anderem den »tüchtigsten Charakterspieler des deutschen Gesinnungstheaters«, einen »das Argusauge des Gesetzes erfolgreich herbeischeangelnden Schergen der Privatdetektei ›Die Fackel‹«, »Herr Weltgerichterstatter« – führt Ehrenstein, indem er Kraus überspitzt gegen Kraus wendet, minutiös vor, daß von den hundert Zeilen des Gedichts »Apokalypse« ganze vierzehn als Schöpfung Kraus' gelten können, der große Rest hingegen als Plagiat an der Offenbarung Johannis.

Wenige Tage nach der Veröffentlichung dieser Schrift, am 3. Oktober 1920, antwortet Kraus mit der vernichtenden Tirade »Die Gefährten«, wobei er in derselben Nummer der »Fackel« noch einmal über Kulka sowie in Bausch und Bogen über die gesamte expressionistisch-aktivistische Szene sein Verdammungsurteil spricht. Jahrelang habe er Ehrenstein »die denkbar ausgiebigste Förderung« angedeihen lassen, selbstlos

Ehrensteins Lyrik korrigiert, »stumm gezückte Manuskripte stumm übernommen und durchfrisiert, wiewohl ich wußte, daß ich dem Autor mit dem Dreck auch einen Teil seiner Eigenart nahm«. Ehrensteins Schrift über ihn ist für Kraus ein »Bekenntnis von einer untermenschlichen Ehrfurchtslosigkeit, wie sie vielleicht noch nie auf Papier exhibitioniert wurde«.[40]

Worum es dem »Diener am Wort« in der Auseinandersetzung mit den Expressionisten im Kern ging, erhellt aus den Formulierungen, mit denen Kraus das – für ihn – verwerfliche Programm dieser Autoren beschreibt: »Einem aufgelösten Leben mit einer aufgelösten Kunst zu antworten«;[41] »zur neuen Weltordnung durch eine aufgelöste Syntax führen.«[42] Und hinter einer anarchischen, ordnungswidrigen Sprache ein liederlicher Mensch, weil für Kraus Sprache und Moral unauflöslich verbunden sind. Die expressionistische Literatur, die »zur Sprache sich ungefähr wie der Szamuely zum Leben verhält«,[43] ist in Kraus' (Un-)Verständnis ein einziges Vergehen wider die deutsche Literatursprache. Und in der hatte sich Kraus nun einmal eingerichtet – als Polizist, Ankläger und Richter in Personalunion.

Woraus immer sich der Vernichtungsfuror speist, Tatsache bleibt die Maßlosigkeit der »Erledigungen«, die nicht in camera caritatis einem Arbeitsjournal anvertraut werden, sondern auf offener Bühne, in einer in zwangloser Folge erscheinenden Zeitschrift mit einer Auflage von zwölf- bis fünfzehntausend Stück exekutiert werden. Wenn Ehrenstein von einem »infernalischen Mordversuch« an Kulka spricht, der »von einer blutgierigen Fackel versengt, gebrannt, gebrandmarkt, geschmort, geröstet« worden sei[44], mutet das wie eine zimperliche Übertreibung an. Die Bannflüche Kraus' kamen allerdings einer symbolischen Vernichtung derer gleich, die sie trafen. Die waren – wie Kulka, der nach der »Erledigung« durch Kraus zum »Literaturdieb«[45] abgestempelt war – stigmatisiert.

Elias Canetti, dem seine ergebene Unterwerfung unter die Meinungs- und Urteils-»Diktatur« Kraus' noch Jahrzehnte im nachhinein hörbar peinlich ist: »Ein Feind von Karl Kraus war ein verwerfliches, ein unmoralisches Wesen; und wenn ich auch nicht, wie es in späteren Diktaturen üblich wurde, an die Ausrottung des vermeintlichen Ungeziefers ging, so hatte ich doch, ich muß es mit Scham gestehen – [...] meine ›Juden‹, Menschen, von denen ich wegsah, wenn ich sie in Lokalen oder auf der Straße traf, die ich keines Blickes würdigte, deren Schicksal mich nichts anging, die für mich geächtet und ausgestoßen waren, deren Berührung mich verunreinigt hätte, die ich allen Ernstes nicht mehr zur Menschheit zählte: die Opfer und die Feinde von Karl Kraus.«[46] Die

Kraus-Jünger nahmen die Verdikte als unumstößliche Wahrsprüche, ihnen wäre es vermessen erschienen, diese höchstinstanzlichen Verurteilungen in Zweifel zu ziehen. Tatsächlich liefen Gerüchte um, Kulka wie auch Ehrenstein trügen sich mit Suizidabsichten.

Anton Kuh hatte sich bei den an die Literaten, die im Kriegsarchiv Dienst getan hatten, adressierten Vorhaltungen Kraus' gewundert, warum diese einer völlig überkommenen »Begriffsetikette ihre Ehrenbezeugung« nicht verweigerten und sich einem Ehrenkodex unterwarfen, der zwar längst desavouiert war, in seiner Phrasenhaftigkeit aber fröhliche Urständ' feierte. Warum läßt man sich – nach dem Weltkrieg – noch an Maximen messen wie:»›Wer seinen Leib nicht als Sklave des Staates hinopfert, ist ein Feigling!‹« oder »›Wer schwieg, um sein Leben zu retten, und zu sprechen anfing, als er gerettet war, ist ein Maulheld!‹«? Warum läßt man sich noch immer gängeln mit Begriffen wie »Heldentod«, »Patriotismus« und »Hochverrat«, und warum will keiner »begreifen, daß es nicht darauf ankommt, ob der Heldentod fürs Vaterland ein zweckloses Opfer, der Patriotismus eine großösterreichische Erfindung und der Hochverrat ihre Richtigstellung war – sondern darauf, daß der Heldentod schlechterdings ein Wahnsinn, Patriotismus ein Aberwitz und Hochverrat ein Nonsens ist, daß die Begriffe als solche und nicht ihr Gelegenheitswert fallen müssen, wenn einmal die Luft rein werden soll«. Aber: »Das Überleben der Phrase bewahrt die Menschen vor der Gefahr einer Vereinfachung des geistigen Austausches, die unter anderem zwei Drittel aller Polemik aus der Welt schaffen würde. Was sollten sie einem ›Drückeberger‹ sagen, wenn das Drückebergern aufhört, ein Schimpf zu sein?‹

Statt klipp und klar zu sagen: »Ich fand es nicht für ratsam, mich in eine Tranchiermaschine stopfen zu lassen, deren Zwecke ich nicht einsah« und: »Ehrlich gestanden hab' ich mich seinerzeit nach allen Regeln der Kunst aus dem Militärdienst hinausgeschwindelt«, lasse man sich von einem Satiriker beschämen. »Statt zuzugestehen: Erstens bin ich kein Märtyrer. Zweitens nicht für etwas, was nur in der Einbildung des Volksschullesebuches besteht. Drittens hab' ich deshalb geschwiegen. Und viertens mach' ich deshalb jetzt mein Maul auf – stolpert er über polemische Lassos.«[47]

1919 – 1920

Am 18. Dezember 1919 zieht Kuh in Prag vor einem enthusiasmierten Publikum über die bürgerliche Sexualmoral, die doppelte Buchführung in Sachen Moral vom Leder oder, mit den Rezensenten gesprochen,

Prag, Urania, überschüttet er den »bis in die Türflügel und auf die Bühne
Großer Saal, hinauf gepfropften Saal«⁴⁸ der Urania mit einer »blitzenden
18.12.1919, Masse von Scherz und Satire, von Bildern und Aphorismen«
19.30 Uhr: zum Thema »Sexuelle Revolution«; dabei eine Lanze brechend
Über Sexual- für »Individualrevolution [...], mit der jeder bei sich selbst an-
revolution fangen müsse und die im Wesen Sexualrevolution sei«; »die deutsche
Machtgier aus dem unterdrückten Sexualleben« erklärend und im
»Preußentum nichts als die inkarnierte homosexuelle Anbetung der
Subordination« sehend.⁴⁹ – Keine didaktische, gravitätisch-ernsthafte
politische Stellungnahme, sondern »die Rebellion eines feinen Nerven-
systems gegen sinnenfeindliche Kultur-Entartungen«.⁵⁰

Knapp zwei Wochen darauf trägt er seine Thesen von den »falschen
Anwaltschaften« des Judentums und seine Umdeutung der »Heimatlosigkeit« in eine kosmopolitische Mission unter dem Titel »Die Tragik
des Judentums« in der Urania vor. In den Ankündigungen seines Auf-
tritts ist unter anderem davon die Rede, daß sich der Vortragsabend
»durch die eigentümliche und freimütige Stellung Kuhs zur Judenfrage
besonders fesselnd gestalten dürfte«.⁵¹ Der Saal ist wieder brechend
voll.

Anton Kuh expliziert eine »Art psycho-politischer Auffassung des
Judentums«. Die üblichen Klischees nationaljüdischer wie antisemitischer Einstellungen polemisch verwerfend, erblickt er dessen Tragik
nicht in der geographischen, sondern in der inneren Heimatlosigkeit,
die »den Juden« dazu treibe, »sich jedesmal mit Leidenschaft, in das
Kleid des Sozialdemokraten, des Deutschnationalen usw. zu werfen.
Prag, Urania, Die jüdische Tragik wurzelt zu tief in der Mission: den Indivi-
Großer Saal, dualismus gegen den Fatalismus zu behaupten«.⁵² Der anonyme
30.12.1919, Rezensent des »Prager Tagblatts« spürt »hinter dem ironischen
19.30 Uhr: Flimmern [...] die reinere Flamme des Bekenntnisses«. Die
Die Tragik des aufgewühlte Erscheinung des Vortragenden habe das zum Ein-
Judentums spruch gegen die im Laufe dieser leidenschaftlichen Konfession
geäußerten provokanten Thesen bereite Publikum davon abgehalten,
Widerspruch laut werden zu lassen. Es habe diesen Eindruck, sichtlich
bewegt, mit nach Hause getragen.⁵³

Daß das ernste Thema weder dem Animo des Vortragenden Abbruch
tut noch der Begeisterung des Publikums, registriert auch Felix Weltsch
in der »Selbstwehr«. Er freut sich, »über einen Vortrag Anton Kuhs
berichten [zu] können, den man mit Recht als einen national-jüdischen
Propagandavortrag bezeichnen könnte, wie er mit solcher Pointiertheit
und Schlagkraft wohl nur selten gehalten worden« sei.⁵⁴ Was Kuh als
»Sendung« des Judentums postulierte, also die Umdeutung der Exterri-

torialität der Diaspora in eine kosmopolitische Mission, war Felix Weltsch allerdings zu vage, auch »allzu nah bei jener eben abgelehnten Humanitäts- und Menschheitsidee«, zu nah also bei den von Kuh als letztlich fatal empfundenen »falsche[n] Anwaltschaften«.[55] Weltsch resümierend: »Wie immer war der Vortrag Kuhs blendend, aufreizend, voll genial-unartiger Formulierungen, rhetorisch und schauspielerisch glänzend. Das Publikum trachtete mit dem Gebotenen auf seine Art fertig zu werden und suchte, durch den Vortrag angeregt, nach geistvollen Auswegen, um den jüdischen Nationalismus Kuhs nicht allzu ernst nehmen zu müssen. Uns aber war es ein Vergnügen, daß gerade dieses Publikum – zu einem großen Teile wenigstens – einmal der Sensation etwas hineingefallen war und gewisse gute Wahrheiten auch von einem Mann zu hören bekam, der gerade in Mode ist, was natürlich weder ein Vorwurf gegen Anton Kuh ist noch ein Hindernis, anzuerkennen, daß der Vortrag wirklich gut war.«[56]

Am 7. Januar 1920 ist Kuh im Saal des mondänen Kurhauses »Kaiserbad« in Teplitz-Schönau / Teplice-Šanov zu Gast und wirft dabei nicht nur das »scheußliche Monstrum von Josefsdenkmal aus Metzners Meisterhand« rhetorisch um,[57] sondern auch alle Vorstellungen über den Haufen, die der mit dem Kürzel »J.« unterzeichnende Mitarbeiter des »Teplitz-Schönauer Anzeigers« zum Thema »Gastrecht« hegt: »Der erste Teil hatte noch Idee, geistreichelnden Witz und vielleicht Aufbau. Was [Kuh] aber im Abschluß sich leistete, übersteigt alle Grenzen, mindestens der Höflichkeit gegen die gastliche Stadt und ihr Volk. Es waren an der Hand von sich wiederholenden Gemeinplätzen über die von unseren Feinden an den Haaren herbeigezogenen Verunglimpfungen des deutschen Volkes im Punkte Eitelkeit und Unaufrichtigkeit gegen sich selbst kühne Angriffe auf unsern Charakter, Geschmack, völkische Eigenart u. a. Als Ästhet nahm er Metzners Kunst und unser Josefdenkmal[58] im besonderen als Grundlage seiner Ausführungen. Er erläuterte an ihm die großdeutsche Idee, karikierte das Karyatidenwesen des Vasallentums, das sich zur Dünkelhaftigkeitspyramide der Idee Wilhelm zuspitzte usw. Er kokettierte mit den Volksfeinden, nannte Deutsche und Juden in vielen Punkten gleiche Völker, bespöttelte Schillers Ideale, zog ihm Theatraliker des Alltags vor, zerrte unser Selbstbewußtsein in den Kot und nannte die jetzige Zeit ausgleichende Gerechtigkeit. Wir belassen ihm seine politischen Phantome, aber verbitten uns seinen Ton, althergebrachte Kulturwerte, die fremde Völker bestaunen, zu beschimpfen.« Was ihn zumal erbost: »Und niemand rührte sich und erhob ein Veto und als Abschluß erntet dieser Charlatan der Phrase, mit deren Leichtathletik

Teplitz-Schönau / Teplice-Šanov, Kaiserbad-Veranda, 7.1.1920, 20 Uhr: Sexualrevolution er uns fast 2 Stunden raubte, den fast ungeteilten Beifall einer deutschen Stadt, deren Bevölkerung er pueril unentwickelt nannte.«[59]

Vorbehaltos wohlwollend dagegen der Kollege von der »Teplitzer Zeitung«: »Alle, die von dem geistvollen Feuilletonisten eine amüsante Stunde erwarteten, kamen bei seinem vorgestrigen Vortrage voll auf ihre Rechnung; die anderen, die gekommen waren, um über Sexualrevolution aufgeklärt zu werden, erfuhren gründlichste Enttäuschung. Denn es war kein wissenschaftlicher oder kulturpolitischer Vortrag in ernstem Sinne, sondern eine von Witz, Übertreibungen und Paradoxen übersprudelnde Conférence, wenngleich eine Conférence, die in gleicher geistiger Höhe bisher kein Kabarettconférencier zu bieten imstande war.«[60]

Einigermaßen versöhnt zeigt sich »J.« bei der Besprechung des zweiten Anton-Kuh-Abends in Teplitz, der der »Tragik des Judentums« gewidmet ist. Nicht bloß habe der Vortragende »J.«s Kritik aufgenommen, er habe sich diesmal auch, so »unsachlich [er] sich im ersten Vortrag auf Seitensprüngen politischer Satire« verloren habe, diesmal »feste Marschroute ausgestellt und hielt sie ein«.[61] Die »Teplitzer Zeitung« hält Kuh zugute, daß er »so viel an guter Gedankenarbeit und geistvoller Anregung« geboten habe, »daß man über unterschiedliche Ungereimtheiten und mancherlei, das offenen Widerspruch herausforderte, hinweggehen und ihm mit lautem Beifall für den interessanten Abend danken konnte«.[62]

Teplitz-Schönau / Teplice-Šanov, Kaiserbad-Veranda, 18.1.1920, 20 Uhr: Die Tragik des Judentums

Die Richtung ist eingeschlagen: Prag, Teplitz – Berlin. Als Anton Kuh Anfang 1920 nach Berlin geht, hat er dort als Wiener Korrespondent der »Neuen Berliner Zeitung« schon publizistisch Fuß gefaßt, deren allererste Nummer mit der Schlagzeile »Liebknecht erschossen!« am 16. Januar 1919 erschien. Kuh war bis Ende März 1919 Wiener Korrespondent, Dutzende anonyme telegraphische Berichte dürften von ihm stammen. Er schreibt nun gelegentlich für die Hauptstadtzeitungen, so für den »Berliner Börsen-Courier«, das führende Wirtschaftsblatt der Metropole, das sich unter der Ägide von Emil Faktor einen ausführlichen Kulturteil leistet, einen Nachruf auf den einundsiebzigjährig verstorbenen Herausgeber der »Neuen Freien Presse«, Moriz Benedikt,[63] und für das bürgerlich-liberale »Berliner Tageblatt« vier Tage darauf einen Nachruf auf Prinz Aloys Liechtenstein, den früheren Landmarschall von Niederösterreich und Vorsitzenden der Christlichsozialen Partei.[64]

Furore macht er in Berlin als Stegreif-Redner. Die »Vossische Zeitung«, die Kuhs ersten Berliner Vortrag, »Die sexuelle Revolution«, in der Abend-Ausgabe vom 19. Feber 1920 noch sehr verhalten angekündigt und leise Zweifel am Ruf geäußert hat, der Kuh aus Prag und Wien vorauseilte, ist tags darauf angesichts der fulminanten Bühnenwirkung begeistert: »*Anton Kuh*, Aufmischer aus Wien. Mensch gewordener Nerv. Zerplatzender Intellekt. Fakir, der sich die Nadeln gespitzter Gedanken aus dem Gehirn zieht. Äußeres Format: grotesk, schlank, mähnig; aus der Gasse E.T.A. Hoffmann, Zacharias Werner. Hält in der Berliner Sezession einen Vortrag über das Litfaßsäulen-Schlagwort: Sexuelle Revolution. Doch das ist nur ein Vorwand [...]. Eigentlich ist sein Vortrag eine Berg- und Talbahn durch Deutschland. Eine rasende und rasselnde Fahrt an Abgründen vorbei; und Anton Kuh steht an der Kurbel des Betriebwagens [...]. Eine Conférence. Die beste vielleicht, die je gehalten wurde; mit dem Zerebralton der Überzeugung, [...] unheimlich klug, prachtvoll mutig; Feuerwerk, bei dem scharf geschossen wird. Die Worte wie von Wehen vorgetrieben; Demonstrationsgeburt von ausgereiften Gedanken und Schlüssen. Nur eine Conférence: eine, an die man denken wird; aus der andere Bücher, Theorien, Lehrstühle errichten würden.«[65]

Berlin, Sezession, 20.2.1920, 20 Uhr: Die sexuelle Revolution

Etwas reservierter die Besprechung in der »Neuen Berliner Zeitung«, die das Dilemma des »genialisch behexten Wiener Wort-Virtuosen Anton *Kuh*« zwischen den Polen »Prodesse« und »Delectare« aufspannt: »Je besser – desto schlechter, je schlechter – desto besser! Jedes Gelingen im Erfolg- ist sein Makel im Wertsinne! [...] Es gibt Tage, wo Anton Kuh diese Tragik stärker und wo er sie schwächer zu spüren scheint. An den einen verzweifelt er am Witz, an den anderen verwitzt er seine Verzweiflung. Sein Vortragsabend über ›*sexuelle Revolution*‹ am letzten Freitag zählte zu den resignierten.« Angesichts eines Publikums, das erwartet, sich fürs Eintrittsgeld das ein oder andere schwarz auf weiß nach Hause tragen zu können, sei »seine Beweislust bockig« geworden. Der Rezensent betulich weiter: »Was ich an dem sonst virtuosen Vortrag des bleichgesichtigen jungen Mannes mit der Stirnlocke, der da wie ein Stück Nerven-Gallert vor uns vibrierte, vermißte, das waren exakte Beweissätze jener Art, wie man sie nachher als Nähr-Konserven heimträgt und in den Kaffee wirft. Wo blieb seine berühmte Aufdeckung des Zusammenhangs von Kulturqual auf der einen und der Verquickung von Erotik und Wirtschaftlichkeit auf der anderen Seite? Wo seine Zeichnung der deutschen, masochistisch-homosexuellen Rangspyramide? ... Es blieb die Feststellung übrig, daß Macht- und Militärwahn, Bilderbuchverliebtheit und Humanismus der Deutschen sexuelle Fahnenflucht sei. Und was so drum und dran. Der Vorhalt des Kabarettistischen aber ändert doch nichts an der Tatsache, daß man Wahreres über das Deutschtum kaum vernehmen kann.«[66]

Mag der Rezensent der »Neuen Berliner Zeitung« – es ist Anton Kuh – auch mäkeln und nörgeln, das Publikum ist's jedenfalls zufrieden. Von »spontanen Beifallskundgebungen« ist im »Berliner Tageblatt« die Rede,[67] im »Berliner Börsen-Courier« davon, daß man die Pointen des »breit ausgesponnenen intellektuellen Redecouplet[s] [...] auf offener Szene beklatschte«.[68]

Zweieinhalb Wochen nach dem glänzenden Einstand in der Sezession spricht Kuh, wieder heftig akklamiert von einem ihm angeregt folgenden Auditorium, im größeren Schubert-Saal in der Bülowstraße über »Die Tragik des Judentums«. Während die Besprechungen der Tageszeitungen seine Thesen nur referieren,[69] setzt sich Robert Weltsch eingehend mit ihnen auseinander. Er stößt sich aus seiner zionistischen Perspektive an der von Kuh postulierten »Sendung des Judentums«, »den europäischen Völkern das Chimärische des Begriffes ›Heimat und Scholle‹ zu beweisen«, als Ausdruck ebenjener »Selbstverleugnung«, die Kuh dem modernen Judentum pauschaliter unterstellt, und wirft ihm Weltfremdheit – »Im realen Leben wirken Faktoren mit, die mächtiger sind, als es vom grünen Tisch des Café des Westens den Anschein haben mag« –, Verkennen der prekären gesellschaftlichen Stellung der Juden vor.[70]

> Berlin,
> Schubert-Saal,
> 9.3.1920, 20 Uhr:
> Die Tragik des
> Judentums

Belege für seine Thesen von der Puerilität teutscher Mannhaftigkeit, die ihren verdrängten Sexus in Machthunger, Militärwahn und Bilderbuchverliebtheit auslebt, sollte Kuh sein Berlin-Aufenthalt Anfang 1920 bis Mitte 1921 zur Genüge liefern. Er wird »Augen- und Ohrenzeuge dafür, was sich der kleine Moritzl, alias Trogotterl unter Siegfrieds Ermannung vorstellt«,[71] soll heißen des Kapp- resp. Kapp-Lüttwitz-Putschs, eines vom preußischen Generallandschaftsdirektor Wolfgang Kapp und Reichswehrgeneral Walther von Lüttwitz angeführten Putschversuchs reaktionärer Militärs gegen die SPD-geführte deutsche Reichsregierung und generell gegen die Weimarer Republik, der von 13. bis 17. März 1920 bürgerkriegsähnliche Verhältnisse im Deutschen Reich schafft. Freikorps-Verbände, die 1919 unter schwarz-weiß-roter Flagge in Lettland und Litauen gegen ein Vordringen »des Bolschewismus« auf Ostpreußen im Einsatz waren und sich dabei den Ruf ungemein brutalen Vorgehens erwarben, sind am Kapp-Putsch führend beteiligt, etwa die Einheiten Rüdiger Graf von der Goltz' oder die berüchtigte Brigade Ehrhardt.

Aus Protest gegen die im Friedensvertrag von Versailles geforderte Umgestaltung aller deutschen Kadettenanstalten in zivile »Reichsbildungsanstalten« randalieren im Mai 1920 die älteren Jahrgänge der ehemaligen Hauptkadettenanstalt und nunmehrigen Bildungsanstalt

Großlichterfelde gegen die Anstaltsleitung und fordern ihre Mitschüler in Flugblättern auf, sich »den guten nationalen deutschen Geist nicht durch jüdisch-demokratische Erzieher austreiben« zu lassen.

Die Untertöne, die in der im August 1920 von der »Arbeitsgemeinschaft deutscher Naturforscher zur Erhaltung reiner Wissenschaft e. V.« angezettelten Kampagne gegen Albert Einsteins Relativitätstheorie schon vornweg nicht zu überhören sind, arten in den Jahren 1921, 1922 in unverhohlene antisemitische Diffamierung aus.

Organisierte Krawalle und eine Kampagne der nationalkonservativen und völkisch-nationalistischen Presse gegen den »Reigen« und generell gegen die »Entsittlichung« und den »zersetzenden jüdischen Einfluß« begleiten die Aufführungen des skandalisierten Schnitzler-Stücks, das am 23. Dezember 1920 im von Gertrud Eysoldt und Maximilian Sladek geleiteten Kleinen Schauspielhaus (dem Saal der Berliner Musikhochschule) uraufgeführt wird – und das trotz einer einstweiligen Verfügung des preußischen Kultusministeriums, die sich auf Gerichtsurteile stützt, denen zufolge »Reigen« eine »unzüchtige Schrift« sei.[72]

Am 26. April 1920 überfallen mit Stöcken bewaffnete deutschnationale Studenten die jüdische Mensa in der Alser Straße im 9. Wiener Gemeindebezirk, verprügeln die Gäste und verwüsten das Lokal. Tags darauf besetzen mit Knüppeln und Totschlägern bewehrte Couleurstudenten um 7.30 Uhr die Universitätsrampe, um jüdische Kommilitonen am Betreten des Gebäudes und am Besuch der Lehrveranstaltungen zu hindern. Als um 10.30 Uhr ein Trupp jüdischer und sozialistischer Studenten sich Zutritt zu verschaffen versucht, trennt ein Kordon berittener Polizei mit blankgezogenem Säbel die Streitparteien. Unter Absingen des Deutschlandlieds ziehen die Hörer der Hochschule für Bodenkultur und der Exportakademie, die die Reihen ihrer Gesinnungsgenossen von der Universität verstärkt haben, in Richtung Währinger Straße ab, die Hörer der Technik und der Tierärztlichen Hochschule schmettern beim Abzug über die Ringstraße die »Wacht am Rhein«.

Die Wiener Varietät der Spezies Bartbube vor Augen, ringt sich Kuh beinah so etwas wie Respekt vor den Berliner Pennälern ab: »Der Couleurstudent agiert heute wieder mit aktuellerer Lautheit. In Berlin trägt er das Hakenkreuz und bekennt sich stolz als Kapp-Trabanten – in Wien demoliert er Suppentöpfe und Küchenbänke. Aber so ehrlich die Geistesart scheint, so verschieden ist die Berechtigung. / In Deutschland stellt der deutsche Knabe doch ein gutes Stück deutschen Wesens dar, der deutsche Studiosus immerhin etwas Festes, Hintergründiges, in Traditionen Verwurzeltes und kommt aus einer Klasse, deren Gegenwartsmißvergnügen aus stolzer Vergangenheitsmacht wenigstens erklärbar ist – kurz, die Burschen haben gutes Kastenblut im Leibe. Was aber, mit Verlaub bitte! – soll man von den Wiener Deutsch-Büberln sagen? ›Wiener‹ und ›deutsch‹ – das klingt ohnedies zusammen wie ›Palatschinken‹ und ›Kyffhäuser‹. Es war die schönste Eigenschaft des Donauvolkes, daß es, seiner Eigenschaft als Höflings- und Lustbarkeitsvolk bewußt, den Namen Dvořák und Novotny nie mit starkem deutschen Nationalakzent hinausposaunt hat. Anders die Junioren. Sie stammen ihrem Großteil nach aus einer strebsamen Armeleut'schichte. [...] Sie sind Produkte jenes von Kürnberger ›asiatisch‹ getauften magyarisch-polnisch-tschechisch-slovenisch-bajuvarischen Mischmasch, der dort unten zum Zweimillionenbrei zerflossen ist, und haben Mühe, ihre Namen ›hakerlfrei‹ zu erhalten. [...] Ärmliche Lattengucker des Wiener jüdisch-bajuvarischen Pantsch-Humors, fühlen sie sich durch die letzten Brosamen beglückt, die ihnen von der reichbesetzten Schieber-Tafel der heutigen Wiener Kultur zufallen ... Und das spielt Kapp und Lüttwitz!«[73]

Am Freitag, dem 29. Oktober 1920, will Anton Kuh um »8 Uhr abends im ›Graphischen Kabinett‹ (Kurfürstendamm 292) den Versuch machen, zu erfahren, was [er] über den Dadaismus denke und ob er durch Überschätzung nicht zu jenem stupiden Gesicht gebracht werden kann, das er sonst seinem Publikum aufzwingt«, wie er in einer Vortragsankündigung wissen läßt.

<small>Berlin, Graphisches Kabinett, 29.10.1920, 20 Uhr: Shakespeare und Dada</small>

Er brauche dazu »weiter nichts als Physiognomien, deren Anblick [ihn] im Fluß der rhetorischen Befindung hält. Vorherige briefliche oder telephonische Anfragen, was Shakespeare und Dada miteinander zu tun haben, bleiben teils wegen des Reinerträgnisses des Abends, teils wegen der Unfähigkeit des Vortragenden, derzeit Bescheid darüber zu wissen, unbeantwortet.«[74]

Kuh wirft den Dadaisten, die vom Unsinn nicht lebten, weil sie anders nicht können, sondern weil der Unsinn rentabel sei, Verrat am Dadaismus vor. Sie machten geschäftstüchtig »in Unsinn«. Die Beziehung »Shakespeare – Dada« ist Joseph Roth »nicht überzeugend genug« ausgeführt, »aber in der Form so elegant ausgedrückt, daß sie glaubhaft wirkte«. Es komme aber bei Kuh ohnehin »mehr auf das Wie an. Darin enttäuscht er niemals. / Dialektisch in der Betrachtung, paradox im Ausdruck, salopp in der Gebundenheit, witzig im Ernsthaften, ernst bei Lächerlichkeiten und köstlich-anmutig selbst im Kaffeehäuslichen: So ist Anton *Kuh* einer der elegantesten, geistigen Leichtakrobaten. Wertvoll, weil selten in einer Zeit, die nur deshalb brutal oder pathetisch, dumm oder politisch wird, weil sie geistlos ist.«[75]

Probe aufs Exempel: Am Abend des 12. November 1920 stürmt der Hauptmann a. D. Hermann Freist im »Café des Westens« einen der Literatentische, zerdeppert das Geschirr und schlägt Anton Kuh ins Gesicht – »ohne jede andere Veranlassung als die, daß ihn, den Orgeschmann,* infolge seiner Trunkenheit, die ganze Macht der Gewohnheit aus der Wilhelminischen Muskel- und Militärdiktaturzeit überkam und also ein Grimm in ihm aufstieg gegen ein geistiges Antlitz, das derzeit nicht mehr von einer Helden- und Kanonenfutteruniform entstellt war. Während um den überfallenen Tisch die empörten Gäste sich sammelten, um den Hauptmann Freist in die Wirklichkeit einer halbwegs republikanischen Freiheit zurückzurufen, erschien stockschwingend ein Herr namens Stephan Wassermann, der, unvermittelt zwar, aber offenbar aus angeborener Veranlagung gegen ›die Juden‹ zu wüten anfing und die weiblichen Gäste des Cafés in jener gewählten Weise beschimpfte, wie sie im Zeichen des Hakenkreuzes selbstverständlich und bei rechtsseitigen Putschorganisationen üblich ist«, berichtet Joseph Roth, offenbar Augenzeuge, tags darauf in der »Neuen Berliner Zeitung«.[76]

Nicht über Wilhelm II., wie der Titel der Stegreif-Rede, »Kaiserismus«, nahelegt – ein Schmähbegriff der Entente-Presse für den deutschen Potentaten und dessen Gewese –, sondern über die »Nebenerscheinungen des Falles Georg Kaiser«[77] spricht Anton Kuh am Abend des 19. November 1920 im Graphischen Kabinett. Der expressionistische Autor, der gerade dabei ist, zum meistgespielten Dramatiker auf deutschen Bühnen zu werden, wird Mitte Oktober auf Veranlassung der Münchner Staatsanwaltschaft aus dem Berliner Hotel Esplanade heraus fest- und unter großem Aufsehen in Untersuchungshaft genommen. Kaiser und seiner Ehefrau Margarethe wird zur Last gelegt, daß sie zwischen Sommer 1919 und Sommer 1920 wertvolles Mobiliar aus einer von ihnen gemieteten Münchner Wohnung und einer Tutzinger Villa sowie ihnen anvertraute Gemälde und Schmuck verkauft und verpfändet haben. Gesamtschaden: 150.000 Reichsmark. Freunde bemühen sich um die Verlegung des geistig Zerrütteten in ein Sanatorium, der Schutzverband deutscher Schriftsteller verwendet sich beim Bayerischen Justizministerium für Kaiser: »Seine anerkannte Bedeutung als Dichter erfordert die Zubilligung aller erdenklichen Freiheiten im Rahmen der Gesetze,

Berlin, Graphisches Kabinett, 19.11.1920, 20 Uhr: »Kaiserismus«

---

* Orgesch: kurz für Organisation Escherich (vom bayerischen Forstrat Georg Escherich gegründeter republikfeindlicher, rechtsextremer »Selbstschutzverband« gegen den »roten Terror«).

seine verletzliche Konstitution die größte Beschleunigung des Verfahrens. Diese Bitte wird um so dringlicher gestellt, als die Nachrichten über die bisherige Behandlung Georg Kaisers in den Kreisen der deutschen Schriftsteller höchstes Befremden erregt haben.«[78] Befremden allseits auch über Georg Kaiser und wie so häufig in derartigen Fällen die lebhaft diskutierte Frage, ob der Künstler mit bürgerlichem Maßstab zu messen sei.* Für Rudolf Leonhard mutet der Fall an »wie die erste Szene des dritten Aktes eines Kaiserschen Dramas«. Leonhard am 4. November 1920 in der »Voss« – einen Tag bevor am Großen Schauspielhaus unter Applaus und schrillen Pfiffen die Uraufführung von Kaisers Tanzspiel »Europa« über die Bühne geht: »Wie es auch sei und ausgehen möge[79]: auch wenn er ›schuldig‹ ist, neidvoll gegrüßt und gepriesen werde der Dichter, der sich dem Fluch der Fron entringt, der sich in die Wirklichkeit seiner Dramen stellt, der, längst zerrissen vom innern Erleben, nach der Vorsehung in allen Darstellungen den Mut oder das Schicksal findet, ins Erlebnis zu münden, der den Mut zum Schicksal findet. Wenn Georg Kaiser schuldig sein sollte, ist er für ein Schicksal in der bürgerlichen Ordnung lebendig geworden und sei doppelt gegrüßt: als Dichter und als Schuldiger. / Er hätte dann zum Einzelschicksal der Dichtung, die im bürgerlichen Leben gar keinen Fluch mehr bedeutet, so habt Ihr sie entwertet, den allgemeinen Schicksalsfluch der Realität auf sich genomnen. Er hätte durch die Tür einer Gefängniszelle die Realität für ein neues Leben gerettet. Wißt Ihr nicht, was das bedeutet? / Er hätte nichts getan, als was er als Dramatiker dutzendmal getan hat; vielleicht auch hier aus dem Willen zur Form. Er hätte mit der zur Koketterie gewordenen Außerbürgerlichkeit des Dichters bis zur Schickung in die Folgen Ernst gemacht. Er hätte sich, was die meisten Dichter vermeiden, privatim zu dem bekannt, was er öffentlich getan hat.«[80]

---

* Georg Kaiser aufgebracht bei der Gerichtsverhandlung am 15. Feber 1921: »Sein Fall werde in der Literaturgeschichte der Welt als eine der *ungeheuerlichsten Schmutzereien* weitererzählt werden, mit denen Dichter jemals zusammengestoßen sind. Es gäbe heute in der ganzen Welt so wenig dichterische eigenschöpferische Kräfte, daß man keine einzige vernichten dürfe. Im Vergleich zu seiner Arbeit sei die rechtliche Legitimierung der Verkäufe eine lächerliche Nebensächlichkeit gewesen. Manchmal habe er selbst gesagt, es sei vielleicht *moral insanity*, so leicht mit fremdem Gut zu verfahren, aber *moral insanity* wäre es doch nur *im Gegensatz zu einer bürgerlichen Auffasung*, nicht im Umkreis des Schöpferischen« (Anonym: Der Fall Kaiser vor Gericht. In: Vossische Zeitung, Nr. 76, 15.2.1921, A [S. 4]).

Vermutlich ergeht sich Kuh ebensosehr über die Berichterstattung – in einer Besprechung des Vortrags steht zu lesen, er habe sein Thema in »Die Bereitschaft der Phrase« geändert und »allerhand Bosheiten gegen die ›Klischees‹ der Publizistik« vorgebracht[81] – wie über den »Fall«. Georg Kaiser habe er »mit der grausamen Freude des Schülers« zerzupft, »der einen farbigen Schmetterling aufspießt und nun am Kopf der Nadel hat, ohne Staub und Schmelz, zum Begriff des Schmetterlings vertrocknet«.[82] Mit seiner Meinung über den Dramatiker hat Kuh nie hinter dem Berg gehalten: »Georg Kaiser oder: Sudermann als Tiefstapler«.[83]

Reinstes Deutsch vs. beste Mehlspeis –
Anton Kuhs »Prager Herkunft«

Paul Wiegler, von Ende 1908 bis Anfang 1913 Feuilletonchef der »Bohemia«, inzwischen nach Berlin übersiedelt, bespricht Kuhs Auftritt im Graphischen Kabinett in der »B. Z. am Mittag«, indem er auf Kuhs »Prager Herkunft« hinweist und ihm einen »Prager Tonfall« attestiert.[1] Kuh verwahrt sich dagegen in einer Berichtigung. Anstelle dieser Berichtigung erscheint allerdings lediglich eine lakonische Mitteilung des Wortlauts: »Anton Kuh ersucht uns um Mitteilung, daß er nicht Prager, sondern Wiener Herkunft sei.«[2] Was Kuh wiederum eine Glosse in der »Bohemia« mit dem Tenor einträgt: »So weit ist es schon mit Prag gekommen. Es wird Zeit, darüber nachzudenken, warum ein Schriftsteller es für notwendig hält, die Prager Herkunft zu bestreiten.«[3] Den historischen Hintergrund bilden die sogenannten Novemberereignisse 1920: der Sturm aufs Deutsche Haus, die Kaperung des Deutschen Landestheaters, die Ausschreitungen gegen die Redaktionen des »Prager Tagblatts« und der »Deutschen Zeitung Bohemia« – eine Situation jedenfalls, in der Abtrünnige oder vermeintlich Abtrünnige besonders argwöhnisch beäugt wurden.

Kuh stellt in einer Zuschrift an die »Bohemia« klar: »Hätte [Wiegler] mich in jenem Sinn als Prager angesprochen, in dem es eine Ehre ist, Prager zu sein, also etwa Geist vom Geiste Tychos de Brahe, Karls IV., Franz Werfels – es wäre mir nie eingefallen, die imputierte Herkunft zu verleugnen. / Aber er meinte es in dem Sinne, in dem ich selbst wiederholt (wenngleich mit entschiedener Abwehr der Wiener Seichtironie) die ominöse Widerspiegelung von Intellektualität, Bewegungssucht, Primus-Ehrgeiz und Hausbackenheit in einem Tonfall festgestellt hatte, dessen Schwingungsfeld von der Beredtheit bis zur sensiblen Behutsamkeit reicht.«[4]

Daß Kuh im übrigen die Etikettierung »Prager« völlig unverkrampft sieht, erweist sein Umgang mit folgendem pikiertem Rüffel von seiten der »Bohemia«: »Früher hatte sowohl Prag wie Wien Vorzüge, welche Lokalpatrioten züchteten. In Prag wurde bekanntlich das reinste Deutsch gesprochen, während in Wien die besten Mehlspeisen zubereitet wurden. Jetzt wird in Prag nicht mehr Deutsch gesprochen und in Wien werden keine Mehlspeisen mehr gebacken. Der Wohlgeruch des Prager

Deutsch und die Klassizität der Wiener Mehlspeisen – beide sind der Ungunst der Zeit zum Opfer gefallen. / Es fragt sich nun, was ehrenvoller ist: Abkömmling einer Stadt zu sein, die die deutsche Sprache ausrottet, oder Sohn einer Stadt, die ihren Ruf als Mehlspeismetropole einbüßt.«[5]

Kuh repliziert: »Ich möchte darauf und auf die Frage, ob ich denn der Wiener Mehlspeise vor dem Prager reinen Deutsch den Vorzug gebe, prinzipiell zusammengefasst erklären: [...] In der Stichwahl zwischen dem Prager reinen Deutsch und der Wiener Mehlspeise entscheide ich mich für die Mehlspeise. Für die Prager Mehlspeise.«[6]

»Mit den Waffen von Otto Gross und Sigmund Freud ins jüdische Schlafzimmer« – »Juden und Deutsche«

In Berlin schwingt Anton Kuh sich zu dem Versuch auf, »über Juden und Deutsche Endgültiges zu sagen«,[1] zu jener seinerzeit vieldiskutierten und neuerdings wieder vielbeachteten Streitschrift »Juden und Deutsche«[2], in der er zehn Jahre vor Theodor Lessing mit dem umstrittenen Begriff »jüdischer Selbsthaß« operiert.[3]

Im Epilog[4] tippt er sich selbst auf die Schulter: Gemach, gemach! Ist das Wortwerkel nicht allzu geschmiert gelaufen, sind die Rechnungen, die du angestellt hast, nicht allzu glatt aufgegangen?!

Nicht von ungefähr: Es ist starker Tobak, was er in seinem 114seitigen »völkerpsychologischen« Großessay »Juden und Deutsche« – im Frühjahr 1921 im Berliner Expressionisten-Verlag Erich Reiß erschienen – alles auffährt. Aber nicht daß er Angst vor der eigenen Courage bekommen hätte: Er hält mit Bestemm an den provokanten Thesen fest, die er in aufsehenerregenden Vorträgen im Winter 1919, 1920 unter dem Titel »Die Tragik des Judentums« in Prag, Teplitz-Schönau und Berlin zur Diskussion gestellt hatte.[5]

Wenn Kuh der »Jahrtausendpsychose der Juden« mit seinem »selbstanklägerischen Judenblick«[6] auf den Grund geht, wenn er »den« Juden der Moderne auf die Couch legt – und nichts Geringeres ist seine Ambition –, dann traktiert er ihn mit dem analytisch-diagnostischen Besteck, das ihm sein frühverstorbener Freund Otto Gross hinterlassen hat: mit einer sozialpsychologisch perspektivierten und kulturkritischen Variante der Psychoanalyse oder, salopp und mit Max Brod gesprochen: Er »dringt mit den Waffen von Otto Gross und Sigmund Freud ins jüdische Schlafzimmer«.[7]

Kuh versteht das Judentum als Begründer und Hüter eines traditionellen Begriffs der Familie, als Ursprung und Inbegriff von patriarchaler Ordnung, als Keimzelle jeglicher Machtinstanz und Brutstätte der Repression: »Der Vater, Ur-Besitzer, schwingt die Erhaltungsfuchtel. Die Mutter, in ihrem Glück verkrüppelt, hegt die Kinder als Krüppel; die Töchter sind lebendig aufgebahrtes, wie Topfblumen betreutes Verkaufsgut; und die Söhne« zerren, »Schaum um den Mund, unterlaufenen Auges, an den Fesseln der Erinnerung«, meist jedoch ohne den »Käfigen – ›Familie‹ genannt«[8] – je zu entrinnen.

Diese Analyse jüdischer Identitätsbildung deckt sich mit dem in der expressionistischen Literatur gängigen und dort bisweilen bis auf Blut ausgefochtenen Kampf zwischen dem rebellischen Sohn und dem autokratischen Vater, in Kuhs Begriffen: im Konflikt zwischen »Revolutionär« und »Rentner«. »Der Rentner, das ist bei ihnen: der Vater. Der Familienträger. Der Staatsmensch. Genauer gesprochen: der mit der Ursünde und dem geschlechtlichen Besitzgeist Solidarische. / Der Revolutionär, das ist: der Sohn. Der Familienfeind. Der Weltmensch. Er will Sühnung der Erbschuld und eine Zukunft freier Beziehungswahl.«[9]

Nicht bloß findet Kuh diese Situation, die verzweifelten Versuche, sich von der väterlichen Autorität freizustrampeln und den Geruch des Zwingers abzustreifen,[10] im Werk eines mit ihm bekannten Autors »genial beschrieben«,[11] dieser Autor hat sich auch »in einer palimpsestartigen Schreibweise« auf Kuhs Texte bezogen, zweifelsfrei nachweisbar an einzelnen Wendungen und Denkfiguren und bis in einzelne Formulierungen. Der Autor: Franz Kafka; das Werk: »Die Verwandlung«.[12]

Die Söhne können dem engen »Familiengelaß« allenfalls entspringen, frei sind sie deshalb noch lange nicht. Der Aktivismus, den sie beim Sichfreistrampeln entfalten ist und bleibt: »Überwindung des Papa«.[13] Diese verzweifelten Versuche, sich vom Vater abzulösen, scheitern notwendigerweise. Kuh spielt dieses Scheitern an drei Reaktionsmustern durch: Zionismus, Assimilation, Selbsthaß.

Im Zionismus sieht Kuh die Fortsetzung der patriarchalen jüdischen Familienordnung unter anderen Vorzeichen, ein »Zurück in die warme Stube!«, einen »Ismus« nach bewährtem Muster, einen »Imitationsnationalismus«,[14] der Zionismus trägt ihm zufolge »ein samtenes Patriarchenkäppchen«.[15]

Schon im Mai 1918 hatte Kuh in einem »Pogrom« betitelten, in der Wiener pazifistischen Wochenschrift »Der Friede« veröffentlichen und von der Zensur verstümmelten Artikel – nachgedruckt und überschwenglich eingeleitet von Max Brod in der Prager zionistischen »Selbstwehr«[16] – gegen Assimilation polemisiert, in der er, wie dann ausführlicher in »Juden und Deutsche«, die »Tragödie«, die »Schuld« des Judentums in seiner »Selbstverblendung und Selbstbelügung im Bündnis mit fremden Idealen«[17] sieht – jeweils mit fatalem Ausgang: »und am Ende schlägt man ihnen noch mit einem Axthieb den gebeugten Nacken durch. Ihres falschen Strebens Lohn ist: der Pogrom.«[18]

In einem Rückblick auf die Geschichte der »deutsch-jüdischen Gemütsallianz« von der Aufklärung bis zum Ersten Weltkrieg beschreibt Kuh in »Juden und Deutsche« die vermeintliche »Befreiung« des Judentums als »Kette falscher Anwaltschaften«[19] – ob nun unter der Sigle der

»Humanität« und »Toleranz« oder, pragmatischer, des »Liberalismus« im 19. Jahrhundert oder der »Sozialdemokratie« bis hin zum patriotischen Überschwang, mit dem deutsche Juden in den Krieg zogen. Alles letztlich fatale Strategien der Selbstauflösung, und Kuh spitzt seine Warnung vor Assimilation drastisch zu. Die »tragischen Irrtümer« der Juden, »sich der fremden, ihnen im letzten Ende feindlichen Sache als der eigenen anzunehmen«[20], nehmen ihm zufolge gerade beim letztgenannten, beim nationalistischen, tragisch schuldhaften Charakter an, denn schon im Ersten Weltkrieg sei die Stoßrichtung der Deutschen für jene, die es sehen wollten, klar gewesen: gegen die Juden: »Hier war die letzte Siegesfolgerung: Entjudung. Ihr Krieg war ein Hakenkreuzzug.«[21]

Drittes Reaktionsmuster: Selbsthaß. Übersteigerte Selbstverleugnung ist auch die pathogene Strategie, die der jüdische Sohn gemäß Kuhs Anamnese der jüdischen Moderne verfolgt, um den Familienkäfig hinter sich zu lassen.* In Karl Kraus sieht Kuh den Typus des ewig pubertierenden jüdischen Junggesellen am reinsten verkörpert, der, in panischer Abwehr getrieben von »jüdischem Selbsthaß«, in seinem verzweifelten Anrennen gegen die jüdische Familie doch paranoid auf alles Jüdische fixiert bleibt:[22] »Der typischste Repräsentant des jüdischen Antisemitismus war auch sein typischster Patient.«[23]

In seinem Gegenentwurf zu den drei pathologischen Existenzformen des jüdischen Sohnes wendet Kuh die Diaspora-Erfahrung ins Positive um, in eine »Sendung der Juden«, deren Aufgabe darin bestehe, allem, »was Kultur, Sitte und Ordnung heißt«, fundamental zu opponieren[24] und – nietzscheanisch – jene Instanz, die Machtstrukturen in Familie

---

* Ungemein vehement kommentiert Anton Kuh ein »Beispiel für die Vaterverleugnung eines jüdischen Sohnes«, wie man es drastischer nicht ersinnen könne: Hans Herzl, der getaufte Sohn Theodor Herzls, spricht sich im April 1925 gegen den in der Balfour-Deklaration festgehaltenen Plan einer »jüdischen Nationalheimstätte« in Palästina aus, weil Juden in Osteuropa und Rußland keinerlei Verfolgung mehr ausgesetzt seien: »Ist es nicht geradezu eine Äsopfabel auf jenes schnoddrige, Welthorizont markierende und die Blutrichtung in sich verdrehende Parvenütum, in das bei der Sohnesgeneration das ehrliche Judengefühl des Vaters umschlägt? So sehen sie ja alle aus, die Bandeljudenentsprossen, die mittels des väterlichen Geldes sich bronzegesichtig, chargenfroh, auf den Sozialismus schimpfend und antisemitelnd in feudale Gesellschaft mischen und zur Sprachlosigkeit eines leider nicht immer gegenwärtigen Onkels Sami aus Proßnitz zum ersten Male mit dem Wort debütieren: ›Saujud‹. [...] So sie alle, denen der Vater erst das Kulturfeld bereitete, auf dem sie jetzt gegen die neue Vätergeneration gewandt rufen dürfen: ›Pfui Jud!‹« (Anton Kuh: Vater und Sohn. In: Die Stunde, Jg. 3, Nr. 626, 9.4.1925, S. 7 [Nr. 712]).

wie in Staat rechtfertigt, in Stücke zu schlagen: die Moral.[25] Gegen Assimilation wie auch Zionismus entwirft Kuh ein drittes Modell jüdischer Identität, indem er die »Heimatlosigkeit« in eine kosmopolitische Mission umdeutet, in ein selbstbewußtes, freigeistiges, sozialrevolutionäres Weltbürgertum.[26]

Daß Kuh nicht in den Geleisen der beinah formelhaft gängigen Alternative der jüdischen Moderne blieb – Assimilation oder Zionismus –, überfordert neben seinen kühnen Thesen und seiner rhapsodischen Verve so manchen zeitgenössischen Rezensenten.[27] Ludwig Ullmann, der Kuhs Essay nicht von ungefähr in eine Sammelbesprechung expressionistischer Literatur aufnimmt[28] – ihm scheint die »kämpferisch-experimentell-prosodische Broschüre [...] im Denkerischen absolut dichterisch, im Logischen durchaus visionär, in Syntax wie Impression vornehmlich intuitiv«[29] – und der vermutet, daß Kuh in seinem rapiden Elan »nicht mit mathematischer, sondern mit irrealer Präzision« denke, trifft sich darin mit Kuhs eigener Einschätzung und zumindest vorübergehender Verwahrung gegen sich selbst im Epilog. Auch Robert Müller steht nach dem »literarischen Genuß« einer »unendliche[n] Kette demagogisch-aphoristischer Sätze, die im einzelnen brillant sind«, mit leeren Händen da, meint, daß sich vom Schwung abstrahierender Virtuosität kein Deutscher und auch kein Jude, dem damit ja zuallererst die Leviten gelesen würden, getroffen fühlen werde.[30] Enthusiastisch attestiert Rudolf Kayser zwar, daß die »Polemik gegen Juden und gegen Deutsche [...] kaum je mit schwingenderem Florett und größerer Sicherheit geführt [ward] als hier«, »daß dieser Kuh ein Zeitpsycholog von turmhoher Klugheit ist«, allein man könne auch von seinem Buch nicht sagen, daß es »irgendwie Hilfe brächte«.[31] Desgleichen Julian Gumperz, der zwar konzediert, daß »Juden und Deutsche« »eine – vielleicht – endgültige Sammlung von Aperçus« zu diesem Thema darstelle und daß, »wer sich dafür interessiert, wie der Jude sich im Schlafzimmer, Bett oder Bordell benimmt«, durch Kuh bestens unterrichtet werde, es fehle aber etwas Entscheidendes: »daß die Frage nicht in die politisch-programmatische Atmosphäre gehoben wird, in der sie nicht nur erst gestellt, sondern auch entschieden werden« könne.[32]

Daß Kuh mit seinen Hypothesen sehr wohl und gerade jüdischerseits ernst genommen wird, zeigen nicht bloß die ausführlichen Besprechungen der Vorträge vom Winter 1919/1920, auf denen »Juden und Deutsche« fußt, und zeigt nicht erst die Resonanz auf den Essay selbst; *wie* ernst er genommen wurde, veranschaulicht die Tatsache, daß die Berliner zionistische »Jüdische Rundschau« mit einem Vorabdruck seinen Thesen großzügig Platz einräumt.[33]

Die bleiben nicht unwidersprochen. Robert Weltsch hatte sich, aus seiner zionistischen Perspektive, in der Besprechung des Berliner Vortrags schon an der von Kuh postulierten »Sendung des Judentums«, »den europäischen Völkern das Chimärische des Begriffes ›Heimat und Scholle‹ zu beweisen« und dagegen »Heimat als ideale Projektion menschlicher Beziehungen« zu setzen, vehement und als Ausdruck ebenjener »Selbstverleugnung« gestoßen, die Kuh dem modernen Judentum pauschaliter unterstellen wollte, und ihm Weltfremdheit, Verkennen der prekären gesellschaftlichen Stellung der Juden vorgeworfen.[34] In dieselbe Kerbe schlägt Elias Hurwicz in der Berliner Monatsschrift »Der Jude«: Kuhs anarchistische Auffassung des Judentums sei »Ausgeburt des [nicht erst von Kuh diagnostizierten] Überintellektualismus, der in der Diaspora so üppig« wuchere, »Edelanarchismus«.[35] Ähnlich Alfred Döblin, der »Juden und Deutsche« – »ein sehr rapid und witzig geschriebenes Buch« – im »Neuen Merkur« in sechs Zeilen obenhin abtut und das Fazit zieht: »Was nützt aber aller Witz, wenn der Autor nur über fünf seiner Bekannten schreibt.«[36] Die von Efraim Frisch herausgegebene Münchner Kulturzeitschrift führt Kuhs Essay indes in der Rubrik »Empfohlene Bücher aus dem Einlauf der Redaktion«, neben Max Webers »Gesammelten politischen Schriften«, Bertrand Russells »Grundlagen für eine soziale Umgestaltung«, Franz Werfels »Spiegelmensch«, Robert Musils »Schwärmern« und Albert Ehrensteins »Briefen an Gott«.[37]

Ansonsten hebt jeder hervor, was ihm in den Kram paßt: Der Reformrabbiner Max Dienemann, einigermaßen hilflos vor der Wucht der Kuhschen Tiraden, vermerkt in der »Allgemeinen Zeitung des Judentums« anerkennend Kuhs Polemik gegen den Zionismus und vor allem gegen die »Verhimmelung der Ostjuden« von dieser Seite.[38] Hatte Kuh schon anläßlich einer Aufführung von Arnold Zweigs Drama »Ritualmord in Ungarn« an der Neuen Wiener Bühne im Oktober 1919 gegen die Folklorisierung der Leiden der ostjüdischen Bevölkerung vehement Einspruch erhoben[39], so polemisiert er nun in »Juden und Deutsche« gegen die den Zionisten so werte Idolisierung und Stilisierung der Ostjuden zu einer Art unverdorbener Urjuden. Auch deren Begeisterung für »die jüdische *alias* jiddische Dichtung« ist ihm »in ihrer feinschmeckerisch-übertriebenen Art« suspekt. Sie erinnert ihn an die Euphorie der Tschechen über die Königinhofer Handschrift, und er spöttelt über »diese[n] Stolz, zu einem neuentdeckten Volkstum nun auch eine *prima* Literatur zu besitzen«, die Kuh allerdings weniger ostjüdischen »Urduft und Bodenwürze« zu atmen scheint als vielmehr »Berliner Naturalismus«.[40]

Max Brod, dessen Rezension mit dem Zwischentitel »Liebeserklärung« und dem Satz »Ich habe nie ein Hehl daraus gemacht, daß ich Anton Kuh maßlos bewundere« anhebt, ist mit dessen Thesen nicht erst seit dem Prager Vortrag vom 30. Dezember 1919 vertraut, sondern um einiges länger schon aus persönlichen Gesprächen. Er geht mit einer souveränen Respektlosigkeit an Kuhs Hypothesen heran und unterstellt ihm, wie Elias Hurwicz, politische Naivität: Kuh zeichne das Bild eines Judentums, das im Radius des »Café Herrenhof« und des »Café des Westens« lebe, keineswegs das »des« Judentums. Den Hauptvorzug von »Juden und Deutsche« – »Interessant wie selten ein Buch« – sieht Brod in der »Abstrafung aller Assimilation«, und er setzt argumentativ alles daran, die von Kuh postulierte »Sendung« durch die Hintertür seiner, der nationaljüdischen Sache einzugemeinden, ganz im Sinn seines gleich eingangs seiner Besprechung geäußerten Gesamturteils: »Es ist der äußerste Versuch, alle Erkenntnisse und Grundgefühle mit den Zionisten gemein zu haben, und – dennoch nicht Zionist zu werden.«[41]

Wohlmeinende »Fehllektüre« bei Brod – eklatante bei Johannes Urzidil: Der treibt in seiner Besprechung im »Prager Tagblatt« die von Kuh angezogene »Familienähnlichkeit« zwischen Juden und Deutschen – beide unheilbar mit dem »Fluch der Unnaivität« geschlagen[42], mit der gleichen mythologischen Geschlechtsschuld, mit derselben Familienmoral beladen, beide lebenslänglich »erotisch verpatzt«[43] – so weit, daß er Kuh, bei dem vom unversöhnlichen Haß zweier Brüder die Rede ist, geradezu ins Gegenteil verkehrt und den Essay als Versuch liest, die unüberbrückbare Feindschaft zu applanieren.[44]

Davor ist der Rezensent der »Reichspost«, des Wiener »Tagblatts für das christliche Volk«, gefeit: Dem starren aus dem Essay der »gräßliche Haß und [die] wutverzerrte Fratze« des »Wucherjuden Shylock« entgegen, dieses »unbekehrbaren Hasser[s], Verneiner[s] und Zerstörer[s], diese[s] Antipoden unseres Wesens, zu dem sich keine Verstandes-, geschweige denn eine Gefühlsbrücke schlagen« lasse. Ein Haß, der unversöhnlich und »nur unschädlich zu machen« sei. Geschenkt die »Auslassungen über die politischen, ethischen und sozialen ›Irrwege‹ seiner Stammesgenossen«, aber etwas derart Abartiges wie das »Charakterbild«, das Kuh »von den Deutschen, von dem Deutschtum als solchem« entwerfe, zum Teil in unflätigen »nicht wiedergebbaren Ausdrücken«, »dürfte [sich] selbst in der gegenwärtigen Haß- und Karikaturliteratur der Franzosen« nicht finden. »Alle diejenigen unserer Landsleute, die von der Inhumanität des Antisemitismus zu reden pflegen«, mögen sich das zu Gemüte führen, auf daß sie umgehend eines Besseren belehrt werden.[45]

Die rhapsodischen Suaden und gedanklichen Sprünge Kuhs ließen manchen Tageszeitungsschreiber eher ratlos zurück: Auch wenn er den forcierten Versuch, »Endgültiges« über Juden *und* Deutsche zu sagen, mit dem Satz resümiert: »Und dann – dann kennt man sich nimmermehr aus«, bezeichnet Siegmund Meisels »Juden und Deutsche« als »das couragierte Buch eines stolzen Juden«.[46]

Die Rolle des couragierten, stolzen Juden verkörpert Kuh so nachdrücklich gegen jede Konjunktur, die stramm auf Nationalismus steht, und so ostentativ, daß er zum Feindbild der antisemitischen Rechten wird. Max Brod attestiert ihm eine »rückhaltslose Bekennerschaft zum Judentum«, rechnet ihm hoch an, daß er in »Wiener und Prager Literatenklüngeln und Salons, in denen es bisher verpönt war, das Wort ›Jude‹ auszusprechen (schon um die vielen getauften Juden, die dort verkehren, nicht zu verstimmen [...]), mit der ihm eigenen Ungeniertheit vielstündige Diskussionen über das Judenproblem [inauguriert], in deren Verlaufe er (man höre und staune) nicht nur das Wort Jude andauernd und schwungvoll ausspricht, sondern auch das Wesen des Judentums als welterlösend bejaht und dem offiziellen Deutschtum allerlei Übles, zum Beispiel eine gymnasiale Ideologie, vor allem aber den assimilierten Deutschjuden das Allerpeinlichste nachsagt.«[47]

Nicht bloß spricht Kuh das Wort »Jude« ungeniert aus, er begnügt sich gar damit – wie er in einer Polemik gegen den Theaterkritiker der zionistischen »Wiener Morgenzeitung«, Otto Abeles, klarstellt, »Jud« zu sein. Er (Kuh spricht von sich in der dritten Person) verzichtet auf das »wehrhaft-pathetische Suffix ›e‹ [...], womit die Anhänger des zionistischen Gedankens im Einklang mit übrigen Nationalisten bekräftigen: daß die Zugehörigkeit zu einer Nationalität eine sehr seriöse Angelegenheit ist, wobei es nichts zu lachen gibt – verstanden? Aber eben um den Mangel dieses ›e‹ – es ist eigentlich ein breitausklingendes, Akzent tragendes ›ää‹ – [ist] er der natürlichen Blutbewußtheit immer näher«.[48]

»Von gewissen Menschen möchte man sagen: sie schriftdeutscheln. Das heißt: sie sprechen die Bildungssprache wie eine Demonstration gegen den Jargon, der in ihrer Kehle steckt«, so spitzt Kuh das Thema zu einem »Physiognomik«-Ausspruch zu.[49] Wenn *er* mauschelt, ist das keine billige Effekthascherei, sondern – dem »stupiden Antisemitismus des Gehörs gegen eine gutturale Lautgebung«[50] zum Trotz und mit dem Hans Liebstoecklschen Bonmot »Sehen Sie, das ist der Unterschied zwischen uns, Herr Nagelstock: ich *kann* jüdeln und Sie *müssen!*« als Programm – ein Bekenntnis.

Wie der Herr, so 's G'scher –
»Kraushysterische Peter Zapfels«

Kaum zurück in Wien, gibt's Ungemach von Krausianer-Seite. Am 31. Januar erscheinen im »Morgen« als Vorabdruck aus »Juden und Deutsche« die auf Karl Kraus bezüglichen Seiten unter dem Titel »Karl Kraus, der jüdische Advokat«. Damit steht Kuh, anfangs Beobachter und – zunehmend parteilicher – Kommentator der Literatenfehde mitten im Getümmel.

Karl Kraus ist für Kuh der »typischste Repräsentant« und zugleich »typischste Patient« des »jüdischen Selbsthasses«, des aus dem Mischpochalen sich strampelnden Jünglings, der, der Fähigkeit zu naiver und sexuell erfüllter Liebe beraubt, das entgangene Glück »durch Wertungs- und Entwertungsmöglichkeit« eines »Abwehr- und Surrogatgeistes« intellektuell kompensiert, ein Verlust, der mit »lebenslänglicher« Pubertät bezahlt werde und »einer ganzen Generation ihre Wirklichkeit gekostet« habe. Exemplarisch heftet Kuh sein Augenmerk auf die Literaturszene in Prag, Berlin und Wien: »Lest es bei Werfel, Kornfeld, Hasenclever [...] – und dann anders, schamhafter und panischer bei Kraus! Dieser freilich flieht, läuft, ohne eine Kopfwendung nach rückwärts; er muß sich im rasenden Wortgalopp erhalten, um nicht zurückzusehen. Jene aber behalten den Blick nach dem Ursprung; sie stellen sich dem Gespenst, dem er haßvoll davonjagt. Daher teils die ›Wallung gleichen Blutes‹, teils die Blicke ›stählern und bereit‹. Daher das wiederholte, neupatentierte Exempel: Vater-Sohn. Ihr Aktivismus ist: Überwindung des Papa.«[1]

Kuh beschreibt Kraus, den gescheiterten Schauspieler, als »diabolischen Kopisten – mit Kommentaranhang«, als spiegelfechterischen »Advokat[en] *sui ipsius*, stets unruhig, angriffswitternd, die Augen scheu nach rechts und links und dann zu den Sternen emporgerichtet, ob sie nicht am Ende auch ihn meinen, mit seiner unsichtbaren Aktentasche, in der die *Causa* ›Kraus *contra mundum*‹ verwahrt liegt«; der mit dem »sprungbehenden rechthaberischen Eifer eines Mietzinsklägers, der die Gegenrede durch alle Gassen des Witzes jagt [...], alle leeren Textspalten der Erwiderung« vollfitzelt und – Kern von Kuhs Polemik: »*quod corrumperet juventutem!*« – mit den Suaden seiner »Heimbegleitungssprache« seine Jünger, ein »Geschlecht hochschultriger, kopfgesenkter, augenrollender Grünlinge«, am Gängelband herumführt.

Kuh attestiert Kraus aber auch – Kehrseite des Selbsthasses – ein ungemein feines Organ: »Er war der Meisterdetektiv des latenten Jüdelns im Weltraum. Wenn es auf dem Sirius mauschelte – die Luft trug es ihm zu. Inzestmißwachs, Schachererotik, Krämpfe der Unnaivität, Überredungstonfall und die Ursprache des Speisezimmers spürte er bis in die verborgenste Ecke der Zeit und hinter dem verwirrendsten Begebnis auf. Es war, als ob die Sphären ihn ewig mit demselben Singsang hänselten. Und der Mond, der nächtlich hinter Busch und Tal aufging, fragte tückisch: Gehörst du nicht auch zu ihnen? Er mußte schreiben tagaus, tagein, anklagen aus Notwehr und das Lebenswerk eines unendlichen Plädoyers abspulen, dessen Faden mit jedem Zweifelswort und jeder Fragemiene nachwuchs. [...] Zweifach ist noch heute die Front, nach der er sich ohne Rast beweisen muß: gegen die Nichtjuden, daß er als Ankläger die Ausnahme ist, und gegen die Juden, weil er von ihrer Kontrolle des Ertappens und Durchschauens fürchtet, daß sie sie, in Wort und Wendung selber stark und bloß von Tat und Glauben überwältigt, duzbrüderlich auf sein eigenes Ertappen anwenden werden. Daher wiederholt er wie ein zwischen Grimm und Himmelsgelispel unschlüssiger Pfaffe bald inbrünstig, bald zeternd sein argumentengespicktes ›Credo‹. / O über den unglückseligen Amokläufer, des Wortes, der nie und nimmer stehen bleiben darf, weil die erste Sekunde des Stillstands die Gefahr birgt, daß er, von einem Erkenntnis-Herzschlag getroffen, in metaphysische Tiefen saust! Unglückselig? Wer ist glücklicher als er, der es nicht weiß? Er kann nichts hören, was ihn umwirft – er hat Wortwatte in den Ohren; er kann nichts sehen, was ihn erschrecken macht – wartet ihm doch überall huldvoll das eigene Gesicht auf.«[2]

Kuhs im Vorabdruck getroffene Diagnose des Kraus-Jüngeltums wird umgehend und frappant bestätigt: Am Montag früh erscheint »Karl Kraus, der jüdische Advokat« mit der redaktionellen Vorbemerkung, daß Kraus »hier als jüdischer Geistestypus geschaut und zum erstenmal in seinem unheilvollen Einfluß auf die junge Generation beschrieben wird« – am Dienstag berichten die Wiener Zeitungen von einem »literarischen Rencontre«:[*] Am Montag abend sitzt Anton Kuh im Arkaden-

---

[*] Als die Meldung Berlin erreicht, ist aus der Anpöbelung gar ein Revolverattentat geworden. Unter dem Titel »Literatur und Revolver« weiß der Berliner »Film-Kurier« vom 1. Feber 1921 zu berichten, daß Kuh von einem Anhänger Karl Kraus' mit einem Revolver attackiert und die Waffe dem »jungen Enthusiasten« im letzten Augenblick, ehe ein Unheil geschehen konnte, aus der Hand geschlagen worden sei. In der Darstellung des »Neuen

hof des Café Central, als ein zirka dreißigjähriger Mann mit blonder Mähne aufgebracht an seinen Tisch tritt und ihn anfliegt, ob er den »Artikel gegen Karl Kraus« geschrieben habe. Kuh will von dem ungebetenen Gast wissen, warum ihn das interessiere. Der wird immer lauter und schreit Kuh an, ob er den Mut habe, sich zu diesem Artikel zu bekennen. Großes Aufsehen im »Central«, als der Fremde auf Anton Kuh eindringt und ihn neuerlich anschreit: »Getrauen Sie sich zu sagen, daß der Artikel von Ihnen ist?« Bedienstete werfen sich dazwischen und drängen den um sich Schlagenden aus dem Kaffeehaus, der laut schreit: »Schämen Sie sich, jemandem ein körperliches Gebrechen vorzuwerfen.«[3]

Die »Arbeiter-Zeitung« räumt einem Franz Staude den Platz ein, zu erklären, warum er Kuh gestellt hat. Er hatte in der Fassage »Ein Geschlecht hochschultriger, kopfgesenkter, augenrollender Grünlinge kam aus [Kraus'] Schule, das am Weibeskörper seine geistige Notdurft verrichtete und die Wurstsätze aus dem Mund hängen ließ, als stickte es an der eigenen Nabelschnur. Bucklige hielten, vor [Kraus'] Hütte an der Kette liegend, Bedeutungswacht, schnappten mit den Augen nach jedem Fußgänger, der nicht fromme Einkehr halten wollte« eine »häßliche Anspielung« auf Leopold Liegler, einen Kraus-Adlatus, gesehen.[4] Kuhs Riposte: »›Der Morgen‹ hat (unter selbstgewähltem Titel) eine Karl Kraus betreffende Stelle meines Buches veröffentlicht und pünktlich steigt auch schon der bekannte Qualm von Hysterie und Gekeif auf, dem keiner diesem Rayon sich Nähernde entraten kann. Bekanntlich hatte sich der Inhalt jenes Auszuges solern bestätigt: in der Früh war von der Hysterisierung der Jugend die Rede – am Nachmittag ging mich mit flackernden Augen und dem Ruf ›Judenbankert!‹ ein Jüngling an. Die ›Arbeiter-Zeitung‹ des nächsten Tages – ihr Chef ist Primus in der Krausklasse, also rasch zur Hand – gab mir die Aufklärung: ich hätte auf jemandes ›Gebrechen angespielt‹. Habe ich das wirklich? Dann gratuliere ich mir zu meiner Divination. Aber ich frage mich anderseits, ob ein von mir gebrauchtes Sprachbild auf anderem Weg als ›Anspielung‹ gedeutet werden konnte, als weil den Jüngern die hysterische Anspielungshorcherei beigebracht, ihr Aug' und Ohr auf die Neugier dressiert wurde: was meint er? – wen meint er? – auf wen geht's? Ich kenne Herrn Liegler und seine sämtlichen Werke [...] – *nicht*. Die Bemerkung, die ich über die Torwächter der Krausschen Bedeutung machte, war aus dem

Wiener Tagblatts« (Jg. 55, Nr. 31, 1.2.1921, S. 6) hat der junge Mann, der Kuh attackierte, noch »eine Waffe verborgen« gehalten – so viel zum Thema »Stille Post« resp. »Befehl weitersagen«.

Sinn des Vorhergegangenen natürlich nicht anders als metaphorisch zu nehmen. Saß die Metapher – um so besser. (Daß die verletzte Eitelkeit sich wieder einmal als das große ethische Pathos aufspielen werde, war ohnedies zu erwarten.) Mit demselben Recht hätte mir also, da ich auch von ›augenrollenden Grünlingen‹ sprach, irgendein kraushysterischer Peter Zapfel, der an der Basedowschen Krankheit leidet, das ›Unwürdige meines Vorgehens‹ durch einen Krakeel ›zu Bewußtsein bringen‹ können. Jedenfalls zeigt der Vorfall, daß ich in meiner Darstellung, die ausdrücklich nur der jüdischen Jugend galt, auch jene Nichtjuden hätte einbeziehen müssen, die, äußerlich durch den bleichen, verzwickten Gesichtsausdruck des Dilettanten gekennzeichnet, den Rest ihres früheren Gleichgewichtes im Zuruf ›Judenbankert‹ bewahrt haben.«[5]

Auf gut wienerisch resümiert: Wie der Herr, so 's G'scher. Erachtet ja auch Kraus als Mittel der Wahl zur Sanktionierung polemischer Widerrede – die Watschen.

Kraus repliziert mit »Aus der Sudelküche« scharf, bezeichnet Kuh, ohne ihn beim Namen zu nennen, als »eines jener Tinterl [...], die seit Jahr und Tag davon leben, mir meinen Stil zum Scheuel und Greuel zu machen«[6], spricht von »psychologischem Schlieferltum«, das darauf baue, daß sein, Kraus', »Taschentuch am Ende nicht groß genug sein werde, um alle Judennasen zu schneuzen«, von »Zeitungsschmierer«, »Kaffeehausschmarotzer«, »Schwachkopf«, »Dielenbajazzo«, vom »Typus ›Asis-Ponem‹[7] in der Literatur«, von »Kuhmist« und hält dort, »wo das Prager Judendeutsch den Versuch unternimmt, sich polemisch mit mir zu verständigen«, ein »abgekürztes Verfahren« der Auseinandersetzung für angemessen: die Watschen.

Kraus läßt die »ganze Rasse der Neu-, Nach- und Nebbichtöner [...], die sich jetzt vereinigt zu haben scheinen, um das Literaturgeschäft auf meinem Rücken zu effektuieren«, wissen, daß die Hoffnung, er, »Herr aller Geräusche, als Fürzefänger derart unerschrocken sein werde«, sich in der »Fackel« mit ihnen auseinanderzusetzen und sie somit auf die Nachwelt zu bringen, vergebens sei. Soll heißen, sie seien nicht satisfaktionsfähig. Zugleich teilt er den an der Auseinandersetzung Beteiligten mit, er werde – mit dem martialischen Schiller-Wort und damit sich pikanterweise mit Karl Moor identifizierend – nächstens unter sie treten und »fürchterlich Musterung halten«.[8]

Kuh gibt sich in seiner Retourkutsche, »Aus dem Spucknapf«[9], erstaunt, daß Kraus sich seiner »Mahnrede« nicht durch Schweigen entzogen hat, und enttäuscht über die rabulistischen Satzkaskaden und persifliert die »Ekrasitexplosion von Worten, hierhin, dorthin, in alle Winde, eins dem andern den Atem ausblasend, um den Vortritt der

Bosheit sich balgend ... jene, die ... die, die ... die jene ... das der ... zu der das ... daß ich ... da aber, wo die Schuld der Zeit, die Zeit der Schuld ... tat der Täter die Tat ... der Tate ... die Mad ... – ein tobsüchtiger Spuckanfall in Relativsätzen, die die Jüngels ehrfurchtsvoll vom Boden wischen mit dem Ausruf: Aber eine Schaparache! (Sprich: Sprache.) Um Himmels willen: will er sich selber ins Bein beißen?« Er läßt den »Ethiker« wissen, daß sein Schimpfvokabular – »Tinterl«, »Schwachkopf«, »Kuhmist« – ansonsten die »›erregten Zuschriften aus dem Leserkreise‹, insbesondere jene deutschvölkischer Richtung auszeichnet«, und wundert sich über die von Kraus, dem »Vielgewatschten«, als Therapie empfohlene »Watschen«: »Es ist erstaunlich, welche Höhe Ihr Ethos erreicht, wenn Ihre Eitelkeit verletzt ist.«

Schauplatz des nächsten Scharmützels ist tatsächlich nicht die »Fackel«, sondern die »Magische Operette« »Literatur oder Man wird doch da sehn«, eine hochkomische Travestie des Anfang 1921 erschienenen Erlösungsdramas »Spiegelmensch« von Franz Werfel, mit dem Kraus nach anfänglich emphatischer Wertschätzung von dessen Lyrik sich aus persönlichen Gründen überworfen hatte. Nachdem Kraus Werfels wiederholte Versuche, reuig einzulenken, brüsk zurückgewiesen hatte und zudem einer Brief an ihn, in dem Werfel sich beklagt hatte über den Angriff, den Kraus im November 1916 in »Melancholie an Kurt Wolff«[10] gegen die von diesem verlegten Prager Literaten ganz allgemein und gegen ihn, Werfel, im besonderen, geritten hatte, in der »Fackel« vom Januar 1917 veröffentlichte, war es zu einer heftigen, öffentlich ausgetragenen Fehde gekommen. Werfel, der 1919 in der Auseinandersetzung um das Toller-Telegramm von Kraus zerzaust worden war, sann auf Revanche. Und bestand unter anderem – trotz dringender Bitten Wolffs, sie im »Spiegelmensch«-Manuskript zu streichen – auf einigen derben Spitzen gegen Kraus und dessen »Fackel«. Die Kraus sichtlich schmerzten, kommentiert er sie doch ausführlich in »Aus der Sudelküche«. Er verwahrt sich insbesondere gegen die ihm in den Mund gelegten Worte »Kurz und gut, weil ich zwar den Menschen aus den Augen, doch nicht in die Augen sehen kann, will ich ihnen lieber gleich in den Hintern schaun, ob dort ihr Ethos in Ordnung ist«[11] als eine »von jeder Silbe« seines »Lebenswerks Lügen gestrafte Zeichnung, die ihren eigenen Sinn« seinem »Kampf für das Recht der sexuellen Persönlichkeit« verdanke.[12] Kraus läßt wissen, daß er überlegt habe, »Spiegelmensch« konfiszieren zu lassen, »um die Grenzen des künstlerischen Schaffens zu fixieren und eine Büberei außer die literarische Debatte zu stellen«.[13] Rechtliche Konsequenzen droht er jedenfalls Schauspielern an, die den Rollentext vortrügen.

Nach der Premiere von Werfels »Spiegelmensch« am Burgtheater am 22. April 1922 – die Karl Kraus schmähende Szene des Erlösungsdramas war aus Angst vor Ausschreitungen von Kraus-Anhängern gestrichen worden – bekennt sich Kuh dazu, Urheber jenes lautstarken Beifalls gewesen zu sein, der sich in den Besprechungen tags darauf als »vorlaute Claque« bezeichnet fand. »La claque c'est moi« ist Kuhs Haltung, wenn es gilt, abseits ästhetischer Fragen Front zu machen gegen den »verdorbenen Intelligenzplebejer«, konkret: aufgehetzte Kraus-Jünger. »›Hoch Gethe!‹ schrie eine intelligenzverpickte Kümmerlichkeit mit Angstaug und Flatterhaar, der mangels Anwesenheit ihres Gottes kein anderes Stichwort zur Hand war, als ich mit dem Dichter nachher die Straße überquerte. (Man sieht: ich bin Clique.)«[14]

In »Literatur oder Man wird doch da sehn«, Ende Feber, Anfang März geschrieben, am 6. März in Wien erstmals öffentlich vorgetragen und Anfang April 1921 erschienen, in der Kraus den zumeist pragstämmigen Expressionisten, die ihm an den Karren gefahren waren, insbesondere Franz Werfel in der Figur des »Sohns«, furios die Löffel langzieht, karikiert er Stil, Motive und intellektuelle Moden der expressionistischen Bewegung. Er läßt neben den unverkennbar konkreten Personen aus der literarischen Szene nachgebildeten Figuren – Franz Werfel, Franz Blei, Ernst Polak, Robert Müller, Georg Kulka, Albert Ehrenstein, Hugo Sonnenschein – Mänaden und Bacchanten auftreten, in denen er das weibliche Kaffeehauspublikum und die im Kaffeehaus verkehrenden Literaten typisiert, und travestiert den gängigen Vater-Sohn-Konflikt des expressionistischen Dramas zu einem Arrangement zwischen den Generationen, indem er den Sohn die Kunst als Geschäft betreiben läßt, und das so erfolgreich, daß er damit die Ansprüche des Vaters erfüllt. Unter den chorischen »Rufen« unverkennbar Anspielungen auf Kuhs »Juden und Deutsche« und – im letzten – auf Kuh persönlich : »›Das ist sein Vaterkomplex!‹ ›Selbsthaß des Judentums!‹ [...] ›Ich krieg Reiß für ein Buch gegen ihn!‹ [...] ›Wir haben beschlossen, wir kommen von allen Seiten und machen einen Angriff gegen ihn!‹ ›Ich komme von rückwärts gegen ihn, da kenn ich mich aus!‹«[15]

Grell überzeichnend parodiert Kraus die Sprachstile der einzelnen Figuren und Figurengruppen. Außer dem »faustischen«, bombastisch pseudogoethischen Ton in der Rede des Sohnes – der lachhaft überangepaßte Ersatz des Jargons des Geburtsmilieus – wird die jüngere Generation durch den Gebrauch des von Kraus so genannten »neujournalistischen Stils«, die ältere Generation durch den des jüdischen Jargons vorgeführt. Mag die Prager Expressionisten-Generation noch so sehr Ästhetentum affichieren und ein vom Jargon der Väter geläutertes Idiom affektieren – die Abgrenzung gelingt nicht, selbst und vor allem sprachlich nicht. Kraus bestätigt damit indirekt die Analyse des Vater-Sohn-Konflikts in jüdischen Familien, die Kuh in »Juden und Deutsche« angestellt hatte, der verzweifelten und letztlich vergeblichen Versuche jüdischer Söhne, sich von der väterlichen Autorität freizustrampeln.

1921

Anton Kuh kommt im Januar 1921 in eine Stadt zurück, in der vom leichtlebigen Vorkriegsflair, von der gloriosen Vergangenheit nichts mehr zu spüren ist. Statt dessen: Katastrophenstimmung in der ausgepowerten Donaumetropole, die Stadt hungert und friert, es herrscht bittere Not und Mangel an allen Ecken und Enden. Massenarbeitslosigkeit und galoppierende Inflation. Kriegskrüppel betteln auf den ehemaligen Flaniermeilen der »besseren« Gesellschaft, Prostituierte bieten sich rund um die großen Hotels an der Ringstraße den wie Heuschrecken einfallenden Fremden an, die auf Schnäppchen aus sind. Es kommt zu einem Ausverkauf Österreichs an in- und ausländische Spekulanten, die über Devisen verfügen und um einen Spottpreis Liegenschaften, Schlösser, Kunstgegenstände und Antiquitäten erwerben können. Metropolitaner Glanz blitzt allenfalls in den Kulissen der Neureichen-Invasion auf: ›Heute begnügt sich der noch immer nicht ganz erschlagene Wiener Galgenhumor damit, das ›SALVE‹ in den Schuhabstreifern der großen Ringstraßenhotels als Abkürzung für ›Schieber Aller Länder Vereinigt Euch‹ zu deuten.«[16]

Das Elend räumt auch mit ehernen Gewohnheiten und Gebräuchen unbarmherzig auf: »Die Wiener Hausmeister [...] wollen anstatt des von der Patina jahrhundertealter Übung geweihten ›Sperrsechserls‹[17] ein Sperrgeld von zwei Kronen.« Um ein Sechserl, das Zwanzighellerstück, »sozusagen das Existenzminimum der Kosten eines Wiener Vergnügens von vorgestern«, ist nichts mehr zu haben. »Ein Vergnügen allerdings ist dem Wiener inmitten dieser katastrophalen ›Sechserldämmerung‹ geblieben, das er sich für 20 Heller [...] kaufen kann«: der Watschenmann im Prater.[18] »Er läßt sich 1920 noch immer für 20 Heller ohrfeigen. Er ist tatsächlich das einzige, was in Wien zum alten Tarif funktioniert. / Ein Wunder. Ein Sinnbild. Geprügelt werden kostet *nicht* mehr. Die ganze Wiener Tragik leuchtet aus dem schmerzlich verzerrten Gesicht des Watschenmannes. Was kostet ein Anzug? 17.000 Kronen! Aber eine Ohrfeige? Eine Ohrfeige steckt der Wiener für zwanzig Heller ein.«[19]

Mit dem Bruch der nach den Wahlen vom 16. Feber 1919 geschlossenen Koalition von Sozialdemokraten und Christlichsozialen im Jahr

1920 spitzen sich die politischen Gegensätze zu. Die mit den »Genfer Protokollen« vom 4. Oktober 1922 eingeleitete Stabilisierung der Währung und Sanierung der Wirtschaft (»Genfer Sanierung«) ist mit einer rigorosen Austeritätspolitik teuer erkauft: Österreich tritt einen Teil seiner finanz- und währungspolitischen Souveränität an den Völkerbund ab, verpflichtet sich zum Abbau Hunderttausender Staatsangestellter, zur Verpfändung der Zölle und des Tabakmonopols. Zudem wird das Land unter Kuratel gestellt: Alfred Zimmerman, der ehemalige Bürgermeister Rotterdams, wacht von Mitte Dezember 1922 bis Ende Juni 1926 als Völkerbundkommissär über die Verwendung der Anleihegelder.

Die Verzweiflung der notleidenden Bevölkerung macht sich in Hungerrevolten und Plünderungen Luft, etwa am Donnerstag, 1. Dezember 1921, dem »Spiegelscheibentag«: Floridsdorfer und Stadlauer Metallarbeiter treten in den Vormittagsstunden aus Protest gegen die sprunghafte Teuerung von Lebensmitteln in den Streik. Sie beschließen, in die Innere Stadt zu marschieren, um dem Parlament einen Forderungskatalog zu überreichen. Schon beim Anmarsch durch den zweiten resp. den zwanzigsten Wiener Gemeindebezirk werden Kaffeehäuser verwüstet, alle Fensterfronten der großen Ringstraßencafés zertrümmert, Einrichtung und Inventar demoliert. Am frühen Nachmittag rücken auch Abordnungen aus den westlichen Bezirken Fünfhaus, Ottakring und Hernals auf die Innere Stadt zu. Etwa 30.000 Demonstranten sind schließlich vor dem Parlament versammelt. Bei den Ausschreitungen im Anschluß an die Auflösung der Demonstration kurz vor Einbruch der Dunkelheit, gegen halb fünf Uhr, werden vornehmlich am Ring, am Graben, in der Kärntner Straße, der Wollzeile und in der Rotenturmstraße Cafés, Geschäfte und Hotels devastiert und geplündert. Insbesondere in Luxus-Etablissements wie dem »Sacher«, dem Hotel Bristol, dem Grand Hotel, dem Hotel Imperial und dem Schwarzenbergkasino bleibt überhaupt nichts ganz.[20]

Anton Kuh warnt in der aufgeheizten Atmosphäre unentwegt vor Kleingeisterei und Chauvinismus, schreibt gegen totalitäre Tendenzen an, insbesondere gegen den heraufdämmernden Nationalsozialismus. Er weiß die bösen Zeichen an der Wand zu deuten: den wachsenden Antisemitismus, das selbstmörderische Trugbild »Anschluß«. Er kommentiert bitter die sogenannten Fememorde in der Weimarer Republik – am 26. August 1921 wird Matthias Erzberger von Mitgliedern der rechtsextremen »Organisation Consul« (einer geheimen Nachfolgeorganisation der Marine-Brigade Ehrhardt) und des Freikorps Oberland ermordet;[21] am 24. Juni 1922 Walther Rathenau;[22] am 3. Juli 1922 Maximilian Harden angegriffen und lebensgefährlich verletzt[23] – und weiß genau zu sagen, »wer auf dem Vormerkblatt des Mordes« steht und als nächster drankommen wird.²⁴ Und empört sich über die Blindheit der deutschen Justiz auf dem rechten Auge*²⁵ und den Wiglwagl der Wiener Kommentare: »Man konnte darauf gefaßt sein, daß die Wiener Presse, zu ängstlich, das deutschnationale Kind beim Namen zu nennen, zu sehr um die Würde des lavierenden Einerseits-Andererseits bemüht, um die Ursache der Ermordung klipp und klar festzustellen, sich in eine pathetische Entente-Verdammung retten und die Tat tollwütiger Gymnasiasten mit solchem Hinweis beschönigen würde.«²⁶

Am 19. September 1921 stellt der »Morgen« unter dem Titel »Zuschriften« – Tenor: »Gemeinheit«, »zersetzendes Gift«, »Judenblatt!« – klar: »Zu der in unserer letzten Nummer erschienenen Glosse ›Links und rechts‹, die wahrheitsgemäß Deutschlands innerpolitische Situation schilderte, und dem Feuilleton Anton Kuhs über den ›Hochverrat an der Dummheit‹ erhalten wird neben einer Anzahl zustimmender auch einige empörte Zuschriften, mit denen wir uns – soweit ihre Autoren nicht jene kindische Schreibart auszeichnet, die sich offenkundig an Abortwänden viel besser austoben würde – im folgenden ein bißchen auseinandersetzen wollen. / Was war der Inhalt jener Glosse? Sie schilderte in Übereinstimmung mit deutschen Blätterberichten und auf Grund notorischer, jedem Deutschen ins Aug' springender Tatsachen die unhaltbare Situation der deutschen Reichsregierung, die zur Strafe für Erzbergers Ermordung nach links statt nach rechts scharf macht. Ob die Schilderung richtig war, davon mag man sich aus den deutschen Blättern oder, wenn man Zeit dazu hat, durch einen vierzehntägigen Abstecher ins Reich überzeugen.« – Bei einem Abstecher nach Bayern im Sommer 1921 hat Kuh sich längst davon überzeugt.²⁷

Als er nach beinahe zweijähriger Pause im Oktober 1921 wieder in der Prager Urania spricht, und zwar über »Die Erotik des Bürgers«,

---

* Mit der systematischen Akribie des Statistikers sammelt der Menschenrechts- und Friedensaktivist Emil Julius Gumbel die Urteile deutscher Gerichte in Fällen politisch motivierter Mordtaten, die ab dem 9.11.1918 begangen wurden. In »Vier Jahre politischer Mord« (Berlin 1922 [5. (erweiterte) Auflage seines erstmals 1921 erschienenen justizkritischen Buchs »Zwei Jahre Mord«], S. 81) zieht er Bilanz: Von 354 Morden, begangen von »Rechtsstehenden«, bleiben 326 ungesühnt, werden 27 teilweise gesühnt, wird einer gesühnt; es werden 24 Verurteilungen ausgesprochen; die Haftdauer pro Mord beträgt vier Monate. Von 22 Morden, begangen von »Linksstehenden«, bleiben vier ungesühnt, wird einer teilweise gesühnt, werden 17 gesühnt; es werden 38 Verurteilungen ausgesprochen; die Haftdauer pro Mord beträgt 15 Jahre; zehn Verurteilte werden hingerichtet.

vermerkt die »Bohemia« in einer Ankündigung des Vortrags: »Überfüllung wird durch eine besondere Sitzordnung hintangehalten.«[28]

Während das Publikum hingerissen ist von seinen reichlich mit Beispielen aus der Literatur illustrierten Ausführungen zum unseligen bürgerlichen Dualismus »Geist – Erotik« sowie zur Anmaßung, mit der das bürgerliche Gesetzbuch über erotische Angelegenheiten urteilt, und Ludwig Winder ihm in der »Bohemia« attestiert, daß er »blendend in der Form« gewesen sei und »sich niemand dem Bann der starken, durch und durch eigenartigen revolutionären Persönlichkeit entziehen« konnte,[29] mäkelt der Rezensent des »Prager Tagblatts« herum. Er gesteht zwar zu, daß Kuhs Vorträge »trotz schwerwiegender Einwände« immer einen »mannigfaltigen subtilen Reiz« bieten: »Einmal den, daß sie Gelegenheit geben, einem geistigen Entkleidungsakt beizuwohnen, d. h., zuzusehen, unter wieviel Schweißverlust und mit welcher Gestikulation jemand coram publico denkt. Zweitens – dem Zirkusgenuß nicht unähnlich –: daß sie den Zuschauer in die hoffnungsvolle Bangnis versetzen, jetzt und jetzt werde das straff gespannte Seil der Rhetorik reißen und der hocherhabene Sprecher in die Manege plumpsen.« Und auch wenn er sich auf dem Seil halten kann, bleibe den Hörern immer noch die Genugtuung, »daß man im Wege der Improvisation nicht den ›Zarathustra‹ oder die ›Kritik der reinen Vernunft‹ hervorbringen kann und daß 800 geschriebene Seiten Verläßlicheres enthalten als ebensoviel extemporierte Worte.«

Eins kann er dem Vortragenden allerdings nicht nachsehen: daß er sich in der Lobpreisung der Erotik höchst unerotisch gebärdet habe. Einige sehr grobe und allzu deutliche Ausdrücke habe er verwendet, vor allem aber habe er lauter gesprochen, als es die, zugegeben, mißliche Akustik des Urania-Saales erfordert hätte – untrügliches Zeichen dafür, daß er von dem, was er sagte, überzeugt gewesen sei. Daß der Vortragende trotzdem sein Publikum so unterhalten habe, wie es sich's wünschte: »nämlich mit voller geistiger Rehabilitierung vor sich selber«, könne er versichern. Und mehr könne man zu Preisen von sieben bis fünfundzwanzig Kronen wirklich nicht verlangen. Pikiert hebt der Rezensent dann noch einmal mahnend den Zeigefinger: »Aber nicht in den Saal donnern, Herr Kuh! Man donnert über Erotik nicht.«[30] – Der Rezensent ist, wieder einmal, Anton Kuh.

Auf Verlangen des Publikums gibt Kuh eine Woche darauf im intimeren Rahmen des Mozarteums eine »Zugabe« über »Vergeistigte Liebe«. Riesenandrang wieder: In den Ankündigungen ist davon die Rede, daß Kuh auf vielfachen Wunsch entschlossen sei, das acht Tage zuvor bloß

»in großen akademischen Zügen umrissene Thema« nun »intimer und freier zu besprechen«³¹ oder, präziser, »nach der letzten Betrachtung über die bürgerliche Erotik sich nunmehr mit der *wirklichen Erotik* zu befassen«.³² Zusätzlichen Reiz bietet die Aussicht, daß der Vortrag »diesmal den Charakter einer zwanglosen, eventuell auf Diskussion gestellten Conférence tragen soll«,³³ sowie die Verlautbarung: »Der Vortragende legt Wert auf die öffentliche Mitteilung, daß ihm Menschen entgegengesetzter Denkrichtung als Gäste willkommener wären als gleichgestimmte.«³⁴

<small>Prag, Mozarteum, 21.10.1921, 20 Uhr: Vergeistigte Liebe</small>

Auch im Mozarteum reißt der »Funkenschlag und Geistesblitz des Denkmotors Kuh« das Auditorium zu stürmischen Ovationen hin.³⁵ »Vergeistigte Liebe« ist natürlich »ein Unsinn, eine dumme Redensart [...], eine Schweinerei. Kuh machte sein Publikum mit der Philosophie Hans Blühers bekannt, erzählte einiges von Otto Gross und demolierte schließlich Wagner, indem er ›Tristan und Isolde‹ einer vernichtenden Kritik unterzog, selbstverständlich vom Standpunkt des Sexualforschers aus.«³⁶ »Die wichtigsten Kapitel eines Buches, in das, wollte Kuh schreiben, der Vortrag gepreßt werden könnte, würden etwa heißen: Intellektualität und Geist. – Die Unterwerfung des Animalischen unter das Intellektuelle. – Zusammenhang zwischen Anmut und Sachlichkeit. – Angst des Bürgers vor der unpathetischen Betrachtung der körperlichen Liebe. – Und endlich: Liebender Geist anstatt vergeistigter Liebe! – Die verblüffende Klarheit der vorgebrachten Thesen rissen das Publikum, das sich nicht getroffen wähnte, zu Beifall hin.«³⁷

Kurz darauf lange Gesichter beim vergnügungssüchtigen Publikum, als ein ausdrücklich als *gegen* denjenigen Hanns Heinz Ewers' gerichteter resp. als »Causa Anton Kuh – Hanns Heinz Ewers« und damit als »literarisches Ereignis« angekündigter Vortrag doch nicht stattfindet. Ewers hat für den 11. November 1921 im Prager Urania-Saal einen Vortrag unter dem Titel »Satan – Freiheit – Revolution« angekündigt, diesen Termin aber platzen lassen; ebenso einen bereits in Prager Zeitungen angekündigten Ersatztermin. Damit unterbleibt auch Kuhs unter dem Titel »Das Liebesleben des Kommis« im »Prager Tagblatt« angekündigter und zunächst ebenfalls verschobener Gegenvortrag.

Beim »Personal der Welt« – Etabliert

Spätestens um 1920 ist Anton Kuh »etabliert«, »ein Begriff«, eine »Figur des öffentlichen Lebens«. Seine Texte sind ab Ende 1913 häufig in den Rubriken »Echo der Zeitungen« resp. »Echo der Zeitschriften« im »Literarischen Echo« gebucht und bisweilen umfänglich zitiert,[1] seine Thesen werden diskutiert: »Pogrom«, Kuhs im Mai 1918 erschienene Polemik gegen Assimilation, wird nicht nur mit einem emphatischen Begleittext Max Brods in der Prager zionistischen »Selbstwehr« nachgedruckt[2], auch Berthold Viertel setzt sich eingehend mit diesem »unfromme[n], ja anarchistische[n] Protest« kritisch auseinander.[3] Der »Friede« zitiert lange Passagen aus den »sehr vernünftige[n] Bemerkungen über den Prozeß Davit-Franke«,[4] die Kuh im »Prager Tagblatt« veröffentlicht hat.[5] Einspruch wird (ziemlich) laut[6] gegen seine Vorschläge zur Reform des Gymnasiums.[7] Er wird beiläufig zitiert, etwa in einem Überblick über die norwegische Literatur des Jahres 1924: »Anton Kuh hat nicht ganz Unrecht, wenn er einmal die Skandinaven die ›Provinzialen der Seele‹ nennt.«[8] Und in einer Abrechnung mit den hiesigen völkischen Hetzblättern, die sich lesen, als würden sie von ebendenselben »feuchtohrigen Gymnasiasten« geschrieben, die vor kurzem noch Pissoirwände heldenhaft mit »Hoch Schönerer!« oder »Juden raus!« beschmiert hatten, wird Kuhs im »Morgen« und in der »Wiener Sonn- und Montags-Zeitung« oft und oft wiederholte These, die völkischen Radaubrüder seien – Vollbart hin, Schmisse her – alle in einem puerilen Stadium hängengeblieben, dankbar aufgegriffen.[9]

Paul Stefan hört »vermöge irgendwelcher Assoziationen (Anton Kuh?) die Worte Hopsroderoh oder Ähnliches« aus dem Lärm heraus, den ein Schüppel Einheimischer auf dem Linzer Bahnhof erhebt.[10] Hans Liebstoeckl ärgert sich über die Formulierung »Die Liebe ist das Morphium der Seele; gleichwertig in der Tücke, mit der sie ihre Opfer nicht mehr loslassen, sind Morphium und Liebe die beiden ärgsten Gifte« im hofrätlich-medizinischen Geleitwort zu einem vierteiligen dramatischen Piècechen des Titels »Morphium«: eine dieser Sentenzen, »die ganz geistreich klingen, aber bei Gott nicht wahr sind und die daher höchstens Herr Anton Kuh behaupten kann, weil er teils die ›bürgerliche‹, teils die ›vergeistigte‹ Liebe zum Gegenstand tiefer Untersuchungen gemacht hat. Herr Kuh darf; ihm gab ein Gott, zu sagen, was andere nicht leiden können.«[11] Wenn Stefan Grossmann aus Anlaß seines Vortrags über »Die Krise der modernen Ehe« in der Prager Urania über das Vortragswesen im allgemeinen handelt, das im deutschen Sprachraum zuallermeist ein Manuskriptvorlesen sei, kommt er um den »Fall [s]eines Freundes Anton Kuh« nicht herum, der »eine ganz ungewöhnliche Ausnahme« sei, »seine Reden sind Naturereignisse, Platzregen oder Hagelwettern vergleichbar«.[12] Wenn Alfred Döblin im November 1922 den Lesern des »Prager Tagblatts« schildert, wie sich die Berliner Theater in der Krise schlagen, benützt er »die Gelegenheit, um Anton Kuh zu grüßen, der im Jahr des Jubiläums [Gerhart Hauptmanns] das Klarste und Besonnenste über ihn und sein Jubiläum gesagt hat, vor einigen Tagen, an dieser Stelle.«[13] Wenn Hermann Bessemer die Revue »Wien gib acht!« bespricht, kann er's kaum verwinden, daß ihm »der Kollege Anton Kuh in einer bemerkenswerten Glosse«[14] die »Würdigung Herrn Hans Mosers [...] weggeschnappt« hat.[15] Wenn Theodor Lessing die »genialen Meisterer [...] des Wortes« aufzählt, die sich im Prag des Jahres 1925 häufen – unter anderem »Werfels wilde Wortschönheit *wider* das Wort«, »Brods heißnüchterne Logetik«, »Mauthners überkluge Wortekritik«, »Kafkas klassisch reine Bändigung« –, vergißt er den »Kuhsche[n] Wortrausch« nicht.[16] Wenn Joe Gribitz seinen Lesern den technischen Quantensprung veranschaulicht, den das Grammophon gegenüber dem Phonographen darstellt, tut er das mit dem Vergleich »Ein Unterschied wie zwischen Grimms Märchen und den Feuilletons von Anton Kuh«.[17]

Im Januar 1918 zählt ihn ein intimer Kenner der Wiener »Szene«, mit dem Pseudonym »K. Eyner v. Inen« schnippisch Distanz wahrend, zu deren Protagonisten, die er, keinen einzigen beim Namen nennend, unverkennbar porträtiert: Franz Blei, Franz Werfel, Alfred Polgar, Otfried Krzyzanowski, Heinrich Nowak, Otto Soyka, Otto Gross, Egon Erwin Kisch, Leo Perutz, Franz Elbogen, Egon Dietrichstein und eben Anton Kuh: »laut, schmeißt [im Café Central] Diktionäre in die Luft und fängt die Vokabeln einzeln auf, wirbelt sie in Tiraden und Interjektionen, Antithesen, Wahrheiten und Dummheiten, Originalitäten und Platitüden, Bluffs und Geistesblitzen über den Tisch und Nebentische, kokettiert mit der Unsterblichkeit und dem Piccolo: sein Œuvre bleibt gesprochen – er ist Sprechsteller.«[18] In Hugo Bettauers grobgestricktem Schlüsselroman über das darniederliegende Wien der Jahre 1922, 1923 »Der Kampf um Wien«, in Fortsetzungen im neugegründeten Wiener »Tag« von 5. Dezember 1922 bis 6. März 1923 erschienen, tritt Kuh porträtähnlich – inklusive Tick – und unverkennbar als Felix

Korn auf: ein exzentrischer, übersprudelnd temperamentvoller »junger Mann mit Künstlermähne, das Monokel wie eingewachsen«, der den steinreichen Amerikaner Ralph O'Flanagan ins Schlepptau nimmt, um ihn in die »besseren« Wiener Kreise einzuführen und durch sämtliche »Szene«-Etablissements zu schleifen.[19] Vier Jahre darauf knausert wiederum Ludwig Hirschfeld mit Namen, wenn er in seinem Wien-Reiseführer »die Wiener Literatur« vorstellt, die nun im Café Herrenhof residiert. »Leo Perutz, der prachtvolle Erzähler, Anton Kuh, der groteske Improvisator, und der produktive Walter Angel« werden indes nicht nur genannt, sondern auf der gegenüberliegenden Seite auch von Leopold Gedö ins Bild gerückt.[20] Und wieder zwei Jahre darauf zählt Kuh gar zum »Personal der Welt«[21]: Wenn Egon Erwin Kisch, der Vielgereiste, die Phantasielosigkeit der Schöpfung beklagt, die jede Weltgegend mit dem jeweils gleichen Inventar ausstatte, und er das, aus New York City rapportierend, an Harlem illustriert, weil ihm dort auf Schritt und Tritt lauter Bekannte – alle in Schwarz – begegnen, darf neben einem Erich Ludendorff, einem Emanuel Lasker und einem Alexander Granach auch ein Anton Kuh nicht fehlen.[22]

1921 – 1922

Am Sonntag, 20. November 1921, spricht Kuh, wie schon fünf Wochen zuvor in Prag, im bis auf den letzten Platz gefüllten Festsaal des Ingenieur- und Architektenvereins – »Ausverkauft, keine Abendkasse«,[23] vermerken die Veranstaltungshinweise – über »Die Erotik des Bürgers«, verkürzt und freudianisch gesprochen: über das »Unbehagen in der Kultur« oder, wie's der anonyme Rezensent der »Wiener Sonn- und Montags-Zeitung« formuliert, über die »fundamentale Erkenntnis, daß die Freudlosigkeit des Daseins, die Erstarrung des öffentlichen Lebens ihre Wurzeln in der Verkümmerung des sexuellen Triebes haben«.

Wien,
Österreichischer
Ingenieur- und
Architektenverein,
Großer Saal,
20.11.1921,
19 Uhr:
Die Erotik des
Bürgers

Oder, so Paul Kurmann, über den Bürger als »Deserteur seiner Erotik«, den Spießbürger und seine Erotik, die darin bestehe, »daß sie sich nur verlegen und verschämt äußert und zu ihrer Betätigung angeblich seriöse Anlässe sucht, wie eben den Vortrag des Herrn Anton Kuh«.[24] Oder, so der »Morgen«, über das »weitverbreitete, von Wissenschaftlern und Laien gleicherweise unterschätzte Übel der Geschlechtsverlogenheit und -unaufrichtigkeit«.[25] Kuhs Publikum bedenkt »sein außerordentliches Darstellungstalent, die Rednergabe, mit welcher er den abstraktesten Gedankengang zu durchleuchten vermag, wie die Fähigkeit, durch anschauliche Bilder, aphoristische Sätze und blendende

Einfälle, das Thema zu beleben«, mit enthusiastischem Beifall. Auf den Punkt gebracht: der »beste Redner der Stadt«.[26]

Auch in Wien braucht es eine »vertiefende Behandlung« des Themas in Form eines »Dilettanten der Liebe« betitelten »psychologisch-sexualphilosophischen« Privatissimums – im 900 Zuhörer fassenden Mittleren Saal des Konzerthauses.

»Das Publikum bestand aus drei Teilen: aus den Abgesandten dreier Kaffeehäuser, die sich vor sich bestätigen ließen, daß einer etwas anderes sagt, was sie längst besser gesagt haben oder noch feiner sagen würden; aus zwei Jüngern Karl Kraus', von denen sich einer zu einem Zwischenruf aufschwang; aus Leuten, die sich in einem verdunkelten Saal ohrfeigen ließen und dazu lachten«.[27] Präziser: »Der starre Zentralist ist zur Herrenhofmoral übergegangen. Einen ›Bürger‹ hat er sich eigens konstruiert, einen grotesken Bourgeois, der ihm als Watschenmann dient. [...] Jeder Satz eine Injektion von Sodawasser mit fein pulverisierten Glassplittern. Wildgans wird gegen Wedekind ausgespielt. [...] Alles mit der letzten Heftigkeit und Gereiztheit. [...] Er bestreitet alles. Seine Psychoanalysen des Erotischen sind so scharfsichtig als gewagt. Er getraut sich alles herauszusagen, was sich die anderen nicht einmal denken. Dabei verachtet er sein nettes artiges Publikum ziemlich gründlich. Typus: der sich grob stellende Wirt, der auch die stillsten Gäste anrempelt.«[28]

<small>Wien, Konzerthaus, Mittlerer Saal, 29.11.1921, 21 Uhr: Dilettanten der Liebe</small>

Ab 22. Dezember gastiert Leopold Jessner mit seiner Inszenierung »Richards III.« vom Berliner Staatlichen Schauspielhaus am Wiener Raimund-Theater. Anton Kuh packt die Gelegenheit beim Schopf, gegen den »Berliner Bluff« generell vom Leder zu ziehen und gegen den Berliner Theaterbetriebsbluff im besonderen, gegen den modernen »Auffassungsdarsteller« generell und Fritz Kortner in der Hauptrolle im besonderen, der Richard III. als brüllenden Fleischerknecht gebe und von dem er sich nur wundert, daß er angesichts der roten Treppe, die sich vor ihm auftürmt – die »Jessnersche Treppe«, eine Stufenbühne, ist ab 1919 organisierendes Zentrum von Jessners Inszenierungen –, nach einem Pferd verlangt und nicht ruft: »Ein Lift, ein Lift, ein Königreich für einen Lift!«

<small>Wien, Musikverein, Kleiner Saal, 3.1.1922, 19 Uhr: Ein Pferd, ein Pferd ...</small>

Als Jessner, Proponent des politischen Theaters und als Generalintendant der Schauspielbühnen des Staatstheaters Berlin heftig umstritten, Anfang 1930 – »im Wege gütlicher Vereinbarung«, wie das preußische Kultusministerium verlautbart – aus dieser Funktion ausscheidet, hält Kuh ihm eine Grabrede – die zweite bereits: »Ein Nekrologist soll sich nicht selber zitieren. Wie aber, wenn er seinem Gegenstand schon einmal die Grabrede gehalten hat? ... Vor acht Jahren kam Jeßner mit seiner Truppe (lies: Treppe) auf Gastspiel nach Wien. Führte den Richard vor. Die Wiener sind altmodische, traditionserstarrte Menschen, denen seltsamerweise ein toter Mitterwurzer lieber ist als ein lebendiger Kortner – und sie schenkten dem Ereignis keine Beachtung. Zu allem Überfluß ließ ich unter dem Titel ›Ein Pferd, ein Pferd ...‹ einen Vortrag folgen, worin ich das Billigste von der Welt unternahm: Shakespeare gegen Berlin auszuspielen! ... Ich schränkte dies Spiel allerdings durch den Zusatz ein: in Wien dürfe man das – in Berlin aber gelte der Name Jeßner mit Recht als politischer ›Belang‹. Davon lebe freilich andrerseits sein Träger; er trotze allen Feuilletongefahren im Gefühl doppelter Leitartikelwürdigkeit. Aber Feuilletongefahren – gäbe es denn die in einer Stadt, wo die Richtung wichtiger ist als der Mensch? Wo ein gemeinsamer Bund der Maßstablosigkeit alles regiert? Wo das Motto des Vorwärtskommens für Schaffende und Wertende lautet: ›Im Gegenteil!‹ Wo ein Regisseur dem Hans Sachs bloß den Vollbart zu skalpieren braucht, um als Neuerer zu gelten? Wo die Unbildung den Dramaturgen macht, indem sie, ohne Ahnung, daß dem Richard-Drama eine Trilogie ›Heinrich VI.‹ vorangeht, aus dem aristokratisch-einsamen, liebenswürdigen (Lessing!) Richard einen brüllenden Schlachtstier werden läßt – wo der Justamentgeist eine Treppe dazu baut, damit der auf ihr herniederwandelnde Hauptdarsteller den Anschein erregt, als komme er trotz der dämonisch fletschenden Vorsätzlichkeit seines Mienenspiels, der skandierten Abgezähltheit seiner Gebärden und der intellektuell geschärften Harmlosigkeit seiner Stimme, die ihn als Prototyp eines ›Übersteigerten‹ erkennen lassen, ›von oben‹ her – und wo zu all dem Kritiker Bravo sagen, teils, weil ihre eigne Phantasie nicht weiter reicht, teils, damit man ihnen zum kühnen Bejahen auch die Lendenkraft zutraut? Wo eine Sache ›anders machen‹ sogleich ›revolutionär‹ heißt? Wo es kurzgesagt immer auf Namen und Benennungen und nie, nie, auf das Wunder der Persönlichkeit ankommt?«[29]

Von »Sensationsvorverkauf« ist in den Ankündigungen der Rubriken »Bühne und Kunst« sowie »Mitteilungen der Prager Theaterkanzlei« wieder zu lesen – für einen Vortrag Anton Kuhs, »der die letzten Dinge der Erotik behandeln« werde. »Geschmacklose Reklame!« ärgert sich der Rezensent der »Bohemia«, aber »wenn Kuh sein Brillantfeuerwerk geistreicher Einfälle und philosophischer Witze« abbrenne, gebe es »wirklich für den Literaturmob etwas zu gaffen«. Ganz in »Wie-ich-es-sehe«-Haltung und allerpersönlichst spricht Kuh zwei Stunden lang über Wedekind, den »Amokläufer gegen die ganze starre, freiheittötende deutsche Kultur«, den »innerlich

Prag, Urania, Großer Saal, 3.2.1922, 20 Uhr: Der unverstandene Wedekind

dichterischen revolutionären Schwärmer, der daran litt, kein vollwertiger Normalbürger zu sein, und gleichwohl mit Haß und Todfeindschaft gegen alles Normale und Bürgerliche geladen« gewesen sei; und polemisiert er gegen Gerhart Hauptmanns Goethe-Pose und den »Naturalismus als ›die naturwahrste Kristallisation des Tinnef‹«.³⁰

Drei Tage darauf ein Thema mit entschieden weniger Sex-Appeal. Trotzdem »stürmischer Applaus« für die »Kunst seiner beweglichen und ideenreichen Dialektik [...], die drei sonst nicht leicht zu verknüpfenden Begriffskomplexe durch feingesponnene Beziehungsfäden mit einander zu verschlingen«: Gemein sei Expressionismus, Dadaismus und Kommunismus der »Wille, den Dingen die Maske herabzureißen und unter der Larve das wahre Gesicht zu enthüllen«³¹ – referiert jedenfalls die einzige Besprechung des Vortrags.

Mal unter dem Titel »Der Jude und der Deutsche«³², mal unter »Juden und Deutsche«³³ Anfang Oktober in den Prager Tageszeitungen angekündigt, findet der Vortrag schließlich am 12. Oktober 1922 in der Urania unter dem Titel »Die jüdischen Reichen« statt. Als »Gesellschafts-Sensation«³⁴ ausgeschildert, bei der das Publikum »amüsante Invektiven und örtliche Humoranklänge zu gewärtigen« haben werde³⁵, wird der Große Saal wieder einmal gestürmt. Kuh liefert diesmal eine detaillierte Auseinandersetzung mit einer Spielart der Assimilation. Er stellt dem »alten Reichen« den »neuen« gegenüber, dem »Würde-Juden«, der sein Geld mit dem »politischen Moralbegriff, dem Umhängebart des Liberalismus« verbrämt und in der Fiktion der, »Kuhisch ausgedrückt: [...] Dreieinigkeit Goethe, Bismarck und Börse« lebt³⁶, den »Sachlichkeits-Juden«, der ohne Rücksichten, mit »Tachlesblick« und ohne Umschweife sein Geld erwirbt, ohne seiner Gewinnsucht und Profitgier das Mäntelchen kultureller und gemeinnütziger Wohltäterschaft umzuhängen. Kuhs Sympathien sind ganz beim Typus »Sachlichkeitsmensch«, dem er allerdings nicht verzeihen kann, daß er, kaum arriviert, seine Bücklinge vor »Würde« und »Kultur« macht, daß er nicht den Mut hat, »Shylock zu sein und sein Pfund Fleisch, den Kulturspeck über dem Herzen der Menschheit, auszuschneiden, sondern lieber weiter Nathan den Weisen [spielt], den philosophischen Kommerzialrat des Pogromsultans Saladin«³⁷.

Prag, Mozarteum, 6.2.1922, 20 Uhr: Expressionismus, Dadaismus, Kommunismus

Prag, Urania, Großer Saal, 12.10.1922, 20 Uhr: Die jüdischen Reichen

Max Brod, der sich wiederholt stark gemacht hat für Anton Kuh, teilt weder dessen Sympathie für den Typus »Sachlichkeits-Jude« noch auch dessen Amoralismus. Hatte er schon in seiner Besprechung von »Juden und Deutsche« in Kuh den Prototyp des »jüdischen Nietzsche-Liberalen« gesehen,³⁸ so nimmt er ihn nun wieder in dieser Stoßrich-

127

tung auf die Schaufel: »In den Spuren Nietzsches wandelnd inthronisiert [Kuh] statt der ›blonden‹ – die ›schwarzhaarige Bestie‹. ›Der Börsejud als Übermensch‹ – so hätte Kuh seine eigene Ideologie persifliert, wenn nicht er, sondern ein anderer den Vortrag gehalten hätte.«[39]

Und während der Rezensent des »Sozialdemokrat« mäkelt, daß es Kuh wieder einmal nur um eines zu tun gewesen sei: nämlich »das Bürgertum zu kompromittieren«,[40] attestiert Felix Weltsch den Darlegungen des Vortragenden in der »Selbstwehr«, daß sie mehr sind »als geistreiches Spiel; sie sind wahrhaft psychologische Entdeckungen«, ja, ihnen komme »eine geradezu historische Bedeutung« zu. »Überraschende Durchblicke und verblüffende Entschleierungen« verdanke das Prager jüdische Publikum – das assimilierte Prager jüdische Publikum – dem »bösartigen Entdeckerauge Kuhs«; ein Publikum, dem es inzwischen eine »liebe Gewohnheit« geworden sei, »daß Kuh einigemale im Jahre den Prager Juden einige Wahrheiten* sagt, die jeder auf den anderen bezieht«. Einwände im einzelnen wischt Weltsch vom Tisch, denn »[d]er unmittelbare Eindruck ist: ein intellektueller Genuß von seltener Intensität. Ich kann mir kaum eine unterhaltendere Stunde vorstellen als einen Vortrag Anton Kuhs«[41]. Der Rezensent des »Prager Tagblatts« äußert leise Zweifel an der sozialphilosophisch-diagnostischen Kompetenz Anton Kuhs, hält aber resümierend fest: »Der Saal war voll und es spendeten dem Sprecher auch jene Reichen Beifall, die Anton Kuh eine Stunde lang virtuos pathologisch anatomisiert hat«.[42]

Lange Gesichter hingegen bei seinem Anhang in Wien: Anton Kuh ist als Mitwirkender bei der am 21. Oktober 1922 im Großen Konzerthaussaal stattfindenden Veranstaltung »Blatt im Frack (Die gesprochene Zeitung)« angekündigt, die unter lautstarken Protesten des enttäusch-

---

* Kuh wirft den Prager Deutschen vor, daß sie die deutschliberale Tradition zur Vereinsmeierei hätten verkommen lassen: »So war Deutsch-Prag, geistig immer um ein Inselalmanach-Jahr voraus, politisch um 30 Jahre zurück. Und so wurde jene Politik, zeitfremd und ausgedorrt wie sie war, am Ende bloß zum Tummelplatz für Eitelkeit, Strebertum, Couleurbrüderei. Wo früher Männer stritten, Geister sich erhitzten, nickten jetzt bärtige Pagodenköpfe zum Worte ›nationales Bollwerk‹. Theater, Presse, Bildung – alles sank zur Vereinssache, zum Gesellschaftsspiel einer gesinnungs- und überzeugungsverkleideten Honorigkeit.« Und er zeiht sie der Naivität: Statt sich mit den Tschechen zu verständigen, hätten sie die Sache der Deutschböhmen zu der ihren gemacht – um sich von ebendiesen teutonisierenden Sudetendeutschen dann mit »Pfui, Jud!« anpöbeln zu lassen (Anton Kuh: Das Ideal aus der Großväterzeit. In: Neues Wiener Journal, Jg. 30, Nr. 10.420, 19. 11.1922, S. 5 [Nr. 501]).

ten Publikums vorzeitig abgebrochen werden muß. Auf eine Besprechung in der »Wiener Allgemeinen Zeitung«[43] antwortet tags darauf der Veranstalter, der Renaissanceverlag, der festhält, daß Rechtsanwalt Dr. Klemens Weitz mit allen auf den Plakaten Genannten mündliche Verträge abgeschlossen habe. »Herr Anton Kuh hat seine Zusage unverhofft brieflich zurückgezogen mit einer Begründung, die wir der Öffentlichkeit kaum bekanntgeben können. Wir haben an Stelle der Ausgebliebenen die Herren Felix *Dörmann*, U. *Tartaruga* und Dr. *Weil* (›Homunkulus‹) nachträglich eingeladen und taten also alles, was nur möglich war, um unser verlautbartes Programm einzuhalten. Die Veranstaltung verlief anfangs in voller Ruhe, wurde erst durch eine Gruppe von Freunden des Herrn Anton *Kuh* gestört, die gleich nach der dritten Nummer des Programms im Künstlerzimmer erschienen und mit einem öffentlichen Skandal drohten, wenn das Auftreten des Herrn Anton Kuh unterbleiben sollte. Obwohl Robert Weil das Ausbleiben des Herrn Kuh vom Podium rechtfertigte und bekannte Schriftsteller und Humoristen [...] am Lesepulte erschienen und das ganze aus 12 Punkten bestehende Programm eingehalten wurde, provozierte dennoch diese Gruppe der Radau.«[44] Kuh hatte unter anderem im »Neuen Wiener Journal« richtigstellen lassen, daß sein Name irrtümlich auf die Teilnehmerliste gelangt sein müsse, »da er der Veranstaltung gänzlich ferne« stehe,[45] und in einer ausführlichen Stellungnahme in der »Wiener Allgemeinen Zeitung« unter anderm bemerkt: »Was aber den *Skandal ›meiner Freunde‹* im Konzerthaussaal anlangt, so geht aus dem Geschilderten hinlänglich hervor, daß sie (wenn ich solche hätte) nur Grund gehabt hätten, über mein Erscheinen auf dem Podium, nicht aber über mein Nicht-Erscheinen Skandal zu schlagen.«[46]

Am 3. November 1922 stören Krawall schlagende Hakenkreuzler eine Lesung Arthur Schnitzlers im Teplitzer »Lindenhof«. Schnitzler muß nach mehreren Anläufen, nach Tumulten und Handgemengen die Veranstaltung abbrechen. Der Vorfall, hinter dem der antisemitische Verein »Eiche« steckt, bleibt in Wien unbeachtet – beinah. Für Kuh ist er eine weitere Gelegenheit, auf das Gefahrenpotential hinzuweisen, das die sudetendeutschen Gebiete darstellen, aus denen sich »in Wien alljährlich das Reservoir des sogenannten akademischen Nachwuchses auf[füllt], von dort kommt in Kurzhosen und Windjacke der nationale Gesinnungsträger anmarschiert«.[47] »Schnitzler ist kein deutsch Herz, kein züchtig Vorbild, kein köstlich Gut. Darum leistet Deutschböhmen, dort, wo es am dunkelsten wird, die Ringplätze und Gehirnringe keinen Blick mehr freigeben, jenes altbekannte Flachland der Vernunft, aus dem Wien und Großösterreich seine schwärzesten Gaben bezog

(Studenten, Beamte, Phrasen), den Idioten Wiens gern einen Gegendienst: Haut ihr eure Juden – hauen wir euren Juden. Es war in Altösterreich so und bleibt so immerdar.«[48]

Im Juli 1922 wird der renommierte Historiker Samuel Steinherz zum Rektor der Deutschen Universität Prag für das anstehende Studienjahr gewählt. Gegen den in k.k. Zeiten gepflogenen Usus, daß Professoren jüdischer Konfession dieses Ehrenamt umgehend dankend ablehnten, nimmt der Ordinarius am Historischen Seminar der Karl-Ferdinands-Universität die Wahl an. Die »Deutscharische Studentenschaft der Prager deutschen Hochschulen« macht mobil und setzt alles ins Werk, um Steinherz zum »freiwilligen Rücktritt« zu zwingen. Sie sieht in dem »Umstand, daß der neugewählte Rektor nicht dem deutschen Volke entstammt, [...] de[n] deutsche[n] Charakter unserer Hochschule« bedroht. »Die Notlage unseres Volkes und der Universität insbesonders« erfordere, »daß an der Spitze der Universität nur voll und ganz unserem Volke angehörige Professoren stehen«.[49] Am 16. November stürmen die völkischen Studenten die Universität und legen mit à la Brigade Ehrhardt gedrillten Streikposten[50] den Betrieb an sämtlichen Instituten lahm.

Karl Tschuppik, der in seinem Kommentar kategorisch festhält, daß alles »[w]as im deutschen Prag mit deutscher Kultur, mit Bildung und Bedürfnissen der Zivilisation zuammenhängt, [...] jüdischen Ursprungs« sei, analysiert »die antisemitische Rebellion der deutschen Studenten« als »Rache des Trottels, der dem Gefühl der Minderwertigkeit zu entrinnen sucht. [...] Das Geschwätz und Geschrei von ›nationaler Unterdrückung‹ war Maskerade; den tapferen deutschen Studenten geniert es gar nicht, daß der Staat seine Institute und Lehranstalten benachteiligt, daß er national zurückgesetzt und in seinen kulturellen Bedürfnissen auf ein Mindestmaß herabgesetzt wird; der Berufs- und der Saufstudent wird, wie er es im alten Österreich gewesen, auch im tschecho-slowakischen Staat ein folgsamer Polizeiknecht und Diurnist werden; sein Nationalismus ist die größte Lüge. In leidenschaftliche Aufwallung, in Rage und Aufruhr bringt ihn nur die Tatsache, daß über ihm eine geistige Welt existiert, die ein jüdisches Antlitz trägt. Die Rache des antisemitischen Trottels ist eine Rache am Geist.«[51]

Tschuppik, »kein Jude, aber eine Kreatur, die, eben weil sie als *Nichtjude* diese namenlos niederträchtige Besudelung begangen hat, unendlich tiefer zu stellen ist, als wenn ein Jude sie ausgesprochen hätte«, reizt damit einen »Dr. B.« zur Weißglut – dessen Vernichtungsfuror auch Anton Kuh nicht entkommt: »Im ›Neuen Wiener Journal‹ hat – hier wenigstens ein Jude –, nämlich Anton Kuh eine Reihe ähnlicher Schmähungen abgelagert. Die genannten Herren mögen untereinander um die Palme ringen, wer den ersten Preis verdient, wenn es gilt, Deutsche beschmutzen zu wollen. Die deutschen Studenten aber mögen, wenn ihnen auch die Faust nach der Hundspeitsche zuckt, daran denken, daß aus ihren Reihen Goethe und Schiller, Fichte und Kant, Wagner, Bismarck und zahllose andere Riesen des Geistes hervorgegangen sind. Sie mögen Tschuppik und Kuh den billigen Ruhm gönnen, auf den Spuren Heines und Börnes zu wandeln. / Nur eine Folgerung mögen die Studenten und noch mehr deren Eltern aus solcher Kloaken-Journalistik ziehen: *Hinaus mit der Judenpresse* aus jedem nichtjüdischen Hause. Hinaus vor allem mit dem ›Neuen Wiener Journal‹! Das Verbreitungsgebiet der ›Sonn- und Montags-Zeitung‹ ist ja eng begrenzt. Das ›Neue Wiener Journal‹ aber wird besonders von Frauen, von den Müttern der ›Trotteln‹ so gerne gelesen. Hier tut Einkehr und etwas mehr Selbstachtung not.«[52]

Karl Sedlak legt nach. Ihm beweisen Tschuppiks und Kuhs Auftreten gegen antisemitische Exzesse vor allem eines: »Daß es mit allen Mitteln angestrebtes Ziel, den dummen Deutschen gegenüber geschickt verschleierte Absicht ist, jüdische Diktatur im ganzen deutschen Lande, auf allen Gebieten deutschen Schaffens und Wirkens aufzurichten, deutsches Wissen sich botmäßig zu machen und Hand zu legen auf deutsches Schulwesen, um die einmal ergatterte Herrschaft der Juden über die Deutschen dauernd zu sichern. Und wie sie jetzt wüten, wie sie geifern, alle, nicht bloß jene, die selbst Schüler der Prager deutschen Hochschule sind und dort deutsche Wissenschaft in sich aufgenommen haben, die es ihnen ermöglichte, dann in den Reihen der Deutschen *jüdisch* für das *Judentum* zu wirken, auch jene, die in deutscher Sprache ihrer deutschen Vergangenheit fluchen, wie dieser *Anton Kuh*, und auch jene, die als Deutsche an der Prager Hochsule studierten, aber, im jüdischen Geiste erzogen, glauben in der Altstadt ein Zentrum deutschen Geisteslebens erblicken zu müssen, weil Anton Kuh und Emil Kuh an der Lese- und Redehalle deutscher Studenten in deutschen Worten jüdisch geredet und mit deutschen Gebärden für ihre jüdische Sache in deutschen Kreisen geworben haben. Zu welcher Erbärmlichkeit ist doch dieser *Karl Tschuppik* herabgesunken, der die mannhafte Haltung der Studenten die ›Rache des Trottels‹ nennt. Dieser Tschuppik ist ein Bild jenes Deuschen, der von den Juden mit vollem Erfolge für ihre Zwecke erzogen wurde. Daß auch er aus der Prager Universität hervorgegangen ist, ist schlagender Beweis dafür, daß es für die Notwehr der deutschen Studenten gegen weitere Verjudung ihrer Hochschule höchste, allerhöchste Zeit war.«[53]

Am 27. November 1922 wird dem Rektor der Universität Wien, Professor Karl Diener, von den Vertretern der deutschen Studentenschaft ein Memorandum überreicht, das folgende Forderungen enthält: »Der hohe akademische Senat möge beschließen: 1. daß nur Professoren deutscher Abstammung und Muttersprache zu Rektoren, Dekanen und sonstigen Amtswaltern der akademischen Behörden gewählt werden können; 2. einen *Numerus clausus,* nach dem nur 10% der Gesamtzahl der Lehrenden jüdischer Abstammung sein können; 3. endlich den *Numerus clausus* durchzuführen, nach dem nur 10% der Gesamtzahl der Studierenden jüdischer Abstammung sein können.« Am 10. Dezember nimmt Diener, der das Memorandum bereits dem akademischen Senat vorgelegt und eine Kommission zur weiteren Beratung eingesetzt hat, auf der Aufmacherseite der »Reichspost. Unabhängiges Tagblatt für das christliche Volk« dazu Stellung. Die Forderung, daß nur ein »deutscher Gelehrter arischer Abstammung« Rektor einer österreichischen Hochschule werden könne, hält er für »gerechtfertigt«. Ebenso die »Beschränkung jüdischer Lehrpersonen auf 10% der Gesamtzahl«. In den Professorenkollegien der Universität Wien übersteige der Anteil jüdischer Lehrkräfte aber diese Marke ohnehin nicht. Anders bei den Privatdozenten, wo zumal an der medizinischen Fakultät »das jüdische Element unverhältnismäßig stark« überwiege. Es könne hier aber schwerlich Abhilfe geschaffen werden, solange »ausschließlich die wissenschaftliche Qualifikation für die Habilitation eines Privatdozenten maßgebend sein darf und nach dem Staatsgrundgesetz die Zugehörigkeit zu einer bestimmten Konfession kein Hindernis für die Erreichung eines allen Staatsbürgern zugänglichen Amtes« bilde. Der Numerus clausus für jüdische Studierende sei nicht durchzusetzen, soweit es sich um österreichische Staatsbürger handle, ein Problem sei allerdings die große Zahl »erschlichener und gefälschter Heimatscheine«. Einschreiten könne man hingegen gegen »landfremde Elemente«: »In der geradezu erschreckenden Invasion solcher rassen- und wesensfremden Elemente, deren Kultur, Bildung und Moral tief unter jener der bodenständigen deutschen Studentenschaft stehen, liegt der wahre Krebsschaden unserer akademischen Verhältnisse. Der Abbau der Ostjuden muß heute im Programm jedes Rektors und Senats einer deutschen Hochschule einen hervorragenden Platz einnehmen. Der fortschreitenden Levantinisierung Wiens muß wenigstens an den Hochschulen Einhalt geboten werden.«[54]

Tags darauf moniert der anonyme Leitartikler des bürgerlichen »Neuen Wiener Tagblatts« zwar, daß sich Professor Diener die, »wie längst einwandfrei nachgewiesen wurde, durchaus unhaltbare Terminologie des Rassenantisemitismus zu eigen« mache und seine »Auslassungen [...] auch deswegen sehr unerquicklich [seien], weil sie die Bereitwilligkeit des wohlhabenden Judentums, für die notleidende Studentenschaft große Opfer zu bringen, nicht gerade zu stärken vermögen«. »Auf der andern Seite aber muß gerade in diesem Zusammenhang scharfer Einspruch erhoben werden gegen die Art und Weise, wie ein Teil der Wiener Presse in vermeintlicher Wahrung des Rechtes der jüdischen Landesbewohner zu diesen Ereignissen Stellung nimmt. Es gibt hier eine Sorte von Blättern, die sich einen förmlichen Sport daraus machen, die deutsche Studentenschaft christlicher Abstammung oder wenigstens deren Mehrheit als eine Horde von Halbtrotteln hinzustellen, deren Antisemitismus aus dem Gefühl der eigenen geistigen Inferiorität und aus der Sorge vor jüdischer Konkurrenz hervorgeht. Abgesehen von ihrer unglaublichen Taktlosigkeit zeugen derartige Ergüsse auch von beklagenswerter Ignoranz. Aus dem Kreise dieser deutschen und christlichen Studentenschaft sind Weltleuchten der Wissenschaft hervorgegangen [...]. Was soll also diese Pauschalverunglimpfung der deutschen und christlichen Studentenschaft? Die ungeschickten Anwälte des Judentums gießen nur Öl ins Feuer und kompromittieren die eigene Sache.«[55]

Eine »schwere pädagogische Rüge«, die Kuh erbost, zumal sie von jemandem herrührt, der »kein waschechter Wiener, sondern – wie soll man's nur sagen? – in der Bezirk des vollrassigen Wienertums nicht ganz zuständig ist. Wie anders wäre sonst die konkurrenzübertrumpfende Voreiligkeit zu erklären, mit der er Verwahrungen ausspricht, die nicht nötig, Beschimpfungen zurückweist, die nicht gefallen waren? (Da doch von dem Spezialbegriff ›deutschnational‹ zu dem Kollektivbegriff ›christlich-deutsch‹ noch ein erheblicher Abstand ist!) Bloß der Unzuständige hat solchen Übertrumpfungsehrgeiz, bloß der Tempeldiener achtet so der Sakrilege! Und hält diesen Domestikeneifer, diese Wichtigtuerei für die Empfindlichkeiten anderer noch für ›Kultur‹ und ›Noblesse‹! Nein, lieber Amtsnigerl, wo das Wort ›taktlos‹ fällt, ist man bald im Bilde! Die den gelben Fleck noch innerlich, in ihrem subalternen, kulturübertünchten Herzen tragen, sind stets die geborenen Flüsterer und ›Pst!‹-Macher. Bekleiden sie aber gar den Hofratsrang, jene Würde also, wo das Buckerlmachen und Leisetreten nach oben sich mit dem Profoßenton nach unten verbinden darf, dann bekommt der ›Takt‹ einen Polizeicharakter: sie sagen das ›Pst!‹ dann so grob – – daß sie die ›oberste Stelle‹ kompromittieren, die sie auf ›Takt‹ ausgeschickt hat.«[56]

Anton Kuh, der unmißverständlich angesprochen war – hat er doch gerade jüngst wieder seine Galle über die »martialische[n] Subordinations-Null[en]« vor und hinter dem Katheder ausgegossen, den »Typus, der nur gruppenweise oder im Gänsemarsch, nur als draller Figurant eines Bildes sich als Einzelwesen fühlt«[57] –, verbittet sich die Abmahnung und Aufforderung zur Leisetreterei, *er* exponiert sich – und riskiert seine Haut.

Bang vor dem Sodbrennen ist Anton Kuh am 4. Dezember 1922, als er im Klubsaal des Café Herrenhof Bruchstücke von Abraham Morewskis in Jiddisch gehaltenem Vortrag »Schauspielkunst und jüdisches Theater« aufschnappt. Der Regisseur der gerade in Wien gastierenden »Wilnaer Truppe« – sie gilt als bestes jiddisches Schauspielerensemble dieser Zeit – räumt nicht nur dessen Vorbehalte gegenüber dem Jiddischen, das er bis dahin für einfältige Folklore gehalten hat, mit einem Schlag aus, Kuh vermeint – viel mehr noch – beim charismatischen Vortragenden, der »die Worte in der Luft, dort, wo sie am wahrsten sind, erhaschen will, im frischesten Bildaggregat«, in einen Spiegel zu blicken. Was er da hört, ist »von wildwütiger Gescheitheit [...], ein Besserwissen und Tiefersehen, im Worttriumph geboren«. Und ähnlich wie die aufmerksamsten unter den Beobachtern des Stegreif-Redners Kuh dessen Denkbewegung und Sprachbewegtheit erfassen, registriert der an diesem Abend an Morewski: »Wer Augenzeuge im Gehirn sein kann, drängt von selber nach Verkörperung und Darstellung dessen, was er so nah vor sich sieht.«[58]

In Morewskis Bezeichnung für »das Shakespearesche Urelement«: »Ekschtatigkeit« (gleichsam: die Dauerekstase)«, findet sich der Improvisator getroffen. »Wie vielsagend wird ein Wort bloß dadurch, daß es nicht in aller Hand und Mund ist, sondern den frischen Hauch der Phantasiebemühung an sich trägt! [...] Eine Sprache, die gestikuliert, erspart dem Gehirn viel Worte. [...] Ekschatigkeit ersetzt alles Glück – auch die seßhafte Ruhe des Gemüts. Aber gibt sie, die den Rausch gibt, nicht auch den Katzenjammer? Genießt sie nicht im Wort das Dasein und zieht sich darum selber in die Länge? ... Mir wurde bange vor meiner eigenen Ekschtatigkeit.«[59]

Und das keine drei Wochen bevor er mit den »Jüdischen Reichen« in Wien auftritt. Wobei ihm dann weniger vor dem anschließenden Katzenjammer bang zu sein brauchte. Für den Vortrag erntet er reichen Beifall, auch von den Rezensenten. Allein die zionistische »Wiener Morgenzeitung« mahnt: »Anton Kuh ist gescheit und amüsant, aber dem jüdischen Problem sollte sich ein Jude nur mit Ernst und Ehrfurcht nahen, selbst wenn er es zum Paradox oder zur Groteske gestalten will.«[60] Nur als er sich bei der Scheidung der Juden in »Nathan«- und »Shylock-Typen« dazu herbeiläßt, die

Wien,
Konzerthaus,
Mittlerer Saal,
22.12.1922,
19 Uhr:
Die jüdischen
Reichen

Lessingsche Ringparabel als rührseliges Weihnachtsfeuilleton abzutun, äußern einige der Zuhörer ihren Unmut über das Sakrileg.

Unbill der gröberen Art droht allerdings *vor* dem Konzerthaus: Es bleibt diesmal nicht bei verbalen Anfeindungen und Drohungen in der völkischen Presse. Ein mit Schlagringen, Stöcken und Totschlägern bewaffneter Trupp Hakenkreuzler lauert Anton Kuh nach dem Vortrag auf, um ihm, dem Juden, ein für allemal das freche Maul zu stopfen. Er kann das Gebäude nur unter massivem Polizeischutz verlassen.[61]

Die »Dötz« höhnt tags darauf: »*Eine Geschichte zum Gruseln.* Dunkle Nacht. Schwere Nebelfetzen. Drinnen im Hause Versammlung. Viele Hakennasen. ›Geistreiche‹ Rede über die ›jüdischen Reichen‹. Mit beiden Händen vorgetragen von Anton Kuh. Zuhörerschaft nach einer halben Stunde sichtlich verblödet. Natürlich stürmischer Beifall. Der Held will den Schauplatz seines Ruhmes verlassen. – Huh! Huh! Hakenkreuzler vor dem Ausgang. Zurück! Hakenkreuzler auch beim hinteren Ausgang. Huh! Huh! Zurück. Hakenkreuzler auch hier. Der – nicht *die* – Kuh ›erkennt sofort‹, daß es sich ›um einen geplanten Racheakt hakenkreuzlerischer Elemente‹ handelt. Gott, wie gescheit! Kuh will aber nicht Märtyrer werden. Beispiel Harden lockt Kuh nicht. Leider! Ha! Ha! Telephon! Alarm! Hier Kuh – Mord – Raubmord – Bomben. – Sofort die gesamte Wache! Zwanzig Mann zur Stelle. Strategischer Aufmarsch. Alle Ausgänge besetzt, Umgebung frei von Hakenkreuzlern. Kuh glücklich lebend, aber stark erschüttert, in ganz kleinem Kämmerlein aufgefunden, von bedauernswerten Polizisten zu Auto geschleppt. Gerettet! Lebensgefahr entronnen! Ha! Ha!«[62]

»Akustischer Kehraus einiger Nachmittage« – »Von Goethe abwärts«

Beiger Pappband, 15 mal 10,5 Zentimeter, 1 Zentimeter stark, schlichter typographischer Titel, auf Deckel und Rücken geprägt, schwarzer Kopfschnitt, 54 paginierte Seiten unbeschnittenen italienischen Büttenpapiers und darauf 169 – ja was eigentlich? – Gedankensplitter? Sprachbilder? Denkmuster?

Jedenfalls keine Aphorismen! – »Aussprüche« vielmehr, wie sich Anton Kuh in der sechsseitigen Einleitung zu dem in eintausend numerierten Exemplaren bei E. P. Tal im Herbst 1922 aufgelegten Bändchen »Von Goethe abwärts« ausbedingt. Er sei keine Skriblernatur, sondern »funktioniere sprecherisch«, das Bändchen sei somit »akustischer Kehraus einiger Nachmittage«, die einzelnen Aussprüche »Endglieder ungeschriebener Gedankenketten«, programmatisch glanz- und pointenlos. Aus seiner »grundsätzliche[n] Abneigung gegen Aphorismen«, diese verschwitzt auf Glanz gebosselten schwindelhaften »Tiefsinnigkeiten«, macht er keinen Hehl. Seine gänzlich »unaphoristischen«, ungeschliffenen Aussprüche betrachte der geneigte Leser »als Anfangs-, End- oder Mittelsätze von Essays«, die sich der »jahrelangen, konsequenten Faulheit ihres Autors, Bücher zu schreiben«, verdanken. Zusammengelesen verdichteten sich diese »ungeduldige[n] Abbreviaturen« zu einer »revolutionären, das heißt antiliterarischen Literaturauffassung«, Kontrafaktur zur von ihnen skizzierten »Physiognomik der [zeitgenössischen] Kultur«.

»Nur jene Aphorismen sind wichtig, die ein Gesicht, nicht jene, die ein Tonfall miteinander verbindet«,[1] formuliert Kuh, als paraphrasierte er eine Reflexion Hérault de Séchelles', der zufolge die wahren Bonmots »eher dem Charakter als dem Geist« entspringen.[2] Sein Widerwille gegen den Flitterkram – entweder der Aphorismus hinkt gedanklich, oder er hatscht sprachlich, allzu oft schafft er angestrengt beides –, der, dreht und wendet man ihn, seinen Glanz rasch verliert, schuldet sich nicht zuletzt dessen Blutleere. Er sei ein »Papierprodukt«, das »dem antithetischen Rauschen im Gehör« nachgebe und »sich immer in der Dimension des Papieres sowie aus sich selber« fortzeuge – wem die Spitze *namentlich* gilt, ist unschwer aus folgender Formulierung zu ersehen –, »Lieblingswaffe der Notwehr in den Händen aller *Kräusler* und Boßler, die sich der anstürmenden Wahrheit über sich selbst erwehren«.[3]

Einige Breitseiten sollten noch folgen, etwa: »Karl Kraus: ein leuchtender Saphir an Nietzsches Krone« – mit der Erläuterung: »Moritz Gottlieb Saphir, geboren 1795 zu Budapest, gestorben 1858 zu Wien, Subjekt des berühmten Satzes: ›... hat gepflegt zu sagen.‹« Die Fallhöhe ergibt sich aus Kraus' Wertung: »Die Beliebtheit Saphirs kannte keine Grenze. Er legte dem Publikum keine Gedanken in den Weg und störte es durch keine Gesinnung. Seine Einfälle waren ein Aufstoßen, seine Poesie war Schnackerl.«[4]

Wenn Kuh seinen Blick über den Literatur-Tisch schweifen läßt – »Ich teile die Literatur ein in Tisch und Nebentisch. Am Tisch wird erlebt, was der Nebentisch, sich aneignend, desavouiert« –, entgeht niemand seinen Bon- oder vielmehr Malmots. Mit überlegenem Spott bedenkt er alle, die sich am Nebentisch eingefunden haben: »Anton Wildgans oder: der Mittelstandswedekind«; »Hans Müller: der zum Kotzebue. Er ist der meisterhafteste Dramatisierer vorgestellter Inhaltsangaben«; »Herbert Eulenberg: Kleists Kleister«; »Theodor Däubler: ein etwas korpulenter Astralleib«; »Felix Dahn: Romanvater Jahn«; »Dr. Karl Schönherr: ordiniert täglich von 2-3«.

Spitzzüngig und boshaft kommentiert er, was Rang und Namen hat in der République des lettres: »Gerhart Hauptmann oder: der Gewerkschaftsolympier«; »Arthur Schnitzler oder: *post coitum omne animal est* typisch wienerisch-graziös«; »Stefan Zweig verkehrt mit sich ausschließlich durch einen französischen Dolmetsch. Er könnte sich bei näherer Intimität zu einem Innenleben hinreißen lassen«; »[Hugo von Hofmannsthal]: der Meister der Lektüre-Wiedergabe So tief er in seine Seele hinablangt, er findet nur Stoffe der Weltliteratur. Er ist von ihr so gründlich bearbeitet, daß er erst zu sich kommt, wenn er sie bearbeitet«; »Alfred Polgar: ein Mausoleum der Nuancen«; »[Siegfried Jacobsohn]: der Praktikant auf Lessings Bücherleiter«; »Shaws geistiger Mechanismus: Ihr glaubt, zwei mal zwei sei vier? Falsch! Es ist vier. Seine Technik: die melodramatische Rückentwicklung vom Gemeinplatz zum Paradox«; »Ibsen: ein Mittel, im dämmerdunkeln, geheimnisraschelnden Zimmer bedeutsam zu rülpsen«; »Strindberg: die Standard-Beruhigung der Unerotischen. Sie glauben, seitdem es ihn gibt, im Bett lümmeln sei faustisch«.

Auch die Porträt-Komprimate, die er jenen widmet, die er am Tisch Platz nehmen läßt, sind bisweilen freche Invektiven: »Stendhal: der Herrenreiter der Schriftstellerei«; »[Peter Altenberg]: ein Afrikaforscher der Alltäglichkeit«; »Franz Blei: der Enzyklopädist der Randbemerkung«; »Robert Müller: ein in Amerika diplomierter Denkingenieur. (Anders: ein Goalkeeper der Abstraktion.)«; »Franz Werfel oder: das

Ethos als Mastkur. (Mit welcher Sprachgefräßigkeit schwört er doch dem Leibe ab!)«.

Ganz nach seinem Lebensmotto »Nur nicht gleich sachlich werden! Es geht ja auch persönlich« auch ein kleiner Themenschwerpunkt zum Grundübel der Literaten: »Altenberg schildert einmal die Bemühung eines Bordellmädchens um einen braungebrannten, keuschen Sport- und Gesundheitsjosef, den sie am Ende frotzelt: ›Aus'n Hirn aussaschwitzen kannst dir's a net!‹ / Altenberg fügt hinzu: ›Ich kann!‹ Er konnte gottlob nicht. Daher seine stets erigierte Kunst. Aber es soll von Hebbel abwärts etwelche geben, die können.« »Wildgans nennt seine Akte pathetisch ›actus primus‹, ›secundus‹, ›tertius‹ usw. – fraglos aus Scham vor dem Nebensinn jenes Wortes. / Er hätte, sag' ich euch, die pathetischen Aktusse nicht nötig, wäre ihm einmal ein richtiger Akt geglückt.« »Warum sich noch kein Nachwuchstalent des Themas ›Onanie‹ bemächtigt hat? Hier gäbe es Aussage, Erlebnis, Gestaltung. Aber sie schreiben lieber Bordellepen und türmen mit nässender Hand Berge der Beziehung vor uns auf. Lieber hauen sie ihr Unerlebnis in Granit als ihr Erlebnis in Lehm.«

Und ganz nach dem Motto, das seinen »Aussprüchen« vorangestellt ist – »Vor das Glück haben die Götter *nicht* den Schweiß gesetzt« –, liefert Kuh auch gleich das Remedium: »Ich verordne den Literaten: Soda bicarbona und Geschlechtsglück.«

Die Geneigtheit der Leser ist keine ungeteilte: Die zahlreichen Vorabdrucke erscheinen mit freundlichen einleitenden Bemerkungen wie »Ein kleines Bändchen witziger Randbemerkungen«[5], »Eine kleine Sammlung witziger Merkworte«[6] oder »Die folgenden Aussprüche und Aphorismen sind einem kleinen, sehr amüsanten Buch […] entnommen«.[7] Franz Blei streut dem »überaus einfallreichen Kuh« und seinem »Büchlein Gesprochenes«, in dem sich die »Physiognomie des Sprechers« abbilde, Rosen.[8] Alfred Döblin freut sich an den originellen »Beleuchtungen«, die sich wohltuend von der einschläfernden Paradoxa-Meterware abhöben: »An Kuhs knappen Sätzen wird der Sprachkenner seine Freude haben wegen ihrer Präzision und Kompression, der Gebildete wegen ihrer nüchternen, hundeschnauzigen Schärfe, der Geistige überhaupt wegen ihrer ehrlichen Geistigkeit ohne Rückenlehne.«[9] Georg Hermann ist überaus angetan vom lakonischen Witz, mit dem Anton Kuh seine Schlaglichter auf die Literaturszene wirft, die erhellender seien als seitenlange Abhandlungen.[10] Max Rychner hingegen fehlt's bei den »paar Dutzend Bouillonwürfel[n] aus kondensierter Erkenntnis und Bosheit«, die er im einzelnen durchaus goutiert, insgesamt dann doch an Ernst und Ethos: »Die Satire wird hier zur Konversation.«[11]

Die »Reichspost« bekundet gleich rundheraus, daß ihr Kuhs »Laune und Launen« ungenießbar sind. Sie gibt ihm indessen darin recht, daß gute Aphorismen »stets Hauptgedanken ungeschriebener Essays [seien], die aber auch ungeschrieben bleiben müssen, weil ihr Gedankengang sich eben in einem Satz sagen läßt« – allerdings nur, um den Kuhschen hämisch Gedankenlosigkeit zu attestieren: »Die Abhandlungen, die sich Kuh über seine Aussprüche zu bauen vorbehält, werden sich daher nicht machen lassen.«[12] Diese Unterstellung wischt Kuh – ob zeitlicher Zufall oder ein Jux, den er sich erlaubt – prompt vom Tisch: Eine Woche nach der mißlaunigen Besprechung veröffentlicht er den »Erklärungsessay« zu dem »dunklen Ausspruch« »Impressionen sind Gleichungen mit n Gliedern, von denen $n - 1$ gegeben sind.« in der »Wiener Sonn- und Montags-Zeitung«, die als »Judenblattl« immer im Visier des »Unabhängigen Tagblatts für das christliche Volk« steht.[13]

Der Deutschvölkische Richard Euringer im Wortlaut: »Eine glänzende Einleitung, dann noch etliches. ›Ungeduldige Abbreviaturen eines gemeinsam-tieferen Sinnes, Knöpfe im Sacktuch‹ eines Literaten aus Ekel an Literatur. Übrigens: Goethe mag sich doch ein bißchen langweilen in solch bedrohlicher Nachbarschaft mit Eugen Dühring, Jakob Hegner, Albert Ehrenstein, Rudolf Borchardt, dem Aphoristiker G., Otto Weininger, Wedekind, Wilde, Rudolf Pannwitz und Magnus Hirschfeld. Man könnte vom Sturm im Wasserglas sprechen, handelte es sich nicht eher um Flaute im Sodawasserglas eines Wiener Cafés. Nicht als ob ich das Ergreifende eines Bekenntnisses ›Die wenigsten wissen, daß auch das Nichtschreiben die Frucht langer und mühseliger Arbeit ist‹ nicht wie einen Händedruck mitfühlte, aber gerade *weil* eine Welt (und eine Welt der Qual!) sich verbirgt hinter diesem Katzenjammertal zwischen Strind- und Peter Altenberg, wünscht man dem Autor die Kraft von … Spengler aufwärts! / In großen Zusammenhängen ist das Büchlein nicht unnotwendig als Dokument, Symptom. Ein neues Plus auf der Liste des Verlags.«[14] – Weniger verblümt und knapper gefaßt: Jüdische Geschäftemacherei!

Daß es mitunter eine haarige Angelegenheit ist, gute Sentenzen von schlechten zu scheiden, sollte Kuh am eigenen Leib erfahren. Er läßt sich in einer »Selbstanzeige« seiner »Essays in Aussprüchen« noch einmal über die phonetische Fliegenfängerei und die Antithesenkunstgewerbler aus, »deren Hirn aus der Sprach- und Wortumhäutung nie zum Anblick des Wirklichen sich entschält«, »die da glauben, was sie aus dem Worte zeugen, sei das Blut der Welt«. Kennzeichen des schlechten Aphorismus seien: »Wortgeborenheit, Kleinheit des Welthintergrunds, […] Glanz- und Opalisierungsprofil aus der x-fach gebrochenen Intelligenz. Man kommt ihnen im Augenblick darauf, wo man ihnen dahinterzukommen sucht. (Beispiel eines schlechten Aphorismus!) Aber sie sind häufig im sprachgewerblichen Sinn die allerbesten. Die wirklich guten hingegen – das sind die schlechten. Sie brauchen nicht zu glänzen, zu blitzen und zu opalisieren. Sie brauchen nicht einmal exakt zu sein und hermetisch. Es genügt, wenn sie so abschließend ein Stück der Welt rapportieren, daß man immer tiefer in sie hineindenkt und der Weg hinter ihnen immer weiter wird.«[15]

Und führt dann zunächst fünf Beispiele für schlechte – darunter einen aus eigener Produktion: »Ante coitum *omne animal est Tristan*« – und dann sechs für gute Aphorismen an. Allein: Der Setzer des »Neuen Wiener Journals« vergißt in der Auflistung den Trennstrich.

Mißlich für einen »notorischen Antigeistreichler«, der alles »Paradoxgeschliffene und Wortgekräuselte aus dem Grund seiner Seele haßt«, wenn er feststellen muß, daß »er neben der Meinung, die er hat, auch die entgegengesetzte teilt« – weil ihm der Setzer die aufoktroyiert hat. Und ihn nun ereilt, was er »schadenfreudig den andern gewünscht hat: daß sich die Subtilitäten durch einen verschobenen Beistrich in Quark verwandeln«. Dem Setzer war es offenbar »vor so viel Differenziererei zu bunt geworden: er warf gute und schlechte in einem Kastel durcheinander, indem er sie alle sub ›schlecht‹ anführte. Der kühn ausgeführte Bau sank in Trümmer.« Der Setzer halte es offenbar »mit den Gemeinplätzen und gegen die Bernard Shaws. Er beweist diesen nämlich, daß man, um einfache Dinge zu sagen, nicht geistreich sein muß.«

Gutwillige Leser hätten wohl überlauert, wo der Trennungsstrich – »Hier war wenig Wort und viel Sinn, dort viel Wort und wenig Blut« – zu placieren gewesen wäre, der die fünf Böcke von den sechs Schafen scheiden sollte. So aber hätte er seine kleine Lehreinheit nicht »Gute Aphorismen und schlechte Gehirne« zu betiteln brauchen, sondern sie gleich »Kraut und Rüben« genannt.[16]

»Die Druckerschwärze ist noch frisch« – »Börne, der Zeitgenosse«

»Juda greift [...] nach deutschem Geistesgute. Und Juda geht noch weiter. Alles, was uns heilig ist, zu dem wir in Ehrfurcht und voll Stolz, es *unser* nennen zu dürfen, emporblicken, soll planmäßig herabgesetzt, verekelt und [uns] so genommen werden, um es dann durch jüdisches Schrifttum zu ersetzen. Diesen Plan enthüllt ein Buch, das gerade jetzt herausgekommen ist und uns den Juden Börne (richtig: Löw Baruch) als Zeitgenossen empfiehlt, an den wir uns zu halten haben, wenn wir richtige Republikaner sein und die Gegenwart verstehen wollen. Und der sattsam bekannte Anton *Kuh*, dessen jüdische Anmaßung alle Grenzen übersteigt, gibt das Buch heraus. Was er an Börnes Schriften wert hält, der Gegenwart in Erinnerung zu bringen, ist zwar sehr bezeichnend, soll aber weiter nicht erörtert werden. Lehrreich für uns ist, was Kuh, der lebende Zeitgenosse, über seinen verstorbenen Gesinnungs- und Blutsgenossen zu sagen hat, was ihm an diesem besonders gefällt. Dieser Löw Baruch hatte sich mit Vorliebe an – – Goethe gerieben, und das macht ihn dem Kuh so sympathisch und deswegen soll der Gegenwart dieser Baruch empfohlen sein. Und so hören wir das von Baruch über Goethe ›gefällte‹ Urteil, von Kuh wiedergekaut. Mit dem höhnenden Worte vom ›Geistespapst der Deutschen‹ hebt es an. Dann wird erzählt, wie in Börne ›ein Volksherz gegen einen Diktator rebellierte‹. ›Gott hat aus dem Stoff des *Gewöhnlichsten* das deutsche Genie geschaffen‹ – glaubt dieser Kuh witzeln zu sollen –, ›Gott hat den Beamten einen apollinischen *Oberbeamten* gegeben, den *Schlafrock zum Purpur geweiht*, der *Mittelmäßigkeit* den großen Funken ins Herz gelegt‹. Großartig diese – jüdische Frechheit! Für diesen Baruch-Kuh ist Goethe ›eine prächtige *kosmische Seifenblase* als Entgelt tiefinnerster Unfreiheit‹. So entstand der ›olympische Ostrazist. Es entstand das Urbild des Begriffes »Erlauchte Tüchtigkeit« *zum Fluch für ein Volk*.‹ Goethe ist – Kuh sagt es uns – zum Fluche für die Deutschen geworden. [...] Dem Kuh geht der Baruch in der ›Verrichtung‹ Goethes noch nicht weit genug und so sagt er an anderer Stelle: ›Er (Baruch) hätte noch hinzufügen können, daß der Mann, der die Klärchen und Gretchen schuf, ein Deflorierer und Vergeistiger der deflorierten Objekte war – – Generalpatron aller, die ihr Lüstlingstum in Schöngeisterei tauchen.‹ Der Jude schreibt das!! Für diesen Kuh ist *Goethe* ›ein mit allen historisch-humanistischen Salben geschmierter Würdenbold‹. Genug, genug! Wir wollten ja nur beweisen, daß richtig ist, was wir eingangs dieser Zeilen behauptet haben, und der Jude Kuh hat uns an der Hand des Baruch den Beweis geliefert. – Und jetzt schreien wir in alle Welt – und alle Welt kennt *unseren* Goethe – die Frage hinaus: Tut der Deutsche wirklich unrecht, wenn er sich gegen die Juden stellt, ist der Antisemitismus als Empörung gegen jüdische Wirtschafts- und Geistesknechtung berechtigt oder nicht?«[1]

»Sprengstoff« nennt Franz Blei[2] die Auswahl aus Ludwig Börnes Schriften, die Anton Kuh 1922 im Verlag der Wiener Graphischen Werkstätte herausgibt, »stachlig« nennt sie Hermann Wendel[3] ebenso treffend: Wie von der Tarantel gestochen, weiß sich die nationalsozialistische »Deutschösterreichische Tages-Zeitung« (kurz »Dötz«) der Zumutung nicht anders zu erwehren, als sich in paranoidem Antisemitismus zu ergehen.

Unter den Kapitelüberschriften »Der Typus«, »Die Deutschen«, »Der Judenpunkt«, »Politik und Volk«, »Goethe« und »Literatur« stellt Kuh auf 265 Seiten Texte und Exzerpte aus den »Briefen aus Paris«, den »Kritiken«, den »Vermischten Aufsätzen« und den »Fragmenten und Aphorismen« aus der dreibändigen Ausgabe »Ludwig Börne's gesammelte Schriften«, Stuttgart o. J. (Reclam), zusammen – und wird mit seiner Auswahl der in der »Nachbemerkung« formulierten Programmatik gerecht: »Dem Herausgeber lag daran, aus zweitausend, durch ihre Stoffbedingtheit oft schon verwelkten Seiten einen Extrakt zu ziehen, der eine Literaturlegende Lügen straft und des Autors zeitgenössisches Anrecht – vielmehr: Vorrecht – nachweist. Es kam also vorwiegend jener Teil Börnes in Betracht, der noch tagbezüglich fortlebt.«

Mit seinem fünfundzwanzigseitigen einleitenden Essay, einer leidenschaftlichen Würdigung des begnadeten Polemikers – nur daß er »aus der Dachstube ›Baruch‹ in die Zehnzimmerwohnung ›Börne‹ übersiedelte«, kann sein Herausgeber nicht verwinden[4] –, erweckt Kuh den als »Klassiker« mit Goldschnitt-Gesamtausgabe in den Katakomben der Literaturgeschichte Modernden zu sprühendem Leben: »Der Datumsbeschränkte um hundert Jahre voraus!« Klarer und lapidarer noch als ein Heinrich Mann und ein Maximilian Harden habe Börne die deutschen Verhältnisse auf den Punkt gebracht – die aktuellen: »Jeder Satz könnte das Erlebnis von 1921 zur Voraussetzung haben, an jedem Wort klebt das Blut der Zeiterfahrung. Anlaß und Sinn sind oft so überraschend gegenwartsgleich, als sei eine Chronik im Übersatz geblieben, ohne ihren Tag zu verpassen.«

Börnes Polemik gegen den »Franzosenfresser« Wolfgang Menzel sei die »Auseinandersetzung mit dem Treitschke-Thoma-Ludendorff-Typus seiner Zeit« gewesen. Und seine Fehde gegen Goethe habe auf den »deutschen Philister« gezielt, der sich in der nachnapoleonischen Zeit, der »Brutzeit des deutschen Spießers«, in seiner Häuslichkeit gemütlich eingerichtet habe und den er im apolitischen »dichtenden Minister« exemplarisch verkörpert gesehen habe: »Er fühlte: dieser Ausnahmegeist und diese flachgewalzte Zeit – sie sind dasselbe; er wird ihre Rechtfertigung sein, wie sie sein Produkt ist.«

Das Verhängnis, das darin bestand, daß Goethe würdevoll »den geweihten Ornat dazu trug als Vorbild für die anderen«, habe Börne geahnt. »Die Nation, die so gerne ›Vivat‹ ruft und katzenbuckelt, in Reih und Glied um einen Mittelpunkt geschart, in dienender Pose erstarrt, würde fortan der Dichtung ihr gesondertes Feld zuweisen, wo sie tag- und zeitfern waltet, der reverente Geistesgenuß einiger weniger würde für die abgeluchste Wirklichkeit Ersatz sein müssen.«

In Börnes Anschreiben gegen den politisch lethargischen deutschen Biedermann, der sich aus Angst vor dem Draußen auch noch unter das »kosmisch-philosophische« Obdach des Deutschen Idealismus begeben habe – »eine uranische Kuppel der Diesseitsflucht, eine Fortsetzung des Subordinationsbedürfnisses ins Metaphysische« –, erkennt Kuh einen Vorschein der Nietzscheschen Polemik gegen den dünkelhaften »Bildungsphilister« wie den Kuhschen »Intelligenzplebejer«, ob nun in der chauvinistischen Zurüstung des »Potsdam-Deutschen« oder der des deutschnationalen Couleurbruders: »Börne sah es im voraus. Und er sah das Umgekehrte: den antisemitischen, kleinen, feigen Schweißmützenbruder, sich mit dem Wort ›Goethe‹ den Mund ausspülend und für jedes Vergehen seines Ungeists sich mit dem Satz verwahrend: ›Schon Goethe sagt‹. Er sah die verheerende Wirkung, die daraus entstehen müßte, daß gerade dieses Volk einen unpolitischen Dichter an seiner Spitze hatte, einen Bürger aus seinem Fleisch und Blut, als musengekröntes Oberhaupt. Sein Ausnahmsrecht wird, weiß er, von Stund an von jedem reklamiert, der deutsche Geniequell noch mehr verstopft werden, ichsüchtiger Schreiberdünkel sich in seinen Schatten stellen, die Bildung den Geist verraten und endlich: Menschen, die seine Visage geerbt haben,⁵ werden es ihm gleichtun und sich vom mißlichen Strand der Zeit auf noble Gestaltungshöhen zurückziehen.«

Was Wunder, daß die Deutschen Börne am liebsten, beschwert mit dem Grabstein »Gesamtausgabe«, in der Gruft sehen wollten – Kuh: »Sie wollen Börne, den Klassiker – nicht Börne, den Zeitgenossen.«

Der Rezensent der »Dötz« übergeht nicht von ungefähr, »was [Kuh] an Börnes Schriften wert hält, der Gegenwart in Erinnerung zu bringen«. Welcher Deutsche, zumal vom Schlag strammer Teutone, will sich schon Bemerkungen unter die Nase reiben lassen wie: »und an Geist fehlt es ihnen, weil sie Deutsche sind«; oder: »Die Deutschen können das Befehlen und das Gehorchen nicht lassen, und es ist schwer zu bestimmen, woran sie am meisten Vergnügen finden. Auch ist es ein höchst deutscher Dichter, welcher singt: ›Du mußt herrschen oder dienen, / Amboß oder Hammer sein.‹ Treffender Spruch, ob er schon eine große Unwahrheit und eine abscheuliche Verleumdung der menschlichen Natur enthält. Herrschen oder dienen, das heißt Sklave sein auf diese oder jene Weise; dort umschließen goldne, hier eiserne Stäbe den Käfig. Die Kette, welche bindet, ist so gebunden als das, was sie bindet. Aber der Mensch ist zur Freiheit geboren, und nur so viel als die Lebensluft der Beimischung des Stickgases bedarf, um atembar zu sein, soviel muß die Freiheit beschränkt werden, um genießbar zu bleiben« – Der »höchst deutsche Dichter« ist Johann Wolfgang Goethe (»Kophtisches Lied«); oder: »[Napoleon] wußte, daß der Deutsche gern ein Knecht *ist*, wenn er nur zugleich einen Knecht *hat*«; oder: »Die armen Deutschen! Im untersten Geschosse wohnend, gedrückt von den sieben Stockwerken der höhern Stände, erleichtert es ihr ängstliches Gefühl, von Menschen zu sprechen, die noch tiefer als sie selbst, die im Keller wohnen. Keine Juden zu sein tröstet sie dafür, daß sie nicht einmal Hofräte sind«.

Die Börne-Auslese, die »Der Republik Deutschland zum Studium« gewidmet ist, wie die Vorrede wirkten »nach den deutschen Begebnissen von 1921 als rückschauende Prophetie«, hält Kuh in einer Nachbemerkung fest, sie seien aber lang vorher zusammengestellt resp. geschrieben und gedruckt gewesen. »Verzögerungen in der Herstellung haben allem, was darin deduziert ist, den Anschein induktiver Darstellung gegeben.«[6]

Und gerade in den Tagen, da Kuh letzte Hand an die Börne-Auswahl legt, da er »mit dem erlauchten Urahn und Blutpatron Hardens beschäftigt war, seinem sprach- und gesinnungsfesten Parteigänger«, stehen jene beiden Männer aus dem Umkreis der rechtsextremen »Organisation Consul« – sie war für eine ganze Serie politischer Morde verantwortlich, die sich vornehmlich gegen jüdische Persönlichkeiten in führenden Positionen in Staat und Gesellschaft richteten – vor dem Landgericht Berlin III, die am 3. Juli des Jahres Maximilian Harden angegriffen und lebensgefährlich verletzt haben. Am 14. Dezember 1922 werden der zweiundzwanzigjährige Landwirtschaftsgehilfe Herbert Weichardt, der Schmiere stand, und der fünfundzwanzigjährige Buchhändler und Verleger deutschvölkischer Schriften Albert Wilhelm Grenz, der Verbindungsmann zur »Organisation Consul«, lediglich wegen Beihilfe zu gefährlicher Körperverletzung zu zwei Jahren und neun Monaten resp. wegen Anstiftung zu gefährlicher Körperverletzung zu vier Jahren und neun Monaten Gefängnis verurteilt, obwohl die Mordabsicht nicht nur klar zutage lag, sondern im Prozeß auch nachgewiesen wurde.

Als die zwei Harden-Attentäter »zu zwei beziehungsweise vier Jahren Gefängnis freigesprochen« werden,[7] bringt Kuh unter Zwischentiteln wie »*Patriot und ›Verräter‹*«, »*Deutschland*«, »*Der Judenhaß*« oder »*Die Justiz*« im »Neuen Wiener Journal« wieder Börne als Kronzeugen in Stellung: »[D]er siegreiche Nationalismus von 1822, dem es so gut gegangen war, betrug sich kaum anders als der Rachenationalismus von heute. Damals wie jetzt galt als der Patriotenweisheit letzter Schluß die Interjektion ›Jud!‹. Der Unterschied lag nur an den Vollzugsorganen: sie amtierten damals nicht zivil und gegen, sondern uniformiert und für die Ordnung.« Mit Passagen, die so frappierend aktuell wirken, als seien sie auf das Deutschland von 1922 gemünzt, und die ein engagierter Anwalt zu einem Plädoyer hätte fügen können. Darunter: »Bei aller Rechtspflege kommt es nicht bloß darauf an, daß Recht gesprochen werde, sondern auch, daß jeder Bürger im Staate die Zuversicht habe, daß Recht gesprochen werde. Was hilft alle Sicherheit, wenn man nicht das Gefühl dieser Sicherheit hat. Aber dieses Gefühl der Sicherheit, diese Zuversicht auf strenge Rechtlichkeit kann ein deutscher Bürger nicht haben ... Sie können täglich in der Zeitung lesen, was in Bayern geschieht ... (Wortwörtlich!)«[8]

Alfred Döblin, der Kuh »unter den Männern, die die geistige Revolution dieser Zeit[9] vorwärts tragen«, »zu den tapfersten« zählt, nennt die Börne-Auswahl »eine sehr zeitgemäße Angelegenheit«, die »Millionen Deutscher und Gebildeter [...] hinter die Ohren geschrieben« gehöre:[10] »Frappierend die Ähnlichkeit der jetzigen, besonders der Vorkriegsepoche mit der von Börne berannten. Wir finden Professorenpatriotismus, Antisemitismus, bairische ›Sonderinteressen‹.« »Den heutigen Kämpfern« könne Börne zeigen, »wie man eine Klinge schlägt«. Und Döblin weist »noch auf die tief gesehene Charakteristik des neu entdeckten Zeitgenossen durch seinen Entdecker«.

Emphatische Zustimmung auch von Hermann Wendel: »Kaum jemals ward unser deutsches politisches Elend offenbarer, als da Anton Kuh eine Auswahl aus Börnes Schriften herausgibt, als Titel darüber setzt: ›Börne der Zeitgenosse‹ [...] und wir erschüttert bekennen müssen: Ja, so ist es! [...] Was hier über die Judenfrage, über die europäische Freiheit, über die deutsche Justiz, was über Bayern geschrieben steht, lest es, die Druckerschwärze ist noch frisch.«[11]

Eduard Castle tut in seinem »Wiener Brief« an die »Zeitschrift für Bücherfreunde« die Börne-Auslese blasiert mit der beiläufigen Bemerkung ab: »ich weiß nicht, ob Herr *Kuh* den Andersgläubigen verzeihen wird, wenn sie die altliberale Schwärmerei für das demokratische Frankreich gegenwärtig als etwas unzeitgemäß empfinden.«[12]

Der Rezensent der »Reichspost« sieht in der Auswahl »giftig-gehässiger Äußerungen gegen die Deutschen«, die Börne, »recte Löw Baruch«, »naturtriebmäßig verachtete und haßte«, das »ungefälschte Programm der jüdischen Rachepolitik, über die freilich etwas spät – den Deutschen die Augen aufzugehen beginnen«, und damit – dem Kollegen von der »Dötz« die Hand reichend –, »ein dankenswertes Hilfsmittel für den wahren Befreiungskampf der Deutschen«.[13]

Anton Kuhs Börne-Buch ist *auch* als Traditionswahl zu verstehen, nicht nur inhaltlich, sondern vor allem, was die Haltung, das Bekenntnis zur Zeitgenossenschaft betrifft: »Kann man groß sein und Großes zu sagen haben, ohne der Zeit Rede zu stehen?« fragt Kuh rhetorisch in seiner Vorrede. *Er* stand seiner Zeit Rede – ohne so etwas wie Größe zu beanspruchen.

1923 – 1924

Ende 1922 kündigt das bürgerliche »Neue Wiener Journal« Anton Kuh in Inseraten als neu akquirierten Mitarbeiter an, zuständig für »kritisch-satirische Studien« – tatsächlich veröffentlicht Kuh hier von Juni 1922 bis Feber 1923 ein gutes Dutzend Beiträge –, der fixen Mitarbeit kommt indessen die Gründung der »Stunde« in die Quere.

Am 1. März 1923 wird die erste Nummer eines Nachmittagsblatts neuen Typs von Dutzenden Kolporteuren lautstark angepriesen, das täglich außer sonntags erscheint und für frischen Wind in der Wiener Presselandschaft sorgt. In der Aufmachung an britischen illustrierten Blättern geschult, hebt sich »Die Stunde« von den photolosen Fraktur-Bleiwüsten der etablierten Blätter nicht nur durch eine Antiqua-Grundschrift ab, sondern durch Eyecatcher-Balkentitel, die Lesbarkeit erleichternde Zwischentitel und einen hohen Bildanteil. Sie räumt »Human-interest«-Geschichten großen Raum ein und leistet sich eine breite Berichterstattung über neue Formen populärer Unterhaltung wie Radio und Kino, ganz in der in einer kurzen Programmatik angesprochenen Absicht, »in einer Zeit der galligen Temperamente die Welt *mit dem Auge des lebensfrohen Menschen [zu] betrachten*«[14]. Flott und mit Witz geschrieben, ist die Zeitung mit ihrer »boulevardesken« Anmutung indessen keineswegs eine kleinkrämerische und kleinkarierte »Hausmeisterzeitung«, sondern steht politisch und gesellschaftspolitisch links der Mitte.

»Die Stunde« vertritt unter der Chefredaktion von Karl Tschuppik entschieden die Interessen des republikanischen Bürgers gegen jegliche in die neue Staatsform mitgeschleppte behördliche Bevormundung, insbesondere sittenpolizeiliche Schnüffelei und Justizwillkür, arbeitet programmatisch gegen die von der christlichsozial dominierten Bundesregierung betriebene Provinzialisierung der ehemaligen Metropole des Vielvölkerstaats, reagiert in ihrer europäischen Perspektive gegen die wieder Platz greifenden Nationalismen und insbesondere vehement gegen den nationalistischen »Kretinismus« (so die redaktionelle Standardbezeichnung) der Großdeutschen, gegen Kleingeisterei und Revanchismus, Militarismus und den endemischen Antisemitismus sowie das Lavieren der Christlichsozialen in Sachen Antisemitismus.

Bei der »Stunde«, diesem ungewöhnlich für Wiener Verhältnisse, in keinem Naheverhältnis zu irgendeiner politischen Parteiung stehenden Boulevardblatt, deren Redaktion er bis Juli 1924 angehört, ist Anton Kuh vor allem »Erster Theaterkritiker« – der sich auch von den damaligen »Bildungsschichten« noch verschmähter Unterhaltungsformen wie Kabarett, Revue und Varieté, Zirkus und Tanz annimmt und insbesondere auch über Jargon-Bühnen berichtet, die für die bürgerliche Presse nicht gesellschaftsfähig sind. Daneben aber immer auch hellwache Beobachtungen des »Kulturchronisten«[15], der die Physiognomie der Zeit so luzide erfaßt, wie er sie brillant zeichnet. Wenn er etwa 1923 im demonstrativen Bekenntnis zum Strauß-Walzer »eine Art musikalisches Hakenkreuz auf der Brust der Antishimmyten«[16] erblickt oder 1926 im »Gent-Gesicht«, der Mode, wieder Schnurrbart zu tragen, eine Backlash-Reaktion auf Bubikopf* und Frauenemanzipation.[17] Politik und inbesondere die völkischen und hakenkreuzlerischen Umtriebe gehören weiterhin zu seinem schreiberischen Portefeuille.

Letztere sind Alltag und tagtägliches Ärgernis. Am 11. April 1923 expliziert Anton Kuh seine einschlägigen Thesen vor dem Bezirksgericht

---

* Der »Buben-« resp. »Bubikopf« ist Anfang der 1920er Jahre ein »Kulturkampf«-Thema. Den Fortschrittlichen ist er Merkmal und Ausdruck der emanzipierten, selbstbewußten und selbstbestimmten »neuen Frau«, den Konservativen Schreckbild und Inbegriff der aus den Fugen geratenden »natürlichen« Geschlechterordnung.

Leopoldstadt. – Die Vorgeschichte: Am 15. Feber spricht Georg Friedrich Nicolai im Saal des Ingenieur- und Architektenvereins in der Eschenbachgasse über »Deutsche Kultur«. Der Arzt und Physiologe verfaßte als außerplanmäßiger Professor an der Berliner Universität kurz nach dem hurrapatriotischen »Aufruf an die Kulturwelt« vom 4. Oktober 1914 und der »Erklärung der Hochschullehrer des Deutschen Reiches« vom 16. Oktober Ende des Monats das pazifistische Gegenmanifest »Aufruf an die Europäer«. Ganze drei Kollegen setzten ihre Unterschrift unter das Manifest: der greise Astronom Wilhelm Julius Foerster, der Philosoph und Übersetzer Otto Buek und Albert Einstein. Der Aufruf erschien erst zwei Jahre darauf als Einleitung zu Nicolais Buch »Die Biologie des Krieges« (Zürich 1916), einer Abrechnung mit gängigen politischen Vorstellungen vom Krieg als quasinatürlichem Phänomen. Einem militärgerichtlichen Prozeß wegen seiner pazifistischen Aktivitäten entzog sich Nicolai im Juni 1918 durch Flucht nach Dänemark. Die Wiederaufnahme seiner medizinischen Vorlesungen an der Charité scheiterte 1920 am Widerstand nationalistischer Studenten, die gegen den »Vaterlandsverräter« randalierten. Der Konflikt endete nach Intervention von Rektor Reinhold Seeberg – mit der Aberkennung von Nicolais Venia legendi. Begründung: »[Nicolai] hat gegen die Ideen einer reinen Gemeinschaft gehandelt, gegen den Grundsatz alles sozialen Wollens. Denn er hat die, mit denen er zusammengehörte, bei denen er alles empfangen hat, was er körperlich und geistig besitzt, mit denen er gemeinsam arbeiten und kämpfen sollte, in der Stunde der Not schnöde verlassen, hat vom sicheren Ort aus ihren Feinden vergiftete Waffen in die Hand gegeben und tatsächlich mit diesen gemeinsame Sache gemacht. / Aus diesen Gründen ist der akademische Senat *einstimmig* zu der Feststellung gelangt, daß die an ihn gestellte Frage, ob Professor Nicolai würdig sei, seine Lehrtätigkeit an der Universität fortzusetzen, *verneint werden muß.*«[18]

Da mehrere rechte Gruppierungen, vom »Völkisch-antisemitischen Kampfausschuß« über die »Ostara« bis zu den Großdeutschen, dazu aufgerufen haben, den Wiener Vortrag Nicolais zu sprengen, findet die Veranstaltung unter massivem Polizeischutz statt. Fünfzehn Minuten nach Beginn, um 19.45 Uhr, gibt ein schriller Pfiff das Signal zum Krawall. Eine Handvoll Radaubrüder drischt mit Gummiknüppeln und Drahtpeitschen blindlings auf ihre Sitznachbarn ein, Stinkbomben fliegen von der Galerie in den Saal. Die Randalierer werden von Zuhörern und Polizei überwältigt und abgeführt. Hakenkreuzler-Trupps, die sich um das Gebäude versammelt haben und in den Vortragssaal vorzudringen versuchen, werden von Wachleuten zu Fuß und zu Pferd abgedrängt.

Stürmische Ovationen für Nicolai, der während des Tumults am Rednerpult stehengeblieben ist und ungerührt in seinem Vortrag fortfährt.

Im »Reichenberger Beisel« unterhält sich Anton Kuh tags darauf mit Erik Krünes über diese Vorfälle und wird von einem Ingenieur Wagner angepöbelt, den er wegen Ehrenbeleidigung vor Gericht bringt. Das »Neue Wiener Journal« unter dem Titel »Sexualforschung im Gerichtssaal« über die Verhandlung, »die dank der etwas freimütigen rhetorischen Exkurse des Klägers Kuh einen bewegten Verlauf« genommen habe: Anton Kuh »behauptet, daß er vom Angeklagten, Ingenieur Wagner, durch die Worte »D...kerl« [Dreckskerl], »Blöcian« usw. sowie durch eine Schmähung obszönen Charakters angestänkert worden sei. Dem Angeklagten sei es sichtlich nur um die ungebetene Zurschaustellung seiner politischen Ansichten zu tun gewesen. Demgegenüber behauptete in der gestrigen Verhandlung der von Dr. Walter *Riehl* verteidigte Angeklagte, er habe sich, gereizt durch den Umstand, daß Herr Kuh demonstrativ Gespräche sexuellen Charakters führte, besonders aber infolge der wiederholten ostentativen Anwendung eines ein Knabenlaster bezeichnenden Wortes zu den inkriminierten Äußerungen hinreißen lassen. Kläger *Kuh*: Ich habe mich als Antwort auf die Beleidigungen mit Herrn Doktor Krünes über den Zusammenhang zwischen nationaler, namentlich deutschnationaler Gesinnung und angeborner geschlechtlicher Minderwertigkeit unterhalten und dabei als Charakteristik das erwähnte Wort gebraucht. Richter (lächelnd): Ich verstehe diesen Zusammehang nicht. Anton Kuh (mit erhobener Stimme): Es ist eine von mir oft ausgesprochene Theorie, daß alle Menschen von übeln Dünsten, ungraziösem Äußeren, häßlichem Gesicht, kurz: die Pechvögel in der Liebe, einer nationalistisch-antisemitischen Gesinnung zuneigen! (Heiterkeit.) Es war ja auch an diesem Abend das Charakteristische und dürfte erst die Wut des Angeklagten geweckt haben, daß eine schöne junge Dame, rassenreine Arierin (lebhafte Heiterkeit), in dem Zwist nicht für diesen möbelpackerisch-robusten Herrn da, sondern für mich Partei ergriff, mit meiner feinen dekadenten Visage und meinem edlen Körper! (Erneute Heiterkeit.) Deshalb gebrauchte ich für diese Gesinnungsträger den Ausdruck ›O...‹ [Onanist] (Auf den Tisch schlagend zu Ingenieur Wagner): *Sie* haben das Wort ›Jud‹, ich habe das Wort ›O...‹ [Onanist]. Dem Kläger wird im weiteren Verlauf, als er den Angeklagten mit den Worten apostrophiert: ›So ist der Mut eines deutschen Mannes im Gerichtssaal beschaffen‹, vom Richter die Disziplinierung angedroht. Die Zeugen, die Kaufleute Lichtwitz und Landesmann, sowie Dr. Erik Krünes gaben ihre Darstellung konform der Klageschrift. Der Richter vertagte die Verhandlung zur Ladung weiterer Zeugen und zur Zusammenziehung der neuerlichen Verhandlung mit der vom Angeklagten erhobenen Gegenklage.«[19]

Im Mai 1923 etwas im Stadtbild bis dahin nicht Gesehenes: Couleurstudenten – jene farbentragenden Jünglinge, die sich nicht nur wochentags bei den täglichen antisemitischen Krawallen in den Hörsälen hervortun, sondern sonntags auch in Rudeln in Ringstraßencafés einfallen und Menschen mit der »falschen Nase« aus den Lokalen zerren, um sie zu verprügeln –, die man ansonsten nur in der Josefstadt und am Alsergrund antraf, pflegen den sogenannten »Bummel«, den »Brauch, seine Gesinnung paarweise äußerln zu führen«,[20] nun auch in Gegenden, wo sie sich früher nicht sehen ließen: in der City. Studentenkappeln – »Wahrzeichen von Taschengeldgesinnung, Provinz und Straßenfremdheit« – auf dem Korso, die »unwienerische, plebejische Farben-Note« kindisch-patzig in die weltstädtische Flaniermeile getragen: für Kuh ein untrügliches Symptom: »Ein Schritt weiter auf dem parteilicher- und behördlicherseits entschlossen eingeschlagenen Weg, die entkaiserlichte Stadt auf den Rang von Graz hinabemporzudrücken.«[21]

Pogromartige Krawalle sind an Universität und Hochschulen an der Tagesordnung. Die Behörden weigern sich unter dem Vorwand des vorgeblich autonomen Hochschulbodens einzuschreiten. Hakenkreuztragende Studenten stürmen am Vormittag des 19. November 1923 unter den Rufen »Juden hinaus!«, »Hoch Hitler!« und »Hoch Ludendorff!« Hörsäle am Anatomischen und am Physiologischen Institut sowie an der Juridischen Fakultät, sprengen die Vorlesungen jüdischer und sozialistischer Professoren und mißhandeln jüdische Hörer. Als der Rektor die Sperrung der Universität verfügt, besetzen die krawallierenden Couleurstudenten die Aula und die Rampe der Universität. Redner aus Berlin und München ergreifen das Wort: Man müsse dem deutschen Beispiel folgen und dürfe nicht eher ruhen, als bis die Hakenkreuzfahne, »getränkt mit dem Blute der ›Novemberverbrecher‹«, auf dem Universitätsdach wehe. »Zu Roheitsexzessen kam es, als verschiedene Damen und Herren, die den Promotionen beigewohnt hatten, über die Haupttreppe das Universitätsgebäude verlassen wollten. Sie wurden mit dem Rufe ›Judengelichter‹ empfangen und unter Püffen und Stößen die Treppe hinuntergestoßen. Jüdische und sozialistische Studenten, die ebenfalls, dem Auftrage des Rektors gemäß, das Universitätsgebäude verlassen wollten, wurden von den Hakenkreuzlern, die auf der Rampe Aufstellung genommen hatten, in der heftigsten Weise mißhandelt. Der Vorgang spielte sich gewöhnlich so ab, daß etwa zehn deutschvölkische Studenten einen Gegner ergriffen, ohrfeigten, ihm die Kleider zerfetzten und ihn dann mit Fußtritten die Rampe hinunterstießen. Mehreren

Studentinnen wurden die Hüte von den Köpfen gerissen und sie wurden von den deutschvölkischen Studenten durch Faustschläge blutig verletzt. Eine sozialistische Studentin wurde besonders übel zugerichtet. Nachdem sie bereits von deutschvölkischen Studenten blutig geschlagen worden war, stürzten sich vier Studentinnen, die ebenfalls das Hakenkreuz trugen, auf das junge Mädchen und rissen sie an den Haaren. / Besonders empörend wirkte die Mißhandlung einer etwa fünfundsechzigjährigen Frau [...]. Die alte Frau wurde unter Spottreden und unter den Rufen ›alte S..jüdin‹ geschlagen und die Treppe hinuntergestoßen. Weinend erzählte sie den Passanten, der ganze Körper schmerze sie von den Prügeln, die sie überdies einem Mißverständnis verdanke, da sie gar keine Jüdin sei.«[22]

Da gibt's für Kuh keine Würscheln: »Was soll [...] die Lüge vom ›heiligen akademischen Boden‹? Worin liegt die Heiligkeit eines Terrains, das sich von der Außenwelt nur durch die Alleinherrschaft der Plebejer unterscheidet? [...] / Die Hochschulen aber, Brut- und Zuchtstätten des künftigen Amtsgehorsams, Kinderspielplätze jener Weltanschauung, die bei allem Goldglanz doch nur im Arretieren und Arretiertwerden gipfelt, sollten noch immer, weil ein dummer Sprachbrauch es will, von den Ordnungsbehörden unangetastet bleiben? Studenten das Recht auf Prügelei und Exzeß haben, das man Plattenpülchern[23] verweigert? Warum und wozu? Welche Ursache hätte die Behörde, ruhig zuzuschauen? / Da der Studenten ganze Seele und Gesinnung, ihr völkischer Idealismus nichts als ein Ruf nach der Polizei ist – warum diesen Ruf überhören? / Der ›heilige akademische Boden‹ ist tot. Die ›Schauplätze wüster Szenen‹ aber hat der Staat mit gleichen Mitteln zu säubern, ob sie eine Universität sind oder ein Fußballplatz.«[24]

Ein sogenannter Fememord unter Nationalsozialisten – in der Nacht vom 14. auf den 15. Juni 1923 erschlägt der neunzehnjährige Rudolf Nowosad, Kopf der »Trutztruppe Nowosad«, den achtzehnjährigen Konrad Karger in der Nähe von Neulengbach mit einer Beilpicke – ist Anlaß zu einer breit geführten Diskussion über die Umtriebe hakenkreuzlerischer Terrornetzwerke und ihrer Hintermänner. Für Kuh nur Konsequenz einer ins Politische gewendeten »Dolch-, Verschwörer- und Abzeichen-Romantik, die [...] statt ins Heldenbuch ins Verbrecheralbum« führe. »Der Windjackenbub ist also kein Sturmgeselle mehr wie ›Heinz der Lateiner‹; er ist ein terroristischer Gernegroß [...]. / Der Mörder Nowosad – der Witz der Vorsehung hat ihm als Deutschnationalem den obligaten Tschechennamen gegeben – war wie sein Opfer ein Windjackenträger. Außerdem saß er ein halbes Jahr wegen Diebstahls und wurde aus der Schule geworfen. Ferner bezog er als Terroraspirant ein Taggeld. / An Sonn- und Feiertagen aber ist er gewiß, die bändergeschmückte Laute um die Hüfte geschnallt, mit dem Nagelschuh auf die Erde stampfend, als ob sie ein Freundesgesicht wäre, ins Freie hinausgezogen: Juvivallervallera!«[25]

Im Juli 1924 weist Kuh wieder einmal darauf hin, daß die Sicherheitsbehörden, und insbesondere die Wiener Polizei, die offen ihr Unwesen treibenden Hakenkreuzler ungeschoren lassen.[26] Der Anlaß: Am Sonntag, 6. Juli 1924, rückt eine Hundertschaft Wiener Nationalsozialisten nachmittags von einer »Felddienstübung« in den Donau-Auen um Klosterneuburg ab nach Wien. Mit zwei entrollten Hakenkreuzfahnen, bewaffnet mit Pistolen, Bajonetten und Totschlägern, marschiert der Trupp der berüchtigten »Brigade Roßbach«, »Die Wacht am Rhein« und, Augen- und Ohrenzeugen zufolge, ein Lied mit dem Refrain »Zerschlagt die Juden-Republik! Zerschlagt die Juden-Republik!« singend, auf dem Weg zum Bahnhof Kierling um 17.30 Uhr am Klosterneuburger Sportplatz vorbei, wo ein vom örtlichen sozialdemokratischen Arbeiterturnverein veranstaltetes Schauturnen mit Volksfest und etwa tausend Besuchern im Gang ist, und nimmt dort Aufstellung. Ein sozialdemokratischer Ordner, der ersucht, nicht zu provozieren, wird mit Stöcken und Bajonetten attackiert, und auf den Befehl »Schwarmlinie!« gehen die Nationalsozialisten zum Sturmangriff auf den Sportplatz über. Erste Schüsse fallen, unter den Besuchern des Turnfests bricht Panik aus, von der auch die zahlreichen Ausflügler und Badegäste, die wegen des nun einsetzenden Regens zum Bahnhof Kierling unterwegs sind, erfaßt werden. Bilanz des dreiviertelstündigen Tumults auf dem Gelände des Sportplatzes und der anschließenden Straßenschlachten: sechs Schwer- und fünf Leichtverletzte, vierundfünfzig von der Gendarmerie in der Klosterneuburger Pionierkaserne in Verwahrungshaft genommene Hakenkreuzler. Ans Landesgericht Wien überstellt, sind sie am Dienstag, 8. Juli 1924, bis auf zehn wieder auf freiem Fuß.

Mit Argusaugen beobachtet Kuh auch, was jenseits der Grenzen passiert, insbesondere die Peripetien der Weimarer Republik verfolgt und kommentiert er so besorgt wie hellsichtig:[27] den republikfeindlichen, separatistischen Kurs, den Bayern unter Ministerpräsident Gustav Ritter von Kahr seit 1920 steuert; die Niederschlagung der Umsturzversuche in Sachsen und Thüringen im Herbst 1923;[28] die pogromartigen Ausschreitungen – Plünderung von Bäckereien, Fleischhauereien und anderen Lebensmittelgeschäften – am 5. November 1923 in Berlin infolge einer massiven Erhöhung des Brotpreises, bei denen jüdische Geschäfte in der Münz-, Dragoner- und Grenadierstraße (dem »Berliner Ghetto«) systematisch ausgeraubt und devastiert werden, jüdische Wohnungen geplündert, jüdische Passanten schwer mißhandelt – und bei denen die Schutzpolizei den Mob vielerorts gewähren läßt;[29] den Hitler-Ludendorff-Putschversuch am 8. und 9. November 1923; den Mord am Volksschullehrer Walter Kadow, der am 31. Mai 1923 in Parchim, Mecklenburg, von Mitgliedern des Freikorps Roßbach – darunter Rudolf Höß und Martin Bormann – bestialisch mißhandelt und dann erschossen wird. Die rechtsextremen Mörder verdächtigen ihn, den ehemaligen Freikorpskämpfer Albert Leo Schlageter an die französischen Ruhrbesatzer verraten und damit dessen Verurteilung wegen Spionage und Sabotage und Hinrichtung verschuldet zu haben. Kuh benennt aus diesem Anlaß die »besondere Spezialität« Deutschlands: den »Tritt mit dem Stiefelabsatz ins Gesicht. [...] Dergestalt nämlich, daß der Fuß Potsdam darstellt, also alles Marschierfreudige, Militärische, Zuchtautomatische, Subalterne, und das Gesicht Weimar, d. h. alles, was Hirn und Menschentum bedeutet.«[30] Und im Dezember 1924 expliziert er anläßlich des Prozesses gegen Fritz Haarmann – Friedrich Heinrich Karl (»Fritz«) Haarmann steht unter der Anklage, im Zeitraum 1918 bis 1924 siebenundzwanzig Buben und junge Männer im Alter von zehn bis zweiundzwanzig Jahren ermordet zu haben, von 4. bis 19. Dezember 1924 vor einem Schwurgericht in Hannover – seine Thesen über den Zusammenhang zwischen der Erziehung zu teutscher Zucht und Sitte und der »Doppelblüte von Sadismus und Masochismus« und der im deutschnationalen Milieu weitverbreiteten Homosexualität.[31]

Die Schlußfeier des Allgemeinen österreichischen Katholikentags am Sonntag, 1. Juli 1923 – die Wiener Bezirks- und die einzelnen Bundesländern-Gruppen, die mittags fahnenbewehrt und »unter klingendem Spiel« zu ihren Aufstellungsplätzen entlang der Ringstraße anmarschieren, formieren sich zu zwei Festzügen, die sich um 13.30 Uhr in Bewegung setzen zur Schlußfeier auf dem Heldenplatz –, nährt Kuhs Pessimismus: Aus der imperialen Metropole »Wien an der Donau« droht der provinzielle Pferch »Wien am Gebirge« zu werden. »Die Gesinnungen sind kernhafter, spröder, kleinhorizontiger geworden; die Weltfreude des nationalen Mischlings weicht jener Dusterknorrigkeit, für die die Nase des Tirolers ein so scharfes Abbild ist. Die Umgangsart ist gereizter wie bei kleinstädtisch zu ewigem Unter-sich-Sein Verdammten. [...] Die Politik trägt Berg- und Almluft herein, holzigen Scheunenhauch. Was in Stammbeiseln krakeelt und in Extrazimmern rumort oder kniehosig und wickelgamaschig Marschtakte aufs Pflaster schlägt, was sich da schwarze Lappen ums Haupt wickelt, Baumstämme als Spazierstöcke trägt und vor jedem guten Gewand oder schönem Gefährte das Gesicht in Falten zieht – das ist der Geist von Schladming, Unterhollersbach und St. Kathrein.« Das Gebirge dringe vor – Schreckensszenario: »Weandorf«.³²

»Provinz«, das ist für Kuh »die Sense gegen den Geist, der Dreschflegel gegen die Natur [...], die Unerbittlichkeit des Pferchs, der Glaube an den Pfarrer«,³³ das ist – ob nun als Kremser, Linzer, Grazer, Komotauer oder Teplitzer Variante – »der Wille zur Kleinstadt, die aufstampfende, leimig-gevatterhafte Lust am Untersichsein. Jener gewisse Treudeutschtrott vor allem, der wie die zeremonielle Kehrseite der Vergalltheit wirkt«.³⁴

Immer wieder glossiert Anton Kuh angewidert die unter »Sanierung der Seelen« (neben jener der Wirtschaft) laufende programmatische moralische Aufrüstung Österreichs während der Kanzlerschaft des Prälaten und christlichsozialen Politikers Ignaz Seipel – die »Rekatholisierung« erleben liberale Zeitgenossen als christlich-völkischen Tugendterror.

Desgleichen die in den zwanziger Jahren um sich greifende Kakanien-Nostalgie. Die zunehmende publizistische Präsenz des »zeitabgebauten, morosen Bildungsspießers, der den Begriff Alt-Wien und die bodenständige Kultur [...] zum Protest gegen das politische Neu-Wien mißbraucht«, der, »ein Staberl hinterm Rücken, unentwegt auf die Bodenständigkeits-Pirsch« geht³⁵, verdrießt ihn. Diese von Kuh mit bedachtem Anklang »Antishimmyten« genannten Spießer, die in ihrem »Mißbehagen über gewisse Verfassungs- und Lebensformen der neuen Zeit« den Dreivierteltakt gegen den Shimmy ausspielen und den Donauwalzer zu ihrem Kriegslied erkoren haben,³⁶ sind mitverantwortlich für den Wandel Wiens von der weltstädtischen Metropole des Habsburgerreichs zur älplerischen Hauptstadt der Konkursmasse Rest-Österreich.

Im Mai 1923 ein Déjà-vu, das sich ins Bild »Kampf der Länder gegen Wien« fügt: Wie schon während des Weltkriegs häufen sich die Fälle, da »Damen ohne Begleitung« in Wiener Cafés nicht bedient, sondern des Lokals verwiesen werden – auf polizeiliche Weisung hin. Kuh: »Denn es ist die Aufgabe der Polizei, allen Ärger, den der Kremser und Komotauer angesichts des weltstädtischen Gepräges Wiens empfindet, amtshandelnd zum Ausdruck zu bringen. [...] Die Kaffeehausromantik hört damit auf; die Liebe wird bald nach provinzstädtischem Beispiel ihre zwei gesonderten Rayons haben: links Kasino-Ressource, rechts das »Haus zur roten Laterne«.³⁷

Und als Felix Salten – »Schöpfer der unvergänglichen ›Mutzenbacher‹, des besten pornographischen Romans aller Zeiten«, wie Kuh ihm süffisant unter die Nase reibt – sich bemüßigt fühlt, die verlotterte Moral wiederaufzurichten, und den »jungen Mädchen«, die »im Spiel der Liebe und der Liebelei ohne Bedenken« ihr »Magdtum« hingeben, einen Tugend-Sermon hält[38] – zuversichtlich hoffend, daß sie »wieder ihre Ehre dreinsetzen [werden], junge Mädchen zu sein«, sich nicht »zum Spielzeug der Lust hergeben«, sondern »sich rein erhalten für die Aufgabe, welche die Natur ihnen bestimmt hat« –, erteilt ihm Kuh eine (verbale) Maulschelle, die sitzt.[39] »Snobbismus der Büberei!«, so Saltens Replik, als er neuerlich eindringlich warnend – »Der Frauenleib hat kein Geheimnis [mehr] und er wird nicht mehr in zitternder Andacht zur Stunde der Liebe enthüllt« – ins Tugendhorn stößt, indem er betschwesterlich vor einer Nacktrevue im Etablissement Ronacher warnt.[40] Kuh appliziert ihm, »von dem nicht oft und eindringlich genug gesagt werden kann, daß er der Autor des pornographischen Dirnenromans ›Josefine Mutzenbacher‹ ist« und nunmehr offenbar »Sonntags-Spezialist für Sittlichkeit«, neuerlich eine schallende (verbale) Ohrfeige: »Als Herr Salten noch ein Jüngling war, träumte und lebte er mit der Hausmeisterstochter Josefine. Nun, auf der Scheitelhöhe seines feuilletonistischen Daseins, erfindet er neben der bürgerlichen Kategorie ›Erregung‹ die proletarische ›Brunst‹. Aus zahnlosem Deutsch pfeift – und nur daran erkennt man noch die Klaue des ›Mutzenbacher‹-Löwen – das schwüle Vokabular vom ›Zauber der Hülle‹, der ›zitternden Andacht‹ und der ›Stunde der Liebe‹. Man spürt förmlich das Zittern, sieht den Räuber mit seinem Fang. Der gealterte Gymnasiast verrät sein Weh und Ach. Er braucht Geheimnis, Dunkel und Schlüsselumdrehung für die Raubabenteuer seines schuldbewußten Herzschlags. / Und hier geht mir auch ein Licht auf, wem solche Nacktrevuen wie die von Herrn Salten verfluchte zu Nutz sind. Der unverlogene und freie Schönheitsfreund kann ihnen allerdings entraten; sie mögen sein Auge mehr stören als erquicken. Aber ihr unerläßlich-nötiger Zweck, das ist die Abhärtung derer vom Schlage Salten, die à tout prix für ihren Sinnlichkeitsbedarf das raschelnde Geheimnis und die schwummerlige Heimlichkeit der Knabenzeit brauchen. Die Folgerung ist klar: Nacktabende sind nicht an und für sich nötig und nicht für die Anblickgewohnten, sondern zur Abhärtung derer, die dagegen protestieren.«[41]

»Über Einladung zionistischer Kreise«, wie es im einzigen und ziemlich knappen Bericht über seinen Auftritt heißt, hält Anton Kuh »im überfüllten Dreifürsten-Saal über ›Juden und Deutsche‹ einen Vortrag. Das Publikum bereitet dem faszinierenden Sprecher, in dem es eine völlig ungewohnte, über eine einzig dastehende Vortragstechnik verfügende Erscheinung kennenlernte, am Schluß seines aufpeitschenden und geistfunkelnden Vortrags Ovationen.«[42]

Iglau / Jihlava,
Dreifürsten-Saal,
6.12.1923,
20 Uhr:
Deutsche
und Juden

Ein aufsehenerregender »Schlüssellochguck-Prozeß« ist Anlaß für Kuhs nächsten Auftritt: »Österreich 1924«. Eine polizeiliche Hausdurchsuchung in der »Privatschule für moderne Sprachen«, Wien I, Biberstraße 9, schafft am 3. Januar 1924 Klarheit darüber, welcher Art der »energische Unterricht [...] bei strengster Disziplin« ist, den Edith Kadivec in Zeitungsinseraten anbietet. Die »Sprachschüler« – darunter Herren aus den besseren und besten Wiener Kreisen – kommen, um gegen Bares wegen »mangelnder Lernerfolge« mit Peitsche, Rute, Rohrstock oder Riemen strengstens bestraft zu werden. Sie lassen sich's auch etliches kosten, um Vorführungen schulischen Versagens von Kindern mit anschließender körperlicher Züchtigung – die Kinder haben dabei den Hintern zu entblößen – entweder als Beobachter von einem Nachbarraum aus beizuwohnen oder als »Schulinspektoren« Teil der Inszenierung zu sein. Die Vorfälle in der »Sprachschule« der Kadivec und der auf Ende Feber anberaumte »Sadistenprozeß« sind *das* Tagesgespräch. Edith Kadivec wird am 1. März 1924 von einem Schöffensenat am Wiener Landesgericht für Strafsachen des Verbrechens der »Schändung« und der »Verführung zur Unzucht« schuldig gesprochen und zu sechs Jahren schweren Kerkers verurteilt. Zwei der honorigen Mitangeklagten erhalten bedingte Freiheitsstrafen von sechs resp. acht Monaten, der Rest geht straffrei aus. In großen Teilen der über den Fall extrem polarisierten Presse ist von Klassenjustiz die Rede.[43]

»Ich habe mich in meinem Sonntagsvortrag mit dem Schandurteil, auf das die große Sensation hinauslief, und der Verlogenheit, in der sich Polizei und Justiz die Hände reichten, hinlänglich beschäftigt. / Ich schilderte die großangelegte Tränendrüsenspekulation, mit der die Staatsgewalt, die das Kind im Dreck verkommen läßt, sich des Wortes ›Kind‹ in jenen Augenblicken bedient, wo das Ziel der moralischen Amtshandlung winkt. Ich zog zwischen ihrem Verhalten bei ›normalen‹ und ›unnormalen‹ Mißhandlungen einen Vergleich, um zu beweisen, daß es ihr nicht die Mißhandlung, sondern die Norm angetan hat. [...] / Ich nannte das Ganze abschließend einen Prozeß, in dem unsere neuösterreichische Justiz [...] sich ihr eigenes ›Strafgesetzbuch‹ schuf und ihren tiefsten Herzenswunsch auslebte, nämlich dort, wo die Tatbestände fehlten oder derzeit noch straflos waren, endlich einmal die ›subjektiven Empfindungen‹, also wie ich sagte: ›die Geheimvorgänge in der Gegend des Toilettefehlers‹, zu bestrafen. Das war nämlich von jeher ihres Rechtstriebs letzter Sinn: mit der Maske sanitärer Sorge und humanitärer Empörung unter die Röcke und durch die Hosen zu gucken. Das Kind, das ›nachher‹ Zuckerln, Schokolade und Kuchen bekam, in reinen, gutriechen-

Wien,
Musikverein,
Kleiner Saal,
2.3.1924,
16 Uhr:
Österreich 1924

den Kleidern herumging und dabei etwas Klavier und fremde Sprachen lernte – das schnürte ihr das Herz ab! Wäre ihm von Vater-, Mutter- oder Erzieherhand ohne solche Entlohnung und Pflege das Gesäß windelweich verdroschen worden – aber statt namens ›perverser‹ Triebe im Namen der deutschen Rechtschreibung oder der Arithmetik oder des Bravseins –, kein Justizherz hätte sich empört. [...] Aber ›Perversität‹, das ist das rote Stammtischtuch von Amstetten, Klagenfurt, Linz, Gablonz und Hinterkikeritzstätten – das heißt: des Heimats- und Zuständigkeitsortes unserer Bureaukratie. / [...] Hat die Polizei seinerzeit nicht selbst voreilig zugegeben, das Verwunderliche sei, daß die Kleinen von dem mit ihnen getriebenen Mißbrauch keine Ahnung hätten und mit merkwürdiger Treue an ihrer Mißhandlerin hängen? Daß sie also – abzüglich: Schokolade, Zuckerln und Gugelhupf – nichts anderes bei ihrer Züchtigung empfanden als jedes geprügelte Kind? Von nun an wissen auch sie es. Nach zweimonatiger Herumgeschleiftheit durch Kreuzverhöre haben sie den entscheidenden Knacks. Jetzt erst juckt der Popo ›pathologisch‹. Jetzt erst hat ihre Seele den Faustschlag. / Also bitte lieber keine Lüge, meine Herren, die ihr mit so demokratischer Gebärde den Prinzen Schwarzenberg habt laufen lassen, um euch an dem jüdischen Teppichhändler schadlos zu halten! [...] Die Köpfe der Bureaukratie sind abgehauen – der korpsbrüderliche, malkontente Schapsel-Schweif lebt fort. Und tyrannisiert den Staat mit dem ganzen Haß der Subalternität.«[44]

Starker Tobak! – Den Anton Kuh immer wieder auch als Theaterkritiker liefert. Seine naßforsche Manier goutiert nicht jeder. Am Samstag, dem 15. März 1924, fällt der große Mime Eugen Klöpfer aus der Rolle, um von der Bühne des Raimund-Theaters herab seinen Unwillen darüber kundzutun, daß Kuh tags davor sich erfrecht hatte, »ein Kunstwerk von einem Dichter wie Hauptmann [zu] bewitzeln«[45]. Klöpfer setzt in der Rolle des Michael Kramer im zweiten Akt seinem flammenden Plädoyer für ein weltabgewandtes, heiligmäßiges Künstlertum, das im Satz »Kunst ist Religion« gipfelt, schreiend ein »Ja, ja, Herr Kuh!« hinzu. Den Darstellern auf der Bühne verschlägt die erregte Improvisation den Atem. Das Publikum nimmt den temperamentvollen Ausritt zwiespältig auf. Klöpfer tritt an die Rampe und entschuldigt sich; er habe nicht anders gekonnt.[46]

Kuh hatte Gerhart Hauptmanns Künstlerdrama »Michael Kramer« als »dumpf orgelnde Trivialität; Nebeneinander von Problematik und Gugelhupf«, als »Mischmasch aus Wahrheit und Plattheit« beschrieben und die Zeichnung der Künstlerfigur schlicht als frühnaturalistischen »Schmarrn«.[47] Viel eher als ein Künstler sei Michael Kramer – den

Klöpfer »mit rudernden Verkündigungsgesten als Genie hinstellte« – »ein spießiger Dilettant«. Kuh hatte damit offenbar den wunden Punkt getroffen, wie er in seiner Antwort auf den improvisierten Text-Seitensprung Klöpfers süffisant bemerkt.[48]

»Der Rest ist Speiben« – Theater-Kritiker

Ausgerechnet in *der* Domäne bürgerlichen Kulturtreibens exerziert Anton Kuh über Jahre seinen antibürgerlichen Habitus – als Theaterkritiker resp. Theater-Kritiker: von Januar 1916 bis August 1917 im »Prager Tagblatt«, von Herbst 1917 bis Herbst 1919 mit einer staunen machenden Frequenz von drei, vier Aufführungsbesprechungen pro Nummer in der Wiener Montagszeitung »Der Morgen«, dann kurzzeitig, im Winter 1922/1923 in der »Wiener Sonn- und Montags-Zeitung« und ab März 1923 bis Mitte 1926 als »Erster Theaterkritiker« der »Stunde«.

Kuh unterläuft die eingeschliffenen Routinen der etablierten Theaterkritik mit ihrer betulichen Fadesse und ihren abgegriffenen Klischees. Er versieht sein »Kritikeramt« – eine Bezeichnung, die er sich verbeten hätte – nicht als Wegweiser *in aestheticis*, magistrale Anmutungen sind ihm gänzlich fremd. Der Gestus seiner Besprechungen ist nicht der des Fachmanns, der seine Leser aus der privilegierten Position des Kritikers heraus belehrt oder der schulmeisternd erzieherisch auf Schauspieler einzuwirken versucht, sondern der des »Gesinnungsenthusiasten«[1].

Ohne gleich so etwas wie »Theaterpolitik« machen zu wollen, interessiert sich Kuh sehr wohl auch für den »Betrieb«, für die Rahmenbedingungen, hält etwa mit seiner Meinung über Theaterleiter nicht hinter dem Berg, straft das Gewese, das jahrelang, von den späten 1910er bis Mitte der 1920er Jahre, um das marode Burgtheater gemacht wird, mit Verachtung. Statt den Zeitungsleser fünfmal in der Woche mit dem Geseiere über die »Burgtheaterkrise« zu belästigen, solle man das herabgewirtschaftete Burgtheater – »ein dekorativer Lesebuchbegriff, mit einem ganzen Hofstaat von Nichtskönnertum, Erbgesessenheit und Schablonenwirtschaft«[2] –, um nicht jedesmal aus einer Kunst- gleich eine Zeremoniellfrage zu machen, umbenennen in »Stadttheater am Franzensring« und endlich, »statt es ewig zaghaft-prätentiösen Schüler der ihm vorgetrommelten Bedeutung sein zu lassen, einmal die Riesenfeuilleton-Handschuhe, mit denen man jede Reprise und jedes Gastspiel« anfasse, ausziehen.[3] Nicht das Burgtheater, eine Bühne, »von der ein gutmütig verschwätzter Dilettantismus, eine zu Tater. berufene ›Deutsche Schularbeits‹-Phantasie den letzten Prestigerest weggeblasen hat, um darauf peinliches Provinzlertum zu etablieren«[4], sondern die »Neue

159

Wiener Bühne« unter ihrem Direktor Emil Geyer, einem Enthusiasten »ohne die übliche dilettantische Rührigkeit, neuerungsmutig ohne die Berliner Regiekrücke«[5], ist für Kuh um 1920 Wiens einziges ernst zu nehmendes Theater.

»Darf der Kritiker klatschen?« – unter diesem Titel entwirft Kuh in einer Polemik gegen einen Kollegen, der ihn »unkritischen Verhaltens« geziehen hatte, weil er sich nach einer Vorstellung zu Beifallsapplaus hatte »hinreißen« lassen, im Oktober 1919 nebenbei eine Art Programm im »Maßstab«, dem von Leo Schidrowitz herausgegebenen »Organ der Teilhabenden für die Teilnehmenden«, das sich als Wiener Pendant zu Siegfried Jacobsohns (vormaliger) Berliner »Schaubühne« verstand und als Parole »nicht akademische Arterienverkalkung, sondern Lust und Temperament«[6] ausgegeben hatte.

Er geht darin mit einem Berufsverständnis ins Gericht, das den Kritiker »als einen Rhadamanthys« sieht, »der mit todernstem, feierlichem Gesicht die Wage ästhetischer Gerechtigkeit in der Hand hält und unnahbar durch die Parkettreihen wandelt«, dessen Gehrock ein Talar ist, »der ihn vom gaffenden Laien entfernt hält; sein Urteil – ein Gerichtsbeschluß. Er ist ein Oberlandesgerichtsrat der Kunst.« Die Phrase von der »höheren Objektivität« wischt Kuh vom Tisch. Beifall- und mißfallumbrandet, dürfe der Kritiker mit keiner Wimper zucken, sondern müsse auf einer »Wolke undurchdringlichen olympischen Phlegmas« thronen und von dort »eisig nach der Bühne« blicken? – Mitnichten! Kritik sei eine Frage der »intellektuellen Temperatur«. In Kunstdingen gebe es Recht- oder Unrechthaben so wenig wie Objektivität. »Was man gleichwohl so nennen kann, ist ein Niveau, keine Eigenschaft. Denn da das ›allgemein Gültige‹, das die Kunst hervorbringt, von einer Erregbarkeit auf bestimmter geistiger Höhe erzeugt wird, so kommt es auch bei dem, was darüber auszusagen ist, nur auf die gleiche geistige Höhe der Erregbarkeit an. Was daraus resultiert, ist objektiv. Was darunter zurückbleibt – und wenn es noch so kühl, so zugeknöpft, so amtsstreng wäre – subjektiv. / Was aber den Kritiker nicht durch Zeitungszufall und Unkenntnis der Grammatik, sondern sinngemäß zum Kritiker macht, das ist: daß er von den Subjektiven der Subjektivste, von den Erregten der Erregteste, von den Parteilichen der Parteilichste ist. Nicht ästhetische Gesetzeskunde und logische Folgerungskraft unterscheiden ihn vom Mitmenschen, sondern Reizbarkeit. – Reizbarkeit, zu der ihn die Sprache legitimiert. Sie ist seines Witzes, seines Beifalls, seines Urteils Born. Er muß über ein repräsentatives Nervensystem verfügen, unter Schläfern ein Rasender sein.« Womit auch die Frage beantwortet wäre, ob er klatschen dürfe.[7]

Auch wenn es Kuh allzu billig sein mag, den Kulissenzauber – »eigentümliche Tradition der Unnatur mit allen Fatzkereien, Gemüts-Reißern, pathetischen Blähungen und Stelzschritt-Affekten«[8] – als faulen Zauber zu enthüllen, ist er doch immer wieder verwundert darüber, wie wichtig man in Wien selbst – und gerade – in Zeiten größter Not die rituell aufgesuchte Scheinwelt der Bühne nimmt. Was ihn nicht daran hindert, zehn Jahre hindurch, von 1916 bis 1926, dieses intrikate System von bildungsbürgerlichen Verabredungen, robusten Konventionen und verstocktem Einverständnis aller Beteiligten mit der Illusion obstinat kritisch zu begleiten.

Gegen den »[guten] ehrlichen, prächtigen Theaterirrsinn« hat Kuh nicht das geringste einzuwerden, im Gegenteil, nach dem »einstmaligen Schmierengrößenwahn«[9] sehnt er sich geradezu, wenn er an den sogenannten matten Abenden »seelisches Sodbrennen bekommt und als armer Sünder weggeht«[10]. Was ihm indessen den Theaterbesuch mehr und mehr verleidet, ist der Typus des »Gewerkschaftsmimen, des Mannes, der Schauspieler wurde, wie man Postkontrollor, Mistbauer oder Posamentierer wird«[11], wie Kuh 1922 wettert, als die Schauspieler des Deutschen Volkstheaters sich weigern, Wedekinds »Sonnenspektrum« zu spielen, mit der Begründung, es sei ihnen »zu unmoralisch«. Das »hitzige Völkchen« sei längst ein »seriöses Volk« geworden, hatte Kuh im Mai 1917 schon festgestellt: »Es will zwischen 7 und 10 Uhr abends Kunst absolvieren, leitet sich davon alle Privilege ab und möchte in der übrigen Zeit im Vollglanz jener Ehre dastehen, die der steuerzahlende, gut beleumundete, kindererziehende, kartenspielende, gesinnungstragende, familiensinnige, seßhafte Normalmensch genießt.« Kunst als »irregeleitetes Konzipienten-, Offizianten- und Diurnistentum«, der Mime mit »Innungsbewußtsein, Morrral – man muß das Wort, das wie ein phonetisches Pfauenrad aus der Kehle steigt, bloß in einem modernen Stück gehört haben, um seine Interpreten zu kennen –, nationale[r] Gesinnung und ein[em] Geschlechtsleben, das sich seiner Verrufenheit nur noch als romantischen Schimmers bedient und mit konventioneller Kälte frivol gebärdet. Das ist ja das Ärgste an diesem brav gewordenen Theater: es steckt nichts mehr dahinter. Das Gspusi des Herrn Zappelhuber mit Fräulein Strampelmeier und der sogenannte leichte Ton – sie gehören zum Mechanismus. Zieht sie ab und ihr seht in einen Zwinger grollenden, schnaubenden, quietschenden, kratzenden Brotneids, in ein Krankenhaus vergifteter Eitelkeiten.«[12]

Was Kuh an den »im Nebenberuf schauspielernden Bühnenvereinsmitgliedern« sauer aufstößt, bringt ihn bei Stücken »über« so richtig in Fahrt: »Dies Wörtchen ›über‹ trennt ozeanweit die Schöpferischen von den Bürgerlichen, die Großen von den Kleinen. ›Eine Sache denken‹ (mit dem inneren Akkusativ), das heißt: vollkommene Einheit von Gehirn und Denkobjekt, restlose Imprägniertheit des Geistes durch das Erlebnis. Es heißt: Wissen und aus dem Wissen schöpfen. ›Über eine Sache denken‹ aber: das ist der bürgertypische Dualismus von Geist und Welt, bedeutet Lebensunberührtheit des Gehirns, dem die Probleme des Daseins alle mehr oder minder Hausaufgabenthemen sind. Strindberg und Wedekind – das waren Denker einer Sache. Sie schauten in die Welt – und sahen problematisch, Wildgans, Schönherr etc. sind Denker ›über‹. Sie schreiben seit zehn oder zwanzig Jahren in lyrischer, dramatischer, mundartlicher, symbolistischer, expressionistischer Form unentwegt deutsche Hausaufgaben. (Wildgans immer, Schönherr manchmal.) Ihr Hirn bringt das Problem nicht mit, sondern trägt es hinein. Deutlich gewahrt der Leser oder Hörer: hie den Dichter – hie seinen ›Stoff‹. Und da solcherart die Mystik flöten geht, übernimmt entweder ein eigener *chorus mysticus* oder die Regiebemerkung deren Agenden. [...] Gemeinverständlicher gesprochen: Wenn Erotik von der Bühne unappetitlich, übelriechend herabgelangt, so daß kein Mensch an seinem sinnlichen Nerv gestreift wird: dann ist's Ernstfall: So aber das Schöne, was die Natur uns bietet (verhüte der Himmel!) auch den Sinnen gefiele – dann ist's gottlose Schweinerei. / Fazit: Schönherr darf – Wedekind darf nicht. Denn bei diesem fährt das Problem aus dem Leib in den Kopf und bei jenem aus dem Kopf gegen den Leib. (Der Rest ist Speiben.)«[13]

Überscharf wird der Kontrast, wenn Kuh Wedekind gegen den »Mittelstands-Wedekind«[14] Wildgans ausspielt: Anton Wildgans, »der lyrische Kanzleibeamte«, Bannerträger einer »gesunden Moderne« – »Gesunde Moderne? Man stelle sich eine Mischung deutschnationaler Grundsätze mit der Kühnheit Wedekinds vor! Die Basis ist kräftig-banal, der Aufbau ultramodern. Der Geist fesch, nur das Fleisch – mein Gott, wir wissen halt auch schon, was ein Freudenhaus ist. [...] Es ist nicht Manier und nicht Eigenart – es ist Schmockerei.« Wildgans' Drama »Liebe«: eine »katafalk-düstere Schmockerei in fünf Akten. [...] Martin lebt mit seiner Gattin Anna seit neun Jahren in idealer Ehe. [...] ein ewiger Himmel der Langeweile« – bis der »polygamische Teufel« anfaßt. Und beim »actus tertius, auch actus symbolicus genannt«, stellt sich bei Kuh eine Erinnerung ein: an Wedekinds »Totentanz«: »Welche unermeßliche Distanz von jenem erkenntnisdurchglühten, keuschen Bordelldrama zu dieser wichtigtuerisch-platten Empfindungsszene.« Gleichwohl sei dieses »banal-verschwätzte Drama« ein bedeutendes Dokument der Zeit: »Der Gretchen-Traum des Gymnasiasten erklärt die Erotik des Bürgers.«[15]

Wedekind hingegen ist ihm, Kuh, der »große Wahrheitsager, der wie kein zweiter hinter dem Menschen das stets lauernde Gespenst der Geschlechtsnot erschaute und aus der Physiognomie der Kultur ihre Spuren herauslas«.[16] Er macht sich wiederholt in Stegreif-Reden zum Apologeten seines literarischen Hausheiligen. Hält am 1. April 1919 an der »Neuen Wiener Bühne« die einleitende Conférence zur Aufführung von Wedekinds »Büchse der Pandora«, weil es angesichts der alles erstickenden Philistrosität notwendig erscheine, »schonungslos auf Kommendes vorzubereiten und den hohen Kunstsinn niederer Begebenheiten aufzuzeigen«,[17] neben dem nichts, was an Zeitgenossen fürs Theater arbeitet, bestehen könne. Und wird nicht müde, für den Bürgerschreck, der den deutschen Philister aus seiner selbstgerechten Ruhe, den Untertan aus seiner devoten Bierseligkeit riß, den aufwieglerischen Sexualrevolutionär, dem er sich wesensverwandt fühlt, die Trommel zu rühren. Reagiert vergrätzt, wenn man der Sprengkraft seiner aufrührerischen Stücke ihre Brisanz nimmt und seiner »zähnefletschenden Sachlichkeit« den Zahn zieht. Wenn etwa das Raimund-Theater aus dem Veitstanz der »Kaiserin von Neufundland« einen pantomimischen Kabarett-G'schnas macht und diesen unter der Regie von Renato Mordo so brav und »normal-gebändigt« aufführt, »als ob Wedekind des Teufels Kabarett-Conférencier wäre und nicht Gottes Stiefsohn«.[18]

Kuh kennt seine Pappenheimer – so gut, daß er es sich bisweilen ersparen kann, bei der Aufführung anwesend zu sein, ohne deswegen auf ein öffentliches Urteil zu verzichten. Etwa Leopold Jessners Inszenierung von »Richard III.« mit Fritz Kortner in der Hauptrolle, die im Dezember 1921 im Wiener Raimund-Theater gastiert. Da befreit er sich sehr gern selbst von diesem »Schulgeld der Erfahrung« und der Unbequemlichkeit eines Theaterabends, weil er »durch die genial-telepathische Fähigkeit [s]eines Gehirns ebenso wie durch die unendliche Typenwiederholung im einzelnen« ohnehin weiß, was geboten werden würde. Er denkt gar nicht daran, sich die »Vorstellung von so seismographischer Exaktheit, wie sie sich zwischen den vier Gehirnwänden einstellt, durch einen Besuch jener andern Vorstellung« verwischen und sich seine Freude an Shakespeare ein für allemal verderben zu lassen. – Frivol, ungerecht? – Kuh zieht es bisweilen vor, »dem Irrtum die Ehre als der Wahrheit die Unehre zu geben! Man muß auch seine Stiefkinder haben, vielleicht ist dies sogar der Sinn aller Kunstkritik. Ihre Verwirrer glauben nämlich immer, daß es sich um das ›Treffliche‹ oder ›Unzulängliche‹ handle. Falsch! – es handelt sich auch darin, wie im Leben, nur um die Physiognomien; nur darum, wer darf und wer nicht; wer das gute und wer das schlechte Urgesicht trägt; wer ›trotzdem‹ recht hat und trotzdem unrecht.« So daß die Jessnersche Aufführung von »Richard III.« einer seiner »bleibendsten Nicht-Eindrücke bleiben« wird.[19]

Die Plattheit eines Hermann Sudermann, dessen Stück »Heimat« den Geist der »Gartenlaube« atme, bringt Kuh auf den Punkt: »Sardou in Röhrenstiefeln. Es war zum Brechen.«[20] Dem vielgespielten Hans Müller stehe das Wörtlein »halt« auf die Stirn geschrieben, »diese Partikel des grillparzerisch-girardischen Achselzuckens, des unschuldigen Augenaufschlages, der verlegenen Unwiderstehlichkeit. Er ist halt so, er schreibt halt so und kann halt nichts dafür.« Sein Schauspiel »Könige«: »ein Hans Müllersches Grillparzerfeuilleton, praktisch angewandt auf ein Hans Müllersches Lustspiel. [...] Aber dieses Meisterwerk eines Gymnasiasten ist die Mache eines Literaten.«[21] Auf Hans Saßmann scheint, Kuh zufolge, Christian Morgensterns Wort vom »Diletalent« geprägt. Sein Stück »Das weiße Lämmchen« versammle alle dilettantischen Merkzeichen: »ein Einfall, der zwei Stunden nach Luft schnappt; die Szenenführung dem Vorsatz nachpausiert [...]. Eine Mischung aus Talent und Trottelei«.[22] Karl Schönherr, »Meister der vielsagenden Verstocktheit«, mit seinen fast schon zur Manier ausartenden, ewig gleichen »überlebensgroßen Exemplaren bäuerlicher Verknorrtheit und Härte« und seine »Frau Suitner«: »›G'wissensholm‹. Oder ›Rosmerswurm‹. Ibsenqual ins Bjuvarische übersetzt.«[23]

Dem frühen, vom philanthropischen Sozialismus des späten 19. Jahrhunderts inspirierten Gerhart Hauptmann vermag Kuh durchaus etwas abzugewinnen – ein »gütiger, naiver, christlicher Wedekind« in etwa[24] –, dem »Erben von Goethes Überzeitlichkeitsgestus, von dem dräuenden, antwortheischenden Geschehen des Tages auf noble, neutrale Gestaltungshöhen« zurückgezogen,[25] der für die Barbarei der Gegenwart kein Wort hat, sondern in delphischer Unnahbarkeit zu sagen scheint: »Was geht's mich an?«, nichts mehr.

Henrik Ibsen, diese »Kreuzung aus Swedenborg und Eschstruth«, ist Kuh allenfalls als anschauliches Beispiel dafür noch interessant, wie fern und blaß den späten 1910er Jahren das 19. Jahrhundert ist; seine »Stützen der Gesellschaft« ein »sardouisch dramatisierter Leitartikel«, dem nichts von der bewährten Ibsen-Komik fehlt: »die Hausbackenheit raunt, die Plattheit orakelt, die Banalität macht ›hu-hu‹ und wenn es auf der Bühne ›mal so richtig gemütlich‹ wird, möchte man in einen Stadtpelz schlüpfen.«[26]

Carl Sternheim und sein Stück »Die Hose«: »Es war, wie wenn man zweieinhalb Stunden lang ›Simplicissimus‹ geblättert und sich das vergnügte Grinsen allmählich in einen Gähnkrampf verwandelt hätte. Sternheim ist dramatischer ›Simplicissimus‹-Zeichner.«[27]

Bei Arthur Schnitzler ist »immer alles mollert wie die Wiener Weiber: Dialog, Witz, Handlung, Weltbild«. Es fehlen ihm – und darin liegt seine »Blutsverwandtschaft mit dem Wiener Feuilleton« – »Unmittelbarkeit, Schärfe, Elementargeist«. Seine Journalisten-Satire »Fink und Fliederbusch«: »Ein Possengedanke, der Schnitzlerisches Fett ansetzt und sich lokalüppig auswächst halb zu Bernard Shaw und halb zu Franz Lehár.«[28] Sein Schauspiel »Freiwild«: »Der Jahrgang 1900 der ›Neuen Freien Presse‹ kann nicht vergilbter sein als dieses mit ihm identische Stück.«[29] Der umkämpfte »Reigen« hinterläßt bei Kuh – im Gegensatz zu seinen Kritikerkollegen, die das Werk als »graziös«, »tändelnd«, »leicht getupft« und »holdselig« bezeichnen – »nicht eine Spur an Parfum, aber dafür eine ganze Dosis von Desinfektionsgeruch in der Nase. / [...] Aber wo es im ›Reigen‹ zu düfteln und schweben beginnt, wo die Mondscheinsonate durch das Zimmer gaukelt – dort beginnt die Sauerei.« Mit dem Nachsatz: »Halten zu Gnaden! – Das war gegen Schnitzler und nicht für die Zensur gesagt.«[30] Kuh gesteht Schnitzler in seiner Premierenbesprechung der »Komödie der Verführung«, »dieser wienerischen Tragigroteske der Erlebnisangst«, durchaus zu, die Salonatmosphäre Wiens von anno 1914, »diese zugleich bedrückend-schwüle und orchideenfarbige Sumpfwelt der verschwommenen Beziehungen und butterweichen Schicksale, wo die große Generalangst vor dem Erlebnis tausend komplizierte Scheinerlebnisse schafft«, meisterlich eingefangen zu haben, stößt sich aber daran, daß er seinen »Geschöpfen kritiklos gegenübersteht«[31], und läßt sich drei Tage nach der Premierenbesprechung als Reaktion auf die von Arnolt Bronnen und Bert Brecht inszenierten Störaktionen während der Berliner Aufführung zu dem vergifteten Lob herbei, »daß nur ein Dichter uns so spannend langweilen kann wie Arthur Schnitzler in seiner ›Komödie der Verführung‹«.[32] Kuhs Einwand gegen Schnitzler: »daß er eine Welt in Spiritus gesetzt hat, die keinen hat«, die Welt der »tramhaperten, jüdisch-wienerischen Molluskenwelt von 1900«, was ihm immerhin »kulturchronistischen Rang auf Kosten dauernder Unterhaltsamkeit« sichert. »Diese bronzeteintigen, melancholisch angesäuselten Tennis-Buben aus kommerzialrätlichem Geblüte, die da in der Figur des ›Anatol‹ verewigt sind – wer kann sie, ihr Idiom (worin aristokratisches Spülwaser die mosaische Kehle glättet), ihre Erotik (worin die Begriffe Schubert und Maupassant ein schmieriges Tête-à-têtscherl miteinander eingehen) noch vertragen? Was sie anno Anatol erlebt haben, das wird heut in Adolf Bretts Pavillon[33] sehr leicht abreagiert!«[34]

»Sudermann als Tiefstapler«: Diese seine Definition Georg Kaisers zieht Kuh anläßlich einer Aufführung von »Nebeneinander« mit dem

Ausdruck des Bedauerns zurück: »Weder stapelt er so tief, noch sudermannt er so hohl. Besser nennt man ihn Radio-Raupach. [...] Er weiß alles, hört alles, sieht alles – und wird das Idiom der Welt nicht los, auf die er so tapfer losgeht. Seine Sprache paßt trotz ihrer Essay-Herkunft ins Kontor. [...] Er tut keinem Bürger weh. Aber das ist immer so bei den gutgemachten Theaterstücken.«[35] Ähnlich Kuhs Einschätzung von Kaisers »Kolportage«: »Georg Kaiser gelingt es diesmal, dem Publikum sein dramatisches Leibgericht (Henny-Porten-Brust mit Olaf-Fönss-Nockerln) unter parodistischen Gänsefüßchen vorzusetzen und es mit der altvertrauten lieben Speise zugleich das Überlegenheitsgefühl gegen jene genießen zu lassen, die sich von so was ernsthaft ernähren. Er läßt dabei freilich zutiefst in seine dramatische Küche blicken. ›Kolportage‹ nämlich (im besten Sinne) ist jede Zeile, die er schreibt. Er ist der genialste Lokalreporter der deutschen Bühne«.[36]

Allergisch reagiert Kuh auf die drei »Brrrs«: »Brecht, Brust, Bronnen, Brüllen, Brunst, also: Brrr!«[37]

An Franz Werfel schätzt Kuh, »daß er, der die geringsten Schwingungen seiner Generation mitfühlt, zugleich Gesinnung behält, das heißt: daß seine Gescheitheit sich nie des antipodischen Gewissens entäußert«. In »Juarez und Maximilian« sei es ihm überraschend gut gelungen, »diese Gedankenhoheit aus dem Klima Shakespeares in die milde, patschweiche Zone des 1860er Österreichertums überzuführen, ein Zwielicht von Golgatha- und Kohlmarktlüften zu erzeugen«. Auch wenn das Drama, wie alles bei Werfel, »etwas zu vernunftschroff« daherkomme, und »es auch sonst einiges Penetrante und Vorlaut-Pointierte etwa wie bei einem ›Neue Rundschau‹-Essay« gebe – »wie viele unter den dichtenden Zeitgenossen verstehen es noch, auf solchem Gehirn-Niveau dramatisch wirksam zu sein?«[38]

Aus demselben Grund schwärmt Kuh hymnisch über Luigi Pirandellos »Sechs Personen suchen einen Autor«: »eines der klügsten, originellsten [Stücke], die je geschrieben wurden«, ein »vielfärbig leuchtender prismatischer Essay über das Theater« und darin eingebettet »seine eigentlichere und tiefere Idee: das Problem der menschlichen und dichterischen Scham«.[39]

So wie er »Dampf und Schwall« verabscheut, liebt Kuh das schauspielerische Ingenium der »Budapester«, des »Budapester Orpheums«, der Wiener Jargon-Bühne mit ihrem Star Heinrich Eisenbach, deren Possen ihm Sensationen sind, »als deren Vorwand kein Text zu schlecht sein kann«.[40]

Er schätzt den Esprit, die Grazie Franz Molnárs, der's »im Handgelenk [hat], daß die Komödie ein Abbild des Gemeinen ist und kein

Zerrbild des Ungemeinen«. Auch wenn er zugesteht, daß die Figuren von Molnárs Komödie »Gardeoffizier« »nicht vom feinsten Esprit duften« – dafür haben sie Geist. »Ja, Geist, mag man zehnmal konstatieren, daß er auf magyarisch jüdelt – erotischen Geist.«[41] Molnár glaubt er sogar gegen dessen Wiener Kritiker verteidigen zu müssen, die »Riviera« als gekünstelt, paradox, unwahr empfunden haben. Ihm hingegen ist Molnárs Stück, »Psychologie und Kenntnis der Leiden voraussetzend, die sich aus langjährigem erotischem Lebenswandel ergeben, und trotz allem Molnárschen Kandiszucker-Belag dort, wo es um soziale, volkstümlich-schlichte Dinge zu gehen scheint, doch wahr bis in den leisesten Seufzer«. Und er dreht den Spieß der Wiener Kritik um, zu deren Schablonen zählt, »den Ungar Molnár – und einige ihm Artverwandte – damit zu kitzeln, daß Pest nicht Paris und eine Gulaschsuppe keine Fasanpastete ist«: Diese Art »Pest« sei »fast schon pariserischer als Paris«. Findet es im übrigen ohnehin traurig, daß es offenbar notwendig ist, darauf hinzuweisen. Aber: »Das heutige Geschlecht scheint nur noch auf Bronnen, Brecht und Brust geeicht. Weil wir gerade von denen reden: Wenn heute zehn ihrer Art, jeder einzeln blond und jung und aus der Tiefe seiner Erlebnislosigkeit mit Blutschande- und Lustmordaffekten protzend, um die Gunst einer unerreichbaren Dame buhlen, und unter ihnen befände sich der weißlockige, skeptische Molnár: wer trüge, denkt ihr, die Palme davon? Ich bilde mir ein, daß noch der letzte noch so süß überzuckerte Dialogsatz des ›gerissenen Routiniers‹ mehr Welt enthält als alles Vatermordgestöhn jener Dichter. Das entscheidet die Frage!«[42]

Woher das Mißverhältnis, daß man diesen Produkten der leichten Muse aus der Feder der »von [Frigyes] Karinthy und Ernő Szép präsidierten Talent-Ungarn« nicht mit der gleichen Achtung wie Beliebtheit begegnet? »Man klatscht, kauft, genießt – und sagt doch: ›Budapest!‹« »Es kommt von jener säuerlich-strengen Niveaukontrolle, die das mitteleuropäische Untalent seit Kants Zeiten über die Talentierten eingesetzt hat; von jenen Gewissenshütern, die in der Politik nicht weniger als in der Literatur ihre Lebensangst in Chaosangst umlügen. Und ist darum auch dort im Unrecht, wo es im Recht ist. (Molnár-Verachtung heißt nämlich Wildgans-Schutz.)« Kuh hat etwas übrig für diese »in solchem Grad möglicherweise nur an der Schwelle des Ostens und Westens aufzufindende Freude an der Realität, eine unvergallte, sich ins Nächste und Täglichste stürzende Wirklichkeitsliebe. [...] Wo es um die Freude am Wirklichen geht, dort geht es um mehr als um Kunst. Nämlich um die Menschen.« »Seit Molnár im ›Liliom‹ entdeckte, daß Knoblauch und Schokolade (entsprechend: Milieu und

Technik) die beste Mischung geben, hat sich der Esprit auch der unteren Schichten bemächtigt.«[43]

Bei seiner tiefen Abneigung gegen das sogenannte »Tendenzstück«, den dramatisierten Leitartikel und die dialogisierte Volksbildungsbroschüre sind ihm solche Abende lieber, »als wenn es im Text problematelt und der Spieler seinen Tiefsinnkren dazu gibt.«[44]

Deshalb begrüßt er im September 1919 – da auch »welsche« Stücke wieder auf Wiener Bühnen gespielt werden dürfen – das Lustspiel »Jeanne qui rit« (»Sie lacht«) von Maurice Soulié und Charles Darantière: »O unersetzliches odeur d'Entente, beschwingteste Frechheit, leichtestes Roben-Spiel. Eine dünne, wie aus Zündhölzeln gebaute Sache, deren Einfall hart an ein tragisches Sexualproblem streift: Jeanne lacht, sooft ... daher versagt ihr Mann, sooft ... Französisch ist das Spiel der Gedanken-Punkte (bei einem deutschen wären es breite Gedanken-Striche).«[45] Sieht in Mazauds »Le cocu« (»Dardamelle, der Betrogene«) und Courtelines »Mimensiegen« die »alte Franzosenart: vom Worte ausgehen – ein Stück Mensch durchschreiten – und wieder ins Wort münden«.[46] Schätzt, trotz mancher Albernheiten, Sardous Komödie »Die guten Freunde«: »Hier ist ›Timon von Athen‹-Witz in Konversationsübertragung. Es gibt ebensoviel Stellen darin, wo Sardou der Enkel Molières, als solche, wo er bloß der Großvater Sacha Guitrys ist. Und immer genug Grazie, daß sie sogar allen überlegenen Terrainkenntnissen des Zuschauers Stand hält.«[47] Das »frohe Wohlbehagen«, das Franzosenstücke wie diese Komödie Sacha Guitrys auch dann hinterlassen, wenn ihr Gerüst durchschaubar ist, komme von einem »inneren Wohlgeruch ihrer Menschen«: »Sie riechen innerlich – durch den Mangel an Gesinnung.« Die »Leichtigkeit, Munterkeit und Eleganz« dieser Stücke, was sei das andres als eine »chronische Unobstipiertheit durch Überzeugungen«?[48]

Franz Herczegs quick tänzelnde Komödie »Blaufuchs« vom »Hausfreund (sprich: Freund des Hauses), der den Mann, um sein Jugendideal betrogen, zur Scheidung von der ungetreuen Gattin drängt, um sie dann mangels Qualifikation zum Hausfreund (sprich: Freund der Hausfrau) selbst zu ehelichen, dieses Spiel zwischen dem Geliebten, der mit den ethischen Hörnern, dem Mann, der mit der gemütlichen Grille, und der Frau, die mit dem Blaufuchs zur Welt gekommen ist«, stellt Kuh noch über die von ihm so geschätzten »Franzosenstücke«: »Aus dem leicht gerührten Schaum, den die eine Hand psychologisch und die andere arithmetisch quirlt und beide so rasch, daß man nicht mitkommt, wird eine Crème à la Boelsche. (Lasterweibchen : Tugendmännchen, wobei die Tugend despotischer Besitzerwahn und das Laster schmiegsame

Natur ist.). / Aber dieses ›à la‹ schmecken nur die Gourmands. Und damit's die andern auch schmecken, braucht der Autor einen dritten, Sentenzen und Lösungen hinterdreintragenden Akt und – noch mehr Schaum. Die Komödie wächst und ihr Sinn verduftet. Das ist das Schicksal aller Schlagerstücke, aber davon leben sie auch.«[49] Das Publikum des Theaters in der Josefstadt teilte im übrigen Kuhs Enthusiasmus, war kreuzvergnügt, spendete freigebig Abgangsapplaus ›und hüpfte beseligt heim, ganz: Er und Sie. Und das ist ja der letzte Sinn des Theaters, daß es den Spießer zum Schweben bringt.«[50]

Neben den unbestrittenen Größen seiner Zeit, neben einem Girardi, Moissi, Tyrolt, Vojan ..., schätzt Kuh den Typ »farbiger Episodist« über alles, die »geniale Zweitklassigkeit« urkomödiantischer Mimen, einen aussterbenden Bühnentypus, der in den 1920er Jahren das Feld »den intellektuellen Auffassungskeuchern, den feixenden und schnaubenden Diabolikern der Gewöhnlichkeit, kurz: der prätentiösen Impotenz«, überlassen muß.[51] Er ist vernarrt in Hans Moser, den er schon als Episodisten der »Budapester« liebt, als er noch kleine Chargenrollen – Hausknecht, Nachtlokal-Ober, Möbelpacker, christlichsozialer Waisenrat, Kutscher, Gärtner, Portier, Pompfuneberer – spielt und auf dem Theaterzettel erst an achter, neunter Stelle genannt wird. Er zittert »mit Moser und um Moser«, auf den Wiener Bühnen bereits eine fixe Größe, im Ungewissen, ob diesem »jesuitischen Gemisch aus Grobheit und Vertraulichkeit« bei seinem Berlin-Debüt in der Reinhardt-Inszenierung der »Artisten« im Juni 1928 »die Wiener Mundart, in der sich sein Wesen ausspricht, bei den Berlinern nützen oder schaden werde«.[52] Zwar müsse auch der Nichtwiener »die Shakespearesche Wahrheit eines Leibes spüren, der so Tolles auszuschütten hat. Den richtigen Genuß an ihr kann freilich nur der Wiener haben. Er verehrt in Moser und dessen Genie der Menschenzeichnung die Renitenz eines verarmten Volkes.«[53] Hans Mosers Verkörperung des Dienstmanns in der Ausstattungsrevue »Wien gib acht!« ist für Kuh die »Varieté-Leistung eines shakespearebegnadeten, literaturenumspannenden Humors«, und er stellt ihn, den »marxistischen Knieriem«, in die Nachfolge der großen Wiener Volksschauspieler Raimund und Nestroy.[54]

Er ist hingerissen vom »Zaubergewächs im Garten deutscher Schauspielkunst«[55] – so »platt, schal und prosaisch« das Stück, August Strindbergs »Debet und Credit«, so umwerfend die Darstellerin des »Fräulein Julia«, Elisabeth Bergner: »Ein Abend tiefster Erschütterung, veranlaßt durch August Strindberg, verursacht durch Elisabeth Bergner. Denn – Gott verzeih' mir's – das Schauspiel, das diese Frau bietet, ist schöner als jenes, worin sie spielte. [...] Sie gehört eben zu den wenigen, die auf der Bühne eine ganz neue Sprache sprechen: die des erlebten Lebens. / Verschlägt es etwas, wenn diese Kunst in jedem Augenblick einen Hauch aus den vertrauteren Bezirken der Gescheitheit zuträgt. Wenn ihre exaltierte Gehemmtheit der Hemmungslosigkeit äußerlich gleichkommt?«[56] Hymnisch lobt er sie in der Sprühteufel-Rolle Christopherl – »Ihr Gesicht sieht durch den strohgelben Haarschopf völlig verändert aus. Nicht mehr seraphisch-spitzmäusig, sondern süß und keck wie das Antlitz eines vielbegehrten Liftboys« –, in der sie auch bei der Berliner Aufführung den unverfälschten Tonfall der Gassen der Wiener Leopoldstadt draufhat[57] und nicht, wie Kuh befürchtet hatte, nach dem Beispiel der »urechten [Berliner] Kabarettweaner« zur Schablone des mundartlich parodierten Hochdeutsch Zuflucht nimmt. Nicht der einzige Punkt, in dem Kuh Abbitte leisten muß: Als ihn die Bergner nach der Aufführung daran erinnert, daß sie sich schon vor Jahren in Wien als Christopherl versucht hat, ohne Kuhs Lob einzuheimsen, ist er zunächst schmähstad, steht aber, sobald er sich wieder gefaßt hat, nicht an, zumindest für den Fall der Bergner eine seiner einschlägigen Bosheiten zurückzunehmen: »Wenn man von einem Schauspieler, der in Wien keine Größe war und in Berlin zu einer wurde, sagt, er sei ›gewachsen‹, so heiße das: seine Chuzpe sei gewachsen.«[58]

Er ist verzückt von der lärmenden Naturgewalt, vom animalischen Genie einer Gisela Werbezirk – »dieses Jargonwunder an Leib, Seele und Stimme«[59] – mit ihrem »gutmütig-borniertem, punktlos über Dämme und Ufer setzenden Hennengegacker, ihrem Überhören von Menschen, Übersehen von Situationen aus fideler Verschwatztheit«.[60] Von Richard Romanowsky, der im Oktober 1924, bei seinem Wien-Debüt, längst einer der großen Komiker sein müßte, wäre er, scheu und bescheiden, nicht so lange in Prag geblieben: »Seine Gleichmütigkeit ist nicht die des runden Bauches, sondern eines seelischen Piano, sein Phlegma nicht Sattheit, sondern Stille.«[61] Und er freut sich, ihn Max Reinhardt empfohlen zu haben, der ihm in seinem »Sommernachtstraum« im Feber 1925 die Rolle des Bälgeflickers Flaut anvertraut: »Seine lispelnde Bleichgesichtskomik, das Genierte seines dennoch unverdrossenen, ja starrköpfigen Wesens, dieses Vorwärtsstrauchelns eines Nachzüglers, es setzte sich mit jener spontanen Macht durch, die im Reich der Heiterkeit nur der lautlosen Schwäche beschieden ist. Habemus Maran!«[62]

Kuh schätzt und bewundert Regisseure wie Max Reinhardt, der immer wieder beweist, »was Fanatismus und Erfindungsreichtum aus der scheinbar so abgenützten Form des alten Theaters noch für Werte herausholen können«.[63] Der sogar noch aus der »trockenen, Bauernfelds Langeweile mit Schnitzlers Samtweichheit mengenden Feudal-Technik« Hugo von Hofmannsthals, dessen »Schwierigem« Kuh immerhin »ein Ohr für Tonfälle, ein Flair für den Zauber der Distanzen, eine Richard Strauß kongeniale Gabe, Musik der Kühle zu machen«, attestiert, »Moskauer Kunst im Comédie-française-Stil« macht.[64]

So wie er es versteht, Autoren und deren Werk auf den Punkt zu bringen – in definitorischen Konzentraten à la: »Gerhart Hauptmann: der Gewerkschaftsolympier« oder Pierre Frondaie: »ein Suder-l'homme, bestäubt mit falschen Bataille-Düften«[65], Eugen Brieux: »der Urania-Ibsen«[66] –, übt Kuh seine unvergleichliche Kunst der Pointierung auf knappest bemessenem Raum, verdichtet er seine Eindrücke in Kürzestkritiken, in süffige sechs, acht, zehn Zeitungszeilen. Hemdsärmelig verfährt er mit Stücken, Inszenierungen, Aufführungen und Darstellern. Über die Burgtheateraufführung von Thaddäus Rittners »Garten der Jugend« im Dezember 1917: »Das Spiel zeigt Rittners wohlvertraute Art: es ist konstruiert, von A–Z, aber mit einem so fein gespitzten Bleistift, daß es gedichtet aussieht; Aufbau und Sinnigkeit klappt so gut zusammen, daß man bis zum Schluß unsicher ist, ob man poetisierende Mache oder gezirkelte Poesie vor sich hat. Am Ende kennt man sich aus: die Poesie war mitgezeichnet. Was ist also der Sinn des lieben Märchens? Sich auszugehen. Ist nur noch die Frage, wie gut oder schlecht man sich mittlerweile amüsiert hat. Nun: recht nett. So zwischen Lächeln und Gähnen.«[67]

Über die Premiere des Schwanks »Prokurist Poldi« an der Neuen Wiener Bühne, ebenfalls im Dezember 1917: »Der ›Onkel Bernhard‹ hat für ein Nachgericht noch etwas Fett gegeben. Leider wurde es keine kompakte Pfefferkugel, sondern eine mit Lozzelach-Rosinen und elegischem Powidel gestopfte Fächertorte, die bekanntlich die Eigenschaft hat, beim ersten Bissen auseinanderzubröseln.«[68]

Über eine Wiener Aufführung von Erik Hostrups »Hausdame« aus demselben Monat: »Dieses Stück bringt den Staub schon auf die Welt mit. Es wirkt so, als hätte man es auf dem Boden unter altem Gerümpel aus ein paar Reclam-Bändchen, Serie ›Gelegenheitsscherze‹, aufgelesen: albern-gemütlich und klapperdürr-harmlos. [...] Gespielt wurde nicht schlechter als im Verein ›Harmonie‹. Mit jener Zappligkeit, in der der Dilettant seinen dünnern Atem verausgabt. Bloß Herr Onno als Kastratenbubi hielt ihn durch zwei Stunden an. Was man vom Publikum nicht sagen kann.«[69]

Über Oskar Maurus Fortanas Schauspiel »Marc«: »Ein leichterer Fall. Hier verwirrt kein Sentenzengestrüpp die Suche nach dem Geist, nach dem Gesicht. Man sieht durch und durch und sieht – nichts.«[70]

Über das Lustspiel »Lady Fanny und die Dienstbotenfrage« ob des Schneckentempos, in dem die Jerome K. Jeromesche Komik dahinkriecht: »eine Varieténummer vom Zeitmaß einer Sonntagspredigt«.[71]

Über Alfred Feketes Tragödie »Die Verhüllte«: »›Hereinspaziert! – Das Drama der Syphilis, genannt die böse Lustseuche!‹ So rufen es jetzt die Kinoausrufer und Theateragenturen an allen Ecken und Enden. Spirochäen koinzidieren mit Tantièmen. [...] Das Ibsenschicksal in der Sudermannstube. Syphilis und Gugelhupf.«[72]

Über das dreiaktige Schauspiel »Rodion Raskolnikow«: »*Raskolnikow* nach Dostojewski von Leo Birinski. Besser gesagt: von Dostojewski, aber nach Leo Birinski. (Nämlich so schaut Dostojewski aus, wenn ...) Aus dem Koloß wird eine Baracke, aus der Riesenwelt (dieses Shakespeares der Neurasthenie) ein Stück Kriminal. Es riecht nach *gummi arabicum*. Herr Birinski wäre ohne Zweifel ein genialer Einrichter. So ein ›Faust‹ fürs ›Extrablatt‹ mit Untertiteln: ›Was Frau Schwerdtlein erzählt‹, ›Der Heinrich hat's tan‹, ›... mir graut vor dir‹ oder eine ›Madame Bovary‹ für die ›Kronenzeitung‹ gäben geradezu Schlager. Denn er beherrscht die beiden Grundelemente dieser Kunst: Rausschmeißen und Spationieren. / Hätte er nur Dostojewski ganz herausgeschmissen! Das Birinskische Überbleibsel wäre zwar kein Stück, aber immerhin noch ein ›Schtuck‹.«[73]

Der Wurm steckt auch in den Einaktern Viktor Fleischers: »Ein Heimatdichter, der Einakter schreibt: das ist ein Steirerhütl in der American Bar. Herr Viktor Fleischer aus Karlsbad, wo Heilquellen und Unheilquellen sprudeln, tritt solcherart in die Fußstapfen Ludwig Thomas. Er pafft das dramatische Separée mit kleinstädtischem Pfeifendampf voll, packt seine Kreiswichtigkeiten und Bezirksinteressen aus und bleibt über die Sperrstunde sitzen. Das ist fatal und gemütlich. – Was diese Komödien im besonderen anlangt, so erweist es sich wieder einmal, daß der Böhmerwald keine Bodenerhebung, sondern eine Gesinnung ist. Etwa: deutsch-vorzüglich. Die Schule ist das Leben.«[74]

Dilettantismus wirft Kuh der Inszenierung der Kriegsgewinnler-Satire »Das neue Gold« um Markus Loschitzer, »Händler in Kümmel, Schürhaken, Kandis, Leinwand, Kaffee und Schmirgelpapier«, vor: »Es ist eines der – neuerdings nicht seltenen – Stücke, in denen die Absicht jüdelt und das Wort (frei nach Eisenbach) bloß so ›Cheidereichei-Moischele‹ macht ... [...] Satire, deren Handlung immer mit einem ›Jetztwermasich‹ fortkeucht und deren Witz in Interjektionen erstickt ... Die ›Budapester‹ im Spiegel der Offiziersmesse.«[75]

Dilettantismus – anderer Art allerdings, nämlich: »wienerisch, gradlinig, bieder« – auch der »Gelegenheits-Anzengruber« »Brave Leut' vom

Grund«: »Moral aus dem Fünfkreuzerroman, in noblere Auffassung getaucht und humoristisch geläutert. Geschneiderte Kolportage mit schwachem Fleischansatz; nur die Vernunft quillt in kerniger Mundart. Eine Wirtshausszene, in der es schalantert. Funken zucken auf, aber es brennt nicht. Im Gegenteil: Alles biegt vor der Verwicklung um und geht seinen harmonischen Weg zur Schmunzelweisheit: Daß man die Männer nur Herren zu spielen lassen braucht, damit sie brav und fein stad werden. Anzengruber verstand sich auf solche altkluge Sinnigkeit, die mehr nach Zeitung als nach Gemüt klingt und auch sonst zum Liberalismus paßt. Deshalb – der germanistische Gott verzeih' mir's! – wirkt er heute auch in manchem so unecht. Wie Dialekt-Liberalismus. Jener lebt und leuchtet, aber dieser ist bekanntlich mausetot. Nicht mehr aufzuwecken.«[76]

So wie Kuh bisweilen einzelne darstellerische »Leistungen« aufs Korn nimmt, verreißt er auch süffisant die Darbietungen ganzer Ensembles. Über die Aufführung des Schauspiels »Bosporus« vom Januar 1918: »Die Volksbühne kam der Geschichte und den Waffenbrüdern mit aller darstellerischen und technischen Reverenz entgegen; Haschischrauch, Koranetikette und Gebetstimmen, die alle Stationen von Wien bis Wiener Neustadt ausrufen. Fräulein *Dergan* als Nedschbè ist von einer Olmützer Eindringlichkeit, einer Stockerauer Leidenschaft und einer Nikolsburger Hingabe, die unwiderstehlich wirken. [...] Herr *Kortner* pumpt sich mit lippengepreßtem, schnalzendem und fletschendem Wegener-Grimm Dämonie aus dem Leibe. [...] Immerhin interessant. Herr *Schildkraut* hat dafür eine sehr natürliche, ich möchte sagen: delikate Art, jung zu sein. Neben ihm wirkt noch das plaudersam-mondäne Fräulein *Norden* wie ein Gruß aus Molnárs Ungarn. Die Damen *Fatma, Leila, Kondscha* und *Gül* hingegen sind Töchter der Sonne, die den Vöslauer Kurpark bescheint.«[77]

Noch dezidierter das Urteil über eine Berliner Aufführung von Schnitzlers »Reigen«: »Was sonst auf der Bühne stand, traut sich das letzte Wiener Pimperltheater nicht zu bieten.«[78]

Anton Kuh hat auch ein empfindliches Organ für die Sprache, die von der Bühne tönt. Kann es sich etwa bei der Besprechung eines Stücks von Leonid Andrejew nicht verkneifen, die Ohrenpein zu vermerken, »die einem die vielen ›'ne‹, ›'nen‹ und dem internationalen Übersetzer-Volapück entlehnten Worte wie ›Schlumpe‹, ›drängeln‹ usw. bereiteten«[79]. Und bei einem farb- und humorlosen Gastspiel der Münchener Kammerspiele im Mai 1918 nimmt er zwar deren Farb- und Humorlosigkeit nicht übel – »Wie soll das Theater lebendig sein, wenn das Leben nicht theatralisch empfunden wird?« –, sehr wohl aber deren

Sprache: »Schauspieler aus dem Reich sprechen neuerdings nicht deutsch – sie gurgeln mit Deutsch. Sie jagen wild jappend die Textzeilen entlang, zerschmatzen Jamben zu ›Konversation‹, es pfeift, keucht, rasselt, wässert in ihren Kehlen ... Die Sprache klingt, mit Respekt zu sagen, wie trockener Sprechschweiß. Und das *eine*, die Seele des einzeln verhauchenden Tones und Wortes, könnte man Shakespeare doch noch lassen!«[80]

Keine sehr hohe Meinung hat Kuh von den Mimen: Was Sängern gerne nachgesagt wird, daß sie »ihren Mehrbesitz an Mitteln aus der zerebralen Masse zu bezahlen haben«, daß sie »selbstgefällig, aufgeblasen, hohl, geistlos« seien, treffe viel eher auf Schauspieler denn auf Tenöre zu, namentlich auf die »Spezies der ›vitalen‹ oder gar der ›denkenden‹ Gestalter«.[81] Und in einem seiner Stegreif-Vorträge hält er mit seiner – prophetischen – Geringschätzung nicht hinter dem Berg: »Wenn *ich* der Sozialismus wäre – auf die Schauspieler würde ich verzichten. Der Schrei nach der Hauptrolle ist in ihnen stärker als die Politik. Wenn sie den Lear zugeteilt bekommen, ist es ihnen gleichgültig, ob Sozialismus, ob Fascismus; und ich glaube, daß jeder Empörer unter ihnen seine Gewerkschaftstoga sofort hinwürfe, wenn man ihm den Lear gibt. Ja, ich kann mir gut vorstellen, daß beim Beginn einer österreichischen Mussolini-Ära die brave Frau Niese auf der Bühne ausriefe: ›Jessas, ich kann nicht anders – ich muß dem Mussolini ein Busserl geben!‹«[82]

Als Wiener Kind von klein auf imprägniert mit dem bildungsbürgerlichen Gewese um den rituell vollzogenen Besuch des Theaters, das – vor allem den Wienern – die Wirklichkeit ersetzt und wichtiger genommen wird als das Leben – »Denn wenn der Schein einmal vorüber wäre, wär's mit der Wirklichkeit auch hin«[83] –, dieses »Narkotikum des unbefreiten Menschen«[84], wie Anton Kuh das Theater in einem Berliner Vortrag bezeichnet,[85] hat er mit dem Jahr 1926 endgültig genug von dem »bürgerlichen Galaschmarrn mondän-problematischer Kreuz- und Quernichtigkeiten«[86]. Er bespricht zwar noch bisweilen Berliner Premieren und berichtet fürs »Prager Tagblatt«, die »Süddeutsche Sonntagspost«, die »B. Z. am Mittag« auch späterhin noch von den Salzburger Festspielen, wo er regelmäßig zu Gast ist. Mit seiner Geringschätzung dieses »bengalischen bürgerlichen Zaubers«[87] resp. seines theaterkritischen Tuns hat er ohnehin nie hinter dem Berg gehalten: »Im übrigen erscheint das Problem, ob der Kritiker klatschen darf, im Hinblick auf Bolschewismus, weißen Terror und Ernährungslage vom selben Belang wie die Frage: ›Darf der Tapezierer Knödel essen?‹«[88]

1924 – 1925

Kurz nach der Klöpfer-Kalamität ist Anton Kuh in Ralph Arthur Roberts' Inszenierung von Frank Wedekinds »Sonnenspektrum« an den Wiener Kammerspielen[89] als Eoban, »Minnesänger des Freudenhauses«,[90] besetzt. Er legt die Rolle zurück – was Leopold Jacobson außerordentlich bedauert: Er hätte die Premierenbesprechung glatt an Eugen Klöpfer abgetreten[91] –, weil ihm, dem Kritiker, »bei aller Nettigkeit [s]einer Eventual-Kollegen«, die Bedenken angesichts zu gewärtigender »Revanche-Kritiken« dann doch widerrieten. Zudem mußte er bei den Proben seine Auffassung, »daß ein gewisser vergeistigter Dilettantismus Wedekind bei den Aufführungen seiner Stücke eher nützen als schaden« könne, revidieren. Das stimme nur für jene Rollen »die gleichsam Schalltrichter seiner Weltanschauung und nicht Charaktere sind«. Für letztere reiche der »Anschein einer Privatpersönlichkeit« nicht hin, dafür brauche es »unbedingt auch Routine der Raumbeherrschung«.[92]

Statt dessen gibt er zur Premiere am 27. März und tags darauf jeweils eine einleitende Conférence. »Wie die Verneinung an sich stand er da: schlank und schwarz, wie ein Minuszeichen, das sich zu einem Ausrufungszeichen emportäumte. Ein Ausrufungszeichen hinter jedem *Quand même*.«[93] Und spricht, ganz programmatischer Amoralist, über Sexualität, die Wedekind der reine Naturzustand – das »rein« betont –, das Selbstverständliche, »naives Sein im Urelement des Lebens« sei.[94] Und fordert keineswegs »sittliche Freizügigkeit, sondern die Einführung des Legitimierungszwangs auf allen Territorien der bourgeoisen Moral. Wir reisen dort bislang mit falschen Pässen.«[95]

Wien, Kammerspiele, 27.3.1924 und 28.3.1924, 22 Uhr: Conférence zu Frank Wedekinds »Sonnenspektrum«

Am 12. April 1924 steht Anton Kuh als Angeklagter in einer Ehrenbeleidigungssache vor dem Strafbezirksgericht Leopoldstadt. »Streitsache: ›Tepp‹ oder ›Götz‹-Zitat?«[96] Hat er Ingenieur Josef Heiduk bei einem Wortwechsel in der Straßenbahn »Reden Sie nicht so blöd daher!« resp. »Sie blöder Kerl!« zugerufen oder: »Sie können mich jeden Dienstag und Freitag zwischen 3 und 5 Uhr …«?* Ursprünglich war Kuh in Abwesenheit zu einer Geldstrafe von 500.000 Kronen verurteilt worden, und zwar wegen »Sie blöder Kerl!«. Dagegen hatte er berufen. Bei der Verhandlung vor dem Berufungssenat am 16. Feber erklärte er, warum: »Wenn ich im Restaurant einen Schweinsbraten bestelle, so will ich nicht eine Sachertorte bezahlen. An den Herrn die ›Götz‹-Einladung zu richten war mir 500.000 Kronen wert, für ›Blöder Kerl!‹ hätte ich

---

* Ergänze: »am Arsch lecken« resp. »im Arsch lecken«.

nicht einen Kreuzer hinausgeworfen.« Kuh auf den Einwurf von Heiduks Anwalt »Na, besonders geistreich oder originell ist ja das ›Götz‹-Zitat auch nicht!«: »Geistreich nicht, aber – kategorisch!«[97] Der Berufung wird stattgegeben, die Klage an die erste Instanz zurückverwiesen. Am 12. April gibt Kuh an, daß er den Ausdruck »blöd« nicht verwendet habe, sondern »unter großer Heiterkeit der Fahrgäste« Heiduk zugerufen habe: »Sie können mich jeden Dienstag und Freitag zwischen 3 und 5 Uhr ...« Der habe es nämlich darauf angelegt gehabt, mit ihm, dem Monokelträger, anzubinden. Beim ruckenden Anfahren der Straßenbahn sei er an Heiduk angestreift und habe dafür umgehend um Verzeihung gebeten. Heiduk habe sich jedoch mit der Entschuldigung nicht zufriedengegeben, so daß er, um weiterem verbalem Geplänkel vorzubauen, seinem Kontrahenten das »Götz«-Zitat an den Kopf geworfen habe. Es sei dies »Ausdruck des Souveränitätsgefühls eines Menschen gewesen, der nervös gemacht wird«.[98] Worauf Bezirksrichter Friedrich Berger Kuh zunächst fragt, ob er »vielleicht auffallend nervös« sei, was Kuh bejaht, und dann, mit den Fingern schnippend, diesen mit den Worten »Das werden wir ganz anders machen. Kommen S' her da, Angeklagter!« zu sich winkt. Und ihn dann mit einem inquisitorischen Stakkato traktiert – »Waren Sie beim Militär?«, »Waren Sie eingerückt?«, »Wo waren Sie?«, »Waren Sie im Hinterland oder im Schützengraben?«, »Wo waren Sie im Hinterland?« –, das kulminiert in der Frage: »Waren Sie schon in einer geschlossenen Anstalt?« – mit dem Nachsatz: »Ich behalte mir nämlich vor, Sie psychiatrieren zu lassen.«[99] Kuh erwidert, daß er »seiner Ansicht nach vollkommen geistesgesund sei und daß eine Verfügung, ihn zu psychiatrieren, wohl tendenziös wäre«.

Etwas schärfer im Ton seine Nachbetrachtung des anmaßenden richterlichen Übergriffs: »Ich vergaß im Augenblick ganz, daß ich Mitarbeiter der ›Stunde‹ bin und als solcher dem Gericht nur zu bekannt. Ich vergaß, wie viele saftige Worte ich mir schon über die Amtsplebejer, die da in fünf armseligen Minuten die ganze Seligkeit der Vergeltung auskosten wollen, geleistet hatte. Daß ich also hier vor allem nicht als der unbekannte Angeklagte, sondern als der bekannte Ankläger stand. [...] Das also war's! Es galt bloß, sich an einem derer, die sich über Herrn Dr. Berger und die Dr.-Berger-Justiz belustigen, das Mütchen zu kühlen. Der Herr hatte einfach auf dem Rayon seiner durch Disziplinarmittel verbürgten Überlegenheit einen Schimpf gegen mich vor – gleich druckreif für das Parteiblattl: ›Angeklagter ... Antrag ... Psychiatrisierung ...‹ [...] / Ein kleiner Beitrag zum heutigen Justizgeist. Hätte der Dr. Berger, dessen Schicksal, schlechtbezahlter Beamter der Justiz zu sein, ich gewiß bedaure, sich auch anno Monarchie gegenüber einem ihm bekannten Journalisten einen so unerhörten, herausfordernden Übergriff erlaubt? / Ein zufällig anwesender Gerichtssaal-Journalist sagte mir später, er habe dergleichen während seiner ganzen Tätigkeit noch nicht erlebt. Ob ich nicht ...? / Nein. Ich verzichte auf den Beschwerdeweg – ich lasse den Dr. Berger leben. / Er wollte ja offenbar bloß der hochnotpeinlichen Amtshandlung über das Wort impertinent unmittelbar einen Anschauungsunterricht über seine Bedeutung folgen lassen.«[100]

Auf Anregung des Richters gleichen sich die Streitparteien schließlich aus, Kuh entschuldigt sich und verpflichtet sich, als Sühne 400.000 Kronen zugunsten der Kriegsblinden zu erlegen sowie die Prozeßkosten zu tragen.*

Womit es allerdings nicht sein Bewenden hat. Der Politlyriker der »Reichspost« fühlt sich bemüßigt, eine Probe seines Könnens zu geben: »Ein milder Richter in der Schiffamtsgasse, / Vor dem ein angeklagter ›Dichter‹ stand, / Er dachte, daß er untersuchen lasse / Den scharfen, allbewunderten Verstand. // Ein Angeklagter in der Schiffamtsgasse, / Der war zu denken noch genug gscheit, / Daß er es nicht zur Probe kommen lasse, / Verglich sich demutsvoll zur rechten Zeit. // Drauf ging der Ausgeglich'ne Zeilen schinden / Für eine Kritik, möglichst paradox, / Und alle abendlichen Leser finden, / So schreibt in Wien nur einer, Anton – Kuh.«[101]

Zehn Tage darauf ist es an Kuh, zu kassieren. Es ist wieder einmal ein G'riß um die Karten, ist doch angekündigt, daß Kuh am Ende seiner Ausführungen über »unsittliche Kunst« »eventuellen Fragen aus dem Publikum polemische Rede« stehen werde.[102] »Sittliche Kunst« – das schreibt Kuh dem Bürger, der Kunst nach deren Eignung als Zimmerschmuck beurteilt, wieder einmal ins Stammbuch – ist ein Widerspruch in sich, eine Vermanschung ästhetischer und moralischer Begriffe. »Alles Sachliche, alles Wahrhafte kann nicht mehr unsittlich sein, alles Unsachliche und Unwahre ist auch dann unsittlich, wenn es sittlich zu sein scheint. Jeder Künstler, der sich mit den Beziehungen der Geschlechter beschäftigt, ist sittlich, wenn ihm das Erotische etwas Selbstverständ-

---

* Ob die eine Million Kronen, die Kuh im Herbst des Jahres für den »Besten Witz« beim Preisausschreiben der Dolus-Schuhcremefabrik einstreift, aus einer »Zweitverwertung« des Ehrenbeleidigungsprozesses resultiert und er sich damit für die Bußsumme schadlos halten kann, steht dahin. Sein »mündlich überreichter« Witz trägt jedenfalls den Titel »Ehrenbeleidigung« (Anonym: Das Ergebnis des 1,000.000-Preisausschreibens der Dolus-Schuhcremefabrik. In: Volksfreund. Unabhängiges Wochenblatt für alle Stände [Hallein], Jg. 35, Nr. 45, 8.11.1924, S. 4).

Wien, Konzerthaus, Mittlerer Saal, 22.4.1924, 19.30 Uhr: Was ist unsittliche Kunst?

liches ist, dessentwegen er sich nicht entschuldigen zu müssen glaubt«, referiert der anonyme Rezensent der »Wiener Allgemeinen Zeitung« Kuhs Kernthese.[103] Jener des »Neuen Wiener Journals« ergänzt: »Der und das Sachliche bedürfe keiner Rechtfertigung vor sich selbst. Der deutsche Bürger aber scheine ›Erotik‹ vom Erröten abzuleiten und seine Verlegenheit (und Verlogenheit) suche sich durch die sogenannte Vergeistigung der Liebestriebe zu schützen. Warum, fragt Kuh, haben wir nicht das Bedürfnis, unseren Nahrungstrieb zu vergeistigen?«[104] Die angekündigte Diskussion entfiel: »Anton Kuhs ›Redeübung‹ erschöpfte das Thema (geistvoll, nicht nur geistreich), so daß sich die angekündigte Diskussion erübrigte; vielmehr sie hatte, wie immer bei diesem gründlichen Improvisator, schon stattgefunden: als Diskussion mit sich selbst.«[105]

Nicht unsittlich, aber mit strengem »Kommunalgeruch« behaftet ist, was beim zweiten »Musik- und Theaterfest der Stadt Wien« geboten wird. Eingangs seiner Halbzeitbilanz der von 15. September bis 15. Oktober 1924 laufenden Wiener Festwochen streut Kuh dem »Roten Wien«, der sozialdemokratisch verwalteten Kommune, Rosen. Die Festwochen indes: »Die Luegerianer anno Kaiserjubiläums-Stadttheater hätten kaum anders heimatliche Kunst zur Schau gestellt als ihre Antipoden. / Ad Programmpunkt I, ›Musikfest‹: [...] Das Programm war vollgestopft mit Neulingsdarbietungen landsmännischer Herkunft, ›Förderungs‹-akten gegenüber dem jungösterreichischen Talent. / Das heißt: Die Veranstalter, gewissensvoll und gnädig nach der konservativen Rechten, ließen von hier nicht minder wie von links jedes durch Fraktionsbeziehung ausgezeichnete Talent unter das festliche Dach schlüpfen, achteten nicht so sehr der Kunst als des Stampiglienaufdruckes: ›vorwärtsstrebend‹ und liehen die Sache als eine Art patriotischer ›Talenthilfe‹ her. / Sie klammerten sich, sonderbarerweise, an das genug kompromittierte Wort ›Neuösterreich‹. / Welcher trostlose, bergumschlossene Begriff! Schon in Altösterreichs letzten Jahren verhieß er nichts Gutes und das Beste, das daraus hervorging, hieß Bartsch oder Wildgans. Denn den Anspruch auf die heimatliche Kunst-Schutzmarke erhob niemals das wirkliche Talent – weder Mahler noch Altenberg, noch Klimt, Schiele, Kokoschka –, sondern das Nachahmungstalent aus der geistigen Provinz. Die repräsentativen Österreicher schufen als Deutsche, Juden, Europäer. Die Herren aus Graz, Mödling, Salzburg aber verleihen sich untereinander den Titel ›Neuösterreicher‹. Und vielleicht verdienen sie ihn wirklich. Denn seit Kriegsende stellt es sich immer deutlicher heraus, daß ›Wien‹ und ›Österreich‹ zwei beinah diametral entgegengesetzte Begriffe sind.«

Ad Programmpunkt II, »Theaterfest«: »Ähnlich, aber noch übler«. [...] / Man lud die Kritik zu einem Künstler-Drama, Hedwig Rossis ›Sieben Jahre und ein Tag‹ – das einzige, was davon blieb, war ein glänzender Essay Robert Musils über Dilettantismus.[106] [...] / Als Abschluß dieser Serie gab das Burgtheater ›Das Schwert des Attila‹ von Ernst *Fischer* (Graz). / Es traf alles ein, was die Worte: Schwert, Attila und Graz befürchten lassen. [...] / Das Burgtheater [...] feierte den jungen Symboliker durch einen Schandabend.«[107]

Im Tagesbetrieb dieselbe Misere. Im Feber 1925 erweist es der direkte Vergleich: Shakespeares »Sommernachtstraum« steht sowohl im Burgtheater wie auch am seit 1923 von Max Reinhardt geleiteten Theater in der Josefstadt auf dem Spielplan: »Hie das ehrwürdige Amtshaus der Überlieferung – hie der berüchtigt ›gschnasfreudige‹ Eindringling. [...] Hier: das Burgtheater, blaß-bureaukratisch wie das Gesicht großdeutscher Kunstideale, ein Staatsamt für öffentliche Erbauung mit Darstellungsbeamten der VI. bis XII. Rangsklasse, provinziell im Einzelnen, zeremoniell im Gesamten. [...] Dort: Reinhardts Bühne. Letzter Versuch geistiger Kunst in ungeistigem Bereich. Europäische Namen. Kultur, für Schieberanschluß geschaffen, aber für Gesellschaftsbildung geeignet.« Nicht alles an der Reinhardtschen Inszenierung bezaubert Kuh vorbehaltlos: »Aber wer in dieser Stadt als Lebender, Liebender, Genießender noch Partei ist, kann dem Kontrast nicht widerstehen. Gehet hin und vergleichet! Zwei Sommernachtsträume lassen euch alsdann die politische Winternacht dieses Staates begreifen.«[108]

Am 10. März 1925 wird der Schriftsteller und Publizist Hugo Bettauer vom zwanzigjährigen Zahntechniker Otto Rothstock, einem Nationalsozialisten, im Redaktionsbüro in der Wiener Langen Gasse niedergeschossen und erliegt sechzehn Tage darauf seinen Verletzungen. Bettauer widmete sich mit seinen Zeitschriften »Er und Sie. Wochenschrift für Lebenskultur und Erotik« (1924) und »Bettauers Wochenschrift. Probleme des Lebens« (1924-1927) der Sexualaufklärung – er trat unter anderem für die Straffreiheit von Homosexualität unter Erwachsenen ein – und wurde dafür massiv angefeindet. Die christlichsoziale »Reichspost« bezeichnet den Mordanschlag als »Befreiungstat«.[109]

Die »Dötz« zerdrückt am Tag nach dem »Mordanschlag auf den berüchtigten jüdischen Pornographen Hugo *Bettauer*« Krokodilstränen. Da nun einmal die Behörden gegen die Verbreitung von dessen »Schandschriften« nicht eingeschritten seien: »Ist es unter solchen Umständen verwunderlich, wenn aus den Tiefen der Bevölkerung dann schließlich *Selbsthilfe* geübt wird?« Bettauers Los vermöge »wohl nur seine Rassegenossen und jene Leute menschlich zu rühren, die an [dessen] erotischem Kitsch Gefallen finden und darin möglicherweise noch eine kulturelle Tat erblicken zu müssen glauben«; »alle Nichtentarteten« dagegen könnten sein Wirken nur als »ungeheures Verbrechen an unserer Jugend« sehen. Rothstocks Tat sei »bedauerlich, noch ungleich entsetzlicher ist es aber, daß heute ein Mensch mit reinem, unverdorbenem, sittlichem Empfinden durch die verpesteten Verhältnisse unseres öffentlichen Lebens *gezwungen* wird, zur Mordwaffe zu greifen und vor dem Gesetz zum Verbrecher zu werden, wenn er aus Verzweiflung über die unverantwortliche Pflichtvergessenheit der Jugendbehörden aus einem unabweisbaren inneren Sittengesetz *selbst* jene zu richten unternimmt, die er als Verbrecher an unserer Jugend erkennt.«[110]

Tags darauf zieht Karl Sedlak aus einem Überblick über die Reaktionen der »Judenpresse« auf das Revolverattentat des »jugendlichen Idealisten«, in dem man nichts anderes als den »Vollstrecker eines Volksurteils«[111] sehen könne, das Fazit: »Die ›Stunde‹, von der die Moral Bettauers in Groß- und Alleinbetrieb genommen ist, entsetzt sich, mehr noch als über die Tat, über den Umstand, daß es in Wien von Juden geleitete Blätter gibt, welche nicht bloß die Tat verurteilen, sondern auch die Gründe, die naturgemäß zu solcher Tat führen mußten. Das ist echte ›Stunde‹! Sie fühlt sich eben in ihrem Geschäftsbetrieb bedroht und wird hoffentlich hierin recht behalten. Auch für diese ›Stunde‹ muß die Stunde schlagen, wenn es besser werden soll.«[112] – Eine Aufforderung zur »Selbsthilfe«?

Ein Dreivierteljahr zuvor, nachdem der christlichsoziale Bundeskanzler Ignaz Seipel bei einem Schußattentat auf dem Südbahnhof am 1. Juni 1924 schwer verletzt worden war, sind für die Rechtspresse die Schuldigen rasch ausgemacht: die »fanatische Verhetzung unserer Arbeiterschaft durch den gewissenlosen Klüngel der meist jüdischen Drahtzieher« der marxistischen Arbeiterbewegung sowie die »unverantwortliche Demagogie, auf Lügen aufgebaute Verhetzung und bewußt unberechtigten Anschuldigungen gegen die politischen Gegner«, namentlich durch: »Arbeiter-Zeitung«, »Der Tag«, »Der Abend« – und die »›Stunden‹-Dirne«. Und auch die Schlüsse sind rasch gezogen: »*Das geistige Banditentum muß aus unserem öffentlichen Leben endlich verschwinden und die Maßnahmen, um es unschädlich zu machen, müssen gefunden werden.* Das ist die unabweisbare Forderung der Zeit«, so die »Dötz«.[113] Die »Deutsche Arbeiter-Presse«: »Wird es durch die Ämter und Behörden zu erreichen sein, daß nunmehr dem jüdischen Terror, der jüdischen Verhetzung Schranken gesetzt werden? Wir haben nach unseren Erfahrungen die Hoffnung auf eine Abhilfe von *dieser* Seite aufgegeben. […] Für uns muß es heißen: ›*Selbst ist der Mann.‹* Unsere Anhänger werden nach *diesem* Grundsatze in Hinkunft zu *handeln* wissen.«[114]

Die »Deutsche Arbeiter-Presse« ist auch in der Causa Bettauer kategorisch: Sollte von seiten des Gesetzgebers und der Behörden nicht »energisch Wandel geschaffen« werden: »Wir stehen auf unserem Posten und werden dem gesamten Judentum und seinen Helfershelfern zum Trotz rücksichtslos eintreten für das, was unserem Volke frommt und was zu dessen Erneuerung, zu dessen Wiederaufstehen aus Sumpf und Morast, aus Schmach und Schande notwendig ist.« Und in Richtung »Stunde«, die gefordert hatte, die NSDAP zu verbieten – Rothstock war oder ist Partei-Mitglied und verkehrt in NS-Kreisen –: »Die Redaktion der ›Stunde‹ soll schauen, daß *sie* nicht ›aufgelöst‹ wird, wenn sie es allzu bunt treibt.«[115]

»Die Stunde«, die für Bettauer als eines der ganz wenigen Wiener Blätter im Herbst 1924 in einem aufsehenerregenden Pornographie-Prozeß, der gegen ihn angestrengt worden war, Partei ergriffen hat und ihm auch als Autor Platz auf ihren Seiten einräumte, steht nach dessen Ermordung im März 1925 mit ihrer uneingeschränkten Verurteilung des Mordes allein auf weiter Flur,[116] selbst jene Blätter, die sich »liberal« geben, zeigen Verständnis für den Attentäter.

Selbst seine Wiener Kollegen stehen Bettauer reserviert gegenüber. Man rümpft die Nase über seine »Karnickel-Produktivität«[117], über das Übermaß an »›Gartenlaube‹-Wasser«, das er in seinen »Sexualaufklärungswein«[118] gießt: »Psychoanalyse für Dienstboten«, spottet man.

Mag sein, so Anton Kuh, der indessen Bettauer hoch anrechnet, daß der, völlig uneitel und ohne nach »Niveau« zu schielen, »demokratische, soziale, sexualaufklärerische Erkenntnisse« – zu Themen wie »Dienstbotenschindung; die vernachlässigte Gattin; das verführte Bureaufräulein; darf man Kinder abtreiben?; Geld und Liebe usw.«[119] – unter Stenotypistinnen und Friseusen trug: »Unterhaltungsbelletristik mit negativem Vorzeichen; Anti-Courths-Mahler-Gesinnung in der Courths-Mahler-Sprache«[120]. ›Er leuchtete mit einer revolutionären Zwei-Groschen-Psychologie – die gleichwohl viel mehr wert war! – in die dumpfen Heim-Kümmerlichkeiten, sprach das Ungesprochenste aus, ermunterte den zermürbten Anspruch auf Duft und Sinnenglück, der in den armen Frauen und Mädchen nagt, und setzte ihnen den Keim zur revolutionären Forderung nach Glück in die Brust, die vieltausendmal wichtiger ist als alle sozialistischen Forderungen nach Brot. (Sintemalen aber die beiden Wünsche unzertrennlich sind, so hätte sich Bettauer bei den dogmatischen Nichtsriskierern immerhin ein Denkmal verdient.)«[121]

»Kuh Drohbrief, bittet um Schutz!« lautet ein Eintrag im Arbeitskalender Johann Schobers, des Wiener Polizeipräsidenten, unter dem 28. April 1924, vier Tage nach dem Konzerthaus-Vortrag »Was ist unsittliche Kunst?«.[122] Da tobt gerade die von Völkischen gegen Bettauer entfesselte Kampagne. Am 11. März 1925 ersucht Imre Békessy um Schutz, am 30. März auch Ernst Ely, Redakteur und zeitweise verantwortlicher Redakteur der »Stunde«.[123] Hans Habe berichtet von einer »Todesliste«, die im Mai 1925 in den Räumen einer nationalsozialistischen Jugendorganisation gefunden worden sei. Der Name seines Vaters, Békessys, sei der zweite auf dieser Liste gewesen. »Im Wagen meines Vaters saß jetzt neben dem Chauffeur stets ein Detektiv; in seinem Redaktions-Vorzimmer lösten sich die Polizisten ab; unser Haus war Tag und Nacht bewacht; ein Detektiv holte mich von der Schule ab. Vom Tage des Attentats gegen Bettauer wußte mein Vater, daß die neue Zeit der Epoche der Inflation offen den Vernichtungskrieg angesagt hatte.«[124]

Anton Kuh rechnet offenbar mit völkischer »Selbsthilfe«. Nicht von ungefähr. Herwig Hartner bezeichnet Anton Kuh, »in dem sich der schlimmste Geist [der ganzen geschlechtlich revolutionären] Richtung in einer von aller Geistigkeit verlassenen, frechen und hemmungslosen Art« auslebe, in seiner antisemitschen Hetzschrift »Erotik und Rasse«[125] als »nächste[n] Geistesverwandte[n]« Bettauers; dessen Wiener Vortrag »Was ist unsittliche Kunst?« vom 22. April 1924, der »von Unflätigkeiten [ge]strotzt« und »nicht mehr als eine Zotenorgie« dargestellt habe, als »Verherrlichung des Geschlechtserlebens im Sinne Bettauers«. Das »Wiener humoristische Volksblatt« – so der Untertitel – »Kikeriki!« druckt Hartners Machwerk in Fortsetzungen ab – die Anton Kuh betreffende Passage in der Nummer vom 9. Mai 1926 –, und das jeweils mit der in einer redaktionellen Vorbemerkung formulierten Begründung: »Da wir im Interesse der Aufklärung unseres Volkes über die Methode des Judentums zur Untergrabung und Vernichtung ›christlich-arischer‹ Moral, d. h. der Widerstandsfähigkeit unseres Volkes, diesem Buche die weiteste Verbreitung wünschen.«

Die Fälle Kadivec und Bettauer resp. Rothstock bei der Hand, stegreift Anton Kuh am 17. April in der Prager Urania zum Thema »Die Diktatur der Bureaukratie«. Wie gereizt die Stimmung und wie prekär

Prag, Urania, 17.4.1925, 20 Uhr:
Wien – Prag oder: Die Diktatur der Bureaukratie

der Friede zwischen den Prager Deutschen und der tschechischen Mehrheitsbevölkerung noch Mitte der 1920er Jahre ist, veranschaulichen die Vorfälle rund um den begeistert akklamierten Vortrag. Zwei Tage danach beeilt sich die Urania, in der »Bohemia« festzustellen: »*Zur Beachtung!* Die Leitung der ›Urania‹ teilt mit, daß der Vortrag Anton Kuh *kein* Urania-Vortrag war und daß die gegenteilige Notiz in der Abendzeitung vom 17. d. nicht von der ›Urania‹ herrührte. Bei dieser Gelegenheit bringen wir nochmals zur Kenntnis der Öffentlichkeit, daß nur jene Veranstaltungen ›Urania‹-Veranstaltungen sind, die in der ›Urania-Rubrik‹ als solche angekündigt werden. Anderen Veranstaltungen im Urania-Saale (Deutsches Vereinshaus) steht die ›Urania‹ fern.«[126]

Diese Distanzierung erweist sich als allzu eilfertig, denn Kuh erntet von tschechischer Seite Lob für seine sachlichen Bemerkungen, so in »Právo Lidu«: »Der Geist, der seinen Vortrag durchdrang, war frei von Engstirnigkeit, Nationalismus und Kleinlichkeit. Und dank dieses Geistes verdient sein Vortrag Beachtung, der bei den deutschen Zuhörern in der Urania, nach deren Verhalten zu schließen, ein dankbares Publikum fand. [...] Wenn es in Prag ein deutsches Milieu gibt, das systematisch Vorträge solcher Art veranstaltet, ist es nicht notwendig, die Möglichkeiten des friedlichen Zusammenlebens mit den Deutschen und der tschechisch-deutschen Zusammenarbeit pessimistisch zu beurteilen. Zumindest darf man nicht alle Deutschen in den nationalistischen Topf werfen. Wir haben uns allzusehr daran gewöhnt, die Orientierung unserer Deutschen nach ihren Zeitungen zu beurteilen. Wir sollten aber auch nach ihrer Kultur- und Bildungstätigkeit urteilen, die in der Presse nicht aufscheint.«[127]

Dabei ist Kuh den im Titel angekündigten brisanten Vergleich zunächst schuldig geblieben und nur über die hypertrophe und politisierte Bürokratie – »die Konzipistenbureaukratie von der 11. Rangsklasse abwärts, [...] ungebildet, gehässig, lebensfeindlich«[128] – hergezogen, unter deren eisernem Griff das christlichsozial regierte Österreich zu ersticken drohe: »Wenn zwei Leute – nach einem Worte Tschuppiks – sich in Wien zu Tisch setzen, so ißt ein unsichtbarer Hofrat mit, wenn zwei sich ins Bett legen, so legt sich der unsichtbare Hofrat mit hinein. In den Wiener Beamtenfamilien wurzeln die 40.000 hakenkreuzlerischen Wühler von 2½ Millionen, jene anderthalb Prozent Komplotteure, von denen die Hälfte aus nichtdeutschen Familien stammt und die im Namen des Deutschtums die Wiener terrorisieren.«[129]

Erst mit einer Schlußvolte löste Kuh das Versprechen des Vortragstitels mit der Bemerkung ein, daß auch die Tschechoslowakei das Joch der Bürokratie zu tragen habe, »nur mit dem Unterschied, daß man in der Tschechoslowakei etwas für die Qualen der Bureaukratie bekomme«.[130]

Das »Montagsblatt« läßt es sich allerdings nicht nehmen, den Vergleich, den Kuh nicht gezogen hat, nachzuholen und auf einer halben Seite aufzulisten, *was* denn die Tschechoslowakei, genauer gesagt, die deutsche Minorität, für diese Qualen bekomme. Mit dem Resümee: »Dies ist nur ein kleiner Ausschnitt aus den *Qualen*, mit denen das hier herrschende System namentlich die deutsche Bevölkerung bedrückt und terrorisiert. [...] Wir sehen also, daß ein Vergleich zwischen Prag und Wien immer noch zugunsten der Donaustadt ausfällt. Man kann die Wiener Polizei und Bürokratie mit den schwärzesten Farben malen, ohne daß man an die hiesigen Zustände herankommt. Denn hier ist alles Polizei, vom Kesselflicker bis zum Minister, und jeder tschechische Patriot rechnet es sich zur Ehre an, den Spitzel und Denunzianten zu spielen, wo er nur kann. Von Demokratie ist nicht eine Spur. Und wenn der Vortragende etwas unklar sagt, daß man in der Tschechoslowakei etwas für die Qualen der Bürokratie bekommt, so können wir Deutsche ergänzend hinzufügen: Ja, Fußtritte, Schikanen und Schmähungen.«[131]

Die »unverschämte und freche Weise«, in der das »jüdisch-liberale Prager ›Montagsblatt‹« über die »hiesigen Verhältnisse« berichte, reizt wiederum »Národní politika« zum Zorn und zur unverhohlenen Drohung gegen dessen Herausgeber: »*Pane Oskare Kuh, pozor!* [Herr Oskar Kuh, geben Sie acht!]«[132]

Der verwahrt sich in einer Replik gegen die Unterstellung der »Národní politika«, erst der Wahlsieg Hindenburgs habe ihm den Kamm schwellen lassen, und wischt die Drohung der »tschechischen Hetznotiz« ungerührt vom Tisch: »Indes was ihre Drohung anbelangt, so sagen wir: *to nás netuží* – das berührt uns nicht.«[133]

Auswuchs der gehässigen »Konzipistenbureaukratie von der 11. Rangsklasse abwärts«: Im Juli 1925 wird Adalbert Graf Sternberg, »das Enfant terrible auf der parlamentarischen Bühne Altösterreichs«,[134] wegen Beleidigung der Republik oder, wie es im amtlichen Kommuniqué heißt, weil er sich »über die gegenwärtige österreichische Staatsform, über die Regierung und über die öffentlichen Einrichtungen Österreichs in nicht wiederzugebenden Ausdrücken in einer Weise geäußert [hat], die sich kein Staat von einem Ausländer bieten lassen kann«,[135] ein drittes Mal des Landes verwiesen. Etwas konkretere Angaben zum Ton, den Sternberg bei einer Versammlung der »Kaisertreuen Volkspartei« im Gasthaus »Zum grünen Baum« am 25. Juni angeschlagen hat, finden sich in den Kalendernotizen des Polizeipräsidenten Johann Schober unter dem 26. Juni: »Jockey-Club – ein Dutzend Warme! / Unter diesen Verhältnissen kann von keinem Rechtsstaat die Rede sein, sondern man muß sagen, daß dieser Sau-Staat von organisierten Schweinehunden regiert wird und jedwedes Recht verlorengegangen ist.«[136]

Tschechoslowakischer Staatsbürger, ist Sternberg behördlicherseits in Wien nur der »probeweise Aufenthalt gegen jederzeitigen Widerruf«

bewilligt, weil er »durch die Art seines Auftretens wiederholt die öffentliche Aufmerksamkeit in unliebsamer Weise auf sich gelenkt hatte«. Seit 1923 ist er bereits zweimal »abgeschafft« (so der Amtsjargon) worden, zuletzt im Juni des Vorjahres: Sternberg, der nach dem Zusammenbruch der Monarchie – ganz gegen den Zeitgeist und auch ganz entgegen seinen wiederholten Invektiven wider Kaiser Franz Joseph – programmatisch dynastietreu ist, gerät damit in Konflikt mit mehreren Mitgliedern des elitären Jockeiklubs – für ihn eine Ansammlung von »Lakaienseelen« und »die letzte Domäne der Hofkamarilla« –, insbesondere mit Herbert Herberstein, den er als oberste Autorität in allen Ehrensachen des Clubs dafür verantwortlich macht, daß dort einer »Herrenmoral gehuldigt« werde, die »im vollen Gegensatz zu der Offiziersehrenmoral« stehe. Anfang März 1922 wird Sternberg von einem Komitee für Ehrenangelegenheiten unter dem Vorsitz Herbersteins aus dem Jockeiklub hinausintrigiert.[137] Die Auseinandersetzung kulminiert am 2. Juni 1924 in einem »Rencontre« vor dem Hotel Sacher, bei dem Sternberg Herberstein laut Polizeiprotokoll »von rückwärts [angreift], tätlich mißhandelt und beschimpft«.[138]

Anton Kuh winkt Sternberg, dem er sich »durch manches Talent zur polizeilichen Abschaffbarkeit in Blut und Hirn verbunden weiß« und der für ihn zu den ganz wenigen »Wirklichkeitsmenschen gehört, um derentwillen das Leben in dieser vermoderten und verkropften oder von einem gespenstischen Itzig-Geist bevölkerten Stadt noch eine Freude sein könnte«, bereits am 11. Juli schriftlich zum Abschied und kommt dabei auf seinen Prager Vortrag zurück: »›Sehen Sie, das ist – wie ich unlängst vor Tschechen in einem Prager Vortrag sagte – der Unterschied zwischen den Österreichern von einst und jetzt: Schüler waren wir als Staatsuntertanen immer; aber früher waren wir Gymnasialschüler und unsere Professoren – die rangshöheren Bureaukraten – mußten zumindest mit uns per Sie reden, durften uns auf der Straße nicht wegen Zigarettenrauchens stellen; heute, wo aus dem Staatsgymnasium ›Großösterreich‹ die Bürgerschule ›Deutschösterreich‹ wurde, sind wir zu Bürgerschülern herabgesunken; die Lehrer sind mit uns per du und hauen uns auf der Straße das Zigarettl aus dem Mund.‹«[139]

Bei der Abreise Sternbergs vom Wiener Ostbahnhof am späten Abend des 16. Juli 1925 wird Kuh festgenommen, weil er sich über das behördlich verhängte Verbot jeglicher Kundgebung hinwegsetzt und auf dem Perron folgende Abschiedsrede hält: »Gestatten Sie, lieber Graf, daß ich hier namens einiger Sie liebender Menschen dieser Stadt, die sich schämen, Ihnen einige Worte zum Abschied sage. Sie haben das Verbrechen begangen, in diesem Staat, der sich in einen Lesebuch-Staat verwandelt hat, wo man zur Strafe für anstößiges Benehmen hundertmal abschreiben muß: ›Ich soll nicht auffällig sein‹, anders zu sein als die Mehrzahl. Dafür werden Sie jetzt ausgewiesen. Auf Ihrem Ausweisungsdekret müßte stehen: ›Ausgewiesen wegen Beleidigung der Republik, zum Schutz der Höflinge Kaiser Karls.‹ Da unserem Staat der Anschluß an Europa untersagt ist, so betreibt er wenigstens den Ausschluß der Europäer. Ich gratuliere Ihnen herzlichst dazu, daß Sie ihn verlassen müssen …«[140] Kuh wird nach diesen Worten auf die Bahnhofswachstube geführt und nach Aufnahme der Personalien wieder auf freien Fuß gesetzt. Er stellt zu den Vorgängen in einer Zuschrift an das »Neue Wiener Journal« klar: »Die Wachebeamten, die mich festnahmen, versuchten meine in jeder Hinsicht unberechtigte Verhaftung dadurch zu motivieren, daß sie erklärten, sie hätten mich vor den durch meine Ansprache ›erregten‹ Arbeitern der Ostbahn – ›schützen‹ wollen. Ich stelle hiemit ausdrücklich fest, *daß in weitem Umkreis weder ein ›erregter‹ noch überhaupt ein Ostbahnarbeiter zu sehen war.* Die Leute aber, die anwesend waren, zeigten zu meiner Behauptung, Österreich sei ein Polizeistaat, restlose Zustimmung.«[141]

»Eine Unternehmung wie jede andere« – »Die Stunde«

»Die Stunde« hat einen Geburtsfehler: Ihr Herausgeber, Imre Békessy, 1920 von Budapest nach Wien gekommen, sieht sich als hemdsärmeligen Vertreter des »*jungen Kapitals*«[1] und hat eine, gelinde gesagt, eigenwillige Auffassung von Journalismus. Was er bringt oder nicht bringt, soll jedenfalls *ihm* etwas bringen. Er versteht sich als Dienstleister – gegen gutes Geld. Entsprechende Honorierung vorausgesetzt, lanciert er Falschmeldungen, um den Markt zugunsten der Finanziers seines Kronos-Verlags, Sigmund Bosels und Camillo Castiglionis, zu manipulieren, in dem seit November 1920 »Die Börse« erscheint – ein Wirtschaftsblatt, das dem Platzhirschen, dem »Österreichischen Volkswirt«, bald den Rang abzulaufen droht und eine ernsthafte Konkurrenz des »Economist«, des Wirtschaftsteils der »Neuen Freien Presse«, darstellt –, ab November 1924 das von Hans Liebstoeckl geleitete Unterhaltungsmagazin »Die Bühne« und ab 1925 auch die Rätselzeitung »Die Sphinx«. Er zwingt Unternehmer, Geschäftsleute, wohlhabende Wiener Zeitgenossen zur Zahlung größerer Summen oder erpreßt überhöhte Inseratenaufträge, indem er mit negativer Berichterstattung über den Geschäftsgang ihrer Firmen oder mit der Enthüllung kompromittierender Details aus ihrem Privatleben droht.

Die Herausgeber des »Österreichischen Volkswirts«, Gustav Stolper und Walter Federn, bekommen davon Wind und nennen das Kind beim Namen und also Békessy in der Nummer vom 7. Juli 1923 einen »Lügner und Schwindler, der erfundene falsche Nachrichten verbreitet«, und »käuflich«[2]. Békessy strengt eine Ehrenbeleidigungsklage gegen seine, wie er die Auseinandersetzung sieht, »brotneidigen Konkurrenten«[3] an. Beim Prozeß legt er seine Auffassung von Journalismus offen: Eine Zeitung sei »keine moralische Institution«, sondern »eine Unternehmung, die ebenso den wirtschaftlichen Gesetzen unterliegt wie eine Schneiderei oder eine Gastwirtschaft«, »ein Geschäft«, das »auf der einen Seite mit reinen, auf der anderen Seite mit unreinen Händen geführt« werde.[4]

Békessy zieht die Klage zurück, nachdem in Budapest eine Leumundsnote eingeholt worden ist, die fünfzehn Verfahren wegen Verleumdung, Erpressung, Betrug, Preistreiberei, Aufwiegelung und Diebstahl auflistet. Er kündigt zwar an, entlastendes Material vorzulegen, bleibt Beweise für seine Unbescholtenheit jedoch schuldig. Die gerichtliche Auseinandersetzung mit Stolper und Federn endet im Januar 1924 ohne Urteilsspruch. Békessy nötigt seine Gegenkläger zu einem außergerichtlichen Vergleich – durch die Drohung, andernfalls einen Stolper kompromittierenden Privatbrief zu veröffentlichen.

Die Stolper-Federn-Affäre kann Békessy, der gute Kontakte zu führenden Sozialdemokraten unterhält – was ihm im Juli 1923, auf dem Höhepunkt der Affäre, gegen alle Bedenken zur Wiener Landesbürgerschaft und damit zum Heimatrecht in Wien verhilft –, noch mit einem Achselzucken abtun. Er begeht allerdings in seiner machtbewußten Vermessenheit den verhängnisvollen Fehler, einen zäheren Widersacher aufzustören: Karl Kraus. In einem »Börse«-Artikel vom 29. Oktober 1923 beschwört er die Worte des Herzogs von Wien in Shakespeares »Maß für Maß«, die Kraus zwanzig Jahre zuvor seinem Pamphlet »Sittlichkeit und Criminalität« als Motto vorangestellt hat,[5] und vergleicht sein Vorgehen gegen österreichische Mißstände mit jenem des »Fackel«-Herausgebers.[6]

Zwar gemahnt die gesellschaftspolitische Blattlinie der »Stunde«, zwar gemahnen Brandartikel gegen die schikanöse Behandlung von Prostituierten durch die Wiener Polizei, gegen puritanische Pseudo- und Doppelmoral, gegen eine das »gesunde Volksempfinden« exekutierende Justiz an die Pionierarbeiten Kraus' zu den Themenkreisen »Sittlichkeit und Kriminalität«[7] und »Die chinesische Mauer«; daß Békessy indes versucht, sich mit Kraus gemein zu machen – er schickt, offenbar in der Annahme, daß der Adressat ihn als Kampfgefährten anerkennen werde, Kraus ein Exemplar dieser Nummer der »Börse« –, ist dann doch ein zu starkes Stück, als daß der »Fackel«-Herausgeber es sich nicht kategorisch verbittet.

Ein halbes Jahr lang hat Kraus dem Treiben – dem Revolverjournalismus und dem Hang der »Stunde« zu sensationalistisch aufgemachten Klatschgeschichten; dazu verkommt die *»Menschendarstellung«*, der »Die Stunde« großes Augenmerk zuzuwenden ankündigt, um »dem Wiener zum Bewußtsein [zu] bringen, wie reich die Stadt an Talenten und Originalen ist«,[8] rasch – zugesehen, bevor er im Oktober 1923 unter dem Titel »Metaphysik der Haifische« angewidert die neureichen Inflationsgewinnler aufs Korn nimmt, die von der »Stunde« als Abschluß der dreißigteiligen Artikelserie »Wie wird man reich? Die Geschichte der Wiener Milliardäre« als altruistische Wohltäter der Menschheit gefeiert worden sind.[9] Er empört sich über die huldvollen Porträts jener zwei Inflationsnabobs, die das jüngste Kapitel der »Naturgeschichte des neuen Reichtums« – so der Untertitel der 29. Folge – geschrieben haben: Camillo Castiglionis und Sigmund Bosels, »schier die leuchtenden Transparente vor dem Eingang ins neue große Welttheater«, die mit dem unerhörten Satz »Jedes Blutbad war ein Jugendbronnen neuer großer Finanzleute« in die Traditionslinie der Rothschilds und Bleichröders gestellt wurden; über »die Bereitschaft des öffentlichen Wortes, dem Aussatz der Menschheit alle Ehre zu geben«. Er empört sich über die Verklärung von Valutenschiebern, die »in Verbindung mit dem größten Unglück der Menschheit das meiste Geld« gemacht hatten, zu geradezu faustischen Titanen und erinnert daran, daß »in Verfallszeiten nicht die Würde von oben, sondern der Dreck von unten kommt«.

Ohne Békessy hier noch zu nennen, hat Kraus ihn doch schon im Visier. Vollends wenn er drei Monate darauf die »Käuflichkeit der Leute, von denen man weiß, daß sie nicht auf die Börse gehn, um über sie zu berichten, sondern über sie berichten, um auf die Börse zu gehn«, anspricht[10]; wenn ihm die Mondänität der »Stunde« »bloß der ungezügelte Drang der neuen Publizistik [ist], jenem Reichtum, der andere sterben ließ, das Leben und Lebenlassen zu garantieren, bloß die Frechheit, ihm auch noch zu einem guten Gewissen verhelfen zu wollen«;[11] wenn er sich kategorisch gegen die Anbiederung von seiten Békessys verwahrt und sich über dessen selbstgerechte Pose lustig macht.

Nach beinah einem Jahr Stillhaltens platzt Kraus im Dezember 1924 der Kragen. Zum einen thematisiert er die dubiose Rolle, die »Die Stunde« im Zusammenhang mit dem Krach der Nordisch-Österreichischen Bank gespielt hatte;[12] und äußert – viel vehementer noch – seine Abscheu vor einem anonymen Leitartikel der »Stunde«. Ein vierzehnjähriger obdachloser Schuhmacherlehrling war in der Nacht von 23. auf 24. Oktober über eine Bretterwand in die Parkanlage des Etablissement Tivoli in Schönbrunn eingestiegen und dort von Wachhunden zerfleischt worden. Der Leitartikel mit dem Titel »Planke« verglich das Los, das dem Buben beim Eindringen in das »verbotene Land« beschieden war, mit der Ächtung die dem »jungen Reichtum« von seiten des sein Revier verbissen verteidigenden »alten Reichtums« entgegenschlage.[13] »Das Blatt, das um die Mittagsstunde den Mord durch die Gassen ruft, den seine Existenz an dem Rest von Ehre bedeutet, welchen dieser Welt von Gurgelabschneidern der Krieg übriggelassen hat; das mit der Unbefangenheit, die das Nichtsnutzige als Trumpf ausspielt, den hellen Tag zum Nachtlokal macht; das Blatt, das der Moral von Rowdies und Schiebern eine Weltanschauung abgewinnt und das die Metaphysik der Haifische begründet hat – es brachte einen Leitartikel ›Die Planke‹, worin das

Schicksal des zerfleischten Knaben tatsächlich mit dem Fall Castiglioni verknüpft ward. [...] Welche kosmische Phantasie war imstande, in dem bleichen Gesicht des zerfleischten Kindes die Züge des Herrn Castiglioni zu entdecken!«[14]

»Die Stunde« reagiert am 30. Januar 1925 mit der anonymen Notiz »Ein Bruderzwist im Hause Karl Kraus«, die von einem Erbschaftskonflikt unter den Kraus-Brüdern wissen will und den angeblich unter den »Kai-Kaufleuten« kursierenden Witz kolportiert: »Rudolf Kraus, der die Säcke erzeugt, ist der Sackel-Kraus, Kommerzialrat Josef Kraus (Packpapier) der Packel-Kraus, ein dritter Bruder, Doktor Alfred Kraus (wegen seiner äußeren Statur) der Lackel-Kraus. Auf sie alle fällt jetzt der Zorn des ›Fackel‹-Kraus.«[15] Hintergrund ist die aufgrund der Währungsumstellung in Österreich notwendig gewordene Neufestsetzung von Karl Kraus' Leibrente aus dem Papier-Unternehmen der Familie. Sie wurde per Gerichtsbeschluß vom 27. März 1925 – außerstreitig und im Einvernehmen mit seinen Brüdern – auf 400 Schilling festgesetzt (statt der bisherigen 1000 Kronen).

Mit einer Berichtigung der Falschmeldung, die »Die Stunde« am 1. Feber bringt, hat es diesmal nicht sein Bewenden. Kraus baut eine mächtigere Drohkulisse auf: Am 25. Feber 1925 trägt er im Konzerthaus aus Ferdinand Lassalles Rede »Die Feste, die Presse und der Frankfurter Abgeordnetentag. Drei Symptome des öffentlichen Geistes« (1863) vor, darin die mehrfach wiederholte Wendung »von Stund' an«, etwa in den Passagen »Von Stund' an wurde eine Zeitung eine äußerst lukrative Spekulation für einen kapital-begabten oder auch für einen kapital-hungrigen Verleger« oder »Von Stund' an wurden also die Zeitungen nicht nur zu einem ganz gemeinen, ordinären Geldgeschäfte, wie jedes andre auch, sondern zu einem viel schlimmern, zu einem durch und durch heuchlerischen Geschäfte, welches unter dem Scheine des Kampfes für große Ideen und für das Wohl des Volks betrieben wird«[16].

Vier Tage zuvor hat er, dem die lauthals affichierte Urbanität des Békessy-Blattes nur der Deckmantel eines »prinzipielle[n] Fallotentum[s]« ist,[17] im Festsaal des Ingenieur- und Architektenvereins »Die Kraniche des Ibykus« rezitiert, Schillers Ballade über Schuld und Vergeltung, die im Vers »Die Szene wird zum Tribunal« kulminiert: der Auftakt seiner Kampagne gegen die »tägliche Inzucht von Börse und Bordell«, die »Kollusion von Mord, Sport und Kreuzwort«, das »illustrierte Zuhältertum der niedrigsten Instinkte«.[18]

Kraus ist an einer empfindlichen Stelle getroffen. Er nimmt die Berichterstattung der »Stunde« in zwei Angelegenheiten zum Anlaß, seiner

Abscheu vor dem Herumschnüffeln im Privatleben von in der Öffentlichkeit stehenden Personen kundzutun. »Die Stunde« hat behaglich ausgewalzt, daß die Frau des Baron Reitzes, eines stadtbekannten Neureichen, in Begleitung des jungen Sekretärs ihres Mannes in geschäftlichen Angelegenheiten nach Paris aufgebrochen war.[19] ›Reitzes‹ ist für »Fackel«-Leser ein Signalwort für unsaubere Geschäfte, das wiederholt im Zusammenhang mit dubiosen Geschäftspraktiken gefallen ist. Dennoch: »ihm in seiner privatesten Lage nicht den Schutz jener ultima ratio zuzubilligen, die der ›Stunde‹ zeigt, wie viel's geschlagen hat, wäre schon jene moralische Erbärmlichkeit, aus der die Berichterstattung über Ehebegebenheiten als eine Selbstverständlichkeit hervorgeht«; deswegen ergreift er Partei gegen ein »prinzipielles Fallotentum, das weder Ehrfurcht noch Rücksicht auf irgend eine Tatsache des Lebens und Sterbens kennt, kein Verdienst des Geistes achtet und keinen Anspruch der Not, nichts wahrnimmt außer dem eigenen Geschäft und alles nur für dieses, kein Geheimnis verschlossen läßt, das die Aufmachung lohnt, und den Skandal als Stundenschlager anzeigt«.[20]

Im Juli läßt er sich gar dazu herbei, Ernst Benedikt, dem Herausgeber der »Neuen Freien Presse«, beizuspringen. Auf einen Artikel der »Neuen Freien Presse«, der Otto Rothstock nach dessen Attentat auf Hugo Bettauer als »tadellos ehrlich« bezeichnete,[21] reagierte die »Stunde« mit einer ätzenden Schmähung Benedikts, den sie als »Hausjud des Hakenkreuzmordes«[22] beschimpft und unverblümt mehrfach als Wichser hinstellt.[23] Kraus ergreift für sein längjährig beschworenes Feindbild Partei, »weil die Unantastbarkeit fremder Genitalien selbst dann ein Kulturgebot ist, wenn die Besitzer beruflich gefrevelt haben, und zumal dann, wenn das Geschlechtsleben nur so mit dem Wirtschaftsleben zusammenhängt, daß für die Diskretion gezahlt werden müßte«[24].

Von März 1925 an entspinnt sich ein Schlagabtausch, der mit ungleichen Waffen geführt wird: Hie der erbitterte publizistische und juridische Kampf des lauteren Wortes gegen eine »Journalistik der Fressack und Naschkatz«[25], da ein Geprassel an Untergriffen und Diffamierungen.

Kraus eröffnet mit dem Pamphlet »Die ›Stunde‹ bietet die Darstellung der wirklichen Ereignisse des Lebens«.[26] »Die Stunde« antwortet mit einem Photo, das auf der Seite 1 den elfjährigen Kraus und seine Schwester zeigt, mit der er, so der Bildtext, »bekanntlich jetzt einen Erbschaftsstreit führt«. Eine interne Anweisung Békessys wurde beim Retuschieren des Jugendphotos bis zum Grotesken ausgereizt: Kraus »so mies als möglich«[27] zu machen: riesige, abstehende Ohren, riesige Füße, ein riesiges Maul. Die gerichtlich durchgesetzte Berichtigung nutzt die »Stunde«[28], um noch ein Schäuferl nachzulegen. Dem retuschierten

Bild ist ein neues beigestellt, den Lesern wird in einem redaktionellen Text anheimgestellt, ein Schönheitsurteil abzugeben. Das angeblich korrigierte Bild ist erneut entstellt. Das Spiel wiederholt sich mit Variationen bis in den Oktober hinein.[29]

»Die Stunde« wirft mit Dreck: Ihre Niederträchtigkeiten reichen von weiteren manipulierten Bildern[30] über ein Visitenkartenrätsel »R.R. Laus-Kak«, begleitet von einer abstoßenden Karikatur Kraus',[31] den Wiederabdruck der Alfred Kerrschen »Caprichos«, Schmähungen aus dem »Pan«,[32] einen faksimilierten Brief Peter Altenbergs, in dem dieser aus jener »heimtückisch-feigen Schar« seiner vorgeblichen Freunde und Verehrer, die ihm übel mitgespielt hätten, ausgerechnet Kraus hervorhebt,[33] bis zu infamen Auslassungen wie: »Karl Kraus war schon in seiner frühesten Jugend ein ausgesprochen mieser Bocher. Er hatte einen Mund, der schier von einem Ohr zum anderen reichte, eine auffallend häßliche Nase und abnormal große Plattfüße«[34] oder »Wer Herrn Karl Kraus zum Beispiel in seinem Stammcafé mit geil überfließendem Mund und verkrümmtem Rücken wie einen Baumaffen des Sarkasmus seinen Jüngeln und Jüngern die Druckfahnen der nächsten Nummer seiner Zeitschrift vorlesen gesehen hat ...«[35].

Selbst wenn man berücksichtigt, daß in der Tagespresse damals ein eher rüder Ton herrscht, und in Rechnung stellt, daß auch Kraus bei der Bezeichnung seiner Gegner – »Schleimrüssel«[36], »Ungeziefer«[37], »Wanzenbrut«[38] – nicht zimperlich ist, markieren die allermeist anonymen Schmähungen Kraus' in der »Stunde« einen Tiefpunkt publizistischer Fehde.

Am 25. Juni 1925 hält Kraus im Mittleren Konzerthaussaal seinen Vortrag »Entlarvt durch Békessy«, in dem er den Fall Stolper-Federn wieder aufrollt, die Kampagnen der »Stunde« minutiös sarkastisch kommentiert und die Kampfparole lanciert, die zum geflügelten Wort werden sollte: »Hinaus aus Wien mit dem Schuft!«[39]

Auf einige Passagen von Kraus' Vortrag bezieht sich Kuhs Text »Kraus, der Nachtigallenfreund«. Die Vorgeschichte: »Die Stunde« hat am 24. Mai auf der ersten Seite ein Bild von Kraus' Auto mit folgendem Begleittext gebracht: »Es wird unsere Leser interessieren, wie das neue Privatauto des großen Satirikers (Fabrikat Nesselsdorf, Marke Tatra) aussieht, der seinen Bannstrahl gegen diese im Auto am Elend vorbeifahrende Zeit geworfen hat.« Das Auto, ein Kleinwagen, war perspektivisch so verzerrt aufgenommen worden, daß es die Anmutung einer Luxuslimousine erhalten hatte.

Kraus hat diese »Enthüllung« mit souveräner, leichter Ironie pariert, in einem Text, gespickt mit Seitenhieben auf die Unterstellungen und die Motive Békessys. Er hat die mit dem Auto unternommenen Vortragsreisen des »Chefredakteurs« der »Fackel« mit den »Erpreßreisen« des Administrationschefs der »Stunde« gekontert. Was ihm, dem »Verächter der kapitalistischen Sitten«, wie ihn »Die Stunde« verhöhnt hatte, als Prasserei vorgeworfen wurde, habe für ihn den angenehmen Nebeneffekt, ihn »für eine Stunde dem Pestgehege, in dem sie ausgebrüllt wird, zu entrücken, um« – ein sehr bescheidenes Vergnügen – »statt ihrer eine Nachtigall schlagen zu hören«.

An der naiven Serenität und Bescheidenheit, mit der Kraus sich dargestellt hat, entfaltet Kuh seine Polemik. »Das zarte Gemüt! Billiger gibt er's nicht. Wegen der Nachtigallen hält er seinen Tatra-Nesselsdorfer. [...] Mit Liliencron, Matthias Claudius, Hölty tief in der Seele verwandt, fährt er auf den Cobenzl, um keineswegs, wie es seine, von belustigten Zuschauern im Café Imperial festgestellte Art ist, fünfzehn Indianerkrapfen en suite zu schlucken, sondern um die von Herrn Hübner eigens für die weltabgewandten, lyrischen Besucher vom Schlage Krausens gezüchtete Nachtigall schlagen zu hören.« Er bespöttelt die von Kraus geltend gemachten ethischen Motive – er brauche das Automobil für seine Vortragsreisen –, für ihn wieder einmal das »spezifisch Kraussche Ethospetetos«, und die »irrsinnig schwatzsüchtige Kindischkeit, mit der er da unter weihevollster Sprachbemühung ausplauscht, daß das Auto eine ›Mezzie‹ war. Fehlt nur noch, daß der vergötterte Sänger des Ases, der die Nachtigallen so gerne schlagen hört, noch intimere Bagatellen seines Daseins zu einer riesengroßen Sprachschweinsblase aufbläht, etwa in dieser Art: / ›Wahrhaftig, die Hose, die ich in Nächten, da das Wort den Gedanken herbeirief, an meinem Schreibtisch durchsaß, hat, war sie auch um vierzehn Kronen zum Goldstand des Friedens weit billiger erstanden als jene Gürtelröcke der Erpresser, die das Prassertum preisen, ihrem Träger so sehr das Gewissen für jene geschärft, die nicht Brot auf sie haben, daß er sie jetzt noch auszöge, wenn sie nicht doch zu gut erhalten wäre.‹ / Kurz, die ›Stunde‹ ist mit der Entdeckung, daß Karl Krausens Auto sich mit seinem Fußgänger-Ethos in Widerspruch befindet, im Unrecht.«[40]

Am 8. Oktober 1925 greift Kraus unter dem Titel »Hinaus aus Wien mit dem Schuft!« in einem Vortrag im Konzerthaus Békessy erneut vehement an[41], affichiert unter anderem dessen Vorstrafenregister mit einer ganzen Liste von Verurteilungen wegen Verleumdung, Erpressung und Betrug.[42] Die »Stunde« antwortet mit einer neuerlichen Veröffentlichung des retuschierten Photos auf Seite eins in der Ausgabe vom 10. Oktober und veröffentlicht tags darauf ein »Preisausschreiben« Anton Kuhs, in dem Kraus – ohne namentlich genannt zu werden – als »Vortragsaffe« bezeichnet wird. Kraus geht gerichtlich gegen Kuh und den verantwortlichen Schriftleiter, Fritz Kaufmann, vor.

Kraus will Békessy und seine »Büttel« vor Gericht bringen, bringt sie aber lange Zeit nur vor das Tribunal seines Vorlesungspublikums und der »Fackel«-Leser. Békessy hat es verstanden, sich die Sozialdemokratische Partei zu verpflichten. Im Sommer 1923 hat er sie mit Informationen über Insider-Geschäfte versorgt, die es ermöglichten, gegen den christlichsozialen Finanzminister eine Kampagne zu lancieren.[43] Darüber hinaus ist Sigmund Bosel, Békessys Kompagnon, als die parteieigenen Hammerbrotwerke in finanzielle Turbulenzen geraten waren, eingesprungen – unter der Bedingung, daß die Partei Friedrich Austerlitz, den Chefredakteur der »Arbeiter-Zeitung«, zurückpfeife, was die Parteileitung auch machte.

Im Frühjahr 1926 kann Békessy sich wieder ziemlich sicher fühlen. Er hat den Polizeipräsidenten Johann Schober, den auch Kraus um Hilfe angegangen ist, für sich gewonnen; er hat gerichtliche Untersuchungen, die gegen ihn laufen, durch zahlreiche Finten und Ablenkungsmanöver verzögert, behindert, ins Leere laufen lassen. Nicht einmal die Enthüllungen des entlassenen »Stunde«-Redakteurs Ernst Spitz über die erpresserische Békessy-»Kaffeehaussteuer«[44] im Feber 1926 können ihm etwas anhaben.

Erst ein verhängnisvoller Fehler im Juni 1926 bringt wieder Bewegung in die Sache, die nun eine Dynamik annimmt, die Békessy entgleitet. Als Harry Weller-O'Brien, leitender Angestellter im Administrationsbüro der Kronos-Verlags, Ende Juni 1926 unter dem Vorwurf der Erpressung im Zusammenhang mit dem Krach der Nordisch-Österreichischen Bank verhaftet wird, macht die »Stunde« einen fatalen Mißgriff. Weil sie fürchtet, daß Austerlitz den Burgfrieden beenden werde, verfällt sie wieder in ihre »bewährte« Taktik, den Gegner mit einem Schlag unter die Gürtellinie außer Gefecht zu setzen. Am 29. Juni bringt sie eine Notiz über einen älteren Herrn mit Brille, der dabei gesehen worden sei, wie er in den Straßen Wiens kleinen Mädchen nachstellte.[45] Sein Name werde geheimgehalten, weil es sich um eine politische Persönlichkeit handle. Am 3. Juli wird in einem Folgeartikel damit gedroht, die Anonymität zu lüften.[46] Für Leser, die mit den Anspielungen der »Stunde« vertraut sind, kann ohnehin kein Zweifel darüber bestehen, wer gemeint ist. Austerlitz, an dessen persönlicher Integrität und Unbescholtenheit allerdings kein Zweifel bestehen kann, ist in der »Stunde« wiederholt in denselben abfälligen Bezeichnungen untergebuttert worden.

Dieses Mal hat Békessy zu tief geschlagen – und hat nun die in Wien tonangebende Sozialdemokratische Partei gegen sich. Die »Arbeiter-Zeitung« nimmt ihre Angriffe wieder auf, der Parteiapparat mobilisiert, allen voran Hugo Breitner, der Wiener Finanzstadtrat. Er stellt im Sommer 1926 die Werbesteuern, die üblicherweise erst am Ende des Wirtschaftsjahrs abzuführen sind, für die Békessy-Blätter fällig, was den Kronos-Verlag in den Bankrott treibt,[47] weil Castiglioni sich weigert, seinem Kompagnon in der angespannten Finanzlage erneut unter die Arme zu greifen.[48] Kraus zufolge bringt nicht die finanztechnische Maßnahme Békessy zu Fall, sondern das Einschreiten der Staatsanwaltschaft.[49] Eugen Forda, der Leiter des Annoncenbüros der »Stunde«, wird am 12. Juli unter dem Verdacht der Erpressung festgenommen, ein Verdacht, der sich durch Zeugenaussagen zur Gewißheit verdichtet – der Beginn vom Ende Békessys.

Die Redaktion der »Stunde« stellt kurz darauf mit Bestemm klar: »Man darf einer Redaktion aus der bloßen Erkenntnis, daß sie forscher, witziger, losgeherischer war, weil sie zu andern Göttern betete, als die Herren Benedikt und Austerlitz, weil sie keinen Respekt vor den Gesalbten und Geschmierten des Herrn empfand, weil sie zum Unterschied von vielen andern Schriftleitungen ein großes Maß an Schreibfreiheit besaß, nicht den Todesstrick drehen. / *Die Redaktion der ›Stunde‹, die für den Textteil verantwortlich ist, setzt sich aus lauter untadeligen, materiell sauberen, keiner Beeinflussung zugänglichen Menschen zusammen. Niemals wird je der Beweis gelingen, daß auch nur einer unserer Redakteure Verlockungen erlegen ist, die mit dem publizistischen Wirken unvereinbar sind.* / […] Der Vernichtungskrieg gegen die ›Stunde‹ hat natürlich mit ethischen Motiven schon gar nichts mehr zu tun. Der Börsenliberalismus mit seiner Anhängerschaft von Plusmachern aller Grade und der Sozialismus in seinem Fanatismus will sein Monopol auf das Lesepublikum wieder erringen.«[50]

Am 22. Juli 1926 meldet die »Stunde«, daß »die bisherige Majorität der Kronos-Verlags-Aktien […] aus dem Besitz des Herrn Chefredakteurs Emmerich Békessy in den eines Konsortiums übergegangen« sei und daß »Chefredakteur Emmerich Békessy gleichzeitig seine Stellung als Herausgeber der ›Stunde‹, ›Bühne‹ und ›Börse‹ niedergelegt« habe.[51]

Unterhalb dieser Notiz eine Erklärung Békessys, der sich zur Kur in Bad Wildungen aufhält und der drohenden Verhaftung durch Flucht nach Frankreich entgeht, in der er die Hoffnung äußert, »den persönlichen Anfeindungen und Beschuldigungen, deren Haltlosigkeit sich wohl bald wird ergeben müssen, unbeschwert von jeder Bindung wirksamer entgegentreten zu können«.[52]

Karl Kraus hat in dem anfangs aussichtslos scheinenden Kampf auf ganzer Linie gesiegt, und er feiert den Sieg als Erfüllung einer archaischen Mission, als Rettung der Polis, als heldenhaft schillernde Befreiung Wiens vom »Ungeheuer«: »Der Drache, der das Land verödet, er liegt von meiner Hand getötet.«[53]

»An seinen Früchteln sollt ihr ihn erkennen« – »Der Affe Zarathustras«

Mit der Auseinandersetzung Kraus – Békessy resp. Kraus – »Die Stunde« ist die Kontroverse Kuh – Kraus verquickt. Den Vortrag »Der Affe Zarathustras« als Teil der »Stunde«-Kampagne zu sehen liegt deswegen zwar nahe, entspricht aber nicht den Gegebenheiten. Kuh tritt in dieser Sache nicht als Handlanger Békessys auf, er geht in dem zweieinhalbstündigen Vortrag ein einziges Mal – und auch das nur am Rande – auf die Affäre Kraus – Békessy ein, eben um den Vorwurf zu entkräften, er sei ein Abgesandter Békessys.

Anton Kuh betreibt den »Unterhaltungssport« der »Frotzelung des Kraus«[1] lang vorher und lang nachher, nachweislich seit den späten 1910er Jahren. Karl Tschuppik, damals Chefredakteur des »Prager Tagblatts«, bedauert in einem nicht datierten Brief an seinen Protegé, dessen »Kraus-Feuilleton« nicht bringen zu können, so leid es ihm um den »klugen, schönen Artikel« tue, aber er halte sich in dieser Angelegenheit »an das fünfte Gebot, Dinge, die [ihn] nicht direkt angehen, lieber liegenzulassen«. Der Artikel müsse in Wien erscheinen, und Kraus wäre wahrscheinlich sogar glücklich darüber, weil endlich das Schweigen – das Totschweigen Kraus' in der Wiener Presse – gebrochen würde.[2] Im Vorbeigehen fährt Kuh immer wieder einmal den Ellbogen aus, um Kraus anzurempeln, bezeichnet etwa im Feber 1918 in einer Vorbesprechung einer Wiener Inszenierung des expressionistischen Paul-Kornfeld-Dramas »Die Verführung« die zwischen selbstquälerischer Verzweiflung und euphorischer Selbstverliebtheit schwankende Befindlichkeit der Hauptfigur als »von Erlebnistrieb und Karl-Kraus-Lektüre hochgepeitschte[n] Traum der Hysterie«.[3] Was Anton Kuh an Karl Kraus sauer aufstößt und seine polemische Lust anstachelt, ist zum einen die Pose, zum anderen die Manier. Zum einen die Selbstgerechtigkeit, mit der einer sich selbst als oberste und einzige Instanz einsetzt, die »Weltgericht« hält[4] und gegen deren Urteile Berufung weder zulässig noch statthaft ist. Zum anderen die »Metaphysik des Beistrichs«,[5] die virtuose Federfuchserei, das »Ethospetetos«, das sich in einem Papier-Universum austobt, die sprachliche Spitzfindigkeit, mit der er »immer wieder die durch die Wirklichkeit entstandenen Löcher mit Worten verstopft«.[6] Die Auseinandersetzung Kraus' mit der »Jungen Generation« im Sommer

1919 sollte seine Animosität gegen den Herausgeber der »Fackel« weiter befeuern.

Kuh ist seit eineinhalb Jahren in Wien nicht öffentlich aufgetreten. Interesse für seinen Vortrag muß durch die üblichen mehrfachen Ankündigungen des Veranstalters in Tageszeitungen nicht erst geweckt werden. »Die Stunde« kündigt am 18. Oktober, also eine Woche im voraus, einen Stegreif-Vortrag Kuhs an, »worin er, in Anknüpfung an gegen ihn gerichtete Angriffe, ein Bild des Wirkens und der Persönlichkeit Karl Krausens zu entfalten gedenkt«; meldet vier Tage später, die Nachfrage nach Karten sei so lebhaft, »daß einige Sitzplatzreihen neu eingeschoben werden mußten«; und ist so dreist, tags darauf eine Eloge auf »Anton Kuh, den Sprecher« aus der Feder Berthold Viertels, »des bekannten Regisseurs, Lyrikers und Kraus-Biographen«, teilweise nachzudrucken, die ursprünglich im Mai 1918 im »Prager Tagblatt« erschienen war[7] – womit die Geplänkel schon vor dem Vortrag eröffnet sind.*

Wien, Konzerthaus, Mittlerer Saal, 25.10.1925, 19.30 Uhr: Der Affe Zarathustras

Sonntag, 25. Oktober 1925, 19.30 Uhr, Konzerthaus. Da Gerüchte über geplante Störaktionen umliefen, hat Kuh Polizeischutz beantragt.[8] Der Andrang ist enorm. Eine Stunde vor Vortragsbeginn sind alle Karten vergriffen. Viele müssen unverrichteter Dinge wieder umkehren. Die Stimmung im überfüllten Mittleren Saal ist aufgeheizt. Auf dem Podium ein Stuhl, ein Tisch, darauf ein Glas Kognak. Im Saal 900 Personen, aufgeregte Jünglinge, ein leidenschaftlich erregtes Parterre. Ganz nach dem Geschmack des schaulustigen Wiener Publikums, das für eine »Hetz« immer zu haben ist. Neugierige, Sensationslüsterne, Damen, die sich den absehbaren »Skandal« nicht entgehen lassen wollen – das aber nahe den Ausgangstüren. »Manometer 99«, beschreibt das »Neue 8 Uhr-Blatt« tags darauf die angespannte Atmosphäre und referiert in bellizistischer Metaphorik weiter: »Kuhs Eintritt bewirkte die erste Explosion. ›Hoch Karl Kraus!‹ gegen ›Hoch Kuh!‹ Sturm der Sicherheitswache, zermürbt die Front der einen Partei, deren Marschall das Hauptquartier nicht verlassen hat. Der andere Heerführer, persönlich im Schützengraben anwesend, behält eben recht, weil er da ist. In der vordersten Linie. Anton Kuh beginnt zu sprechen. Aber als er gegen die Buchstabengläubigkeit der Karl-Kraus-Jünger das Recht des freien

---

* Die »Arbeiter-Zeitung« räumt Viertel Platz für die Klarstellung ein, daß er diesen Mißbrauch seines »verjährten Lobes« zur »Reklame für ein Redeattentat des Herrn Kuh gegen Karl Kraus«, für ein Vorhaben, das, wie sowohl die Redaktion wie auch Kuh wissen mußten, er »für eine Nichtswürdigkeit halte«, nicht billigen könne (Jg. 38, Nr. 299, 31.10.1925, S. 4).

Geistes setzt, fliegen ihm Handgranaten der Zwischenrufer entgegen. Immer wieder. Anton Kuh pariert sie geschickt, wirft sie blitzschnell zurück, so daß sie den Angreifer in Lächerlichkeit zerreißen.«

Ganz so leichtes Spiel hat Kuh indessen nicht: Als er um 19.40 Uhr das Podium betritt, wird er von stürmischem Applaus empfangen. Er hat kaum Platz genommen, da werden vorn im Parterre »Hoch Karl Kraus!«-Rufe laut, in die, wie auf Verabredung, von verschiedenen Seiten des Parketts und auch von der Galerie brüllend im Chor eingestimmt wird. Kuhs erste Worte gehen im Lärm unter. Schreiend und mit den Füßen stampfend, versuchen die unter den 900 Anwesenden zahlreichen Kraus-Anhänger Kuh am Sprechen zu hindern. Minutenlange Tumulte und Handgreiflichkeiten zwischen den Krakeelern und Anhängern Kuhs, bis eine Abteilung Sicherheitswache in den Saal dringt, zwei der Randalierer hinausbefördert und notdürftig wieder Ruhe herstellt.

Als es Kuh nicht gelingt, sich im tosenden Beifall und gegen die stürmischen Zwischenrufe Gehör zur verschaffen, stellt er fest: »Ich sehe leider: ob Hitler, ob Karl Kraus – es ist dasselbe.«[*] Wieder minutenlang ohrenbetäubendes Geschrei und Geheul, wieder Tumulte, wieder Einschreiten der Sicherheitswache. Von insgesamt sieben Verhaftungen wissen Zeitungsberichte übereinstimmend, der Polizeipräsident hält in seinem Notizkalender acht vorübergehende Festnahmen fest.[9]

Begeistertes Händeklatschen wie empörte »Pfui!«-Rufe branden anfangs immer wieder auf und unterbrechen den Vortragenden in seinen Ausführungen, der sich keine bessere Bestätigung für das, was er an diesem Abend beweisen will, vorstellen kann als diesen von der »toll gewordenen Judobeska«[10] inszenierten Radau: eindeutiges und unleugbares Symptom jener Wiener Epidemie, die Kuh mit dem Terminus »Itzig-Seuche« belegt, eine seiner zahlreichen Wortprägungen, die die Gemüter immer wieder bis zur Raserei erregen.

In einer milderen Ausprägung, als er sie hier im Mittleren Konzerthaussaal im »hysterisch-monomanen« Stadium agnoszieren muß, sei ihm dieser Infekt in den vergangenen Tagen des öfteren begegnet: bei Leuten, die ihn beschworen, doch abzulassen von seinem gotteslästerlichen Vorhaben, öffentlich gegen Kraus vom Leder zu ziehen. Einreden, über die sich Kuh nur wundern konnte – war denn nicht das »ganze Lebenswerk« des Unantastbaren nichts anderes als »eine Kette ununterbrochener Polemiken«? Andere wieder, Wohlmeinende, »glänzend geschult in der Talmud-Thora-Schule der Anspielung, ›Fackel‹ genannt«,

---

[*] Kuh identifiziert damit keineswegs Kraus mit Hitler, er setzt hier bloß das Verhalten der jeweiligen Anhänger gleich: Er zielt auf den Krakeel.

versuchten ihn vom Sakrileg abzuhalten, indem sie ihm zu verstehen gaben, er setze sich damit dem Vorwurf aus, ein »Söldling« Békessys zu sein. Eine Unterstellung, die sich Kuh strikt verbittet. Vielmehr habe er, Kuh, Békessy »dazu mißbraucht«, sein Mütchen an Kraus zu kühlen. »Ich habe es auch mit Grund getan: Denn wenn ich heute die Wahl habe, Räuber, Libertiner in der Armee eines Karl Moor – heiße er auch Moor Karol – oder Ministrant in der großen Hierarchie des Itziglismus zu sein, so bin ich lieber Libertiner in der Räuberarmee als Kirchendiener in einem Tempel.« Im übrigen ist ihm dies ganze eitle Literaten-Gezänk schlicht »Tinnefologie«, eine jener »mikrobenhaften Irrsinnigkeiten«, die auf Wiener Boden so gut gedeihen und jenseits der Stadtgrenzen schon niemanden mehr interessieren.

Nach dieser Improvisation innerhalb der Improvisation, mit der Kuh auf die Ausschreitungen der Kraus-Anhänger reagiert, nimmt er einen Schluck Kognak, um seinen »geistigen Blutdruck« zu stützen. Die Erregung im Saal ist zwar merklich abgeflaut, die Atmosphäre aber immer noch gespannt, und Kuh weicht der Konfrontation auch dann nicht aus, wenn er die prekäre Ruhe aufs Spiel setzt.

Er kommt zum Kern seines Vortrags, zur Analyse des »Phänomens« Karl Kraus und damit zu seinem Schlüsselbegriff, dem »Intelligenzplebejer«, jenem dem (zumeist jüdischen) »intellektuellen Kleinbürgertum« entstammenden Jüngling, der, steckengeblieben in der Pubertät und damit erotisch »verpatzt«, aus der engen Stube der Mischpoche in die Welt entlassen, seine Unsicherheit und Befangenheit durch eine »überaus heftige und insistente Intellektualität« zu kompensieren versucht; ein »Käfigflüchtiger mit dem ganzen psychologischen Bewußtsein der Armseligkeit und Minderwertigkeit seiner Herkunft und mit dem großen Bedürfnis, sich Vorhänge zu machen, daß man ihm nicht in die Armseligkeit hineinsieht«, der »gierig-tückisch« auf »verwandte Tonfälle im Umkreis« lauert, »um sie psychologisch zu arretieren; sein Ohr bewahrt wie eine Meeresmuschel das unterirdische Gemauschel der Umwelt. Oh, daß er doch allen ihre Herkunft aus derselben Dreckgasse beweisen könnte, um sich erhabener zu fühlen!«

Was muß jemand leisten, um vom Intelligenzplebejer als Idol anerkannt zu werden? – Er muß die tief empfundene Minderwertigkeit und mangelnde Vitalität in etwas Positives ummünzen; nach dem Motto »Qual des Lebens, Lust des Denkens«* einen »abgekürzten Weg« bieten,

---

* Motto von Karl Kraus' Aphorismenband »Sprüche und Widersprüche« (München 1909).

»die Dinge verächtlich durchschauen zu dürfen, ohne sie überhaupt noch erlebt zu haben! Also: Taschenlexika der Informiertheit – ohne die Mühe und Produktivität des Lokalaugenscheines.«

Was prädestiniert Karl Kraus zum »Gott des Intelligenzplebejertums«? fragt Kuh, und hier wird es von Zwischenrufen und Gegenrufen wieder laut im Saal, während der eine Teil des Publikums vor Empörung tobt, erntet Kuh vom anderen stürmischen Beifall. Seine Bitten um Ruhe fruchten nichts, Tumulte und Raufhändel im hinteren Parterre, die Sicherheitswache führt wieder einige Ruhestörer ab. Erst allmählich tritt wieder Ruhe ein.

Heiterkeit erntet Kuh, als er Kraus in die Pflicht nimmt und ihn – so wie Kraus Heine für den Feuilletonismus – für seine Anhänger verantwortlich macht: »An seinen Früchteln sollt ihr ihn erkennen«; Empörung, als er daran erinnert, wie despektierlich Kraus sich wiederholt von seinem Anhang distanziert hat. Andererseits aber, fährt Kuh fort, ohne sich durch die empörten Zwischenrufe der entrüsteten Kraus-Anhänger beirren zu lassen, genieße Kraus mit »unverkennbarer podiumsbehüpfender Freude« den Applaus, den ihm jene spenden, über die er sich bei anderer Gelegenheit verächtlich äußert. Kuh erweist sich dabei als »gedächtnisstarker Leser der ›Fackel‹«, er sucht, indem er in seinen Ausführungen fortfährt, die Konfrontation, reizt mit seinem angriffslustigen Spott – »Ich scheine ein besserer Leser Ihres Heilands zu sein als Sie!« – die einen Zuhörer zu Protestrufen, die anderen zu Heiterkeit und Beifall, bringt die Unruhestifter und Zwischenrufer schlagfertig durch witzige Bemerkungen zum Schweigen und nimmt damit das übrige Publikum für sich ein.

Kuh äußert sich durchaus respektvoll über Kraus, den man – außerhalb der »Tinnef-Hierarchie« – als hervorragende Begabung bezeichnen könne, die, »durch die Verpöbelung der intellektuellen Gesellschaft und des Geisteslebens in Österreich dazu gezwungen, gerade vis-à-vis dem Journalismus einen kleinen roten Trafikladen ›Antijournalismus‹ etabliert hat und als begabtester Journalist der wienerischen Gegenwart der große Pressebekämpfer wurde, mit allen Befähigungen, sprachstark, witzig, erkennerisch und vor allem [...]: ein genialer Ausschneide-Redakteur, dessen Luchsblick und Schere nicht der kleinste Druckfehler entgeht.«

Drei Befähigungen hebt Kuh hervor, die Kraus zu einem »außerordentlich oppositionellen, rebellenhaften und unabhängigen Journalisten teils machte[n], teils hätte[n] machen können«: den »detektivischen Blick«, das »Talent zur Schauspielerei« und das »advokatorische Gehirn«.

Das »Talent zur Schauspielerei« habe sich allerdings »an gewissen körperlichen Dingen gebrochen«, die bei Kraus »auch wesentlich psychologisch mitspielen und durch die es ihm genau so wie Alexander Strakosch, der bekanntlich klein und verwachsen, aber ein grandioser Rezitator war, unmöglich wurde, Schauspieler zu werden, obwohl die Mischpoche ihm wahrscheinlich gesagt hat: Karl, eine Stimm' hast du wie der Kainz.« Heiterkeit im Publikum – die sich Kuh verbittet. Er wahrt die Grenzen des Anstands, läßt sich nicht dazu hinreißen, Kraus wegen dessen Rückgratverkrümmung zu verhöhnen, er erwähnt sie bloß, weil er ihr für Kraus' psychische Disponiertheit Bedeutung zumißt.

Mit dem Terminus »advokatorisches Gehirn« benennt Kuh die Eigenart Kraus', alles bis ins letzte Detail beweisen zu wollen und mögliche Einwände gleich antizipatorisch abzuschmettern; kurz: das »fabelhafte dialektische Talent zum Rechthaben«, »dieses geradezu Winkeladvokatorische, in den Tatbestand eines Beistrichs Versessene«. Kuh: »Ich kann mir bei der Größe dieses Talents sogar vorstellen, daß, wenn man mit dem zehnjährigen Kraus eine Debatte hatte: Wem gehört die Feder? Mir oder dir?, man nach zwei Stunden ohnmächtig mit den Worten zurücksank: Ja, dir gehört die Feder!« Im Spott schwingt unüberhörbar Anerkennung mit. Anerkennung, die Kuh Kraus auch unumwunden zollt: »Das war die große ernste Qualität des Karl Kraus, die ihn in Wien zu einer beträchtlichen journalistischen Erscheinung hätte machen können. Wenn Karl Kraus als solche Erscheinung rubriziert wäre, wenn er nichts anderes wäre, so würde ich ihn unbedingt anerkennen, wie ich es in diesem Umkreis, in diesem Bezirke, in diesem Ausmaß auch tue.«

Was diese Begabungen nun so durchschlagen habe lassen, sei die böhmische Herkunft, die Kraus in Wien, in der »verschlampten und verschleimten« Wiener »Kulturatmosphäre«, nie restlos heimisch habe werden lassen, das »sozusagen Pragerische in ihm«, die »kalte abweisende Gedankenschärfe«: »Seine bösen – hier im guten Sinn ›bösen‹ – Fremdlingsaugen, sein wunderbarer Geruchssinn des Menschen, der mit dieser Atmosphäre teils verwandt, teils ihr gerade entgegengesetzt ist, befähigten ihn, der psychologische Ankläger zu sein, der Angreifer mit der Schauspielerei und der Kenntnis des angegriffenen Objektes.« Kuh rechnet ihm diese Fähigkeit als »ästhetischlokales Verdienst« an.

Und was Kraus zum Idol seiner Anhänger mache, sei die »Grenzerscheinung«, die er darstelle. Aus demselben Milieu stammend, aber doch unvergleichlich begabter, »genauso detektivisch, genauso unsicher, genauso demaskierend, genauso auf allen Kreuz-und-quer-Pirschgängen das Jüdeln im Kosmos rings hörend, genauso geartet wie sie, gewissermaßen Richard III. aus dem Haus der Kraus, aber kraft seiner höheren Begabung mit Nase, Augen, Ohren alles das witternd, was auf dem seligen Gegenüber-Ufer der Bessergearteheit liegt«. Und auch als »besten, begabtesten, geeignetsten Journalisten« zieht es ihn auf das »große Gegenüber-Ufer der absoluten, der antijournalistischen, bedeutenden, nicht am Papier und in der Zweidimensionalität haftenden Kunst«.

So wie bei Kraus die durchaus ins Positive zu wendenden Befähigungen, die er seinem Herkommen schulde, schärfer ausgeprägt seien als bei seinen Anhängern, fänden sich in ihm auch die Macken in einer extremen Variante, nämlich die des »erstarrten, verhärteten Pubertätsstadiums« mit seiner Verschiebung des Eros in den Intellekt und seinem »Selbstbehauptungstrieb im Worte«, der in seiner »Angst, den sogenannten überlegenen Standpunkt aufzuopfern«, das »Rechthaben auf dem Niveau seiner Lebensblindheit« für das Sehen halte, dem nichts »durch seine Wortwatte, die er im Ohr hat«, dringe. »Es ist eine Sprungbereitschaft im luftleeren Raum, die Inbrunst des Irrealen.«

Aus Furcht vor Selbsterkenntnis verschanzt hinter Worten und an Beziehungswahn leidend, unfähig zuzuhören, lauert dieser »dialektische Mensch« auf Anspielungen auf seine Minderwertigkeit und hat mit der Vorwegnahme aller nur denkbaren Einwände jene »Nachhausebegleitungssprache«[11] mit ihren Überredungseffekten entwickelt, mit der der »irrsinnige Interpunktionsmönch« seine Jünger in seinem Bann hält und in die »Realitätslosigkeit und An-sich-Gescheitheit« treibe. »Er kann nichts anderes mehr denken, er ist eingekreist, eingekraust, ausgekraust *(Heiterkeit)*, das Gehirn kann nur noch in den Spiralen der Ganglien dieses Mannes laufen; denn es ist die dämonische Jünglings-Verzahrungsdialektik eines Menschen, der als der starre Buddha der eigenen Pubertät an tausend Drähten und Fäden die Pubertäten anderer führt, des Obergymnasiasten gegenüber den Untergymnasiasten, der zum Ordinarius der Sittlichkeit avanciert in den Augen des gierigen Mitschülers, der an diesen Fäden hängt.«

Was aber, fragt Kuh, antwortet »Klassenvorstand Kraus« jemandem, der sich, wie Kuh, nicht selbst ins Klassenbuch geschrieben hat, jemandem ohne Kraus-Komplex, der ihm freimütig die Meinung sagt? Dem Frevler, der an der »dünnatmige[n] Gespreiztheit«, hinter der Kraus sich verschanze, so lange kletzet, »bis die Visage hervorspringt«? – »›Herr Kuh kommt von hinten!, mit dem neckischen Zusatz: ›Dort kennt er sich aus!‹«* Über diesen Wink im »Katechismus der Anspielungen«

---

* Im Ehrenbeleidigungsprozeß, den Karl Kraus anstrengt, verwahrt er sich gegen den von Kuh im Vortrag erhobenen Vorwurf, er, Kraus, habe mit der

seien dieselben Anhänger beglückt, die ihren »Anspielungsgott« bejubeln, wenn dieser »mit unerhörtem Pathos sagt: ›Ein Schriftsteller, der sich nicht entblödet, auf sexuelle Angelegenheiten anzuspielen‹« ... Keinem Anhänger mit den »dankbaren Schnuppernasen« falle dabei auf, »daß man mit ein und derselben Dialektik ›eso‹ machen kann und ›eso‹«.

Sittlichkeit? Ethos? Kuh fragt nicht nur danach, sondern auch nach der »politischen, aktuellen Wirkung, nach der Nützlichkeitswirkung« – und kommt zu dem Schluß, daß Karl Kraus' »Verdienst« vornehmlich darin bestehe, den »Zeitinnef«, der sich ohnehin selbst »paralysiere« und nicht an die Nachwelt komme, rasch vor seiner Zersetzung überlebensgroß aufzubauschen und anschließend zu »erledigen«. Das aufgeblasene Ethos, die Rechthaberei vom »empörungslodernden Postament« herab, »die zum ›Wahrlich, ich sage euch!‹« ansteige, schrumpfe damit zur rein »phonetischen, klangökonomischen Angelegenheit« – »Ethospetetos« eben –, eine eitle Virtuosität, für die Kuh die Formulierung »Geburt des Ethos aus dem Geist des Ases« prägt.

Noch mit dem dramatischen Schlußpunkt seiner Rede, einer Lesung des Kapitels »Vom Vorübergehen« aus »Also sprach Zarathustra«, verhöhnt Anton Kuh Karl Kraus als jenen manisch »Antwortenden«, als den er ihn hingestellt hat. Einige abfällige Bemerkungen Kraus' über Nietzsche zu dessen 25. Todestag seien nämlich auch bloß Reaktionen auf eine Vision Nietzsches: »Kraus mit seinem ›Fackel‹-Deutsch! Wie er leibt, ohne zu leben!« Das Auditorium muß den im Text auftretenden »schäumenden Narren«, den das Volk den »Affen Zarathustras« nennt, mit Kraus identifizieren, nicht nur, weil Kuh dessen Part mit täuschend nachgeahmter Stimme spricht.

Daß es Kraus nicht werde lassen können, auf die Nietzsche-Stelle zu antworten, steht für Kuh fest, er hingegen wünscht sich am Ende seiner zweieinhalbstündigen Rede – im letzten Drittel sind nur mehr vereinzelt Zwischenrufe zu vernehmen, dröhnender Beifall, Heiterkeit, Händeklatschen dominieren – ein biblisches Wort, »das es leider nicht gibt und das da lauten müßte: Wehe dem, der das letzte Wort hat ... Ich will es hier nicht haben und werde es nicht haben, ich will und werde mit dem schäumenden Narren nicht um die Wette laufen. Ich räume ihm hiemit das Feld, der Herr der Rede – ›dem Diener am Wort‹!«

Bemerkung »Ich komme von rückwärts gegen ihn, da kenn ich mich aus!« in »Literatur oder Man wird doch da sehn« auf Kuhs Homosexualität angespielt.

Am Schluß donnernder Applaus, in den sich nicht der leiseste Mißfallenston mischt.
Kuh sollte tatsächlich nicht das letzte Wort haben – Kraus klagt.*
Kraus geht nicht nur gerichtlich vor, er antwortet am 14. November mit dem Vortrag »Vor 900 Zeugen« in ebenjenem Mittleren Konzerthaussaal. Darin fallen – ohne daß dieser namentlich genannt würde – jene Bemerkungen über Kuh, die von seinen Jüngern bis zum heutigen Tag nachgeplappert werden. Er sei keiner Befassung würdig außer der von Gerichten. Abschätzig ist von »Selbstwegwurf« die Rede; vermessen von »aus dem Rahmen der Anonymität herausspringend und sich leiblich auf mein Podium wagend«; hochfahrend von »meiner verwünschten Zugkraft, die auch dann einen Saal füllen kann, wenn ich nicht auftrete«; selbstgerecht von der »Selbstauflösung einer Nichtsubstanz, die auf mich abwälzt, was sie an sich selbst unerträglich fühlt«; vom »Unzulängliche[n], das den Platz des Karl Kraus bereits besetzt findet und durch die Chance dieses Pechs zum Ereignis werden möchte«.[12]

Nicht nur die »Krausianer«, für die jedes Wort des Meisters aus dem Dornbusch gesprochen und also geoffenbarte Wahrheit ist, beten die Invektiven ungeprüft nach, sondern bis heute auch – mit wenigen Ausnahmen – gestandene Karl-Kraus-Philologen, weil sie »seine Stil-, seine Selbstdeutungsgrenzen nicht verlassen«, wie Kuh am 25. Oktober 1925, als hätte er's vorausgewußt, feststellte, anders gesagt, weil sie immer nur den Meister reproduzierend exegieren, alles andere gälte als Abfall von der reinen Lehre. Kuh gehöre zu den wenigen, mit denen sich Karl Kraus in der »Fackel« nicht abgegeben habe – nach der hochfahrenden Maxime »Größerer Gegner gesucht«; auf Kuhs Angriffe habe Kraus nie anders reagiert denn durch gerichtliche Klagen; Kuh habe es nicht verwinden können, daß der Platz Karl Kraus' bereits besetzt war;[13] Kuh wäre gern dieselbe »Instanz« gewesen wie Kraus.[14] Man empört sich, daß Kuh ausgerechnet »in demselben Konzertsaal, in welchem Kraus vorlas«, diesen als »Affen Zarathustras« verhöhnte[15] – als sei's eine Tempelschändung und als wäre Kuh nicht ab 1921 wiederholt dort aufgetreten. Besonders empörend und unter »unerhörte Geschmack-

---

* Neben diesem Ehrenbeleidigungsprozeß trägt der Vortrag Kuh einen Eintrag im »Kleinen Kaffeehaus-Brehm« ein: »*Die (vor)tragende Kuh* (Bos Antonia) treibt sich in Konzerthaussälen aller Größen (großer, mittlerer und kleiner) herum und frißt mit Vorliebe Blättter (›Tag‹– ›Stunde‹– ›Bühne‹), aber auch Affen, welch letztere ihm Üblichkeiten bereiten« (Schnidi: Der Kleine Kaffeehaus-Brehm. In: Der Götz von Berlichingen [Wien], Jg. 4, Nr. 44, 30.10.1925, S. 3).

losigkeit« oder »Entgleisung« rubriziert wird selbst von jenen, die jeden Beistrich des Meisters um und um wenden, um nur ja des vielfachen Schriftsinns teilhaftig zu werden, die provokante Maßregelung, die Kuh beim anfänglichen Wirrwarr im Saal an die krakeelenden Kraus-Anhänger adressierte: »Ich sehe leider: ob Hitler, ob Karl Kraus – es ist dasselbe«, ohne daß sie sich die Situation im Mittleren Konzerthaussaal an jenem Abend des 25. Oktober 1925 vergegenwärtigten. Kuh ist es nicht um eine Identifizierung Kraus' mit Hitler zu tun, er meint den Krawall. Vor dem Hintergrund tagtäglichen Nazi-Radaus, tagtäglicher Übergriffe deutschnationaler Studenten auf jüdische Kommilitonen und Professoren an den Universitäten ist der Vergleich mit den krakeelenden Kraus-Anhängern nur naheliegend.

In seiner Replik auf Berthold Viertel unter dem Titel »›Verjährtes Lob‹« räumt Kuh ein, »daß der Wiederabdruck jenes Aufsatzes nicht den sanftesten Absichten entstammte, ja geradezu den von Kraus jahrzehntelang geübten Zweck der Ärgererzeugung verfolgte«, um gleich darauf in die Offensive zu gehen: »[I]st Herrn Viertel diese Methode, die Freunde und Verehrer eines Angegriffenen ungefragt als Schriftzeugen für das Angriffswerk heranzuziehen, blamable Verehrungsbriefe hervorzukramen, unerwünschte Atteste auszubreiten, ganz unbekannt? Und weiß er es wirklich nicht, daß ich hier nur der bescheidene, unzulängliche Schüler seines Meisters bin? / Daß er seinen vor sieben Jahren geschriebenen Aufsatz – der Autor war damals den Kinderschuhen bereits entwachsen – als ›verjährtes Lob‹ bezeichnet, ist ja auch nur Kraus-Kopie. Wenn sich irgend etwas nicht ad maiorem gloriam seines Gottes verrechnen läßt, bekommt es den Stempel ›verjährt‹. Die Jünglingsbegeisterung Karl Krausens für Otto Ernst – verjährt; die Huldigungsbriefe an Harden – verjährt; die Entdeckung Werfels – verjährt; die Mitarbeit an der ›Neuen Freien Presse‹ – verjährt; die Beschimpfung der ›A.-Z.‹ – verjährt; Victor Adlers Ruf: ›Verleumder!‹ – verjährt; die Verbeugung vor den Marineuren und Militaristen in Pola – verjährt; die Bezeichnung des Kriegsmanifestes Franz Josefs als gewaltigstes Zeitdokument[16] – verjährt. Alles verjährt. In der von mir als ›Itzig-Hierarchie‹ bezeichneten hysterischen Zone reimt sich eben folgerichtig ›Verehrung‹ auf ›Verjährung‹.«[17]

Verjährt offenbar inzwischen auch die Freundschaft von Kuh und Viertel, mit dem er in Prag Umgang gepflegt hatte.[18]

Max Herrmann-Neiße ereifert sich anläßlich eines Gastspiels von Hermann Leopoldi und Fritz Wiesenthal im Nelson-Theater über die »Unart des spezifisch wienerischen Brettlbetriebs mit seinen superlativischen Selbstanzeigen, durch Gemütlichkeitsgeste und Gefühlstöne gemilderte Anbiederungsmanöver«, über die »schmalzigen, charakterlosen Wiener Bonhomiedependancen in Berlin«.[19] Anton Kuh fährt dem »jovial-militanten ›Bundesbruda‹«, um »kein Jota besser als der Kammrad, der dem dusligen Össrrreicha auf die Schultern klopft«, in die Parade. Und empfiehlt ihm als Kur gegen dessen »Pathos- und Seriositäts-Entschlossenheit«, die »wie bei allen diesen Schwarzbebrillten auch vor solchen Rayons nicht halt [mache], die eigentlich deren Entthronung dienen«, sich doch einmal eine »Berliner-Kabarett-Parodie des von ihm unter so strenge Lupe genommenen Professors Wiesenthal anzuhören«: »Vielleicht ginge ihm dann ein Licht darüber auf, daß dessen ›verbindliche, legere, schmusige Art‹ stephansturm-, nein, eiffelturmhoch über dem abgeschmackten Kultur-Geblödel steht, das hierzulande als größte Kleinkunst gilt. Daß ebendieser Zynismus als Ad-absurdum-Führung alles deutschen Pathos und als naturburschenhafte, naive Kabarett-Persiflierung ansprechender, humorvoller und überlegener ist als die auch im Spaß nicht der ›Berliner-Tageblatt‹-Essays vergessende Fatzkerei mit ihren Sentenzen-Ansagern, Sozial-Stürmern, Knochenweibern, ihrer chronischen Unheiterkeit und den Adjektiven, die ein Max Herrmann (Neiße) daraus schindet.«[20] Nachgedruckt im Berliner »Tage-Buch«,[21] trägt diese Polemik Kuh dort Schreibverbot ein. Herausgeber Stefan Grossmann entschuldigt sich bei Herrmann-Neiße, der Artikel sei während seiner krankheitsbedingten Abwesenheit ins Blatt gelangt, und versichert ihn, er »würde den Namen Kuh nie mehr wieder im ›Tage-Buch‹ finden«.[22]

»Wehe dem, der das letzte Wort hat« oder: Außer Spesen nichts gewesen

Anton Kuh lobt am 11. Oktober 1925 in der »Stunde« erneut einen Preis für einen »unbanalen, originellen, noch nicht dagewesenen Namenswitz« über ihn aus resp. einen, den der »unglückliche Namensträger« nicht schon selbst über sich gemacht hat.[1] Er hat nämlich erfahren, daß letzterer Vorgabe zum Trotz »ein Vortragsaffe« ihn einen »Cowboy«, sprich Kuhbuben, geheißen hat. Von »so gewitzten Pfadfindern wie Békessy und seinen Cowboys« war in der »Fackel« vom Oktober 1925 die Rede.[2]

Karl Kraus fühlt sich durch die Bezeichnung »Vortragsaffe« beschimpft, die sich nur auf ihn beziehen könne, weil Kuh sie im Zusammenhang mit der Tatsache verwendet, daß er ihn einen »Cowboy« genannt habe, was Kraus wiederum rundweg abstreitet. Mitte November reicht Kraus Privatklage gegen »Die Stunde« ein, konkret gegen den verantwortlichen Redakteur Fritz Kaufmann und Anton Kuh, wegen »Ehrenbeleidigung, begangen durch die Presse«.

Das »Preisausschreiben« – als Gewinn ausgelobt war ein Exemplar von Kuhs in Vorbereitung befindlicher Broschüre: »Itzig oder Jesus?« – wurde am Tag vor der Hauptverhandlung in einem Prozeß-Vorbericht[3] erneut abgedruckt, begleitet von einer Karikatur, die »herabsetzenden Charakter trage, da sie Karl Kraus mit affenähnlichen Zügen versehe«, wie es in einer erneut eingebrachten Privatklage heißt, und versehen mit dem Hinweis: »Anton *Kuh* bittet uns [...] um die Mitteilung, daß er den Vortrag ›Der Affe Zarathustras‹ demnächst strafweise in Prag und Berlin zu wiederholen gedenke.«

Donnerstag, 21. Januar 1926, Strafbezirksgericht I, Wien II, Schiffamtsgasse 1, Verhandlungssaal 33. Schon Stunden vor Beginn der Hauptverhandlung um halb zwölf Uhr finden sich Gerichtskiebitze, die sich rechtzeitig einen Platz sichern wollen, derart zahlreich ein, daß der vorsitzende Richter, Oberlandesgerichtsrat Christoph Höflmayr, feststellt, man werde die Verhandlung so nicht durchführen können, und laut überlegt, den überfüllten Saal räumen zu lassen. Die Zuschauer zeigen jedoch nicht die geringste Lust, dieser Aufforderung Folge zu leisten und sich das erwartete Spektakel entgehen zu lassen.[4] – Sie sollten auf ihre Rechnung kommen.

Kraus ist nicht anwesend, er läßt sich durch seinen Rechtsanwalt Oskar Samek vertreten. Kuh erscheint in Begleitung seines Anwalts Friedrich Schnepp, übernimmt aber seine Verteidigung weitgehend selbst, nicht winkeladvokatorisch, sondern geradeheraus. Er nützt das Forum des Verhandlungssaals, um seine Angriffe fortzusetzen, ohne Rücksicht auf den Prozeßausgang.

Allgemeine Heiterkeit im Auditorium bei der Verlesung des »Preisausschreibens« durch Richter Höflmayr: »Wen die Natur mit einem auffälligen Namen bedacht hat, den hat sie zum Menschenkenner auserkoren: denn der Witz der Mitschüler, Kollegen, Einsender und sonstiger sarkastischer Zeitgenossen, der sich an diesem Namen reibt, läßt ihn frühzeitiger als andere die menschliche Idiotie durchschauen. So hat Endesgefertigter schon vor Jahren einen Preis für jenen ausgesetzt, der imstande wäre, einen unbanalen, originellen, noch nicht dagewesenen Namenswitz über ihn zu machen, respektive einen, den der unglückliche Namensträger nicht schon selbst über sich gemacht hätte. Ausdrücklich verboten waren in den näheren Bestimmungen dieses Preisausschreibens die Wendungen: ›Herr Kuh – Sie sind ein Ochs!‹ – ›Er schreibt Kuh-Mist.‹ – ›Das geht auf keine Kuh-Haut.‹ – ›Quod licet Jovi, non licet bovi‹ (von mir längst umgedreht). – ›Kuh macht muh‹ usw. Nun erfahre ich, daß ein Vortragsaffe diesem Verbot zum Trotz einen vorsichtigerweise von mir selbst gemachten Witz, den ihm, wie viele andere meiner Späße, der Kaffeehaustratsch eingehändigt hat, öffentlich nachspricht, indem er mich einen Cowboy, sprich Kuhbuben nennt. Das bringt mich auf den Gedanken, das frühere Preisausschreiben zu erneuern. Der Gewinner erhält ein Exemplar meiner in Vorbereitung befindlichen Broschüre: ›Itzig oder Jesus?‹.«

Kuh auf die Frage des Richters, ob er diesen Artikel veranlaßt habe: »Ja, aber ich möchte dazu etwas bemerken. Ich bedaure nämlich, durch den Umstand, daß Karl Kraus den Ausdruck ›Vortragsaffe‹ als Schmähung und nicht als Ehrenbeleidigung qualifiziert hat, mir sonach nicht die Möglichkeit geboten hat, den Wahrheitsbeweis darüber zu führen, ob er in der Tat ein ›Vortragsaffe‹ ist, bestreiten zu müssen, daß ich ihn gemeint habe.« Kraus' Anwalt springt erregt auf, fordert lautstark, diese Bemerkung zu protokollieren, und verlangt die Ausdehnung der Anklage auf ebendiese Äußerung. Kuh: »Ich will damit gesagt haben, daß ich, nachdem mich Karl Kraus durch die Schmähungsklage um die Möglichkeit einer Beweisführung bringen will, selbstverständlich den mir nunmehr offenstehenden Weg vorziehe, indem ich sage, daß ich damit ihn nicht gemeint habe. Das bezieht sich aber nicht allein auf das Wort ›Vortragsaffe‹, sondern prinzipiell auf jede von mir etwa gebrauchte und unter Anklage gestellte Äußerung, die als Schimpf ausgelegt wird und für die ich sonach keine öffentliche Beweismöglichkeit habe.«[5]

Nach einer Auseinandersetzung der beiden Rechtsvertreter über die Definition von Beschimpfung und Schmähung erbittet Kuh das Wort und führt aus: »Wenn der Herr Kläger behauptet, daß das von mir gebrauchte Wort ein *eindeutiges Erkennungsmerkmal* darstellt, so kann ich zu dieser Selbsteinschätzung nichts sagen – ich stehe ja hier als Angeklagter, nicht als Ankläger. Ich habe es aber faktisch auf seine Funktionen als Vortragender angewandt. Ich habe Herrn Kraus zwar nie vortragen gehört, aber ich wollte damit unter anderem nur ausdrücken, was mir davon rapportiert wurde, also die spezielle Art des Krausschen Vortrags als affenähnlich bezeichnen: seine Stimmkopien, die Heißgierigkeit, mit der er sich in die Vorträge hineinstürzt, das Sich-rufen-Lassen, seine Art, nach jedem Vortragsstück zehnmal hintereinander rasch aufs Podium zu hüpfen und sich Ovationen einzukassieren, kurz, die Akrobatik des Genusses, mit der er den Beifall entgegennimmt.«[6] Diese Passage findet im Antrag Sameks auf Ergänzung des Verhandlungsprotokolls Eingang in den Gerichtsakt. Und Kuh kann das Sticheln nicht lassen: Als Samek eine Stelle aus der »Fackel« zur Verlesung bringt, ruft er dazwischen: »Das verstehe ich nicht.«

Höflmayr schließt sich den von Schnepp vorgebrachten Argumenten an, der Ausdruck »Vortragsaffe« stelle keine bloße Beschimpfung im Sinne des § 496 StGB dar, sondern eine Schmähung Sinne des § 491 StGB, bei der »auf die Charaktereigenschaften und auf die Tätigkeit des Beleidigten« Bezug genommen wird, erklärt sich für nicht zuständig und verweist den Fall an das Landesgericht für Strafsachen. Wogegen Kraus beruft, der erneut ins Treffen führt, daß es Kuh ausschließlich darum gegangen sei, ihn zu beschimpfen, und beantragt, Kuh wegen Übertretung nach § 496 StGB zu verurteilen oder den Fall an das Gericht erster Instanz zurückzuverweisen. Der Berufung wird stattgegeben und das Verfahren an das Strafbezirksgericht I zurückgestellt.

Dienstag, 27. April 1926, Strafbezirksgericht I, Wien II., Schiffamtsgasse 1, Verhandlungssaal 10, 10 Uhr vormittag. Vor der Hauptverhandlung regt der Richter, Karl Fryda, einen Vergleich an. Samek erklärt jedoch, mit Rücksicht darauf, daß noch eine zweite Klage seines Klienten gegen Anton Kuh anhängig sei – die Ehrenbeleidigungsklage auf die Konzerthaus-Rede vom 25. Oktober des Vorjahrs hinauf –, auf einen Vergleich in diesem Prozeß nicht eingehen zu können. Auch für Kuh ist ein Vergleich ausgeschlossen.

Durch die Entscheidung der zweiten Instanz stehen die Konturen des Urteils so gut wie fest. Nach den Plädoyers der beiden Anwälte spricht

Anton Kuh – wieder zum Gaudium des Publikums – sein Schlußwort. Er bleibt dabei: »Herr Kraus hat heute durch seinen Vertreter, Dr. Samek, hier erklärt, daß er mit dem Ausdruck in der ›Fackel‹ Cowboy nicht mich gemeint hatte. Bitte, dann sind wir quitt, er hat unter Cowboy nicht mich verstanden, ich habe unter Vortragsaffe nicht Karl Kraus gemeint […]. Die objektive Erkennbarkeit des Karl Kraus als ›Vortragsaffe‹ [und damit der Tatbestand der ›Delikterfüllung‹] liegt nicht vor – so wahr ich ihn faktisch damit gemeint habe.«⁷

Kuh macht mildernde Umstände geltend: »Wenn man hier den Anwalt des Herrn Kraus hört, möchte man glauben, da lebe fern im Wald irgendein heiliger Eremit, ein mimosenhaftes, weltfernes Wesen, und der wird nun plötzlich von einem bösen Menschen mit ›Vortragsaffe‹ beschimpft. Wie ist es nun in Wirklichkeit? Der Herr Hofrat hier, der doch als österreichischer Bezirksrichter gewiß vor Augen hat, welche Vorstellung man in den letzten zwei Jahrzehnten mit dem Namen Karl Kraus verband, wird wissen, worin der größte Teil der satirischen Tätigkeit des Herrn Klägers seit jeher besteht. Er schmäht seine Gegner, schwingt über ihnen ohne Bedenken die Schimpfwortkeule, so wie er ja auch mich einmal mit Namensnennung ein ›Tinterl‹, einen ›Schwachkopf‹ – da ich doch bekanntlich ein Schwachkopf bin – und so weiter genannt hat. Er konnte sich das alles in dem Bewußtsein leisten, daß ihn keiner klagen, daß niemand solche Dinge juristisch nehmen wird. Wenn aber jetzt ein anderer kommt, der diesem Wort: ›Herr Kuh ist ein Schwachkopf‹ nicht etwa erwidert: ›Herr Kraus ist ein Aff‹, sondern gemäß dem vorliegenden Tatbestand: ›Herr X ist ein Aff‹ – mit der Möglichkeit, daß unter diesem X Kraus gemeint sei –, dann wird er zu Gericht rennen. Was er mit dieser doppelten Buchführung bezweckt, hat er ja in dem Schriftsatz zu einer anderen gegen mich erhobenen Anklage ausgesprochen, wo er sagte, er habe geklagt, da ich ihm ›keine zu einer literarischen Befassung taugliche Person zu sein scheine‹.⁸ Es kam ihm also darauf an, mit derselben göttlichen Souveränität, mit der er dies bereits ein anderes Mal getan hat, dereinst einmal in einem der verwickelten Nebensätze seiner Zeitschrift sagen zu können: ›Herr Kuh, den ich gerichtlich habe abstrafen lassen …‹ Ich finde, daß diese Heranziehung der Judikatur zu dem Zwecke, um Herrn Krausens satirischer Doppelbuchhaltung, wonach ein und dasselbe, wenn er es tut, Literaturgeschichte ist, und wenn ein anderer es ihm tut, ein Gerichtsdelikt darstellt, gleichsam einen Amtsstempel beizubringen – daß diese Praxis einen offenbaren frivolen Mißbrauch der Gerichtsbarkeit bedeutet. Ich bitte Sie nun, und das ist der Milderungsgrund, den ich namhaft mache, Herrn Kraus diese juristische Amtsstampiglie, die ihm für jenes satirische Prinzip noch fehlt – bisher nämlich konnte er es nur dialektisch und vor seinen Hörern und Lesern durchsetzen –, zu versagen.«[9]

Anton Kuh wird der Übertretung gegen die Sicherheit der Ehre nach § 496 StGB für schuldig befunden und zu einer Geldstrafe von 40 Schilling verurteilt. Von der Anklage, er habe die neuerliche Veröffentlichung des Artikels »Preisausschreiben« am 20. Januar 1926 veranlaßt, wird er freigesprochen. Das Gericht nimmt als erwiesen an, daß die inkriminierte Stelle, das Wort »Vortragsaffe«, sich auf Kraus bezieht und das auch ohne Nennung seines Namens für die Öffentlichkeit (bzw. einen Teil von ihr) erkennbar gewesen sei. Der Ausdruck »Vortragsaffe« sei als Beschimpfung im Sinne des § 496 StGB zu werten, weil nicht auf das Bestimmungswort »Vortrag«, sondern auf das Grundwort »Affe« der Nachdruck zu legen sei, welch letzteres, ebenso wie viele andere Tiernamen, als ein typisches Schimpfwort im Sinne des § 496 anzusehen ist. »Bei der Strafbemessung waren mildernd: die Unbescholtenheit des Beschuldigten, sein Geständnis, sowie die vorausgegangenen Angriffe des Privatanklägers gegen den Beschuldigten.«[10] Der Berufung Kuhs und Kaufmanns wird nicht stattgegeben, das Urteil des Erstgerichts bestätigt.

So weit die Gerichte. Es gibt aber noch anderwärts Brösel: Kraus bricht mit der Sozialdemokratischen Kunststelle und nimmt nicht an den Republikfeiern 1925 teil,[11] weil die Kunststelle die Behauptung der »Stunde« nicht berichtigt, daß »Herr Kraus« den Arbeitern »via Kunststelle [...] als Vortragskünstler *aufgezwängt*« worden sei.[12] Und weil die »Arbeiter-Zeitung« in ihrem Gerichtssaalbericht nicht entschieden parteiisch ist, sondern, wie Kraus vergrätzt anmerkt, »die sichtbarste ›Neutralität‹« in der Causa Kuh vs. Kraus bekundet, verbittet er sich die weitere Zusendung des sozialdemokratischen Blatts.[13]

Die dem Privatankläger Karl Kraus vom Beschuldigten Anton Kuh zu ersetzenden Kosten werden vom Gericht mit 20 Schilling 89 Groschen bestimmt. Einer Beschwerde Kuhs dagegen wird nicht stattgegeben. Die Exekution der Forderung gegen Kuh, die Kraus am 18. November 1926 beantragt – die Pfändung der ihm »als Schauspieler bei dem Arbeitgeber, Theater i. d. Josefstadt [...] angeblich zustehenden Bezüge aus dem Arbeitsverhältnisse« –, bleibt erfolglos, weil, wie das Theater in der Josefstadt Samek am 11. Dezember 1926 mitteilt, Kuh, schon bevor die Exekutionsbewilligung beim Theater eingelangt war, »Urlaub auf unbestimmte Zeit erbeten und auch erhalten hat. Da dies vor dem 18. November 1926 war und Herr Kuh an diesem Tage das letzte Mal gespielt hat, waren wir nicht in der Lage, dem Auftrage des Exekutionsgerichtes nachzukommen.«

Die zweite Klage Kraus' gegen Kuh, die anhängig ist und deretwegen Samek einen Vergleich in der Causa »Vortragsaffe« ablehnt, betrifft die Konzerthaus-Rede »Der Affe Zarathustas«. Diese wird in der Klagsschrift als »fortgesetzte Kette von Ehrenbeleidigungen ohne jede sachliche Unterlage« bezeichnet.¹⁴ Da es unmöglich sei, einen ganzen Vortrag unter Anklage zu stellen, beschränkt sich Kraus darauf, nur gegen die »wüstesten Beschimpfungen, Schmähungen, Verspottungen und insbes. auf diejenigen Tatsachen, deren Behauptung einen schweren Vorwurf gegen meine Ehre beinhaltet«, zu klagen, »zumal da die Persönlichkeit des Beschuldigten nicht zum Objekt einer literarischen Befassung, die er um jeden Preis anstrebt, sondern bloss zur strafrechtlichen Abwehr der Beleidigungen taugt«.

Am 18. März 1926 wendet sich Samek um »Rechtshilfe« an »Herrn Dr. Egon Friedell«: Der möge ihm doch bitte die Nummer der »Stunde« übermitteln, in der dessen Novelette »Kaiser Josef II. und seine Geliebte« oder »... und die Prostituierte« erschienen ist die Anton Kuh unter seinem Namen im »Querschnitt« habe nachdrucken lassen. »In dem Prozess, den ich für Herrn Kraus gegen Herrn Kuh führe, dürfte vielleicht diese Tatsache von einiger Bedeutung sein.«¹⁵ Bloß: Diese »Tatsache«, nämlich ein Plagiat, begangen von Anton Kuh, die Kraus zupaß gekommen wäre, um Kuh bei Gericht anzupatzen, ist eine üble Nachrede.*

Elf Beleidigungen listet Kraus auf, unter anderem empfindet er die Unterstellung, Urheber einer »Iztigseuche« zu sein, als grobe Beschimpfung. Eine schwere Ehrenbeleidigung sieht er auch in dem Vorwurf, er habe auf die »erotischen Neigungen« Kuhs angespielt, da er »die Verwertung von Tatsachen des Privat- und Sexuallebens im öffentlichen Kampfe wirklich stets perhorreszierte und aus diesem Grunde auch gegen Harden einen langen und energischen Pressekampf führte«. Bei Kuh allerdings wird der große Ethiker in seinem felsenfesten Stand-

---

* »Der Querschnitt« stellt klar: »Im Jahre 1924 erschien im Querschnitt ein Aufsatz ›Die Geliebte des Kaisers Joseph‹, der unterzeichnet war mit dem Namen Anton Kuhs. Dieser Aufsatz war von der Redaktion des Querschnitt der Wiener ›Stunde‹ entnommen und irrtümlicherweise mit dem Namen Anton Kuhs anstatt mit dem Egon Friedells unterzeichnet, da Friedells Name dem Originaldruck jenes Aufsatzes nicht beigegeben, sondern in der weggebliebenen Einleitung enthalten war. Die Redaktion hatte nach dem Inhalt des Aufsatzes fälschlicherweise ohne weiteres angenommen, daß er von Anton Kuh stamme. Sie hielt die Berichtigung seinerzeit für unerheblich, trägt diese aber jetzt auf ausdrücklichen Wunsch Anton Kuhs nach« (Der Querschnitt, Jg. 7, H. 8, August 1927, S. 637).

punkt schwankend und erwägt schon einmal, fünf gerade sein zu lassen: »Obwohl die Fälle noch immer auseinander zu halten wären, ob ein auch privat gehaltenes Sexualleben enthüllt, oder ein solches, von dem der Betroffene selbst Aufhebens oder woraus er zumindest kein Hehl macht, so muss ich doch erklären, dass ich selbstverständlich niemals weder in Wort noch in Schrift, weder direkt noch indirekt, die sexuellen Angelegenheiten des Beschuldigten berührt habe.« Als schwere Schmähung empfindet er die Bezeichnung »Intelligenzplebejer« sowie den Satz »Ich schäme mich, mit lauter Stimme den Namen des Mannes zu nennen, den ich nur flüsternd sage: Karl Kraus«. Sowohl die Identifizierung seiner Person mit der des Narren aus Nietzsches »Vom Vorübergehen« wie auch der Satz »Das nenne ich die Geburt des Ethos aus dem Geist des Ases« beinhalte eine schwere Ehrenbeleidigung, da das Wort »Ases« »einen Menschen niedrigster Frechheit« bezeichne.

Samstag, 5. Juni 1926, Strafbezirksgericht I, Wien II., Schiffamtsgasse 1, Verhandlungssaal 16, 11 Uhr. Anton Kuh erscheint nicht zu der auf diesen Termin anberaumten Hauptverhandlung. Er hat am 3. Juni ein ärztliches Attest über eine akute Blinddarmentzündung beigebracht. Kraus beantragt am 7. Juni die Festnahme Kuhs und Verhängung der Verwahrungshaft. Nicht nur die Beantragung dieser drastischen Maßnahmen straft Kraus' Versicherung Lügen, man solle sich nicht in der Hoffnung wiegen, er werde zerspringen[16] – was schon mit Blick auf die Vehemenz der zwei Seiten langen Tirade, die dieser Versicherung vorangeht, unglaubwürdig ist –, auch der Furor, mit dem er seine privatdetektivischen Aktivitäten in den darauffolgenden Tagen entfaltet, vermittelt den Eindruck, daß Kraus sehr wohl am Zerspringen ist. Verständlich: Kraus hat mehrfach vergeblich versucht, die Autoren der anonym in der »Stunde« erschienenen Schmähungen gerichtlich ermitteln zu lassen, nun hat er endlich einen derer, die ihm monatelang auf der Nase herumgetanzt waren, dingfest gemacht – und der sollte ihm nicht mehr durch die Lappen gehen.

Sofort nach der Rückkehr vom Bezirksgericht ruft Samek um drei Viertel 12 Uhr im Hotel Beatrix an und verlangt Kuh zu sprechen. Man teilt ihm mit, daß Kuh sich gerade in ein Sanatorium begeben habe; in welches, könne man ihm nicht sagen. Am Nachmittag versucht Samek erneut sein Glück in Kuhs Hotel, wieder vergebens. In keinem der daraufhin kontaktierten Wiener Sanatorien ist Kuh als Patient aufgenommen worden. Nun ruft Kraus selbst im Hotel Beatrix an, stellt sich als Dr. Simon aus Berlin vor, der Herrn Kuh in einer Verlagsangelegenheit zu sprechen wünsche. Kuh fällt auf diese Finte nicht herein und läßt mitteilen, daß er einem Gespräch nur dann nähertreten könne, wenn man ihm andeute, um welche Angelegenheit es sich handle. Als Kraus kurz darauf wieder anruft und bittet, Kuh ans Telephon zu holen, erklärt der Portier, daß Kuh in einem Sanatorium sei, aber gerade angerufen und verlangt habe, daß man ihm mitteile, worum es gehe; eventuell könne eine Verbindung hergestellt werden. Auf die Frage, in welchem Sanatorium Kuh sich befinde, wird auch Kraus die Auskunft verweigert. Daraufhin wird Samek im Hotel Beatrix vorstellig, um dort im Namen Dr. Simons Kuh zu sprechen. Man teilt ihm mit, daß Herr Kuh nicht zu sprechen sei. Die Angelegenheit mit Dr. Simon sei im übrigen höchst eigentümlich, da sowohl ein Anruf Kuhs als auch des »Beatrix«-Portiers im Grand Hotel, das Kraus als Wohnort Dr. Simons genannt hat, ergeben habe, Dr. Simon sei Freitag früh abgereist. Um halb 1 Uhr nachts ruft Kraus nochmals im Hotel Beatrix an, der Nachtportier teilt ihm mit, Kuh befinde sich in einem Sanatorium, werde aber im Lauf der Nacht wieder zurück sein.

Kraus, der sich nunmehr sicher ist, daß die Erkrankung vorgetäuscht ist, ersucht einen Bekannten, den Aufenthalt seines Opponenten zu eruieren. Der ruft mehrere Nachtlokale an, von denen man weiß, daß Kuh dort verkehrt, erfährt, daß Kuh die Renaissance-Bar in der Singerstraße kurz zuvor verlassen habe, begibt sich hin und erhält um halb 2 Uhr die Auskunft »Herr Kuh sei in grösserer Gesellschaft ziemlich lange Zeit hier gewesen, jedoch schon vor 1 Uhr ›mit einem ganzen Transport Menschen‹ weggegangen«.[17]

Da auch ein Anruf Sameks im Hotel Beatrix am Sonntag vormittag nichts ergibt – der Portier bescheidet den Anrufer, Kuh lasse sagen, man möge ihm den Zweck der Unterredung mitteilen, worauf dann eine Bekanntgabe eines Treffpunkts erfolgen könne –, steht für Kraus fest, daß Kuh »das Krankheitszeugnis von dem Arzte unter Simulation der Krankheit erhalten habe und seine Gesundheit auf jeden Fall feststeht«, und beantragt die »sofortige Anberaumung einer Hauptverhandlung und vorläufige Festnehmung des Beschuldigten zum Behufe der Vorführung gemäss §452 Ziffer 1 St. P. O. Ferner beantrage ich, nach erfolgtem Abschluss dieser Angelegenheit diese Eingabe dem staatsanwaltschaftlichen Funktionär zwecks Vorgehens gegen den Beschuldigten wegen Verbrechens der Irreführung der Behörden, eventuell Übertretung des Betruges vorzulegen.« Gezeichnet: Karl Kraus.

Dem Antrag auf vorläufige Festnahme des Beschuldigten wird nicht stattgegeben. Einen neuen Hauptverhandlungstermin werde man anberaumen.

Kuh schildert die Vorgänge am 9. Juni in der »Stunde«, der Titel macht die Stoßrichtung deutlich: »Sittlichkeit und Kriminalität oder Privatdetektivinstitut ›Ethos‹«: »Ich wollte zuerst, als ich im Laufe des Samstags und Sonntags bis spät in die Nacht hinein ununterbrochen und von Viertelstunde zu Viertelstunde telephonisch mystifiziert wurde – die unglaublichen sherlockholmesisch verwickelten Irreführungen kann ich hier nicht detailliert wiedergeben –, kaum glauben, daß diese mühevollen Foppereien von der Hand des Karl Kraus und seines Anwalts gesegnet seien; daß hier ein Freiwilligenkorps enragierter Jüngels in Wettbewerb getreten sei, um sich den Kraus-Orden am Bande der Sittlichkeitsmedaille für die Feststellung zu verdienen, ob ich faktisch im Bett liege oder nicht. [...] Nun – ist dieser heilige Eifer, diese detektivische Müh'-Entfaltung nicht kostbar? Sieht man hinter dieser gymnasiastenhaften Kinderei nicht den fanatischen Beweis-Geier, wie ihm die Lippen nach ›Eruierung‹ lechzen, der ganz großen ethischen Sache zuliebe? Erkennt man hier nicht die ganze Methode des Materialsammelns und Ausschnupperns wieder, die den treffenden und genialen ›Fackel‹-Anspielungen zu Grunde liegt? Spürt man nicht, wie er in diesen Wonnen des Stelligmachens, Nachweisens, Herauskriegens aufgeht, als gälte es eine Vorladung vors Jüngste Gericht? Ich hatte drei Tage lang das Gefühl, in die Werkstatt eines ›Fackel‹-Artikels zu blicken; so nämlich sehen die konkreten Vorarbeiten aus, die der geistigen Schöpfung vorangehen. Herr Karl Kraus hätte, um seinem ethischen Drang schrankenloser zu leben, doch ein Polizeikommissär werden müssen.«[18]

Am 10. Juni legt Kraus in einem ergänzenden Antrag weitere Beweise für die »Irreführung des Gerichtes« durch Kuh vor und gibt, unter Nennung eines Zeugen, bekannt, daß »sich seit der ›schweren Blinddarmentzündung‹ des Beschuldigten vom 5. Juni 1926 sein Befinden so rapid gebessert hat, dass er bereits am 6. Juni 1926 abends beim Heurigen in Heiligenstadt in der Lage war, grössere Quantitäten Alkohol zu sich zu nehmen«.

Samstag, 11. November 1926 – Faschingsbeginn! –, Strafbezirksgericht I, Wien II., Schiffamtsgasse 1, Verhandlungssaal 16, 12 Uhr. Kuh erscheint zwar in Begleitung seines Verteidigers Friedrich Schnepp und von dessen Konzipienten Salo Weitberg, führt seine Sache jedoch zumeist selbst.[19] Er bekennt, die inkriminierten Äußerungen im angegebenen oder ähnlichen Wortlaut gemacht zu haben, bestreitet jedoch die Kompetenz des Bezirksgerichts: »Literarische Auseinandersetzungen, auch pamphletistischen Inhaltes« unterlägen nicht der juristischen Beurteilung. Kraus habe selbst »unzählige Polemiken gegen die gesamte künstlerische und wissenschaftliche Welt geführt in der Sicherheit, seine Verantwortung hiefür nicht beim Bezirksgericht erbringen zu müssen«. Er verwahrt sich insbesondere dagegen, daß die inkriminierten Stellen aus dem Zusammenhang gerissen sind, der »Gesamtinhalt« des Vortrags habe nämlich keineswegs »eine beleidigende Wirkung« gehabt. Geht dann auf die inkriminierten Ausdrücke resp. Passagen im einzelnen ein. Das Wort »Itzigseuche« sei von ihm beim Vortrag spontan geprägt worden. Ein beleidigender Inhalt dieses Wortes sei erst zu beweisen. Dieses Wort existiere in seinem wörtlichen Sinn überhaupt nicht, »weil es eine solche Seuche bakteriologisch nicht gibt. In metaphorischem Sinne aber ist es keine Beleidigung, weil jede Metapher die Herabsetzung der andern zum Stoffe hat. In diesem Sinne ausschliesslich hat z. B. Nietzsche in seiner Schrift gegen Strauss diesen ›Bildungsphilister‹ genannt. Dieser war weit entfernt, dadurch beleidigt zu sein, und die ganze Welt fasst die Metapher als eine Anspielung auf asketische, äst[h]etische und pädagogische Entartung auf. Ich bestreite somit das Vorliegen des objektiven Tatbestandes einer Beleidigung.« Der Satz »Ich schäme mich, mit lauter Stimme den Namen des Mannes zu nennen, den ich nur flüsternd sage: Karl Kraus« kehre sich nur gegen die Kraus-Anhänger, »die so beschaffen sind, dass man sich hütet, in den Verdacht zu kommen, ein solcher zu sein, also in die kleine Schiffgasse des Geistes* zu kommen«. – Samek läßt die Klage auf »die kleine Schiffgasse des Geistes« ausdehnen. Kuh beharrt darauf, daß Kraus in »Literatur oder Man wird doch da sehn« mit der Passage »Ich komme von rückwärts gegen ihn, da kenn ich mich aus!« auf ihn angespielt habe. »Intelligenzplebejer« sei »keine Beleidigung, sondern ein polemischer Terminus, bei dem man so lange nachdenken muss, dass jede Beleidigung verflieg[e]«. »Ases« resp. »Asesponem«, wie er, Kuh, übrigens wiederholt von Kraus genannt worden sei, habe nicht die in der Klage angegebene Bedeutung, bezeichne also nicht einen Menschen »niedrigster Frechheit«, sondern ein »boshaftes Gesicht, das man entweder nicht anschaue oder das man anspucke«. Karl Kraus, der aus dem Ghetto eines mährischen Dorfes stamme, müsse die wahre Bedeutung dieses Ausdrucks bekannt sein. Zum Beweis dafür beantragt Kuh die Ladung des Tempeldieners aus der Heimatgemeinde Kraus'.[20] Als Sachverständige über den wahren Sinn dieses Wortes beantragt er den Komiker Armin Berg und den Oberrabbiner der Israelitischen Kultusgemeinde. – Der Antrag Sameks, der darin eine Verunglimpfung seines Mandanten sieht, wegen dieser Äußerung eine Disziplinarstrafe über Kuh zu verhängen, wird vom Richter abgelehnt. Und die Verlesung eines Kapitels aus »Also sprach

---

* Kleine Schiffgasse: Straßenzug in der Leopoldstadt, dem Wiener Gemeindebezirk mit dem höchsten Anteil jüdischer Wohnbevölkerung (1920 umbenannt in Franz-Hochedlinger-Gasse). Metonym für: Ghetto resp. Juden.

Zarathustra«, so Kuh weiter, sei überhaupt die »ethische Motivierung« seines Vortrags gewesen: die Antwort darauf, daß Kraus sich am 25. Todestag Nietzsches in einem Vortrag abfällig über diesen geäußert habe. Die Analogie dieser Vision Nietzsches zu Kraus sei so augenfällig, daß er sich das gar nicht entgehen habe lassen können. Und ganz generell führt er aus, daß ihn die Person Kraus' »niemals an sich interessiert [habe], sondern nur als Exponent einer geistigen Einstellung«, so wie Kraus' Polemik »Heine und die Folgen« nicht gegen Heine gerichtet gewesen sei, sondern eben gegen die Folgen. Als Kuh hervorhebt, daß sich Kraus mit 19 Jahren um eine Stelle in der Redaktion der »Neuen Freien Presse« beworben habe, aber von Moriz Benedikt hinausgeworfen worden sei, läßt Samek die Klage auf diese Äußerung ausdehnen.[21]

Woraufhin Kuh die Beschlagnahme von »Literatur oder Man wird doch da sehn« fordert, bezüglich der Ausdrücke »Intelligenzplebejer« und »Itzigseuche« ein Sachverständigengutachten oder ein Gutachten der Philosophischen Fakultät der Universität Wien, ferner als Sachverständige über die Person seines Kontrahenten Maximilian Harden, Hermann Bahr, Franz Blei, Heinrich und Thomas Mann, Franz Werfel, Albert Ehrenstein, Albert Einstein, Sigmund Freud, Georg Engländer (den Bruder Peter Altenbergs) und Karl Hollitzer beantragt und anbietet, den Wahrheitsbeweis über den Vortrag als Ganzes anzutreten – was samt und sonders als unerheblich abgelehnt wird.

Der Richter, Landesgerichtsrat Julius Benesch, lehnt den angebotenen Wahrheitsbeweis als beim Tatbestand der öffentlichen Verspottung unzulässig ab und die übrigen Beweise als unerheblich und verkündet nach fünfstündiger Verhandlung das Urteil: »Der Angeklagte ist schuldig, am 25. Oktober 1925 [...] den Karl Kraus dem öffentlichen Spotte ausgesetzt zu haben. Er hat hiedurch die Übertretung gegen die Sicherheit der Ehre nach § 491 StGB begangen.«

Anton Kuh wird zu einer Geldstrafe von 200 Schilling (im Nichteinbringungsfall fünf Tagen Arrest) verurteilt, ebenso zum Ersatz der Verfahrenskosten. Von der Anklage der Ehrenbeleidigung durch drei Ausdrücke wird er freigesprochen. Die Urteilsbegründung: »Dem Gerichte erscheint durch die einzelnen Äusserungen sowohl als auch durch deren Zusammenhang der Tatbestand der öffentlichen Verspottung gegeben.« Der Richter sieht sich in seinem Urteil insbesondere durch die Verantwortung Kuhs bei der Verhandlung bestärkt, aus der dessen »Bedürfnis«, Kraus »immer wieder dem öffentlichen Spotte preiszugeben«, ersichtlich gewesen sei. Als mildernd werden ebendiese unverhohlene Absicht, das »nahezu rückhaltlose« Geständnis und Kuhs

»offensichtlich leichte Erregbarkeit und seine Veranlagung überhaupt sowie seine Unbescholtenheit« berücksichtigt.

Kuh beruft punkto Nichtigkeit, Schuld und Strafe. Kraus beruft gegen das seiner Auffassung nach zu geringe Strafmaß. Das Landesgericht für Strafsachen Wien bestätigt nach der Berufungsverhandlung am 30. Juni 1927 das erstrichterliche Urteil in fast allen Punkten, nur die Strafe wird auf 150 Schilling (im Nichteinbringungsfall drei Tage Arrest) verringert. Das Berufungsgericht ist, ähnlich wie das Erstgericht, der Ansicht, daß die beleidigende Absicht des Vortrags gegeben war. Die inkriminierten Äußerungen des Beschuldigten seien »weit über den Rahmen einer zulässigen Kritik hinausgegangen«.

Kuh macht sich einen Spaß daraus, diverse Zeitungen à la Kraus »berichtigen«, sprich in der Prozeßberichterstattung unterlaufene Schleißigkeiten richtigstellen zu lassen. Besonders penibel und pedantisch, auf Punkt und Beistrich die »Arbeiter-Zeitung«, Kraus' langjährige publizistische Verbündete: »Es ist unwahr, daß ich ›am 25. November 1925 einen Vortrag gegen Karl Kraus hielt‹; wahr ist vielmehr, daß ich diesen Vortrag am 25. Oktober 1925 hielt; es ist unwahr, daß aus meinem damaligen Vortrag der Satz angeklagt war: ›Von Kraus datiert nicht die Geburt des Ethos, er beruht auf dem Gesetz des Asses‹; wahr ist vielmehr, daß der Satz inkriminiert war: ›Das nenne ich die Geburt des Ethos aus dem Geiste des Asses‹; es ist unwahr, daß ich ›den Tempeldiener der Heimatsgemeinde des Karl Kraus als Sachverständigen über die Bedeutung dieses jüdischen Dialektwortes vorzuladen beantragte‹; wahr ist, daß ich den Tempeldiener der Heimatsgemeinde des Karl Kraus als Sachverständigen dafür vorzuladen beantragte, daß Herrn Karl Kraus die Bedeutung jenes jüdischen Dialektwortes vollkommen bekannt sein müsse.«[22] – Kommentar der »Arbeiter-Zeitung«: »Eine Berichtigung, von der man wohl sagen könnte, ein Mißbrauch des Preßgesetzes aus dem Geiste des Asses.«[23]

Das gerichtliche Nachspiel der »Affe-Zarathustras«-Rede ist damit längst nicht beendet, es zieht sich bis in den Dezember 1932. Samek versucht bis zum Januar 1929 mit x Gesuchen um Forderungs- und Fahrnisexekution, den offenen Betrag von inzwischen 538 Schilling 29 Groschen einzutreiben.[24] Kuh entzieht sich der Geltendmachung dieses Betrags gegenüber Drittschuldnern wie der Konzertdirektion Georg Kugel oder der Konzertdirektion Gutmann, den Veranstaltern seiner Wiener Vorträge, durch getürkte Honorarabrechnungen und fingierte Akontozahlungen. Mageres Ergebnis der ersten Phase dieses Katz-und-Maus-Spiels: Hugo Knepler von der Konzertagentur Gutmann überweist den Samek zu Recht allzu niedrig erscheinenden Reingewinn von 157 Schilling aus der Stegreif-Rede »Österreich und der Goldfüllfederkönig« vom 19. November 1928, und Samek überweist 1 Schilling 24 Groschen Vollzugsgebühr an das Exekutionsgericht Wien, das ihm allerdings »Nichtvollzug der Exekution mangels pfändbarer Gegenstände« beschieden hatte.

Daß Samek nach drei Jahren das Ersatzkostenverfahren nach dem »Affen«-Prozeß wieder aufnimmt, könnte mit Kuhs dreistem Spott in der Causa »Das Geheimnis hinter dem roten Vorhang« resp. »Knobel-Penez oder Bier?« zu tun haben. Jedenfalls ersucht Samek seinen Berliner Kollegen Willy Katz – Kuh lebt seit Mitte 1926 in Berlin – am 6. Feber 1932, wegen der noch offenen Forderung (inklusive aufgelaufener Zinsen und Spesen) in Höhe von 458 Schilling 79 Groschen (nebst 8 Prozent Zinsen seit dem 8.12.1927) beim Amtsgericht Berlin-Mitte Klage einzureichen. Wieder läßt Kuh keine Finte aus, sich der Zahlung resp. Pfändung zu entziehen – so läßt er etwa die Verträge seiner Berliner Auftritte auf den Namen von Strohmännern ausstellen –, und wieder einmal versichert sich Kraus einiger »Vertrauensleute« (unter anderem Rolf Nürnbergs), wie es in einem Brief Katz' an Samek vom 31. Oktober 1932 heißt, um die finanziellen Verhältnisse Kuhs auszuspähen.

Zwar ist in der »Vossischen Zeitung«[25] vom 31. Oktober 1932 in einer Besprechung von Kuhs Matinee über den Prozeß Caro – Petschek von der Pfändung der Einnahmen die Rede (und Kuh thematisierte in seinem ausverkauften Vortrag auch, daß Karl Kraus seine Einnahme bis zu dreihundert und einigen Mark hatte pfänden lassen), und Katz hatte gegen Eugen Robert, den Direktor des Deutschen Künstlertheaters, auch eine Vorpfändung angestrengt, mußte sich allerdings von diesem sagen lassen, daß Kuh keinerlei Forderungen an ihn habe. Der Vortrag Kuhs vom 30. Oktober sei nicht mit ihm, sondern mit einem anderen Veranstalter abgeschlossen. Er könne daher von der Pfändungsbenachrichtigung keine Kenntnis nehmen.

Da Kuh den Vertrag nicht in seinem Namen abgeschlossen hat, sondern auf den des mit ihm befreundeten Konzertagenten Hugo Bryck, ist für Samek der (strafbare) Tatbestand der »Exekutionsvereitelung« erfüllt.[26] Katz erwägt, eine Anfechtungsklage gegen Bryck auf Rückerstattung des Betrages wegen absichtlicher Gläubigerbenachteiligung zu erheben. Samek schlägt hingegen vor, zunächst einmal einen für November angekündigten Vortrag Kuhs abzuwarten und dann einen neuerlichen Pfändungsversuch zu unternehmen. Nach einem Fehlschlag könne man immer noch einen Anfechtungsversuch gegen Bryck unternehmen.

Die Stegreif-Rede vom 30. Oktober 1932 sollte jedoch Kuhs letzter Vortrag in Berlin sein. Ob Kraus je zu seinem Geld gekommen ist, ist aus dem umfangreichen Akt nicht ersichtlich. Dessen letztes Schriftstück deutet eher auf »Außer Spesen nichts gewesen« hin. In diesem Brief vom 3. Dezember 1932 teilte Katz Samek mit, daß die an den Verlag »Die Fackel« ergangene Gerichtskostenvorschreibung in der Höhe von RM 10,50 zu Recht bestehe, da die »Fackel« als Zweitschuldner dafür hafte. Der Erstschuldner, Anton Kuh, war offenbar nicht greifbar.

1926

Völlig gegen die Erwartungen des Publikums und trotzdem immer wieder von stürmischem Applaus unterbrochen, spricht Kuh am 18. Mai 1926 in dem als »Der Breitner ist schuld!« angekündigten Vortrag. Er weigert sich, die Krise der Wiener Theater und Vergnügungsetablissements dem sozialdemokratischen Finanzstadtrat Hugo Breitner – er führt nicht nur eine Wohnbausteuer ein, um den sozialen Wohnbau des »Roten Wien« zu finanzieren, sondern eine ganze Reihe von Abgaben auf Luxuswaren sowie Vergnügungen aller Art wie Theater und Ballveranstaltungen und ist seine ganze Amtszeit hindurch (1919-1932) Zielscheibe gehässiger Angriffe von seiten der Christlichsozialen – in die Schuhe zu schieben. Schon in der Ankündigung des Vortrags hat er klargestellt: »[K]önnte wirklich einer glauben, daß ich den Titel anders denn als Anführung der billigsten Wiener Schimpf-Phrase, als Beispiel des Lokaltonfalls von Mai 1926 gebrauchen und ins Horn des Massenärger stoßen werde?«[27] Nicht Breitner, sondern Seipel, nicht die Luxusabgabe, sondern der »Inkassant der Seelensanierung«[28] mit seinem Tugendterror und seinem Heer an sinnen- und genußfrohe Bürger kujonierenden Staatsanwälten sei für die Krise verantwortlich: »Seipels fromme Mahnung an die Bevölkerung lautete: ›Wiener, geht als Weltstädter in euch – und kommt als St. Pöltner wieder aus euch heraus!‹«[29]

Wien, Konzerthaus, Mittlerer Saal, 18.5.1926, 19.30 Uhr
Der Breitner ist schuld!

»In jeder Beziehung
die freieste Stadt der Welt« – Berlin

»Ob es mir in Wien gefällt? Auf diese Frage gebe ich keine Antwort – das wäre mein ganzes Lebenswerk.«[1] Auch wenn Anton Kuh eine Antwort auf die im Juni 1926 von der »Bühne« lancierte Rundfrage brüsk verweigert, als sei sie eine Zudringlichkeit, die ans Allerprivateste rührt, hat er sie doch bereits gegeben: Er ist kurz davor nach Berlin übersiedelt – wo ihm »kein Typus so zuwider [ist] wie der Mimikry-Berliner aus Österreich«.[2]

Anfang der 1920er Jahre setzt der Exodus der Wiener Intellektuellen und sogenannten Kulturschaffenden nach Berlin ein, wo sie bessere Arbeits- und Verdienstmöglichkeiten erwarten. Das Statistische Reichsamt über die Ausländerbewegung beziffert zum Stichtag 31. Dezember 1927 die österreichische Kolonie mit 26.218 Personen.[3]

Anton Kuh kehrt seiner Geburtsstadt im Sommer 1926 den Rücken, um fortan, »in Berlin unter Wienern statt in Wien unter Kremsern zu leben«[4]. Österreich ist dabei, zu einer »Schweiz der Komfortlosigkeit«[5] zu verkommen; die Provinz, die darauf aus ist, die Metropole Mores zu lehren, dringt immer mehr durch.

Kuh flieht aus der stickigen Enge der Hauptstadt eines untergegangenen Großreichs in die weltstädtische Atmosphäre eines auf märkischem Sand hochgezogenen Klein New York. Allerdings gesteht er 1930 in einem Interview, daß er, immer wenn er nach Wien zurückkommt, Angst habe, dieser »herrlichen Stadt der Ehrgeizlosigkeit« zu verfallen, die »im Gegensatz zum ordinären Berlin« – diesem »Ehrgeizknotenpunkt«[6] – »noch im Roßknödel feudaler« sei »als Berlin in seinem Streben nach dem Anglizismus«.[7] Er behält sich seine Begeisterung für den Menschenschlag, der die unvergleichliche Atmosphäre und Lebensart seiner Geburtsstadt präge, für das Sinnenfreudige, Leichtlebige, »Romanische«, das »den Wiener« ausmache. Trotzdem, so Kuh weiter: »Ich könnte heute nur in Berlin leben. Erstens, weil Berlin jetzt in jeder Beziehung die freieste Stadt der Welt ist. Zweitens, weil fraglich ist, ob es überhaupt ein Europa gibt. Aber in Berlin hat man wenigstens die Illusion davon. In Wien herrscht das Europa von 1890.«

»Wien« und »Berlin«, das sind »nicht nur die Namen zweier Städte, das sind darüber hinaus Chiffren für Kulturen«.[8] In den 1920er Jahren ist die Gegenüberstellung von Donau- und Spreemetropole als Gegenüberstellung zweier Kulturen derart im Schwange, daß, wenn Arthur Kahane im Mai 1926 einen Text im »Berliner Börsen-Courier« »Die beiden Städte«[9] betitelt, jeder sofort weiß, welche zwei Städte nur gemeint sein können.

»Wien« ist intuitiv und gefühlsbetont, »Berlin« ist rational und analytisch; Wien ist behäbige Muße, Berlin ist »Betrieb«, Dynamik, Tempo; Wien ist gemütliche Schlamperei, Berlin ist preußische Organisation und Disziplin; Wien ist behagliches Savoir-vivre, Berlin gilt der Genuß des Daseins als Sünde und Zeitverlust; Wien ist – glorreiche, aber eben doch – Vergangenheit, Berlin – zwar lärmende und in Arbeit und Schweiß dampfende, aber eben doch – Zukunft.

Auch Kuhs Stadtporträt in der Berliner »Revue des Monats«, »Wien. Wie die Stadt war und wie sie ist« (1927) – von deutschen Zeitungen wird Kuh gern als »Wien-Sachverständiger« in Dienst genommen –, kommt um das notorische Thema »Die zwei Städte« und um die klischeehafte Opposition »Donauphäaken« versus »Spreespartaner« nicht ganz herum. Schon bei seinem ersten Besuch in der deutschen Reichshauptstadt im September 1918 stellt er, Wiener Verhältnisse gewohnt und daher verwundert über die zufriedenstellende Versorgungslage, den klaglos funktionierenden Betrieb der öffentlichen Verkehrsmittel und das weltstädtische Gepräge, das Berlin sich auch im fünften Kriegsjahr bewahrt hat, implizit einen Vergleich zwischen Wiener und Berliner an, der zwar abgedroschene, aber durch Augenschein bestätigte Klischees bemüht: »Der Berliner, als sachlicher Nordländer […], bestimmt seine Organisation persönlich mit und betrachtet sie als wechselsichernde Übereinkunft. Aber er sieht sie auch nicht als Mode an oder Eiserne-Zeit-Pose. Er markiert nicht g'schaftelhuberisch und dilettantisch den ›Geist der Ordnung‹, sondern […] hat die praktische Vernunft.«[10]

Was Kuh an Berlin »unerhört gefällt, das sind die Frauen und besonders das junge deutsche Mädchen, in dem [er] das politische Heil [sieht], weil sie produktive Antipolitik in die Welt trägt«.[11] Die selbstbewußte, erotisch und sexuell selbstbestimmte[12] Frau, den »Typus des selbständig erwerbenden, glasklaren, lebensgescheiten jungen Mädchens, das an die Freiheit nicht seine Würde verliert und seinen männlichen Altersgenossen längst aus dem Gelände von Dampf und Gesinnung in eine freie Zukunft vorausmarschiert ist«,[13] sieht er in der sechzehnjährigen Hilde Scheller verkörpert, der Protagonistin der sogenannten »Steglitzer Schülertragödie«, einem Eifersuchtsmord unter Gymnasiasten, der sich am 28. Juni 1927 ereignet, über die Grenzen Deutschlands hinaus Aufsehen erregt und eine breit geführte Debatte über die »sittliche Verwahrlosung« der (Mittelstands-) Jugend anstößt. Auch die sechzehnjährige

Gertrud Frenzel, die im Mai 1930 als Hauptbelastungszeugin in einem Prozeß »wegen Blutschande und Notzucht« gegen ihren honorigen Vater trotz massiven Drucks auf ihrer Aussage beharrt, er habe sie mehrfach sexuell mißbraucht, imponiert ihm ungemein. Die Schauspielerin Grete Mosheim ist für ihn die »Kulmination des Geschlechts, aus dem eine Hilde Scheller und Gertrude Frenzel hervorging. Untief, aber frisch durchlüftet, voll würzigem Sach-Appeal. Routiniert wie die Berliner Natur und natürlich wie eine Berliner Pflanze. […] Kurz: eine ausgewachsene Märchen-Unschuld – Frühlingserwachen auf einer Couch und neben einem Grammophon.«[14]

Kuh nimmt auf Dauer im noblen »Adlon« Quartier, ist dort allerdings – der Franz Molnárschen Maxime »Im besten Hotel das billigste Zimmer« gehorchend – »Feudalproletariat«, was »Notdurft auf hohem standard of living« bedeutet, soll heißen, er haust in einem engen Kabinett, das den »Brutdampf vielmonatlicher Bewohntheit« atmet.[15]

Eleve am Theater in der Josefstadt –
Als Kritiker Gunn in »Fannys erstes Stück«

Gerade in Richtung Berlin abgereist, ist Anton Kuh wieder retour in Wien: auf der Bühne des Theaters in der Josefstadt.
   Er hat sich gewappnet. Nachdem er seine grundlegenden Bedenken – »Soll sich der Kritiker seinen Feinden auf jenem Gebiet als Fraß hinhauen, wo er eben noch Rhadamanthys oder Cerberus in einer Person war? Sein stotterndes, erhitztes Neulingstum zur Schau stellen? Und nun gar obendrein in der Rolle eines Kritikers, seinem unantastbaren, reservaten Amte?«[1] – beiseite geschoben hatte; nachdem er sein Bauchweh niedergerungen und das Himmelfahrtskommando angetreten hatte, sich als nicht gerade zimperlich zu Werke gehender Rezensent unter die Mimen zu wagen, um einen Rezensenten zu mimen – »Wer der beiden persönliches Verhältnis zueinander kennt, wer diesem Zusammenstoß der Gekränktheit mit dem schlechten Gewissen oder der Gunstbuhlerei mit der Verlegenheit schon einmal angewohnt hat«, könne sich seine Lage ausmalen[2]; nachdem er die »Verlegenheit des Dilettanten« weggesteckt hatte, der sich »wie ein zu spät in die Schule eingeschriebener Nachzügler vorkommt, dem alles Gerede und Gelächter der neuen Kollegen bereits als ein undurchdringliches, weil eben nicht von der Pike auf mitgelerntes Diebsidiom ins Ohr klingt«[3]; nachdem er die gönnerhafte Herablassung manch eines Kollegen vom Metier bei der Probenarbeit ungerührt über sich ergehen hatte lassen, das Gekicher in den Kulissen, sobald er, der Theaterneuling, Lampenfieber schon auf der Probe, seinen Part ablieferte, überlaut, falsch betonend, über den Text hinweghastend; nachdem er den maliziösen Ratschlag seines »Doppelkollegen« (»nämlich: in Satyr und Apoll«[4]) Egon Friedell, der einen längeren Disput im Direktionszimmer darüber, wie er, Kuh, sich selber darstellen solle, mit dem Ausruf beendet hatte: »Beruhigen Sie sich – wenn Sie sich selbst spielen, wird Sie niemand erkennen!«, souverän weggesteckt hatte (erst kurz danach sei ihm gedämmert: »*sich* spielen!« – die ganz hohe Kunst, man müsse sich dabei ganz objektiv, als Figur sehen. »Jetzt war die Sache noch schwerer. Ich? Wer bin *ich*? Wie sehe *ich* aus? Wie spreche *ich*, gestikuliere *ich*, bewege *ich* den Mund?«[5]); nachdem er all diese Fährnisse mehr oder weniger souverän gemeistert hatte, mußte er immer noch den kollegialen Kritiken, die da dräuten, ins Auge sehen. Und um die Packung, die von den werten Kollegen zu

gewärtigen stand, leichter zu ertragen, malte er sie sich am Tag der Premiere im »Neuen Wiener Journal« schon einmal aus:

»Alfred *Polgar*: ›Der unsympathische Schreihals Gunn war der zuverlässigen Manier des Schriftstellers Anton Kuh anvertraut. Die Rolle faßte ihn auf, wie er ihr lag; fast lauter, als gut war: doch schien umgekehrt er für die Herausarbeitung der Penetrancen, die solchem Publizistenschlag entströmt, ein zu diskreter Gestalter. Wie anders der Dr. Friedell! ...‹
Leopold *Jacobson*: ›... und Anton Kuh bekam Gelegenheit, mit den Temperamentsüberschüssen, die sein kritisches Tun so oft verwirren, eine Kritikerfigur zu füllen. Die Probe gelang nur halb: Kuh gab sich gerade hier verständlich!‹
Raoul *Auernheimer*: ›Einen Vertreter jener Generation, die sich um soviel lieber in den Bocksprüngen der Verneinung gefällt, als ihre Seele – wie ein schönes Franzosenwort sagt – *»le talent d'être bas«* (»das Talent, leise zu sein«) verlernt hat, umkleidete Herr Kuh mit dem Rankwerk schillernder Unziemlichkeiten.‹
Hans *Liebstöckl*: ›... meinem Kollegen Anton Kuh aber möchte ich gleich dem Fuchs in der Anekdote, der dem zerschundenen, aus allen Wunden blutenden Wolf die Lehre gibt: »Wenn du ä Fresser bist, was singste?« zurufen: »Wenn du schreiben kannst – was spielste? ...«‹
Felix *Salten*: ›Und so schlossen sich die Leistungen der Damen Darvas, Geßner, Terwin, Woiwode und der Herren Daghofer, Dirmoser, Friedell, Goetz, Rainer, Romberg und Thimig zu einem wohlgelungenen Abend.‹«[6]

Am 16. September 1926 debütiert Anton Kuh in George Bernard Shaws Komödie »Fannys erstes Stück«. Das allerdings erst, nachdem das Theater in der Josefstadt den Einspruch des Bühnenvereins gegen das Laien-»Gastspiel« Kuhs – es gebe schließlich genug arbeitslose Berufsschauspieler – elegant gekontert hatte: Kuh erhielt ein ganzjähriges Engagement – als Eleve! Kuh gibt – neben Lili Darvas, Adrienne Geßner, Johanna Terwin-Moissi, Lina Woiwode, Fritz Daghofer, Herbert Dirmoser, Egon Friedell, Carl Goetz, Hans Moser, Louis Rainer, Hermann Romberg sowie Hugo und Hans Thimig – den Kritiker Gunn, einen »intellektuellen Frechling«[7]. Emil Geyer, der in Abwesenheit Max Reinhardts die Geschäfte und auch Regie führt, hat Kuh engagiert, weil er es publicityträchtig darauf anlegt, »die Naturechtheit der Figur« auf die Spitze zu treiben.[8] Offenbar um das leicht angejahrte Stück lokalkoloristisch aufzubrezeln, besetzt Geyer nicht bloß zwei der vier Kritiker, mit denen Shaw in der Rahmenhandlung Gerichtstag über die

Kunstrichter hält, mit Repräsentanten des Wiener Parketts, eben Kuh und Friedell, auch die zwei anderen sind – gespielt von Fritz Daghofer und Louis Rainer –, porträtähnlich nach Wiener Kritikern, Hans Liebstoeckl und Leopold Jacobson, gestrickt.

Wenn Kuh befürchtet hat, die Kollegen würden ihn zerzausen, dann täuscht er sich. Die Aufführung wie auch seine Darstellung finden allseits Anklang. »Fannys erstes Stück« steht bis 8. März 1927 auf dem Spielplan des Theaters in der Josefstadt, wird siebenunddreißigmal gegeben, neunundzwanzigmal mit Anton Kuh in der Rolle des Kritikers Gunn. Sowohl Jacobson als auch Liebstoeckl zollen ihm Respekt. Leicht spöttelnd der eine: Anton Kuh bemächtige sich »als Schauspieler mit Ambition« der Figur des überintellektuellen Kritikers, »dem die Intellektualität der anderen bis in den Herzensgrund zuwider ist. Er kämpft für das Wort Shaws, als ob er ein eigenes Bekenntnis ablegen wollte.«[9] Ein bißchen contre cœur der andere: »Doch muß ich, so leid es mir tut, ganz aufrichtig sagen: der neue Schauspieler Anton Kuh hat alle meine Erwartungen übertroffen. Er spricht ausgezeichnet, ich wußte es schon lange; daß er darin aber alle Berufsschauspieler übertrifft und daß es ein Fest ist, jemanden so glänzend und temperamentvoll auf der Bühne sprechen zu hören, das freut mich außerordentlich. Wir Kritiker sind nicht verloren: wenn alles fehlschlägt, spielen wir Shaw. Wenn aber dereinst die Schauspieler so gut schreiben werden, wie Anton Kuh Theater spielt, dann, natürlich, ist es Essig mit uns.«[10] Ins Schwarze getroffen hat Kuh mit seiner Vermutung, daß Felix Salten ihn in seiner Besprechung verkniffen übergehen würde.[11] Ebenso mit Tonfall und Gestus von Polgar und Auernheimer – von denen allerdings keine Rezensionen vorliegen.

Getroffen fühlt sich auch Hans Liebstoeckl: Fritz Daghofer, die Hände in die Taschen geschoben und möglichst gemütlich dreinsehend, »um darzulegen, wie fein er mich studiert hat; er erreichte sein Ziel, mir war wirklich mies vor mir.«[12] Weniger dagegen Leopold Jacobson: »Von Herrn Rainer, der den Kritiker Trotter, den Wortführer der Gilde, in meiner Maske gibt, kann ich bloß feststellen, daß ich mich nicht getroffen fühle, obwohl er mich getroffen hat. Als einmal ein Schauspieler den großen Sokrates auf der Bühne lebensgetreu kopierte, erhob sich der Weise lächelnd von seinem Platz, damit die Zuschauer vergleichen sollten, ob ihm der Doppelgänger auch wirklich ähnlich sähe. Ich begnügte mich, im stillen dafür dankbar zu sein, daß der Kritiker, den Herr Rainer darstellt, Trotter heißt, Trotter mit einem r am Schluß, nicht mit einem l.«[13]

»Herzlich grüßt Anton Kuh!« – Trittbrettfahrer einer aktennotorischen Fehde

»Herzlich grüßt Anton Kuh!« steht in akkurat mit Bleistift gezogener Kurrentschrift auf dem braunen Packpapier-Umschlag eines Ende September 1926 vom Photographischen Atelier Joël-Heinzelmann, Berlin-Charlottenburg, an Karl Kraus adressierten Pakets.[1] Kraus erstattet bei der Post- und Telegraphendirektion Disziplinaranzeige gegen unbekannte Täter.

Bereits Mitte des Monats sei ein Expreßbrief aus der Tschechoslowakei an den Verlag der »Fackel« auf dem Postweg verlorengegangen, weiters eine gerichtliche Ladung Anton Kuhs – zur auf den 11. November anberaumten Hauptverhandlung im Ehrenbeleidigungsprozeß, den Kraus gegen Kuh angestrengt hatte – diesem nicht zugestellt worden, und nun auch noch diese »verhöhnende Bemerkung«!

Da das Postamt 40 im dritten Wiener Gemeindebezirk sowohl für seine, Kraus', wie auch für Kuhs Wohnadresse zuständig ist, schließt Kraus auf Machinationen eines dort beschäftigten Beamten – »eventuell im Einverständnis mit Herrn Anton Kuh«. Die Post- und Telegraphendirektion für Wien, NÖ. und Bgld. teilt Oskar Samek, Kraus' Rechtsanwalt, am 30. Dezember 1926 mit, daß die eingeleiteten Untersuchungen nichts ergeben hätten.

Sehr wahrscheinlich handelt es sich bei dem Scherzbold, der den frotzelnden Vermerk auf dem Kuvert angebracht hatte, um einen »Trittbrettfahrer« der spätestens seit Ende Oktober 1925 nicht nur stadtbekannten, sondern auch aktennotorischen Fehde zwischen Kuh und Kraus. Stadtbekannt nicht nur in Wien, sondern auch anderwärts. Eine scherzhafte Weihnachtsumfrage des »Berliner Herold« zeugt von der Notorietät der Fehde. »Mit wem möchten Sie am ersten Feiertag das erste Frühstück einnehmen?« fragt das Blatt in der Ausgabe vom 24. Dezember 1932. Die fingierte Antwort Anton Kuhs: »Mit Karl Kraus«; jene Karl Kraus': »Einladungen zum Frühstück streng verbeten!«[2]

1926

Zumindest Kraus' Anhang erscheint zum Vortrag, in dem Anton Kuh am 2. Oktober 1926 unter dem Titel »Skandal in Wien« – im »Neuen Wiener Journal« mit dem Untertitel »Der Affe Zarathustras‹, II. Teil« angekündigt[3] – im vollbesetzten Mittleren Konzerthaussaal (900 Zuhörer) selbstkritisch die Affäre »Stunde« versus Kraus resümiert.

Ein Jahr nachdem er als Sieger vom Podium gestiegen ist, kommt Kuh nun zwar in »Sack und Asche gekrochen«[4], kriecht aber keineswegs vor den wieder zahlreich erschienenen Kraus-Jüngern zu Kreuze, sondern spart neuerlich nicht mit ätzenden Bemerkungen gegen den »Fackel«-Herausgeber. Zunächst formuliert er jedoch die Bedenken, die er »als eine Art inspizierender Outsider« von Anfang an gegen ein journalistisches Projekt wie »Die Stunde« mit ihrem boulevardesken Auftreten gehegt habe. Ihm und insbesondere auch Karl Tschuppik sei vor der Budapester »Tüchtigkeit« schon etwas mulmig zumute gewesen; denn: »Wenn man in Budapest tüchtig ist, ist man hier schon im Landesgericht.« Andererseits habe gerade die Invasion der Ungarn mit ihrem weltmännischen Habitus Wien in den Jahren nach dem Weltkrieg vor der »Verkremserung« gerettet. Sein Engagement sei ein »Sacrificio dell'intelletto« gewesen, also sehenden Auges »einen Teil der besseren Erkenntnis zu opfern, um etwas Wichtiges in einem anderen Teile zu tun«, nämlich ein Forum zu haben im Kampf gegen »die Hakenkreuzler, gegen die Pseudomoral, gegen die Versumpfung der Polizei und Justiz«[5]. Die Redaktion sei im übrigen völlig unabhängig von der Anzeigenabteilung gewesen und habe von den Machenschaften im Administrationsbüro nichts mitbekommen.

Neugierig sei er von Anfang an gewesen, wie Kraus auf die »Popularisierung« dessen, wofür dieser mit der »Fackel« schon zweieinhalb Jahrzehnte stand, reagieren würde. Dabei sei ohnehin abzusehen gewesen, daß er diese Nachbarschaft als kompromittierend empfinden würde: »Was? Mit meinen satirischen Spezialerrungenschaften gründen sich jene e' Zeitung?!« Der ingrimmige Ernst, mit dem Kraus der bis zur Selbstpersiflage getriebenen Ironie der »Stunde«-Autoren zugesetzt habe – Kuh: »In dieser Situation kam der grosse Ethiker K[arl] Kraus und sagte: Was sind das da für neue Menschen, Libertiner, Amoralisten, Lausbuben, Gürteltaillenmenschen? ... Er ohne Gürteltaille, mit Moral!« –, habe Kuh veranlaßt, den »Feldzug der Rotzbüberei« zu starten, als dessen »Generalissimus« er sich seinem Auditorium vorstellt. Ein Großteil der »Stunde«-Redakteure sei ursprünglich da-

Wien, Konzerthaus, Mittlerer Saal, 1.10.1926, 19.30 Uhr: Skandal in Wien

gegen gewesen, mit Kraus anzubinden – »der Mann hat ja unsere Gesinnung« –, und Békessy fürchtete, daß Kuh dessen »Wiener unbeschriebenes Konto mit der Hypothek [s]einer Hassempfindung belaste«. Kraus habe sich in seiner »egozentrischen Eitelkeit« durch den dahergelaufenen Nachbarn, der über den Zaun geklettert war und sich in seinem Rayon angesiedelt hatte, gekränkt und sich in seiner elitären Exklusivität gestört gefühlt.

Ethos und »Ethospetetos« – Anton Kuh vs. Karl Kraus

Entschieden zu kurz greift Kuh, wenn er die Vehemenz und Hartnäckigkeit von Kraus' Kampagne gegen die »Stunde« auf verletzte Eitelkeit reduziert und darauf beharrt »dass fast alle Wiener Zeitungen um nichts moralischer und anständiger sind als die ›Stunde‹, dass die anderen Zeitungen möglichst Eitelkeiten schonen, während sie hier tendenziös verletzt wurden ... Was da entfesselt wurde, das war nicht Antikorruptionismus, es war hier der Conjunktur-Sturmlauf gegen die Unbequemen«.

Entschieden zu kurz greift er auch, wenn er es Kraus als »nicht nobel« ankreidet, daß dieser gegen den »magyarischen Unternehmer« losgezogen sei, statt sich an den zu halten, von dem er wußte, daß er ihm das eingebrockt hatte – an ihn, Kuh.

Zu kurz greift auch die Reduzierung der Polemik auf Rivalität.

Entschieden daneben greift aber auch die Unterstellung, Kuh sei als Büttel Békessys aufgetreten. Im Gegenteil: Kuh war nicht Handlanger Békessys, sondern Békessy hat Kuh »arglos als ›rechte Hand‹ zur Frotzelung des Kraus gedient«. Er stellt schon in seiner Rede vom 25. Oktober 1925 klar, daß *er* den Herausgeber der »Stunde« dazu mißbraucht habe, um an Karl Kraus sein Mütchen zu kühlen. Das trägt ihm am 5. Dezember 1925 die »Nachnominierung« als »Täter oder Mittäter« in der Causa Karl Kraus und Marie Turnowsky gegen unbekannte Täter in der Sache der retuschierten Photos auf dem Titelblatt der »Stunde« vom 20. März 1925 ein.* Kuh ist nur bis August 1924 Redaktionsmitglied der »Stunde«, und er verwahrt sich dagegen, als Redakteur der »Stunde« bezeichnet zu werden, läßt Berichte über die Prozesse, die Kraus gegen ihn angestrengt hat, auch dahingehend berichtigen.[2]

Die Verbindung mit Békessy wird zu Lebzeiten von Gegnern Kuhs unterstrichen – »Söldling des steckbrieflich gesuchten ...« – und über dessen Tod hinaus fortgesponnen: »Anton Kuh, der sich von einem gemeinen Revolverjournalisten zum angesehenen Békessy-Mitarbeiter

---

* Bei der Vernehmung vor dem Strafbezirksgericht Wien I am 5. Januar 1926 räumt Kuh ein, »der Urheber des Entschlusses zu sein, mit Karl Kraus eine Zeitungsfehde auszutragen«, stellt allerdings in Abrede, mit der Veröffentlichung des inkriminierten Bildes irgend etwas zu tun zu haben.

entwickelt hatte«, so Paul Schick mit etwas verquer daherkommendem Sarkasmus.[3]

Wie weit Kuh an der Schmutzkübelkampagne schreibend teilnimmt, ist nicht mehr bis ins letzte zu klären. Er macht keinen Hehl daraus, »unter dem Schutzmantel der Anonymität« Kraus angegriffen zu haben – mit einem offenen Disput hätte er riskiert, sein ganzes Leben lang ein »Geplänkel« mit dem manischen »Antwortgeber« Kraus führen zu müssen. Was die anonymen gegen Karl Kraus gerichteten Beiträge in der »Stunde« betrifft, gibt Anton Kuh bei Vernehmungen als Beschuldigter vor dem Wiener Strafbezirksgericht I am 5.1.1926[4] wie auch am 9.1.1926[5] zu Protokoll, »eine Anzahl von Glossen und Notizen« verfaßt zu haben.

Es verbergen zu wollen hätte wenig Sinn gehabt, »zu gut wußte die ganze Stadt«, so Kuh, »daß ich es war, der sich des neuen Blattes zur Verspottung des Kraus bediente – daß ich mich so lange vorher und ohne ›Stunde‹ in diesem Unterhaltungssport übte«.[6]

Offenbar weiß das auch Karl Kraus. Denn er greift Kuh während der Kampagne gegen die »Stunde« wiederholt persönlich an, gibt seinem Widersacher per »Fackel« Schlag auf Schlag dies und jenes zu verstehen. Versieht etwa den »Farewell« Kuhs an Adalbert Sternberg, in dem Kuh sich als der »in effigie Ausgewiesene« vom »faktisch und endgültig Ausgewiesenen« mit der Beteuerung verabschiedete, daß er sich mit ihm »wie alle Unverdorrten und Wirklichkeitsvollen dieser Stadt, im Geiste mit ausgewiesen fühle«, mit folgendem Kommentar: »meines Wissens gibt es kein Gesetz, welches zugleich mit der Ausweisung lästiger Ausländer denjenigen Bundesbürgern die Verpflichtung zum Aufenthalt vorschriebe, die sich vom Inland belästigt fühlen«.[7] Zweimal umblättern – und die verhaltene Aufforderung, sich dem Grafen Sternberg doch anzuschließen, gewinnt an Vehemenz: »Hinaus aus Wien mit dem Schuft!« steht dort zu lesen. Er zeiht ihn im Zusammenhang mit einem lobenden Vorspann, den Kuh zu einem in der »Stunde« abgedruckten Text Fred Hildenbrandts geschrieben hat, der Käuflichkeit.[8] Er zitiert kommentarlos eine Passage aus Kuhs Besprechung von Sardous Salonhumoreske »Die guten Freunde« – in der eindringlich geschilderten Ekelhaftigkeit der von Carl Götz verkörperten Figur soll sich offenbar der Theaterrezensent der »Stunde« gespiegelt sehen[9] –, reibt seinem Kontrahenten, indem er das Wort »Neid« spationiert, dessen »niedrige Motive« unter die Nase und gibt ihm durch den Sperrdruck von »Staatsanwalt« zu verstehen, wo dessen Attacken für ihn enden würden.

Recht hat Kuh hingegen, wenn er die hanebüchene Schmähung »Cowboy« auf sich bezieht. Die war so platt wie unmißverständlich auf Kuh gemünzt, daß man es nur als kindisch bezeichnen kann, daß Kraus es vor Gericht mehrfach abstritt. Kindisch auch der Aplomb, mit dem Kraus im Prozeß in der Sache »Vortragsaffe« darauf beharrt, »das eigene Blatt des Beschuldigten«, also »Die Stunde«, habe über Kraus' »Vortragstätigkeit [...] in den überschwenglichsten Lobesworten« gesprochen.[10] Ist es schlicht Verblendung oder Dreistigkeit, daß Karl Kraus über die süffisanten Schmähungen hinweggeht, mit denen die »Stunde« seine Vorträge bedachte?[11]

Recht hat Kuh vor allem mit »Ethospetetos«, mit dem Vorwurf also, daß der »große Ethiker«, wenn's um seine eigene Person geht, seine rigorosen Maßstäbe gern einmal beiseite setzt. Derselbe Karl Kraus, dem Eingriffe ins Privatleben *das* Stigma der Lumperei sind; der sich in seiner Generalabrechnung mit den jungen Expressionisten »Aus der Sudelküche«[12] insbesondere gegen die ihm von Werfel im Drama »Spiegelmensch« in den Mund gelegten Worte »Kurz und gut, weil ich zwar den Menschen aus den Augen, doch nicht in die Augen sehen kann, will ich ihnen lieber gleich in den Hintern schaun, ob dort ihr Ethos in Ordnung ist« verwahrt als eine »von jeder Silbe« seines »Lebenswerks Lügen gestrafte Zeichnung, die ihren eigenen Sinn« seinem »Kampf für das Recht der sexuellen Persönlichkeit« verdanke; der in der Klagsschrift, die er in dem wegen Ehrenbeleidigung in Anton Kuhs Vortrag »Der Affe Zarathustras« angestrengten Verfahren einreicht, den Vorwurf, er habe auf die »erotischen Neigungen« Kuhs angespielt, empört zurückweist, da er »die Verwertung von Tatsachen des Privat- und Sexuallebens im öffentlichen Kampfe wirklich stets perhorreszierte und aus diesem Grunde auch gegen Harden einen langen und energischen Pressekampf führte«[13] – dieser selbe Karl Kraus hatte sich nicht nur nicht entblödet, 1921 in »Literatur oder Man wird da doch sehn« mit allerlei »Rufen« wie: »Das ist sein Vaterkomplex!«, »Selbsthaß des Judentums!«, »Ich krieg Reiß für ein Buch gegen ihn!« auf Kuhs »Juden und Deutsche«, sondern gleich darunter mit dem »Ruf« »Ich komme von rückwärts gegen ihn, da kenn ich mich aus!«[14] auf Kuhs in jungen Jahren (auch) gelebte Homosexualität anzuspielen, sondern sich im Oktober 1925 – diesmal gänzlich unverhohlen – neuerlich dieses Untergriffs bedient, indem er der »Békessy-Journalistik« attestiert, sie habe »bahnbrechend gewirkt, indem sie die homosexuelle Note in die Theaterkritik eingeführt hat«.[15] Und damit die Rechtfertigung für Kuhs Behauptung geliefert, daß es mit Kraus' so selbstgerecht zur Schau getragenem Ethos nicht weit her sei, »daß man mit ein und derselben Dialektik ›eso‹ machen kann und ›eso‹«. Erster (groß geschrieben) Theaterkritiker der »Stunde« war nämlich Anton Kuh.

1926

In Berlin sind die riesigen Verlagskonzerne mit ihren Hunderten Zeitungen und Zeitschriften, die großen Blätter, die vermeintlich unermeßliche Chancen bieten. Berlin ist aber ein hartes Pflaster. Über dem Anhalter Bahnhof, der Eingangspforte in die Spree-Metropole, hängt die imaginäre Aufschrift: »Auch auf Sie haben wir nicht gewartet!«[16]

Kuh fällt es indessen nirgendwo schwer, Fuß zu fassen. Er hat es nicht, wie so viele andere, nötig, zu antichambrieren, Klinken zu putzen, mit Manuskripten in der Tasche von Redaktion zu Redaktion zu hetzen, ganze Nachmittage bei »Jädicke«, einem Kaffeehaus vis-à-vis dem Ullstein-Verlagshaus, zu hocken, um einen Auftrag zu ergattern.[17] Kontakte hat er während seines Jahrs in Berlin, 1920, geknüpft, die renommierten Hauptstadt-Zeitungen, die »Voss«, das »Berliner Tageblatt« die »B. Z. am Mittag«, laden ihn vermehrt zur Mitarbeit ein, er publiziert im »Tage-Buch«, der Anfang 1920 als bürgerliche, aber ebenso radikal oppositionell-demokratische Konkurrenz zur »Weltbühne« gegründeten Wochenschrift, der »Querschnitt«, das »intellektuelle Journal des Luxus und der Moden der Weimarer Republik«[18], zählt ihn seit August 1925 zu seinen regelmäßigen Beiträgern. Es ist nicht an ihm anzuklopfen, man ersucht ihn vielmehr um Beiträge, etwa das mondäne Magazin »Die Dame«, bei dem Kuh, kaum in Berlin angekommen, unter dem frivolen Titel »Die erste Nummer« seinen Einstand gibt.

Im Mai 1925 figuriert er auch unter den »bekanntesten Persönlichkeiten des geistigen Deutschland«[19] – darunter Heinrich Mann, Siegfried Jacobsohn, Alfons Paquet und Egon Erwin Kisch –, deren Antworten auf die Rundfrage zum Ausgang des sogenannten Tscheka-Prozesses die »Welt am Abend« veröffentlichte. Ein Protest gegen die drakonischen Urteile, die der Leipziger Staatsgerichtshof im Verfahren gegen die an einem kommunistischen Umsturzplan vom Oktober 1923 Beteiligten gefällt hat: drei Todesurteile, langjährige Zuchthaus- und Gefängnisstrafen. Ein über Parteigrenzen hinweg als krasser Fall von Polit- und Klassenjustiz wahrgenommenes Verdikt, das nach einer achtwöchigen Farce von haarsträubend einseitiger Beweiswürdigung über die Angeklagten gesprochen wurde.

Kuhs Stellungnahme: »Es ist lächerlich und überflüssig, sich mit der *Macht* pathetisch auseinanderzusetzen – ihr also etwa vorzuhalten, daß ihre Gerichtsurteile eine Schmach sind. / Das Scheußliche, Magenumdrehende in einem Fall wie dem Leipziger Urteil ist nur das daraus sichtbare – allerdings typisch deutsche – Bedürfnis, die Willkür mit dem Apparat hochnotpeinlichen Gesetzes-Ernstes auszustatten. / Ihre Devise lautet eben: ›Mit Kant gegen Gott für Vaterland.‹«

1925 beginnt auch Kuhs Mitarbeit beim Münchner »Simplicissimus«, für den er bis 1930 rund 30 Beiträge liefert, ebenso viele für die »Münchner Illustrierte Presse« in den Jahren 1929 bis 1933: fast durchwegs Leichtgewichtiges. Bagatellen, Bluetten, Petitessen zumeist auch Kuhs Beiträge zu diversen Zeitschriften neuen Typs – wie ›Das Magazin«, »Revue des Monats«, »Das Leben« oder »Scherl's Magazin« –, die ab der Mitte der 1920er Jahre, nach US-amerikanischem Muster gestrickt, auch auf dem deutschsprachigen Markt ins Kraut schießen: den Magazinen: groß- und meistenteils freizügig illustrierten Heften, deren Buntheit und Themenvielfalt der geradezu panisch gefolgten Maxime »Nur nicht langweilen!« geschuldet zu sein scheinen und das zeitgenössische Unterhaltungs- und Zerstreuungsbedürfnis bedienen.

Daneben aber immer auch hellwache Beobachtungen des »Kulturchronisten«[20], der etwa 1929 den Dauertänzer als Symptom trostlosen Amüsierzwangs diagnostiziert[21] oder eine US-Filmschmonzette[22] ideologiekritisch zerlegt; der 1931 die »Jugend-vor!«-Manie nüchtern als ökonomisches Kalkül entlarvt[23] oder das Klischee vom »süßen Wiener Mädel« sozialhistorisch destruiert, um nicht zu sagen dekonstruiert.[24] Keine gravitätischen Abhandlungen allesamt, die mit dem Bauchaufschwung der »Stellungnahme« daherkommen – und doch alles andere als leichtgewichtig.

Ganz auf der Linie der Berliner »Zeitschrift der aktuellen Ewigkeitswerte«[25], der als snobistisch verschrienen Ideenbörse für den geistesgegenwärtigen Zeitgenossen, wie sie deren Herausgeber, Hermann von Wedderkop, so schlicht und bescheiden wie ambitioniert zu Beginn des vierten Jahrgangs, 1924, formuliert: Programmatisch »untendenziös«, habe der »Querschnitt« nur »*eine* Tendenz, die der Lebendigkeit«. Wedderkop verbittet sich »säuerlichen Intellektualismus«, will »statt Ansichten *Wissen und Tatsachen*«, will der Zeit den Puls fühlen, das Gesicht der Zeit aus unmittelbarer Anschauung zeichnen, ein Magazin europäischen Formats, das seine Leser über Kunst, Leben, Wissenschaft, Musik auf dem laufenden hält, »*ohne [sie] anzustrengen oder zu ermüden*«.[26]

Neben physiognomischen Typologien wie »Der Backfisch«, »Das k. k. Ballettmädel« oder »Jockeis«[27] und Porträts einzelner Schauspieler steuert Kuh ganze Porträtserien mitten aus dem Berliner Theaterbetrieb bei sowie Feuilletons über Alt- und Neuwiener Quisquilien und Befindlichkeiten sowie ab 1929 Dutzende Besprechungen zum »Bücher-Querschnitt« in der Bandbreite »Propyläen-Weltgeschichte«[28] bis »Herrn

Munkepunkes Cocktail- und Bowlenbuch«[29]; darunter sehr viele historische Werke, aber auch zeitgenössische Literatur wie André Gides »L'école des femmes«[30], Ringelnatz' Gedichtband »Allerdings«[31], Max Brods Roman »Zauberreich der Liebe«[32], Josef Löbels »Von der Ehe bis zur Liebe« – »dieses vom Gehirn, nicht von einem speckigen Gemüt aus heitere Buch«, von Kuh auf die Formel »Hausarzt Nietzsche« gebracht, von dem »Generationen von Psychoanalytikern« lernen könnten, »wie man das Kind beim Namen nennen kann, ohne unappetitlich zu werden«[33] – oder Ödön von Horváths »Der ewige Spießer«: »geschriebener Daumier«[34] –, Hermann Ungar[35], Franz Werfel[36], Felix Salten[37]. Auch drei Bücher Walther Rodes, darunter »Justiz«, dessen Sprache Kuh enthusiastisch preist: »eine, die in ihrer Genitalkraft, ihrer – am Lateinischen geschulten – lodernden Bündigkeit [...] fast unzeitgemäß wirkt«; »klassische Literatur« nennt er diese »Studie über das Wesen des Pamphlets (sie könnte sich betiteln: ›Über die Ethik des Exzesses‹)«[38]; und – mit Abstand die ausführlichste (statt der üblichen zwölf Zeilen vierundfünfzig) und emphatischste Besprechung – »Knöpfe und Vögel«, die Kuh in eine Reihe mit den Schöpfungen eines Theophrast, Montaigne, La Bruyère stellt. Dieses »mit dem Hammer geschriebene Buch«, ein unvergängliches »Hohn-Monument«, das »knirschende Verachtung der Rechtsbarkeit« gesetzt hat, sei, kurz gesagt, »ein Machiavelli für Angeklagte. Il Giudice«.[39]

Vom Zuschnitt her sind diese Besprechungen ganz nach dem programmatischen Maß des »Bücher-Querschnitts«: ohne pausbäckige Moral, keine verbohrte studienrätliche Besserwisserei, ohne hämische, oberlehrerhaft beflissene Verteilung von Zensuren; acht- bis fünfundzwanzig-, zumeist zwölf-, fünfzehnzeilige Einlassungen, locker und unangestrengt hingeworfen, aber bündig.

In einem Gefühl »unterirdischen Corpsgeistes« – Bewerbung bei Maximilian Harden

Ein einziges Mal schickt Anton Kuh, der's ansonsten nicht nötig hat, mit seinen Texten zu antichambrieren, ein »Bewerbungsschreiben« ab. Der Adressat: Maximilian Harden.

Harden hatte ab 1. Oktober 1892 »Die Zukunft« herausgegeben, eine politische Wochenschrift, die sich als Forum angesehener Literaten und Künstler, Wissenschaftler und Politiker rasch europaweites Renommee erarbeitete, ehe er sie als seine private Tribüne betrieb, die er als Korrektiv der politischen Praxis betrachtete.[1] Seine Pamphlete gegen die wilhelminische Hofkamarilla, mit denen er sich wiederholt Beschlagnahmen, Prozesse wegen Majestätsbeleidigung und Verurteilungen zu mehrmonatiger Festungshaft einhandelte, trugen zur Popularität der »Zukunft« in oppositionellen Kreisen bei.

Im Kampf gegen das persönliche Regiment Wilhelms II. und die Klüngel um dessen Berater Fürst Philipp zu Eulenburg und Kuno Graf Moltke, deren Einfluß auf Wilhelm II. Harden für die säbelrasselnde Außenpolitik des Reichs verantwortlich machte, schreckte Harden, bestens mit Informationen aus dem innersten Hofkreis versorgt, vor keiner Indiskretion zurück. Um die Kamarilla aus ihren Hofämtern zu drängen, lancierte er Informationen über die Homosexualität Eulenburgs und andere Männerfreundschaften am Hof, woraufhin Moltke und Eulenburg vom Kaiser unehrenhaft entlassen wurden.

Karl Kraus hatte nach dieser aufsehenerregenden Affäre mit seinem Mentor gebrochen, weil Harden sich in der Auseinandersetzung mit Eulenburg nicht scheute, die »Argumente des Muckers«[2] ins Treffen zu führen, das heißt, unter dem Vorwand der Wahrung öffentlicher Interessen intime Details aus dem Privatleben seiner politischen Gegner publik zu machen. Kraus beharrte auf der Trennung von öffentlicher und privater Sphäre als unhintergehbarem Prinzip.[3] Er trat für die Straffreiheit homosexuellen Verkehrs ein, eben auch, um die soziale Ächtung und die Erpreßbarkeit in der Öffentlichkeit stehender Personen, die mit einer unterlassenen Strafanzeige ins Werk gesetzt werden konnte, ein für allemal auszuschließen.

Kraus statuierte an Harden ein Exempel dafür, daß ihm Stil ein »Maßstab ethischer Werte«[4] war, seiner Überzeugung gemäß, wonach Stil und Gesinnung nicht reinlich zu scheiden seien, sondern eine verhunzte

Sprache eben die moralischen Defekte des Sprechers oder Schreibers widerspiegle. Oder: für Kraus' These, daß »die Sprache den Gedanken nicht bekleidet, sondern der Gedanke in die Sprache hineinwächst«[5].

Mit seiner gehässigen Replik im »Wiener Montags-Journal«[6] leistete Harden sich wieder eine jener »Geschmacklosigkeiten«, deretwegen Kraus mit dem einflußreichsten Publizisten des wilhelminischen Deutschland gebrochen hatte: Harden hatte 1908 in einer Polemik gegen Kraus auf dessen Liebesbeziehung zur jungen Schauspielerin Annie Kalmar als einen »grotesken Roman« angespielt. Entrüstet über die Indiskretion, hatte Kraus geantwortet: »Mein grotesker Roman lag Herrn Harden nicht als Rezensionsexemplar vor« und verbat sich – unter Androhung von zwei Ohrfeigen – die Besprechung seines »grotesken Romans« durch den unberufenen Rezensenten.[7]

Vom verehrten Vorbild wurde Harden zum – über Jahre hinweg – erbittert Befehdeten. Die tabellarischen »Übersetzungen aus Harden«, in denen Kraus in einer linken Spalte Hardensches »Desperanto«[8] abdruckte und in einer rechten, was es in einfachen, schlichten, nüchternen Worten bedeuten sollte, wurden zu einer ständigen »Fackel«-Rubrik.[9]

Hardens gewundene, gestelzte, grotesk verschnörkelte Sprache, der manierierte Schwulst und pathostriefende Bombast – »jener [...] überpfropfte Stil, von dem ein Boshafter einmal gesagt hat, er sei eine Landschaft, durch die Mayonnaise fließe«[10] – reizten geradezu zur Persiflage.

Kuh indessen verteidigte Harden gegen diese »nachschwätzende Ironie [...], die seinen Fehlern und Schwächen nicht das Wasser reichte und sich mit Witzblattästhetik über seine freistehende Person hinwegsetzte«,[11] wenngleich er zugestand, daß »Hardens Deutsch ein Heckenzaun für unbefangene Leser ist, sein Stil eine apokalyptische Grottenbahn«. Allerdings gab er zu bedenken, »ob es gerecht ist, das Maß der Schönschreiberei an einen Mann zu legen, der die Lektürespesen durch den Inhalt vergilt und sich in der politischen Haltung so vereinsamt hat wie in der Sprache; weiter: ob man das Recht hat, geschmäcklerisch auf die Mitteilung zu reagieren, daß einem demnächst der Kopf abgeschlagen wird. Hardens Aufsätze seit 1918 – eigentlich 1917 – waren eine einzige Mitteilung dieses Inhalts an das deutsche Volk.«[12] Die Hauptsache aber sei: »diese Sprache buckelte sich vor Gehirn und Erkenntnis; sie hatte um soviel Fleisch zu viel, als das Betrachtungsobjekt – Deutschland – zu wenig hatte. Ihre Front war [...] im Wesen immer die gleiche: der üble Nationaltypus. Vor dem Krieg und während der ersten Kriegszeit, also zur Zeit der europäischen Kraftkonkurrenzen, die den Abgrund verdeckten, sah ihn Harden als Undiplomaten, Unpolitiker, Uneuropäer; damals wollte er ihn wecken: Sei ein Engländer! – Sei ein Franzose!

Von 1917 an sah er ihn besser (weil tiefer); da wußte er: es ist der Typus des Lebens- und Sinnesfeindes, des phrasengeharnischten Knaben, des chronisch Unerwachsenen. Er machte linkskehrt, weil die Zeit und seine Erfahrung dasselbe gemacht hatten.«[13]

Kuh sah ihm, dem »Mutigen«[14], dem Verfemten, auf Proskriptionslisten ganz oben Stehenden, dem Andersmeinenden, der es wagte, »gegen den breiten Strom der Lüge zu schwimmen«[15], auch Eitelkeiten wie Schminke und Schnürbrust, die Chrysantheme im Knopfloch und die weißen Glacéhandschuhe nach. Er sah dem hypnotisierenden Redner, der unerbittlich war in seiner Kritik der deutschen Zustände, der klarsichtig darauf drang, daß Deutschlands Weg nur nach Europa führen könne, theatralische Posen und primadonnenhaftes Gebaren nach.

Parteilos, mit ausgesprochener Abneigung gegen den Liberalismus und starker Sympathie für das preußische Junkertum, hatte Harden sich im Ersten Weltkrieg vom Kriegstreiber und Annexionisten zum Pazifisten und Verständigungspolitiker gewandelt, der nicht nur den Versailler Vertrag guthieß, sondern Deutschland auch maßgebliche Kriegsschuld zuwies – und sich damit den Haß der Nationalisten zuzog. Neun Tage nach dem tödlichen Bomben- und Schußattentat auf Reichsaußenminister Walther Rathenau, am 3. Juli 1922, versuchte die rechtsextreme Terror- und Femeorganisation »Consul« auch dessen ehemaligen Freund Maximilian Harden zu ermorden. Der Oberleutnant a. D. Walter Ankermann knüppelte Harden mit einem Totschläger nieder und drosch dann auf dessen Schädel ein.[16]

Nicht erst der Anschlag, den Harden zwar knapp überlebte, von dem er sich aber nie mehr erholte, ließen ihn im Herbst 1922 die »Zukunft« einstellen. Deren Auflage war mit dem Verblassen von Hardens Stern längst eingebrochen. Die »Weltbühne« und das »Tage-Buch« hatten die Nachfolge übernommen, ohne je ihren Einfluß zu erreichen.

Robert Breuer rechnete Harden dem »Bestand des wilhelminischen Barock« zu, der »ohne den Hintergrund des dekorativen Dilettanten auf dem Throne Bismarcks« nicht vorstellbar gewesen sei – und mit Wilhelm II. sei auch sein »giftiger Chroniqueur« von der Bühne gefegt worden.[17] Mit der »Zukunft« habe er zwar das Archiv der Epoche hinterlassen, die Zeitschrift aber nicht in die neue Zeit hinüberretten können. Das Gewissen der Republik zu spielen, deren Protagonisten er mit Schmähungen überzog, war Harden versagt geblieben. In der Kaiserzeit eine »öffentliche Person« wie wenige neben ihm, hatte er sich in einer ihm fremd gewordenen Zeit ins politische Abseits manövriert.

1925 trug sich Harden mit dem Gedanken, die »Zukunft« neu zu lancieren. Im Frühjahr 1926 nahmen seine Pläne, angespornt vom

»Weltbühne«-Mitarbeiter Berthold Jacob-Salomon[18], Gestalt an, am 1. Oktober 1927 sollte das erste Heft der neuen »Zukunft« erscheinen.

Kurz nach Hardens Ankündigung, die »Zukunft« wieder erscheinen zu lassen, ersucht Kuh, einem »romantischen Hazard« nachhängend und in einem Gefühl »unterirdischen Corpsgeistes«, brieflich um ein Gespräch, das allerdings an Dringlichkeit verlöre, sollte Harden »die neue ›Zukunft‹ wie die alte von A–Z allein zu schreiben und redigieren gedenken«.[19]

Ende August muß Harden indessen, gesundheitlich schwer angeschlagen, das Handtuch werfen. Er stirbt am 30. Oktober 1927 in Montana-Vermala im Schweizer Wallis, wo er sich seit Anfang Juli zur Linderung seiner chronischen Bronchitis aufgehalten hatte.

Die Nachrufe in der bürgerlichen Presse sind zwiespältig, bemüht zwar, dem unerschrockenen Oppositionellen Gerechtigkeit widerfahren zu lassen, aber ... Exemplarisch Kurt Tucholskys Nekrolog, der anhebt mit den Sätzen: »Es ziemt sich, auf das Grab dieses großen Schriftstellers einen Kranz zu legen. Aus welchen Blumen – ?«[20] Mitnichten ambivalent hingegen die rechte Publizistik: Verhöhnung und Gehässigkeit über das Grab hinaus. Tenor: »jüdischer Schmierfink«, »charakterlose Pazifisterei«, »Gesinnungslumperei«. Joseph Goebbels im »Angriff«: »Maximilian Harden ist durch eine Lungenentzündung hingerichtet worden. / Damit geht eines der gemeinsten und niederträchtigsten Individuen, die Deutschland an den Rand des Abgrundes gebracht haben, aus dem Zeitlichen heraus. Maximilian Harden ist der Typ der jüdischen Literaturbestie, die bedingungslos und ohne Rücksicht das Gastrecht des Wirtsvolkes mißbraucht und ihrem ewigen Trieb zur Zerstörung frönt. / Das deutsche Volk hat ihm und seinesgleichen ein Meer von Blut und Tränen zu verdanken. / Sonst sagt man: ›de mortuis nil nisi bene!‹ / Das hat bei unseren Vernichtern keine Geltung. Wir bedauern am Tode dieses Mannes nur, daß er uns die Möglichkeit genommen hat, auf unsere Art mit Isidor Witkowksy[21] abzurechnen.«[22]

1927

Obwohl es ihm leichtfällt, dort Fuß zu fassen, ist das Berlin des Jahres 1926 keine »g'mahte Wiesn« für Kuh. Legion sind zwar die Stimmen, die ihm attestieren, daß er zu den wenigen Podiumsartisten gehört, die auch etwas zu sagen haben; daß seine blendenden Formulierungen, scheinbar Einfälle des beschwingten Augenblicks, in die Tiefe gehen, und, wie die ganze Art seines Vortrags, abseits vom Lehrhaft-Langweiligen, scharf präzisiert und mit Witz, der vom Geist und nicht vom Willen zum Amüsement herkommt, getränkt sind[23] – trotzdem wird er bisweilen despektierlich als Schaumschläger apostrophiert. Gehäuft ausgerechnet nach der »Über die Grenzen des Erlaubten oder Külz und Kunst« betitelten Stegreif-Matinee, in der er auf Einladung Theodor Taggers im frisch renovierten Berliner Renaissancetheater am 30. Januar 1927 unter anderem über das im Dezember 1926 vom Reichstag verabschiedete »Gesetz zur Bewahrung der Jugend vor Schund- und Schmutzschriften«, kurz: Schmutz-und-Schund-Gesetz – nach Reichsinnenminister Wilhelm Külz, der den Regierungsentwurf vorlegt, auch »Lex Külz« genannt –, spricht, dem gemäß Prüfstellen für Nord- und Süddeutschland sowie eine für Beschwerdefälle zuständige Oberprüfstelle eingerichtet werden. Gegen das Gesetz wurde im Oktober 1926 mit in Berliner Zeitungen veröffentlichten Aufrufen und Petitionen an Reichstag und Regierung – unterzeichnet von allen, die Rang und Namen haben in der République des lettres – im Namen der »Geistesfreiheit« mobil gemacht.

Berlin, Renaissancetheater, 30.1.1927, 12 Uhr: Über die Grenzen des Erlaubten oder Külz und Kunst

Während in der »Vossischen Zeitung« tags darauf zu lesen steht, daß von Kuhs »mit urmimischer Rhetorik« anderthalb Stunden lang »aus dem Ärmel geschossenen Einfällen« »ein Dutzend ›Literaten‹ mehrere Jahre leben könnten«;[24] während der »Vorwärts« den Vortrag »rein artistisch eine Meisterleistung« nennt;[25] während sogar der deutschnationale »Tag«, dessen Anhang Kuh kräftig den Kopf gewaschen hatte, ihm seine Anerkennung nicht versagt – »Herr Anton *Kuh* war mit Esprit geladen, Herr Kuh entwickelte Gedankengänge, die rednerisch glänzend gefaßt waren, Herr Kuh brillierte«[26] –, ist eine der Besprechungen von Kuhs Polemik gegen den »gesetzlich geschützten Normalmenschen« mit »Wiener Mittagsschmus«[27] überschrieben, in einer weiteren von »*Wiener* kaffeehausliterarischer Welteinstellung«[28] die Rede; davon daß Kuh »hihi, so der richtige Wiener sei, lose Zunge, weicher Kopp; Dampfplauderer ohne sachliches Rückgrat«.[29] – Berliner Kaltschnauzen, die dem zugewanderten Wiener Dampfplauderer die Schneid abkaufen? – Mitnichten. Sondern das uralte Phänomen vom Bauern, der das Kreuz nicht grüßt, weil er den Herrgott noch als Birnbaum gekannt hat. Soll heißen: das tiefsitzende, aus Neid und Mißgunst gespeiste Ressentiment, das die aus der Donaumetropole zugewanderten Hundertschaften und mittlerweile berlinisch Maskierten an die Spree mitgebracht haben.[30] Oder, wie Kuh selbstbewußt zuspitzt: das (Angst-)Gegeifer von im Berliner Literatur-, Theater- und Filmbetrieb werkender Zweite-, Dritte- und Vierte-Garnitur-Wienern gegen den Neuankömmling aus der ersten Garnitur. Kuh macht seinem Ärger in einer Philippika mit dem Titel »Der Wiener in Berlin und der Berliner aus Wien«[31] Luft und rechnet mit jenen Zuag'rasten ab, die seinen Külz-Vortrag runtergeschrieben haben.

Seine publizistische Heimat ist ab Dezember 1926 eine ungemein gescheite, aufgeweckte, hellhörige und gut geschriebene Sonntagszeitung: die im Münchner Verlag Knorr & Hirth erscheinende »Süddeutsche Sonntagspost«, schlagender Beweis dafür, daß tiefe Wasser nicht trüb sein müssen und »Engagement«, Anstand und Gesinnung nicht verschwitzt und eifernd.

»Hauptschriftleiter«, soll heißen: Chefredakteur Walter Tschuppik legt zwei Jahre nach dem Start am 12. Dezember 1926 – das Blatt hält bei einer Auflage von gut 150.000 Exemplaren – klar, daß die »Süddeutsche Sonntagspost«, was man gemeinhin unter »Programm« verstehe, nicht habe. Wenn, dann: »das der gesunden, einfachen Vernunft, der menschlichen Anständigkeit und des sozialen Gewissens.«[32] Was ihn unter anderem im Dezember 1932 die Redaktion von München nach Haus bei Grafenau im Bayerischen Wald verlegen läßt, um das unbeschreibliche und unbeschriebene Elend, in dem die Menschen dieser Region ihr Leben fristen, aller Welt vor Augen zu führen und damit eine Hilfsaktion zu initiieren. »*Weil*« – nur zwei der zwölf triftigen Gründe, die Walter Tschuppik anführt – »weil am grünen Tisch in München oder in Berlin die Welt in dieser Zeit anders aussieht als zum Beispiel im Dörfchen Haus bei Grafenau ... [...] *Weil* das Hemd näher ist als der Rock, und weil die Not das Dörfchen Haus so lange zur Hauptstadt Deutschlands macht, bis uns Berlin mit seinen politischen Nachrichten und Paris samt dem Sturze Herriots wieder näher gerückt sein werden ...«[33]

Anläßlich eines Pariser Gastspiels in der Hauptstadt Deutschlands, wird Anton Kuh, wie er merkbar vergrätzt bemerkt, dann von den *Berliner* Kritikern »der deutsche Text gelesen«.[34] Sie echauffieren sich in ihren Premierenberichten über einen von ihm übersetzten Sketch in der Revue »Vive la femme!« vom Pariser Palace-Theater, die ab 1. April 1927 im Admiralspalast zu sehen ist. »Streichen!« lautet unisono das Verdikt über das sechsminütige Wortspiel um das französische »Merde!« und Kuhs allzu explizite Übertragung[35] – und beinah einhellig auch ein antiaustriakischer Unterton. Am wenigsten verblümt in der »B. Z. am Mittag«, in der von »ein[em] bedauernswert geist- und witzlose[n] Sketch in der Verdeutschung des Herrn Anton Kuh aus Wien« – »aus Wien« ist »eine beliebte [Berliner] Spottmarke, die man Mißliebigen aus der Nachbarzone anhängt«[36] – die Rede ist.[37] In einer Zuschrift an die »B. Z. am Mittag« verwahrt sich Kuh gegen die abfällige Wertung seiner Übersetzung: »Im Premierenbericht Dr. Erich Urbans über die Pariser

Revue des ›Admiralstheaters‹ wird bei Besprechung des Sketchs die ›Verdeutschung des Herrn Anton Kuh aus Wien‹ festgestellt. Da diese Hervorhebung bei Unbeteiligten die Meinung erregen könnte, als ob mein Geschmack, mein Urteil oder mein literarisches Talent zur Auswahl und Qualität dieses Sketchs in einer Beziehung ständen, bitte ich Sie, loyalerweise folgendes mitzuteilen: / Der gleiche Sketch diente in Paris, wo er um nichts besser war oder wirkte, bloß der Coupletvorträgen des berühmten Komikers Dranem und den Tanzdarbietungen seiner Partnerin Suzette O'Nil zum Gerüst. An seine nackte Wiedergabe hätte dort niemand gedacht. Ich hatte ihn weder auszuwählen noch zu bearbeiten, sondern war lediglich mit seiner Übertragung beauftragt.«[38]

Einhelliges Lob hingegen, als Kuh kurz darauf, am 18. Mai, ab 20.30 Uhr in der »Berliner Funkstunde« zwanzig Minuten lang über Peter Altenberg improvisiert und er den »Afrikaforscher der Alltäglichkeit«[39] gegen die Zumutung in Schutz nimmt, er sei der »Chef-Chemiker« der »Duftei des Donau-Feuilletonismus« und Ahnherr des gern als »Wiener Note« bezeichneten »Subtilitätengeflunker[s] und Gedankenpunktgetüftel[s]«. Kuh stellt ihn seinem Berliner Hör-Publikum vielmehr als »Genie des Lebens«, als »Falstaff und Diogenes in der Verfleischlichung eines Wiener Nachtlokalgastes von 1914« vor.[40]

Reichlich Erholung von den Berliner Kalamitäten bietet der Sommer 1927: ein Aufenthalt in Genia Schwarzwalds »Künstler-Konklave«[41] am Grundlsee, ein Urlaub an der Ostsee mit Magda Sonja und Friedrich Fehér, der dazu genutzt wird, das Drehbuch zu »Maria Stuart« zu erarbeiten,[42] und Ende August auch noch, wie so oft, eine Sommerfrische in Bad Ischl.[43]

Auf einem Abstecher zu den Salzburger Festspielen lernt Kuh am 16. August bei einem Mittagessen im »Österreichischen Hof« – mit am Tisch: Grete Kainz, Witwe nach Josef Kainz, die Burgschauspielerin Lili Marberg und ihr Gatte, der Innenarchitekt Karl Hans Jaray, der »Simplicissimus«-Redakteur Hermann Sinsheimer und Tilly Wedekind – Kadidja kennen, Tochter von Tilly und Frank Wedekind. Schon hier, in großer Gesellschaft, und erst recht beim Fife o'clock tea und dann beim Abendessen in einem Salzburger Bierkeller nimmt er die frühreife Sechzehnjährige völlig in Beschlag, hält ihr »Vorträge über [ihr] Aussehen und [ihren] Charakter«, überschüttet sie »mit einem Schwall verworrener Worte, quält [sie] mit ganz absurden Bitten und Vorschlägen«, wird schließlich »sentimental und behauptet, daß er wahnsinnig in [sie] verliebt sei«, und schenkt ihr zu guter Letzt auch noch, gleichsam als Beglaubigung, sein Monokel. »Aber, was will er von mir? – – – – – ???«, notiert sie irritiert in ihr Tagebuch.

Kuh traktiert sie bis in den April 1928 hinein mit ellenlangen Briefen – die sie unter den Augen ihrer Mutter öffnen muß, die ängstlich darauf bedacht ist, sie vor dem »›schädlichen Einfluß‹« des verlebten und verkommenen Bohemiens zu bewahren – und stundenlangen Telephonaten. Kadidja tut sich vor einer Schulfreundin groß mit ihrem »Abenteuer« und freut sich diebisch darüber, daß der »vor Schreck beinahe das Herz stehen bleibt«, als sie ihr das einem Brief beigelegte Photo zeigt – Anton Kuh in der Rolle des Leibarztes der Königin im »Maria-Stuart«-Film –, auf dessen Rückseite »Pater Antonius« einige »unpassende Sätze« geschrieben hatte, die sie ihrer Mutter wohlweislich nicht vorlas. Gottfried Reinhardt wiederum vergrätzt sie mit »ihren koketten Erzählungen« über das »erotische Abenteuer« mit Anton Kuh[44] – dem sie im Feber 1928 auf sein Drängen, ob sie »denn gar nicht in ihn verliebt sei, [...] erwidert, daß er eben leider gar nicht [ihr] Typ sei«.[45]

»Verpatzter Äther« – Im Radio

»Angst vor dem Radio«[1]: Der Titel mag kokett klingen, zumal 1930, als der Rundfunk den Kinderschuhen schon entwachsen ist. Kuhs Angst ist indessen nicht mehr das bange Staunen vor dem modernen Wunder, als das die meisten seiner Zeitgenossen die technische Möglichkeit erlebten, (zunächst nur) die menschliche Stimme aufzuzeichnen oder live über weite Entfernungen zu übertragen. Auch ist er in seinem Unbehagen angesichts einer Apparatur, über die die körperlose Stimme direkt ins Hirn drang – in den Pioniertagen des Radios, Ende 1923, Anfang 1924, und bis 1928, als erste Geräte mit elektroakustischem Lautsprecher die Beschallung eines Raums ermöglichten, lauschte man dem Rundfunk mittels Kopfhörern –, nicht allein. Seine Reserviertheit ist die »humanistisch gesinnter Menschen«, die – im Gegensatz zum Elektrotechniker – die »vermaledeite Gewohnheit« haben, »nach dem Sinn zu fragen, bevor sie über Zwecke disponieren«. Und sechs Jahre nachdem in Deutschland und Österreich der Rundfunkbetrieb aufgenommen worden war, hat sich Kuhs metaphysische Scheu vor der neuen Erfindung, die wie aus heiterem Himmel gekommen war – Bertolt Brecht nannte den Rundfunk eine Erfindung, die »nicht bestellt« gewesen sei[2] –, nur verstärkt.

Einen »verpatzten Äther«, das sei aber auch schon alles, was man dem technischen Wunderwerk an »Segnungen« zu danken habe, grantelt die Kuhsche Kunstfigur Brunneisel[3], und sein Schöpfer explizit: Denn nun jagt die »Sprache des platten Lebens, bisher in der Enge verweht, [...] wie ein Orkan über den Erdball«; nun ist das Wellenreich des Universums eine einzige »Kritzelwand für die phoretische Spur des kleinen Erdenwichts« geworden. Mit einer »Flut von Rede-Papier« wird »das arme Ohr der Menschheit« betäubt, und »indem sie das Radio so zu einer tönenden Schwester der Zeitung machen«, merken die Rundfunkmacher gar nicht, daß sie seine Erfindung unnütz werden lassen, weil sie damit ganz den Sinn der Erfindung vergäßen: »die Entdeckung der Menschenstimme«. Es ist dieses »Mißverhältnis zwischen Apparat und Geist«, das Kuh ängstigt, der »Tonfall der Gemeinheit«, der ins Universum gesendet werde; daß – statt des Erdgeists – sich, »spuckend, zischelnd, speichelnd, fettend, der phonetische Dreikäsehoch auf unendliche Wellen« schwingt.

Ganz so platt wie in Kuhs Parodie »Der Tag des Rundfunks«[4] nehmen sich die Radioprogramme der 1920er und 1930er Jahre nicht aus, aber von der parodistischen Zuspitzung abgesehen unterschieden sich die zeitgenössischen Programmabläufe, die den Geschmack eines Massenpublikums mit Nachrichten, Reportagen, Sport- und Musiksendungen bedienen, nur unwesentlich von dieser Verulkung. Kuh läßt den Radio-Tag um 5.45 Uhr mit Zeit und Wetter beginnen, fährt um 6.30 Uhr fort mit »Gluck ›Alkestis‹, vorgetragen vom Bläserchor der Stettiner Feuerwehr / 6.55: Anschließend Schallplatten auf Schallplatten. / 7.30: Rhythmisches Zahnputzen. Von Geheimen Obermedizinalrat Birke, Magdeburg. / 9.00: Schulfunk ›Was müssen wir vom Kartonpapier wissen?‹ Von Studienrat Frank, Barmen.« Der Nachmittag und der Abend bringen unter anderem um 12.50 »Richtiges Stufensteigen. Von Geheimen Sanitätsrat Winkler, Schwerin«, um 17.55 Uhr fünfundzwanzig Minuten zum Thema »Wovon lebt der Holzwurm? Von Forstrat Kutscher, Heilbronn«, um 18.50 Uhr zwanzig Minuten zu »Macbeth im Spiegel des modernen Strafrechts. Von Oberstaatsanwalt Hugo Brinkmann, Plauen« und von 21 Uhr bis 23.30 Uhr: »Straßenbahngeräusche auf Schallplatten« (50 Minuten!), »›Der Sommer ist kommen!‹ Schallplatten-Kabarett im Grünen«, das »Viertelstündchen für den Sanskritfreund« und »Der Humor im Wandel der Zeiten. Von Strafanstaltsdirektor Otto Starkheim, Osnabrück«. Die Musik bestreiten von 9.40 bis 11.10 Uhr die »Kapelle Kálmán Deszö«, von 13.40 bis 14.00 Uhr die »Kapelle Bardos Zoltan«, von 16 bis 16.40 Uhr die »Kapelle Aranyi Bela« und von 18.20 bis 18.50 Uhr die »Kapelle Kovazs Sandor«.

Das neue Medium nimmt Anton Kuh auch immer wieder in seinen improvisierten »Privatkabaretts« auf die Schaufel, die sich indessen, so Friedrich Torberg, ob seines unvergleichlichen Temperaments und seiner Pointierungskunst der Nacherzählung, und zumal der gedruckten, widersetzten: »Oder wie sollte man den überwältigenden Bierernst wiedergeben, mit dem er – in einen reichsdeutschen Rundfunksprecher sich verwandelnd – die ›vorläufigen Ergebnisse der heute abgehaltenen Sexualwahlen‹ verlautbarte, so trocken und sachlich, daß man sekundenlang versucht war, Parteien wie den ›Bund homosexueller Landwirte‹ und die ›Lesbische Linke‹ für tatsächlich existent zu halten und an einen knappen Vorsprung der ›Deutschen Fortpflanzungspartei‹ vor der ›Vereinigten Liste der Nekrophilen und Koprophagen‹ zu glauben. Nicht weniger überzeugend – denn sein unheimliches Nachahmungstalent erstreckte sich gleichermaßen auf Einzelpersonen – traf er das trostlose, mörderisch langweilige Leiern eines österreichischen Ansagers, der an Ort und Stelle über einen Trachtenfestzug vor dem Wiener Rathaus berichtete und seinem analphabetenhaft beschränkten Wortschatz zwar eine mühsam hochdeutsche Färbung, aber keinerlei Belebung abzuringen wußte: / ›… hier kommen die wackeren Innviertler … von ihrer Musikkapelle geführt … in ihren schmucken weißroten Trachten … es folgen die trefflichen Mühlviertler … in farbenfrohes Blaugelb gekleidet … an der Spitze ihre Musikkapelle … nunmehr erscheinen …‹ und so ging die Litanei weiter, mit unerbittlicher Gründlichkeit, eintönig, einschläfernd: ›… und jetzt, von ihrer Musikkapelle geleitet … in ihrer geschmackvollen grüngestreiften Tracht … die biederen Traunviertler‹ – aber da kam plötzlich Leben in seine Grabesstimme, schreckhaft aufkreischendes Leben: ›Haltatus! Des san ja die Waldviertler!!‹ Und man meinte ihn leibhaftig vor sich zu sehen, den dumpfen Troglodyten, wie er erleichtert aufatmete, weil die Berichtigung des katastrophalen Irrtums ihm noch ganz knapp geglückt war. / In jenen Jahren, da der Rundfunk populär zu werden begann, entdeckte Kuh als erster die unfreiwillig komischen Seiten des immer noch neuen Massenmediums und hielt sie in parodistischen Szenen fest. Besonders die damals in Schwang kommenden Hörspiele älplerischen Gepräges hatten es ihm angetan. Schon die Ansage des Personenverzeichnisses erbitterte ihn, weil sie dem Hörer keine Möglichkeit gab, zwischen den Rollen und ihren Darstellern zu unterscheiden: / ›Achtung. Hier Radio Wien. Wir bringen Ihnen jetzt »Das Nullerl«, Volksstück mit Gesangseinlagen in drei Akten. Besetzung: Alois Schwendner – Anton Gschweidl. Amalia Hermetslechner – Eusebia Habetswallner. Karl Novak – Franz Holetschek. Bimpfl – Dampfl …‹ Kuh behauptete, einmal noch während der Ansage im Rundfunk angerufen und mit dem Verzweiflungsschrei ›Wer spielt wen?!‹ um Auskunft gebeten zu haben, die ihm jedoch verweigert worden sei.«[5]

Ins Positive gewendet, hatte das Unbehagen, einer technisch verstärkten Stimme unmittelbar und wehrlos ausgesetzt zu sein, verheißen, daß durch die rasche Verbreitung der Empfangsgeräte in wenigen Jahren ein Großteil der Bevölkerung sehr schnell mit »volkserzieherischen« und »erbaulichen« Inhalten erreicht werden konnte. Das machte zu einem gut Teil die frühe Begeisterung der Aufbruchsphase aus. Dem Radio aufgeschlossen gegenüberstehende Schriftsteller und Kulturkritiker erhofften sich zudem vom Rundfunk einen Vitalisierungsschub für die im Gefolge des Buchdrucks vermeintlich anämisch gewordene Sprache; Kulturpessimisten sahen im neuen akustischen Medium ein Gegengewicht zur vorgeblich »phantasielähmenden Deutlichkeit des [Film-]Bildes«.[6]

Mit der Gründung der einzelnen Anstalten und der Aufnahme des Sendebetriebs Ende 1923, Anfang 1924 begannen lebhafte Diskussionen über geeignete, dem Medium angemessene Sendeinhalte. Daß der Rundfunk als halbstaatliche Institution allen – immerhin zahlenden – Teilnehmern etwas bieten mußte, stand außer Frage, umstritten war jedoch die grundsätzliche Funktion des neuen Mediums: Bildung oder Unterhaltung?

Kuh stand keineswegs allein mit seiner Beschwerde über die akustische Berieselung, der die Hörer täglich ausgesetzt waren. Die Klagen über die Seichtigkeit des breitangelegten Programms – »neben knalligstem Massenschund die esoterischsten Kulturgenüsse«[7] –, das auf die Bedürfnisse der geistig Anspruchslosesten zugeschnitten sei, waren Legion und führten regelmäßig wohlmeinende aufgeklärt-absolutistische Vorschläge zur Programmgestaltung im Schlepptau. Beispielhaft die Philippika Rudolf Arnheims: »Warum nimmt man sich für die Abendunterhaltungen die dürftigsten Bockbierfeste zum Vorbild? Warum verwendet man für die Konzerte eine Bumsmusik, die selbst abgehärtete Sterndampfer zum Kentern brächte? Warum erschreckt man uns durch öligen Refraingesang und abendfüllende Opernpotpourris? Warum läßt man neckische Rezitatorinnen ihren Altweibersommer in den Jugendstunden austoben? Oder näselnde Rentiers im Amtsjargon über Kleinviehzucht und deutsches Wesen dozieren? Weil dem Publikum das gefällt? Ihr habt euer Publikum doch in der Hand. Ihr seid seine Lehrer.« Man könne den Hörern ja »auf eine ziemlich unpopuläre Weise erzieherisch kommen«, weil die ja ohnehin keine Wahl hätten – die Sendeanstalten waren Monopolbetriebe –, und bevor sie gar nichts hören, hören sie lieber »Gutes«.[8]

Die paternalistischen pädagogischen Ambitionen in Ehren, die im Rundfunk die akustische Volkshochschule im Äther sahen – Rundfunkpraktiker wie der Intendant der »Berliner Funkstunde«, Hans Flesch, dachten schon 1930 nur mehr mit Schaudern an die »Volksbildungsphrase« der ersten Jahre als gefährliche Androhung grauenhafter Langeweile zurück: gutgemeinte Versuche, die von vornherein zum Scheitern verurteilt waren, weil noch keine dem tönenden Medium adäquaten Formate entwickelt waren.[9] Ebenso Ernst Schoen, der künstlerische Leiter des SWR, der durchaus mit den von Bert Brecht und dessen Mitarbeitern entwickelten Formaten und Walter Benjamins »Hörmodellen« experimentierte: »›Kultur mit einem haushohen K. Man glaubte im Rundfunk das Instrument eines riesenhaften Volksbildungsbetriebs in der Hand zu halten. Vortragszyklen, Unterrichtskurse, großaufgezogene didaktische Veranstaltungen aller Art setzten ein und endeten in einem Fiasko. Denn was zeigte sich? Der Hörer will Unterhaltung. Und da hatte der Rundfunk nichts zu bieten: der Trockenheit und fachlichen Beschränktheit des belehrenden entsprachen Dürftigkeit und Tiefstand des ›bunten‹ Teils. Was bisher als Vereinsunternehmen ›Schlummerrolle‹ oder ›fröhliches Weekend‹ eine Arabeske am seriösen Programm gewesen war, mußte aus der muffigen Atmosphäre des Amüsements in die gut durchlüftete, lockere und witzige Aktualität gehoben und zu einem Gefüge werden, in dem das Mannigfaltigste auf gute Art sich zueinander finden konnte.« Schoen gab die Losung aus: »Jedem Hörer, was er haben will, und noch ein bißchen mehr (nämlich von dem, was wir wollen).« Mit der von Benjamin formulierten Konsequenz: »Man sah aber in Frankfurt sogleich: dies zu bewirken ist heute [1929] nur möglich mit einer Politisierung, die ohne den chimärischen Ehrgeiz staatsbürgerlicher Erziehung den Zeitcharakter so bestimmt, wie ehemals der ›Chat Noir‹ und die ›Elf Scharfrichter‹ es getan haben.«[10]

Daß das neue Medium wiederum dem Mißbrauch Tür und Tor öffnete, war die Kehrseite der Medaille und sollte sich sehr bald weisen: über Lautsprecher ein Instrument der Massenpropaganda mit bislang nie dagewesener Breitenwirkung und Suggestionskraft. Der NS-Propaganda galt der Rundfunk als »geistige Rüstungszentrale der Nation«, die via Volksempfänger auch auf breitester Front erreicht wurde.

Schon bei der Kasseler Tagung »Dichtung und Rundfunk«[11], zu der für den 30. September und 1. Oktober 1929 die Sektion für Dichtkunst der Preußischen Akademie der Künste und die Reichs-Rundfunk-Gesellschaft eingeladen hatten – unter den Teilnehmern: Arnolt Bronnen, Theodor Däubler, Alfred Döblin, Herbert Eulenburg, Herbert Ihering, Hermann Kasack, Edlef Köppen, Oskar Loerke, Ina Seidel, Arnold Zweig sowie der erste Intendant des Westdeutschen Rundfunks, Ernst Hardt, und der Intendant der »Berliner Funkstunde«, Hans Flesch –, zeichneten sich die weltanschaulichen Fronten ab, die festlegten, welchem Zweck der direkte Zugriff aufs Hörerbewußtsein dienstbar gemacht werden sollte: der Unterhaltung, der Erziehung, der »Erbauung« – oder der Demagogie.

Rundfunktheoretiker und -praktiker der ersten Stunde befragten das noch ziemlich neue Medium auf seine ästhetischen Möglichkeiten hin und erörterten die Eignung der überkommenen Literaturgattungen für das Radio. Alfred Döblin regte an, neue literarische Gattungen zu entwickeln, das Hörspiel oder Mischgattungen zwischen Drama, Lyrik und Essay. Er hegte die Hoffnung, daß die Literatur nicht nur vom akustischen Medium (das formale Mittel wie Kürze, Prägnanz, Einfachheit erfordere), sondern auch von der Publikumsstruktur Anstöße zur Veränderung erhalte: Es galt, den »lebenden einfachen Menschen«

(Döblin) zu adressieren, wodurch die Schriftsteller im Rundfunk gezwungen seien, »mündlich zu sprechen und sprechen zu lassen, und sich auf den lebenden einfachen Menschen der Straße und des Landes einzustellen.«[12]

Bronnen sah das anders. In seinem Kurzreferat zum Thema Hörspiel pöbelte er am zweiten Tag »die Literaten« unverblümt im Nazi-Jargon an. In vehementer Abgrenzung zu seinem Vorredner, dem Leiter der Hörspielabteilung der »Berliner Funkstunde«, Alfred Braun, der die anwesenden Schriftsteller nachdrücklich eingeladen hatte, ihren Part bei der Entwicklung radiokünstlerischer Formen zu übernehmen, verwahrte er sich dagegen, den Rundfunk als »Versorgungsanstalt für ausgediente Literaten«[13] zu mißbrauchen, zog gegen eine »schamlose Zunft verantwortungsloser, dem eigenen Volke entfremdeter, keiner Rasse, keiner Landschaft verhafteter Literaten« vom Leder. Während Döblin zufolge Literatur im Radio den »lebenden einfachen Menschen« anzusprechen habe, adressierte das neue Medium Bronnen zufolge – völkisch-kollektivistisch – die »Nation«, war letzterem der Rundfunk ein Vehikel, das einerseits die Bedürfnisse der Massen zu erfüllen habe, die Massen aber andererseits zur Nation forme.

Gegen Demagogie und Massenbeeinflussung setzten etwa Bertolt Brecht und Walter Benjamin auf den Rundfunk als Medium politischer Aufklärung und revolutionärer Veränderungen sozialer Verhältnisse, indem man ihn von einem »Distributionsapparat in einen Kommunikationsapparat« verwandelt[14] und indem man den Hörer aktiviert und als Produzenten wiedereinsetzt.[15] Ähnlich wie Bert Brecht in seinen Radio-Lehrstücken erprobte auch Walter Benjamin »unliterarische, stofflich und sachlich bestimmte Hörspiele« und »Hörmodelle« als Gegenmodell zum »literarischen Hörspiel mit seiner fragwürdigen Hörkulisse«[16], die es den Hörern nicht erlaubten, sich gegenüber dem Rundfunk in eine passive Konsumentenhaltung zu bequemen – die allerdings frommer Wunsch und Episode blieben.

Die Überlegungen der Literaten und Radiomacher, die in Kassel zusammentrafen, kreisten darum, welche Stellung die gesprochene Sprache und die Stimme im neuen Medium haben sollten. Denn, so Hans Flesch, es sei das »eigenste Wesen« des Funks, »als Träger des Gedankens nicht den Buchstaben, sondern die [vom Mitteilungszwang emanzipierte] menschliche Stimme zu benutzen«.[17] Man war sich darüber einig, daß »Erfahrungen von Theater und Rednerbühne« nicht weiterhalfen, daß Vortragstechniken wie Rezitieren und Deklamieren dem neuen Medium nicht angemessen waren. Jeder theatralische Ton mußte unter dem »Vergrößerungsglas« des Mikrophons deplaciert wirken, die

»akustische Großaufnahme« enthüllte unbarmherzig falsches Pathos wie auch mechanisches Leiern.[18]

Eigentlich hätte Anton Kuh optimal disponiert sein müssen für Auftritte im Rundfunk, denn das Ideal der Rundfunkstimme war die Lebendigkeit: die Live-Suggestion. Der improvisierende, aus dem Stegreif sprechende Anton Kuh hätte damit die Idealbesetzung hinter dem Mikrophon sein müssen. Tatsächlich war er am 18. Mai 1927 bei seinem Versuch, den Hörern der »Berliner Funkstunde« ab 20.30 Uhr in knapp zwanzig Minuten Peter Altenberg »menschlich näher zu bringen«, blendend disponiert. Der »B. Z. am Mittag« zufolge hat Kuh »mit hinreißendem Temperament ein Monumentalbild des Dichters« entworfen, »überlebensgroß in allen Dimensionen.«[19] Offenbar improvisiert,[20] zumindest merkt das der »Vorwärts« in seiner Kurzbesprechung in der Rubrik »Funkwinkel« an.[21] Leichte Bedenken plagten Kuh nicht nur angesichts dessen, was man in Berlin zehn Jahre nach Altenbergs Tod mit dessen Namen verband: »Wien, Kaffeehaus, Bagatelle« (und damit hoffnungslos démodé), sondern auch angesichts der Disparatheit des Publikums, an das er sich wandte: »Berliner Tippmädchen, Potsdamer Offizierswitwen und Pommersche Großbauern«.[22]

Ob sein Erschrecken über die eigene Stimme, als er am 18. Mai 1927 zum ersten Mal im Rundfunk sprach, ihn davon abgehalten hat, öfter im Radio aufzutreten? Isoliert im Aufnahmeraum und mit seiner Stimme »mutterseelenallein gelassen«, zwischen Schauder und Argwohn hin- und hergerissen, befremdet, »wie speckig, gemein, feucht, bleiern sie klingt, wie eintönig und böse und fast gierig ihre Eindringlichkeit den Raum füllt«? Dokumentiert sind neben Kurzauftritten im Rahmen eines »Österreichischen Abends« (mit Musik) in der »Berliner Funkstunde«, zu dem Kuh am 14. Dezember 1927 einleitende Worte spricht,[23] und einer kurzen Conférence im Rahmen eines »Bunten Österreichischen Abends« des Österreichischen Hilfsvereins, von dem die »Berliner Funkstunde« am 12. Dezember 1931 einen Ausschnitt überträgt, nur noch eine vierzigminütige »Lobrede auf den Snobismus« am 11. Feber 1930 im SWR Frankfurt (zeitgleich ausgestrahlt von SÜRAG) sowie zwei weitere: Am 14. März 1933 spricht Kuh abends um 9 Uhr in Radio Wien unter dem ironischen Titel »Der überholte Wedekind« zum 15. Todestag des Autors: »mit seiner demosthenischen Beredsamkeit, gespritzt mit Armin Berg und Shaw«, wie ihm Rudolph Lothar attestiert, der aber ebenso wie andere Rezensenten[24] etwas von der gewohnten Leichtigkeit Kuhscher Vorträge vermißt: »Aber er war sichtlich gehemmt vom Manuskript, denn Kuh muß improvisieren, um ganz auf der Höhe seines Witzes zu stehen.«[25] Und am 26. November 1938 hält er im New Yorker Sender WEV eine Rede unter dem Titel »Geschichte und Gedächtnis«[26].

Nach seinem Radio-Debüt malt Kuh sich jedenfalls ein drastisches technisches Szenario zur Abwehr akustischer Zudringlichkeit aus: den mit »Lauthörer-Knopf« versehenen Mitmenschen, sodaß man mißliebig tönende Zeitgenossen einfach »abstellen«, ihnen das »Stimmlicht« ausblasen kann.[27]

Ähnlich schockierend ist seine akustische »Selbsterfahrung« als Darsteller eines Schneidergehilfen im Mischa-Spoliansky-Tonfilm »Wie werde ich reich und glücklich?«, bei der er zwei Tage nach den Aufnahmen im Vorführraum schmerzhaft demonstriert bekommt, daß tonfilmen »photo- und phonographiert« werden heißt: Er hatte die Warnungen seiner Kollegen in den Wind geschlagen, nicht zu tief zu sprechen, »da man sonst den Eindruck erhalten würde, daß in meinen schlanken Leib die Seele eines dunkeldüsteren Bierbrauers gefahren sei; denn das Mikrophon preßte die Klänge alle um eine Oktave tiefer herab«, und er hörte nun im Vorführraum, »wie ein unsichtbarer Geist zu den Mundbewegungen, die ich auf der Leinwand machte, seltsam dicke, baßtiefe und wie aus einem Keller ans Oberlicht steigende Laute von sich gab. Dieser Geist war ich. [...] Infolgedessen wird man bald Gelegenheit bekommen, in meiner vollendeten tonfilmischen Darstellung die Figur eines schmalhüftigen, vifen Ladenkommis zu bewundern, dem der Geist von Hamlets Vater aus dem Kehlkopf posaunt.«[28]

Tonfilmdrama »A conto« – Drehbuchautor

Mit dem vom Publikum gestürmten ersten abendfüllenden Tonspielfilm, »The Jazz Singer«, im Oktober 1927 in den USA uraufgeführt, war die dreißig Jahre währende Ära des Stummfilms besiegelt. Das neue Medium setzte sich nicht nur in den USA, sondern auch in Europa – hier erst nach der Beilegung von Patent- und Lizenzstreitigkeiten mit der amerikanischen Konkurrenz – rasch durch. Nicht zur ungeteilten Freude von Publikum und – vor allem – Fachleuten. Der »sprechende Film« verhieß ein Höchstmaß an »Natürlichkeit« und ließ den stummen Film plötzlich als »Mängelwesen« erscheinen. Enttäuschung und Skepsis, ja Entsetzen bestimmten indessen den Grundton führender Filmästhetiker, die fürchteten, daß damit das Medium Film künstlerisch um Jahre zurückgeworfen werde. Als Katastrophe, die über eine eben erst zur Blüte gekommene Kunst hereingebrochen war, empfand etwa der Filmkritiker und -theoretiker Béla Balázs 1930 den »sprechenden Film«: »Der stumme Film war auf dem Wege, eine psychologische Differenziertheit, eine geistige Gestaltungskraft zu erreichen, die kaum je eine andere Kunst gehabt hat.«[1] Mit der Formel »Stumme Schönheit und tönender Unfug« stellte Rudolf Arnheim das neue dem alten Medium pointiert gegenüber.[2] Die Tonspur als neue sinnliche Erfahrung im Kino beeindruckte ihn nicht im geringsten.

Die Kritiker der frühen Tonfilme argumentierten vor allem aus filmkünstlerischer Sicht, sahen die Gefahr, daß der Film seiner Eigengesetzlichkeit beraubt und, ganz auf Dialog gestellt, zum Theaterersatz degradiert werde. Zu Recht. Die ersten Tonfilme fielen weit hinter den stilisierten visuellen Reichtum des stummen Films zurück, boten platteste Operetten-, Revue- und Varieté-Sujets, in den Dialog- und Gesangsszenen blieb die Kamera in langen Einstellungen starr auf die sprechenden resp. singenden Personen resp. das abgefilmte Orchester gerichtet, als wäre es der Regie darum gegangen, stolz die neue technische Errungenschaft als Selbstzweck auszustellen und die Synchronität von Bild und Ton als Ereignis in Szene zu setzen.

Die im übrigen eher ein Versprechen für die Zukunft blieb. Speziell bei Großaufnahmen, die die Mundbewegungen der Schauspieler überdeutlich betonten, störte die noch mangelhafte Übereinstimmung von Wort und Bild. Die Tonwiedergabe ließ auch noch zu wünschen übrig. Geräusche tönten leer und blechern, die Stimmen waren in ihrer Tonlage verfälscht und schienen nicht aus den Mündern zu kommen, sondern aus irgendeiner Ecke hinter ihnen, nicht zu den Personen gehörig, wie »hörbare Spruchbänder«[3]; manche Konsonanten kamen überhaupt nicht – es war eher die Regel als die Ausnahme, daß fünfzig Prozent des gesprochenen Texts eines Tonfilms unverständlich blieben. Nicht von ungefähr wurde das neue Medium häufig abschätzig »Geräuschfilm« genannt.

Am Ende des ersten (deutschen) Tonfilmjahrs, 1930, war der »sprechende Film« allenfalls ein Versprechen für die Zukunft. Die »natürliche« Bild-Ton-Einheit scheiterte nicht nur an ungenügenden Aufnahme- und Wiedergabeapparaturen, sondern auch an der anfänglichen Ratlosigkeit der Regisseure, wie sie mit dem »tönenden Film« umgehen könnten, der ja nicht einfach stummer Film plus Ton war, sondern etwas grundsätzlich Neues.

Die Reaktionen auf die Erstaufführung des »Singenden Narren« im Gloria-Palast am Kurfürstendamm am 3. Juni 1929 sind denn auch gespalten. So beantwortet etwa Herbert Ihering die von ihm gestellte Frage, ob der erste Tonfilm das überspannte Interesse, das ihm entgegengebracht worden ist, lohne, was die technische Seite betrifft, mit einem klaren Ja. Eine neue Filmform hingegen sei im »Singenden Narren« allenfalls zaghaft »vorgedeutet«, was hier unter Tonfilm firmiere, sei noch »der gute alte, stumme Film mit Zwischentexten«, bei dem nur die Musik »mechanisch mit ablaufe«. Und erst das ganze »Gefühlssacharin«: »Alle Verlogenheiten der absterbenden Kitschoperette, alle Unerträglichkeiten des toten Melodramas, alle Scheußlichkeiten des in die Vorstädte und Provinzkinos abgedrängten Groschenfilms, alle bekämpften und fast erledigten Schmelzsentimentalitäten der Musik drängen sich hier wieder, programmatisch anspruchsvoll, in das Zentralinteresse der Welt. [...] Jetzt wird das Unmodernste, Abgetakeltste auf dem Umweg über die raffinierteste Technik wieder diskussionsreif, erlebnisnah, theaterfähig gemacht. Die modernste Erfindung fördert den modrigsten Schund.«[4] Von einem schmalzigen »Riesenschmarren« und offenbar der Geschäftstüchtigkeit der Filmindustrie geschuldeten »Orgien an Sentimentalität« spricht auch Siegfried Kracauer, der zudem die undeutliche Wiedergabe des gesprochenen Dialogs der mit Untertitelung vorgeführten Originalfassung bemängelt. Viel nachdrücklicher als technische Unzulänglichkeiten moniert Kracauer die Unverbundenheit von Sprecher und Dialog sowie die starre Kamera: eine »Selbstverstümmelung«, die weit hinter das vom stummen Film kinematographisch Erreichte zurückfalle und nicht einmal »photographiertes Theater« – der Standardvorwurf früher Tonfilmkritik – sei.[5]

Noch harscher ins Gericht gehen Ihering und Kracauer mit dem zweiten amerikanischen abendfüllenden Tonfilm, der in Berlin läuft, mit dem Film »Submarine« um die Rettung der Besatzung eines auf Grund gelaufenen U-Boots in allerletzter Minute. Ihering: »Stummer Film mit synchronisierter Begleitmusik, dazwischen Geräusche und Ensemblestimmen, Massengemurmel. Also ein schlechter Film. Als stummer Film ist er verlegen. Die Schauspieler stehen herum, bewegen sich langsam oder gar nicht, kräuseln die Lippen – es ist, als ob man ihnen die Sprache nachträglich weggenommen hätte. Ein Taubstummenfilm.« Bei dem Gedudel der Filmmusik wünscht er sich in die Zeiten der klischierten Kinotheken-Musikbegleitung zurück, jenes Repertoires von bekannten längeren oder kürzeren Ausschnitten der klassischen Musikliteratur, das ab Mitte der 1920er Jahre gebrauchsfertig zur Illustrierung typischer, immer wiederkehrender Motive, Vorgänge und Situationen eingesetzt wurde. Die Story: »verlogenste Sentimentalität«.[6] Kracauers Resümee: »Mit technischer Virtuosität verkitscht [der Film] furchtbare Ereignisse zu Sensationen« und: »Die Verlogenheit, mit der hier die Wirklichkeit geschändet ist, kennt nicht ihresgleichen.«[7]

Eine ideologiekritische Lektüre des US-Films, die nicht nur an Siegfried Kracauer gemahnt, sondern bis in einzelne Formulierungen in frappantem Gleichklang argumentiert, unternimmt auch Anton Kuh: »Karl May, 420 Meter unter dem Meeresspiegel. Sie liegen wie die Räuber um ihren Moor. Und die Hosen sind noch immer schneeweiß. Wahrlich, das Ersticken ist, wenn man's so sieht, ein Schülerausflug. So stramm und kameradschaftsfroh geht's ja angesichts des Todes immer zu – die Kamera war doch dabei? Zum Beispiel: Titanic, nicht wahr? Oder im vorigen Jahr: Santa Margherita. Da hat keiner den andern wie eine Bestie zertreten, keiner sich vor dem andern gerettet, da galt Offizierspflicht ›bis zur letzten Sekunde‹?« Um sein Resümee »›Submarine‹ oder: Der Anti-Potemkin« wie folgt zu begründen: »Denn die unerhörtesten Erfindungen der Neuzeit, Marconi, Aeroplan, Synchronismus, Technik zum Kubus, werden hier aufgeboten – um Wirklichkeiten zu zeigen? Nein: um Unwirklichkeiten schmackhafter zu machen. Eine Seite Courths-Mahler ist wahrer als die ganze Welt, die diesem Riesenbau als menschliches Fundament dient. [...] So marschiert eine neue Errungenschaft. So beginnt eine neue Welt. Kaum geschaffen, kommt sie in des producers Hand. Wird an die Urdummheit geschaltet. Schießt Kanonen auf der Menschheit kindisches Herz ab. / Ein neues Wunder ist übers Meer gekommen – und was bringt es? Die alte Pest.«[8]

Die Kinderkrankheiten des jungen Mediums konnten dessen Siegeszug nicht aufhalten. Das alte Medium wurde durch das neue innerhalb kürzester Zeit vollständig verdrängt.

Daß der bekennende Physiognomiker Kuh das Ende des Stummfilms bedauerte, der mit den ihm eigenen Ausdrucksmöglichkeiten und -mitteln, mit der expressiven, gleichsam auf laut gestellten Mimik und Gestik die physiognomische und pathognomische Kunst par excellence war, verwundert nicht. Er hatte indessen früh, schon 1912, auch der noch stummen Illusionsmaschine gegenüber seine Reserven geäußert, in der die Zeit ihr Gleichnis gefunden habe: »Sensation und Schnelligkeit, mit Musikbegleitung, aber ohne Text. [...] Das Leben ist nicht mehr ein Theater. Es ist ein Kino.« Vor dieser »modernen Lebensverheißung«, die an allen Ecken und Enden in elektrischen Lettern starrt und die es zunehmend schwer macht, »zu unterscheiden zwischen dem, was wir erlebt und gesehen, was uns der Film gezeigt und wovon wir gehört und gelesen haben«; vor einem Medium, das in der Befriedigung der Schaugier Wirklichkeit nicht nur dokumentiert, sondern erst produziert – Kuh referiert drei Vorfälle aus Berlin, Budapest und Paris, junge Männer die sich in den Tod stürzten und die eines gemein hatten: Es geschah jeweils vor einer Kamera –, als inszeniere eine Kinogesellschaft die Sensationsmeldungen des Chronikteils.[9]

Ansonsten sind Kuhs Texte zum Thema Film und Filmbranche ganz auf Parodie und Satire gestellt, wimmelt es darin von illiteraten Regisseuren[10] und Produzenten[11], denen kein Sujet abgedroschen genug, kein Plot simpel genug und keine Figur zu klischiert, kein Stoff zu kolportagehaft[12] sein kann. Er mißt die großen Autoren an der Tauglichkeit ihrer Texte als Filmstoff. An der Forderung »Knapp, originell, übersichtlich, mit einer Liebesgeschichte im Mittelpunkt. Dabei versteht sich: unanstößig und geeignet für den Provinzverleih« scheitern sie – Dostojewski, Gogol, Puschkin (»alles zu breit, zu kompliziert, seelisch vertüftelt«!), Baudelaire (»nicht eine einzige Gesellschaftsszene«!), Goethe (»was hat er dem Provinzverleih zu sagen?«), Shakespeare (seine Vorliebe für Monologe!; keine brauchbaren Frauenrollen!) – allesamt: als Filmautoren unbegabt![13] Gern folgt er auch dem Rat Franz Bleis, mit dem er 1927 im »Maria-Stuart«-Film gemeinsam vor der Kamera dilettiert, ja nicht Geistesanwesenheit in seine Ganglien zu pumpen – kommt bloß ein schlechtes Gesicht dabei heraus. »Umgekehrt: alles ausschalten, den Hirnvorrat absperren, das Bewußtsein zum Teufel jagen – es ist so wunderschön blöd!«[14] Und aus eigener Erfahrung beim Filmen: »Der richtige Zustand, um sich aus einem Schriftsteller in einen Filmliebling zu verwandeln«? – Ein unter dreitausend Tonnen Atelierlampenlicht versengtes Gehirn.[15] Kuh zieht im »Sach-Lexikon« unter Stichworten von »Atelierkrach« über »Picturemaker« und »Sex-Appeal« bis »Welterfolg« die Branche durch den Kakao[16], decouvriert die Banalität und Biederkeit, die sich hinter klingenden Künstlernamen und Starallüren verbirgt, veräppelt die vergötterten Stars in einer Parodie auf die Fan-Zuschriften an Filmillustrierte[17], gießt Spott und Häme aus über die Blasiertheit und Wichtigtuerei unter dem dicken Fettbelag der Filmschminke all jener, die in der Filmkantine hauptberuflich ihr Gesicht vor sich hertragen: »Blick ringsum und errechne dir die Kunst jedes einzelnen! Sie besteht aus: 60 Prozent Warten, 25 Prozent Geschminktsein, 14,8 Prozent Photographiertwerden und 0,2 Prozent Gestaltungskraft. Dieser letzte Prozentsatz steigt in manchen Fällen – Charles Laughton, Greta Garbo – bis auf 7,2. Er sinkt aber, wenn dem Star Vornamen wie: Willy, Lili, Puzzi, Hedi, Heidi, Günther, Ralf, Rolf, Wulf und Grit vorangehen, ohne daß wir's merken, bis auf Null.« Mit dem desillusionierenden Resümee: »Fremde sollten in Filmkantinen keinen Zutritt haben. Nach der Mittagspause haben sie keine Ideale mehr.«[18]

Er polemisiert gegen die optische Übersättigung mit dem »Zuckerbackwerk der Gefälligkeit«, für das die Zeitgenossen den Ausdruck »fotogénique« prägten, gegen den prominenten Film-Liebreiz, gegen die »Girls und Vamps und Flappers von hüben und drüben, mit Flatterwimper und Schelmenpupille, mit Wuschel-, Rangen- und Struwwelhaar, mit dem kapriziös geöffneten Ovalmund, den Stumpfnäschen und Zahnpasta-Gebissen und dem ganzen, zwischen Betulichkeit und Begehrlichkeit wechselnden Mienenspiel«.[19] Und setzt dagegen das Lebenswahre, Dokumentarische in den Gesichtern des Erich-von-Stroheimschen »Hochzeitsmarsches«. Nur die »Dummheit des Metiers« konnte auf die Idee kommen, diese original altösterreichischen Physiognomien als gehässig gezeichnet zu apostrophieren. Das sei, ganz im Gegenteil – bei allem überbordenden Walzertraum-Sentiment –, ein »Versuch zur Natürlichkeit«. »Aber das Filmhandwerk als Ganzes hat sich derart an die sirupsüße, rosenrote, faxenhafte Unwirklichkeit gewöhnt, daß man den leisesten Ansatz zu einer Entsüßlichung, Entblödung bereits als Daumiersche Verzerrung nimmt, als eine Goya-Welt von Hexen und Gnomen.«[20]

Wie und warum verschlägt es Anton Kuh dann – gerade in der Umbruchphase vom Stumm- zum Tonfilm – überhaupt zum Film? Anzunehmen, daß es derselbe dumme Zufall ist, der ihn 1930 als Schneidergehilfen in die parodistische Filmoperette »Wie werde ich reich und glücklich?« nach der Musik von Mischa Spoliansky rutschen ließ. Er faßte hartnäckig Posten im Vorzimmer Manfred Lieberaus, des Produktionsleiters der Tauber-Tonfilm-Gesellschaft in den Ateliers von Geiselgasteig, um ihm einen Vorschuß auf ein Drehbuchhonorar abzuringen. So lange, bis es diesem zu dumm wurde und er Max Reichmann, der gerade den Spoliansky-Film abdrehte, anrief, um den lästigen Belagerer wegzubekommen: ›»Sind alle Rollen besetzt, Max? ... Was? ... Den Schneidergehilfen? ... haben wir! ... Ich schicke ihn sofort hinüber.‹ Öffnete nach dieser Unterhaltung die Türe und sagte zu mir: ›Gehn Sie rasch ins Atelier und lassen Sie sich schminken – Sie spielen mit.‹ Zwei Kilometer im Umkreis des Film-Ateliers gibt es nur Diktate, nicht Wünsche. Das Ziel war also erreicht, ich begab mich hinüber und der Produktionsleiter konnte, nachdem ich einer anderen Abteilung des Betriebs überwiesen war, wieder friedlich durch Tür und Fenster hinaussehen.« Kuhs schauspielerische Mitwirkung an einem Tonfilm entpuppte sich sonach »als Zwischenspiel eines anderen Werkes: des noch nicht gedrehten selbstbiographischen Tonfilmdramas ›A conto‹«.[21]

Schon der Drehbuchschreiber sei eine Fehlbesetzung gewesen, unkt Willy Haas in seiner Premierenbesprechung: Ausgerechnet Anton Kuh, »einem der giftigsten und manchmal auch witzigsten Pamphletisten unserer Publizistik«, die Bearbeitung der »Maria Stuart« anzuvertrauen sei zweifellos eine »Kateridee« gewesen. Immerhin habe er sich, des klassischen Sujets eingedenk, mannhaft zurückgehalten. Haas hatte erwartet, »daß Marschall Bothwell bei passender Gelegenheit ein paar saftige jüdische Witze erzählen werde«.[22]

Ob es Leopold Jessners Sordine zu verdanken ist, daß diese Erwartung enttäuscht wurde? Der Intendant der Berliner Staatstheater wird mal als Drehbuch-Coautor, mal (auf dem Filmplakat) als »Künstlerischer Leiter«, mal als Coregisseur genannt: In welchem Ausmaß er tatsächlich am Drehbuch mitgearbeitet, was an Regie und Bildgestaltung, was an der malerischen Atmosphäre, an starken Effekten während der Dreharbeiten, die Ende August 1927 in den Filmateliers in Staaken begannen, auf das Konto des großen Theater-Regisseurs geht, was auf jenes des gewiegten Film-Routiniers Friedrich Fehér, der unter »Regie« firmiert, und was auf jenes der Kameraführung Leopold Kutzlebs, ist schwer zu sagen. Während manche Rezensenten Jessners Handschrift in der »großen theatralischen Geste, die bei der Szenenführung unverkennbar ist«, im »vielfach bildmäßig gut gesehenen Theater«, den »sehr markanten Bildeinstellungen, durch die einzelne Bildausschnitte bisweilen unerhört wirksam unterstrichen werden«,[23] klar erkennen wollen, können andere typisch Jessnersches Gepräge nirgends bemerken[24] und wundern wieder andere sich, warum er seinen guten Namen mit einem derart anspruchslosen Film aufs Spiel setze.[25] Ob die National-Film

A. G., die »Maria Stuart« produzierte, es tatsächlich darauf angelegt hatte, die große Kunst eines Theaterregisseurs dem Film dienstbar zu machen, oder ob die Punze »Leopold-Jessner-Film«, unter der »Maria Stuart« firmierte, nur eine wirksame Werbemaßnahme war, steht dahin.

»Maria Stuart« ist kein verfilmter Schiller. Das historische Gemälde mit schicksalhaft düsterem Grundton erzählt des langen und breiten die ganze verworrene Vorgeschichte bis zur Gefangensetzung der Königin von Schottland. Die Aneinanderreihung breit ausgemalter Episoden entwickelt keine Dynamik, die Bemühung um historische Treue geht zu Lasten der filmischen Wirkung. Im Versuch, alle historischen Zusammenhänge wenigstens stichwortweise wahren zu wollen, verzettelt sich der Film – im wahrsten Sinn des Wortes: Der Film arbeitet viel mit Titeln und läßt den Inhalt mancher Szenen aus Dokument-Texten von der Leinwand ablesen. Die Personen handeln weniger, als daß sie die verbindenden Bilder zum Text liefern. »Ununterbrochen werden Dokumente unterschrieben, verloren, gesucht, auf den Kehricht geworfen, im geheimsten Ort entdeckt. Tinte und Papier, das ist das filmfeindliche Element dieses ›Frauenlebens‹. Was Bild und Anschauung werden müßte, wird Tinte, was in Bewegung zucken sollte, erstarrt in Papier«, moniert denn auch der Kritiker der »Vossischen«, Monty Jacobs, der überdies an dem Film, der zum einen am Buchstaben des Geschichtsbuchs hafte, die – zum anderen – Anachronismen beanstandet: Warum diese Badewannen, Billards, Volksaufläufe mit Plakaten, warum Fantasiekostüme – und eine Königin mit Bubikopf?[26]

Anachronismen, von denen man annehmen kann, daß sie nicht »passiert« sind: Die wüsten Kumpane des historischen Schottland dürften nicht nur den anonymen Rezensenten des Berliner »Vorwärts« »nur zu sehr an unsere nationalen Fememörder von heute« erinnert haben.[27] Denn die historischen Figuren tragen zwar historische Kostüme, »Maria Stuart« ist aber beileibe kein Kostümfilm – ein Genre, das man schon überlebt geglaubt hatte –, der auf den Schauwert von verstaubten Dekors setzte, in den Kostümen bewegen sich »moderne Menschen mit lebendigen Köpfen. Ohne Klebebärte und Moosperücken«, beobachtet der Rezensent der »B. Z. am Mittag«.[28] Franz Blei ätzt über einiges, was gar zu up-to-date ist: »Maria Stuart ist unserer Zeit so nahe gebracht, daß man ihr im Autobus begegnen könnte oder mit den Händen am Volant ihres Cadillac. Ich fand es unpassend, daß Herr Kortner, der den Bothwell spielte, immer seine Zigarre weglegte, wenn er vor den Apparat trat.«[29]

Historisch getreu hingegen und unschillerisch, daß keine Begegnung der beiden Rivalinnen stattfindet. Während Schiller sein Drama ganz auf die Opposition der protestantisch-puritanischen, selbstbeherrschten und der naiv-sinnlichen, instinkthaft ungezügelten katholischen Herrscherin aufgebaut hatte, wird die Gestalt der Elisabeth im Kuhschen Drehbuch zumindest für ihre Gegenspielerin nicht sichtbar und damit umso unheimlicher: einer *der* Kniffe des Kuhschen Drehbuchs, dem sich eine der eindrücklichsten Szenen verdankt: Einmal nur sieht man ihren stechenden Blick von der Galerie herab auf die Rivalin gerichtet, die im gespenstisch leeren Thronsaal ihr Schicksal kommen fühlt.

Bei aller mannhaften Zurückhaltung, die Willy Haas dem Drehbuchschreiber Anton Kuh attestierte, typisch Anton Kuhsche Faktur zeigt das merkwürdige Schicksal des Geheimvertrages zwischen Schottland und Frankreich, in dem Maria Stuart, damals noch ein Kind und »Gattin« des Dauphins, Schottland an Frankreich auszuliefern versprach, eines welthistorischen Dokuments also, das der Staatskanzler mal auf dem Schreibtisch offen liegen läßt, mal in der Rocktasche vergißt, mal in einem Korridor verliert, worauf es in die Toilette der schottischen Landsknechte gerät, dort aber durch einen Zufall vor dem Schicksal bewahrt bleibt, das Papier auf der Toilette eben beschieden ist, um schließlich in die Hände der englischen Richter zu gelangen und der armen Maria in England den Hals zu brechen. »Das Toilettepapier als welthistorische Macht.«[30] Eine Geschichtsauffassung, deren Witz zwar zahlreiche Rezensenten goutieren, andere aber als Geschmacklosigkeit beanstanden, als »stark duftenden Witz«, für den man allenfalls im Romanischen Café auf Verständnis hoffen dürfe.[31] Um abzusehender Kritik an diesem Mätzchen den Wind aus den Segeln zu nehmen, statuiert Kuh schon zwei Monate vor der Uraufführung in einem Aufsatz über seine Erfahrungen vor der Kamera: »Als Geschichtsforscher jedoch, der ich zur Herstellung des Manuskripts vorher sein mußte, stelle ich dem Einwand künftiger Filmbesprecher: ›Wie sich der kleine Moritz die Geschichte vorstellt ...‹ jetzt schon die eiserne Erkenntnis entgegen: Die Geschichte ist genau so, wie sie sich der kleine Moritz vorstellt.«[32]

»Ein Frauenschicksal« signalisiert der Untertitel das Interesse und den Fokus der Autoren: eher Seelen- als historisches Drama, eher psychologische Studie als kostümierte Haupt- und Staatsaktion. Maria erscheint als – freilich wenig königlicher – männerverschlingender Vamp, der bisweilen die Allüren einer Kokotte an den Tag legt und zum Beispiel einmal dem eintretenden Thronrat mit einer riesigen Puderquaste übermütig zuwinkt oder nach einem ehelichen Zwist im Nachthemd hinaus zur Schloßwache geht und die Ermordung seines Gatten anordnet. Für das abgründig Dämonische der Herrscherin, deren Hände blutbefleckt sind, fehlen Magda Sonja die schauspielerischen Mittel, sie erschöpft sich im Mondänen des erotisch verspielten Weibchens.

Die Maria Stuart Anton Kuhs und Friedrich Fehérs ist wahrlich keine Maria Stuart für die Schullektüre und hat mit der idealisierten und sentimentalisierten Gestalt Schillers nichts gemein. Während sie in Berlin als »Lulu im historischen Kostüm« wahrgenommen wird[33], wartet der Rezensent der »Neuen Freien Presse« bei der Charakterisierung der Figur mit einer nicht weniger treffenden lokalen Referenz auf: sie werde »ganz aus dem Triebhaft-Dirnenhaften des Weibes, weiningerhaft gesprochen, gedeutet«[34] – in Wien läuft der Film im Sommer 1928 denn auch unter dem Titel »Die Tragödie einer Königsdirne«.

Das Berlin-W-Publikum war zur Premiere am 30. Dezember 1927 im Tauentzien-Palast nicht nur neugierig auf eine wedekindsche schottische Königin, sondern wohl vor allem gekommen, um – neben Fritz Kortner in der kleineren Rolle des Eisenfressers Bothwell, Walter Janssen in der Rolle des stupiden Wüstlings Lord Darnley, Anton Pointner als aalglattem, kaltem Graf Leicester, Friedrich Fehér als Geheimsekretär der Königin Riccio – zwei bekannte Literaten einmal nicht schrift-, sondern darstellend zu sehen: Anton Kuh und Franz Blei. Die Meinungen über die darstellerischen Leistungen sind geteilt: Attestieren die einen, daß die beiden Laien »ausgezeichnet ihren Mann« stehen,[35] unken die anderen, daß die zwei Dilettanten eben wie Dilettanten[36] oder – gnädiger – »wie eben talentierte Dilettanten«[37] spielen.

Kein großes Kunstwerk dieser Film, gewiß, der aber mit seiner »wilden erotischen und historischen Hintertreppenromantik«[38] auch sein Publikum fndet. In »Paimann's Filmlisten«, der Wiener »Wochenschrift für Lichtbild-Kritik«, erhält der Film immerhin die »Gesamtqualifikation: *über dem Durchschnitt.*«[39]

Wenn Kuh in seinem ersten Drehbuch den Anfängerfehler beging, zu viel Stoff anzuhäufen, erweist er sich schon bei seinem zweiten »Manuskript«, wie man es zeitgenössisch nennt, als ausgebuffter Routinier.*

---

* Tatsächlich hatte Kuh schon 1920 zwei Drehbücher (mit)verfaßt. Siehe dazu: Muhammad Asad: Der Weg nach Mekka. Düsseldorf 2009 [nach der 1982 erschienenen revidierten Neuausgabe des ursprünglich unter dem Titel »The Road to Mecca« 1954 bei Simon & Schuster, New York, erschienenen Originalausgabe], S. 84-85 Bei einem der Filme könnte es sich um die erste oder eine Episode eines Abenteurfilmzyklus der Decla-Bioskop mit dem Titel »Die Jagd nach dem Tode« handeln, die am 21. Oktober 1920 in Berlin der Presse vorgeführt wurde. [L.K.F.: »Die Jagd nach dem Tode«. Decla-Lichtspiele, U.d.L. In: Film-Kurier, Jg. 2, Nr. 233, 22.10.1920 [S. 2]; L.K.F.: »Die Jagd nach dem Tode«. Decla-Lichtspiele, U.d.L. In: Film-

»Sensations-Prozeß« heißt der nächste Film, für den er das Drehbuch schreibt, und eine Sensation ist auch die Uraufführung am 23. März 1928 im Titania-Palast in der Steglitzer Schloßstraße, denn der Film hatte bereits vor seiner ersten öffentlichen Aufführung so viel Staub aufgewirbelt, daß man dieser mit Spannung entgegensah: Er war von der Filmprüfstelle Berlin dreimal verboten worden, und zwar wegen »Gefährdung der öffentlichen Ordnung« und »entsittlichender Wirkung«, ehe er mit der Auflage »Darf jedoch vor Jugendlichen nicht vorgeführt werden« freigegeben wurde. Womit dann groß geworben wurde: Der Hinweis »3 Mal verboten gewesen!« – in penetrantem Fettdruck – fehlt auf keinem Plakat.

Nach Max Brods Schauspiel »Prozeß Bunterbart« entwirft Kuh ein Kammerspiel, dessen wechselvolle Ereignisse er mit der Spannung eines Krimis ablaufen läßt. Abgesehen von einer flüchtigen Exposition ist ein Schwurgerichtssaal der einzige Schauplatz, auf dem im Verlauf eines Prozesses die gesamte Handlung sich rückwärts entrollt.

Ein Souper zu dritt: der berühmte Kunstmaler Professor Bunterbart (Carl Goetz), seine attraktive, um einiges jüngere Frau Klarissa (Magda Sonja) und Colonel Sullivan (Anton Pointner) von der amerikanischen Gesandtschaft, der Freund des Hauses. Der Diener (Karl Ettlinger) serviert den Mokka, der ältliche Professor kredenzt übertrieben jovial selbst den Sekt. Am Morgen findet man den Hausherrn in seinem Blut, erschossen, neben ihm der Revolver. Seine Frau wird, an Händen und Füßen und an den Bettpfosten gefesselt und betäubt, in ihrem Schlafzimmer aufgefunden. Hat Klarissa Bunterbart ihren Mann ermordet und sich selbst gefesselt und betäubt, um einen Raubmord vorzutäuschen? Die Indizien sprechen gegen sie, der Staatsanwalt (Nicolaus Lovric) erhebt Anklage. Ihr wird der Prozeß gemacht, dessen zweitägige Ereignisse den Film bei stets gesteigerter Spannung füllen.

Sensationsprozeß, Massenandrang des Publikums, die gesamte Presse hat ihre Berichterstatter und Zeichner (unter anderem Jacques Kapralik) entsandt. Klarissa Bunterbart steht vor den Geschworenen und schildert die Nacht, nachdem ihr Gatte ihr den Gutenachtkuß gegeben hat. Sie beteuert ihre Unschuld und erzählt von einem großen Unbekannten

---

Kurier, Jg. 2, Nr. 239, 23.10.1920 [S. 1-2]]. Eine Erklärung (datiert: »Berlin, 6. März 1920« und adressiert an Herrn Ludwig Schwarz, Berlin Charlottenburg, Kantstraße 6) im Nachlaß Kuh [NL Kuh (ÖLA 227/04) über die Überlassung aller Rechte »für die ganze Welt und auf unbeschränkte Zeit« am »Filmbuch« »Die Jagd nach dem Tode« für den Betrag von 2500 Mark legt jedenfalls diesen Schluß nahe.

mit einer schwarzen Maske. Der Staatsanwalt glaubt ihr das nicht, sondern hält sie aufgrund von Indizien für eine Mörderin. Der Verteidiger bringt eine dritte Version der Ereignisse ins Spiel: Professor Bunterbart habe, nachdem er in den Besitz von Klarissas Briefen an deren Geliebten gekommen ist, edelmütig Suizid verübt und einen Raubmord nur vorgetäuscht, um dem Liebesglück seiner Frau nicht im Weg zu stehen.

Diese drei Versionen werden bildlich ausgeführt und rollen vor den Augen der Geschworenen ab. Und zwar keine so überzeugend, daß man zum Schluß wirklich wüßte, was sich nun tatsächlich zugetragen hat.

Das Sujet an sich ist nicht sehr weit von der Schablone »Eine Frau zwischen zwei Männern« entfernt, das originelle Drehbuch und die beachtenswerte Regie Friedrich Fehérs tragen jedoch die zehn langen Akte des Films, die durch die geschickt aufgebaute Spannung nie langweilig werden. Bis zum Schluß – und darüber hinaus – wird das Publikum über Schuld oder Unschuld der Angeklagten im unklaren gelassen. Sie wird zwar freigesprochen, ihr Bild wird indessen – ein weiterer geschickter Kniff – in den einander widersprechenden Zeugenaussagen gezeichnet, so daß sie bald als Unschuldige, bald als Schuldige erscheint. Dem Kinobesucher, dem – ein weiterer Kitzel – vor den Gerichtssaalkiebitzen im »Sensations-Prozeß«, in dem die Öffentlichkeit von der Gerichtsverhandlung ausgeschlossen wird, das Privileg zukommt, der Verhandlung beizuwohnen, bleibt die Rekonstruktion der Zusammenhänge überlassen. Was tatsächlich in jener Nacht geschehen ist, bekommt er nicht zu sehen, nur die drei Versionen des Tathergangs. Damit ist »jeder sein eigener Sherlock Holmes«, wie es in der Besprechung der »Neuen Freien Presse« heißt.[40] Der Gerichtshof fällt ein Urteil, doch die große Frage nach Schuld oder Unschuld bleibt im Zwielicht der Vermutungen unbeantwortet.

Der Kinobesucher bekommt die drei Versionen tatsächlich zu *sehen*: Was vor Gericht verhandelt wird, ist filmisch wiedergegeben und nicht in Zwischentiteln und wird von der Regie, die sich auf ein glänzendes Schauspieler-Ensemble (Gustav Rickelt als Vorsitzender des Schwurgerichts, Gustav Diessl als Verteidiger, Siegfried Berisch als Geschworener, Georg Paeschke als Tischler) verlassen kann – nur Magda Sonja, so die Rezensenten einhellig, vermag nicht zu überzeugen –, bis in die kleinsten Szenen virtuos ins Bild gesetzt. Die Kamera (Carl Hasselmann) wandert in ständiger Bewegung durch die ganze Wohnung und fängt die unheimliche Atmosphäre des Tatorts geschickt ein, läßt den Blick durch die Zimmer streifen, an zerwühlten Betten, verstreuten Kleidern und umgestürzten Stühlen vorbei – ruft gleichsam das Inventar als stummen Zeugen auf –, bis sie plötzlich am Toten hängenbleibt.

Bemerkenswert auch, wie die Aussagen der Angeklagten vor Gericht perspektiviert sind: Immer, wenn sie zu Intima befragt wird, ist im Hintergrund der Richtertisch zu sehen. »Ihr Eheleben spielt sich also gleichsam vor dem großen Publikum ab – drastischer kann die Schwierigkeit der Enthüllung privater Dinge in der Öffentlichkeit kaum vermittelt werden«, bringt Siegfried Kracauer diesen Aspekt des Prozesses auf den Punkt[41] und markiert damit auch die Stoßrichtung, die Kuh unübersehbar angelegen war. Wenn er gleichsam einen Indizienbeweis der Fragwürdigkeit von Indizienbeweisen führen wollte, dann ist ihm das, folgt man der Niederschrift der Berliner Film-Oberprüfstelle vom 19. März 1928[42], gelungen.

Diese Oberprüfstelle weist die Entscheide, die zweimal ein Verbot des Films nach sich gezogen hatten, teilweise zurück, beharrt aber auf der Eliminierung eines ganzen Aktes, in dem die Angeklagte als Opfer »gerichtlicher Folterung« erscheint und »zur Märtyrerin und zum Gegenstand des Mitleids des Beschauers gemacht wird«, sowie jener »Bildfolgen [...], die geeignet sind, das Vertrauen des Volkes in die Ausübung der Rechtspflege zu erschüttern und damit die öffentliche Ordnung zu gefährden«. Es mußten also etwa einige Passagen geschnitten werden, in denen ein beisitzender Richter schläft; eine Szene, in der einer der Geschworenen beim Betrachten eines Aktbildes der Angeklagten sich ein Monokel einklemmt und die hinter ihm stehenden Geschworenen das Photo der ehemaligen Tänzerin stieräugig verschlingen; und Szenen, die »geeignet sind, Zweifel in die Objektivität des Staatsanwalts und damit der Rechtspflege, deren Organ er ist, zu setzen«.

Auch wenn der Film an zwei Dutzend Stellen geschnitten werden mußte, blieb die Darstellung der Gerichtsverhandlung deutlich genug satirisch. Er erntete durchwegs sehr gute Kritiken, in Österreich, wo er im Sommer 1928 unter dem Verleihtitel »Madame Steinheil« lief – dem historischen Vorbild für Max Brods Schauspiel, einem aufsehenerregenden Pariser Kriminalfall und Prozeß der Jahre 1908, 1909 –, von den Paimannschen »Filmlisten« gar die »Gesamtqualifikation: fast ein Schlager«.[43]

Ob tatsächlich die »Grundfesten des Staates« gewackelt, der Staatsbürgerinnen und Staatsbürger Sittsamkeit einen unheilbaren Knacks bekommen hätte, wenn dieser Film, dessen Handlung vermutlich nicht von ungefähr in Wien angesiedelt ist, ohne Zensurschnitte in die Kinos gekommen wäre, steht dahin. Ob der juridische Schnitzer, der Kuh in seinem nächsten Drehbuch unterläuft, eine Retourkutsche dafür ist, daß er im »Sensations-Prozeß« den Staatsanwalt nicht schlecht wegkommen lassen durfte, ebenso: In »Hotelgeheimnisse. Die Abenteurerin von

Biarritz« läßt er jedenfalls den Vertreter der Anklagebehörde fälschlicherweise ein Urteil sprechen.

»Geheimes Leben regt sich im Dunkel der Nacht – schwarze Gestalten huschen über Hotelgänge – Türen öffnen sich lautlos – Laternen blitzen auf. – Irgendwo lauert eine schöne Frau auf ihr Opfer ... drohend erhebt sich der Revolver in der Hand einer vermummten Gestalt ... Die Hyänen der Nacht sind an der Arbeit ... Naive gläubige Liebe wird schurkisch mißbraucht. Doch die Betrogene spottetet nun selbst aller Moral – aller Gesetze. Auch ihre Helfer werden die Stunden der Nacht – dem Glanz fremden Reichtums verfällt auch sie ... Bis ein starker Arm sie hinaufzieht – echte Liebe sie läutert und ihr den Glauben an die Menschheit wiedergibt.« Der Text der Filmplakate[44] signalisiert Kolportage. Und genau das, blitzsaubere Kolportage und Unterhaltung, die auch nicht mehr sein will, bietet »Hotelgeheimnisse«.

Anton Kuh konstruiert – nach einer nicht identifizierten »englischen Kriminalkomödie« – im Milieu fashionabler Luxushotels folgende Fabel: Ein smarter Gentleman (Angelo Ferrari in seiner Paraderolle des geschniegelten Hochstaplers) umgarnt die Gesellschafterin, Aschenbrödel aus guter Familie (Magda Sonja), einer schwerreichen, aufgedonnerten, schmucküberladenen Herzogin (Gertrud Eysoldt in einer Chargenrolle, aber von ihr mit ätzender Schärfe interpretiert), um an die Juwelen ihrer Herrin heranzukommen. Betrunken, verrät sie ihm, wo der Schmuck versteckt ist. Der Diebstahl wird entdeckt, das Mädchen als Komplizin unschuldig verurteilt. Wieder frei, ist sie entschlossen, sich für das erlittene Unrecht zu rächen. Ehemals fälschlicherweise für eine Betrügerin gehalten, bringt sie sich nun tatsächlich als Hochstaplerin durch. In Biarritz versetzt sie als unnahbare Grande Dame erste internationale Gesellschaft in Aufregung. Eine Gräfin de Suzy (Gertrud de Lalsky) bemüht sich um den Verkehr mit der mondänen Dame. Auftritt Staatsanwalt Derring (Livio Pavanelli), derselbe, der die junge Frau seinerzeit trotz beteuerter Unschuld hinter Gitter und damit erst auf die schiefe Bahn brachte. Zu Besuch beim Sohn der Gräfin (Harry Frank), erkennt er die Hochstaplerin nicht nur nicht wieder, sondern entbrennt auch noch in Liebe zu ihr. Als der Gräfin ein kostbarer Ring entwendet wird, bewahrt er seine nunmehrige Geliebte, die zudem soeben ihre ehemalige Herrin, die tags zuvor angereiste Mutter der Gräfin, um deren Schmuck erleichtert hat, vor der Entdeckung bei der Durchsuchung, der sich alle Hotelgäste zu unterziehen haben, indem er die gestohlenen Juwelen an sich nimmt. Der angesehene Staatsanwalt, der von der polizeilichen Visitation nicht behelligt wird, entpuppt sich als rettender Engel. Es gelingt ihm, den Bestohlenen den Schmuck zurückzustellen, ohne daß die Geliebte kompromittiert wird, die unter seinem läuternden Einfluß und als seine Ehefrau auf den Pfad der Tugend zurückfinden wird.

Der Film wird nicht nur vom Premierenpublikum – die Uraufführung findet am 19. März 1929 im Primus-Palast in der Potsdamer Straße statt – stark akklamiert, sowohl Drehbuch wie auch Regie (Friedrich Fehér), Kamera (Leopold Kutzleb), Bauten (Ernö Metzner und Ernst Meivers) und die Darsteller (mit Ausnahme Magda Sonjas) des temporeich und atmosphärisch dicht inszenierten Krimis ernten einhelligen Zuspruch. Insbesondere der Drehbuchschreiber heimst Lob ein. Hans Feld im »Film-Kurier«: »Der Erfolg beim Publikum hat die Berechtigung dieser Unterhaltungskunst erwiesen. Anton Kuh gibt dem Film nur, was des Films war, wenn er einen Reißer aufbaut, pointensicher, spannend wie ein Stück Theater von Dumas oder Sardou.«[45]

Mit dieser Empfehlung in der Tasche heuert Anton Kuh auf einem Dampfer an, den er schon Jahre zuvor und immer wieder genüßlich polemisch versenkt hatte: der Operette, der verfilmten Operette, um genau zu sein.

»Die Nacht gehört Richard Tauber – er singt herrlich, alles um ihn herum sinkt in ein Nichts.« Hierin ist dem Jubelplakat zur Galapremiere von »Ich glaub' nie mehr an eine Frau« im Berliner Capitol am 3. Feber 1930 uneingeschränkt zuzustimmen: In der albernen, vor Sentiment triefenden Geschichte um eine heilige Sünderin, ein Käthchen von Heilbronn im Bordell, und einen unverdorbenen, edlen Matrosenjüngling, in die Richard Tauber sich wie ein Deus ex machina bei jeder passenden und unpassenden Gelegenheit – eine Rolle, die man zur Gänze aus dem Film herausschneiden könnte, ohne daß die Dramaturgie darunter litte – auf den Flügeln des Gesanges aus seinen Wolken schwingt und die harten Stöße, die das Schicksal austeilt, tenoral abfedert, verkommt neben dem Kammersänger alles zur Statisterie.

»Der Tonfilm ist seiner restlosen technischen Vollendung nahe.« Gegen diese Einschätzung der »Licht-Bild-Bühne«, daß der 3. Feber 1930 ein Meilenstein in der deutschen Tonfilmindustrie, der Durchbruch der deutschen Tobis-Technik sei[46] und die »Mobilmachung Richard Taubers für den Film«[47] der deutschen Tonaufzeichnungs- und Wiedergabetechnik den Sieg vor der US-amerikanischen errungen habe, wurde reger Widerspruch laut. Während der Musikreferent der LBB festgestellt haben will, daß »keinerlei Frequenzübersteigerungen, keinerlei Verzerrungen […] das akustische Bild« beeinträchtige und eine »wohltemperierte Dynamik […] Geräusch, Rede und Klang in den Ablauf der Bilder fließen« lasse,[48] zieht der »Film-Kurier« noch Ende des Jahres »gegen das Quäken, Grunzen, Nusseln, Schnarchen, Schniefen, Gurgeln, Brummen, Heulen, Fauchen, das aus den Ton-Apparaturen der leider fast konkurrenzlos arbeitenden deutschen Ton-Industrie heraussößt«, vom Leder[49] und mäkeln viele Rezensenten, daß, wenn Tauber singt, man das Gefühl habe, als hörte man eine Grammophonplatte, die mit dem eigentlichen Geschehen nur ganz lose verbunden ist, stoßen sie sich am scheppernden, blechernen Ton, der das Taubersche Timbre und den Schmelz der großen Stimme zerstöre.

Der Turm in der Schlacht um die Vorherrschaft in der Tonfilmindustrie erhält denn auch so manchen Stoß. Der Rezensent der »B. Z. am Mittag«, der sich nicht nur an der albernen Geschichte und dem kläglichen Drehbuch stößt, sondern auch am Ton einiges auszusetzen hat, kann sich in Anspielung auf eine kurze Stellungnahme, die Tauber im Anschluß an die Premiere gegeben hatte, in der er der jungen Kunstgattung eine gute Zukunft gewünscht hatte, die süffisante Bemerkung nicht verkneifen: »[Tauber] glaubt zwar nicht mehr an eine Frau, um so mehr jedoch an den Tonfilm. Auf Wiederhören, verehrter Herr Tauber ...«[50] Rudolf Arnheim ätzt: »Der Mann auf der Leinwand fällt alle paar Minuten in Trance, lehnt sich an einen Türpfosten, seine Blicke schweifen durch den Zuschauerraum zur Vorführerkabine, dann muß die Handlung unterbrochen werden, er verwandelt sich in eine Großaufnahme, und sein riesenhaftes Brustbild trällert einen Kammergesang, wogegen die Lieder, wie sie die Hausangestellten beim Strümpfestopfen singen, anspruchsvolle Intellektuellenkost sind. Wo er singt, da läßt sich alles nieder, wetterfeste Freudendamen von der Reeperbahn erstarren gruppenweise zu lebenden Bildern, in Seemannsbärten quillt die Träne, und der Regisseur geht mal einen trinken. Der Zuschauer fühlt sich weniger gemütlich. Er verfährt notgedrungen nach Otto Reutters Rezept: ›Und dann saß er wie gebannt, starrte immer nach der Wand.‹ Er sieht minutenlang wie unter dem Mikroskop die Kaumuskulatur des Kammersängers in Tätigkeit, manchmal wölbt sich eine Augenbraue, gewaltig wie ein Gebirge auf der Landkarte, die Lippen gebären – das mag für Gesangsstudierende nicht uninteressant sein.«[51] Und Siegfried Kracauer kommentiert sardonisch: »Aus dem optischakustischen Gefühlsbetrieb ragt im übrigen als einzige geglückte Figur der pfeifende Zuhälter [Gustaf Gründgens] hervor, dem man wenigstens glaubt, daß er nie mehr an eine Frau glaubt.«[52] Ein Drehbuch, »bei dem der liebe Filmgott den begabten Curt J. Braun anscheinend von der ersten bis zur letzten Szene verlassen hat«, verhöhnt der »Kinematograph«[53] das sentimentale, massentaugliche Arrangement von Tauber-Couplets.

267

Den Drehbuchschreibern war es sichtlich darum gegangen, um die Arien Taubers herum eine Handlung zu bauen, und sie hatten stereotyp alle hundert Meter Film aus irgendwelchen unbegründeten Anlässen heraus den Sänger zum Gesang aufzufordern und damit die mit dem Tonfilm geborene Mode, um einen Sänger herum eine Geschichte zu erfinden, damit dieser seine Chansons über die Leinwand schmettern könne, kopiert, und zwar »schlecht und geschmacklos, dumm und geistlos«, wie der Rezensent der »Vossischen Zeitung« findet. Der sich daran stößt, daß man Taubers »beim Singen weitaufgerissenen Mund in zwanzigfacher Vergrößerung eine Viertelstunde betrachten mußte«, und dem Kammersänger rät: »Er möge ruhig wieder an die Frauen glauben, dem Tonfilm aber (der so unerbittlich fotografiert!) künftig mißtrauen.«[54]

Tontechnisch mag »Ich glaub' nie mehr an eine Frau« ein Schritt nach vorn gewesen sein, filmisch bedeutete er zwei Schritte zurück. Dieser Emelka-Tobis-Film unter der Regie von Max Reichmann zeugt von einer geradezu trostlosen Verständnislosigkeit für die Möglichkeiten und Forderungen des Tonfilms, findet der Rezensent der Fachzeitschrift »Film«, der entsetzt ist über die erschütternde Naivität der »abgedroschensten, geist- und witzlosesten und nichtssagenden Dialoge«, über die fehlende Einsicht des Regisseurs, »daß im Tonfilm ein Matrosenchor nicht den Anschein und das Benehmen einer zum Abend singenden Betschwesternvereinigung haben dürfe, daß alte und schmerzbeladene Mütterlein unmöglich auf Flügeln des Gesanges zu ihrer noch schamloseren Verlogenheit der Gefühle kommen könnten.«[55]

Daß der Film unter der musikalischen Leitung von Paul Dessau das Prädikat »Künstlerisch« verliehen bekam und das, mit Verlaub, »vertauberte« Publikum die Vorführsäle stürmte – eine Kinokarte war im Gegensatz zu Schallplatte und Grammophon auch für die Massen erschwinglich –, steht auf einem anderen Blatt.

Zur Ehrenrettung Kuhs sei gesagt, daß er einer von vieren war, die am Drehbuch schrieben – neben ihm noch Curt J. Braun, Walter Reisch und Werner Scheff –, und offenbar Curt J. Braun die Federführung hatte.

Ebenso für zwei weitere Filme der Richard-Tauber-Tonfilm-Produktion, beide unter der Regie von Max Reichmann und unter der musikalischen Leitung von Paul Dessau: »Das Land des Lächelns« nach der gleichnamigen Operette von Ludwig Herzer, Fritz Löhner-Beda und Viktor Léon mit der Musik von Franz Lehár (Drehbuch gemeinsam mit Leo Laszlo und Curt J. Braun) sowie »Die große Attraktion« (Drehbuch gemeinsam mit Curt J. Braun und Richard Schneider-Edenkoben).

Beim »Land des Lächelns«, uraufgeführt am 30. Oktober 1930 im Münchner Phoebus-Palast, erfindet das Drehbuch-Team überhaupt nur eine notdürftig gekleisterte Rahmenhandlung, um die für den Film gekürzte und adaptierte Lehár-Operette ungestört abspulen lassen zu können. Kurz: verfilmtes Theater, photographierte Kulisse, Unterhaltungsware mit dem einzigen Ehrgeiz, marktgängig zu sein. Man sieht Richard Tauber immer wieder minutenlang in Großaufnahme wie auf der Bühne singen und bekommt dabei, ätzt ein Berliner Kritiker »so viel Gesangstechnik zu sehen [...], daß der Genuß seines Gesanges darunter notwendig leiden muß«.[56] Die Berliner Kritiken reichen denn auch von »elementarer Verfehlung«[57] über »Musterbeispiel dafür, wie man Bühnenoperetten *nicht* vertonfilmen soll«[58], bis »geistiger Bankerott« des Tonfilms[59]. Ganz anders sieht dies ein Rezensent der Wiener Erstaufführung, der meint, die Hauptsache sei schließlich, daß Tauber singe. Bei der Festpremiere im Apollo-Kino – unter Anwesenheit von Richard Tauber und Franz Lehár – habe Taubers Singen trotz problematischer Tonwiedergabe immer wieder stürmischen Jubel ausgelöst: »Köstlich übrigens, wenn nach einer der berühmtesten Arien der Beifall, der im Film ertönt, sich mit dem Beifall des Kinopublikums vermengt und so lange anhält, bis die tönende Leinwand ganz nach Tauberscher Manier die Piece wiederholt.«[60]

Sei's drum: Das Publikum stürmt die Kinos, der Film, wieder mit dem Prädikat »Künstlerisch« bedacht, beschert Rekord-Einspielergebnisse.

Richard Tauber, dessen Tauber-Tonfilm-Gesellschaft eigens zu dem Zweck geschaffen worden war, um den Musikfilm zu entwickeln, gelobte auf die harsche Berliner Kritik hin zwar Besserung, verhehlte aber gleichzeitig nicht, daß es die Hauptaufgabe seiner Rollenschreiber sei, »die Notwendigkeit [s]eines Singens zu rechtfertigen«. Und gibt jenen, die sich an den minutenlangen »unästhetischen« Großaufnahmen des Tenors mit weit geöffneten Mund gestoßen hatten, pikiert zu bedenken, daß »die Kunst des Singens mit geschlossenem Mund – und somit auch mit geschlossener Kehle – [...] im Tonfilm leider noch immer nicht genügend eingeführt« sei. Er werde sich indessen bemühen »einen Mittelweg zu finden, der es ermöglicht, dem Gesang doch das zu geben, was des Gesanges ist, ohne das Auge anzuöden«. Und gesteht unumwunden, daß er auch zu jenen gehöre, »die der ›schöne Schein‹ glücklicher macht als der ›tiefere Sinn‹«.[61]

G. W. Pabst hatte 1928 auf eine Umfrage unter Filmschaffenden geantwortet: »Sie fragen: was soll – muß – besser werden? *Das Publikum!* Wie? Durch *bessere Filme!* Wie erreichen wir diese? Indem wir die Meinung aufgeben, daß das Publikum dümmer ist als wir. Die berühmte

›Köchin aus Leitomischl‹ kann kein Maßstab sein für das Niveau unserer Produktion! Döblin, Hauptmann, Kafka werden von ihr auch nicht gelesen, sondern hundertfach Courths-Mahler, Stratz, Herzog ... Warum verlangen wir vom guten Film Zuseherschaft von 30 Millionen? Genügen nicht 3 Millionen Europäer à 1 Mark? Jagt diese 3 Millionen nicht aus dem Kino durch die 27 Millionen Köchinnen aus Leitomischl. Schafft eigene Kinos für sie und uns!«[62]

Pabsts Optimismus in Ehren – aber ... Die Wiener »Illustrierte Film- und Kinorundschau« »Mein Film« veröffentlichte im Januar 1930 das Ergebnis ihrer Preisfrage »Welche Filme möchten Sie sehen?« mit dem unmißverständlich appellativen Untertitel »Richtlinien für Filmregisseure und Filmproduzenten!«. Bei den Zuschriften in Vers(en) und Prosa rangiert eins ganz oben: »der Wunsch nach Heiterkeit und Schönheit, die Sehnsucht, aus dem Kampf und den Sorgen des Alltags fort zu ›lichteren Höhen‹ geführt zu werden«, wie der redaktionelle Vorspann resümiert. Konkret wünscht sich etwa die Gewinnerin des Hauptpreises, »Frl. Klärchen Schmidt« aus Sibiu / Hermannstadt, für die der Film »des Menschen Märchenland« ist: »Bedankt sei er [der Film], wenn er uns kündet, / Was man auf Erden, *echt*, so selten findet, / Die *Liebe*, groß und wunderbar sei, wenn schon nicht im Leben, / Im Filme uns gegeben!« Anny Stnost, Malerin aus Wien, mit dem dritten Preis bedacht: »Nur Schönheit will ich im Film sehen! Nur Heiteres und Herzerfreuendes. Etwas, woran man sich nach des Tages Mühen erbauen und aufrichten kann. Ich bestehe nicht auf ein happy-end, aber in Schönheit soll jeder Film ausklingen. [...] Alles, nur um Gottes willen keine allzu realistischen Filme!« »Frl. Muz Topolansky« aus Wien Währing, wie fünfzehn weitere Einsender mit einem Trostpreis, zehn Künstlerpostkarten nämlich, bedacht: »Auch macht es mir ein Hauptvergnügen, / Wenn sie zum Schluß sich endlich kriegen.« Und »Frl. Friedl Haefner«, aus dem 17. Wiener Gemeindebezirk: »Der Film ist realistisch oft: bedenket, / Daß Unterhaltungssehnsucht uns zum Kino lenket. / Das Paradies können im Film wir sehen, / Er läßt ein Märchenlied vor uns erstehen. / Doch wenn des Filmes Wunderpracht entschwindet, / Die Wirklichkeit man rauher noch empfindet. / *Die Kunst ist*: für uns Stunden froh zu machen! / Mein lieber Film, wir wollen lachen, lachen!«[63]

Richard Tauber hatte Besserung gelobt – und hatte zuviel versprochen. Sein nächster Film, »Die große Attraktion« (der in Deutschland im August 1931 anlief, in Österreich bereits Ende April 1931), angesiedelt im Varietémilieu, mit einem szenischen Drumherum von der »Wintergarten«-Bühne bis zum Luxushotel, vom Artisten-Café bis zum Eisenbahn-Coupé, bot eine dürftige, fadenscheinige Geschichte rund um den Hauptdarsteller Richard Tauber in der Rolle eines Sängers, Musikers und Jazzbanddirigenten, der mit seiner großen Kapelle durch die Lande zieht, die den Rahmen liefert für die Schlager, die immer wieder das Publikum bezaubern und zu Beifall animieren. Oder, wie der »Kinematograph« schreibt, das Drehbuch ist »von Kopf bis Fuß auf Richard Tauber eingestellt«.[54] Ein Minimum an Kitschhandlung – die Besprechung im »Berliner Tageblatt« hebt an mit dem Resümee »Trauernd stehen wir wieder am Grabe einer Filmhoffnung« und erspart es sich und seinen Lesern, die Handlung des Films zu referieren, »die eine Misshandlung alles Filmischen ist«[65] –, der Rest ist singender Tauber plus photographiertes Varieté.

Was dem Erfolg an den Kinokassen keinen Abbruch tut – im Gegenteil: Allein in Berlin läuft der Film im September 1931, kurz nachdem er dort in die Kinos gekommen war, in 20 Lichtspieltheatern und sorgt für volle Häuser.

1928 – 1930

Als Josephine Baker Anfang Feber 1928 in Wien eintrifft, formiert sich wieder jene Front, die kurz zuvor das christliche Abendland mit Stinkbomben und Juckpulver *in* den Aufführungen und Demonstrationen vor der Wiener Staatsoper *vor* und *nach* den Aufführungen von Ernst Křeneks »Negeroper« »Jonny spielt auf« schützen zu müssen glaubte. In unmittelbarer Nachbarschaft des Johann-Strauß-Theaters, wo die Baker ab 1. März dann doch auftritt, in der Paulanerkirche, findet am 11. März ein erster »Sühnegottesdienst« gegen die »Schlammflut von Unzucht und sogenannten freien Sitten« statt, der sich dem Empfinden von Christlichsozialen, Deutschvölkischen und Hakenkreuzlern nach über Wien ergießt und die gesamte Bevölkerung in den Abgrund des Verderbens zu reißen droht. Um dem »Argument« Nachdruck zu verleihen, daß die zur Schau gestellte Nacktheit die Unschuld der Jugend gefährde, wird in der Parlamentsdebatte über die Baker von der Rechten mehrfach die sogenannte »Steglitzer Schülertragödie« als drohendes Szenario beschworen. Der Hauptverdächtige in diesem Eifersuchtsmord unter Berliner Gymnasiasten, der Primaner Paul Krantz, steht im Feber 1928 vor Gericht.

Anton Kuh, in diesen Tagen ebenfalls auf Besuch in Wien, dazu: »Siegt der Dörflergeist nicht auf allen Linien? ... Ich sprach vor Jahren von der ›Verkremserung Wiens‹. Heute muß ich das Wort zurücknehmen. Krems verdient den Tort nicht.«[66]

Lebhaft debattiert wird in der Wiener Tagespresse auch die von der Bundesregierung betriebene Rechtsangleichung Österreichs an das Deutsche Reich. Zwei der meistdiskutierten Punkte: Soll die Todesstrafe und ein Tatbestand »Hochverrat«* eingeführt werden? – Kuh dazu: »Die ›Strafrechtsangleichung‹ Österreichs an Deutschland – über das Kapitel ist manches zu sagen – wirft ihren Schatten voraus: eine der schönsten und selbstverständlichsten Traditionen unseres neuen Staatswesens war bisher eine Lücke in der Rechtspflege: nämlich das Fehlen von Hochverratsverfolgungen. / Nun erfahre ich, daß man dem Obersten Wolff, dem allzeit kaisertreuen, wegen Hochverrats den Prozeß machen will. Man wird mir kaum nachsagen, daß ich's politisch mit ihm halte. Aber was das inkriminierte Delikt betrifft – reichen Sie mir die Hand, Herr Oberst, ich begeh' es mit jedem Atemzug! Wie lange ist es her, daß der Abgeordnete Pernerstorfer im Reichsrat unter schallender Heiterkeit des Hauses den Ausspruch prägte: ›Wer ein guter Österreicher ist, der ist mindestens einmal in seinem Leben ein Hochverräter gewesen‹? Alt-Österreich lachte zu dem Satz; Neu-Österreich ist strenger. Es leistet sich, wie in allem, um so mehr Gesetzesprotzerei, je weniger es Staat ist. Wir gehen rigorosen Zeiten entgegen. Und es wird nicht lange dauern, daß man einen neuen Franz Stelzhamer, der den Vers zu dichten wagte: / Ein Österreicher bin i / Aus'm Österreicher Land /

* Juristische Grundlage der vor dem Leipziger Reichsgericht gegen Personen, die unter der Anklage »Verbreitung revolutionärer Schriften« stehen, geführten Prozesse sind die Hochverratsparagraphen des Strafgesetzbuchs. Dabei wird der Tatbestand »Vorbereitung zum Hochverrat« so weit gedehnt, daß ihn das Gericht schon in der Äußerung und Verbreitung radikaler gesellschafts- und staatskritischer Ansichten in Wort und Schrift erfüllt sieht (»literarische Form der Aufreizung«). Eine massive Beschneidung der per Verfassung verbürgten Rede- und Meinungsfreiheit. Der achtunddreißigjährige Schriftsteller, Rezitator und ehemalige Schauspieler Josef (»Rolf«) Gärtner wird am 21. Juli 1925 vom Leipziger Reichsgericht zu fünfzehn Monaten Gefängnis und hundert Mark Geldstrafe verurteilt, weil das Gericht den Tatbestand des »literarischen Hochverrates« erfüllt sieht. Gärtner habe am 7. November 1924 bei einer von Stuttgarter KPD-Organisationen veranstalteten »›revolutionären Gedenkfeier zum siebenten Jahrestage der russischen Revolution und zum zehnjährigen Gründungstage der Kommunistischen Partei in Stuttgart‹ durch Rezitationen einer revolutionären, zum bewaffneten Aufruhr wider den bürgerlichen Gegenwartsstaat aufrufenden Dichtung von Walter Steinbach sowie einer Huldigung an den toten Lenin und schließlich durch die szenische Leitung entsprechender dramatischer Darbietungen den Umsturzwillen der Festteilnehmer herbeizuführen« geholfen (Vossische Zeitung, Nr. 342, 22.7.1925, 1. Beil. [S. 1]).

Das is zwar ka Unglück / Aber do is a Schand'! / Im Zeichen der ›Rechtsangleichung‹ wegen Hochverrats zu fünf Jahren Zuchthaus verdonnert«!⁶⁷

Eine Lesung aus Anton Kuhs »gedruckten und ungedruckten Schriften« – darunter »Die Naturgeschichte des Renkontres«, »Aus dem Land des Alkohols«, »Moissi vor Gericht«, »Ungarische Gedankensplitter«, »Das Telephon«, »Beamtenstreik«, »Dialog mit Preisrätsel«, »Wiener Revolution« – ist für den 7. Feber 1928 unter dem Titel »Anton Kuhs Panoptikum. Von Grinzing bis Peking‹ angekündigt.⁶⁸ Daß das Wort »Vorlesung« auf dem Plakat nur ein Druckfehler sein kann, mutmaßen jene, die ihn kennen. Kuh, der sich seinem Publikum als »Exilant« vorstellt, der sich, »die fortschreitende Vertrottelung dieses Staates vorausahnend, in die bessere geistige Atmosphäre Berlins« geflüchtet habe, »in der er sich leiblich wie in Sibirien fühle«,⁶⁹ liest aber nach einem improvisierten Auftakt tatsächlich, nämlich »die bekannten oder auch nicht bekannten Kuh-Artikel, bei deren Lektüre man sich immer gedacht hat: ›Schade, das müßtest du ihn vortragen hören!‹, und es waren eingestreut die bekannten Kuh-Bonmots, in Freundeskreisen erzählt, bei denen man sich dachte: ›Schade, das müßte er eigentlich niederschreiben!‹ [...] Der Kabarettist Anton half dem Literaten Kuh einige seiner politischen Satiren zur stärksten Wirkung zu bringen.«⁷⁰ – »Beifallsgeprassel«⁷¹ im bummvollen Mittleren Konzerthausaal.

Wien, Konzerthaus, Mittlerer Saal, 7.2.1928, 19.30 Uhr: Anton Kuhs Panoptikum. Von Grinzing bis Peking

»Auf allgemeines Verlangen« wird sechs Wochen darauf ein zweiter Termin angesetzt, der dann aber mitnichten eine »Wiederholung« ist. »Bis auf ein paar Kleinigkeiten« bringt Anton Kuh, aus dem Stegreif plaudernd und vom Hundertsten ins Tausendste kommend – Neues: »[E]r verulkte die sittliche Entrüstung der Empörten ›aus den siebziger Jahren‹, die eine Jugend vor ›Schund und Schmutz‹ schützen zu wollen vorgeben, in Wahrheit aber sich selbst vor einer Jugend schützen wollen«,⁷² und bringt dabei als »wuchtige[n] Zeuge[n] gegen vielen bärtigen Ernst« die »gewichtige Stimme des fünfzehnjährigen Etagen-Piccolo eines Berliner Hotels« zu Gehör.⁷³ Dann, »einmal auf dem politischen Fechtboden angelangt, klopfte er die ›Anschlußfrage‹ auf Phrase und Wahrheit ab, die Bemühungen um eine ›Rechtsangleichung‹ verspottend, die vorgeschoben werde, um einen ›Anschluß der Behörden‹ diesseits und jenseits der Grenze in die Wege zu leiten, während der Anschluß von Volk zu Volk erst erfolgen könne, wenn sich zwischen den Kellnern und Chauffeuren in Berlin und Wien eine ›Angleichung‹ vollzogen hätte. Zwischen die trotz ihrer beißenden Schärfe liebevollen Sottisen für Wien und die

Wien, Konzerthaus, Mittlerer Saal, 22.3.1928, 19.30 Uhr: In Wien spukt's

273

trotz ihrer verstandesbegeisterten Zustimmung des Herzenstones entbehrenden Anerkennungen für seine Berliner ›Wahlheimat‹ streute Kuh zum jeweiligen Thema passende Skizzen und Aphorismen, solcherart das Programm des Abends zu einem der vergnügtesten gestaltend, das man aus dem Stegreif eines Conférenciers hören kann.«[74]

Als hätten die Vorfälle rund um die Skandalisierung des Josephine-Baker-Auftritts nicht gereicht, die Entscheidung Kuhs, die »fortschreitende Vertrottelung« Österreichs zu fliehen, im nachhinein mehr als zu rechtfertigen, wird der »Exilant« darin durch einen weiteren Vorfall bestärkt. Nach einem Kino- und anschließenden Kaffeehausbesuch im Prater geht die zweiundzwanzigjährige Küchengehilfin Franziska E. am 21. April 1928 auf dem Nachhauseweg gegen 1 Uhr nachts die Heinestraße (vormals Kaiser-Joseph-Straße) entlang. Der Wachmann Julian Burnadz fordert sie auf, sich auszuweisen. Ihre Antwort: »Ich heiße nichts, das geht Sie einen Schmarrn an, Mistelbacher! Suchen Sie lieber Einbrecher, mich lassen Sie in Ruh!« Burnadz erklärt sie daraufhin für festgenommen. Franziska E. widersetzt sich der Festnahme. Bei dem Handgemenge während der »Amtshandlung« wird ihr der Arm gebrochen. Ein Schöffengericht verurteilt Franziska E. am 2. Juni 1928 »wegen Verbrechens der öffentlichen Gewalttätigkeit« zu sechs Wochen schweren Kerkers. In einem offenen Brief versichert Kuh das »holdselige Kind« seiner Anteilnahme: »[S]ieht's nicht aus, als wenn wir uns verabredet hätten? Oder in einem Geheimbund zusammensässen? Denn im Vertrauen gesagt: wegen ein und desselben Ausdrucks ›Mistelbacher‹, an die gleiche Adresse gerichtet, bin ich vor Jahr und Tag von einem Wiener Bezirksgericht zur (milden) Strafe von 20 Schillingen verurteilt worden. Ich bin stolz darauf, dass ich im Zorn die Sprache des Volks spreche – oder das Volk die meine. / […] Liebe Franziska E., ich habe für Sie, und darum schrieb ich Ihnen, einen kleinen Trost. Sie haben vielleicht schon davon gehört, dass in Berlin heute merkwürdig viele Wiener – und gerade Künstler und Schriftsteller, also Menschen, die gern freier leben – sesshaft sind. Wissen Sie, dass das mit Ihrer abscheulichen Geschichte zu tun hat? Die meisten dieser Ausgewanderten sind mit Ihnen eines Sinnes. Denn – mag Geld, Arbeit, Ehrgeiz und was immer noch mitspielen – sie hätten die schöne Heimat trotzdem nicht verlassen, wenn es heute nicht jeder Frau passieren könnte, dass ihr um 1 Uhr nachts auf der Kaiser-Josefs-Strasse von einem Wachorgan der Arm ausgerenkt wird; und dass dafür sie in den Kerker muss und nicht der Wachmann; und dass man auf Weltstadtsünden in solcher Dorfmanier Jagd macht; kurz: wenn man sich nicht auf allen Wegen und Stegen mit Grund in die gefährliche Lage versetzt fühlte, den Ausdruck

›Mistelbacher‹ zu gebrauchen. Und dafür zu zwanzig Schillingen Geldstrafe verurteilt zu werden – / wie der Schreiber dieser Zeilen.«[75]

Neben der wienerischen Neidgesellschaft hat Kuh bei seiner Übersiedlung nach Berlin eine weitere Hypothek im Gepäck: »Kraus und die Folgen«, genauer: »Karl Kraus und die Krausianer«. Kuh machte sich schon in Wien einen Sport daraus, Kraus zu frotzeln, und er betreibt das in Berlin munter weiter. Unter dem Titel »Der Rundreise-Befreier« berichtet er im Mai 1928 im »Neuen Wiener Journal« vom schwachen Besuch der acht Vorlesungen, die Kraus Ende März, Anfang April des Jahres im Berliner Schwechten-Saal gehalten hat – selbst das spärlich erschienene Publikum habe nur durch Nötigung seitens der Berliner Kraus-Gemeinde und durch großzügiges Verteilen von Freikarten zum Erscheinen bewegt werden können –, und veräppelt im Vorbeigehen in einem prophetischen Zusatz in runden Klammern die Prozeßhanselei und Berichtigungsmanie Kraus': »Doch siehe – oder gar nicht siehe, vielmehr: siehste! –: die Säle waren halb und dreiviertel leer. (Zu berichtigen – aber zu beweisen.)«[76] Oskar Samek, Rechtsanwalt und von Kraus damit beauftragt, gegen das »Neue Wiener Journal« eine Klage auf »Widerruf dieser unwahren Behauptungen und Veröffentlichung derselben einzubringen«, da es in der »Kampflinie« seines Mandanten liege, »derartige Ungehörigkeiten der Presse durch gerichtliche Verfolgung feststellen und sühnen zu lassen«, begehrt von der Konzert-Direktion Hermann Wolff und Jules Sachs Auskunft über die Saalauslastung und die Anzahl der ausgegebenen Freikarten.[77] Und muß nach Kenntnisnahme der detaillierten Aufstellung von einer Berichtigungsklage absehen – »die Säle *waren* halb und dreiviertel leer«.

Klarzustellen, wie ernst es ihm, Kuh, dem gern das Etikett »Amüsant!« umgehängt wird, in Wirklichkeit ist, liefert Cultusminister Becker die Gelegenheit. Der »Sinn des Feuilletonteils, sofern er überhaupt Sinn hat«, kann für Kuh nur in der Anarchie liegen, »die innerhalb seiner Grenzen im Gegensatz zum Obern-Strich-Rayon herrscht«; und »im Wettbewerb der Feuilletonisten« ist für ihn derjenige der beste, »der die eigenste und freieste, sagen wir ruhig: verantwortungsloseste Welt« denkt.[78]

Diese Maxime findet sich 1928 in einer sarkastischen Glosse über die defensive Halbheit und Kompromißlerei der politischen Mitte der Weimarer Republik, die mit ihren ebenso bieder-naiven wie zeremoniös ins Treffen geführten Parolen, die da lauten »Takt« – »Sachlichkeit« – »Verantwortung« – »Würde«, längst die Macht verspielt hat und verwundert ihre Felle davonschwimmen sieht.

Unmittelbarer Anlaß für Kuhs Ein- respektive Auslassungen ist eine Rede im Rahmen der Pressa, der Internationalen Presse-Ausstellung in Köln von Mitte Mai bis Mitte November 1928, in der Cultusminister Carl Heinrich Becker öffentlich darüber nachgedacht hatte, die Herrschaften, die den Platz unter dem Strich bespielten, im Sinne »kollektiver Verantwortlichkeit« an die Kandare zu nehmen, weil er dort noch allzu viel »Individualismus« und »Atomisierung der öffentlichen Meinung« ortete.[79]

Damit kommt er bei Kuh gerade an den Richtigen. Auch wenn dabei nichts andres als Störung der Ruhe herauskäme, insistiert er: »›Vive l'excès!‹«[80]

Daß Kuh eine Gelegenheit zu Polemik, zu »Gezänk« nur ungern vorübergehen läßt, war *auch* eine Sache des Temperaments. Viel mehr noch aber eine Frage seines Selbstverständnisses als Publizist: Für ihn ist das Feuilleton ein »Diskursort«, ein Ort mithin, wo tagtäglich nicht nur über die ästhetischen Valeurs einer neusachlichen Wedekind-Inszenierung oder eines dramatischen Koloratursoprans oder der Schrittfolge einer Ausdruckstänzerin ge- und verhandelt wird, sondern und eben auch im Genre der Buchbesprechung, der Theater- und Musikkritik über die Werte ge- und verhandelt wird, auf denen der gesellschaftliche Umgang gründet und die politischem Handeln die Leitlinien ziehen. Und »Gezänk«, soll heißen das Austragen von Meinungsverschiedenheiten, ist dabei elementar.

Im August 1928 berichtet Anton Kuh von der Salzburger »Festspiel-Diplomatie«, der heiklen Mission, zwischen den kosmopolitischen Ansprüchen von »Max Reinhardts Pensionat der Berühmtheiten« und dem Pochen der Einheimischen auf »Bodenständigkeit« zu vermitteln.[81] Im Oktober von der Generalprobe, die der »neugegründete österreichische Fascismus« in Wiener Neustadt hält:[82] Für den 7. d. M. rufen die paramilitärischen Verbände der zwei großen politischen Lager, der Republikanische Schutzbund und die Heimwehr, dort zu Großkundgebungen auf. Zusammenstöße werden durch ein massives Aufgebot von Sicherheitskräften – Bundesheer und Gendarmerie – verhindert.

So wie er in den frühen 1920er Jahren verfolgte, was im Deutschen Reich vor sich ging, beobachtet er nun von Berlin aus besorgt die politische Entwicklung in Österreich. Bereits nach dem Scheitern der ersten Koalitionsregierung aus Sozialdemokraten und Christlichsozialen, 1920, waren die ideologischen Gräben aufgebrochen, hatte sich die Lagerbildung in der österreichischen Innenpolitik verschärft, eng verbunden mit den jeweils zugehörigen Wehrverbänden: dem Republikanischen Schutzbund, der an der Kandare des sozialdemokratischen

Parteivorstands lag, und den bis zum Mai 1930 stark föderalistisch organisierten Heimwehren. Der 15. Juli 1927* beförderte die politische Polarisierung, zwischen 1929 und 1933 herrschte de facto »latenter Bürgerkrieg«[83]. Die Heimwehrverbände – von den aufeinanderfolgenden bürgerlichen Regierungen mehr oder weniger unterstützt – spielten nach der verhängnisvollen Fehleinschätzung der Situation durch die sozialdemokratische Parteileitung am 15. Juli 1927 und dem daraus resultierenden Versagen des Schutzbundes bis zum Winter 1930/1931 mit Aufmärschen in gegnerischem Einflußgebiet und dadurch provozierten Gegenaufmärschen regelmäßig mit dem Feuer. Im Korneuburger Eid vom 18. Mai 1930 wurden alle Heimwehrverbände auf einen antiparlamentarischen Kurs eingeschworen – »Wir verwerfen den westlichen demokratischen Parlamentarismus und den Parteienstaat« –, und in der Regierung Vaugoin nahmen ab September 1930 Ernst Rüdiger Starhemberg, der Bundesführer der Heimwehr, als Innenminister und der Salzburger Heimwehrführer Franz Hueber, Schwager Hermann Görings, als Justizminister Schlüsselpositionen der Innenpolitik ein. Zugleich befanden sich die »Hakenkreuzler« seit 1923 im Windschatten der Münchner Bruderpartei auf dem Vormarsch, provozierten mit Versammlungen und Aufmärschen in »roten« Territorien und verfolgten ab 1930 ganz offen eine Strategie der »kalkulierten Eskalation«, insbesondere auch in *den* sozialdemokratischen Hochburgen, den Gemeindebauten des Roten Wien.[84]

Im November 1928 ist Anton Kuh wieder einmal in seiner Geburtsstadt zu Gast. Er gibt am Mittwoch, dem 7., und am Donnerstag, dem 8. d. M., bei den zwei von der Wiener Jeunesse dorée gestürmten Auftritten des weltberühmten »flüsternden Baritons« Jack Smith im Großen Konzerthaussaal den Conférencier resp., wie er witzelt, die »Spannungshinauszögerungsnummer«. Die Begeisterung der jungen Damen und Herren ist anfangs – das »Symphonie-Jazz-Orchester« unter dem Dirigat von Dol Dauber anämisch, der Flüsterbariton mit den sechs Hits aus seinem Schlagerrepertoire im riesigen Saal alles andere als erotisch knisternd – auf mezzopiano gestimmt, nach der Pause aber, als die Num-

---

* Im Verlauf von Protesten gegen ein am 14. Juli 1927 gefälltes Gerichtsurteil – ein Geschworenengericht spricht drei Mitglieder einer Frontkämpfervereinigung frei, die in Schattendorf, Burgenland, am 30. Januar 1927 eine Versammlung der Sozialdemokratischen Arbeiterpartei beschossen und dabei zwei Personen getötet und fünf schwer verletzt haben – wird am 15. Juli 1927 der Wiener Justizpalast in Brand gesteckt. Schüssen der Polizei in die demonstrierende Menge fallen 84 Menschen zum Opfer, fünf Polizisten werden getötet, es gibt Hunderte Verletzte auf beiden Seiten.

mern auf Aufforderung Smith' im Chor mitgeflüstert und mitgepfiffen werden, beinah ausgelassen. – Was Wille zum Amüsement und gepfefferte Eintrittspreise alles vermögen!

Kuh, der den Abstecher nach Wien zu einem Stegreif-Auftritt nutzt, gibt's ein bißchen billiger als Jack Smith. Bescheidene zwei bis acht Schilling (je nach Platz) muß man sich's kosten lassen, um ihn über »Österreich und den Goldfüllfederkönig« zu erleben (beim »Flüsterbariton« war das Dreifache zu berappen). Ernst Winkler, ehemals Geschäftsmann in Schreibwaren und Füllfedern, der »Goldfüllfederkönig«, hat die Wiener Behörden in den zwanziger Jahren oft und oft mit abstrusen Mystifikationen – *sein Reklametrick* – an der Nase herumgeführt. Anton Kuh schreibt ihm, das Ganze auf die Spitze treibend, gar die Autorschaft am Ultimatum an Serbien zu: »die Amts- und Militärstellen konnten das Übel nicht mehr aufhalten. Und Franz Joseph soll, als man ihm das Furchtbare mitteilte, ausgerufen haben: ›Lass' mr ihn!‹ / So hat sich Winkler (Ernst I.) mit goldener Füllfeder ins Buch der Geschichte eingetragen.«[85] Im Sommer 1928 ist er mit der Inszenierung des vorgetäuschten Suizids zweier Mädchen auf der Rax wieder einmal im Gerede. Steckbrieflich gesucht, weil er seit Monaten gerichtliche Vorladungen nur mit der ehrenwörtlichen Erklärung beantwortet, keinesfalls vor Gericht erscheinen zu wollen, wird er am 10. Oktober 1928 schließlich dem Strafbezirksgericht I polizeilich vorgeführt und am 12. Oktober »wegen Übertretung des Waffenpatents« zu einer durch die Untersuchungshaft verbüßten Arreststrafe von 48 Stunden verurteilt, von allen übrigen Anklagepunkten – Verbreitung beunruhigender Gerüchte, Irreführung der Behörden, Gefährdung der körperlichen Sicherheit – freigesprochen, obwohl, wie der Richter festhält, objektiv ein strafbarer Tatbestand vorgelegen sei. Der Angeklagte sei aber, so die Urteilsbegründung weiter, subjektiv nicht verantwortlich zu machen, weil er »geistig abnormal« sei.[86] Als »Republikfeier« angekündigt, ist im Vortrag vom Titelgeber indes keine Rede. Heimito Doderer gegenüber hatte Kuh kein Hehl daraus gemacht, daß er genausogut »Balzac und die Ostgoten« ankündigen könnte, man wisse doch in Wien nur zu gut, an welchem Thema er hier nie und nimmer vorbeikomme. Er läßt sich wieder einmal über »Wien – Berlin« aus.[87]

Zurück in Berlin, nimmt Kuh sich am 9. Dezember 1928 in der »Komödie« am Kurfürstendamm die »eingeführten ›Größen‹ intellektueller Meinungsmacherzunft« in einer »Der Snob von Berlin« betitelten Matinee zur Brust – nicht den Snob selbst, für Kuh eine unvermeidliche Erscheinung großstädtischen Distinktionsbedürfnisses – und stellt ge-

Wien, Konzerthaus, Mittlerer Saal, 19.11.1928, 19.30 Uhr: Österreich und der Goldfüllfederkönig

rade die »österreichische Invasion«, die in Berlin bestens bezahlten Anschluß gefunden hat, als »Snob-Bediener« hin, jene kleinen Wesen mit der großen Schnauze, die geistige Terrains mit einer Unumschränktheit zu beherrschen haben, die ihrem geistigen Fundament nicht im mindesten entspricht. Wenn Leopold Jessner mit seiner Ankündigung »Richard III. wird bei mir *ohne Bart* gespielt!« vermeint, eine neue Epoche inszenatorischen Genies einzuläuten, mag das noch angehen als Vermessenheit, die man belächeln kann. Zum Weinen indessen die Snob-Bediener, die aus Angst, sie könnten als vertrottelt gelten, lauthals verkünden: »Endlich weht frische Luft, der Staub fällt von den Kulissen – Richard III. ohne Bart ... Un-er-hört!«[88]

Berlin, Die Komödie, 9.12.1928, 12.15 Uhr: Der Snob von Berlin

»Kunst und Geist sind (nicht eben im Klassen-, wohl aber im Blutsinne) immer aristokratisch. / Der neue Kunst- und Geisteslieferant aber, der heutigentags den Snob bedient, ist ein Plebejer. / Den Plebejer kennzeichnet Unsicherheit; da er weder über ein eigenes Dasein noch über ein eigenes Antlitz verfügt, so kann er sich nur im Spinnweben-System schlagfertigen und wechselseitig sich kontrollierenden Urteilens behaupten. (Die wahren ›Leiden des jungen Werters‹!) Seine Legitimation ist der Standpunkt, nicht das Gesicht. Eine General-Ausgabestelle für ›neuen Ton‹ versorgt ihn von Jahr zu Jahr mit dem Stil, der augenblicks Überzeugtheit am glaubhaftesten macht. / Das ist jetzt in Lob und Schimpf: der Superlativismus. / Der Ausüber dieses Tons markiert Asthmakrämpfe des Übervoll-Seins; ein ›Gott helfe mir, ich kann nicht anders! ...‹ kurbelt jeden Satz an; er gestikuliert Undeutlichkeiten – nicht wissend, daß das Merkmal wahren Geistes und wahrer Kunst die *Präzision* ist. [...] / Alles Noble ist ehrgeizlos; es erfüllt sich durch sein Auf-der-Welt-Sein; es leistet durch sein Atmen. Je wertvoller demnach eine Kunst oder ein Künstler ist, desto mehr fehlt ihm die Ambitioniertheit. / Der Ignoble dampft vor Ehrgeiz, vor Durst nach der Leistung. Bemühtheit vertritt bei ihm die Stelle von Imagination, Grazie, Witz, Adel, Schönheit. (Überlebte Werte!) Er ernennt die scharfe, schroffkantige Durchsichtigkeit des Willens, der einem Nicht-Ich zur Erscheinung helfen soll, zum ›neuen Geist‹ und begeistert sich also an der Kabarettdiseuse, durch deren viereckige, mit der Stoppuhr vorausberechnete Gestikulation jener Auftrieb leuchtet; am Schauspieler, dessen fettiges Ungestüm, Kopf gegen die Wand!, aus dem Wahlspruch: ›Ich setz' mich durch!‹ deklamatorische Energien zieht; am Stückschreiber, der seinem Aug' die kahle Vorsätzlichkeit hinbaut; am Filmengel, in dessen großäugiger Seltsamkeit, wedekindisch gesprochen, ›die großen Füße geschrieben stehen‹; am Reporter, der ›rast‹, statt exakt zu berichten; am Conférencier, der, statt Witzeleien gut vorzutragen, Ernsteleien scharf pointiert (und glaubt: der Gebrauch der Worte ›Europa‹ oder ›Stresemann‹ zum Wortspielzweck sei der ›politisierte Geist‹); an der Weltanschauungs-Tänzerin, deren Anmutslosigkeit seinem Stil endlich so zugänglich ist wie seinem Werben; kurz an jeglichem Ehrgeiz in jeglicher Verkleidung! / Das Hübsche, Edle, Liebenswürdige, Natur-Geniale läßt ihn kalt. Und dann am meisten, wenn er ... zugewanderter Österreicher ist. So verlangt's nämlich das eherne, unbeugsame Gesetz der Mimikry. / Was macht nun den Snobbismus hierzulande zu einem so unschöpferischen *Circulus vitiosus?* / Ich habe es einmal in dem Beispiel gesagt: ›Es gibt nichts Lächerlicheres, als wenn in einem Haus, wo im Parterre gerade einer unschuldig hingerichtet wird, im ersten Stock Leute heißgierig über Thomas Mann, Piscator, Strawinsky und den neuen Rhythmus debattieren.‹ / Der erste Stock: das ist das Deutschland des Snob; das Parterre: das ist die politische Wirklichkeit. Und diese Verbindungslosigkeit der ›ebenen Erd'‹ zum ›ersten Stock‹, dieser Irrglaube, es gäbe Werte und Wirklichkeiten jenseits der Welt, in der wir täglich essen, atmen, leben – das ist es, wodurch der Ehrgeiz des Plebejers Selbstzweck werden und den armen Snob widerstandslos ins Schlepptau nehmen darf!«[89]

Der Rezensent des »Hamburger Fremdenblatts« unter dem Titel »Berlin hat eine neue Sensation«: »Was Anton Kuh 120 Minuten lang jede Minute Neues einfällt, davon machen andere 120 Bücher – und finden doch aus Überlegung nicht eine der blendend sitzenden Formulierungen wie Kuh aus purer Improvisation. Das saust nur so vorüber. [...] Kuh spricht und spricht, immer in neuer Abwechslung, definiert durch Anekdote, beweist durch Mimik. In schlagender Parodie trifft er jeden Modeton und erledigt ihn durch bloßes Treffen. Aber vor allem: er ist scharmant [...], und was er an amüsanten Invektiven und ohne Namensnennung hinausjagt, ist niemals anmaßendes Richterurteil, denn er nimmt sich selbst gar nicht aus.«[90]

Von einer »*neuen* Sensation« kann 1928 längst nicht mehr die Rede sein. Aber begeistert sind wieder einmal alle Rezensenten der Hauptstadt-Zeitungen.

Prag, Urania, Großer Saal, 14.1.1929, 20 Uhr: Wien – Prag – Berlin. Heiterer Abend

Einen Monat darauf frotzelt Kuh in der Urania »die Prager, d. h. eine stattliche Anzahl sogenannter Intelligenter, die unbedingt dabei sein wollten [...]. Sie lachten ihm Beifall und merkten nicht, wie sehr er sie frotzelte; das spricht aber weniger gegen ihre Intelligenz als für seine Gerissenheit. [...] Er schimpfte [...] auf die Wiener, die Monarchie und seinen überschätzten Gegner Karl Kraus; überschätzt natürlich nur deshalb, weil er sein, Anton Kuhs, Gegner ist.« Seinem treuen Prager Publikum streut er süffisant witzelnd stachelige Rosen: Der Saal sei immer dann ausverkauft, »wenn entweder vom Jud oder etwas Nackigem die Rede ist«.[91]

Selbst wenn ein Vortrag unter dem Titel »Anton Kuh liest Zeitung« angekündigt ist und spezifiziert wird, Kuh werde dem Publikum aktuelle Zeitungsberichte mit Randbemerkungen vorlesen, dann hat der zwar ein paar Zeitungen auf dem Vortragstisch liegen, er liest auch ein wenig darin, aber ganz zwischendurch, um dann sogleich das angerissene Hauptthema, die »Schlacht um Krausterlitz«, also »eine Art Auseinandersetzung mit Karl Kraus und Fritz Austerlitz, die so lange Schulter an Schulter geschimpft haben, bis sie im Kampf um die Vorherrschaft im Reiche der Insulten sich als erbitterte Feinde gegenüberzutreten begannen«, auf ein Nebengeleise zu schieben, »und auf einmal wurde aus einer halb politischen, halb literaturcaféatmosphäreerfüllten Stichelei eine von Witz und nicht gewöhnlicher Tiefe des Erkennens sprühende Kritik der Zeit, ihrer Gesichter und ihres geistig-künstlerischen Niveaus, mit besonderer Berücksichtigung österreichischer ›Belange‹ und deutscher Mischung von Humanismus und Materialismus, von Novalis-Mystik und ›Metropolis‹-Geschäft, von Romantik- und Betonseele«[92]. So kommt Kuh von den Wiener Pressequisquilien und den heiklen Wiener Befindlichkeiten auf das Antlitz der Zeit zu sprechen und dessen Analyse, die »Ponemologie«, wie er sie in ironischer Vermischung von Wissenschaft und Jargon nennt; auf den »Rest, den die Flut liberaler Mediokrität, die in dieser Zeit alles umspült, noch nicht aus dem Hirn gewaschen hat.« So zeigt er »an der Hand des Erfolges gewisser jenseits des Donaukanals geborener Geschäfteriecher, wie sie es durch richtiges Erkennen der Wandlung deutschen Wesens in Berlin ›zu etwas gebracht haben‹: sie verstanden es, ihr Ohr an die Sehnsucht der deutschen Mittelschicht zu legen, deren Majorität bestimmend sei, die Synthese von ›deutschem Gemüt‹ und ›deutscher Brücke‹, zwischen Novalis und A.E.G., herzustellen, das Herz von Heidelberg mit 50%iger Nacktheit des weiblichen Körpers zu mischen und in einer neuen Gartenlaubenerotik den Schnittpunkt zweier deutscher Wesensordinate zu finden«. So thematisiert er die Besetzungen hervorragender Stellen des Wiener Kunstlebens – etwa die Berufung Clemens Krauss' zum Musikdirektor der Wiener Staatsoper –, die die Eroberung Wiens durch Graz deutlichst dokumentieren; Bruno Walter, den der »Bundesverantwortungsgeist« nur deshalb ablehne, »weil seine Bartkotelletelosigkeit wahrscheinlich doch allzudeutlich die Rasse verrate«; Berlin, an das er sein Herz ver-

Wien, Konzerthaus, Mittlerer Saal, 18.1.1929, 19.30 Uhr: Anton Kuh liest Zeitung (mit entsprechenden Randbemerkungen)

loren habe, während er den Mitbürgerinnen und Mitbürgern vorwirft, daß sie nicht nur ihr Herz, sondern auch langsam ihr Hirn in Heidelberg verloren hätten; Fritz Langs »Metropolis«, der als der »Faust« seiner Zeit ausposaunt worden sei – was der aber auch recht geschehe.[93] Er gerät wieder einmal vom Hundertsten ins Tausendste, ganz nach seiner Maxime: »Sich so in jeder Seitengasse des Themas verlieren, daß man die Hauptstraße abschneidet –: Grundbedingung einer guten Rede.«[94]

Die Nazipresse ist auf den bekannten Ton gestimmt: »Herr Anton Kuh liest Zeitung / Und führt ein Selbstgespräch, / Ja, was er spricht, ist Speichel, / Und was er schreibt, ist Blech. // Fahr nach Berlin ab, Anton, / Und laß doch Wien in Ruh, / Wir sagen dir zum Abschied / Nur händeringend: ›Muh!‹«[95]

Anton Kuh *fährt* nach Berlin – und redet auch dort niemand nach dem Mund, sondern gibt, im Gegenteil, den Advocatus diaboli. Spielt etwa bei der von der Deutschen Liga für Menschenrechte veranstalteten Protestversammlung »Gegen Zensur, für Geistesfreiheit!« am 25. Januar 1929 um 8 Uhr abends im Berliner Langenbeck-Virchow-Haus in der Luisenstraße 58-59, »mit komödiantischer Verve das Enfant terrible der Gesellschaft, indem er ihr gehörig einige Wahrheiten sagte«.[96] Er persifliert, einen nach dem andern, seine Vorredner – darunter Peter Martin Lampel, Herbert Ihering und Walter Hasenclever –, insbesondere ersteren, der sich mit Tolstois »Ich kann nicht schweigen« und Zolas »J'accuse« mächtig in die Brust geworfen hatte, und läßt diesen wissen, daß seine vielumstrittene »Revolte im Erziehungshaus« kein Kunstwerk sei; und die versammelten Anwälte der Freiheit der Kunst, daß neun Zehntel der Dinge, deren sich die Liga annehme, nur sehr wenig mit Kunst zu tun hätten. Daß es bei den überhandnehmenden Störungen von Theater- und Filmaufführungen,* Gotteslästerungs-

---

* Erich Maria Remarques Ende Januar 1929 erschienener Roman »Im Westen nichts Neues« (ab 10.11.1928 im »Unterhaltungsblatt« der »Vossischen Zeitung« vorabgedruckt), der die Schrecken des Ersten Weltkriegs aus der Sicht des an der Westfront eingesetzten jungen Kriegsfreiwilligen Paul Bäumer ungeschminkt schildert, zählt zu den umstrittensten Büchern der Weimarer Republik. Von der republikanischen Presse enthusiastisch begrüßt, entfesseln deutschvölkische Zeitungen eine Hetzkampagne sondergleichen gegen den in Hunderttausenden Exemplaren verkauften Roman. Die deutsche Erstaufführung der gleichnamigen, bei den Oscar-Verleihungen u. a. als »Bester Film« ausgezeichneten Verfilmung (All Quiet on the Western Front, US 1930) im Mozartsaal am Nollendorfplatz am 4.12.1930 wird von nationalsozialistischen Krawalltrupps unter der persönlichen Leitung Joseph Goebbels' massiv gestört, von der NSDAP organisierte

prozessen und den Bestrebungen, die Zensur wieder gesetzlich zu verankern, um etwas anderes gehe: »nicht um Kunst«, wie der deutschnationale »Tag« formuliert, »sondern um einen Kampf für und gegen kulturelle Volkswerte. Parteibestrebungen«: »Es herrscht Kriegszustand. Die Liga aber verschanzt sich hinter unehrlichen Begriffskonstruktionen.« Und erntet prompt Applaus von rechts – »Herr Kuh hat das Verdienst, es ausgesprochen und statt der dumpfen, unehrlichen Ideologie eine ehrliche Gegnerschaft angestrebt zu haben«[97] –, während die Blätter der bürgerlichen Mitte sich damit begnügen, lakonisch sein Auftreten zu vermerken.

Mit der Stegreif-Rede »Aber das Publikum ...!«, angekündigt als »Der Snob von Berlin (Neue Beispiele)«[98], setzt Kuh das »Szene«- und insbesondere das Prominenten-Bashing fort. Selbst wenn schon der Vortragstitel ausdrücklich und unmißverständlich ankündigt, daß er sich über das, über *sein* Publikum hermachen werde, strömt es ihm in Scharen zu. So am Samstag, 2. Feber 1929, ¾11 Uhr nachts. Es ist hundekalt, es ist der Höhepunkt der Berliner Ballsaison – und dieses Publikum füllt die Komödie am Kurfürstendamm bis in die letzten Winkel der Logen. Und läßt sich von Kuh abwatschen. Er zieht zwar auch über die Urheber jener »Narkotika fürs Gehirn«, über die Textdichter jener »schmalzigen Niederträchtigkeiten«, Operette genannt, her, aber schärfer noch schmäht er jene, die sich das und überhaupt unterschiedslos alles reinziehen – entrüstet und unnachsichtig, denn er ist indisponiert, und da erlaubt er sich Gesinnung, um der flügellahmen Muse auf die Sprünge zu helfen –: jene, die mit derselben Verzückung vor Richard Tauber und »Friederike« sitzen wie vor der »Revolte im Erziehungshaus« oder Piscators Unternehmungen. Er wettert gegen das »Narkotikum des unbefreiten Menschen«, wie er das Theater bezeichnet, und gegen jene, auf die es wirkt und die aufatmend und entzückt feststellen, daß Goethe die Friederike nur geküßt habe und daß, zumindest in der Lehár-Operette »Friederike«, sonst nichts vorgefallen ist. Das deutsche Publikum – lauter »absolvierte Gymnasiasten«, deren Seele dauernd unterirdische Refrains singe (»Ich hab' mein Herz – –«), das zwei Seelen in der Brust trage: »die eine sucht die blaue Blume in metaphysischen Gefilden, die andere ist bestrebt, die besten Betonbrücken der Welt zu konstruieren« ... Und dem Publikum tut die Philippika sichtlich wohl: »Pallen-

Berlin, Die Komödie, 2.2.1929, 22.45 Uhr: Aber das Publikum ...!

Massenkundgebungen führen zum Verbot jeder weiteren Vorführung durch die Filmoberprüfstelle am 11.12.1930.

berg lachte, Döblin lachte, alle lachten«, resümiert die »Vossische Zeitung« die Nachtvorstellung.

Anfang Dezember 1929 grübelt der Conférencier Erich Lowinsky, der Erfinder des berüchtigten »Kabaretts der Namenlosen«,* über ein attraktives Programm für das an der Adresse Kurfürstendamm, Ecke Rankestraße neugegründete Kabarett »Himmel und Hölle« nach. Er muß zur Eröffnung »etwas Besonderes bieten« und weiß die Zeit »reif für gallebittren Zynismus, auch im Kabarett«. Die Lösung: Anton Kuh. Der »brillierte mit messerscharfen Gedanken und Aphorismen, und sein Publikum lauschte ihm fasziniert«. Bei einem Gespräch im »Adlon« ist Lowinsky überrascht von der moderaten Gagenforderung, Kuh stellt allerdings zwei Bedingungen. »Erstens: Getränke, soviel er wolle, frei, und zweitens: er wolle von Frau Kiwi [der Ehefrau des In-

---

* Erich Lowinsky (Künstlername »Elow«) schaltet Anfang Juni 1926 in der »B. Z. am Mittag« eine Anzeige, mit der er »junge Talente« sucht, die sich ihre ersten Sporen vor zahlendem Publikum verdienen wollen. Gut 180 Interessenten melden sich auf Anhieb, fünfzehn bekommen jeweils eine Viertelstunde Zeit, sich beim montäglichen »Kabarett der Namenlosen« auf der Bühne des »Monbijou« in der Jägerstraße zu präsentieren. Die unbeholfenen Dilettanten, die Lowinsky der mitleidlos johlenden, pfeifenden, trampelnden Menge Woche für Woche zum Fraß vorwirft, blamieren sich zuallermeist bis auf die Knochen und flüchten sich unter dem dröhnenden Gekreisch aus der Manege von »Elows Sensations-Menschenzoo« ins »Künstlerzimmer«. Heinz Pol spricht in der »Voss« von der »*raffiniertesten Ausbeutung des Lampenfiebers und der Sehnsüchte dilettierender Halberwachsener und Ganzerwachsener* zum Zwecke eines besseren Konsums einer sonst schlechtgehenden Barkneipe«: »Denn das ist der Geschäftstrick dieses Nacht-Kabaretts: Je hilfloser einer sich beim Vortrag benimmt, desto besser für dieses Kabarett, das angeblich einen so edlen Zweck erfüllen will: neue junge Talente zu entdecken. In Wahrheit will der Direktor nur seine Bude voll haben, und da sonst von dem Friedrichstadt-Publikum keiner hineingeht, weil es so viele andere gibt, so kam er eben auf den gewiß genialen Gedanken, seinen recht gemischten Zuschauern bei Sekt und Gin Gelegenheit zu geben, sich auf Kosten armer Irrer auszutoben« (Heinz Pol: Die Namenlosen. Bajazzi des Podiums. In: Vossische Zeitung, Nr. 350, 27.7.1926, M, 1. Beil. [S. 1]). In Erich Kästners Roman »Fabian« (1931) heißt das Etablissement »Kabarett der Anonymen«, der Kabarettdirektor und Conférencier bezeichnenderweise Caligula, die »Geschäftsidee« faßt Fabians Freund Labude in die Formel: »Ein findiger Kerl hat Halbverrückte aufgelesen und läßt sie singen und tanzen. Er zahlt ihnen ein paar Mark, und sie lassen sich dafür vom Publikum beschimpfen und auslachen« (Erich Kästner: Fabian. Roman eines Moralisten. Zit. n. der 18. Auflage im Deutschen Taschenbuch Verlag, München 2002, S. 67).

habers], die als gute Köchin bekannt war, am Freitagabend zum Fischessen eingeladen werden. Alle Bedingungen wurden angenommen. Ohne Werbung begannen wir am Montag. Der Saal war voll; es hatte sich herumgesprochen. Anton Kuh machte es Spaß, zu reden, worüber und wogegen er wollte. Dienstag warteten die Leute vor dem Eingang, Mittwoch und Donnerstag war er pünktlich zur Stelle, Freitag kam er später, da er ja bei Frau Kiwi zum Fischessen war, und Sonnabend ward er nicht mehr gesehen. Das war in der zweiten Dezemberwoche 1929.«[99]

Da hatte er bereits etwas vor: einen seiner »bestens bezahlten« (so Elow) Stegreif-Auftritte – diesmal allerdings auch teuer bezahlt.

In der Rubrik »La vie à Berlin« berichtet der Korrespondent des Pariser »Temps«, René Lauret, Anfang Januar 1930 über das Gesellschaftsleben in der winterlichen Spree-Metropole, das nach den Weihnachtsfeiertagen wieder seinen Normalbetrieb aufgenommen hat. Neben frivolen Vergnügungen wie den zahllosen Tanztees, Bällen und Banketten nennt er an ernsthafteren Abendunterhaltungen, zu denen die Berliner Society sich versammelt, Dichterlesungen und Vorträge. Thomas Mann, von der Nobelpreisverleihung eben zurück aus Stockholm, sei gerade in der Stadt gewesen und habe mit großem Erfolg aus seinem noch unveröffentlichten Joseph-Roman gelesen; Albert Einstein sorge trotz der sperrigen Materie, über die er spricht, für volle Häuser. Auch französische Gäste wie Édouad Herriot und Colette seien begeistert aufgenommen worden. Ihr treues Publikum hätten auch der Sexualwissenschaftler und -reformer Magnus Hirschfeld sowie die Schriftstellerin Erna Grautoff mit ihren unverblümt und ohne Prüderie vorgetragenen Ansichten über die Liebe. Der unterhaltendste Redner und wohl einer der besten überhaupt sei jedoch der Schriftsteller und Publizist Anton Kuh.[100]

Berlin, Deutsches Künstlertheater, 15.12.1929, 12.15 Uhr: Schwanneke oder Die Pleite des Geistes

Lauret steht noch unter dem Eindruck der sonntäglichen Matinee »Schwanneke oder Die Pleite des Geistes«, einer furiosen Abrechnung Kuhs mit der »Prominenz«, die, einen Großteil seines Publikums stellend, am 15. Dezember des Vorjahrs tosenden Beifall spendete.

Kuh setzt damit im bis auf den letzten Platz gefüllten Deutschen Künstlertheater das »Szene«- und insbesondere das Prominenten-Bashing fort. Es steht ein bekennerischer Kuh auf der Bühne, ein fanatischer Ankläger, den »der Betrieb« melancholisch gestimmt hat, der nicht geistreichelt und süffig anekdotisch ist, sondern »die Not seines Herzens [...] anklagend hinausschreien« muß.[101] Er wettert gegen die »grammophonhafte Selbstzwecklichkeit« seiner Zeit, die »eine Ökonomie der Wirkung ohne Wesen« habe, die »die Wirklichkeit verloren« habe und somit auch den Geist, den er als die Essenz der Wirklichkeit

285

betrachtet.[102] Er kritisiert die Ansprüche gewisser Kino-, Rundfunk-, Presse-, Theater- und anderer Prominenten von rechts und links auf »geistigen« Nimbus in Grund und Boden, wettert gegen die Pleite jener »Geistigen«, »die ihre traurigen Geschäfte unter das Schlagwort ›Kultur‹ stellen. Hier ist der Geist nicht mehr der ›Atem der Wirklichkeit‹ (wie Kuh sagt), sondern ein Wort zu Propaganda-Zwecken, Propaganda in eigener Sache, soll heißen: Person.«[103]

Er zieht rüstig vom Leder gegen seine ganz besondere *bête noire*, den umtriebigen geistigen Plebejer, die häufigste Erscheinung unter den »Geistigen« der Zeit, dem es nur um eins geht: Geltung, Prominenz; gegen die linksradikale Pose der ethischen Entrüstung, die es sich in gutdotierten Redakteurs- oder Kommentatorposten bequem gemacht habe, von den herrschenden Mächten unschädlich nicht gemacht, sondern freiwillig ins Joch gekrochen. Das Ergebnis: »eine Pseudowirklichkeit des öffentlichen Geistes, der sich wunder wie kühn und frei dünke, weil er sich mit Fetzen realistischer Wahrheiten drapiert«.[104] Wahrer Geist sei immer oppositionell und paktiere nie und nimmer. Daß er eine »Bartholomäusnacht der Intellektuellen« anregt, hindert die zahlreichen Intellektuellen im Publikum nicht, tosenden Beifall zu spenden.

Um einiges weniger souverän reagiert man auf seinen Vortrag im Literaten- und Szenelokal, in dem die »Pleite des Geistes« dem Stammgast Kuh zufolge ihren »redseligsten und beredtesten Ausdruck findet« und das er in seinem Vortrag als »die Dreckmuschel« bezeichnet hatte, »in der der Ozean Prominenz rauscht«. Schon beim »Snob«-Vortrag war für den Rezensenten des »Blauen Hefts« klar, wohin genau Kuh zielte: »Kuh tat gewisse Literatenlokale rund um die Gedächtniskirche in Acht und Bann, aber alles, was er sagte, war natürlich, um in seiner Sprache zu sprechen: ›Du côté de chez Swan-neke.‹«[105] Bei »Schwanneke«, Rankestraße Nr. 3, verhängt man den Bann über ihn. Der Wirt, der Schauspieler Viktor Schwanneke, erteilt ihm sechs Tage nach dem Vortrag im Auftrag der Stammgäste-Clique – ein Typus, den Kuh offenbar treffend beschrieben hatte – Lokalverbot.

Still und geknickt trägt der sein Schicksal, »den Bann der heiligen Wirtshausfeme«, nicht ohne sich darüber zu wundern, »daß es heutzutage zum Beruf eines Wirts gehört, nicht nur das kulinarische, sondern auch das geistige Prestige seines Gulasch wahrzunehmen«.[106]

Auch Rudolf Olden wundert sich: »Einer schlichten Gaststätte wird die Ehre zuteil, öffentlich zur Heimstätte des Geistes erhoben zu werden – aber ihr Inhaber weist die Ehrung weit von sich. Seine Räume genossen oft den Vorzug, als Schauplatz jener erhabenen Kleinkunst zu dienen, die Anton verschwenderisch um sich streute, wenn der Wein ihn befeuert hatte – aber Schwannekes Bühnenklub* will das Schauspiel nicht dulden. Anderenorts beginnt die Diktatur in der Kaserne, bei uns in der Künstlerkneipe. Wenn, o Paradox, der Geist seine Ruhe haben will, so muss er wirklich pleite sein.«[107]

Es dräut weiteres Ungemach. Der »Berliner Herold« lanciert unter dem Titel »Anton Kuh – Gastronom« das Gerücht, Kuh werde nach dem über ihn verhängten Lokalverbot in Kürze »ein eigenes Intellektuellen-Restaurant« in der Rankestraße eröffnen, und freut sich über »einen so hochstehenden Budiker«.[108] Die Scherzmeldung wird auch durch Wiener Zeitungen verbreitet, woraufhin Kuh sich genötigt sieht, Berichtigungen zu veranlassen: »fuerchte glaeubigersturm« telegraphiert er nach Wien[109] – zu spät offenbar, denn sein Schreibtisch ist in den Tagen darauf überhäuft mit Stellenbewerbungen und Küchenpersonal-Empfehlungen. Was ihn wiederum lehrt, daß man »in Zeiten der Pleite (von deren geistigem Teil ich in meinem Vortrag sprach, der zu allen folgenden Mißverständnissen den Ausgangspunkt bot) keine Witze machen darf, weil sich die stellungsuchende Seele sogar an Juxnachrichten wie an einen Strohhalm klammert«, wie er unter dem Titel »Ich warne Stellungsuchende« im »Prager Tagblatt« festhält.[110]

Häme und Schadenfreude verkneift sich der Hinauskomplimentierte dann im Oktober 1931 in seinem »Nachruf auf ein Lokal«, ganz nach dem Motto »De mortuis nix Böses!«, hält aber doch nicht ohne Stolz fest, daß nun mit der Schließung von »Schwanneke« eingetreten sei, was er in seinem Vortrag geweissagt hatte: »So, wie der Geist heute hier, in getrennten Verschlägen, beisammen sitze, so werde er bald klanglos auseinanderfliegen, es sei nämlich gar nicht der Geist, der hier sitzt, sondern eine oberste Prominenzbehörde, der die Entscheidung darüber obliegt, wer sich mit Recht oder Unrecht zum Konventikel der Gesperrtgedruckten zählt. Infolge dieser maßlosen rednerischen Entgleisung hat mich die Boheme aus ihren Reihen gestoßen. [...] Der Zug der Zeit [...] geht nämlich gegen das Prominente. Dem von längerer Reise Heimgekehrten scheint es zwar, daß alles, was in dieser Stadt lebt und Betriebsamkeit entfaltet, bloß um den Kurswert seiner vorjährigen Prominenz ringt, sich in diesem Ordinatensystem von Namen und Bekanntheiten, das Berlin heißt, auf dem alten Punkt behaupten will. Aber eben die akute Besorgnis zeigt, daß sie berechtigt ist. Die Namenswährung schwankt mit der Wirklichkeit. / Und darin ist das geschlossene Schwanneke ein Symbol. Wäre dieses Lokal nämlich wirklich ein

---

* Um die Sperrstunde zu umgehen, verwandelt sich »Schwanneke« nach der Polizeistunde in einen Klub.

Aufenthalt für Bohemiens, wäre es eine Kneip- und Unterhaltungsstätte gewesen, wo Künstler untereinander, will sagen: als Privatleute, beisammensaßen (in der Art wie die Torggelstube in München oder das einmalige ›Schwarze Ferkel‹ in Berlin), dann wäre die Sperre schließlich nichts als eine Übersiedlung, morgen gäbe es ein anderes Schwanneke. Aber nicht nur die wirkliche Börse, auch die Prominenten-Börse steht heute still. Schwanneke war deren heiliger Makler-Saal, hier wurde geschätzt, ballotiert, notiert. Man trat nicht ein, sondern auf. Conférenciers waren die Schatzmeister. Nuancen des Grüßens zeigten die geistige Börsenlage an. Keiner redete unbefangen. Auch die privateste, die Frühmorgens-Geselligkeit, schmeckte nach Druckpapier.«[111]

Als wirke die Kopfwäsche nach, die Anton Kuh den Rezensenten verpaßte, die seinen »Külz-und-Kunst«-Vortrag abschätzig als Schaumschlägerei bezeichnet hatten, attestiert man ihm nach seiner Stegreif-Rede »Sachlichkeit in der Erotik« beinah pflichtschuldig ausdrücklich, daß er in dieser Sonntagsmatinee vom 16. Feber 1930 im – mitten in der Ballsaison – bis auf den letzten Platz gefüllten Deutschen Künstlertheater »in die Tiefe ging und geradezu wissenschaftlich eine neue Art von Philosophie, nämlich lebendige Philosophie brachte«[112]; daß »seine Definitionen und Formulierungen […] nicht paradox poliert, sondern intellektuell und geistig durchdacht« gewesen seien;[113] daß die »Kette aneinandergereihter Pointen-Explosionen […] sehr ernsthaften, ja (er verzeihe das Wort) ›gediegenen‹ Hintergrund« hätten;[114] daß er »dahergeschritten [kam] im Doktorhute und eine Dissertation« gesprochen habe.[115]

Berlin,
Deutsches
Künstlertheater,
16.2.1930,
12 Uhr:
Sachlichkeit in
der Erotik

Kuh stellt eingangs klar, daß zwar »Sachlichkeit *in der* Erotik« plakatiert gewesen sei, er aber über »Sachlichkeit *und* Erotik« spreche, um das (naheliegende) Mißverständnis auszuräumen, er rede in eroticis der Kaltschnäuzigkeit, Keßheit, Abgebrühtheit und emotionalen Stumpfheit der Neuen Sachlichkeit – und damit der »Grammophon-Erotik, Berliner Sexualfixigkeit und Okkasionsfreiheit«[116] – das Wort. Wahre Sachlichkeit, so Kuh, sei erotisch, wie die »wahre, durchlüftete, aromatische, nicht ›gesinnte‹ und gehemmte Erotik sachlich sei«.[117] Beim erotischen Menschen befänden sich Leib und Seele im Gleichgewicht, er kenne die Differenz von Trieb und Geist nicht, die dem Unerotischen so viel zu schaffen mache. Der sei »ständig im Zwiespalt, schämt sich, jede Frau sieht ihm an, daß seine Augen anderes sagen als sein Wort, er ist ein ›Gesinnter‹, kein Liebender«.[118] Den erotischen Menschen zeichne Unbefangenheit aus, ihm ersticke nicht ein »riesige[r] Überbau von Gesinnung, Prinzipien, Moral-Anschauungen, Vorurteilen usw. die einfache stille Wahrheit des Gefühls […]. Man verweist den Leib auf den Sportplatz (oder woanders hin) und den Geist an den Schreibtisch. Das ist das Unglück. Man soll statt dessen den Eros in die geistige Existenz aufnehmen. Denn dieser Eros ist die eigentliche Wahrheit der lebendigen Welt, er ist das Substanzielle, die Sache, auf die es ankommt. Und so bedeutet, nach Anton Kuh, das Wort Sachlichkeit im Grunde nichts anderes als Erotik.«[119]

Auf seinem Parcours von Kant zur zeitgenössischen »Okkasionsfreiheit« läßt sich Kuh über den umtriebigen Sexualforscher Magnus Hirschfeld, Vorstand des Berliner Instituts für Sexualwissenschaften, aus, »der sich von schreienden Plakaten herab als wissenschaftlicher Sachwalter jeder Abart von Erotik anpreist«,[120] und erst recht über van de Veldes weitverbreitete Bücher,* die, so Kuh sarkastisch, das »Müllern«** in die Erotik einführen wollen. – Dem »Völkischen Beobachter« ist das alles eins: »Echt jüdische Themata!«[121]

Ebenso herzhaft der Willkomm der »Dötz«, der den Wiener Auftritt des Cheferotikers ankündigt: »Eine Kuh im Theater in der Josefstadt. / Heute um halb 12 Uhr mittags spricht im Theater in der Josefstadt der jüdische ›Schriftsteller‹ Anton *Kuh* über ›Sachlichkeit in der Erotik‹. Der Gegenstand des Vortrages selbst kennzeichnet den Vortragenden wohl zur Genüge. Kuh ist eine Type jener ›neuen Zeit‹, die im November 1918 über uns hereingebrochen ist, ein Vertreter jenes modernen Schrifttums, das, aus dem verfaulenden Blute eines Wüstennomadenvolkes geboren, jeden Schmutz zur Kunst stempelt, um auf diesem Wege das Gift der sittlichen Zersetzung in das – leider Gottes! – viel zu duldsame Wirtsvolk zu tragen. Für diese Duldsamkeit, die schon die Grenzen des Erträglichen überschreitet, zeugt ja die Tatsache, daß ein Vortrag über ›Sachlichkeit in der Erotik‹ in einer auf deutschem Boden befindlichen Stadt überhaupt angekündigt und gehalten werden kann, dazu noch von einem Menschen, der wahrscheinlich nur eigene Erfahrungen aus den schmutzigsten Sümpfen der Großstadt zum besten geben kann und der nur *einen* Berechtigungsnachweis für einen solchen Vortrag aufzuweisen hat, nämlich das Diplom eines von seiner rasseverwandten Presse großgemachten

Wien, Theater in der Josefstadt, 2.3.1930, 11.30 Uhr: Sachlichkeit in der Erotik

---

 * Theodoor Hendrik van de Veldes 1926 erschienenes Buch »Het volkomen huwelijk« (deutsch: »Die vollkommene Ehe. Eine Studie über ihre Physiologie und Technik«. Leipzig, Stuttgart 1926) ist *das* »Aufklärungsbuch« der 1920er und 1930er Jahre. Obwohl es auf dem Index steht, erreicht es 1932 die 42. Auflage.
 ** Vielgepflogenes Fitneß- und Krafttraining, benannt nach dem dänischen Musterathleten Jörgen P. Müller.

Pornographen. Es wird sich empfehlen, sich heute vormittags von 11 bis 12 Uhr sowohl den famosen Vortragenden, als auch jene ›deutschen Mädchen‹, die ihm den Zuhörerraum füllen, etwas genauer anzuschauen!«[122]

Sonntag mittag dann in Logen und Parkett des Theaters in der Josefstadt die bekannten Gesichter der Wiener Gesellschaft, auf den Galerien Kopf an Kopf die große Fangemeinde in aufgeräumter Stimmung, im Foyer raunzend diejenigen, die keine Karten mehr bekommen haben. Kuh improvisiert einen Essay zum angekündigten Thema, in »hundertprozentige[r] Einheit von Leib und Seele«, wie ihm Heimito Doderer bescheinigt, und damit also, »seinem Kriterium nach, wirklich vollkommen sachlich! Anders ausgedrückt: [...] Seine Gedanken, respektive Tiraden, sind niemals ›ein Rauch, der sein Feuer verleugnet‹«.[123]

Während die bürgerliche Presse den Vortragenden nach der zweieinhalbstündigen Rede in den höchsten Tönen lobt, bemüht die Rechtspresse ihr Standard-Schmährepertoire, das Reimpaar »Kuh – Muh« nämlich – so seit den späten zehner Jahren das Niveau ihrer Anpöbelungen. Die »Dötz« freut sich unter dem Titel »Muh!« hämisch darüber, daß ihre Drohung Wirkung gezeigt hat und das Theater »mit Gemeindewachbeamten angestopft« gewesen sei: »Schon in den frühen Morgenstunden soll in den literarischen Kaffeehäusern Wiens die Schreckensnachricht verbreitet worden sein, daß der Vortrag des Gott sei Dank! nach Berlin übersiedelten Führers der Wiener und Berliner jüdischen Bohemiens von Nationalsozialisten gesprengt werden sollte. Es ist dazu aber nicht gekommen, einfach deshalb nicht, weil eine kurze Überprüfung der anrückenden Zuhörerschaft ergab, daß sich *deutsche* Mädchen und Frauen nicht unter der Zuhörerschaft des Herrn Kuh befanden. Man war im Theater in der Josefstadt wirklich ›unter sich‹. Im übrigen wäre der streitlustigste Kämpfer im Verlaufe des Vortrages zum sanftmütigsten Lamm geworden: Er wäre bei dem langweiligen Geschwätz unweigerlich eingeschlafen und erst erwacht, als die ›Freunderln‹ des Vortragenden das zweistündige Gemauschel mit hysterischen Beifallssalven beklatschten.«[124] – Im Wortlaut nachgedruckt im »Eisernen Besen« und dort begleitet von lyrischer Leserpost: »Kuh! / Ob du dich Ochs nennst, Kalb, ob Kuh, / Für alle Fälle grunzest du. / Des Sieges über deutsche Frauen / Tatst du zu rühmen dich getrauen / Und mit des Juden frecher Stirne / Nennst ›Deutsche Frau‹ du das, was Dirne. / Die da mit dir in Bars gezecht / Und deinen tranigen Leib geschwächt, / Sind wohl nur niedere Kreaturen, / Gleich ganz verkommenen Wiesenh..., / Für die es doch ganz einerlei, / Ob Eber, Hund, ob Mensch es sei. / Drum, willst du nicht in Spott geraten, / Grunz nicht von Liebesheldentaten. / Hochachtungsvollst / Ein Leser Ihres Blattes.«[125] »Das Reibeisen« – immerhin – schwingt sich zu einem »Ochs« auf.[126]

»Polizei*widrig* überfüllt«[127] ist der Große Saal der Urania, als Kuh am Donnerstag in Prag zum selben Thema spricht. Obwohl er, wie schon in Wien »indisponiert«, soll heißen heiser ist, gelingt es ihm, die versammelten Bourgeois im blitzenden Spiegel seines Witzes das scharf konturierte Bild bürgerlicher Moralheuchelei erkennen zu lassen – das »Lachen des Publikums war nicht immer ein befreiendes, sondern eher Ausdruck einer Flucht vor sich selbst in diesen Fragen«[128], hält der Rezensent des »Sozialdemokrat« schadenfreudig fest.

Prag, Urania, Großer Saal, 6.3.1930, 20 Uhr: Sachlichkeit in der Erotik

Mitte Juli 1930 Urlaub, wie so viele »Prominente« von Bühne und Film, in Westerland,[129] Ende Juli in Bad Ischl – in Begleitung von »Mina *Lindblad-Kuh*, Schauspielerin«, so die »Kurliste«.[130] Eine Anton-Kuh-auf-Sommerfrische-Impression von Ludwig Ullmann: »Über dampfendem Rasen, gesprächsfiebrig, widerspruchshungrig naht, den Gegner im Monokelblickfeld, Anton Kuh. Einem eben Einteilenden ruft er hastig, aber gründlich nach: ›Ich lasse X. provisorisch grüßen.‹ Dann entert er mit einem pfeilgeschwind sitzenden Aphorisma. Intellektuelle Esplanade? Aber man schlürft entzückt den Ozon dieses schnittscharfen, weißgluthellen, respektlos-demütigen, mehr als kritischen Verstandes, der das Ballspiel der Behauptungen um seiner selbst willen, um des Schwunges, des Sports und der Straffheit erfinderisch rauflustigen Geistes willen treibend, gleichwohl gegen niemand mißtrauischer ist als gegen sich selbst. Ein funkelnd Spiel und Widerspiel von Einfällen und Hemmungen: ›Ein Wasserfall an Gescheitheit‹, sagt eine kluge Frau. Auf den Ruhebänken emeritierter Disponenten tobt, entfesselt sprühend, seine Leidenschaft des Zweifels, die Selbstqual seiner Ranküne strahlt seine kristallklare Bitterkeit. / Ein Eichenzweig, treudeutsch, schwingt nieder. Kuh schnuppert ins Kleefeld und versetzt es mit gezücktem Zeigefinger: ›Tempo? In Berlin sind es die ausgewanderten Wiener Journalisten zweiter Garnitur, die es machen müssen, das Tempo. Das heißt: die Brünner reden den Berlinern ein, daß sie New Yorker sind …‹ / Schwupp, haschend nach unsichtbaren Schmetterlingen seiner souveränen Laune, schließt er melancholisch: ›Übrigens bin ich ein Marquis Posa, der zum Philipp nix mehr vorgelassen wird!‹«[131]

Im August berichtet Kuh für die »Süddeutsche Sonntagspost« von den Salzburger Festspielen: getragen über die Andächtigkeit, die die Kunstfeste im »kleinen Eisenbahnzwickel: Bayreuth–Oberammergau–Salzburg« den »Dollarinhabern« aus Übersee abnötigen;[132] hymnisch über den blauen Rauch, der während der vier Wochen, da Salzburg das europäische Kulturzentrum ist, aus diesem »Wohlklang aus Stein und Landschaft«, »durchkribbelt von frohem Österreichertum und gewählter Internationalität«, aufsteigt.[133]

Ungleich weniger feierlich kurz darauf sein Abgesang auf die bürgerliche Presse Berlins mit ihren mit »Karikaturen, Ulktitel[n], Photomontagen« gesprenkelten Letternfeldern. »Die Spalten tragen neckische Spaßhütchen, über den Text ist Konfetti der Kurzweile ausgeschüttet, aus den Rubriken fliegen Papierschlangen und wickeln den Leser übermütig ein. Wohin er guckt: Jux, Animo, Zeitvertreib.« Kuhs Diagnose: »die Panik als Jux«, die »angeschminkte Unbefangenheit, mit der der liberale Journalismus, vom Links- und Rechtstumult bedrängt, seine Leser an die Hand nimmt, in ein Kinderzimmer sperrt und sagt: So, kommt her – alles ist ja nicht wichtig – wir spielen jetzt ›Wer ist's?‹ oder ›Vierfach versteckt‹ oder ›Guten Abend, Herr Meyer‹. / Es ist die händepatschende Heiterkeit, mit der ein Vater während des Gewitters spricht: ›Schaut nicht links, nicht rechts, wo's blitzt – lösen wir lieber zusammen ein Bilderrätselchen.‹ Mit einemmal ist allen so kicherig und verspielt zumute. Alle dürstet's nach Allotria.« Was bedeutet dieser »Todessprung aus der Gesinnung in die Geselligkeit« auf den Punkt gebracht? – »›Keep smiling‹ am Halsstrick« resp. die Umsetzung jenes »Leitspruchs, in dem sich das zwiespältige Verhältnis des Leitartikels zum Exzedententum der Zeit ausdrückt: ›Nun, es wird nicht so heiß gegessen, wie ich die Hosen voll hab'.‹«[134]

In »Was ist pensch?« nur gestreift, polemisiert Kuh auch sarkastisch gegen das nach dem 14. September 1930 – aus den Reichstagswahlen vom 14.9.1930 geht die NSDAP als zweitstärkste Partei hervor (18,3 Prozent der abgegebenen gültigen Stimmen; SPD: 24,5 Prozent) – kleinlaut gewordene Kabarett. Im Kabarett der Komiker nimmt man ihm die Bemerkung übel: »Ein Kabarettdirektor inseriert: ›Weg von der Politik – zwei Stunden lachen!‹ (Dies übrigens nur im Sinn des politischen Geistes, den die Conférenciers verzapfen.)« Kurt Robitschek, der sich kurz davor noch gegen die Unterstellung verwahrt hat, er hätte geäußert, daß die »›ermüdende‹ Politik heute nicht mehr ins Kabarett gehöre« – er habe lediglich erklärt, »daß ein *ausschließlich* politisches Kabarett ermüdend« sei[135] –, verkündet im Dezember 1930 nach einer trotz äußerst moderater Kartenpreise enttäuschend besuchten einschlägigen Matinee – »ein *finanzieller Versager* allererster Ordnung« – das Ende des politischen Kabaretts: »*Das Publikum ist aller Politik müde*. In dieser Zeit, die im Alltagsleben mit Politik bis zum Rand gefüllt ist, will die Masse [der] Theaterbesucher in den zwei, drei Entspannungsstunden nichts mehr von politischen Liedern wissen. Es sind gar zu garstige

Lieder geworden. / Und kein Unternehmer hat die Reserven oder den Idealismus, einer Idee Existenz und unnütze Arbeit zu opfern. Dieser Studionachmittag war das Begräbnis des politischen Kabaretts.«[136]

»Die Gesinnung (plus Kaffee und Kuchen[137] = 1,50 RM.) ist mittlerweile abgeblasen. Die tapferen Ansager hüten sich seit dem 14. September, mit Vokabeln wie ›Hugenberg‹ und ›Hitler‹ ihr Wortspiel zu treiben – man hat sich [...] zum Entgegenkommen an die plötzlich aufgetretenen überparteilichen Bedürfnisse des Publikums auf die Siegfried-Linie des – Fritz Wiesenthal zurückgezogen. Auf Robitscheks Bühne ist man zahm geworden. Nur im Programmheft ist man rasant.«[138] Und – offenbar nicht nur kleinlaut, sondern auch kleinlich geworden – schreibt im Programmheft »Die Frechheit«[139] Kuhs soeben erschienenen »Unsterblichen Österreicher« mit Anlauf herunter.*[140]

---

* Willi Schaeffers, Conférencier im Kabarett der Komiker, hat Kuh kurz davor noch in höchsten Tönen gepriesen: »Kuh, der imstande ist, eine ganze Nacht seine Zuhörer durch die gewagtesten Einfälle, durch die tollsten Kapriolen seiner boshaften, satirischen Entlarvungsmethode, durch unerhörten Witz, alles gemildert oder verstärkt durch sein sprühendes Temperament, zu fesseln« (Willi Schaeffers: Erinnerungen eines Conférenciers. In: Velhagen & Klasings Monatshefte, Jg. 45, H. 4, Dezember 1930, S. 434-436, hier S. 436).

A.E.I.O.U.? – L.M.I.A.! –
»Der unsterbliche Österreicher«

Wenn zwei Schiffe – harmlose Handelsschiffe – der ehemaligen k.k. Flotille 1931 noch Wellen schlagen, kann es damit – da sie zudem quasi auf dem Trockendock liegen, konkret: auf den Arsch eines alten Seebären tätowiert sind – keine nautische oder politische Bewandtnis haben, sondern nur eine Angelegenheit des »guten Geschmacks« sein. Die Episode um diesen »letzten k.k. See-Patrioten«, dem auf dem Nachhauseweg von einem Grinzinger Heurigen, im Stützriemen der Straßenbahn hängend, sein fachmännisches Gewissen befiehlt, die Hose runterzulassen[1] – damit gleichsam ein »Denkmal von Österreichs Seeruhm und -größe – aere perennius!« –, eins von fünfzig Kabinettstücken in Anton Kuhs Ende 1930 erschienener Textsammlung »Der unsterbliche Österreicher«[2], sorgt wenn schon nicht für rauhe See, so doch für rauhe Töne im Feuilleton.

»Österreicher gegen Österreicher« ist eine Rezension im »Pester Lloyd« vom 8. Januar 1931 überschrieben, und sie ist harsch: Derlei Spott und Hohn könne nur der Feder eines jener Wiener Literaten entflossen sein, die, ihrer Heimat entflohen und im Deutschen Reich, in Berlin zumeist, seßhaft geworden, sich nicht genug daran tun können, ihr Vaterland in schneidigem Ton zu verunglimpfen, »offenbar in dem Glauben, daß eine Verunglimpfung des Wieners in Berlin gefällt und die Anschlußidee durch schnoddriges Überdieachselansehen eine vorläufige Erledigung finden kann«. So habe nun auch Kuh »einige seiner Feuilletons, zu einem nicht immer duftigen Strauß gebunden, seinen Landsleuten an den Kopf geworfen«, darunter »überaus rüde Ausfälle gegen Österreich, und was weit trauriger ist, gegen den guten Geschmack«. Umso bedauerlicher, da ein Könner wie Kuh es doch nicht nötig habe, »sein Vaterland [zu] verulken«, »das eigene Nest [zu] verunreinigen« und »Betrunkene in der gemeinsten Weise grölen und schimpfen [zu] lassen«.[3]

Zweieinhalb Wochen darauf verwahrt sich Kuh in einer Zuschrift an den »Pester Lloyd« vehement gegen die Unterstellung, er habe den bösen Buben gespielt, der »dem Berliner Literaturvolk zuliebe aus der Ferne seine Heimat lächerlich« mache. Im Gegenteil: Kein Typus sei ihm so zuwider »wie der Mimikry-Berliner aus Österreich«. Hundert Intimfeindschaften verdanke er nichts anderem als dieser Abneigung. Als wahrscheinlich einziger unter den zahlreich nach Berlin ausgewanderten Landsleuten unterstreiche er »das Österreichertum im Stoff und in der Perspektive« seiner Aufsätze, statt es – wie diese – zu verstecken. Geradezu ins Gegenteil verkehrt seien die aus dem Zusammenhang gerissenen Zitate aus dem Vorwort, das doch für den unbefangenen Leser unmißverständlich klarlege: »Die Geschichte hat Österreich ausradiert – aber es lebt untilgbar in uns fort; und gerade jene unter uns (den Autor inbegriffen), die früher nur in schimpfender, höhnender Notwehr gegen den Staat leben konnten, [...] gehen heute [...] mit einer Wunde im Herzen herum, sie suchen mit ihrer Seele immerfort die Vergangenheit. Da diese nun unwiederbringlich dahin ist, sollen alle Menschen, das Gute und Bleibend-Humane dieses Begriffs erkennend, auf ihre Art sich in Österreicher verwandeln.« Wie könne nur man den Abschnitt des Vorworts, worin er Bilanz zieht, was Österreich heute der Welt bedeute, als des Autors Überzeugung lesen, der doch gerade diesen Grabspruch nicht hinzunehmen bereit ist und unzweideutig antritt, diese Einwände zu entkräften?! »Österreich? ... Wer will davon etwas wissen? ... Für die Neue Welt ist es ein alter Film, für die Alte ein Operettenrefrain, für Mitteleuropa eine Sorge, für Westeuropa eine Last, für die Literatur eine Schmutzkonkurrenz, für Deutschland ein Belang, für die Wiener ein Kerker, für die Berliner ein Diminutiv, für die Entwischten ein Steckbrief, für die Weltgeschichte ein Albdruck, für die Buchhändler ein rotes Tuch – und für alle zusammen: eine Entbehrlichkeit.«[4] Wie könne man nur über Passagen hinweglesen wie »Der Mensch ist Österreicher!« – die Umkehrung des »landesüblichen Ausspruch[s]: ›Der Österreicher is a Mensch!‹« – oder »Ich glaube an das A.E.I.O.U. Kaiser Maximilians‹«!?[6]

Was der Rezensent in einer Duplik aufgreift, um sich »als guter Ungar« zu fragen, wie jemand, der behauptet, »mit ›blutendem Herzen‹« an das A.E.I.O.U. Kaiser Maximilians zu denken, auf Seite 93 dazu komme, unter dieses A.E.I.O.U. »vier andere Buchstaben zu setzen, die eine grobe Beschimpfung sind«.* »Daß Anton Kuh in seinem Buch diese klassische Aufforderung oft, und zwar in allen Tonarten wiederholt, machte und mache ich ihm ebenso zum Vorwurf wie seine groben Ausfälle gegen Österreich.« Ein begabter Schriftsteller wie Kuh brauche

---

* Neben der Beschwörungsformel für Österreich: A.E.I.O.U., Austria erit in orbe ultima, als »Stimme der Vergangenheit« standen der Impression aus den Umsturztagen des Oktober 1918 »1000 Jahre und 1 Tag« als »Stimme der Gegenwart« die vier Buchstaben »L.M.I.A.!« als Motto voran. – Wofür sie stehen, erhellt ein Blick auf die Schlußzeile der davor placierten Szene »Lärm vor dem Hause«; die lautet: »I eahm in Oarsch lecken!?«

doch »nicht mit den Wölfen, um nicht zu sagen Ferkeln, aus den Drei-Groschen-Opern zu heulen«.[7]

Für die »altösterreichische Formel des Patriotismus« hat bereits dreizehn Jahre nach dem Ende Altösterreichs weder ein »guter Ungar« noch gar ein guter »Neo-Österreicher« Verständnis: Auch die christlich-soziale »Reichspost« erregt sich über die »geschmacklosen Schilderungen der Monologe von Besoffenen, die es nicht nur in Österreich gibt«, und ist vollends darüber empört, wie Kuh »selbst die allen Österreichern noch immer ehrwürdige Gestalt des Kaisers Franz Josef ins Lächerliche zu ziehen« suche. Das sei alles »unösterreichisch« und ein Schlag ins Gesicht des »sprichwörtlichen Taktgefühls und der Liebenswürdigkeit des Österreichers«.[8] Und dann auch noch, Gipfel der Geschmacklosigkeit, »Lärm vor dem Hause«, jene ingrimmigen Variationen über das Götz-Zitat für eine allmählich in der Ferne verklingende Bariton-Solostimme: »Mir 's Lecken haßen! ... Do kennt der Kaiser kommen, leck i net ... Lecken S' Ihna selber in Oarsch, wenn S' an Oarschlecker brauchen ... So schen kann Ihna Oarsch gar net sein, daß i 'n leck ...«[9]

Daß man ausgerechnet auf diese »Kanonade der Ungeniertheit«[10], die ihm, Kuh, die Unsterblichkeit sichern werde, derart vergrätzt reagiert, belegt nur seinen Befund, daß der »arme Kleinstaat an der Donau, dem die Geschichte den stolzen Namen hinterließ«, dabei ist, zu einer »Schweiz der Komfortlosigkeit« zu verkommen.[11]

Und er fürchtet bei der Entwicklung, die die Dinge nehmen, den Verlust des »letzten schönen Anrechts, das den Österreichern aus der Vergangenheit verblieb: nämlich ihr Bekenntnis zum Staat in einem Seufzer mitteilen zu dürfen, der über die Unerwünschtheit seines Bestehens keinen Zweifel läßt. Das war die gute, altösterreichische Formel des Patriotismus«, die in Franz Stelzhamers Versen »Ein Österreicher bin i / Aus'm Österreicher Land / Das is zwar kein Unglück / Aber doch is's a Schand«[12] ihre »eigentliche Volkshymne« fand. »Die Selbstverkleinerung und Staatsresignation war die Quelle des österreichischen Volksbewußtseins.« Und Kuh erinnert sich schmunzelnd des sozialdemokratischen Abgeordneten Engelbert Pernerstorfer, »wie er in einer Reichsratssitzung des Jahres 1917 unter schallender Heiterkeit des Hauses den Satz sprach: [...] ›Wer ein richtiger österreichischer Patriot ist, ist mindestens einmal in seinem Leben Hochverräter gewesen!‹«[13]

Das war einmal gewesen. Nun weht ein anderer Wind. Pennälerscherze wie die Übersetzung des habsburgischen Wahlspruchs A.E.I.O.U. mit »Österreich ist weit und breit das Letzte« verkniff man sich jetzt besser. »Im Gefolge des Dalles marschiert wie so oft das Nationalgefühl. Der Staat äugt seine Bürger an wie ein patrouillierender Wachmann. Er will nur noch Musterschüler vor sich sehen, nicht mehr Juxbrüder und Eigenbrötler«, so Kuh im Vorwort des »Unsterblichen Österreichers«, der zum einen elegischer Abgesang auf diesen sonderbaren Menschenschlag ist, viel mehr noch aber Beschwörung eines »Miniatur-Paneuropa«[14] lange vor Coudenhove-Kalergi, eines verlorenen Paradieses und dessen Insassen. Ob die k.u.k. Monarchie das kleinere Vorbild einer großen zukünftigen Welt hätte sein können? – »Gemessen an der Realpolitik«, so W. G. Sebald kategorisch, ein »hoffnungslos anachronistische[s] Modell eines ökumenischen Reichs«![15]

Mögen der Titel und die hinterfotzige Umschlagillustration von Karl Arnold aufs erste die Kitschkulissen einschlägiger Ufa-Filme vorgaukeln – das ganze Land ein einziger Heuriger, die ganze Stadt ein einziges Kaffeehaus –, diese »Deutung des Österreichertums aus seinen sinnfälligsten Erscheinungen« ist mitnichten aus dem Geiste des Gugelhupfs oder des rosa Zuckergusses über dem mollerten Punschkrapferl geschrieben, unter dem man das behagliche österreichische »Wesen« noch immer glaubt begraben zu können. Das Renitente, Querulatorische gehört ebenso dazu – »bis zu jenem befreienden Götzzitat, das eine der Säulen österreichischen Lebensgefühls darstellt und übrigens erfrischend hinter jedem Wort, aus jedem Zwischenraum dieses Buches hervorblickt«, wie ein Rezensent im Berliner »Querschnitt« wohlwollend registriert.[16]

Kuh stellt die Exemplare seiner Österreicher-Galerie nicht unter einen Glassturz, sondern – im übrigen auch sich selbst, »und zwar so unseriös und typenhaft, wie man es braucht, um ihm hüben wie drüben seine Sünden zu vergeben«, wie er im Vorwort selbstironisch anmerkt – vor ein Forum und damit bisweilen bloß. Da stehen sie, die Unsterblichen – neben den Unausrottbaren. Von Kuh schwärmerisch oder boshaft porträtiert, bisweilen auch bauchrednerisch parodiert: Max Pallenberg und seine Rebellion gegen das Wohlgefügte von Silben und Worten, sein Plappern, das jeglichen Sprachsinn konsequent entrechtet;[17] Gisela Werbezirk mit ihrer verschwatzten Elementargewalt, »dieses Jargonwunder an Leib, Seele und Stimme«– »jede Silbe ein lapsus linguae, jeder Ton ein Exzeß«;[18] Hans Moser als Dienstmann: »der marxistische Knieriem; eine magische Verknüpfung aus Hobellied und 8-Stunden-Tag«;[19] Girardi: »Der Bürger als Komödiant«;[20] Ferdinand Raimund: der »Vorstadt-Hypochonder«;[21] Johann Nestroy: »Schopenhauer im Wurstelprater«;[22] Erich von Stroheim, in dessen widerspruchsvollem Wesen »der Fackel-Kraus mit einem Walzertraum-Niki verschwistert scheint«[23].

Aber auch »kleinere Geister« und sogenannte »kleine Leute« der »enter'n Gründ'«: Ferdinand Sauter, »Christopher Marlowe in Heurigen-Format«[24]; der »Betteldichter« Otfried Krzyzanowski;[25] Friedrich Stumpf, »heiligster aller Würstelmänner, der Sie durch Ihre milden Gaben des Dichters Krzyzanowski Leben verlängerten und uns alle durch Kriegskredite über Wasser hielten«;[26] Mendel Singer, Nestor der Parlamentsberichterstatter und Freund hochmögender Herren, dessen »jüdischer Familiensinn der Born unschätzbarer schwarzgelber Staatsräson« war.[27]

Kuh läßt Typen wie den Prater-Ausrufer, das k.k. Ballettmädel, das Schlieferl und den Heurigen-Besucher aufmarschieren (von letzterem diverse Varietäten). Präsentiert ein Objekt, das in einem Museum »Altösterreich« keinesfalls fehlen dürfe, das letzte Hofauto des letzten Kaisers nämlich, als »Sinnbild einer Jahrtausendgeschichte von netter Umgänglichkeit«: Kaiser Karl I. stellt dem kranken Victor Adler sein Auto nicht nur zur Fahrt von Schönbrunn ins Ministerium des Äußeren und wieder retour zur Verfügung, sondern auch, damit dieser seinen eben begnadigten und aus der Haft entlassenen Sohn Friedrich, den Mörder des Grafen Stürgkh, Ministerpräsident unter Franz Josef I., vom Bahnhof abholen kann.[28] Das alte Österreich erscheint Kuh als ein »Takt-Staat«, wo »ein unausgesprochener Vertrag« bestand, »nichts auf die Spitze zu treiben, Kanten auszuweichen«, hier waltete eine »Welt der Nuancen, wo es auf die tausend Brechungen des Menschlichen und nicht auf das sture Grad oder Ungrad der Gesinnung ankommt«.[29]

Wohliger Sentimentalität ist die unmittelbar auf »Das Hofauto« folgende Episode vor, die abgründige, schaurige Geschichte vom Landsturmmann Josef Kleinbichler vor der militärärztlichen Konstatierungskommission.[30] Und neben den schwelgerischen Hymnen auf die Unsterblichen stehen ohnehin die um nichts weniger gut getroffenen Porträts der Unausrottbaren. Jener »oberen Hundert« zum Beispiel, die »sich in den Rentengenuß aus der G.m.b.H. ›Österreich‹ teilten« und die sich im Frühjahr 1919 auf »ihre geliebte Schutzinsel am Kohlmarkt, genannt Konditorei Demel«, flüchten.[31]

Und der dortigen Servierdamen, »noch immer freundlich, ehrbar und würdig wie Schwestern eines adeligen Damenstiftes«, beglückt von den »Annehmlichkeiten des Dienens und Dankens« und für das »Jovialitätstrinkgeld aus gräflichem Munde« stets mit einem »Hihihi« zu Diensten. Oder des in der Werktagskluft umgänglichen und jovialen böhmischstämmigen kleinen Hoteliers, der, sobald er im Sonntagsstaat als Schöffe amtiert – »volle Scherfe«! –, einen Lehrbuben wegen Fahrraddiebstahls zu sechs Jahren schweren Kerkers »mit Fasttag alle drei Monat« verdonnert: »Na ja, als Mensch hätt' i ihn ja laufen lassen, den Trottel – aber als Scheffe???«[32]

Mag Kuh auch im »Unsterblichen Österreicher« keine bündige Definition »des Österreichischen« liefern, sondern es mit den fünfzig Porträts, Szenen und Dramoletten bloß umkreisen – so wie er sich trotz seines unvergleichlichen Händchens für definitorische Konzentrate weigert, Peter Altenberg, einen der Unsterblichen, »auf den Punkt« zu bringen, sondern versucht, sich ihm mit einem Pasticcio von »Paralegomena« anzunähern –, liefert er doch, immer wenn er sich mit dem Thema beschäftigt, Bausteine zum Verständnis des »dahingegangenen Jahrtausend-Reiches […], wo Leichtfertigkeit, Humanität, Irrsinn, Formfreude, Güte, Katakombendüster und Wiesenlicht zu einer vielfarbigen Einheit zusammenwuchsen«.[33] Das »Selbstfrotzlerische« gehöre unabdingbar dazu, eine »demutsvolle Kaustik«, die Kuh in seinen einleitenden Worten zu einem »Österreichischen Abend« im Berliner Rundfunk Ende 1927 »wesentlich österreichischen« Autoren attestiert, denen er zudem noch folgende Qualitäten nachrühmt: »die listige Überlegenheit des Herzens über das Hirn, die vorurteilslose Art, Menschen und Menschliches zu sehen, vor allem aber die herzerfrischende Unfähigkeit zum Pathos, alle diese Qualitäten, sie entstammen dem Mangel an bewußter Nationalgesinnung.«[34]

Daß es Anton Kuh mit seiner Porträtgalerie darum zu tun ist, »dem« Altösterreicher ein »unerbittlich verehrungsvolles Denkmal der Liebe« zu setzen,[35] ist für alle Rezensenten, abgesehen von jenen des »Pester Lloyd« und der »Reichspost«, unverkennbar. Und sie rühmen's ihm auch alle nach: Valeriu Marcu in den »Münchner Neuesten Nachrichten«[36], Franz Blei in der »Literarischen Welt«[37], Ludwig Winder in der »Bohemia«[38], Otto Pick in der »Prager Presse«[39], Ludwig Ullmann in der »Wiener Allgemeinen Zeitung«[40], Richard Wiener im »Querschnitt«[41], Michael Walter in der »Jüdischen Rundschau«[42], Hermann Sinsheimer im »Berliner Tageblatt«[43], Robert Neumann in der »Literatur«[44], ein »R. E.« im »Kleinen Blatt«[45], ein »w. s.« in der »Vossischen Zeitung«[46], bis hin zu einem Anonymus in der »Münchner Telegramm-Zeitung«[47]. Ungemein verständig auch, wenngleich etwas dick auftragend, ein »H. G.« in der Berliner »Neuen Revue«: »Von den vielen Büchern, die sich mit Österreich und dem Österreicher beschäftigen, unterscheidet sich dieses genial barocke Werk in einem wesentlichen Punkt: während jene in einer Art Geheimsprache abgefaßt sind, die immer wieder nur der Österreicher versteht, und in der Regel von der krähwinkelischen Einbildung ausgehen, Österreich sei ein Allerweltsbegriff, versucht Anton Kuh in diesem von Witz und Liebe funkelnden, in Hymnen und Exzessen schwelgenden Buch, dem Deutschen zum ersten Male die Augen über dieses sonderbare Land und den noch sonderbareren Menschenschlag, der es bewohnt, zu öffnen. Man versteht plötzlich vieles, was man ehedem nicht verstand, man wird in eine Geheimlehre eingeführt und man erfährt, daß der beste Besitzstand des deutschen Volkes der österreichische Mensch ist. So beweist Kuh als erster unter seinen schreibenden Landsleuten die Gabe, einen sozusagen provinziellen Stoff so anzupacken, daß er zu einer europäischen Sache wird. Und zu einer weltliterarischen.«[48] Die Initialen »H. G.« stehen für Heinz Grohmann, und das wiederum ist eines der zahlreichen Pseudonyme von – Anton Kuh.

Im Vorwort zum »Unsterblichen Österreicher« witzelt er über seinen Entschluß, das Publikum glauben zu machen, die nun in Buchform erscheinenden Aufsätze – die Erstveröffentlichungen liegen zum Teil mehr als zehn Jahre zurück – seien »von jeher eine geistige Einheit gewesen«. Tatsächlich mutet Ende 1930 der Titel spekulativ an, »das Österreichische« hat Konjunktur. So sehr, daß ein Graf Saurau in Lernet-Holenias »Österreichischer Komödie« auf die Bemerkung eines Jagdgasts hin: »[I]hr typischen Österreicher seids doch das einzige Kulturvolk«, enerviert aufseufzt: »Aber, bitt dich, laß mich aus, das mit euerm ewigen Österreich ist schon die pure Erfindung! Was denn für Österreicher? Früher hat das bei uns überhaupt kein besserer Mensch affichiert, und seitdem alles schiefgeht, ist plötzlich ein jeder ein Österreicher. –«[49]

»Seitdem alles schiefgeht« ... In Kuhs Worten: »Nach Abwanderung der anderen Staaten aus dem Stammlokal ›Großösterreich‹ [war] Österreich [...] am Marsch. (Phonetisch zu lesen.)«[50] Mit November 1918 war Österreich ein Kleinstaat, an dessen wirtschaftliche und politische Überlebensfähigkeit kaum jemand glauben wollte. Der Anschluß an Deutschland, den die Provisorische Nationalversammlung am 12. November 1918 beschlossen hatte, war zwar durch das Veto der Alliierten im Friedensvertrag von Saint Germain offiziell vom Tisch, aus der öffentlichen Diskussion war er jedoch nicht zu verbannen.

Als das Thema Anfang der dreißiger Jahre wieder einmal hochkochte, waren sich allerdings die beiden Stämme, deren Vereinigung noch gut zehn Jahre davor nationales Familienglück verheißen hatte, nicht mehr grün. Denn »das Österreichische«, das sich dem »Reichsdeutschen« nicht eingemeinden durfte, hatte gerade in der Abgrenzung gegen den »großen Bruder« Kontur gewonnen, um nicht zu sagen: Kante. Das jahrhundertealte Erbe geduldig ertragener Nachbarschaft war spätestens mit dem akribisch ausgetüftelten Klischeeschema »Preuße und Österreicher« Hugo von Hofmannsthals unauslöschlich in Gegensatzpaaren kanonisiert wie: »Handelt nach der Vorschrift – Handelt nach der Schicklichkeit«; »Selbstgefühl – Selbstironie«; »Behauptet und rechtfertigt sich selbst – Bleibt lieber im Unklaren«; »Selbstgerecht, anmaßend, schulmeisterlich – Verschämt, eitel, witzig«; »Kampf ums Recht – Lässigkeit«; »Unfähigkeit, sich in andere hineinzudenken – Hineindenken in andere bis zur Charakterlosigkeit«; »Gewollter Charakter – Schauspielerei«; »Streberei – Genußsucht«; »Vorwiegen des Geschäftlichen – Vorwiegen des Privaten«; »Harte Übertreibung – Ironie bis zur Auflösung«.[51]

Sinnfällig symbolisiert sieht Karl Tschuppik »Den kleinen Unterschied« in ebender Speise, an der schon Kuh im Mai 1931 den unüberbrückbaren Wesensunterschied zwischen »österreichisch« und »deutsch« demonstriert hatte: im Beuschel des Salzburger Gasthofs »Traube«. Tschuppik: »Ich saß einmal mit einem befreundeten Priester in der ›Traube‹ zu Salzburg. Wir aßen eine österreichische Speise: Beuschel mit Knödel. An unseren Tisch hatte sich ein deutsches Ehepaar gesetzt (es war vor der 1.000-Mark-Sperre). Das fremde Paar interessierte sich für unser Essen (wobei leider die Vermutung des Mannes, daß es sich um ›Lungengekröse‹ handle, unsern Appetit fast verdorben hätte). Die Deutschen ließen sich ›Beuschel‹ mit Knödel geben. Es schmeckte ihnen so gut, daß der Mann zur Frau sprach: ›Ach, Klothilde, laß dir doch mal vom Direktor die Anweisung geben. Das müssen wir zu Hause versuchen.‹ Darauf mein Freund, der gute Österreicher: ›Verehrter Herr, so einfach, wie Sie meinen, ist die Sache nicht! Auch dieses Beuschel setzt sechshundert Jahre Habsburg und Katholizismus voraus!‹«[52]

Mit dreihundert Jahren Habsburg und Katholizismus gab sich die »Österreich-Ideologie« des Ständestaats daneben direkt bescheiden: Der spielte die »Entdeckung« des Barock nicht nur als genuin österreichischen Bau- und Malstils, sondern und in weiterer Folge überhaupt österreichischen Lebensstils und österreichischer Wesensart, als von allen Wechselfällen der Politik unberührter Konstante österreichischer Kultur gleich mehrfach in die Karten. Damit konnte der Scherben aus der Konkursmasse der Habsburgermonarchie zum einen nahtlos anknüpfen an die glorreiche Tradition des Großreichs auf dem Gipfel seiner Macht. Zum anderen konnte man sich als katholisch gegenreformatorisch geprägtes Land in Opposition zum deutschen Protestantismus und insbesondere zum »neuheidnischen« Nationalsozialismus setzen – mit einiger Vermessenheit: Kurt Schuschnigg, von 1934 bis zum »Anschluß« Bundeskanzler des austrofaschistischen Ständestaats: »Österreich hat seine

Berechtigung letzten Endes darin, daß es das *letzte Stück Abendland* in der Welt ist.«⁵³ – »Herr, gib uns unser täglich Barock« hatte Karl Kraus schon Ende 1922 gegen die »Kulturgroßmacht«-Ambitionen der Salzburger Festspiele geätzt. Auf die skurrile Selbsteinschätzung und Selbstüberhebung – Aufgabe des österreichischen Stammes sei die Missionierung der nationalsozialistischen Deutschen durch den »besseren Deutschen« aus Österreich – die staatliche Souveränität Österreichs gründen zu wollen sollte sich jedenfalls als fatal erweisen.⁵⁴

Kraus war, mit Graf Saurau, einer der wenigen, die der »Österreich«-Euphorie wenig abgewinnen konnten: »das österreichische Antlitz der Wurstigkeit, die sich so lange an das fremde Rückgrat angehalten hat, drängt sich doch in seiner vollen Verächtlichkeit vor und umso widerlicher in dem Fallotenstolz einer schäbigen Valuta, die dem ruinierteren großen Bruder die kalte Schulter zeigt.« Beschämend eine Situation, »wo diesem Deutschösterreich die Zurücksetzung des Deutschtums zustattenkommt und man in Gefahr ist, als Angehöriger eines Musterknabenpensionats von der Antipathie gegen jenes zu profitieren«; unappetitlich und »seit jeher eine Anmaßung« der »Überlegenheitsanspruch gegen Berlin«.⁵⁵

Was »das Österreichische«, »den Österreicher« ausmache, darüber herrscht ansonsten von weit links bis weit rechts seltene Einmütigkeit. Oskar A. H. Schmitz in seinem schmalen Bändchen »Der österreichische Mensch« (1924): »barock, sinnlich, katholisch, aristokratisch und gemeinschaftlich«, übernational, »natürliche Brücke zwischen Ost und West«.⁵⁶ Anton Wildgans in seiner »Rede über Österreich«: Das Deutschtum des »österreichischen Menschen« sei »durch die Mischung vieler Blute in ihm [...] konzilianter, weltmännischer und europäischer« als das reichsdeutsche, im Österreichertum sei »das menschliche Herz und die menschliche Seele« bewahrt, der Österreicher sei »irgendwie eine Künstlernatur«⁵⁷ – das »Volk der Tänzer und der Geiger«⁵⁸ eben. Das Editorial der Sondernummer »Österreich« der (Berliner) »Literarischen Welt« vom 15. August 1930 mit dem frohgemuten Titel »Österreich in Ewigkeit«: »ein Hauch von Slavischem, ein Glanz von Italienischem«.⁵⁹ Ernst Karl Winter, Sozialwissenschaftler, Legitimist und ab Feber 1934 kurzzeitig dritter Vizebürgermeister Wiens, der sich als unorthodoxer Rechter für eine breite Volksfront von den Monarchisten bis zu den Kommunisten zur Abwehr des Nationalsozialismus stark macht, strich in einem Referat im Wiener »Kulturklub« mit dem Titel »Der österreichische Mensch« im April 1936 eine – uneingeschränkt positiv besetzte – »Affinität von Österreichertum und Judentum« heraus.⁶⁰

Wobei – »Der Deutschösterreicher als Kulturmensch steht und fällt mit Wien«, steht nicht bloß und nicht erst bei Oskar A. H. Schmitz zu lesen[61], schon Robert Müller findet in einem »Der letzte Österreicher« betitelten Essay in der »Neuen Rundschau« vom Juni 1923 »das Österreichische« nur mehr im Wiener inkarniert mit seinem unverkennbaren »Zug ins Italienische« und seiner »slawischen Grunddominante« – der Rest des Landes sei in das »bajuvarische Element zurückgeschlagen«.[62] Auch Kuh wird – beinah wider besseres Wissen – nicht müde, bis in die späten 1930er Jahre die Legende vom goldenen Wiener Herz zu verbreiten, obwohl ihm längst klar ist, daß die »Vermünchnerung des Wiener Bürgers« schon in die Zeit der Regentschaft Karl Luegers fällt, der den »Sumper präpotent und aggressiv gemacht hat«.[63]

Der Wiener ist allerdings im Begriff unterzugehen. Franz Blei gibt seine Eindrücke von einem »Besuch in Wien« am 14. März 1928 im »Berliner Tageblatt« wieder: Überall, wo der Bund sich breit mache in dieser Stadt, der Geist der Hinterwäldlerei! »Nun, es wird nächstens wohl immer noch ein Wein sein, aber die Wiener wern gewesen sein, ich meine der bewegliche, erfinderische, launige Geist der Wiener, das Mousseux im deutschen Geiste* wird nicht mehr sein, aber so was wie ein säuerlicher kleiner Apfelwein, wie ihn die Selbstzüchter zu trinken verurteilt sind.«[64] Die »Antwort aus Wien«, in der sich »Dr. Friedrich Schreyvogl«, späterhin federführend an der »nationalsozialistischen Flurbereinigung der österreichischen Literatur«[65] beteiligt, drei Wochen darauf strikt dagegen verwahrt, daß Blei Wien und Österreich die Zukunft abspricht, wächst sich zu einem flammenden Plädoyer für den Anschluß aus, der keineswegs die einzige Hoffnung auf Errettung aus der alpenrepublikanischen Tristesse wäre, wie Blei geätzt hatte – »So wartet die Wiener Braut auf den Berliner Bräutigam, ängstlich auf ihr weißes Kleidchen bedacht und daß sie das nette bräutliche Lächeln nicht verliere, ihren einzigen Besitz, ihre kostbare Mitgift« –, sondern den »Weg zur endlichen Gestaltung der deutschen Nation und damit zu ihrer sichersten Weltgeltung« frei machte. Die Rolle des »Österreicher-

---

* Hermann Wendel auf eine einschlägige Umfrage im Feber 1929: »Wo Österreichs Zukunft liegt? Nur in der Vereinigung mit der deutschen Republik! / Dann, nach dem Anschluß, fällt Österreich die besondere Aufgabe zu: / ein Karawanentor nicht nur für den wirtschaftlichen, sondern auch für den geistigen Verkehr Deutschlands mit Südosteuropa zu sein, / dem Blut des deutschen Menschen die halbe Flasche Sekt zuzuführen, die ihm nach einem Wort Bismarcks fehlt« ([Umfrage] Wo liegt Österreichs Zukunft? In: Neue Illustrierte Zeitung [Wien], Jg. 34, Nr. 77, 25.2.1929, S. 1-2, Hermann Wendels Stellungnahme S. 2).

tums« dabei: die »geistige Verwandlung des Deutschtums« und: »Die österreichische Sendung ist es, Strasse und Festung nach Südosten zu sein«, so daß »eben Deutschland, ganz Deutschland von Österreich in dem ihm gemässen und natürlichen Raum hinaus wirkt«.[66]

Im Editorial des »Prager Tagblatts« vom 3. Juni 1933 – es enthält eine vierzehnseitige Österreich-Tourismus-Sonderbeilage, eine Werbeoffensive vor dem Hintergrund des Frickschen 1000-Mark-Erlasses[67] – steht zur »regionalen Eigenart des Österreichertums« zu lesen: »Im Wesen geht es um die Behauptung einer Art von Deutschtum, die von dem jetzt im Reich herrschenden verschieden, aber darum doch nicht weniger deutsch ist; eines Deutschtums von konservativem Charakter, milderer Prägung, das leben will, aber auch andere, die nicht auf die gleiche Parteifahne schwören, leben läßt. Kein Zweifel, daß viele Millionen im Reich, die nicht dem uneingeschränkt herrschenden Lager angehören und darum als Staatsbürger minderen Rechts Zurücksetzung und Verfolgung erleiden, heute gern einen Anschluß in umgekehrter Richtung vollziehen möchten: an den kleineren südlichen deutschen Staat, der deutsche Überlieferungen wahrt, die in vielem echter sind als die rauhen Theoreme von Stärke und Rasse, die jetzt jenseits von Passau verkündet werden.«[68]

Der Untertitel von Oskar A. H. Schmitz' »Österreichischem Menschen«, der da lautet »Zum Anschauungsunterricht für Europäer, insbesondere für Reichsdeutsche«, bezeichnet die Stoßrichtung der österreichischen Identitätsfindung. Österreich sei »die einzige deutsche Landschaft, die so etwas wie eine Kultur hervorgebracht« habe, während beim Deutschen »weite Seelenbezirke oft barbarisch bleiben«, so – der Deutsche – Schmitz.[69] In Österreich habe »sich deutsches Wesen schlackenloser, unverzerrter zu Kultur gestaltet«.

Kurz gesagt: Der Österreicher sei der bessere Deutsche, am österreichischen Wesen – das klingt auch bei Schreyvogl an – soll die deutsche Nation genesen.

Die Erfolgsaussichten einer zivilisierenden Wirkung von sechseinhalb Millionen katholischer, friedliebender Österreicher auf den *»überkantigen norddeutsch-preußischen Charakter«*[70] werden einmal weniger, einmal durchaus ernst genommen. Fritz Wittels' Antwort auf die von der »Bühne« 1926 veranstaltete Rundfrage »Gefällt es Ihnen noch in Wien?«: »Ich fürchte nicht einmal den Anschluß an Deutschland. Wir werden ganz Germanien mit unserer Schlamperei überziehen, wenn man wirklich riskieren sollte, uns anzuschließen.«[71] Hellsichtiger Walther Rode, der im Mai 1925 auf eine dieser beliebten Zeitungsenqueten, mit denen »hervorragende Persönlichkeiten des öffentlichen

Lebens« mit einiger Regelmäßigkeit behelligt wurden, aus seinem »horror Germaniae« keinen Hehl machend, antwortete: »Gott erhalte uns unser Österreich, es wird sich aus seinen Nöten schon herauswickeln. *Bloße Tüchtigkeit kommt vor dem Fall, und zwar immer wieder.* Wer will dem Schicksalsrenner ›Deutschland‹ an den Schweif gebunden sein? / So ungemütlich die Verhältnisse bei uns durch den Einfluß jener Gruppen, denen das *Exerzieren, Defilieren und Parieren Lebenszweck ist*, sich auch gestaltet haben, so bleibt *Österreich doch ein politisches Paradies unter den Staaten der wilden Völker des europäischen Kontinents. Meinetwegen Deutschland über alles – nur nicht über uns.* Leider wird es nicht zu verhindern sein, daß uns Deutschland eines Tages *annektiert* – aber drängen wir uns nicht dazu.«[72]

Um es zu verhindern, setzt das österreichische Ständestaat-Regime verbissen auf stramme Gefolgschaft, die »altösterreichische Formel des Patriotismus« steht nicht allein für unsicheren Kantonismus, sondern ideologisch auf der anderen Seite. »Der unsterbliche Österreicher«, dieser Abgesang auf »de[n] vielsprachigen, de[n] entnationalisierten Menschen«[73], wird vom »Preß-Bureau« der Wiener Bundespolizeidirektion im Feber 1936 verboten, weil seine »Verbreitung eine Propaganda für die kommunistische beziehungsweise sozialdemokratische Arbeiterpartei darstellt«.[74] Der »Anzeiger für den Buch-, Kunst- u. Musikalienhandel« führt das Buch Ende Feber 1936 mit der Spezifizierung »Demonstrationsverordnung, B.-G.-Bl. Nr. 185/1933« in der Rubrik »Warnung vor Verkauf etc. von Druckschriften, die eine Förderung verbotener Parteien beinhalten«.[75]

Daß Kurt Schuschnigg, damals »Schutzhäftling« im KZ Sachsenhausen, unter dem 27. August 1944 in sein Tagebuch notiert: »Anton Kuh: ›Der unsterbliche Österreicher‹ gelesen. Ergänzung und neue Auflage wären vonnöten«[76] – späte Einsicht, »tätige Reue«?

1930

Ungewöhnlich trocken und kategorisch dezidert im Vergleich zum Gestus, der seinen »Querschnitt«-Buchbesprechungen eignet, ist Kuhs ätzende Besprechung von Ernst von Salomons autobiographischem Roman »Die Geächteten«[77]. Salomon, stets auf seiten der radikalen Rechten, gegen Liberalismus und Republikanismus, Freikorpskämpfer im Baltikum und in Oberschlesien, 1922 wegen seiner Beteiligung an der Ermordung Walther Rathenaus als Repräsentanten der »europahörigen, kompromißlerischen Republik« zu fünf Jahren Zuchthaus verurteilt, schildert darin nonchalant die Gemetzel der Freikorps-Marodeure an der polnischen »Untermenschen«-Bevölkerung und stellt das Attentat auf den Reichsaußenminister auch acht Jahre im nachhinein noch als Heldentat hin.

Kuh: »Heinz der Lateiner, aus dem Heinz der Attentäter wurde, steht mit einem Mal als Heinz der Memoirenschreiber da. ›Not der Jugend‹, sagen die vernarrten Gönner, wenn von seinem verhängnisvollen Lebensabschnitt die Rede ist. Nun, zur Not gehört immer auch die Gefahr. Old Shatterhand, erlauchtes Vorbild der Jünglinge, die die Romantik des Indianerspiels in die politische Tat trugen, hat wenigstens mit vergifteten Pfeilen, Tomahawks, Skalpmessern und dem Marterpfahl rechnen müssen. Wo ein solches Risiko fehlt, ist Tatenbeschreibung nur Großmannssucht. Keinesfalls Literatur. Aber das ist ja der Knacks: die sich heut' noch ›geächtet‹ nennen, wer ächtet sie? Die Ihren nicht. Also die Geistigen? Aber auf die kam es ihnen ja nie an! Im Gegenteil: der Geist war ihr bekanntes Schußziel. Wollen sie also jetzt, nachdem sie bereits salonfähig wurden, auch literaturfähig werden und sich beim Geist lieb Kind machen? Seltsame Wege. Sie morden einen Buchmenschen und landen in seinem Hafen. Sie schießen auf den Schreibenden und schreiben Bücher. S. Fischers Rathenau ist tot, und Herr v. Salomon hat seinen Rowohlt. Lief's darauf hinaus?«[78]

»Wenn der Literat den Raufbold spielt ...« –
Anton Kuh vs. Arnolt Bronnen

Ganz nach seinem auf Bronnen gemünzten Aperçu »Wenn der Literat den Raufbold spielt, sollte der Kritiker seinen Hausknecht vorschicken«[1] verfährt Anton Kuh mit dem 1895 in Wien als Arnold Hans Bronner geborenen Autor, der mit dem um ein »wetterhartes, genie-kantiges, prospekt-bedachtes ›t‹« aufgenordeten Dichternamen Arnolt Bronnen in den 1920er Jahren Furore machen sollte. Auf dessen »Exzesse« (1923) hin, diese groteske Szenenfolge drastisch entgrenzter Sexualität um zwei kleine Bankangestellte, Hildegard und Lois, die, getrennt, Erlösung von der Brunst ihrer grellen Geilheit nur *in*einander finden können, macht Kuh den »ernstlichen Vorschlag, allen jugendlichen Autoren, von denen der Vordersatz sagt: ›Zwar Talent ...‹ oder der Nachsatz: ›... aber Talent‹, die Hosen straffzuziehen. Denn diese ›Zwar-und-Aber‹-Talentierten sind überflüssig wie Wunderkinder. Sie können alles – nur nicht sein. Sie haben alles – nur kein Gesicht.«[2]

Eins immerhin träfen die epigonalen »Neo-Dilettanten und Stottersimulanten«, die »Jungstürmer« vom Schlage eines Bronnen – und das sei auch schon alles, was sie mit ihren Vorbildern: Wedekind, Grabbe, Lenz, Büchner, Klinger, verbinde –: »ihr Maturanten-Drama. Die Aufbäumung ihres gestriemten Gesäßes gegen Vater und Ordinarius.« Ansonsten: »Obszönitäts-Protzentum,« »erotische Freiheits-Renommage«, Hochstapelei: »In jedem Wort der Kontrast zwischen dem kleinen Sexualmoritz und seiner großen Gebärde.« Im Grunde solle man »diesem Beitrag zu einer tragisch-expressionistischen Maturazeitung« die Reklame verweigern. Zu befürchten stehe allerdings, daß die Behörden Anstoß nehmen und Bronnen aus diesem Titel Ruhm zuwüchse ... Und daß man dann, unweigerlich, in empörter Verwahrung gegen Zensur von »Kunst- und Literaturwert« schwafeln würde: »Das ist das Schlimmste und einzig Wichtige an dem Falle: daß solcherart die Verteidigung der Wortfreiheit und der Protest gegen Staatseinmischung immer mehr desavouiert wird.«[3]

Die »Septembernovelle« (1923), diese kraß naturalistische, gehetzte, interpunktionsanarchistische Prosa, die homoerotisches Begehren zu Streben nach Reinheit mythisch überhöht und in einem brünstigen Massaker kulminiert, ist Kuh schlicht protzende Kraftmeierei, »auftrumpfende Flegelei«, was ein Dokument hätte sein können, nur »die

Al-fresco-Paraphrase über einen schweinischen Witz«, weil – »Wort ohne Welt«.[4] Bronnen bezeichnet die »Septembernovelle« in seiner 1954 erschienenen Autobiographie als »eines der frühesten Zeugnisse faschistischen Geistes in Deutschland«: »Sie ist politisch borniert, vermischt chauvinistische Hetze mit perversem Sadismus, ist im Grunde auf Zerstörung gerichtet«, Demonstrationsobjekt dafür, »wie Faschismus, Sadismus und Perversion aus der gleichen Stelle der Gehirn-Rinde stammen«.[5]

Das »Barbarentum eines Jung-Bronnen«[6] und das Fahrwasser, in das Bronnen mit seiner animalischen, amoralischen, rohen Brutalität gerät, hat Kuh bei seinen Polemiken von Anfang an im Visier. Zum Drama »Anarchie in Sillian« (1924), in dem sich mannhafter Arbeitswille und Pflichtfanatismus gegen die erotischen Anfechtungen des korrumpierenden Prinzips »Weib« und das Einbrechen der Anarchie durch Streik stemmen: »Hochspannungs-Tineff. Eine Kinderei von 2000 Volt Handlung. [...] Bronnen aber, gleich dem Bordell-Hinauswürfling, der gegen das Haustor gottesanklägerisch und ottoweiningerisch die Fäuste ballt, wirft dem weiblichen Geschlecht den Fehdehandschuh hin: Adieu, Wollust – ich bin produktiv.«[7] Und wenn Kuhs Fazit auch bärbeißiglaunig lautet: »Ceterum censeo: fünfundzwanzig ...«, will heißen: fünfundzwanzig Hiebe mit dem Stock auf den Hintern, ist ihm doch klar, daß dieser drastische zeitübliche Umgang mit Rotzbuben dem Übel nicht steuern wird: »Ich kann mir das Bravogebrüll in deutschen Gauen vorstellen: ein Neutöner, der alttönt. Das muß etwas für die notorischen Hereinfaller werden, die Redezickzack, Dampf und Schwall für Jugend nehmen. Ein Interpunktionsauslasser, der für Arbeit und Ordnung ist! Der Expressionist als Konterrevolutionär!«[8]

Bronnen versteht sich denn auch späterhin als Nationaldramatiker, bezeichnet sich 1927 als Vertreter einer »Tendenz der rechten Hand« und Faschist[9] und bewegt sich in den Kreisen rechter Intellektueller wie Ernst von Salomons, der Gebrüder Jünger, Friedrich Hielschers, Otto und Gregor Strassers und Ernst Niekischs.

Wie man mit Rotzbuben verfährt: nämlich ihnen ein paar auf den Hintern aufzuzählen, erscheint Kuh angesichts Bronnens zunehmend harmvoll sich entwickelnder Tätigkeit unangemessen; er greift, nicht eben zimperlich, zu drastischeren Mitteln und holt zum Zeitpunkt der einsetzenden Bronnen-Hausse in einer Nachbetrachtung zur tumultuösen Berliner Uraufführung der »Exzesse« am Berliner Lessing-Theater – die Vorstellung am 7. Juni 1925 wird durch Pfeifen und Protestrufe kommunistischer Linker massiv gestört und kann nur mit Mühe zu Ende gespielt werden – zu einem Rundumschlag aus, der, wieder einmal, an Grundsätzliches rührt. Er stellt klar, daß »ihm *nihil humanum* noch weniger *alienum* als allen Schreibern vom Brecht-Bronnen-Schlage«, um ein für allemal den Verdacht auszuräumen, sein Protest gegen »neumodischen Literatur-Unfug« entspringe sittlicher Entrüstung.¹⁰ »Nicht namens der beleidigten Kunstform – also von der äußersten Rechten –, sondern vom Standpunkt der beleidigten Wirklichkeit wird hier das Wort ergriffen, nicht zum Schutz der Kunst, sondern zum Schutz des Lebens. Und was daran nach einer Umschreibung des Ausdrucks klingt: ›Das ist zu stark!‹ – das bedeutet ein im Wahrheitssinn gemeintes: ›Das ist zu schwach!‹ Warum diese zeremonielle Verwahrung?« Weil Autoren vom Schlage Bronnens ihre Kraßheit strategisch einsetzten zur Immunisierung vor Kritik. Sofort würde der Vorwurf laut, sie seien verzopfte, zimperliche Mucker und Reaktionäre. Hier liege der Schwachpunkt der Kerle, die »mit Wickelgamaschen in die deutsche Literatur der Gegenwart einmarschiert sind«: »Die Kühnheiten, die ihre Blößen decken, sind ihre eigentlichen Blößen. / Denn sie zeigen besser als alles andere, wo sich Papier für Fleisch und Renommisterei für Wahrheit gibt! / Und hier muß ich meinen Einspruch erheben: namens der geschändeten Schändungen und vergewaltigten Vergewaltigungen nämlich gegen die herostratische Knabenphantasie, die mit ihnen solchen Mißbrauch treibt. / Wie verletzend unwahr, wie aufreizend unerlebt sind doch diese Gewagtheiten – Kraftrenommagen, in denen ein Abc-Schütz der Liebe wühlt. / Es gibt eine besondere Obszönität: die Unsachlichkeit. Und es gibt eine besondere Schamverletzung: das Kind beim richtigen Namen zu nennen, das man noch gar nicht kennt und gesehen hat. Die beiden Sünden der Bronnengattung!‹«¹¹

Vier Jahre später setzt Kuh auf Kurt Tucholskys empörten Verriß des Oberschlesien-Romans »O. S.«¹² (1929), dieser distanzlosen Schilderung der blutrünstigen Exzesse des marodierenden Feikorps-Gesindels, dieser Männerphantasie aus »Blut, Vagina und Nationalflagge«¹³, noch eins drauf, er wundert sich nur, daß Tucholsky, wie viele andere auch, in der salonfaschistischen »Pfuscherei« des Konjunkturritters ein neues Gesicht Bronnens erkannt haben will. Es sei ganz das alte: »Der exzessive, der neutönerische, der radikale Bronnen, war er ein anderer? [...] War nicht schon Jung-Sexual-Bronnen ein Renommist? Trug Eros bei ihm nicht Wickelgamaschen? Und war dieses Stürmer- und Drängertum nicht bereits das umgestülpte Futter des Hakenkreuzers? Nein, dieser Kopf hat sich nicht verändert; der Stahlhelm war seine vorbestimmte Zier.«¹⁴

Und Bronnens Renegatentum sei in einem Drama seines – jüdischen – Vaters, aufgeführt, als Bronnen noch Bronner geheißen habe und Arnolt noch mit einem »d« geschrieben worden sei, eben »Schmelz, der Nibelunge«, das von der deutschvölkischen Assimilation eines jungen Juden handelt, prophetisch vorgezeichnet. Bereits mehrfach hatte Kuh auf Bronnens Herkunft aus der Wiener Leopoldstadt, *dem* jüdischen Bezirk Wiens, angespielt und auch schon darauf hingewiesen, daß dessen Vater Deutschprofessor am Leopoldstädter Gymnasium war. Elisabeth Bergner gelinge, »was nicht einmal Herr Bronnen (geb. Wien II.) so geschickt zustande bringt: sich aus Braun in Blond zu verwandeln«.[15]

Ernst von Salomon ist noch zwanzig Jahre darauf, in seinen Memoiren »Der Fragebogen«, pikiert: »Nun hatte sich kurz vorher in den Chorus der bellenden Meute, die Bronnen umstellte, eine gellende Stimme gemischt. Sie gehörte einem hinreichend bekannten Literaten aus Wien, mit Namen Anton Kuh, der kurzerhand den Hinweis veröffentlichte, er sei in Wien seinerzeit auf einem Gymnasium Schüler eines achtbaren, aber jüdischen Professors namens Bronner gewesen, und sich die Anfrage erlaubte, ob dieser Mann nicht vielleicht der Vater des bekannten Neo-Faschisten Arnolt Bronnen gewesen sei. Dieser Hinweis war allseits mit großem Jubel aufgenommen worden [...].«[16] Die infame Formulierung: »achtbar, aber jüdisch« beiseite gesetzt – bei Kuh die schlichte Feststellung, daß er Jude gewesen sei –, »argumentierte« Kuh mit einiger Berechtigung nicht rein literarisch-ästhetisch: Der Waschzettel zum im Rowohlt Verlag erschienenen Roman vermeldete immerhin: »Dies ist Wirklichkeitsdichtung. Und zugleich Tendenz, die Tendenz, die Bronnen selbst einmal in die Worte zusammengefaßt hat: Revolutionäre Umgestaltung unsres Daseins nach rechts, nach Nation, Kampf, Risiko, Ideenherrschaft und Reinheit.«[17] Bronnen verkörpert für Kuh prototypisch den von ihm in »Juden und Deutsche« gezeichneten übereifrigen Assimilanten.

Allem Anschein nach verfängt Kuhs »Intervention«. Von Goebbels in der »Bücherecke« des »Angriff« als »der erste nationalsozialistische Roman großen Stils« gefeiert, geschrieben »aus einer Hingabe heraus, die im Blute entstand und zur Nation durchbricht«[18], werden die Parteigenossen kurz darauf im von dessen Intimfeind Alfred Rosenberg beeinflußten »Völkischen Beobachter« vor »O. S.« als Roman eines »Halbjude[n], der in seinen Werken die geschlechtliche Revolution predigt«, und damit eines »Schädling[s] für deutsches Volkstum«, nachdrücklich gewarnt.«[19]

Wilhelm Stapel, seines Zeichens völkisch-antisemitischer Literaturwissenschaftler, stößt sich in einem Nachsatz zu einer Tirade gegen Tucholskys »O. S.«-Verriß an Kuhs »Denunziationseifer«[20] und kommt in seiner »Monatsschrift für das deutsche Geistesleben« vierzehn Monate später darauf zurück: »Deshalb halten wir uns für verpflichtet, heute, nachdem wir es mit voller Sicherheit sagen können, zu erklären: Anton Kuhs Angriff war gemein. Bronnen ist tatsächlich Deutscher und hat kein jüdisches Blut.«[21]

Mag Bronnen auch im Vorwort zur Neuauflage von »O. S.«[22] festhalten, daß er, »um einigen gegen dieses Buch gerichteten Argumenten zu begegnen, selbstverständlich Deutscher und Deutscher [sic] Abstammung« sei; mag er auch die Bemerkung Walter Kiaulehns, der die organisierte Störung von Thomas Manns »Deutscher Ansprache«[23] zum Anlaß nimmt, Bronnens kurz davor erschienenen Heldengesang über Gerhard Roßbach, eine der übelsten Figuren unter den Freikorps-Kämpfern, zu besprechen: »Bronnen ist Nationalsozialist. Das wird diejenigen verwundern, die der simplen Meinung sind, daß ein junger Jude, den es zu völkischen Idealen zieht, dem Zionismus anhangen müßte«[24], berichtigen lassen;[25] mag er sich auch öffentlich wehren und drohen: »Tatsache ist, daß sich aus keinem meiner Bücher und aus keinem meiner Worte irgendeine Stellungnahme zum Judentum herausdeuten läßt. Es gehört das nicht zu meiner Aufgabe, und es werden andere kommen, die diese Aufgabe lösen werden: wie, das wird wesentlich vom Judentum selbst abhängen«[26]: Kuhs »Intervention« verfängt. Bronnen, durch seine politische Haltung zum Außenseiter im liberalen Kulturbetrieb geworden, unternimmt erste Schritte, einen Vaterschaftsprozeß anzustrengen, um seine »arische« Abstammung schwarz auf weiß bescheinigt zu bekommen und damit in der Welt, der er sich zugehörig fühlt, auch anzukommen.

Am Schluß sitzt Bronnen zwischen den Stühlen und wird zerrieben. Der prononciert »heimattreu« und deutsch gesinnte Ferdinand Bronner (alias Franz Adamus) behauptet 1935, als der »rassische« Streitfall Arnolt Bronnen in der »Wiener Sonn- und Montags-Zeitung« thematisiert wird,[27] die eine Mitteilung des Magistrats der Stadt Wien vom 10. Dezember 1886 abdruckt, der zufolge »Ferdinand Bronner, Hörer der Philosophie, 1867 in Auschwitz geboren, [...] den Austritt aus dem mosaischen Glauben [...] hierorts angezeigt hat«, in einem Dementi, daß sein aus Westgalizien stammender Vater, ein Findelkind, keinesfalls jüdischer Abstammung gewesen sei. Im Oktober 1941 erhält er vom Reichssippenamt die Auskunft, daß er »ungünstigstenfalls als Mischling I. (ersten) Grades, keinesfalls jedoch als Jude einzuordnen« sei.[28]

Barbara Bronnen, Tochter Arnolts, hat inzwischen im Archiv der Stadt Auschwitz eine vom 21. Mai 1887 datierende Vorladung Ferdinand Bronners zur Musterung entdeckt, aus der hervorgeht, daß »Eliezer Feivel Bronner«, geboren am 15. Oktober 1867, wie seine Eltern Etiel und Hinde Ester mosaischer Religion ist.²⁹ – Arnolt Bronnen stellt nicht nur am 4. November 1930 in der »Deutschen Allgemeinen Zeitung« klar, daß er »Deutscher (im rassischen, nicht nur im staatsbürgerlichen Sinne) und deutscher Abstammung« sei, sondern auch wiederholt in Abrede, daß Ferdinand Bronner sein leiblicher Vater sei (was von seiner Mutter im November 1930 – notariell beglaubigt – bestätigt wird). Erneut, als er 1937 als »Halbjude« aus der Reichsschrifttumskammer ausgeschlossen wird, und 1941 in einem Vaterschaftsprozeß, dessen Urteil ihm seine »arische« Abstammung attestiert (sein – vermeintlicher – Stiefvater wird darin als »Dr. Ferdinand Israel Bronner« bezeichnet³⁰). – Das Resümee Barbara Bronnens: »Was Vater und Sohn im alltäglichen Leben nicht fertigbrachten, das schaffen sie jetzt angesichts der tödlichen Gefahr, auf die sie zugehen: ein perfektes Duo in einem existentiellen Spiel, bei dem sie Kopf und Kragen riskieren. [...] Zwei Dramatiker, die um des Überlebens willen eine makabre Komödie inszenieren, zu der der junge und begabtere die Idee liefert, die Mutter als Zeugin gewinnt und den Vater zum Mitspieler macht.«³¹

Nestroy, verpreußt –
Anton Kuhs »Lumpacivagabundus«-Bearbeitung

Verschandelung[1], Vergewaltigung[2], »literarischer Lustmord«[3]: die Kritiker lassen kein gutes Haar am »Lumpacicagabundus [...] in freier Bearbeitung von Anton Kuh« der Berliner »Volksbühne«, die am 28. Mai 1931 Premiere hat. Hans Feld benennt in seinem schmetternden Resümee im »Film-Kurier« wortspielend den vermeintlichen Übeltäter: »Nestroy, der Schwer[e]lose und Tiefgründige, der in seiner liebenswerten Einfachheit vieldeutige Volksdichter«, habe den »Kuh de grâce« erhalten.[4]

Inwiefern war Nestroy übel mitgespielt worden? – Aus seinen drei Handwerksburschen auf der Walz waren ausgesteuerte Arbeitslose, Jack-Londonsche Tramps geworden, aus dem im Suff astrologisch delirierenden Schuster ein kannegießernder, aus der idyllischen Heiterkeit der biedermeierlichen »Zauberposse mit Gesang« der bittere Ernst der Weltwirtschaftskrisenjahre. Das Schicksal der drei vazierenden Gesellen, die nicht auf dem duftenden Stroh einer Herberge, sondern auf den harten Pritschen eines Fremdenheims übernachten, war in härteren Linien gezeichnet worden.

Das Wiener Volksstück war seiner Gemütlichkeit entkleidet und berlinisch »rationalisiert« worden, Alt-Wien in Rede und Gehaben nach Preußen versetzt, die »Zauberposse mit Gesang«, an der »Dreigroschenoper« geschult, war auf Neue Sachlichkeit gebürstet worden. Die Aufführung war »verpreußt«, sie klang, »wie wenn jemand sagt: das Deearndel; der Bu-app«, ätzt Alfred Kerr.[5] Die schmissige Musik von Theo Mackeben wird bisweilen lobend erwähnt, doch so interessant viele seiner Songs gesetzt sind, so prickelnd er zuweilen die Worte musikalisch untermalt – all die hastig tänzelnden und schrillen Rhythmen wirkten deplaciert: Sie paßten zu Nestroy wie die Internationale zu Ferdinand Raimund, findet der Kritiker der »Berliner Börsen-Zeitung«.[6]

Die Regie von Arthur Maria Rabenalt – träge, lähmend, zähflüssig – sorgte für drei endlos lange Stunden Langeweile. Die Besetzung: Nestroy-fremd, »Die Drei von der Trampstelle« höhnt der »Film-Kurier«: »lärmgeneigte Theaterbolde, die in einer Provinzstadt von schätzungsweise 30 bis 35 000 Seelen ein Benefiz absolvieren«.[7] Ernst Busch als Zwirn: ein kühler, steifer, lederner Hamburger mit dem nordischen »sp« und »st«; Heinrich Gretler als Leim: zwar mit einer Spur österreichischen Idioms, aber kreuzbrav; Hermann Speelmans als Knieriem: markierte schwitzend den versoffenen Schustergesellen, das aber mit schmerbäuchigem Phlegma und ohne Komik; Leonhard Steckel als Lumpacivagabundus: trocken, humorlos, »weniger ein böser Geist denn ein behaglich plaudernder Kunstbeamter«.[8]

Allein das Bühnenbild, die sich unaufhörlich wandelnden Dekorationen Edward Suhrs, der mit Drehbühne und Versenkung immer wieder verblüffende Märchen-Illusionen schaffte, findet einhellig Anklang.

Unterm Strich jedoch: »gerupfter, enteigneter, verlangweilter Nestroy«[9] – und das auch noch ohne »Kometenlied«. Für das – aus Kritikersicht – Desaster verantwortlich gemacht wird der anscheinend »durch Spreewasser ins Berlinische umgetaufte«[10] Wiener Anton Kuh.

Allein Alfred Kerr[11] und Monty Jacobs, die beide erkennen, was Kuhs Bearbeitung und was Regie und Aufführung zuzuschreiben ist, leuchtet Kuhs Bearbeitung ein – umso nachdrücklicher nehmen sie die Regie in die Mangel. Monty Jacobs sieht die mißratene Aufführung zudem im Zusammenhang mit der Auseinandersetzung des künstlerischen Leiters der Volksbühne mit deren Vorstand. Der Generalsekretär des Vereins der Volksbühne, Siegfried Nestriepke, hatte den Direktor, Karlheinz Martin – ganz entgegen dem ursprünglichen Programm des 1890 gegründeten Vereins »Freie Volksbühne Berlin«, der das Theater am Bülowplatz seit 1914 als Bildungsstätte für das Proletariat mit sozial- und zeitkritischen Stücken bespielt –, unter Hinweis auf die im Gefolge der Wirtschaftskrise drastisch eingebrochenen Besucherzahlen angewiesen, den Spielplan auf Unterhaltung zu trimmen. Und der Darmstädter Gastregisseur Rabenalt, mutmaßt Jacobs, habe nun in solidarischer Verbundenheit mit Martin auch und gerade der Nestroyschen Zauberposse den guten Geist der Heiterkeit gründlich ausgetrieben. Er habe Nestriepke treffen wollen – und dabei Nestroy mausetot geschlagen. Jacobs vermutet gar, daß, »als am Schluß alle Mitschuldigen dieses Attentats auf Nestroy vor dem Vorhang aufmarschierten«, der Bearbeiter, Anton Kuh, deshalb fehlte, weil er durch seine Absenz seinen Protest gegen die Inszenierung unmißverständlich habe signalisieren wollen.[12]

Kuh indessen war bei der Premiere gar nicht in Berlin, so wie er auch keine einzige Probe besucht hatte, weil er sich mit dem Regisseur, dessen »Regimentstochter«-Inszenierung ihn im Winter begeistert hatte, im Einvernehmen über entscheidende Punkte glaubte. In einer Klarstellung, die er offenbar gleichlautend an mehrere Redaktionen adressiert – am ausführlichsten abgedruckt in der »B. Z. am Mittag« unter dem Titel »Lumpazi, ich und die anderen« –, drückt er generell sein Mißfallen über die »Entwienerung« aus, über die Verschiebung von Dialog und Figuren aus dem Heiter-Legeren ins Düster-Präzise, darüber, daß man den ganzen zweiten Akt szenisch mit Stumpf und Stiel zusammengehackt hatte. Die Auflistung, Punkt für Punkt, der Freiheiten, die sich der Regisseur dem Kuhschen Textbuch gegenüber genommen hatte, endet damit, daß seine Bearbeitung selbstverständlich das Couplet »Die Welt steht auf kan Fall mehr lang ...« vorgesehen hatte, das in der »Volksbühne« nicht gesungen worden war.¹³ Da das Publikum den »Lumpacivagabundus« aber durchaus goutiere – er bringt es auf 38 Aufführungen –, habe ja, räumt Kuh augenzwinkernd ein, die Volksbühne, also Rabenalt, gegen ihn recht behalten – Ob aber Kuh gegen Nestroy recht behalten hat?

Neben den zahlreichen Liedern und Rezitativen, um die Kuh den »Lumpacivagabundus« anreichert, sowie Tanzeinlagen, die der Bearbeitung Revue-Charakter verleihen, betreffen die dramaturgisch wichtigsten Änderungen, die Kuh an Nestroys Stück vornimmt, die titelgebende Figur sowie den Schluß. Der »böse Geist« aus dem Feenreich der Rahmenhandlung, Lumpaci, wird in der Bearbeitung als Anstifter, Verführer und Aufwiegler auch durch die sublunarische Handlung des ganzen Stücks geführt. Und den Schluß des Stücks ändert Kuh im Sinne Nestroys gegen Nestroy: Bei Nestroy wird da bekanntlich plötzlich ein friedliches Eiapopeia gezeigt, Zwirn und Knierem haben sich unter der moralischen Einwirkung Leims, der zum häuslichen Herd gefunden hat, gebessert und sind brave Familienväter geworden. Die unverbesserlichen »Goldkerls« Zwirn und Knieriem, ursprünglich von den Furien in die Unterwelt geholt – nur Leim, der vergeblich versucht hat, seine beiden Kumpane auf den rechten Weg zu führen, bekennt sich zu einem bürgerlichen Familien- und Berufsleben –, werden von der Fee Amorosa begnadigt und erscheinen in der Schlußszene als biedere Ehemänner: eine biedermeierliche Schlußidylle, die von Nestroys Zeitgenossen als Parodie aufgefaßt wurde. Dieser Schluß wirkte, wie Kuh im Programmheft bemerkt, an Nestroys sonstiger Art gemessen, immer gekünstelt und geschwind hinzugefügt. Kuh korrigiert nun Nestroy »in Nestroys Sinn«: Leim, seines langweiligen, monotonen Spießerlebens überdrüssig, singt nun: »Das Arbeiten, das Essen, das Trinken und der Schlaf, / Meiner Seel' ich vertrag's nicht – es ist mir zu brav –«, zieht sich in einem plötzlichen Entschluß das alte Wandergesellenkleid wieder an, entflieht der Familienbehaglichkeit und zieht mit seinen Tippelbrüdern wieder auf die Walz.

Bei Kuh bessert der solide Tischler – trautes Heim, Glück allein – nicht mehr seine liederlichen Freunde, den Schneider und den Schuster, nein, sie bekehren ihn, den Seßhaften, zur Rückkehr auf die Landstraße. Bei Kuh gewinnt der böse Geist Lumpacivagabundus am Schluß die Wette, und der Sieger bei Nestroy, der Feenkönig Stellaris, räumt ihm, »jenem Volksführer, dessen Weitblick und schicksalsbestimmender Kraft einzig die Nachfolge zukommt«,[14] seinen Thron.

Kuh hat dafür Teile aus der Fortsetzung des »Lumpacivagabundus«, aus dem 1834, eineinhalb Jahre nach dem ersten Teil, uraufgeführten und zwanzig Jahre nach dem ersten Teil spielenden Zauberspiel »Die Familien Zwirn, Knieriem und Leim oder Der Welt-Untergangs-Tag« verarbeitet, so wie er sich bei ganzen Szenen, die er hinzuerfunden, und einigen Couplets und Gesangseinlagen, die er hinzugedichtet hat, dieser Fortsetzung und zahlreicher anderer Nestroy-Stücke bediente.

Kuhs Knieriem deliriert und phantasiert weniger in astronomischen als in Gesinnungsschlagworten – man sieht durch die alte Gestalt eine Lieblingsfigur Kuhscher Satire hindurch: den »Parteistotterer« –, ja man wird im zweiten Akt Zeuge einer Begebenheit, die bei Nestroy im dritten Akt bloß rückerzählend gestreift wird: des Hinauswurfs aus einem Lokal in der Rheingegend, die der reichgewordene Schuster mit seinem Geld und seinen Räuschen unsicher macht. Der »böse Geist« Lumpacivagabundus ist unverkennbar nach Adolf Hitler gezeichnet. In einer langen in einem Wirtshausgarten angesiedelten Szene läßt Kuh den Schuster als politischen Agitator und Versammlungsredner auftreten und verschneidet die beiden Figuren, indem er mit einer dramaturgischen Finte den Ohrenbläser Lumpaci zum Sprachrohr des völkisch Schwadronierenden werden läßt. Die Versammlung läuft aus dem Ruder und endet in einem Handgemenge, in dem Knieriem unsanft hinauskomplimentiert wird. Er torkelt mit zum Racheschwur erhobenen Händen aus dem Wirtshausgarten: »Schädel werden rollen.«[15]

Verwundert über die Nestroy-Sachverständigkeit, die unter den Berliner Kritikern plötzlich ausgebrochen ist, kann Kuh der Verlockung nicht widerstehen, deren einschlägiges Wissen in einem regelrechten »Seminar« noch zu erweitern, indem er all jenen, die dem Harmlos-Idyllischen, dem Poetisch-Liebenswürdigen der Zauberposse nachweinen, Bescheid stößt und die Freiheiten, die er sich Nestroy gegenüber herausgenommen hat, plausibel macht. Schon im Programmheft der Volksbühnen-Aufführung[16] hatte er Nestroy einen »der größten Satiriker der Weltliteratur« genannt, dem viel eher als das Prädikat »wienerischer Aristophanes« der Beiname »Schopenhauer der Vorstadt« gebühre, da dessen Lebenswerk anmute, »als ob Mephisto als Wiener Coupletsänger auf Erden niedergestiegen wäre«. Und darauf hingewiesen, daß Nestroy von den zeitgenössischen Kritikern als »Schädling und Verderber der wahren Volksmuse« gebrandmarkt worden sei. Unter dem Titel »Der geschändete Nestroy«[17] kommt er in der »Weltbühne« wieder darauf zu sprechen: »Verträglichkeits- und Vergoldungsabsichten«, die die Nestroy-Sachverständigen von eigenen Gnaden diesem unterschieben, seien nie in dessen Sinn gelegen. Tatsächlich waren sich die Rezensenten von den 1830er bis in die 1850er Jahre, läßt man unterschiedliche Gewichtungen im einzelnen außer acht, in ihren ästhetischen Maßstäben einig. Das Volksstück hatte »durch harmlose Geißelung von Mißbräuchen, durch witzige Persifflage von Schwachheiten, durch heitere Schilderung von Modethorheiten belehrend und nützend auf die Sitte, auf den Geist, auf den ganzen Charakter des Volkes einzuwirken«,[18] also eine erbauliche, didaktische Veranstaltung zu sein. Nestroys satirischer Witz trifft zwar in aller Regel den Geschmack seines Publikums, die Konsequenz, mit der er der »niedrigkomischen« Muse bar jeglicher moralischer Tendenz huldigt, vermögen die Kritiker jedoch nicht zu goutieren. Nestroy habe sein »kolossales Talent« unverbesserlich mit seinem Hang zu »Trivialitäten und Gemeinheiten«, zu »Zweideutigkeit des Ausdrucks, Unkeuschheit des Gedankens, verwerflicher Frivolität der Gesinnung« entweiht und könne sich darin der Komplizenschaft eines »gewissen Theils des Publikums, von dem sich jeder gebildete Mensch ausschließt«, sicher sein; jenes Teils des Publikums, der »mit faunischer Lust auf eine Stelle, auf eine Geberde, in der er einen entarteten Sinn, eine Zweideutigkeit findet«, laure[19], so eine der zeitgenössischen Standpauken.

Die »Volksbühne« hatte eine die Figuren des Stücks aktualisierende und deren Sprache dem berlinischen Ohr verständlicher machende Neubearbeitung des »Lumpazivagabundus« angeregt, die das Publikum des Jahres 1931 »härter« ansprechen sollte. Gegen dieses »Hart!«, legt Kuh klar, hatte er immer schon Vorbehalte. Es sei »ein Lieblingsvokabel des kleinen Modernitäts-Moritz. Was der unter Härte versteht, läuft in der Wirklichkeit auf Saftlosigkeit, Ungrazie, Leitartikelei, Witzmangel, Dürre hinaus.«[20] Der neue Schluß, belehrt Kuh die Sachverständigen, der Sieg der Landstraße über die Bürgerstube, der Fidelität über die Langeweile, sei ganz im Sinne Nestroys. Schon die Zeitgenossen hätten aus dem End-Tableau mit den drei glücklichen Ehepaaren, das nur durch den taschenspielerhaften Verlegenheitskniff des plötzlichen Eingreifens des Feenkönigs überhudelt zustande gekommen sei, mehr das boshafte Nein als das moralische Ja und mehr den Hohn als die Idylle herausgehört. »Es galt also eine Transkription ins Zeitlose vorzunehmen und den eigentlichen, das heißt: anti-idyllischen Geist Nestroys auch für dieses Stück wieder in sein Recht zu setzen.«[21]

In seinem Knieriem sollte ein Typus ein Monument erhalten, in dem Kuh »das Rettbare, das Unsterbliche, ethnologisch Ewig-Gültige von Nestroys Posse« sieht: »der politisierende Österreicher (sprich: Bajuvare). Lokal und Weltall, Suff und Phrase hängen bei ihm nicht willkürlich zusammen, sondern nach einem tief-geheimnisvollen, unerschütterlichen Gesetz.« »In Anlehnung an tausend Heurigen-Originale aus Wienerwald und Weltgeschichte« entworfen, hatte Kuh im zweiten Akt eine eigene Szene dafür erfunden. Diese Szene – für Kuh »der wesentlichste Punkt der Erneuerung« – war in der Aufführung der Volksbühne gestrichen.

Er tröstet sich damit, daß das gute Nestroy-Alte nach der Parole »Hart!« nicht weniger unkenntlich gemacht wurde – dergestalt sogar, daß selbst ein Nestroy-Kenner wie der Theaterkritiker der »B. Z. am Mittag«, Paul Wiegler,[22] ein wörtlich aus Nestroy übernommenes Couplet des zweiten Aktes, ein Lied der Laura, als eine »Nummer im Berliner Kabarettstil« bezeichnen konnte.[23]

Der Vorwurf einer der gewichtigsten Stimmen, der Béla Balázs', die Bearbeitung und die Aufführung der Volksbühne sei »ein Tendenzstück gegen Standpunkt und Gesinnung überhaupt«, weil da vom liederlichen Kleeblatt »Ob rechts- oder linksradikal, das ist egal, das hängt ab vom Lokal« gesungen werde,[24] träfe, wenn denn überhaupt, allenfalls die Aufführung, keinesfalls jedoch Kuhs Textbuch. Er erledigt sich aber ohnehin von selbst, weil er, grob fahrlässig, voraussetzt, daß Rollentext mit imaginierten Anführungszeichen zu lesen und damit die Meinung des Autors sei. Müßig, den »Sachverständigen« ins Stammbuch zu schreiben, daß es umso fragwürdiger ist, in Nestroys Figuren – auch in den in Monologen und Couplets kommentierenden und räsonierenden Zentralfiguren – das Sprachrohr des Autors zu sehen, als die Posse ein Genre ist, das im Dienst der komischen Wirkung in der Figurenzeichnung übertreibt, zuspitzt, verzerrt, karikiert, klischiert, typisiert. Der weite Interpretationsspielraum, der sich eröffnet, verbietet es von vornherein, aus einer Blütenlese von »Aphorismen« und Rollentexten den politischen Standpunkt Nestroys oder dessen Weltbild oder gar eine Botschaft, die unter dem Strich vermittelt wird, herauszudestillieren zu wollen.

Über eins kann sich Kuh ganz offensichtlich nicht hinwegtrösten: daß sich unter all die Sachverständigen, die ihn angepflaumt haben, zu allem Überdruß auch der Kraus-Adlatus Rolf Nürnberg gemischt hat, bei dem Kuh – ganz offenbar nicht zu Unrecht – argwöhnt, Karl Kraus habe ihm die Feder geführt. Weil in Berlin schon der Witz kursierte: »Vom ›12 Uhr Blatt‹ schickt der Kraus den Nürnberg in die Vorstellung«, hatte sich Kuh eine Woche vor der Premiere telephonisch an den Chefredakteur gewandt, um ihm klarzumachen, der journalistische Anstand verbiete es, daß Rolf Nürnberg die Premiere bespreche. Da Kraus sich gebärde, als habe er ein Monopol auf Nestroy und Nestroy-Bearbeitungen; und da die über die Jahre gepflegte Feindschaft zwischen ihm und Kraus auch in Berlin stadtbekannt sei, werde Nürnberg unter allen Umständen zu dem Schluß kommen müssen, daß Kuhs Bearbeitung »ein Scheißdreck« ist. Kraus führte zudem einen Prozeß gegen die Volksbühne, um eine weitere Aufführung seines vorzeitig abgesetzten Stücks »Die Unüberwindlichen« zu erzwingen.

Kuh wird zugesichert, man werde Nürnberg ersuchen, das Referat abzugeben. Und es will ihm aufs erste tatsächlich scheinen, als stamme der mit »Rolf Nürnberg« unterzeichnete Verriß gar nicht von diesem, sondern – von Karl Kraus höchstpersönlich.[25] Denn der von Spott und Hohn triefende Premierenbericht zeuge von derart stupenden Kenntnissen nicht nur Nestroys, sondern auch des Wienerischen, daß alle Indizien darauf hindeuten, daß Kraus, hinter zwei Masken verschanzt: der Unterschrift »Rolf Nürnberg« und, über seinen Schatten springend, schlechtem Deutsch, sich persönlich dazu herbeigelassen habe, am »12 Uhr Blatt« mitzuarbeiten.[26]

Tatsächlich wird Kuh in dem mit »Rolf Nürnberg« unterzeichneten Artikel vorgeworfen, in seiner Bearbeitung noch rigoroser vorgegangen zu sein als Leopold Liegler, der den großen Satiriker zum kleinen Dialektkünstler gestempelt habe, indem er ihn ins Wienerische übersetzt hatte. Und damit in eine sechs Jahre zurückliegende Wiener Affäre hineingezogen.

Leopold Liegler hatte 1925 – die ersten Bände der Rommel/Bruknerschen »Sämtlichen Werke« Nestroys waren gerade erschienen – einen wahren Glaubenskrieg ausgelöst, als er eine Arbeit unternahm, »die bisher jedem echten Nestroyspieler selbstverständlich, jedem Nestroyherausgeber aber verboten schien«, nämlich »den Manuskripttext Nestroys ins Wienerische zurückzuübersetzen.«[27] Lieglers Begründung: »die mechanische Reproduktion jener papierenen Mißgeburt aus unzureichender Dialekttranskription und Hochdeutsch, welche die Nestroy-Manuskripte so oft darstellen«, sei ein Vergehen an »Wesen und Klang dieser Wortkunst«.[28] Nestroy könne »aus der Mundart und ihrem geistig-künstlerischen Klima gar nicht herausgehoben werden«.[29]

Die »Übersetzung« der Lokalposse »Eine Wohnung ist zu vermiethen« hatte Karl Kraus, der sich in der Nachfolge des Satirikers Nestroy sah, auf den Plan gerufen: In einer Fußnote, die sich unter sechs Seiten seiner Polemik »Nestroy und das Burgtheater« zieht, verwahrt er sich vehement gegen Lieglers Unterfangen, das sich nicht bloß am »Text Nestroys«, sondern insbesondere an »Nestroys Sprachgeist« versündige: »Nestroy, der kein österreichischer Dialektdichter, sondern ein deutscher Satiriker ist, ins Wienerische übersetzen heißt ihm eine Anzengrube graben. Was wird aus dem Schillerpathos seiner Domestiken? Wie nimmt sich der klischeezersetzende Witz dieser Geschwollenheiten im Einheitsdialekt aus?«[30] Die dialektale Einebnung der Nestroy-Partitur bedeute »der Seele des Nestroyschen Sprachwitzes an den Leib gehen, entgegen jener genial widerspruchsvollen Weisung, die für alle diese Typen gilt: ›ohne Scheu zu sprechen, wie ihnen der Schnabel wuchs‹, und eben nicht, wie er ihnen g'wachsen is.«[31]

»Nestroys Dialekt ist Kunstmittel, nicht Krücke«[32], hierin behält Kraus das letzte Wort. Erst das Zusammen- und Gegenspiel der unterschiedlichen Sprachschichten und Sprechweisen macht den Reiz seiner Partituren aus. Er braucht neben dem Dialekt und der mittellagigen Umgangssprache auch das als gespreizt oder aufgeplustert markierte Hochdeutsch. Denn, wie Franz H. Mautner »mit nur leichtester Übertreibung« zuspitzt: »Die wesentliche Barrière zum Verständnis Nestroys in Norddeutschland ist nicht der Dialekt seiner Figuren, sondern ihr Hochdeutsch.«[33]

Der Vorwurf Nürnbergs, daß »Nestroys einzigartige Sprache, farbig und parodistisch, breit und scharf, sinnvoll und spitzfindig«, in Kuhs Bearbeitung »verwischt oder verstümmelt« sei,[34] ist mit all der polemischen Verve, die Kuh gegen ein vermeintliches Komplott der Kraus-Kamarilla entfaltet, nicht ganz vom Tisch zu wischen. Zwar hatte erst die auf »Hart!« gestellte Inszenierung Rabenalts den Nestroy-Dialogen das Federnde, Schwebende genommen, aber bereits das Textbuch der Neubearbeitung bietet streckenweise ebendas, was Kuh bei der Vorgabe »Härter!« immer schon befürchtet hatte: »Saftlosigkeit, Ungrazie, Leitartikelei, Witzmangel, Dürre.«

Im Programmheft der »Volksbühne« hatte Kuh seine durchaus nachvollziehbare Bearbeitungsstrategie offengelegt: Es komme bei der Übertragung Nestroys in ein anderes Idiom nicht so sehr auf philologische Texttreue als auf die Verständlichkeit des Tonfalls an; dieser Tonfall aber bestehe in der »Frotzelung des Schriftdeutschen schlechthin«. Der Reiz des Nestroyschen Witzes liege in dem Widerspruch zwischen der Gemütlichkeit der Sprache und der Ungemütlichkeit des Inhalts. Um Nestroy verständlich zu machen, brauche man also nichts weiter zu tun, als dessen Figuren aus einem hör- und spürbaren mundartlichen Hinterhalt das Schriftdeutsche in seinem gravitätischen Marsch absingen zu lassen. Und Kuh hat auch die Schwierigkeiten benannt, die Berliner

Ohren mit dem originalen »Lumpacivagabundus« haben: »In Wien spürt man diesen Widerspruch zwischen der Gemütlichkeit der Sprache und der Ungemütlichkeit ihres Inhalts sofort und empfindet ihn als den für Nestroy typischen höhnenden Satanismus. In Deutschland aber, für dessen Ohr Gemütlichkeit und Wiener Dialekt dasselbe sind [...], bleibt man, ohne den Sinn jenes Gegensatzes zu verstehen, nur durch einen Tonfall befremdet, der warm tönende Worte aus kaltem Herzen hinauszuschleudern scheint.«[35]

Nestroy treibt mit dem Nebeneinander von Sprachvarianten und Stilschichten unablässig sein aufgewecktes Spiel und schlägt daraus die Funken seines Witzes. Meistens macht sich die Sprache im Zwiegespräch von Umgangsprache und Dialekt, Mundart und burgtheatralischem Schillerdeutsch, dialektal gefärbtem Idiom und Hochdeutsch Gedanken über sich selbst. Auf kleinstem Raum dort, wo eine Figur aus den schwindelnden Höhen angemaßten Stils wieder auf den Boden des Dialekts herunterfällt. Denn nicht alle Charaktere Nestroys bescheiden sich mit ihrem Sprachg'wandel von der Stange – und erscheinen grotesk overdressed, wenn sie sich bemüßigt fühlen, einmal geborgte Haute Couture anlegen zu müssen. Ihre Komik entfalten die Nestroyschen Bühnentexte besonders dort, wo den Figuren verfänglicherweise ein Knopf im Sprachg'wandel aufgeht und Blößen sichtbar werden; oder wo sich die Rede zum Wortschwall bauscht und wülstige Falten wirft.

Die Einebnung der Nestroy-Partitur mit ihren souverän arrangierten Stimmen, die den Nestroyschen Sprachwitz plattmachte, geht auf die Kappe der »Volksbühne«. Das ein für allemal festzuhalten, beeilt sich auch eine Klarstellung des S. Fischer Verlags, in deren Theaterabteilung das Kuhsche Textbuch erschien.[36] Kuh, der seinen Nestroy kennt – er ist einer seiner literarischen Haushelligen –, manövriert akribisch mit den Sprachregistern; nur wenige Wiener Dialektausdrücke wurden, wie es in den Vorbemerkungen heißt, »dem universal-deutschen Gehör des Publikums nahegebracht«; so wurde etwa »fechten« zu »betteln« und das »Mopperl« zum »Dackel«.

Die Scharmützel rund um den Kuhschen »Lumpacivagabundus« finden eine Fortsetzung. Auf den Vorwurf der Voreingenommenheit, den Kuh gegen den »Troß-Buben« Nürnberg erhebt, den er als Modell für eine »groß angelegte Studie über ›Die Morphologie des Jüngeltums‹« in Betracht zieht,[37] repliziert der Angegriffene unter dem Titel »Ein Autor kränkt sich«: Ausgerechnet Kuh mache sich Sorgen um sauberen Journalismus, er, der die »rechte Hand« des »wegen journalistischer Erpressungen steckbrieflich verfolgten« Wiener Zeitungsherausgebers Békessy gewesen sei.[38] Worin Kuh wiederum »die alte Meisterschaft des Ethikers – die Handschrift des Verleumdungsgenies« erkennt, der durch »das Seminarjüngel, das cum laude aus der Schule des Ethos hervorging [...], aus dem Effeff verleumden« läßt.*³⁹

1931

Anläßlich der im Radio übertragenen feierlichen Überreichung des Harry-Lambertz-Paulsen-Rings an den Conférencier im Kabarett der Komiker, Willi Schaeffers,⁴⁰ fragt Kuh sich, wie lang man das Publikum noch mit sogenannter »Kleinkunst« – »eine Darbietung, die zu ihrer eigentlichen Wirksamkeit unser Mitleid, unseren Willen zum Entgegenkommen als Gleitkomponente erfordert. Weiße Tischtücher und klatschende Abortmänner« –, einem Genre, »das sich die übermütig aufgelegte Bourgeoisie erfunden hat, aber die zu Tod verurteilte nicht mehr brauchen kann«, *noch* zu behelligen gedenke. Warum? – »Aus der Sorge eines Nicht-Berliners um das gute Geistesansehen dieser Stadt. Weltstädte sind heute überall in Europa, ob Paris, Wien oder Berlin, Inseln im Meer der Dummheit, letzte Waffen- und Deckungsplätze des humanen, und wenn man es in diesem Sinne will, oppositionellen Geistes gegen den Ozean der vom flachen Land anstürmenden Phrasen. Einen Schritt hinaus, und man steht allein. Da kommt es darauf an, doppelt streng und rein dieses Geistes zu achten, das Gewissen wach zu halten, pedantischer und anspruchsvoller zu sein als die Kleinstadt, kurz gesagt: auf dem Quivive der geistigen Würde zu stehen. Was geschieht aber statt dessen? Welches Blatt man aufschlägt, die Spalten wimmeln von

---

* Nicht nur *läßt*: In einer Polemik gegen Bernhard Diebold, der sich in seinem Verriß der Kuhschen Nestroy-Bearbeitung generell gegen »dieses Auffrisieren von literarischen Mumien« verwahrt und als weiteres mißlungenes Beispiel derartiger »Totenbeschwörungen« die Aufführung von Jacques Offenbachs »Périchole« am Berliner Staatstheater in der Übersetzung Karl Kraus' vom März dieses Jahres anführt (Bernhard Diebold: Volksstück ohne Volk. »Lumpacivagabundus« in der Volksbühne. In: Frankfurter Zeitung, Jg. 75, Nr. 396, 30.5.1931, Dreimalige Ausgabe, A, S. 1), läßt sich Kraus gleich auch über die »Berliner Totmachung von Nestroys ›Lumpazivagabundus‹« aus, über die »aufgeführte Schändung, durch welche der Geist des Lumpazivagabundus eine Auffrischung etwa im Geiste des entwichenen Imre Békessy erfuhr, indem nicht die Lumpen Knieriem und Zwirn dem Feenkönig auf den Leim gehen und sich bessern, sondern dank dem Sieg des bösen Prinzips der Leim von ihnen zur Lumperei bekehrt wird« (Karl Kraus: Der Fall Diebold. In: Die Fackel, Jg. 33, Nr. 857-863, August 1931, S. 48-55, hier S. 50).

Betrachtungen und Aperçus der Kabarettconférenciers, einer rechnet einem berühmten Dichter juxig die Interpunktionen nach, der andere gießt sein politisches Harz aus, der dritte macht in hoher Wissenschaft, einer streichelt dem andern den Buckel, zupft den andern am Prominenzbärtchen, ›Willy Schäffers hat gesagt ...‹, ›Paul Nikolaus kommt einmal ...‹ und wieder Nikolaus und noch einmal Schäffers – ach, es geht verteufelt lustig in den Druckspalten zu, grad wie in einem Kurfürstendammlokal. Ist das für einen normalen Magen noch auszuhalten? Finden die Zeitungen, die diesem Unfug huldigen, sich noch berechtigt, sich auf den heiligen demokratischen Geist des Ernstes und der Bildung zu berufen? Oder soll es die neue Feschheit sein, made in Robitschek, farbiger Jokus, um die Sorgen zu verscheuchen? Es gibt freilich Menschen, die behaupten, der losgelassene Conférencier sei nur eine Erscheinung des losgelassenen Journalismus und es repräsentiere sich in jenem gerade so viel Geist und Bildung, als der neuen Zeitungsgeneration – Fleisch vom selben Fleisch – gerade noch verständlich und erreichbar sei. Im Zeitalter der Pointe mag eine solche Blüte des Pointenjägers begreiflich scheinen. Aber was soll sich nun, frage ich, ein etwa noch hinterbliebener Humanist aus Heidelberg, ein Europäer aus Regensburg, dem man die Abneigung gegen Berlin auszureden suchte und begreiflich machen wollte, daß diese Stadt nicht bloß aus Kabarettscherzen und Musikcafés, sondern aus tiefen, ernst gehüteten Kulturwerten besteht, denken, wenn das erstbeste Blatt, das er aufschlägt, ihn anjuxt und anschmust wie eine Druckpapier gewordene Lichtreklame von der Gedächtniskirche, wenn er sieht, daß der Präzeptor spiritus hier der Conférencier ist und daß dessen Händen neuerdings sogar der politische Wortschatz anvertraut wurde?«[41]

Zu ernsten diplomatischen Kalamitäten droht sich im Frühjahr 1931 eine Stichelei aus Wien gegen Berlin auszuwachsen. Wegen eines Bildtexts im Wiener »Abend«: »*Völkerschau im Berliner Zoo. Negerinnen vom Stamm der Sara Kaba, die große Holzteller in Ober- und Unterlippe tragen. Bei diesen Negern ist die Menschenfresserei noch nicht ausgerottet.* – Wer je in Berlin gegessen hat, wird das nicht unbegreiflich finden«,[42] wird das Blatt aus Berlin grob angeblasen.[43] Zwei Wochen darauf versucht der »Abend« die Wogen zu glätten: Die »launige Unterschrift [...], die der bei uns vielverbreiteten Ansicht entsprach, das Essen in Berlin (und einiger Umgebung) wäre nicht gerade herzerhebend«, sei bloß »so etwas wie eine lose familiäre Äußerung über liebe nächste Anverwandte« gewesen. Nachdem schon »eine Damenstimme von norddeutscher Sprachfärbung« telephonisch »in der denkbar höchsten Stimmlage« Protest eingelegt habe – »Das Essen in Berlin, rief sie, sei bekömmlicher, gesünder und besonders schöner als überall anders; es sei eine Art von Hunnenmärchen, das Gegenteil zu behaupten« –, komme man zwar um die Erkenntnis nicht herum, daß man es hier mit einer unüberbrückbaren »Geschmacksdifferenz« zu tun habe, indessen: »Sag'n ma, es war nix – und – san ma wieder guat!«[44]

Anton Kuh wähnt sich in dieser steifen Brise um eine der besten Seiten der Spree-Metropole gebracht: die weltstädtische Gelassenheit, die »zur Selbstpersiflage neigende Unempfindlichkeit«.[45] Und hat im übrigen schon im Jahr zuvor in einem Interview klargestellt, daß es mit dem »Hunnenmärchen« vom »Berliner Fraß« nichts mehr auf sich hat: »Der Österreicher glaubt immer nur von Berlin, daß es die Stadt ist, wo man schlecht ißt. Aber nicht einmal das ist mehr wahr.«[46]

Im Juli 1931 berichtet er für die »B. Z. am Mittag« von den Salzburger Festspielen, unter anderem von der »Stella«-Inszenierung Max Reinhardts[47], von »Orpheus und Eurydike« in der Regie von Karlheinz Martin und unter dem Dirigat von Bruno Walter[48] und der verregneten Naturtheater-Premiere von »Was ihr wollt« im Park von Reinhardts Schloß Leopoldskron ... – Festspielen mit Hindernissen. Wegen starken Devisenabflusses führt Deutschland 1931 eine Ausreiseabgabe von 100 Reichsmark ein, die »Hundertmarksperre«. Folge: Die Hotels sind Ende Juli so spärlich belegt wie in der Vorsaison.[49] Kuh ist wieder einmal begeistert vom »Menschenschlag, in dem sich Koketterie, Freude, Sinnlichkeit, Grandezza und Wirklichkeitsgefühl zu einer Art romanischer Deutschheit mischt«, der die Atmosphäre auf dieser Insel der Unaktualität namens Salzburger Festspielwochen prägt, dieses »freudige, doch von einer elegischen Abschiedssonne beglänzte Gestern«,[50] und ist hin und weg vom Kinder-»Jedermann« auf dem Domplatz: »Die Leser der ›Süddeutschen Sonntagspost‹ würden, wenn sie das sähen, vor Rührung heulen; ich bin ein hartgesottener Sünder, aber es war das Schönste, was ich bisher gesehen habe, und dabei: Die ›Süddeutsche Sonntagspost‹-Welt als Salzburger Wille und Vorstellung!‹«[51] schreibt er im Begleitbrief an die Redaktion.

Er selbst sorgt auch für Gesprächsstoff und Anekdoten, die sich hartnäckig an jeden seiner Schritte heften. Sein meistbesprochenes Salzburger Erlebnis referiert Willi Frischauer in Kuhs eigenen Worten: »›Wissen Sie‹, sagt er, ›die Sensation von Salzburg war die Entrevue zwischen *dem reichsten und dem ärmsten Salzburger Festspielbesucher*. Ahnungslos unterhalte ich mich mit einem amerikanischen Mädchen, sehr hübsch, sehr nett, da kommt plötzlich Papa. Sonst habe ich das in solchen Situationen nicht gerne, aber als sie vorstellte, war ich beruhigt. Es ist doch etwas Eigenartiges, wenn ein kleines Mädchen so sagt:

Mr. Morgan, mein Papa! Schließlich habe ich ›Ärmster‹ sogar *Maurice Rothschild* kennengelernt. Überhaupt war Salzburg für mich wie Shakespeares *Geisterzug der letzten göttlichen Geldrepräsentanten*, die vor meinem Bett auftauchten, bevor ich in diesem Winter vom Geld für immer Abschied nehme.‹ / Und Anton Kuh hat es erreicht. Wie Girardi mit Kaiser Franz Josef, so ging es ihm, als jemand fragte. ›Wer sind die beiden Herren, mit denen Anton Kuh dort spricht?‹ ›Rothschild und Morgan‹, war die Antwort.«[52]

Nach ein paar Tagen in Venedig zurück in Berlin, nimmt Anton Kuh am 12. Dezember am Bunten Österreichischen Abend des Österreichischen Hilfsvereins e. V. (Sitz: Berlin) teil. Von 22.30 Uhr bis 00.30 Uhr von der »Berliner Funkstunde« aus dem Berliner Theater übertragen und zeitgleich ausgestrahlt von der RAVAG, wirken an dieser »Wiener Nacht in Berlin« unter anderem mit: Paul Breisach, Grete Finkler, Martha Eggert, Anton Edthofer, Lucie Englisch, Rudolf Forster, Egon Friedell, Olly Gebauer, Fritz Grünbaum, Paul Hörbiger, Erich Kleiber, Fritz Kortner, Fritzi Massary, Paul Morgan, Max Pallenberg, Maria Paudler, Anton Pointner, Frieda Richard, Oskar Sima, Theodor Scheidl, Willy Trenk-Trebitsch und Lina Woiwode. Im ziemlich chaotischen Hauptteil, »Beim Wiener Heurigen«, kopiert Kuh, conferiert von Paul Morgan und Fritz Grünbaum, Alexander Moissis – Kuh sieht dem Bühnen-Star ohnehin zum Verwechseln ähnlich – Interpretation des »Hobellieds«.

*Anton Kuh,
um 1911.*

*Anton Kuh,
um 1920.*

Dreiviertelprofil mit Monokel und Flatterkrawatte.

Autogrammkarte.

»*Mit der Versicherung, daß meine* <u>Seele</u> *einen weitaus arischeren Charakter hat als mein* <u>Gesicht</u> *(in dieser Ausgabe!) herzlichst von Ihrem Anton Kuh Wien 29/XII.28*«.

In der Garderobe des Theaters in der Josefstadt kurz vor der Stegreif-Rede »Warum haben wir kein Geld?«, 15.11.1931.

In der Redaktion der »Münchner Illustrierten Presse«, 1932. Anton Kuh, Syndikus Paul Heim, Chefredakteur Stefan Lorant (v.l.n.r.).

*Mit Ilse Korseck während der Dreharbeiten zu
»Wie werde ich reich und glücklich?«, 1930.*

Mit Stefan Lorant im Café Heck im Englischen Garten, 1925.

*Karikatur von
Jacques Kapralik, 1926.*

*Karikatur von
B. F. Dolbin.*

*Der Stegreif-Redner.
Serie von Jacques Kapralik, 1926.*

*Anton Kuh als Conférencier.
Serie von Adalbert Sipos, 1924.*

*Bleistift-Zeichnung von Armin Stern, 1932.
Handschriftlicher Kommentar von Anton Kuh:
Im Detail: J. W. von Goethe. / Im Ganzen: ein alter Jud / = Anton Kuh.*

»Kuhrioses« – In der Anekdote

Als »Henkel der großen Seelen, wodurch sie faßlich werden für den Hausgebrauch«[1], bezeichnete Ludwig Börne die Anekdoten, jene pointierten Histörchen, die die Persönlichkeit großer Männer – großer Frauen selbstverständlich auch – auf den Punkt bringen, mit denen sie aufs Allzumenschliche zurechtgespöttelt werden, auf daß sie in die emotionale Rumpelkammer von Otto und Ottilie Normalverbraucher passen. Ich halte es hingegen mit Wolfgang Hildesheimer: »Wo die Anekdote um sich greift, ist die Wahrheit schwerlich noch zu finden.«[2]

Anton Kuh hat – allenfalls – in der Anekdote überlebt, leicht faßlich, als Klischee, unausrottbar und unrettbar: als notorischer Schnorrer, der sich gern einladen läßt, der seine Gläubiger zum Narren hält, der von Verlegern und Zeitungsherausgebern Vorschüsse für Essays und Glossen kassiert, die er nie schreibt; als ständig stierer Bohemien, dem die Gläubiger im Nacken sitzen und der trotzdem Maßanzüge vom besten Schneider am Platz trägt, in den besten Restaurants speist und in den besten Hotels logiert; als extravaganter Lebenskünstler und brillanter Alleinunterhalter mit boshaftem, ätzendem Witz. Bezeichnend, daß sich bei Anton Kuh sogar ein literatur*wissenschaftliches* Großprojekt wie die »Geschichte der Literatur in Österreich von den Anfängen bis zur Gegenwart« auf den überlieferten Anekdotenschatz als Quelle stützt.[3]

Sein antibürgerlicher Habitus und sein exaltiertes Gebaren lassen die Anekdote um seine Person gedeihen, und er trägt sein Teil zu seiner verzerrten Wahrnehmung als Wiener »Original« und Szenefigur bei. Er bedient die Pumpgenie-Klischees in Dutzenden unverhohlen autobiographischen Geschichten und bringt einige der bekanntesten Kuh-Anekdoten selbst in Umlauf. Als Episode eines von ihm angeregten großangelegten Gesellschaftsromans über den steinreichen Finanzmagnaten Sigmund Bosel, in der »Süddeutschen Sonntagspost« Ende 1926 unter dem Titel »Der Schnorrer als Krösus« lanciert[4] – Kuh tritt dort anonymisiert als »junger Wiener Bohemien« auf –, findet sich die Anekdote, nun mit Anton Kuh als Protagonist, im November 1931 unter dem Titel »Umgang mit Mäzenen. Der Bohemien und der Geldkomplex« im »Prager Tagblatt« wieder, ein halbes Jahr darauf unter dem Titel »Umgang mit Wohltätern« im Wiener »Kleinen Blatt« und 1936 in der Sonntagsbeilage des »Argentinischen Tageblatts«, »Hüben und Drüben«, unter dem schlichten Sammeltitel »Anekdoten«:

»Als Bosel noch der große Bosel war, saßen in seinem Vorzimmer Morgen für Morgen: Minister, Konzernchefs, Bankpräsidenten.
›Sie können mir‹, sagt Kuh eines Tages, als er vor Bosels Schreibtisch steht, ›ein Geschenk machen, das für mich viele Tausende wert ist, ohne daß es Sie einen Heller kostet!‹
›Was ist das?‹
›Draußen im Vorzimmer sitzt die ganze Haute Finance. Wenn Sie mit mir jetzt freundschaftlich eingehängt hinausgehen und mich zur Tür begleiten – habe ich bei allen, die dort warten, Kredit.‹
Bosel lächelt, der Spaß gefällt ihm, er nimmt Kuhs Arm, begleitet seinen Gast ins Vorzimmer, bis zur Ausgangstür.
Dort dreht sich Kuh um und ruft vor der wartenden Corona: ›Ja – und wenn du wieder etwas brauchst, Sigi, brauchst du mir nur zu telephonieren!‹«[5]

Kuh bedient immer wieder selbstironisch das Klischee, etwa wenn er im Juni 1930 in der »Münchner Illustrierten Presse« der Frage »Ist das Pumpen noch in Mode?« nachgeht und ihm zwar der Untertitel »Aus eigener Werkstatt« angebracht erscheint, auf den er jedoch verzichtet, weil man »in eine akademische Abhandlung niemals selbstbiographische Farben mischen« soll: »der Ernst geht sonst flöten und man verliert für sein Thema beim Leser das, was zum erfolgreichen Pumpen gehört: den Kredit.«[6]

Der schnorrende Kuh ist eine dermaßen notorische Figur, daß, wenn das »Argentinische Tagblatt« im Juli 1935 von einem deutschsprachigen Journalisten in London berichtet, der unversehens »schnorrstracks« nach Prag aufgebrochen sei, kein Zweifel bestehen kann, wer damit gemeint ist.[7] Befürchten doch sogar Romanfiguren, von Kuh angepumpt zu werden. Josef Löbel, das Urbild des Doktor Skowronnek, Badearzt in Franzensbad in Joseph Roths »Radetzkymarsch«, bedankt sich in einem offenen Brief beim Autor für die sympathische Figur, die dieser nach seinem Bild geformt hat, stolz darauf, »mit einem der besten Romane in die Literaturgeschichte zu kommen« – und schließt mit der Bitte: »Könnten Sie in der fünfzigsten Auflage, die jetzt wohl erscheinen muß, nicht den Zug streichen, daß ich so leicht anzupumpen sei? Sie täten mir damit wirklich einen großen Gefallen. Denken Sie doch nur, wie sich so etwas auf unseren gemeinsamen Freund Anton Kuh auswirken muß!«[8]

Mal als netter Jux – wie hier –, zumeist ulkig, wird das Thema bisweilen auch galgenhumorig gespielt:

»Eine Hakenkreuzler-Zeitung hatte geschrieben, man werde ihn ›am Tag der Abrechnung schon zu finden wissen‹.

Kuh zeigt das Blatt dem Hotelkassier:
›Sehen Sie, da nehmen Sie sich ein Beispiel, *Sie* haben mich am Tag der Abrechnung nie zu finden gewußt!‹«[9]

Kuh bringt derlei G'schichterl ums Schnorren, um kastendurchschnobbernde Pfändungsbeamte und seine chronische »Stierität« selbst in Umlauf und ist auch gar nicht empfindlich, wenn derartige »launige« Histörchen über ihn kolportiert werden; etwa jene von Paul Morgan überlieferte »Begebenheit«:

»Anton ist im Geldnehmen und Eingeladenwerden nicht schüchtern. Ich habe ihn im Restaurant niemals selbst bezahlen gesehen. Aber er ist sehr witzig und seine Bonmots bei Tische sind die Zeche wert.
Jüngst sieht er mich in eine Droschke springen.
›Ich hab's *auch* eilig‹, ruft er, ›ich fahr mit.‹
›Wohin?‹ frage ich.
›Halensee.‹
›Ausgezeichnet. Ich muß nach der Bleibtreustraße. Ich steige vorher ab und gebe Ihnen das Geld zur Weiterfahrt.‹
Als ich den Wagen halten lasse, zeigt die Uhr gerade 2 Mark 40.
›Hier haben Sie 3 Mark. Mehr als 60 Pfennige macht's nicht bis Halensee.‹
›Waaas?‹ tobt Anton, ›bloß 3 Mark geben Sie mir, wo der Zeiger auf 2 Mark 40 steht? ... Wollen Sie vielleicht auch noch mein *Jackett*!!?‹«[10]

Einem dieser »launigen« G'schichterln widerspricht er indessen vehement: Fred Heller hat in der »Bühne« Episoden aus dem »Wiener Literatur-Café« erzählt, unter anderem unter dem Titel »Die Kunst, zu schnorren« eine über Kuh, die darin gipfelt, daß dieser einst vor dem Hotel-Restaurant »Meissl und Schadn« einen wohlhabenden Industriellen um Geld ersuchte und, als sich in diesem Augenblick auch ein bettelnder Invalide an den Herrn herandrängte, zu jenem gewandt ausgerufen habe: »Weg da! – hier schnorr ich!«[11] Kuh entgegnet in einem Leserbrief auf diese Anekdote, die er als »rohe Geschmacklosigkeit« empfindet, und ersucht, deren »Erfundenheit« festzustellen – »nicht mit Rücksicht auf mein Prestige als das eines Mannes, der die Reichen nicht anpumpt, sondern in Hinsicht auf mein achtungsvolles und herzliches Verhältnis zu den Bettlern«.[12]

Die meisten Kuh-Anekdoten, die vom »Czernowitzer Morgenblatt« über die Pariser Satirezeitschrift »Cyrano« bis zum »Argentinischen Tageblatt« unter Titeln wie »Kuhrioses«, »Kuhiaden« oder »Also sprach Kuh« zuhauf kursieren, haben das Pump-Genie zum Thema, viele andere seine Schlagfertigkeit:

»Anton Kuh stellt seinen Freund Dr. Cleve, der früher Levy geheißen hat, Franz Blei vor. ›Gestatten Sie, Herr Blei, daß ich Ihnen meinen Kollegen Dr. Levy vorstelle.‹
›Pardon, Cleve‹, fällt dieser ein.
Worauf Kuh: ›Bekannt aus dem Jülich-Levyschen Erbfolgestreit.‹«[13]

Oder:

»Anton Kuh begegnet einem ehemaligen Schulkollegen, der sich ihm großartig als designierter Assistent eines in Gründung befindlichen Laboratoriums für reine Philosophie vorstellt.
›Was hast du dort zu tun?‹ fragt Anton Kuh. ›Hast du dort täglich den kategorischen Imperativ aus der Vitrine zu nehmen und abzustauben?‹«[14]

Oder:

»Anton Kuh […] wird auf der Straße von einem Gläubiger überfallen.
›Herr Kuh, zum letztenmal: Geben Sie mir die halbe Million zurück!‹
›Bedaure! Ich habe nicht einen Heller bei mir!‹
›Und zu Hause?‹
›Danke schön, alles gesund.‹«[15]

Neben Anekdoten, die so streng »nach Maß« gearbeitet sind, daß sie kaum einer anderen Person gut sitzen würden, steht er auch im Mittelpunkt von Histörchen, die wie ein Wanderpokal bald dem, bald jenem zugemessen werden, aus dem güldenen Anekdoten-Schatzkästlein gegriffen und beliebig verliehen.

Leo Perutz erzählt folgende »Geschichte aus dem Café Herrenhof«:

»›Ich habe gehört, Polgar, – Sie schimpfen auf mich‹, sagte Anton Kuh.
›Aber gar keine Idee!‹ verteidigt Frau S. den zur Rede gestellten. ›Polgar liebt Sie, erst gestern hat er wirklich voll Anerkennung über Sie gesprochen.‹
›So? Was hat er denn gesagt?‹
›Er hat gesagt: das ist doch nett von Kuh, daß er sich nicht zu uns an den Tisch setzt.‹«[16]

Friedrich Torberg erzählt die nämliche Anekdote, nur daß Ort und Dramatis personae gewechselt haben: Statt des Wiener »Herrenhof« das Berliner »Romanische Café«, statt Frau S. Egon Friedell, statt Kuh Egon Erwin Kisch.[17]

Mit letzterem verbindet Anton Kuh nicht nur eine angeblich lebenslang von beiden Seiten gepflegte Animosität, sondern eben auch eine diese widerspiegelnde Anekdote, deren Varianten schlagend vor Augen führen, welchen Wert das Genre als biographische Quelle hat:

»Anton Kuh: ›Ich kam in Berlin Sonnabend an ...‹
Egon Erwin Kisch: ›Ich entsinne mich einer Zeit, wo du noch nicht einmal Samstag gesagt hast.‹«[18]

Torberg erzählt die Anekdote mit vertauschten Rollen. Bei ihm läßt Kisch, schon ganz »Berliner Schnauze«, aber mit »unaustilgbar pragerisch-jüdischem Tonfall«, eines Tages im »Romanischen Café« die Bemerkung fallen, daß er am kommenden Sonnabend einen Vortrag halten werde. Worauf Kuh »mit mahnend erhobenem Zeigefinger« repliziert: »›Kisch – ich erinnere mich an eine Zeit, in der Sie noch nicht einmal Samstag gesagt haben ...‹«[19]

Welche Version ist authentisch? – Jene Torbergs! Nur hat Kisch, der sich schon Jahre vor Kuh in Berlin ansiedelte, die besseren Beziehungen zur Presse. Der muß den Nasenstüber zwar mit zusammengebissenen Zähnen einstecken, darf sich aber drei Tage darauf über eine Zeitungsmeldung freuen, in der zu lesen steht, daß der wegen seines Witzes bekannte E. E. K. jenem anderen, Kuh nämlich, zugerufen habe: »Ich habe Sie noch gekannt ...«[20]

Der Titel einer dritten Variante[21] – Besetzung diesmal: Kuh und Polgar – liefert im übrigen das Tertium comparationis: »Schabbes«: Kaum der jüdischen Mischpoche entlaufen, macht er schon auf Patent-Berliner.

Hübsch aufgemachte Anekdoten – Si non e vero, e ben trovato –, in zahlreichen Varianten in Umlauf gesetzt:

»Anton Kuh, der Ideenspender der Berliner Bohème, hat in seiner Bleibe auch einen gewissen Ort. Mit handlichem Zeitungspapier.
›Warum, o Meister‹, fragt ihn ein Jünger, ›benützet Ihr nicht perforierte, hygienische Rollen?‹
›Rollen ist eine Sache für Bürger. Von mir muß alles in die Zeitung.‹«[22]

Kuh wird nicht der letzte gewesen sein, dem dieses (ausnehmend schlecht sitzende*) Geschichtchen umgehängt wurde. Ob's ihm ein

---

* Fred Hildenbrandt, langjähriger Feuilletonchef des »Berliner Tageblatts«: »[Anton Kuh] gehörte mitnichten zu jenen ehrgeizigen Autoren, die nicht nur Vorschuß verlangten, sondern auch forderten, ihr Beitrag müsse gedruckt werden. Anton Kuh war zufrieden, wenn er seine Anweisung in der Hand hatte und zur Hauptkasse spazieren konnte. Ob sein Beitrag gedruckt wurde oder verschwand, war ihm durchaus schnuppe« (Fred Hilden-

Trost gewesen wäre, daß es »nicht bloß der bedeutende Mann [ist], der legendäre Witzstrahlen aussendet; umgekehrt strömen die Witze immer der namhaften Persönlichkeit zu«[23]?

Es ist ohnehin müßig, am Leichtfaßlichen zu kratzen; die Gefahr ist verschwindend gering, daß dem Hausgebrauch die Henkel entgleiten, mit denen er sich am Klischee festkrallt, das er für die ungefilterte, für nichts als die ungefilterte Wahrheit hält.

1931 – 1932

Mit einem Thema, das in der Weltwirtschaftskrise im Gefolge des »Schwarzen Freitags« aktueller nicht sein könnte, »Warum haben wir kein Geld?«, ist Anton Kuh rednerisch im Herbst und Winter 1931/1932 auf Tour – »in freiwilliger und ungebetener Stellvertretung für Max Pallenberg«, wie in den Vorankündigungen des öfteren zu lesen steht.[24]

Max Pallenberg, der renommierteste Charakterkomiker der deutschsprachigen Bühne, und seine nicht minder berühmte Ehefrau, Fritzi Massary, verlieren ihre Ersparnisse aus zwanzig Jahren – 227.000 Dollar, in österreichischer Währung gut eineinhalb Millionen Schilling – beim Krach der niederländischen Amstelbank. Wie viele andere Künstler, denen der über dem Geldinstitut prangende Name »Rothschild« ein Blitzableiter gegen alle Krisengewitter zu sein schien. Und er ist keineswegs gesonnen, diesen Schlag schicksalsergeben hinzunehmen. Im Gegenteil. Er berserkert in den Amsterdamer Direktionsbüros der Bank wie der rasende Roland und spricht, vielmehr: brüllt am 1. September 1931 bei der Gläubigerversammlung in Wien Tacheles. Er bezeichnet die Vorstände als Diebe, Schwindler und Betrüger, läßt sich über die Mißwirtschaft der Bank aus und, Shylock und Michael Kohlhaas in einem, belegt die Direktoren vom Podium herab mit Ausdrücken, »die allein für ein Dutzend Ehrenbeleidigungsklagen ausreichen«. Aufgebracht schmettert er in den Saal: »Wenn ein armer Teufel irgendwo eine Semmel stiehlt, wird er eingesperrt. Wenn ein kleiner Händler aus Not einem anderen Geld veruntreut, muß er sitzen und den Verlust ersetzen, die großen Bankdirektoren aber gehen immer frei aus, sie bleiben immer die großen Herren, sie haben immer ihr Schäfchen im Trockenen und werden niemals belangt.«[25] Und kündigt der verdutzten Versammlung an: »Ich habe es mir zum Lebensziel gemacht, so lange nicht

brandt: ... ich soll dich grüßen von Berlin. 1922-1932. Berliner Erinnerungen ganz und gar unpolitisch. Post mortem herausgegeben von zwei Freunden. 5. Aufl. München 1979 [erstmals 1966], S. 130).

zu ruhen, bis die Leute, die hier schuld sind, bestraft werden. Ich bin gesonnen, alle Mittel anzuwenden, selbst die absurdesten, die je da waren. *Ich werde mir ein Theaterstück schreiben lassen: ›Die Amstelbank‹;* ich schwanke nur noch, ob ich darin den Präsidenten *Rothschild* oder seinen Generaldirektor *Ehrenfest* spielen werde. Aber jetzt bin ich entschlossen, einen Vortrag zu halten mit den Thema: ›*Die Amstelbank, ihre Generaldirektoren und ich*‹. In allen großen deutschen Städten werde ich diesen Vortrag halten; wir werden sehen, wer für die Welt wichtiger ist, wer der Welt mehr geben kann, die vierzig geschädigten geistigen Arbeiter oder die Herren der Amstelbank.«[26]

Anfang Oktober bläst Pallenberg zum Rückzug, übergibt die Sache einem Rechtsanwalt und sagt den Vortrag ab. Wohlweislich: Sein »Wiener Amstelruf« hat ihm Hohn und Häme zuhauf eingetragen, und sein Vortrag wäre eine »Überspannung seines persönlichen Kredits« gewesen, die man ihm so leicht nicht nachgesehen hätte.[27]

Einen Monat vor seinem Auftritt in Wien kündigt Kuh in einem Interview noch an, er werde »Pallenbergs abgesagten Vortrag über die Amstelbank« halten.[28] Kurz davor gibt er – als lebenslanger Fachmann der Geldlosigkeit nunmehr zum »Orakel des desorientierten Kapitalismus«[29] avanciert – zu verstehen, er habe »keineswegs die Absicht, nur über die Amstelbank zu sprechen, höchstens in dem Sinne, daß ich das gesamte Kulturleben jetzt als eine pleite gegangene Amstelbank betrachte; viele, viele Einleger sind dabei um ihr Kapital gebracht worden …«[30]

<small>Wien, Theater in der Josefstadt, 15.11.1931, 11.30 Uhr: Warum haben wir kein Geld?</small>

Seine Kernthese: »Geld und Geist« verbindet mehr als eine Alliteration. Ersteres sei durch die Kulturwerte, mit denen die zweite und dritte Generation der Großkapitalisten ihren Reichtum meinte drapieren und damit Glanz und Noblesse verleihen zu müssen – die erste Generation habe ihren Profit mit dem nüchternen, »untäuschbaren, sachlichen Moltke-Blick auf die Wirklichkeit« gemacht –, nicht mehr gedeckt. Kultur und Geist hätten einen massiven Kursverlust erlitten, deswegen die Flucht des Geldes aus dieser Sphäre.

Kuh spricht über die Selbstzerstörung der kapitalistischen Welt, die freiwillige Demütigung des Künstlertums gegenüber der korrupten und korrumpierenden Welt des »neuen« Reichtums, eine durch Kulturinflation verkommene Kultur. Am Theater, allerorten in der Krise, erweise sich das am deutlichsten. »Der bengalische bürgerliche Zauber: das Theater. Franz Josef besuchte es, um zu sehen, welchen Frack der Schauspieler Sonnenthal trug. Das Bürgertum brauchte das Theater, um an seine eigene Wirklichkeit zu glauben, ungebrochenere Zeiten hielten es sich (und verachteten es). Je

<small>Prag, Urania, Großer Saal, 23.11.1931, 20 Uhr: Warum haben wir kein Geld?</small>

mehr der Schauspieler Vollbürger wurde, desto schlimmer stand es um die bürgerliche Kultur. Vollbürger wurde selbst Pallenberg, der harpagonhaft von der Bühne stürzte, seine Rache in die Wirklichkeit schleuderte. Wenn die Kultur in Gefahr ist, welches Gut wird zuerst als bedroht genannt? Das Theater. Als wären nicht *alle* Kulturgüter in Gefahr – als hätten wir nicht deshalb kein Geld, weil wir verlernt haben, an die Güter zu glauben, die wir für Geld kaufen können. Das Geld verkriecht sich vor den nicht mehr geglaubten Werten. Die Walhall-Brücke von Kant zur Börse, vom kategorischen Imperativ zum Aktienkurs […] ist zerbrochen. Das Geld berief sich gern auf den Bücherschrank als Rückversicherung – aber auch die Bücher sind längst fort.«[31]

Mit mehrfachem Vorbehalt[32] – »Wenn Anton Kuh spricht, dann läuft er seinem Thema nach, von dem einmal gefaßten Gedanken spinnen sich tausend weitere fort, und wie die Spinne, so webt er sein Gedankennetz um die Materie. Manchmal geht es ihm auch darum, seine einzigartigen Formulierungskünste zu treiben, koste es, was es wolle. Dann sagt er, was ihm in den Sinn kommt, mag es nun zum Thema gehören oder nicht« – gibt die »Wiener Sonn- und Montags-Zeitung« wieder, was er »ungefähr […] im ausverkauften Haus des Theaters in der Josefstadt unter großem Beifall seiner vielen Freunde gesagt« hat.

»Mein Recht, über die Materie zu sprechen, hat seine Ursache in der heutigen Zeit, in der der alte Kapitalismus mit seiner Weisheit zu Ende ist. Seine Sachlichkeit ist auf allen Linien geschlagen und der Verfemte, Unseriöse wird mit einem Mal zum weisen Sachverständigen. Es häufen sich in der letzten Zeit Fälle, wo große Bank- und Finanzsachverständige mich zu Rate ziehen und mich fragen, was nun aus allen Dingen werden soll. Den Grund, warum man mich gerade zu Rate zieht, glaube ich zu wissen: man hält mich für den genialen Vorfriedensschnorrer, für einen, der die heutigen Zustände an seiner eigenen Person viele Jahre vorher erlebt hat. Wie fühlt man sich, fragen jene Leute, wenn man kein Geld hat, um sich für die künftigen Zeiten vorzubereiten? Wir müssen jetzt, sagen sich diese Leute, zum ersten Male etwas versuchen, was Anton Kuh sein ganzes Leben lang gemacht hat: ohne Geld zu leben. / Jetzt höre ich sogar, daß man aus diesen Erwägungen heraus sich entschlossen hat, mich in den Wirtschaftsbeirat Hindenburgs zu kooptieren. / Zum Thema selbst möchte ich folgendes sagen: Ich bin auf die paradoxe Tatsache gekommen, daß man, so wie man nichts auf Erden umsonst kriegt, nicht einmal Geld um-

Berlin, Kurfürstendamm-Theater, 5.12.1931, 20.30 Uhr: Warum haben wir kein Geld? (Von Kant bis Patzenhofer)

Mährisch-Ostrau / Moravská Ostrava, Deutsches Theater, 16.12.1931, 20 Uhr: Warum haben wir kein Geld? (Von Kant bis zur Pleite)

sonst bekommt. Es gibt nämlich einen eigenen Geist des Geldes und alles, was der senil gewordene Kapitalismus in den letzten Jahren verschuldet hat, war Hochverrat am Geiste des Geldes. Man kann nicht erwarten, daß der Staat wie ein Schokoladeautomat funktioniert, der Geld herauswirft, wenn man den Voraussetzungen des Gelderwerbens und -machens untreu geworden ist. Diese Voraussetzung des Gelderwerbens, von dem die Financiers vom seligen Amschel Rothschild bis in Urväters Zeiten ausgegangen sind, ist das Gegenteil von dem, was die jetzt zu Ende gehende kapitalistische Epoche getan hat: nämlich hinter dem Geld nicht mehr die Wirklichkeit zu sehen. Diese Epoche hat nicht mehr die Fähigkeit, den Gelderwerb von allen Illusionen, Idolen und Phrasen loszulösen, so wie es eben jener Amschel Rothschild konnte. Hinter dem Geld muß eine Wirklichkeit stehen, nackt und exakt. / Das war der große Fehler der Nachkommen Amschel Rothschilds wie des gesamten heutigen Kapitalismus, daß sie eine unnatürliche Ehe zwischen Geld und Idealismus förderten. / Jetzt ist es so weit, daß der mit sich selbst nicht fertig werdende Kapitalismus auf Erlösung durch die rettende Bürokratie hofft, die ihm früher eher lästig im Wege gestanden ist und deren tatsächlicher Wirkungskreis es früher war, in einem Amt die Bleistifte zu zählen. / Wir haben kein Geld, weil wir auch die Werte der Kultur und des Geistes, die hinter dem Gelde gestanden sind, nicht mehr haben. Die wahren Kunstwerte von früher (Burgtheater, Universität) sind es nicht mehr. Ganz Europa ist wie die pleite gegangene Amstelbank des Geistes und wir alle müssen uns um die Investitionen betrogen fühlen. Wir sind in unseren Hoffnungen getäuscht und verlieren unser Kapital, wenn wir es auch nicht in barer Münze investiert haben. So können wir alle den Pallenberg-Schrei ausstoßen, aber man kann sich auch zu meiner Parole bekennen. Ich proklamierte: Wir verzichten auf unsere Einlage bei dieser Amstelbank, wir machen uns unser Geld selber, *wir schaffen uns den neuen Geist, der uns nicht gestohlen werden kann.*«[33]

Hamburg, Kammerspiele im Lustspielhaus, 23.1.1932, 22.45 Uhr: Warum haben wir kein Geld? Von Kant bis Patzenhofer

Vor der späten Soiree zum Thema »Warum haben wir kein Geld?« im Theater am Ku'damm am 5. Dezember 1931 kursiert ein Witz – ein Witz, der peinliches Erschrecken auslöst: Nach Schluß der Vorstellung seien alle Ausgänge des Theaters von SA-Abteilungen besetzt: »Man hätte alle so schön beisammen …« Der Rezensent des »Berliner Lokal-Anzeigers« registriert denn in der Tat: »Diese wienerisch-berlinisch-östliche Mischung eines sehr eleganten, sehr über sich selbst lächelnden Publikums war selbst für ein Theater am Berliner Kurfürstendamm erstaunlich. Man war ganz unter sich …«[34]

Als Kuh drei Wochen zuvor in einer Matinee mit demselben Thema in Max Reinhardts ausverkauftem Theater in der Josefstadt auf der Bühne steht, ein ähnlicher Eindruck. Es ist alles da, »was zur Wiener ›Prominenz‹ gehört«[35]: Die Frage könnte aktueller nicht sein, indes: Wenn Kuh in die Logen hinauf- oder ins Parkett hinunterblickt: »geschmackvolle Herbsttoiletten, [...] elegant gekleidete Herren. Das Haus ist bummvoll von lauter soignierten Leuten«. Über den Vortragstitel, »Warum haben wir kein Geld?«, kann das Auditorium nur schmunzeln; so schlimm ist es nicht, glücklicherweise. Aber sie sind ja auch »nur gekommen, weil sie sich einen Hauptspaß von Anton Kuh erwarten«,[36] merkt der Rezensent der »Neuen Freien Presse« an. Nun werden sie darin zwar nicht enttäuscht – aber nur, soweit sie über sich selbst lachen können.

Kuh stegreift zum Thema »Warum haben wir kein Geld?« in Wien, Prag, Berlin, Mährisch-Ostrau, Hamburg und Frankfurt am Main, und beinahe überall stellt sich ein Rezensent mit dem mehr oder weniger lauten Vorwurf ein, der »Routinier der Pleite«[37], schlage aus derselben auch noch Kapital. Wien: Das Tragische an »diesem stupend beweglichen Geist« sei, daß sein Publikum in ihm den »Intellektualitätsclown«, den »geistige[n] Knockabout« sehe, »der mit schallenden Luftohrfeigen (gegen nichtanwesende Gegner), mit halsbrecherischen Saltos« arbeite – und daß er sich mit dieser Rolle abzufinden scheine: »Weil sie Zulauf bringt und ein bißchen Einkommen.«[38] Berlin: Dieser »geistvolle Bohemien« mache »den Spaßmacher am Tisch des Kapitalismus« und esse »seine Früchte [...], während er ihn verachtet«.[39] Hamburg: »Herr Kuh schlägt aus dem Dalles Kapital.«[40] Selbigenorts dezidierter Widerspruch: »Aber Stegreif hin, Stegreif her, man kann über die Inszenierung verschiedener Meinung sein, was uns der Kuh da in 1½stündiger Rede, witzig und ernsthaft, jüdelnd anekdotisch und ›unseriees‹ philosophisch versetzte, das lohnt schon des Nachdenkens und ist mehr als aus dem Dalles Kapital schlagen.«[41]

»Bis aufs psychologische Beuschel« – »Physiognomik« und Physiognomik

»Zweiundzwanzig Mal furchtbar gelacht; dreizehn Mal gelacht, vierundvierzig Mal geschmunzelt, manches nur gelesen. Das ist wirklich sehr lustig. [...] Manches reicht, teuerster Kranz, den ich zu vergeben habe, an Lichtenberg heran.«[1] – Worüber hat Kurt Tucholsky *furchtbar* gelacht? – »Wenn Gott aus dem Nebenzimmer Bettknarren gehört hätte, hätte er den Menschen nicht erschaffen« (Kapitel »*Eros* oder Der Geliebte«); »Der Lebenstraum des Kisch: 1793, Bürger K. wird zur Guillotine geführt. Kragen herunter; Trommelwirbel; der Leib kommt aufs Brett; Henker Sanson gibt das Zeichen. In diesem Augenblick zieht K. eine Berichterstatterkarte aus der Tasche: ›Pardon ... »Prager Tagblatt«‹; »›Othello‹ in zwei Sätzen: Sie (läßt plötzlich gutgelaunt den Kopf im Sessel zurückfallen, denkt an etwas und singt vor sich hin): ›Tra-la-la ...‹ Er: ›Das mir, Elende?!‹ (Erwürgt sie.)«? Worüber gelacht? – »Österreich: eine Schweiz der Komfortlosigkeit«; »Der Deutsche ist ein Regimentskamerad. Der Österreicher ein Mitschüler«; »Neue Generation: Sie wissen nicht, wo Gott wohnt, aber sie haben ihn alle schon interviewt«? Geschmunzelt? – »Was ist der Unterschied zwischen dem Literaten und dem Dichter? Der Literat hat mehr zu sagen, als er erlebt hat, der Dichter hat mehr erlebt, als er sagen kann«; »Die Bohemiens dieser Zeit sehen recht schicklich aus. Sie haben nur noch eine ungewaschene Seele«; »Nicht ohne Schadenfreude stellt der Psychoanalytiker fest, daß auch das Genie hinaus muß«?

Angetan war er jedenfalls vom »kleinen Moritz« (»Wie sich der kleine Moritz die Weltgeschichte vorstellt – – genau so ist sie!«), den zitiert er gleich mehrfach in seinen Texten und Briefen.[2]

Auch die »Monumentalausgabe Kuhscher Aphorismen«[3], die »Physiognomik« – Leinenband mit Schutzumschlag (um 4 Mark) oder broschiert (3 Mark), elf mal achtzehn Zentimeter, einundhalb Zentimeter stark, von Robert Haas entworfener typographischer Titelschriftzug, 124 Seiten, 435 Aussprüche, im Herbst 1931 bei Piper erschienen –, wartet keine frohgemuten weltklugen Ratschläge für ein »gelingendes« Leben auf, keine auf Formeln oder Flaschen oder gar auf Flakons gezogene Weisheiten, keine zeremoniellen Sentenzen, keine verschwitzten Maximen.

In Bruchstücken aus dem »Vorwort zur nächsten Auflage (a. d. Jahr 2030)« legt Kuh hofrätlich sordiniert dar, warum er seine Aperçus »Aussprüche« genannt hat. Zum einen seien sie »Überreste eines geredeten Daseins«; sodann aber wollte er sie geflissentlich »von der Kunstart der als ›Aphorismen‹ bezeichneten, aus der Selbstbespieglung der Sprache entstandenen Formeln unterschieden wissen«. Er sei ein »Chauvinist der Wirklichkeit. Man darf also glauben, daß ihn jeder Gemeinplatz, ja Kalauer, der diese ins Herz traf, eine tiefere Sentenz dünkte als der beste Aphorismus.« Und warum der Titel »Physiognomik«? – »Bildete er doch, indem er seine Aussprüche in einer Art Notwehr aus den Gesichtern seiner Zeitgenossen riß, die Physiognomie jener Zeit nach. [...] Es war zwischen Torschluß und Anfang. Zwei Kulturen lösten einander ab. Der adelige Mensch wich dem gemeinen, der Geist streckte die Waffen, der Plebejer regierte das Zwischenreich.«[4]

Kuh brilliert wieder in der Herabsetzung zeitgenössischer Geistesgrößen, entfaltet seinen beißenden Witz gegen das Klebrige des »Betriebs«, gegen das Spießertum aller Zonen und Grade und insbesondere gegen die Diktatur der Mittelmäßigkeit sowie die Hinundrücksichtelei des politischen Juste milieu: »Lieblinge des Zeitalters: der Zuschneider des Antonius, das Stubenmädel der Kleopatra«; »Physiognomie der Zeit: Das Gesicht des Führers ist identisch geworden mit dem der Geführten«; »Klassenumschichtung den heroischen Geschichtsprofessor hat der martialische Bureaudiener abgelöst«; »Wenn ich ein Zeichner wäre, würde ich versuchen, aus einem nebeneinandergestellten Fragezeichen und Ausrufzeichen ein Gesicht zu entwerfen. Man hätte damit das Lineament aller Plebejergesichter: den Zweifel in die Beachtetheit und den Schrei nach Beachtung«.

In Kapiteln wie »*Res publica* oder Der Bürger«, »*Physiognomik* oder Der Zeitgenosse«, »*Rencontre* oder Der Plebejer«, »*Vita* oder Der Mensch« versammelt er kulturpessimistische Glossen: »Das kindische Europa! Es glaubt, der Mensch im Smoking lasse sich retten, wenn man den Smoking nur fest hält. Um ihn nicht aus der Hand zu lassen, opfert es die Menschheit«; »Wunschtraum der Menschheit Romantik mit Wasserspülung«; »Film und Radio – zwei Errungenschaften und die gleiche Bestimmung: daß sie, entgegen ihrem Sinn, die Wirklichkeit zu verbreiten, die Unwirklichkeit vermehrt haben«; »Die versinkende Kultur der Gegenwart klammert sich an den Strohhalm, aus dem man den Cocktail schlürft«; ätzende Kommentare zum Befinden der zeitgenössischen Publizistik: »Mit achtzehn ist jeder von uns ein Genie, mit achtundzwanzig jeder ein Redakteur«; »Der Leitartikel zum Radikalismus: ›Nun – es wird nicht so heiß gegessen, wie ich die Hosen voll hab'‹«;

»Der Intellektuelle im Staatshaus: Ich würde mich schämen, im ersten Stock über Ausdruckstanz und Negerplastik zu disputieren, wenn im Parterre unter mir Menschen erschlagen würden«. »Tisch und Nebentisch« der Literatur finden sich im Kapitel »*Regal* oder Der Leser« beinah in derselben Besetzung wieder wie schon in »Von Goethe abwärts«.

Das »Vademecum für geistig Bemittelte«[5] findet Anklang. Die Unzahl an Vorabdrucken in Zeitungen des gesamten deutschen Sprachraums bereits im Sommer 1931 spricht für sich, und sogar die »Reichspost« ist überaus angetan von der neuen Auslese aus dem »boshaft-witzigen Repertoire Anton Kuhs« – die nur den Makel habe, daß dieser »die Grenze des guten Geschmackes oft nicht zu kennen scheint«.[6]

In einer »Selbstanzeige« seines Aperçus-Bands zieht Kuh wieder über das ganze »sentenziöse Lirumlarum« her, dessen abgestandener Esprit sich in billigen Paradoxien erschöpfe und dessen geheime Maxime offenbar laute: »Sag in Anmut Vorletztes und Drittletztes, niemals Letztes! Verwirr unser Vokabular, aber zerstör es nicht! ... So ist durch sie am Ende mit der Geistreichheit der Geist überhaupt in Verruf gekommen – man hat ihn seither als Spielzeug genommen statt als allmächtiges Element.« Er ziehe es vor, »das Letzte ohne Grazie zu sagen«. Ja, zuweilen erscheine dieses Letzte bei ihm »im schlichten Kittel des Gemeinplatzes oder Kalauers«. Dennoch empfiehlt er seine Aussprüche dem geneigten Leser: »Reichliche Anspielungen auf Zeitgenossen, die er teils liebt, teils nicht leiden kann, werden seine Mühe lohnen. Er erkennt schliesslich, dass diese Aussprüche nicht Einfälle sind, sondern Resultate, vielleicht Splitter eines explodierten Denksystems.«[7]

Und wieder ist die Paradoxa-Maske der zeitgenössischen Spruchweisheiten zumindest mit schuld daran, daß dem Autor die Freude daran wenn schon nicht vergällt, so doch getrübt wird. Denn zugleich mit dem Aphorismus sei »der sogenannte produktive Druckfehler geboren« worden: »Die Setzer, an die wackere Gradheit der Sprache gewöhnt, [...] standen vor der Erscheinung des Paradoxen ratlos. Doch das schadete vorerst nichts. Es stellte sich damals heraus, dass Aphorismen durch Druckfehler an Sinn nur gewinnen, nicht verlieren können ... Immerhin dauerte es einige Zeit, bis die Setzer darauf kamen, dass Umkehrung und Gegenteil des Witzes Würze sind. Aber dies Gesetz blieb ihnen dann in Fleisch und Blut. Ihr Wahlspruch war: wir sind auf alles gefasst. [...] / Auf mich waren sie nicht gefasst ... O wär ich doch in ihrem Sinne paradox geblieben! Hätte ich mich zu der alten Aphorismenform bekannt, wonach zweimal zwei fünf ist – jeder Korrektor hätte mich verstanden. So halte ich einen Schritt weiter – bei mir ist zweimal zwei schon wieder vier: Gipfel der Verwirrung! Dass ich mich so auf eigene

Paradoxienfüsse stellte, statt mit denen der Vorzeit zu marschieren, hat mein Buch zum Schlachtfeld aufeinanderprallender Interpretationen und Gesinnungen gemacht. Man war um mein Geistes- und Seelenheil besorgt, man wollte mir wohl, ich weiss es. Die Schwester des leitenden Prokuristen im Verlag sah, dass da etwas über Revolutionäre geschrieben stand – nein, sagte sie sich, das meint der Autor gewiss nicht, das ist ein Druckfehler – und sie merzte ihn aus. ›Oho!‹ rief der sozialistisch gesinnte Metteur entgegen, ›da kennt ihr ihn schlecht ... wenn z. B. auf pagina 94 steht, dass Robespierre seinen Wahrheitseifer nur der Unruhe über die Dantons dankt, wie Rousseau seine Tugend bloss dem Neid auf die Voltaires – so ist das gewiss nicht seine wahre Ansicht: Rousseau und Robespierre stehen diesem Fanatiker zu hoch – er meint gewiss das Umgekehrte.‹ Und änderte entsprechend die Namen um. Dann griff eine Tante des zweiten Compagnons ein. Der Umbruchkorrektor widersprach ihr. Das Gefecht wurde hitzig, eine Einigung war nicht zu erzielen, Druckfehler bedeckten die Walstatt. Bloss in einem herrschte ungeteilte Eintracht: im Respekt vor meiner paradoxen Artung. Sie sahen ›Phentesilea‹ statt ›Penthesilea‹, ›Apamantus‹ statt ›Apemantus‹. ›Nee‹, sagten sie, ›lassen wir's stehen, bei dem Kuh kann man nie wissen, was gemeint ist – wahrscheinlich ist das schon der Aphorismus.‹ Ich beschloss, als ich das Werk sah, meinen nächsten Band unter dem Titel ›Druckfehler‹ zu edieren. (Motto: ›Druckfehler sind die Aphorismen der Setzmaschine.‹)«[8]

Daß diese Sammlung blanker Bosheiten, mit denen Anton Kuh seinen Zeitgenossen zu Leibe rückt, den Titel »Physiognomik« trägt, leuchtet ein. Und es leuchtet umso mehr ein, wenn man sich vergegenwärtigt, daß physiognomische Fragen seit mehr als hundert Jahren nicht nur in wissenschaftlichen Disziplinen wie Anthropologie, Psychiatrie, Physiologie und Kriminologie, sondern auf breiter gesellschaftlicher Ebene diskutiert wurden und daß es im Deutschland der 1900er und 1920er Jahre nicht nur eine Mode war, Physiognomik zu treiben, das heißt, à la Lavater Körpermerkmale geistigen und seelischen Eigenschaften zuzuordnen, sondern geradezu eine Manie.[9]

Der Physiognomik, der »Wissenschaft, den Charakter (nicht die zufälligen Schicksale) des Menschen im weitläuftigsten Verstande aus seinem Äußerlichen zu erkennen«,[10] waren schon Johann Caspar Lavaters Zeitgenossen grundsätzlich skeptisch begegnet. Der Darmstädter Kriegsrat Johann Heinrich Merck etwa weiß sich zwar mit Lavater im kulturpessimistischen Beharren auf die Unhintergehbarkeit von äußeren Merkmalen einig, die es erlaubten, ohne Umweg über mediale Verzerrungen, etwa die Sprache, das Innere zu entziffern. Zuwenig aussagekräftig erscheinen ihm indessen die bloß im Profil, zumeist im Schattenriß gefaßten Fixpunkte physiognomischer Lektüren: der das Gehirn »ausdrückende« Schädel sowie die »festen Teile«: Kinn, Nase, Ohren, Formen und Konturen der Lippen, der Augen und Augenbrauen. Auch wenn Merck von der Gültigkeit der intuitiv über den ersten (prätendiert unmittelbaren, unverstellt wirkenden) Eindruck gewonnenen Einschätzung eines Menschen überzeugt ist, widerstrebt es ihm, seine individuellen Erfahrungen und Urteile in ein Lehrgebäude mit dem Anspruch universeller Gültigkeit einzubringen und damit der physiognomischen Vision der Lesbarkeit unveränderlicher physischer Merkmale Vorschub zu leisten. Mit der Erkenntnis, daß die Physiognomik in ihrem Anspruch, wenigstens »einige Buchstaben« des »göttlichen Alphabeths«[11] lesbar zu machen, letzlich erst das produziert, was sie zu beobachten vorgibt, sie nur lesen kann, was sie selbst geschrieben hat, ist für Merck die Schimäre vom gläsernen Menschen abgetan. Was ihm an Lavaters »Physiognomischen Fragmenten« besonders gefällt, ist ihr hoher Preis – der ihrer weiten Verbreitung vor sein werde.[12]

Die akribische Vermessung des menschlichen Schädels machte sich in der Folge insbesondere die Kriminalwissenschaft zunutze und führte am Ende des 19. Jahrhunderts zu den Furore machenden kriminalanthropologischen Theorien des Turiner Psychiaters Cesare Lombroso und zur standardisierten photographischen Registrierung und Katalogisierung von Verbrechern. Lombrosos Gruppenbilder von Kriminellen, dieses Inventar des Bösen, weist voraus auf die Abwege pseudowissenschaftlicher Wahnvorstellungen wie der völkischen Rassenphysiognomik.

Während Lavater 1772 noch bescheiden postuliert hatte, den Charakter, aber ausdrücklich nicht »die zufälligen Schicksale« des Menschen seinem Äußeren abzulesen, war es nun Gemeingut physiognomischer Spekulation, daß einem nicht nur der Charakter ins Gesicht, sondern auch gleich das Schicksal auf die Stirn geschrieben steht.[13] Damit gerät der aufklärerische Anspruch, mittels der Lavaterschen »Ausspähungskunst des Inneren« in das wahre »Gesicht der Zeit« blicken zu können, den Menschen, der Gesellschaft die Maske vom Gesicht zu reißen und mit großer Gebärde die theatralische Verfaßtheit der Gesellschaft abzuschaffen, auf die Abwege des Okkulten und des Obskurantismus, die in den 1920er und 1930er Jahren in schönster Blüte standen.

Die deutsche Gesellschaft hatte nach 1918 ein »regelrechtes physiognomisches Syndrom« ausgebildet[14], suchte unablässig nach dem »Gesicht der Zeit«, nach dem »Deutschen Antlitz«. Das noch aus dem 19. Jahrhundert datierende Projekt einer »Nationalen Porträtgalerie« fand in unzähligen Inventaren und Katalogen aller möglichen Kulturen ihren Ausdruck – darunter die von 1922 bis 1935 in sechzehn Auflagen erschienene »Rassenkunde des deutschen Volkes«, eine »Porträtgalerie«, die den Adel der nordischen Rasse beschwor,[15] sowie 1930 auch eine »Rassenkunde des jüdischen Volkes«.[16] Der Popularisierung der neuen Parawissenschaft »Rassenkunde« war durch die weitverbreiteten Kenntnisse für den physiognomischen Hausgebrauch der Weg bereitet.

Ebenfalls 1929 erschien »Deutschland, Deutschland über alles« von Kurt Tucholsky und John Heartfield, eine Art satirische »Nationale Porträtgalerie« von links, die indessen aus dem zum Allgemeingut gewordenen physiognomischen Fundus an Vorurteilen schöpfte – wenn auch in der Absicht, den »deutschen Charakterkopf« gründlich zu desavouieren. Da hatte das Projekt der »Nationalen Porträtgalerie« bereits eine »biologische Version in der Gestalt der ›Sippenforschung‹ erhalten«,[17] die geradewegs in Unternehmungen der physischen Auslese mündeten: einerseits zur Elitenzüchtung in Einrichtungen wie »Lebensborn e. V.« und die »Stiftung Ahnenerbe«, andererseits zur Ausmerzung des »Untermenschentums«.

Wohin der Weg führen würde, zum Erkennen von Unterschieden zwischen sogenannten »arischen« und »nichtarischen« Menschen nämlich, hatte Walter Benjamin in seinen Betrachtungen zu einem ersten Auszug von August Sanders großangelegter photographischer Dokumentation der Deutschen unter dem Titel »Antlitz der Zeit. Sechzig Aufnahmen deutscher Menschen des 20. Jahrhunderts« (1929), klarsichtig diagnostiziert: Er hat ihr in seiner »Kleinen Geschichte der Photographie« 1931, das Unheil ahnend, attestiert, ihr könnte über Nacht »eine unvermutete Aktualität zuwachsen«: »Machtverschiebungen, wie sie bei uns fällig geworden sind, pflegen die Ausbildung, Schärfung der physiognomischen Auffassung zur vitalen Notwendigkeit werden zu lassen. Man mag von rechts kommen oder von links – man wird sich daran gewöhnen müssen, darauf angesehen zu werden, woher man kommt. Man wird es, seinerseits, den andern anzusehen haben. Sanders Werk ist mehr als ein Bildbuch: ein Übungsatlas.«[18]

Anton Kuh ist bekennender Physiognomiker. Das zu erweisen, bräuchte es den Nachweis der auffälligen Häufigkeit von »physiognomisch« und »Physiognomik« in seinem Werk nicht. »Eine Art von Kultur- und Landschaftsphysiognomik«[19] nennt er etwa seine Streifzüge durch das hochsommerliche Wien des Jahres 1916; einem »physiognomischem Verhör« unterzieht er 1918 als Gerichtssaalkiebitz den Angeklagten in einem Mordprozeß, den er dazu beglückwünscht, daß die Geschworenen nicht wissen, »wer Lavater war und was Physiognomik ist«, er habe nämlich »ein veritables Verbrechergesicht«[20]; als obersten

Sachverständigen einer zu gründenden »physiognomischen Polizei«, der die Mörder, die das NS-Regime den vor ihm Geflohenen selbst noch ins Ausland auf die Fersen heftet, untrüglich an deren Visage und ihrem Gehabe zu identifizieren imstande ist, empfiehlt er sich selbst im September 1933.[21]

Ein Gesicht, ein »wirkliches Gesicht« ist Anton Kuh ein Abenteuer – das ihm immer seltener zuteil wird. Nichts als »unheilige, verschmuddelte Klassenfratzen«, beklagt er schon Mitte der 1920er Jahre[22], zu Gesichtern geronnene Phrasen, Massengesichter ohne Geheimnis – ohne diesen »undurchdringlichen Rest hinter allem Zutageliegenden und Erforschlichen, der einem Antlitz erst den göttlichen Glanz gibt«[23] –, statt Physiognomien die omnipräsenten genormten Visagen von Filmstars. »Kein eigenes Gesicht zu haben, das ist für diese Generation der Glattrasierten ein beinah so großes Vergnügen wie für die frühere der Besitz eines Originalgesichts.«[24] Ein Mißstand, für den Kuh Abhilfe wüßte: »An den Ballsaaltüren steht manchmal angeschrieben: ›Heute Maskenzwang‹. Ich träume von einer Lustbarkeit, die unter dem Leitspruch vonstatten geht: ›Heute Gesichterzwang‹.«[25]

Kuh sammelt die Physiognomien seiner Zeitgenossen.[26] Er lüpft ihnen die Maske und liest in ihren Gesichtern wie in offenen Büchern und damit dem »Antlitz der Zeit« die Symptome ab – nicht ohne die Anamnese gleich mitzuliefern. Die meisten seiner überscharf belichteten Porträts verzerren charakteristische Details zur Karikatur – mimisch, gestisch, sprachlich – und damit zur Kenntlichkeit.

Beinah mehr Beweiskraft noch als dem Gesicht wächst in Kuhs Skizzen der Stimme, der Sprache, dem Idiom zu. Unnachahmlich seine Fähigkeit, Akustisches plastisch zu modellieren. Etwa die Stimme eines der Telephonfräulein in der Hauszentrale des »Adlon«: »Elisabeth … kennt Ihr die Stimmen, die wie Seifenblasen des Herzens am Ohr platzen, zart und zittrig? Die, wie von Traurigkeit angeritzt, in der Luft schweben? … Oft ist es, als bezähmte sich in ihnen ein Hustenreiz und wölbe sich zum Cellowohllaut.«[27] Oder das »Knautschen«, die näselnde Abart des Schönbrunner Deutsch, in der die obersten Hundert der Oberen Zehntausend der Habsburgermonarchie verkehrten: »das Negligé im Tonfall; die Zunge legt sich da faul zurück wie in einen Klubfauteuil, die Vokale erhalten eine kleine Parfum-Injektion Langweile aus verengter Nasenhöhle, die ›r‹ werden von der Gaumenplatte aufgepickt wie Krumen einer delikaten Torte, die Lippen öffnen sich zu nicht mehr Atem, als man dem öffentlichen Besitz unbedingt entnehmen muß – und dieser tönende Mundvorrat wird schluckweise konsumiert, zerbröckelt in einer Sauce von Gelächel.«[28] Im sprachlichen Habitus erschließt sich für Kuh die Person: Wenn er etwa eine Rede Fürst Fürstenbergs im österreichischen Herrenhaus als militärischen Tagesbefehl charakterisiert, in dem die »offiziersschneidigen rrrs« in Worten und Phrasen wie »Granitblock«, »Strom der Hoffnung« und »Die Krone ist ein Band« wie Sägespäne zu Boden fallen;[29] oder wenn er Adolf Hitlers Idiom, »his Hausmaster's voice«,[30] analysiert: »ein Deutscher, der so spricht, wie eine Hannoveraner Hausgehilfin sich vorstellt, dass ein Münchener Handlungsreisender reden würde, wenn er aus Eger im Sudetenland nach Wien ausgewandert ist; und alles in allem: ein Unterbeamter, der alle verwickelten Phrasen des österreichischen Amtsstiles geschluckt hat, bevor er in der Wiege das erste mal ›Mama‹ rief.«[31]

So wie er allerfeinste mimische und gestische Valeurs mit traumwandlerischer Sicherheit erfaßt, hat er auch ein allerfeinstes Gehör für Tonfälle und Sprachgesten. Schauspieler, so Kuh, haben gewisse Worte und Gebärden, in denen sie mit merkbarem Vergnügen ausruhen, »doch was kommt der Freude gleich, mit der sie das Wort *heiraten* aussprechen?! ... Wie ein dreiteiliges Pfauenrad steigt es aus ihrem Schlund, ein Dreiklang der Trivialität, die sich an der eigenen Feierlichkeit labt. [...] dann spüren sie, daß sie das Haus bei seinem atemstockenden, bürgerlichen Herzen gepackt haben. Heiraten, auf der Bühne ausgesprochen, ist immer eine Rakete.«[32] Oder wenn er den Wiener Polizeipräsidenten Johann Schober bei einer Zeugenaussage vor Gericht schildert: »Er eilte auf zwei langen Taumelbeinen, deren Ungradheit der gravitätische Bratenrock kaum zudeckte, in den Saal; jeder Zoll ein Profoß, kein Präsident; in seinem Gesicht malte sich erdfahl die Verzagtheit des Augenblicks. Er rezitierte seine Aussage in einem Ton submissester Sattelfestheit, wie ein Vorgesetzter, der als Prüfling dasteht.«[33]

Kuh versteht es, Persönlichkeiten, Typen auf den Punkt zu bringen, etwa Wiener Couleurstudenten beim sogenannten Bummel, dem »Brauch, seine Gesinnung paarweise äußerln zu führen, in jenem verträumten, gottgelassenen Schlendertrott der inneren Kraft, der uns aus der Kinderzeit als Ablenkung von gewissen Gerüchen bekannt ist« – »Einherwackern« nennt er diesen Schritt.[34] Oder den österreichischen Bundeskanzler Monsignore Seipel, »k.k. Hof-Hauslehrer a.D.«: »Gesicht und Haltung sind die eines Freiplatz-Zöglings, der in guten Häusern Unterricht erteilt und voll geducktem Ehrgeiz in deren Winkel schaut. Gefahr von morgen.‹[35] Oder den Backfisch (»Sein Körper zeigt die possierlichen Unarten des Übergangs, vorn präsentiert er mit Hochdruck seine Weiblichkeit, im Rücken brennt ihm der mütterliche Zuruf. ›Halt dich grad!‹«)[36], das k.k. Ballettmädel, das sich auswächst zum Typus des dünkelhaften beamteten Künstlers[37], die Prater-Ausrufer[38], die Jockeys (»halb Kind, halb Greis«[39]), die Kellner[40], denen er ob ihrer jahrelangen Übung im unverschämten Taxieren der Gäste hohe physiognomische Kompetenz zubilligt, die Fähigkeit, jedem, der das Lokal betritt, »bis aufs psychologische Beuschel« zu sehen[41], den Greisler (»ein Kleinbürger mit einem Großbürgerbauch – der Analphabeto-Bourgeois«[42]), dessen Vetter, den Vollbart-Gymnasiasten (»mit dem ganzen Flaum der Verstucktheit, Klassenbuchangst und Vaterscheu behaftet«[43]), den Gigolo[44], den Reisenden (»Für ein paar Stunden Heimatlosigkeit ist er Weltbürger. Diese kurze Zeit des mobilen Daseins gibt ihm das Gefühl, ein vornehmer Durchgangspassagier der Erde zu sein. Er legt seinem Gesicht ein bißchen Weltläufigkeit und Freundlichkeit als Puder auf, maskiert sich selber als ›Reisebekannter‹. So schmecken ihm die paar hundert Kilometer eines steuerfreien, nirgendshin zuständigen Lebens umso besser.«)[45].

Mit seiner schauspielerischen Begabung versteht Kuh es auch, die Sprachgestik von Personen zu kopieren. Begnadeter Stimmenimitator, ahmt er den Tonfall ganzer Gattungen nach und trifft ins Herz des zur Karikatur verzerrten Vorbilds. In der Sprache der Figuren von Hofmannsthals »Unbestechlichem« erkennt Kuh das näselnde wienerische Äh-äh-Aristokratentum wieder: »Die Sprache (sprich: ›Spraoche‹): feudal, frei nach Rezept: Du, die Giserl Windischgraetz hot xogt, daß die Relli Auersperg zum Powidldalkerl Starhemberg g'foahrn is – is's woahr?«[46] Er führt einem stramm völkischen »Durchhalter« und »Reichspost«-Abonnenten die Feder, der sich 1918 in einem Leserbrief an den »Morgen« über das »Friedensgewinsel« christlichsozialer Abgeordneter echauffiert, hinter dem er Bestechung mit »Judengeld« vermutet.[47] Er fingiert sechs Kritiken einer »Minna-von-Barnhelm«-Aufführung, in der Fräulein Dolezal vom Stadttheater Oderfurt in der Titelrolle debütierte: »Der Kritiker, der noch mit Grillparzer gesprochen hat«, »Der durchaus Wohlwollende«, »Der streng Objektive«, »Der zu Einwänden Geneigte«, »Der Ätzende«, »Der Aushilfskritiker«.[48] Und malt sich zwei Jahre darauf den Wortlaut aus, mit dem fünf Wiener Kritiker, Alfred Polgar, Leopold Jacobson, Raoul Auernheimer, Hans Liebstoeckl und Felix Salten, sein Auftreten in der Josefstadt-Aufführung von Bernard Shaws Komödie »Fannys erstes Stück« in ihren Besprechungen jeweils bedenken werden.[49]

Als physiognomischer Sachverständiger wäre Kuh jedenfalls erste Wahl gewesen. Vielleicht wäre auch er nicht vor einem Mißgriff gefeit gewesen, wie er ihn im Mai 1936 amüsiert referiert – und der wiederum das Abwegige einer rassistischen Physiognomik vor Augen führt: Die Herausgeber der teutschen »Gesundheitswacht« rückten Ende 1935 ein

Photo des von Berlin nach London emigrierten jüdischen Arztes Alfred L. auf die Titelseite der Zeitschrift, begleitet nur von den versal gesetzten Worten »Das Gesicht des deutschen Arztes«.[50] – Kuh hielt aber jedenfalls schon um einiges weiter: »Ich möchte wissen, ob der christliche Taubstumme den Akzent hört, wenn ein jüdischer mit den Händen redet.«[51]

»Einen Knobel-Penez ...«
oder »Ein Bier für Herrn Kraus!«? –
Das Geheimnis hinter dem roten Vorhang

Knobel-Penez oder Bier? – Das ist hier die Frage. Die *eine*. Die andere: »Goschen halten!« oder »Halten Sie das Maul!«?

Welche Worte an jenem Abend des 19. Januar 1932 tatsächlich fielen und dem kurzlebigen Szene-Lokal »Alice« am Ku'damm zu seinem Nachleben in den Annalen des Literaturbetriebs verhalfen, ist zwar nicht unerheblich, aber nicht mehr restlos zu klären; die Versionen, die kursieren, sind nicht zur Deckung zu bringen.

Der »Berliner Herold« vom 24. Januar 1932 bringt unter der Rubrik »Kulissen-Geflüster« in einer kurzen Notiz Version A: »In einem der neuen Lokale im Westen tagte in einem besonderen Raume mit einem Kreise erlesener Schriftsteller *Karl Kraus*. Im Nebenzimmer saß *Anton Kuh*, leicht illuminiert, und sagte: ›Ein Bier für Herrn Kraus.‹ Aber Karl Kraus lehnte aus dem Nebenzimmer die Gastfreundschaft Anton Kuhs mit den Worten ab: ›Halten Sie das Maul, Sie *Erpresser-Söldling!*‹«[1] Woraufhin Kuh sich ins Nebenzimmer habe stürzen wollen, von einem seiner Begleiter aber zurückgehalten worden sei.

In der nächsten Nummer, eine Woche darauf, Version B. Anton Kuh stellt in einem Interview seine Sicht der Dinge dar, nicht ohne eine Handvoll honoriger Zeugen namhaft zu machen: »Ich weiß nicht, welcher Spaßvogel sich das Material zu dem Bericht ausgedacht hat, der in der letzten Nummer des ›Herold‹ über meinen Zusammenstoß mit Herrn *Karl Kraus* in der ›*Alice-Bar*‹ erschien – es wird aber wohl kein Spaßvogel, sondern ein sehr ernster Diener seines Herrn gewesen sein, der auf diesem Weg aus verspäteten Wunschgebilden Wirklichkeit machte. Der Vorfall hat sich [...] folgendermaßen zugetragen: Ich hatte mit den genannten Herren in der Bar der *Frau Hechy* Rendezvous. Bei meinem Eintritt wurde ich vom Tisch mit scherzhaften Zurufen empfangen, die mich darauf aufmerksam machten, daß sich hinter dem großen roten Vorhang im Hintergrunde des Lokals *Karl Kraus* mit seinen Jüngern befinde. In dieser Art werde ich oft von Leuten gefrotzelt und haranguiert, die der Meinung sind, daß ich den grotesken, geistinfektiösen Begriff, den der Name Karl Kraus deckt, für ein wirkliches und lebendiges Wesen halte (das mir infolgedessen über den Sport seiner Befehdung hinaus noch eine Wichtigkeit bedeutet). Ich hielt das Ganze also für einen lästigen Ulk und wehrte bloß ab. Auch als nach einer Stunde *Alice Hechy* an unseren Tisch kam und auf die Frage der anderen versicherte, daß wirklich Karl Kraus mit seinen Leuten dahinten sitze, glaubte ich es nicht – ich bin diese Ulkereien zu sehr gewöhnt. Da sich der mysteriöse Vorhang auch nach eineinhalb Stunden nicht lüftete, wollte ich vor dem Weggehen meinen Bekannten beweisen, daß sie mir die Anwesenheit des Kraus nur einreden wollten, und rief mit Stentorstimme durch den Saal: ›*Herr Ober – einen Knobel-Penez für Herrn Kraus!*‹ (Ein Knobel-Penez, ein mit Gänsefett und Knoblauch bestrichenes geröstetes Brot, ist eine bei österreichischen Ethikern beliebte rituelle Speise.) A tempo brüllte eine Stimme hinter dem Vorhang auf unverfälschte leopoldstädterische Art etwas von ›Goschen halten‹ und ›Krüppel‹ zurück (es wurde über die Bedeutung dieses Wortes noch debattiert – ein anderes Wort fiel nicht). Da ich im Inhaber dieser Stimme einen talentlosen, gleichfalls aus Wien zugereisten Schauspieler zu erkennen glaubte, den ich kurz vorher in einer Berliner Tageszeitung verspottet hatte [Peter Lorre, W. S.], der da also wohl seine verletzte Eitelkeit in den Schatten heiliger Kraus-Gefolgschaft stellen wollte, tat ich, was jeder vernünftige Mensch in meiner Lage hätte tun müssen: ich bestellte, ohne mich mit den Jüngern in einen Disput einzulassen, die für den Meister bestellte Knoblauch-Speise ab. Es war mir, dem Besitzlosen, auch gar nicht eingefallen, den von seinen väterlichen Fabriksrenten reichlich lebenden Ethiker zu einer Delikatesse einzuladen – schon deshalb nicht, weil ich mit den Spukbildern meiner polemischen Phantasie persönlich nicht so gut bin, um ihnen den Rang lebender Wesen zuzuerkennen. Ich bedaure den Vorfall also, weil ich Herrn Karl Kraus viel zu gering schätze, als daß ich ihn je persönlich beleidigen würde. Mein Vorgehen war in der Tat nicht gentlemanlike. Wenn mich etwas dabei tröstet, so ist es neben der Tatsache, daß ich ja das Opfer eines Ulks war, der Umstand, daß ich dem meistgeohrfeigten Ethiker der Gegenwart nicht die Gelegenheit gab, ausnahmsweise seinen Gegner attackiert zu sehen.«[2]

Zwei Wochen darauf – da ist das Lokal, Anfang Dezember 1931 eröffnet, wegen Problemen mit der Konzession auch schon wieder geschlossen – wird einem »unparteiischen Dritten«, einem anonymen »Gewährsmann« das Wort erteilt, der versichert, daß sich der Vorfall »*so und nicht anders* abgespielt« habe: »Als Zufallsgast kam ich am Mittwoch, den 19. Januar in das nette Lokal ›Alice‹, das ziemlich leer war. Ich nahm in der Nähe des hier schon erwähnten ominösen roten Vorhangs Platz. Einige Tische entfernt von mir bemerkte ich eine aufgeregte Gruppe gestikulierender Herren, unter denen ich auch *Anton Kuh* und den von mir sehr geschätzten Direktor *Steinberg* erkannte. Ich hörte, daß an dem

Tisch dauernd der Name *Karl Kraus* fiel, von dem ich natürlich auch nicht wußte, daß er hinter dem roten Vorhang saß, und daß eine heftige Debatte, wie ja schon so oft, über die Bedeutung dieses vielumkämpften Mannes ausgebrochen war. Da ich als Kenner der modernen Literatur wußte, daß Anton Kuh den Kraus-Komplex hat [...], konnte ich mir den Inhalt des Gesprächs vorstellen, das ich natürlich nicht hörte, zumal die Gesten des Herrn Kuh immer wilder wurden. Plötzlich sprang Kuh auf, warf beide Arme in die Luft, verzerrte das Gesicht und schrie: ›*Ein Bier für Herrn Kraus!*‹ (Ich hätte den Satz gar nicht verstehen können, wenn er die neulich in Ihrem sehr geschätzten Blatt ausgedrückte Formel angewandt hätte.) Im selben Moment, kaum war das Wort seinem Munde entflohen, ertönte es hinter dem roten Vorhang: »*Halt die Goschen, Krüppel!*« und jemand *anders* sagte a tempo danach – ebenfalls hinter dem roten Vorhang, aber so laut, daß auch Herr Kuh es hören konnte: ›*Der Erpresser-Söldling ist aufgeregt.*‹ Kuh wurde leichenblaß und von seiner Gesellschaft in seinem Stuhl niedergedrückt, obwohl er gar keine Anstalten machte, auf den Zwischenruf etwas zu unternehmen. Kurz darauf verließ er mit seiner Begleitung, die von seinem Treiben anscheinend nicht sehr beglückt war, das Lokal. Ich erkundigte mich, wer hinter dem roten Vorhang saß, und hörte, daß *Karl Kraus* dort mit einigen Bekannten den Abend verbrachte.«[3]

Der »Berliner Herold« schließt mit dieser Version C die Causa »Das Geheimnis hinter dem roten Vorhang«. Nicht jedoch Karl Kraus. Er klagt Hans Tabarelli, den verantwortlichen Redakteur des »Neuen Wiener Journals«, das in seiner Ausgabe vom 7. Feber 1932 unter dem Titel »Wer hat die Ohrfeigen bekommen?« Anton Kuhs Darstellung aus dem »Berliner Herold« nachgedruckt hatte, auf Ehrenbeleidigung und Berichtigung.[4] Im Prozeßakt der Kanzlei Samek wird Version B – »worin der Schriftsteller Anton Kuh in der gehässigsten Weise über ein Erlebnis berichtet, das er in einem Berliner Nachtlokal hatte, in welchem am gleichen Abend auch Karl Kraus anwesend war« – folgendermaßen referiert: »Kuh berichtet, dass er von seinen Freunden aufmerksam gemacht wurde, dass Kraus sich im Lokal befinde, was er zuerst nicht glauben wollte; nach wiederholten Versicherungen seiner Freunde, dass es doch wahr wäre, bestellte er mit lauter Stimme angeblich einen ›Knobel-Penez‹ (gebähtes Fettbrot). Er wurde von einer Stimme hinter dem Vorhang, wo angeblich Kraus sass, zur Ruhe gemahnt. Er führt nun in dem Artikel weiter aus, dass er sich auf diesen Ordnungsruf hin auf keine weitere Diskussion eingelassen hatte, weil er Kraus so gering schätze und achte, dass er ihm nicht einmal einer Beleidigung wert erscheine.« Die Klagsschrift hält fest, daß sich die Szene »in Wirklichkeit ganz anders abgespielt« habe: »die Gesellschaft, die in dem abgesonderten Raum sass, vernahm den freilich an und für sich unziemlichen Ruf ›ein Bier für den Herrn Kraus!‹, worauf der etwas angeheiterte Rufer von seiner Umgebung beruhigt worden sein soll. Der Witz mit ›Knobel-Penez‹ ist offenbar nachträglich erfunden worden, um das Erlebnis für den Autor interessanter zu machen.«

Durch vier Stellen des Artikels sei der Privatankläger dem öffentlichen Spott ausgesetzt worden: »›Herr Ober – einen Knobel-Penez für Herrn Kraus!‹ (Ein Knobel-Penez, ein mit Gänsefett und Knoblauch bestrichenes geröstetes Brot, ist eine bei österreichischen Ethikern beliebte rituelle Speise.)«; »ich bestellte, ohne mich mit den Jüngern in einen Disput einzulassen, die für den Meister bestellte Knoblauch-Speise ab«; »Ich bedaure den Vorfall also, weil ich Herrn Karl Kraus viel zu gering schätze, als daß ich ihn je persönlich beleidigen würde«; »Wenn mich etwas dabei tröstet, so ist es [...] der Umstand, daß ich dem meistgeohrfeigten Ethiker der Gegenwart nicht die Gelegenheit gab, ausnahmsweise seinen Gegner attackiert zu sehen.«

Im Namen der Republik ergeht am 9. März 1932 folgendes Urteil: Hans Tabarelli als verantwortlicher Schriftleiter wird wegen der Veröffentlichung der inkriminierten Stellen (die den Tatbestand der »Übertretung gegen die Sicherheit der Ehre nach § 491 StG.« erfüllen) der »Vernachlässigung der Sorgfaltspflicht (§ 30 Pr. G.)« schuldig erkannt und zu einer Geldstrafe von 200 Schilling verurteilt sowie zur Veröffentlichung des Urteils im »Neuen Wiener Journal«.

Entscheidungsgründe: »In diesen Stellen wird der Privatankläger durch den geringschätzigen Hinweis auf seine Konfession [...], ferner durch die Ausführung, dass man ihn so gering schätzt, dass man ihn nicht einmal für würdig findet, sich auch nur in Form einer Beleidigung mit ihm zu befassen [...], ferner durch den Titel und durch den in verspottender Form erfolgten Hinweis auf mehrere tätliche Angriffe, die seinerzeit auf den Privatankläger verübt wurden, dem öffentlichen Spotte ausgesetzt beziehungsweise verächtlicher Eigenschaften geziehen. [...] Da ein Wahrheitsbeweis nicht einmal angeboten wurde, soweit öffentliche Verspottungen vorliegen, auch gar nicht zulässig wäre, war mit einem Schuldspruch vorzugehen.«[5]

Die verworrene Urteilsbegründung des Wiener Landesgerichts für Strafsachen einmal beiseite gesetzt: Juristische »Wahrsprüche« – wie zweifelhaft auch immer – sind zu haben, biographische »Wahrheiten« schwerlich.

1932 – 1933

Ob Anton Kuh mit seinen Vorträgen zum Thema »Warum haben wir kein Geld?« noch aus dem Dalles Kapital geschlagen hat, bleibe dahingestellt. Kapital schlagen können hätte jedenfalls Reichsfinanzminister Hermann Dietrich aus Kuhs Anregung zum dräuenden Goethe-Jahr: eine Notverordnung, nach der »jede Silbe, die [1932] über Goethe geredet oder geschrieben wird, von Amts wegen eine Besteuerung erfährt«.⁶ Kuhs »Goethe-Steuer«-Obolus hätte allerdings null Reichsmark betragen: er spricht im Deutschen Reich nicht über den »Jahresregenten«.

Kuh startet seine »Goethe«-Tournee am 13. März 1932 in Wien, ist jedoch bereits seit 29. Feber in der Stadt, weil ihn die Direktion des Josefstädter Theaters eingeladen hat, die Rolle des Schriftstellers Dr. Albertus Rhon in der Neueinstudierung von Arthur Schnitzlers »Weitem Land« zu übernehmen. Ein »vierfacher Telegrammwechsel«, erklärt er in einem Interview zu Probenbeginn, habe sein Engagement herbeigeführt: »Das erste Telegramm, das ich erhielt, lautete: ›Drahtet, ob bereit aufzutreten.‹ Meine Antwort war: ›Aus künstlerischen Gründen Entscheidung von pekuniärem Anbot abhängig.‹ Darauf kam: ›X Schillinge möglich.‹ Ich telegraphierte zurück: ›X Schillinge Prestigeverlust, für 20 Schilling mehr: Sonnenthal.‹ Und die Sache war perfekt.« Er betrachte sein Gastspiel, »als eine Wiedergutmachung der Kränkungen und Respektlosigkeiten, denen Arthur Schnitzler von mir und meiner Generation oft ausgesetzt war«. Er werde vermutlich seine Anwesenheit in Wien »mit einem Vortrag verbinden, dessen Thema die deutsche Präsidentenwahl ist. Berlin, von wo ich komme, ist wieder vollkommen politisiert. Aber ich liebe die Atmosphäre, die jetzt in Berlin herrscht. Den Leuten sind wieder grundsätzliche Dinge wichtig, es weht gleichsam eine historische Schicksalsluft, die man einatmet.«⁷

Am 13. März steht Kuh auf der Bühne des Theaters in der Josefstadt, allerdings nicht im »Weiten Land« – er hat die Rolle zurückgelegt, die Figur des Dr. Rhon ist ihm auf den Proben zu stark zusammengestrichen worden⁸ –, sondern über »Goethe und die deutsche Reichspräsidentenwahl« stegreifend, deren erster Durchgang an diesem Sonntag stattfindet.* Er spricht über den »Halbgott des deutschen Philisters«; über die

---

* Es kandidieren: Paul von Hindenburg (parteilos), Adolf Hitler (NSDAP), Ernst Thälmann (KPD), Theodor Duesterberg (Stahlhelm/DNVP), Adolf Gustav Winter (Inflationsgeschädigte). Im zweiten Wahlgang der Reichspräsidentenwahl am 10.4.1932 entfallen auf Paul von Hindenburg (Weimarer Koalition) 19.359.983 (53,1 Prozent), auf Adolf Hitler (NSDAP) 13.418.517

geheimrätliche Reserviertheit, die dieser dem »Volk« gegenüber wahrte; über das Double des Weimarer Olympiers: Gerhart Hauptmann; über das deutsche Volk, dem das monarchische Prinzip so sehr in Fleisch und Blut übergegangen sei, daß es auch im Bereich der Kunst nicht anders denn monarchisch denken könne und das hundert Jahre nach Goethes Tod geistig wieder so unfrei sei wie damals – und hat es in vielem, was er vorbringt, förmlich darauf abgesehen, Widerspruch zu provozieren.[9]

Wien, Theater in der Josefstadt, 13.3.1932, 12 Uhr: **Goethe und die deutsche Reichspräsidentenwahl**

»Wahrscheinlich gab es einige, die enttäuscht nach Hause gingen: ›Kuhisten‹«, mutmaßt Piero Rismondo. »Anton Kuh prophezeite es kurz nach Beginn seines Vortrages. Nein, das war auch nicht der strichelustige Lausbub, dessen flirrende und kitzelnd-revolutionäre Lozzelachs zu hören man gekommen war. Gleichwohl spielte Kuh vielleicht den satanischesten Streich seines Lebens: er warf *coram publico* die Schellenkappe weit von sich. Unverhüllt kam der Ernst zum Vorschein, blutiger Ernst. / ›Goethe und die deutschen Wahlen‹ lautete das Thema. Und Kuh blieb bei ihm mit einer ungewohnten Konsequenz auch im Formalen. Der Vortrag riß ab genau in dem Augenblick, da die Sprache hätte auf die deutschen Wahlen kommen müssen. Eine ins Furioso gesteigerte Pointe: denn genau in diesem Augenblick wußte man, daß Kuh die ganze Zeit hindurch nichts anderes getan hatte, als über die deutschen Wahlen zu sprechen. Er hatte sie gleichsam als reflektierenden Hintergrund aufgestellt, man nahm sie nur wahr in dem reflektierten Licht, das von ihnen auf jedes seiner Worte fiel.«[10]

Ein schriftlicher Nachtrag Kuhs bestätigt Rismondos Mutmaßung. Er sei »infolge […] Unwohlseins« nicht mehr dazu gekommen, »in einem zweiten Teil die deutlichen Folgerungen aus [s]einem Thema abzuleiten. (Für feinere Ohren waren sie allerdings schon im ersten Teil eingekapselt.)« Kuh weiter: »Ein großdeutsches Blatt[1], Organ der Unabbaubaren von der neunten Rangsklasse aufwärts, überschrieb am nächsten Tag eine Notiz, die sich mit meinem Vortrag befaßte, mit dem Titel: ›Schändung Goethes‹. Worin war die Schändung gelegen? Darin, daß ich Goethes Verachtung über jene ausgemalt hatte, die mir seine Schändung vorwerfen. / Daß das Blatt meinen Versuch des weitern mit den Worten ›nebbich‹ und ›Chuzbe‹ quittierte, beweist mir die wunderbare kulturelle Wechselwirkung im Goethe-Jahr. Ich habe von ihnen den Goethe geschenkt bekommen, sie von mir die Worte ›Chuzbe‹ und ›nebbich‹. Und wir stimmen darin sogar soweit überein, daß wir die

---

(36,7 Prozent), auf Ernst Thälmann 3.706.759 (10,1 Prozent) der abgegebenen gültigen Stimmen.

neu erworbenen Güter gegeneinander ins Treffen führen: ich gegen sie den Goethe, sie gegen mich die Chuzbe.«[12]

Gleich als »Goethe-Schändung« *angekündigt* wird Kuhs Auftritt in Prag. Am 19. April 1932 spricht er bei den von der Urania federführend programmierten Feierlichkeiten der Prager Deutschen zum 100. Todestag Goethes zum Thema »Was würde Goethe dazu sagen?«. Die deutschsprachige Prager Tageszeitung »Sozialdemokrat« kündigt die Rede unter dem Titel »Goethe-Schändung der Prager Urania« an und wirft der Urania vor, »daß sie die deutsche Kultur in Prag schlechter vertritt, als es der letzte Zirkus vermöchte«, findet es »besonders empörend [...], daß dem literarischen Kammerdiener Békessys gestattet wurde, den Namen *Goethes* in den Titel seiner Expektoration zu setzen. [...] Daß der Kuh sein Publikum und die Urania ihren Rebbach finden werden, macht die Sache nicht entschuldbar; als Sühne würde man höchstens das Eingreifen hakenkreuzlerischer Jungbarbaren ansehen, denen zwar nicht strafrechtlich, sicher aber moralisch in diesem Falle die Legitimation der Sittenpolizei zustünde, weil sie dem Libertinertum gegenüber noch immer das kleinere Übel darstellen.«[13]

> Prag, Urania, Großer Saal, 19.4.1932, 20 Uhr: Was würde Goethe dazu sagen?

Kuh zieht nach diesem Hetz-Artikel in seinem Vortrag gegen die verantwortlichen Redakteure des »Sozialdemokrat« vom Leder. Der »Sozialdemokrat« geht daraufhin nicht nur mit der Urania und deren Leitung scharf ins Gericht und wiederholt den Vorwurf, das »Prager Volksbildungsinstitut« habe sich dadurch, daß sie Kuh in seinen Räumlichkeiten habe auftreten lasse, »zum Zirkus erniedrigt«. Auch das »Prager Tagblatt« – »das Kulturblatt der Prager deutschen Bourgeoisie« (so der »Sozialdemokrat«) – kriegt sein Fett ab, weil es Kuh immer sehr wohlwollend gegenüberstand. Professor Frankl, der Direktor der Urania, habe einem Redakteur des »Sozialdemokrat« nach einem Vortrag Kuhs im Herbst 1931, in dem er den »Sozialdemokrat« beflegelt hatte, weil der es zugelassen hatte, daß man ihn, Kuh, dort als »Hofjuden Békessys« bezeichnen durfte,* versprochen, daß er Kuh keine

---

* Die anonyme Leserzuschrift an den »Sozialdemokrat« inklusive redaktioneller Rahmung (Jg. 9, Nr. 12, 15.1.1929, S. 6) im Wortlaut: »*Auf den Kuh gekommen.* Ein Leser schreibt uns: ›*Weit gebracht* hat es die *Prager Urania*, die in ihrem Wochenprogramm diesmal einen heiteren Abend des *Anton Kuh* hat, der – wenn durch sonst nichts – schon dadurch bekannt ist, daß er zu den Hausjuden des Herrn *Békessy* in dessen Wiener Glanzzeit zählte. Muß man bei dem Prager »Bildungsinstitut« vielleicht darauf gefaßt sein, demnächst den Békessy selbst am Vortragspult begrüßen zu können?‹ – Man war ja – möchten wir hinzufügen – von der Urania, die ohne Zweifel

Bühne mehr bieten werde. Und, so der »Sozialdemokrat«: »Es blieb dem Leiter der Urania und Kultur-Repräsentanten des Prager Deutschtums vorbehalten, sein Versprechen zu vergessen oder zu brechen, seinen Degout an den Verdauungsbeschwerden des Kuh zu überwinden, und den ›deutschen Schriftsteller‹ von Békessys Gnaden neuerlich in der Urania auftreten zu lassen. Daß *dabei der Namen Goethes mißbraucht wurde*, machte die Sache vollends zu einem Skandal, der mit aller Druckerschwärze des ›Prager Tagblatt‹ nicht abzuwaschen ist.«[14]

Einige Redakteure des »Sozialdemokrat« klagen Anton Kuh wegen Ehrenbeleidigung. Der »B. Z. am Mittag« unterläuft in ihrem Bericht über den Prager Prozeß ein bezeichnender Fehler: Dort steht zu lesen, daß Kuh »von den Redakteuren eines deutsch-nationalsozialistischen Blattes« verklagt worden sei.[15] Anton Kuh stellt tags darauf richtig, daß es nicht ein »deutsch-*nationalsozialistisches*« Blatt gewesen sei, das die Nazis dazu aufgerufen hatte, seinen Vortrag zu stören, sondern ein »deutsch-*sozialdemokratisches*« – und merkt an, daß seine Ausfälligkeiten dadurch vielleicht verständlicher seien.[16] Karl Kraus leistet von Wien aus »Rechtshilfe«, indem er Anton Kuhs Prozeßgegnern ein ganzes Dossier mit ehrabschneiderischem Material zur Verfügung stellt, das von Zechprellerei bis – unverzeihlich – Majestätsbeleidigung, begangen an Karl Kraus, reicht. Genützt hat es nichts, Kuh wird am 1. Dezember 1932 vom Vorwurf der Ehrenbeleidigung freigesprochen.

Der Prager »Sozialdemokrat« ist in seinen Schmähungen so phantasievoll wie die Wiener Nazi-Blätter. Im Anschluß an eine Berichtigung seiner Anwürfe durch Kuhs Rechtsanwälte schlägt er nach: »exkrementale Geistigkeit«, »Söldling des Erpresserkönigs Békessy«, »Kuhstall«, »hunds- und kuhordinär«, »seine Fladen ablagern«.[17]

Zum Goethe-Vortrag selbst bemerkt übrigens »das Kulturblatt der Prager deutschen Bourgeoisie« Folgendes: »›Was würde Goethe dazu sagen?‹, daß sich *Anton Kuh* gestern in der ›Urania‹ in seiner so oft bewunderten, an sich selbst verbrennenden Leidenschaft den Olympier zum Thema, richtiger zum Anlaß eines Vortrag nahm? So divergierend auch die Vorstellung einer Begegnung des wolkenthronenden Weimarers mit Anton Kuh, dieser in der Luft verpuffenden spirituellen Grazie (die übrigens nicht ihresgleichen findet), erscheinen mag – auch Goethe hätte seine helle Freude an diesem zweiten Neffen Rameaus haben müssen.

---

nicht immer nur ideale Wege gehen kann, sondern des leidigen Geschäftes halber Konzessionen machen muß, mancherlei gewohnt und man war ebenso gewohnt, ihr sehr viel nachzusehen, aber die Zirkusattraktion eines Kuh-Vortrages ist schon wirklich ein starkes Stück!«

Tatsächlich liegt in der Gewalt dieser dialektischen Suada etwas wie ein Hauch antiker Gestaltung, ein prometheisches Feuer, vielleicht nur Feuerwerk, das doch vom Himmel gestohlen ist. Anton Kuh – noch nie so in Form wie gestern – hielt sein Publikum, das den Uraniasaal bis rings um das Podium füllte, zwei Stunden in atemloser Spannung. Man spürte förmlich, wie diese blendend produzierte Magie des Wortes auch dort einwirkt, wo es fast unmöglich scheint, daß die Hörer den Vortragenden sachlich und gedanklich begleiten können. Der Beifall war groß.«[18]

Gerade noch vor dem Feierlichkeiten-Rummel zum runden Todestag des »größten Sohnes der Stadt«[19] trifft Anton Kuh zu einer Nachtvorstellung im Neuen Theater in Frankfurt am Main ein – um nicht über Goethe zu sprechen, sondern über die notorische Frage »Warum haben wir kein Geld?«. Nicht nur Sachverständigkeit und Street credibility attestiert die lokale Presse dem Vortragenden, diesem »Prototyp des Kein-Geld-Habens« mit seinem »mit den Insignien der gestorbenen Bohème gezeichneten Äußeren«, sondern auch Unterhaltungswert: Geradezu überfüttert »mit Geistreichigkeiten und stilistischen Pointen« sei die »höchst amüsante« Stegreif-Rede gewesen, aus der man die Erkenntnis des Vortragenden habe mit nach Hause nehmen können, daß die Beschäftigung mit Ziffern und Zahlen »im Zeitalter geistiger Vernebelung […] eine hervorragend geistige Beschäftigung« sei.[20]

> Frankfurt am Main,
> Neues Theater,
> 30.4.1932,
> 22.30 Uhr:
> »Warum haben wir kein Geld?« –
> Von Kant bis Kreuger

Ganz »›dernier cri‹«, habe Kuh in seinem Frankfurter Vortrag, »auch noch das Judentum« angegriffen ist einer stramm völkischen Dissertation zum Goethe-Jahr zu entnehmen, die in einer Presseschau die einschlägige Berichterstattung einzelner Zeitungen sowie deren Blattlinie referiert. Unter anderem jene des »Berliner Tageblatts«: »Am 10. Mai ein ca. 60 Zeilen langer Artikel von Anton Kuh an bevorzugter Stelle. Kuh spricht Karl von Ossietzky aus Anlaß des Antritts seiner Gefängnishaft die Sympathie aller Intellektuellen aus. Zur Charakteristik dieses absonderlichen Zusammenfindens von ›Berliner Tageblatt‹, Anton Kuh und Karl von Ossietzky müssen wir uns die soziologische Stellung dieser beiden Schriftsteller vor Augen führen. Ossietzky, der Herausgeber der intellektuell-kommunistischen Zeitschrift ›Die Weltbühne‹, und Anton Kuh, der Edelbohemien Wiener und Prager Stils, der in seinen Schriften, Reden und Gedichten so ziemlich alles mit einer unendlichen jüdischen Rabulistik angreift. […] / In seinem Artikel ist der letzte Satz wie folgt: ›Ich brauche Ihnen nicht zu sagen, daß sich jeder Anständige unter den Schreibenden im Geiste mit Ihnen heute eingesperrt fühlt.‹«[21]

Carl von Ossietzky tritt am 10. Mai 1932 eine achtzehnmonatige Kerkerstrafe an. In einem kleinen Wäldchen nahe dem Gefängnis Tegel finden sich gut hundert Freunde, Kollegen und Sympathisanten ein, um Abschied zu nehmen.

Ossietzky hatte sich im November 1931 für einen 1929 in der »Weltbühne« erschienenen Artikel Walter Kreisers, der Machinationen der Reichswehr aufgedeckt hatte, als verantwortlicher Redakteur vor dem Reichsgericht in Leipzig wegen »Landesverrat« und »Verrat militärischer Geheimnisse« zu verantworten. Kreiser hatte unter dem Pseudonym Heinz Jäger und dem Titel »Windiges aus der deutschen Luftfahrt«[22] über die unter Deckbezeichnungen wie »Erprobungsabteilung« getarnte heimliche Aufrüstung der deutschen Luftfahrt geschrieben, die laut Versailler Vertrag verboten war, und aufgedeckt, daß dafür vom Reichstag für die zivile Luftfahrt bewilligte Gelder verschoben wurden. Obwohl das Auswärtige Amt auf Anfrage von Ossietzkys Anwalt eingestehen muß, daß von »Geheimnisverrat« im inkriminierten Artikel keinesfalls die Rede sein kann, da der Haushaltsausschuß des Reichstags das Rüstungsprojekt in öffentlicher Sitzung erörtert hat, wird auf Druck des Reichswehrministeriums der aus dem Kriegsjahr 1914 datierende Spionageparagraph aus dem Hut gezaubert, um die Öffentlichkeit aus »sicherheitspolitischen« Gründen von der Verhandlung auszuschließen und Angeklagten wie Anwälten strikte Schweigepflicht aufzuerlegen. Das mediale Interesse am sogenannten »Weltbühne«-Prozeß (17. und 19.11.1931) war enorm, und in öffentlicher Verhandlung wäre die Reichswehr vor aller Welt bloßgestellt gewesen.

Ossietzky steht vor dem berüchtigten Reichsgerichtsrat Alexander Baumgarten. Der hat im Jahr davor jenen Hochverratsprozeß vor dem IV. Strafsenat des Reichsgerichts geleitet – gegen drei Ulmer Offiziere, die entgegen einem für Reichswehrangehörige geltenden Verbot, sich politisch zu betätigen, für die NSDAP geworben hatten –, in dem das Gericht am 25. September Adolf Hitler als sachverständigen Zeugen zu der Frage vernommen hat, ob die NSDAP eine »umstürzlerische« Partei sei. Hitler benutzte die Gelegenheit für eine zweistündige Propagandarede, in der er erklärte, seine Partei – seit den Wahlen vom 14. September hinter der SPD die zweitstärkste Fraktion im Reichstag – wolle auf legalem Weg die Macht im Staat übernehmen, und die in die Drohung mündete: »Wenn unsere Bewegung siegt, dann wird ein neuer Staatsgerichtshof zusammentreten [...], dann allerdings werden auch Köpfe in den Sand rollen.«*

---

* Die »Boxheimer Dokumente« – detaillierte Pläne der hessischen NSDAP-Führung zur gewaltsamen Installierung einer faschistischen Diktatur (inklusive Errichtung von Konzentrationslagern sowie Einsetzung von Stand-

Daß das Reichsgericht »einem hergelaufenen Narren, einem Großmaul und Poltron Gelegenheit geboten [hat], eine Brandrede zu halten«, hatte Ossietzky – vor dem Hintergrund der Erfolge der NSDAP bei den Septemberwahlen – sarkastisch kommentiert: »Das Reichsgericht ahnt den Herrn von morgen.«[23]

Daß es Reichwehr und Reichsgericht nun darum zu tun ist, an Ossietzky ein Exempel zu statuieren, ist nur zu deutlich: Die Gutachter des Reichswehrministeriums müssen zwar vor Gericht bestätigen, daß »Windiges aus der deutschen Luftfahrt« in der Sache der Wahrheit entspricht. Das Gericht lehnt jedoch 19 von der Verteidigung namhaft gemachte Zeugen, die bestätigen können, daß die Informationen »in Luftfahrtkreisen« längst bekannt sind, ab. Spitzfindig wird der Tatbestand der Verletzung eines »relativen Staatsgeheimnisses« konstruiert. Den Vorsatz sieht das Gericht gegeben, der Angeklagte sei schließlich Pazifist. Das Urteil: Eineinhalb Jahre Gefängnis wegen Landesverrats, genauer: »wegen Verbrechen gegen § 1 Absatz 2 des Gesetzes über Verrat militärischer Geheimnisse vom 3. Juni 1914«. Ein Willkür-Urteil, unmißverständlich. Und es wird auch als solches verstanden – alle republikanischen Zeitungen sehen in diesem Urteil einen Anschlag auf die Pressefreiheit schlechthin und protestieren dagegen. »General-Quittung« lautet denn auch der Untertitel von Kurt Tucholskys Abschiedsartikel »Für Carl v. Ossietzky«.[24]

Und ebenso wie Tucholsky, dem »markige Abschiedsworte« an die Adresse eines »so unpathetischen und stillen Kameraden« wie seines Freundes Ossietzky unangebracht erscheinen, hält Kuh »Rütlischwüre« für fehl am Platz. Man würde sich damit bloß eine Macht vorgaukeln, »die man nicht hat und für einige Zeit kaum haben wird«. In gewissen Zeiten sei die »letzte Notwehrwaffe: das Eingeständnis, dass man machtlos ist. Die Zustände benennen – das ist das einzige, was der Machtlosigkeit übrigbleibt. Man bewirkt damit mehr als durch ganze Papierberge von Protesten und Beschwörungen, in denen der Willkür ins Gewissen geredet wird. Man bewirkt: Klärung. / Es ist für Tausende ein schmerzlicher Gedanke, dass diese Klärung gerade an Ihnen zum Exempel wird.«

Und wenn Ossietzkys Freunde diesem mit einem zuversichtlichen »Für die Freiheit und Kraft von morgen!« Mut zusprechen, sieht Kuh Ossietzky »bei diesen Worten noch melancholischer werden. Sie wissen,

gerichten) für den Fall eines kommunistischen Staatsstreichs –, die Ende November 1931 bekannt werden und hohe Wellen schlagen, lassen ohnehin keinen Zweifel.

dass das Morgen ein Übermorgen ist. / Übermorgen ... nehmen Sie dieses Wort in die Haft mit! Sagen Sie sich, dass es für die wenigen, auf die man übermorgen rechnen will, manchmal das beste ist, das Morgen nicht mitzuerleben – weil es sie nur verwirren, knieweich machen, stumpf schlagen könnte.«[25]

Im Sommer wieder bei den Salzburger Festspielen, berichtet Kuh allerdings nur aus der Perspektive des »Café ›Bazar‹ am Salzachstrand«, das sich »wie alljährlich in eine Kalkalpen-Dependance des ›Romanischen‹« verwandelt.[26] Bleibender Eindruck von der Sommerfrische im Salzkammergut, den er nach Berlin mitnimmt: »Wenn sich das, was der Auerhahn balzt, in die deutsche Sprache übersetzen liesse, müssten namens des Brachtschen Erlasses* die Ortsbehörden gegen ihn einschreiten.«[27]

Im Frühjahr 1932 verläßt der vierunddreißigjährige Schneider Karl Ignaz Hummel heimlich seine schwangere Ehefrau in Offenburg und macht sich mit dem Fahrrad nach Algerien auf, um in die Fremdenlegion einzutreten. Als ihm in Italien das Geld ausgeht, verfällt er auf die Idee, sich beim deutschen Generalkonsulat in Neapel als Oskar Daubmann auszugeben, ein Schulfreund, der seit der Somme-Schlacht 1916 als vermißt gemeldet ist. Er sei verwundet in Gefangenschaft geraten, habe als Rekonvaleszent bei einem Fluchtversuch einen Wachtposten getötet und sei dafür zu zwanzig Jahren Zuchthaus verurteilt worden, die er in einer Strafkolonie nahe Tunis habe verbüßen müssen, und von dort sei er nun zu Fuß geflohen. Seine »Vaterstadt« Endingen (bei Freiburg) bereitet dem »Heimkehrer« am 29. Mai 1932 einen Festempfang mit Fahnen-

---

* Die vom stellvertretenden Reichskommissar Franz Bracht erarbeitete und am 28.9.1932 vom preußischen Innenministerium erlassene »Polizeiverordnung zur Ergänzung der Badepolizeiverordnung vom 18. August 1932«, der sogenannte »Zwickelerlaß«. Am 18.8.1932 gibt das Ministerium eine »Badepolizeiverordnung« heraus, in der das »öffentliche Nacktbaden oder Baden in anstößiger Badekleidung« verboten wird. Da die Formulierung »in anstößiger Badekleidung« großen Interpretationsspielraum läßt, präzisiert ein neuerlicher Erlaß (vom 28.9.1932): »Frauen dürfen öffentlich nur baden, falls sie einen Badeanzug tragen, der Brust und Leib an der Vorderseite des Oberkörpers vollständig bedeckt, unter den Armen fest anliegt sowie mit angeschnittenen Beinen und einem Zwickel versehen ist. Der Rückenausschnitt des Badeanzugs darf nicht über das untere Ende der Schulterblätter hinausgehen. [...] Männer dürfen öffentlich nur baden, falls sie wenigstens eine Badehose tragen, die mit angeschnittenen Beinen und einem Zwickel versehen ist. In sogenannten Familienbädern haben Männer einen Badeanzug zu tragen.«

schmuck und Triumphpforten, das Auswärtige Amt fordert von der französischen Regierung Aufklärung, und der politischen Rechten dient die Köpeckiade dazu, nationalistische Ressentiments gegen den »Erbfeind« zu schüren, zu revanchistischen Tiraden inklusive Säbelrasseln. Der »Rückkehrer« wird als Held gefeiert, mit zahlreichen Ehrungen bedacht und tourt als Vortragender durch die Lande. Die Note des Quai d'Orsay an die Deutsche Botschaft in Paris in der Angelegenheit Daubmann wird am 8. September 1932 in deutschen Tageszeitungen veröffentlicht. Das Ministerium des Auswärtigen beehrt sich darin, mitzuteilen, daß trotz intensivster Nachforschungen in französischen Archiven nicht eine Spur zu finden gewesen sei. Die französische Regierung habe ja schon in einem früheren Stadium erklärt, daß sich keine deutschen Kriegsgefangenen mehr auf französischem Boden befinden. Am 11. Oktober 1932 wird »Oskar Daubmann« verhaftet, nachdem er mit Hilfe von Fingerabdrücken als Karl Ignaz Hummel identifiziert worden ist.

Symptomatisch an diesem Fall findet Kuh, daß in Deutschland derartige Legenden, wie »bestellt und geliefert« wirken. Im ganzen Pomp und Trara, im »papierenen Hochschwall der Rührung, mit dem sie als eine Art ›Denkmal des heimgekehrten Soldaten‹ zelebriert wurde, lag etwas Altbekanntes, Irrgängerisches, das den dazugehörigen Schwindler als Punkt auf dem i fast herbeizurufen schien. Es gibt Situationen, die sich oft erst solcherart ihren Sinn erzwingen.«

Und wehe dem, der einen Mißton in den Fanfarenstoß bringt! Ein Bekannter Daubmanns, der in einem Zeitungsartikel schlüssig seine Zweifel an der ziemlich grob gestrickten Legende vortrug, wurde als Vaterlandsverräter gebrandmarkt. Legenden-Stimmungen zu stören kann lebensgefährlich sein. »Aber gerade diese überrasch, sozusagen von heute auf morgen auf die Beine gebrachte Front der Feierlichkeits-Überwacher und Ärgernisnehmer«, hätte, so Kuh, »stutzig machen müssen. Man weiss erfahrungsgemäss zu gut, dass sie das vorbereitete Ehrenspalier ist, an dem die Lüge vorbeidefiliert. Man weiss, dass sie es ist, auf deren eigentliche Bestellung Narren und Schwindler ihren Spuk treiben.« Kuh weiter: »Es gibt diesen Fall Daubmann bei uns noch in anderen Ausgaben. Man kann die politischen Analogien vom nächstbesten politischen Baum pflücken. Und bei manchen von ihnen wird erst die Weltgeschichte die Enthüllung bringen müssen, dass Daubmann-Hummel, der heimgekehrte Sohn seines Volkes, ein Fremder war.«[28]

»*Anton Kuh.* Auch wer gegen sensationelle Ankündigungen immer einiges Mißtrauen hegt, kann Ihnen bescheinigen, daß es Ihnen in Ihrem

Stegreifvortrag über den Caro-Petschek-Prozeß gelungen ist, das Thema seines reißerischen Charakters zu entkleiden und Ihre Rede über den Dreckboden, auf dem sie fußte, zu erheben. Sie haben bewiesen, daß dieser Fall mehr als eine Entgleisung Einzelner, daß er vielmehr ein Charakteristikum für die Moral des Kapitalismus ist. Und deshalb hat sich auch die Presse um Ihr Thema gedrückt, sie hat den Vortrag verschwiegen oder ihn bagatellisiert. Das haben Sie nicht verdient. Vor dem vollbesetzten Hause warfen Sie der Öffentlichkeit vor, sie nehme brennendes Interesse an einer so üblen Sache wie dem Fall Caro – Petschek, nicht aber an dem Geschick, das den unschuldig hingerichteten Jakubowski und den von jeder Schuld und jedem Makel freien Carl v. Ossietzky betroffen habe. Darf man glauben, daß der Beifall, der Ihnen für dieses schöne Bekenntnis dankte, mehr war als der Ausdruck einer schnell wieder vorübergehenden Gefühlsaufwallung eines Sonntagspublikums?«[29]

<small>Berlin Deutsches Künstlertheater, 30.10.1932, 12 Uhr: »Caro und Petschek« von William Shakespeare. In freier Rede übertragen von Anton Kuh</small>

Nicht von ungefähr (aber eben doch umsonst) hat sich Kuh in einer Selbstanzeige seiner Matinee im Deutschen Künstlertheater zum Thema »Caro und Petschek frei nach Shakespeare«, auf die sich der anonyme Text in der »Weltbühne« bezieht, mit dem Titel »Zu lustig, um wahr zu sein?« – gleichsam unter dem Motto: Zu ernst, um wahrgenommen zu werden – dagegen verwahrt, von einem Publikum, das sich durch seine Selbstpersiflagen vom Ernstnehmen entbunden glaubt und vor Betretenheiten in die bequeme Haltung »Der olle Aphorismen-Onkel! Er lacht sich ja selber aus!« flüchtet, als »amüsant« qualifiziert zu werden.[30]

Kuh beschränkt sich in seiner Rede über den Caro-Petschek-Prozeß nicht darauf, den unter großem Mediengetöse ablaufenden Strafprozeß um eine Mitgift im Milieu der milliardenschweren Hochfinanz und Schwerindustrie,* über das zu sprechen, was das voyeuristische Interesse zeitgenössischer Skandalblatt-Leser befriedigte. Und das seines Publikums im Saal des Berliner Deutschen Künstlertheaters, dessen

---

* Nicodemus (Nikodem) Caro (1871 Lodz – 1935 Rom), Chemie-Industrieller, ist mit dem Bankier, Kohlengroßhändler und Großindustriellen Ignaz Petschek (1857 Kolín – 1934 Ústí nad Labem) in einen Familienstreit verwickelt, der sich zu einem aufsehenerregenden »Monsterprozeß« (6.6.1932-23.12.1932) auswächst. (Caros Tochter Vera hat kurz nach Ende des Ersten Weltkriegs Petscheks Sohn Ernst geheiratet. Bei der Scheidung der Ehe besteht Nicodemus Caro auf Rückzahlung der Mitgift in Höhe von 400.000 Reichsmark, Ignaz Petschek bestreitet, je eine Mitgift erhalten zu haben.)

Ungeduld – Kuh betritt mit zwanzigminütiger Verspätung die Bühne, auf der sich als »Sensations-Requisit«[31] ein Bett befindet – sich in Trampeln, Klatschen und Pfeifen Luft macht: »Angst eines snobistischen Publikums, sich eine Sensation und die Garderobengebühr entgehen zu lassen«, ätzt der Rezensent der »Berliner Börsen-Zeitung«.[32] Kuh hat nicht nur die über den polnischen Landarbeiter Josef Jakubowski verhängte und am 15. Feber 1926 in der Haftanstalt Neustrelitz-Strelitz mit dem Handbeil vollzogene Todesstrafe wieder einmal als das bezeichnet, was sie war: Justizmord – er hat sich auch erlaubt, sein vergnügungssüchtiges Auditorium an Carl von Ossietzky zu erinnern, der kein halbes Jahr zuvor seine Kerkerstrafe hatte antreten müssen, weil es den deutschen Militärs mit ihren Handlangern am Reichsgericht gelungen war, an dem mißliebigen verantwortlichen Redakteur der linken »Weltbühne« ein Exempel zu statuieren und damit die kritische Presse wenn schon nicht mundtot zu machen, so doch nachdrücklich einzuschüchtern. Er »redete sich verschiedene Steine vom Herzen. Sein Vortrag verwandelt sie in Edelsteine, die in vielen Farben glitzern. Das Parkett witterte hinter dem schimmernden Spass das Moralische, liess sich aber nicht irritieren und bedankte sich für die vielen bitteren Wahrheiten mit mächtigen Beifall.«[33]

Mit seinem Vortrag »Was würde Goethe dazu sagen?« wagt sich Anton Kuh am 23. November 1932 in sudetendeutsches Gebiet, nach Aussig. Und vollbringt dort mit seinen respektlosen Ausführungen über den »Dichterfürsten« – Kuh bringt schon den Namen »Goethe« ohne den stimmlichen Bauchaufzug des G., der im Goethe-Jahr zu jedem Goethe-Zitat und erst recht zu jedem Goethe-Vortrag zu gehören scheint – »eine Art zweites Wunder von Kanaan«, wie der Rezensent des »Aussiger Tagblatts« staunend registriert. Er meint damit »nicht so sehr die Umwandlung von Cognak in Esprit«, den Kuh »mit Sarkasmen gewürzt, aber auch mit Liebenswürdigkeiten garniert nur so aus dem Smokingärmel schüttelte«. Das Wunder, das Kuh vollbringt, der in weiten thematischen Bögen zum »dazu« im Vortragstitel führt, in die Berliner Wilhelmstraße, ins Deutschland der Jahreswende 1932/1933, zum repressiven Ungeist des Nationalismus deutscher Spielart, sieht der Rezensent darin, »daß alle Zuhörer von seiner Sprachgewalt gepackt wurden, mitgingen (Zustimmungsrufe u. stecknadelerprobbare Aufmerksamkeitsstille waren vernehmlicher Ausdruck), in den Spiegel, den Kuh da hinhielt, hineinsahen und daß der ganze, sehr gut besuchte große Stadtbüchereisaal (inklusive Galerie und den ersten fünf Reihen) applaudierte, lebhaft, laut Beifall klatschte.«[34]

Aussig /
Ústí nad Labem,
Stadtbücherei,
Großer Saal,
23.11.1932,
20 Uhr:
Was würde
Goethe dazu
sagen?

Das Publikum im ausverkauften Saal der Prager Produktenbörse ist vier Tage darauf nicht nur gekommen, um Kuh zu hören, sondern auch, um über den Prozeß mehr zu erfahren, als in den Zeitungsberichten zu lesen steht. »In dieser Erwartung sah es sich allerdings getäuscht. Das ist nicht so sehr die Schuld Anton Kuhs [...] als vielmehr des Publikums, das sich in der Vorstellung geirrt hat. Es wollte am Jahrmarkt Moritaten hören und sah einen Scherenschleifer, der in der Dunkelheit sprühende Funken stieben ließ. / Auf den harten, klaren Rechtsfall kam es Kuh dabei nicht an. In dem Verständnis, das dem Fall vom Publikum entgegengebracht wird, entdeckte er die Mitschuld. [...] Bei einer Sache, bei der es wahrhaftig nichts zu lachen gibt, wurde herzlich und viel gelacht. Nicht die Szene ward zum Tribunal, sondern das Tribunal zu einer Szene, von der Kuh aussagte, sie sei schon in Shakespeare beschlossen, dort, wo die Capulets und die Montagues einander gegenseitig Schurken nennen, und sich das herbe Los ihrer Kinder, Juliens und Romeos, erfüllt.«[35]

Prag, Produktenbörse, 27.11.1932, 20 Uhr: Prozeß Caro – Petschek

Nach seinem Vortrag, in dem er einige Spitzen gegen Karl Kraus anbringt, wird Kuh von etwa zwanzig Kraus-Jüngeln in der Halle des »Blauen Stern« attackiert. Die »Vossische Zeitung« berichtet tags darauf in einer anonymen Notiz über den aufsehenerregenden Zwischenfall. Anton Kuh stellt in einer Zuschrift richtig: »Sie schreiben in Ihrer letzten Montagnummer unter dem Titel ›Konflikt um Anton Kuh‹, ich hätte den bei dem Prager Vorfall intervenierenden Polizisten einen ›Vortrag über Karl Kraus‹ gehalten, über den sich jene kopfschüttelnd entfernt hätten. Ich würde mich nicht schämen, auf dem Weg solcher Kleinarbeit Aufklärung in die breiten Schichten zu tragen. Tatsächlich aber verlief die Sache so, daß ich den Wachleuten, die mich nach dem Hergang des Vorfalls fragten, den Verzicht auf eine weitere Strafverfolgung der jungen, zum Überfall auf mich vereinten Leute aussprach, da der Fall für mich mit der Ohrfeige, die ich einem der Kraus-Freunde appliziert hatte, ritterlich erledigt sei. Soweit hierin *in nuce* ein ›Vortrag über Karl Kraus‹ zu erblicken ist, will ich mich gern dazu bekennen.«[36] – Klarstellung: »Eine Ohrfeige darf nichts als das klatschende Endglied einer Kette unausgesprochener, schlüssiger Argumente sein. Wenn sie nicht wie ein Bonmot zündet, gehört sie vors Bezirksgericht.«[37]

Mährisch-Ostrau / Moravská Ostrava, Deutsches Theater, 4.12.1932, 20 Uhr: »Caro und Petschek« von William Shakespeare, in freier Rede übertragen von Anton Kuh

Einen »erfreulich unsentimentalen Blick auf die Lage im Jahre 1932« eröffnet Kuh auch seinen zahlreichen Zuhörern im Hamburger Kleinen Schauspielhaus. »Am Ende empfahl sich der Witz, um die traurige Groteske unserer Wirklichkeit

Hamburg, Kleines Schauspielhaus, 6.12.1932, 20.15 Uhr: Caro und Petschek von William Shakespeare in freier Rede übertragen

desto sichtbarer zurückzulassen. Durch die [...] erfrischende Wortwendigkeit des außenseiterischen Glosseurs brach für einige Augenblicke so etwas wie ein Schlaglicht auf unsere gesellschaftlichen Zustände.«[38]

Mehr als nur ein Schlaglicht dürfte einem in der »Voss« für November im Deutschen Künstlertheater unter dem Titel »*Nacht der langen Messer*« angekündigten Stegreif-Vortrag zugedacht gwesen sein.[39] Der findet allerdings nicht (mehr) statt.

Am 14. Januar 1933 geht im Varieté »Scala« vor ausverkauftem Haus – 3000 Menschen – unter dem Titel »Nachtparade« eine Benefizveranstaltung zugunsten des Hilfswerks des Schutzverbands deutscher Schriftsteller über die Bühne. Vertreter von Literatur und Theater – Walther von Hollander, Walter Hasenclever, Heinrich Mann, Asta Nielsen, Max Pallenberg, Alfred Kerr, Walter von Molo, Roda Roda, Paul Graetz, Erich Kästner und Anton Kuh – übernehmen unter der Leitung von Oberconférencier Peter Sachse jeweils die Conférence der einzelnen artistischen Darbietungen des aktuellen »Scala«-Programms. Anton Kuh, Hut, Mantel und eine Weinflasche unter dem Arm, sprudelt einen Satz hervor, der kein Ende nimmt,[40] und verzieht sich kurz vor Mitternacht hinter die Kulissen. Wo er vor drei jungen Artistinnen »gewiß befangener [steht] als sie vor mir. Kein Wunder, da ich doch nicht vergessen durfte, daß ich hier nicht ihr Kollege, sondern bloß ein zur Schau gestellter Bohemien war – Raubtier, nicht Dompteur. / O wär' ich doch der Mann mit dem Pferd! ...«[41]

»Weit? ... Von wo?«[1] –
Der »Emigrant in Permanenz« im Exil

In einem Interview drückt Anton Kuh im März 1930 flachsend sein Entsetzen aus: Er müsse in der Spree-Metropole Einkommensteuer zahlen! »Die korrekten Deutschen haben nicht daran vergessen. Ich werde mich aber dafür in entsetzlichster Weise rächen, denn ich gehe daran, die preußisch-deutsche Staatsbürgerschaft zu erwerben.«[2] – Diese Retourkutsche ist ihm nicht mehr vergönnt.

Kuh trifft am Montag, dem 6. Feber 1933, früh mit dem Nachtzug aus Berlin kommend in Wien ein, um drei Tage darauf im Mittleren Konzerthaussaal unter dem Titel »Schützet Franz Joseph!« über Kaiser Franz Joseph als Bühnenfigur und die Hintergründe der Kaiser-Franz-Joseph-Mode auf dem Theater zu sprechen.

Willi Frischauer von der »Wiener Allgemeinen Zeitung« erklärt er pointiert, die klaren Verhältnisse in Deutschland der fadenscheinigen Kulisse in Österreich vorzuziehen: »Ich kann das Gefühl nicht loswerden: man spürt draußen bei allem, was los ist, doch mehr die Festigkeit des Bodens. Sogar die Niedrigkeiten werden mit einer gewissen Korrektheit durchgeführt. Dann gibt es eine Art von politischem Kurszettel in Berlin, auf dem man sieht, in welche Stadt man fahren kann. Hier herrscht das Unvorhergesehene. Ich möchte es mit dem Zustand der galizischen Städte vergleichen, in denen einem der Kot bis an die Knöchel reicht. In Deutschland war die Polizei zum Beispiel bis vor einer Woche noch eine republikanische Truppe, in Österreich herrschen Freischärler und keine Truppe. In einem Land wie Deutschland, wo Friseure und Kellner mit den Kunden kurz angebunden sprechen, läßt einen sogar der Mangel an Loyalität fühlen, daß nichts passieren kann. Hier verbirgt sich hinter einer gewissen Amtsloyalität als Rückseite eine wüste Unvorhersehbarkeit. / Das alles möchte ich zusammenfassen mit dem Satz: *Wenn schon Reaktion, dann lieber Asphalt und nicht Dreck.*«

Kuh kündigt an, eine »österreichische Elegie«, einen Abgesang auf das alte Österreich anstimmen zu wollen.[3] Tags darauf läßt er dementieren, wovon im Interview die Rede ist: daß er sich in seinem Vortrag über die aktuellen politischen Verhältnisse verbreiten werde. Er lege vielmehr auf die Feststellung Wert, daß er grundsätzlich »im Ausland über nichts öffentlich [rede], was er daheim (das heißt in Deutschland) nicht mit der gleichen Freimütigkeit aussprechen würde«.[4]

Zwei Stunden improvisiert Kuh dann im Konzerthaus über das alte Österreich, jenes »Paneuropa im kleinen«, die Franz-Joseph-Renaissance, die Schwächen der Demokratie, die franziszeisch-josephinische »Nobelbureaukratie«, die das genaue Gegenteil der aktuellen »Pöbeldiktatur« gewesen sei, über die »Zeit der Freigelassenen, nicht der Freien, die jetzt angebrochen« sei und die die »Sehnsucht nach jener Zeit begreiflich erscheinen [lasse], der Franz Josef sein Symbol aufgedrückt hat«.⁵ Und zwei Stunden hindurch schlagen Braunhemden im bis auf den letzten Platz gefüllten Saal Radau, pöbeln das Publikum an, krakeelen – »weil man es dem ›Juden‹ schon zeigen wollte. Und dem ›Intelligenzler‹«.⁶ Kuh bricht mit dem Fazit ab: »Flüchtet nicht in die ›besonnte‹ Vergangenheit, um euch daraus eine schöne Zukunft zu erträumen – denn die Zukunft wird nicht schön sein, sondern steht mit blutroten Zeichen am Horizont!«⁷

Wien, Konzerthaus, Mittlerer Saal, 9.2.1933, 19.30 Uhr: Schützet Franz Joseph!

Das »launige« Fazit des »Kikeriki!«: »›Hörst, Ferdl, warst Du auch beim Vortrag des Asphaltliteraten Anton Kuh?‹ – ›Aber, Schurl, was a Kuh erzählt, kann doch höchstens »rote Ochsen« int'ressier'n, aber mi net.‹«⁸

Darüber, wie die kurz vor der endgültigen Machtübernahme in Deutschland stehenden Nationalsozialisten mit »Kulturbolschewiken« seiner Couleur verfahren würden, gibt Kuh sich keinen Illusionen hin. In seinem letzten Beitrag zur »Vossischen Zeitung« vom 29. Januar 1933 – am 30. Januar ernennt der greise Hindenburg Adolf Hitler zum Reichskanzler – über Stendhal und dessen Zensoren bringt er unmißverständlich zum Ausdruck, daß die »in Freiheit losgelassenen behördlichen Domestiken« des NS-Staats mit »Intelligenzlern« wie ihm, anders als die altösterreichische Bürokratie mit Stendhal, kein Federlesens machen würden.⁹

Ende Feber – nach dem Reichstagsbrand in der Nacht des 27. Feber, der den Übergang von willkürlichen Schikanen zum Staatsterrorismus in Deutschland markiert –, Anfang März 1933 sieht man in Wien jeden Tag neue – bekannte – Gesichter auftauchen, jeden Tag werden neue Namen von Flüchtenden kolportiert. Und auch jene sind in den Wiener Kaffeehäusern noch immer zu sehen, die kurz nach dem 30. Januar gekommen waren und erklärt hatten, demnächst wieder nach Deutschland zurückkehren zu wollen. Die »Wiener Allgemeine Zeitung« berichtet am 14. März unter dem Titel »Die Flucht des geistigen Deutschland nach Wien«, daß man Anton Kuh »noch immer in irgend einem Schanklokal der Inneren Stadt bei einem Schnitt Pilsner sitzend« antreffen könne, ebenso Leo Lania und Rudolf Olden, auch Theodor

Tagger, der zur Premiere seiner »Marquise von O« gekommen war, Max Reinhardt, Leopold Schwarzschild, Bert Brecht, Stefan Ehrenzweig, Alfred Polgar werde heute oder morgen eintreffen.[10]

Postwendend höhnt tags darauf die nationalsozialistische »Dötz« über die »Kohorten«, die von der »Wiener Judenblättern als ›das geistige Deutschland‹ bezeichnet werden« und die nun nach Österreich strömen, wo sie ja herstammen, »denn in den letzten fünfzig Jahren haben die Wiener Juden an Virulenz die Frankfurter, Mannheimer usw. bei weitem übertroffen, da sie ja immer frische Blutzufuhr aus Galizien, Rußland, Rumänien und Tschechien erhielten«, und empfiehlt statt Wien Madagaskar, diese »paradiesische Insel, welche reichlich Raum für noch 50 bis 60 Millionen Menschen hat und nicht nur das ›geistige‹, sondern auch das wuchernde, handelnde, spielende Deutschland vom Schlage Wiener Judenblätter aufnehmen« könne.[11] In der Nummer vom 15. März geht »Mungo«, bürgerlich Valentin Schuster, ins Detail, berichtet von der »hellgackernden Aufregung«, die im »Herrenhof«, im »Central« und im »Rebhuhn« herrsche. »Jeder Schnellzug aus dem Reiche speit kraushaarige Kulturverfechter auf den Perron, die sich dann atemlos in eines der drei genannten Kapua der Geister flüchten, um mit irrlichternden Augen von abgehackten Händen zu erzählen, von abgeschnittenen Ohren, die von S. A.-Leuten auf Schnüre gefädelt um den Hals getragen werden ... die kernweichen Eier im Glas werden vor Schreck starr und hart.« Um dann über einzelne der »Konjunkturritter«, die sechs, acht Jahre zuvor Wien des miserablen Schillings wegen verlassen hatten, herzuziehen, darunter einen, der schon vor seinem Weggang »ständig im Herrenhof« wohnte, und das unangemeldet: »Hinter einem giftgrünen Aperitifglas [...] ein Monokel. Verfilzte Haare flattern wirr um ein Medusenhaupt. Teint sehr unrein. Gesichtshaut verknittert wie weggeworfenes Zeitungspapier, das aufgelesen und über ein Knie geplättet wurde. Weiße Gamaschen. Weiße Krawatte. Beides wandert vierteljährlich in die Putzerei. (Daher weiß ich, daß beide Kleidungsstücke weiß sind.) Anton *Kuh*. [...] Auch Kuh konnte dem Zug ins Reich nicht widerstehen. Er ließ sich eines Tages die Absätze richten und verschwand. Wenn er heute hier in Wien ist, so kommt dies daher, daß er nach seinem letzten Vortrag erst gar nicht wieder in seine ›Wahlheimat‹ zurückkehrte. Er hat sich am raschesten bei uns eingebürgert.«[12] Mungo stöhnt auf unter der »Heimsuchung« Wiens durch die Heimkehrer, die er mit einer der sieben biblischen Plagen vergleicht.

An Häme und Drastik der Wortwahl nur noch übertroffen von der zionistischen »Neuen Welt«, die da geifert: Wer denn damals schnöde höherer Honorare für »kulturelle und künstlerische Leistungen« wegen das verarmte Nachkriegsösterreich verlassen habe und dem Ruf nach Berlin gefolgt sei, der in den Wiener Literatencafés laut geworden sei? – »Neben einer Schar von Allerweltsverbrüderern waren es ein paar Dutzend schäbiger, dem Judentum entlaufener Gesellen, Abfallprodukte der jüdischen Großstadtgesellschaft, Wurzel- und Heimatlose, denen der Zug nach Berlin zu langsam fuhr. Hier in Wien, riefen sie kokett, *erstickt ein freier Mensch*; hier gibt es keinen Raum für schöpferisches Tun, keine Resonanz. Hier gibt es nur Schnorrer, hier gibt es nur Lodenpolitiker, die Wien verdorfen wollen; hier ist alles Provinz, alles Moder, Barockträgheit – nur kein *Tempo!* Tempo war das Lieblingswort der Berlinsüchtigen. / Und sie gingen nach Berlin. Schmierten sich am Theater, Kabarett, an Literatur und Pseudoliteratur, an Kritik und Magazin und all dem, was die revolutionär-konservativen Kreise in Deutschland ›Kulturbolschewismus‹ nennen. / Das Hakenkreuz, das Geist und Ungeist ohne Wahl austreibt, hat uns die Herrschaften zurückgespült. Das geistige Deutschland ist wieder in Wien.« – Mit dem Sucus: »Jede Assimilation führt zum Debakel.«[13] – Kuh war indessen der letzte, dem man in dieser Hinsicht Bescheid hätte stoßen müssen.

Im Gespräch mit Willi Frischauer hat Kuh am 8. Feber noch Galgenhumor bewiesen und die Situation in Deutschland – bis vor einer Woche – sarkastisch als »ideal« bezeichnet: »Demokratie unter dem Schutz von Bajonetten. Deutscher Oppositionalismus, geschützt durch eine Reichswehrdiktatur.« Mit den Flüchtlingen waren unterdessen jene von den Nationalsozialisten als »Greuelnachrichten« und »Greuelpropaganda« bezeichneten Augenzeugenberichte über die Ausschreitungen der »Freigelassenen« gekommen, die jeden Versuch, in Deutschland persönlichen Heldenmut beweisen zu wollen, als selbstmörderische Dummheit hätten erscheinen lassen.

Frivol? Vermessen? – Irgendwo dazwischen wird man die Ankündigung einordnen, Anton Kuh werde seinen am Abend des 14. März 1933 in der Wiener Ravag unter dem ironischen Titel »Der überholte Wedekind« gehaltenen halbstündigen Rundfunkvortrag noch im laufenden Monat bei den Sendern Mannheim, Frankfurt und Stuttgart wiederholen. Erst recht, wenn man den Nachsatz zu dieser Meldung in Betracht zieht: »Damit erübrigen sich die Gerüchte, als ob Kuh, der seit seinem vor sechs Wochen gehaltenen Vortrag in Wien weilt, unter dem Eindruck der deutschen Ereignisse hierhergekommen wäre.«[14]

Am 29. März reist Anton Kuh aus Wien ab. Auf dem »Meldezettel für Reisende«, der als »Ordentlichen Wohnsitz« Berlin ausweist, bleibt das Feld »Wohin?« leer. Damit verliert sich seine ohnehin dünne Spur beinahe gänzlich. Gäbe es nicht – spärlich genug – karge Aufzeichnungen buchhalterischer Art wie Meldezettel, die Karteikarte im Fichier Central (dem zentralen Personenregister) der Sûreté Nationale, die knochentrocken Familienname, Vorname, Staatsbürgerschaft, Geburtsort, Geburtsdatum, Beruf und Aufenthaltsort (Paris) registriert sowie den Stempel »CARTE D'IDENTITÉ« trägt, Ortsangaben in der Autorenzeile des »Prager Tagblatts« – »Anton Kuh (Paris)«, »Anton Kuh (London)« –, Passagierlisten für die US-Einwanderungsbehörde, eine Handvoll klapperdürrer Meldungen von »Pem's Personal Bulletins«, kursorische Erwähnungen in Briefwechseln Dritter: das Unternehmen, wenigstens in Andeutungen einen äußeren Lebenslauf nachzuzeichnen, müßte vollends scheitern. Dem haben nicht erst die Nazis, die ihn zur Flucht ohne (großes) Gepäck zwangen, Grenzen gesetzt, sondern auch er selbst, der ab seinem 17. Lebensjahr ständiger Hotelbewohner war. Der archivarische Fachausdruck »Splitternachlaß« signalisiert den Umfang von Kuhs Hinterlassenschaft in den Beständen des Österreichischen Literaturarchivs.[15] Die Biographie geht so über lange Strecken auf in der Bibliographie.*

Ende März 1933 fährt Kuh jedenfalls von Wien nach Prag. Und bündelt seine Beobachtungen in einer *der* Transitstationen für Exilierte in einer Art physiognomischer Psychopathologie des Emigranten, der wie ein »Mitspieler auf der Szene des Lebens« wandle, der seinen Text nicht mehr kenne. Charakteristisch auch »dieser Blick, der eine angenagte Seele zurückspiegelt«, der Eindruck eines »beschädigten« Wesens, das aus der »Zeitzugehörigkeit« gefallen sei.

Während für den Emigranten die Zeit ein Wartezimmer sei, sei die weite Welt für »Genossen Ahasver« eine Lehranstalt: »Wohl denen, für die sie auch das wahre Daheim ist! Den freiwilligen Emigranten, die ihre Heimat erst finden, wenn sie sie verloren haben!«

---

* Noch Mitte der 1980er Jahre und bis 2001 wurden Manuskripte Anton Kuhs auktioniert, gingen in Privatbesitz über und sind damit nicht zugänglich, darunter acht eigenhändige, unpublizierte Gedichte sowie zwei Briefe (vier- und dreizehnseitig) der New Yorker Zeit an Jacques Kapralik. Ein zweiseitiger maschinschriftlicher Brief an Max Brod über Kuhs Pariser Stegreif-Rede »Die Metaphysik als Hausknecht« vom 2.12.1933 ist nicht zugänglich, weil der Max-Brod-Nachlaß, der nach jahrelangen gerichtlichen Auseinandersetzungen kürzlich der National Library of Israel zugesprochen wurde, gerichtlicherseits noch nicht freigegeben ist. Mit dem 11. Feber 1934 wurde die der Sozialdemokratischen Partei nahestehende »Wiener Allgemeine Zeitung« verboten, der Kuhs Aktivitäten oftmals eine Meldung wert waren.

Ihr Patron sei Voltaire auf Schloß Ferney, der zwar, »wenn auch mit einigen Konzessionen an die Wahrheit«, ruhig in Paris hätte leben können. »Ferney, von ihm zur Hauptstadt Europas erhoben, war ihm lieber. Denn was ihm hier aus der Feder floß, war echt, tapfer, heiter. Von hier aus nur konnte er Weltbürger sein.« Als Voltaire sich nach dem Rencontre mit dem Prinzen Rohan, »der ihn durch seine SA-Kolonne verprügeln ließ«, unfreiwillig ein paar Jahre in England aufgehalten habe, habe er »ganz andere Sachen [geschrieben], teils zeitabgewandtere und verspieltere, teils bösere und stärker verklausulierte; Bitterkeit und Zeitvertreib. Er wäre, hätte er hier länger weilen müssen, bei einem Haar ein richtiger Emigrant geworden – vielleicht mehr Rousseau als Voltaire. / Erst in Ferney ist er Voltaire geworden. Und kehrte nach Paris nur heim, um sich begraben zu lassen ...«[16]

Das mochte in den Ohren jener Emigranten, deren Tag vom Kampf ums materielle Überleben ausgefüllt war, zynisch klingen und mag schon zu einem Zeitpunkt, da die Mittel der Hilfsfonds noch nicht im Schwinden begriffen waren und die Teilnahme im Gastland sich noch nicht achselzuckend dünn gemacht hatte, jene Geflohenen und Vertriebenen seltsam angekommen sein, deren vordringlichste Sorge kaum einem gut durchlüfteten Gehirn gegolten haben kann. Ein rechtloser Emigrant, der der behördlichen Willkür des Gastlandes schutzlos ausgeliefert war – ob von der Schreckstarre in lähmende Apathie, würgende Hoffnungslosigkeit oder »lodernde herzwunde Bitterkeit«[17] verfallen –, mag auch die Analogie zu Voltaire als Verharmlosung empfunden haben: Das absolutistische Frankreich war nicht das staatsterroristische Deutschland des Jahres 1933.

Einem »Emigranten in Permanenz«[18] wie Anton Kuh, dem eine ortsfeste Lebensweise fremd ist, kommt die Exil-Situation nicht schwer an. Harry Graf Kessler gegenüber äußert er am 6. Juni 1933 in Paris, »er habe alle Bande zwischen sich und Deutschland zerschnitten, jeden Gedanken, sich irgendwo oder irgendwie eine Tür zur Rückkehr offenzuhalten, aufgegeben. Nur so, durch diesen restlosen Verzicht, könne man vermeiden[,] ›Emigrant‹ zu werden. Seine Verwurzelung im alten Deutschland bleibe, zum neuen kulturlosen, brutalen Hitler-Deutschland habe er garkeine inneren Beziehungen, wozu solle er sich solche einbilden oder fingieren?«[19]

Den geistlosen Manichäismus, der hinter den Bücherverbrennungen und Literatursäuberungen im NS-Staat steht[20] – hie: »Heimatkunst«, da »Asphaltliteratur« – und der »ungefähr der Einteilung der Menschen in gesunde und kranke Volksgenossen [entspricht], wobei die Gesunden die sind, die in Reih und Glied marschieren, der Autorität nicht lange nachgrübeln und sich an Ganghofers würzigem Quell laben, während als krank die gelten, welche die Neigung, dem Zusammenhang der Dinge nachzuspüren und sich nach dem Sinn des Daseins zu fragen, nicht unterdrücken können«, polt Kuh ähnlich dialektisch um: »Asphalt, der die Wirklichkeit spiegelt, ist Natur, eine Scholle*, auf der der Dilettantismus pflügt, unecht.«[21]

Daß man ihn den »Schollenlosen« zurechnet, findet Kuh durchaus passend: »Franz Werfel erläuterte einmal den Unterschied zwischen ›konsekutiver Logik‹ und ›assoziativer Logik‹: diese finde man seltsamerweise bei den Menschen, die mit dem Acker keinen Zusammenhang hätten, jene gehöre den Schollenverbundenen. Wenn das wahr ist, dann kann ich die Leute verstehen, die meine Frechheit bodenlos nennen.«[22]

Kaum drin (nämlich erstmals 1932),[23] wird Kuh aus dem »Kürschner« auch schon wieder rausexpediert, weil der Herausgeber in der 47. Auflage (1934), die nach »Säuberung« nur mehr halb so umfangreich ist wie die 46. Auflage (1932), die mit Hilfe des Reichsverbands Deutscher Schriftsteller »gewissermaßen amtlichen Charakter« erhält, »den Erfordernissen des neuen Aufbruchs deutschen Lebens Rechnung« trägt.[24] Daß er sich in der gegenüber der 9. Auflage (1928) »vollkommen neu bearbeiteten« 10. Auflage von »Degeners Wer ist's?« (1935), bei der »infolge von Tod und aus anderen Gründen [...] mehrere tausend Biographien in Wegfall gekommen« sind,[25] noch in der Pseudonymenliste findet,[26] ist schlicht redationelle Schlamperei.

Anton Kuhs Name findet sich unter keinem der zahlreichen Aufrufe »der Emigration«. Soweit bekannt, hält er sich auch jetzt abseits der Institutionen: Sein Name findet sich nicht in den Mitgliederlisten überparteilicher Sammelbewegungen wie der »Zentralvereinigung österreichischer Emigranten« (Mitglieder des Beirats: Sigmund Freud, Alfred Polgar, Franz Werfel, Bertha Zuckerkandl-Széps) oder der »Liga für das geistige Österreich« (»Ligue de l'Autriche vivante«) (u. a. von Joseph Roth, Alfred Polgar und Franz Werfel gegründet).

---

* »Asphalt« und »Scholle«: polare Kampfbegriffe der politischen Rechten der Weimarer Republik: »Asphalt« (etwa in den Worten »Asphaltliterat« und »Asphaltpresse«) ist ein pejoratives Schlagwort für die »wurzellose« urbane Moderne; »Scholle« steht für Heimat und die »im Volk verwurzelte« »Blut-und-Boden«-Kultur.

1933 – 1936

Prag, Produktenbörse, 24.4.1933, 20 Uhr: Der Geist des Mittelalters oder Worüber man nicht sprechen darf

Aber mitnichten richtet er sich im »Wartezimmer« recht und schlecht ein – er entfaltet eine rastlose Aktivität, um zu verhindern, was nicht mehr zu verhindern ist, tourt »agitierend« durch die tschechoslowakische Provinz, *spricht* am Abend des 24. April 1933 im großen Saal der Prager Produktenbörse unter dem Titel »Der Geist des Mittelalters oder Worüber man nicht sprechen darf« über den Geist der jüngsten deutschen Vergangenheit und Gegenwart, stellt den neudeutschen Nazi-Jargon in seiner »heroischen Geschwollenheit« bloß und *spricht*, immer wieder von Beifall unterbrochen, den Reichsrundfunk imitierend, »Weltgeschichte aus dem Bierkrügel«. Er wettert gegen den »Verrat der Intellektuellen«, geißelt dessen deutsche Spielart mit ihrem »heroischen Willen zur Verschwommenheit«, die sie sich als »das Gefühlsmäßige« schönredet. »Zu denken; richtig und logisch zu denken« sei dagegen die Aufgabe der Juden, so das Fazit seines Vortrags, zu dem er von Heines Diktum ausgehend, die Juden seien die Preußen des Orients, gelangt. »Die Richtigkeit dieses Satzes«, referiert der Rezensent des »Prager Tagblatts«, »erprobt Kuh durch die Umkehrung, die Preußen seien die Juden des Okzidents. Pochten nicht einst die Juden, wie heute die Deutschen, auf eine sittliche Mission, die sie in der Welt zu erfüllen hätten? Sie waren die preußische Ausnahme in der orientalischen Welt und haben ihre Heimat, haben das Rennen verloren. Dieses Wissen tragen die Juden in Blick und Wesen. Die Augen des Juden sind eine Verkehrsstörung in dem ›metaphysischen Drang‹ seines Verfolgers. Sie strafen ihn Lüge.«[27]

An diesem 24. April macht Kuh ein dubioser Anruf in seinem Prager Hotel erst stutzig und dann mißtrauisch: eine »knabenhaft-forsche, norddeutsche Stimme«, »Fritz Herbert M. [...], Vogelzüchter aus Meißen«, der Deutschland der Nationalsozialisten wegen habe verlassen müssen. Er bittet um ein Treffen und erkundigt sich nach Theodor Lessing, der tags darauf mit dem Vortrag »Was soll mit den Juden geschehen?« auf Einladung von »Paole Zion« im Saal der Städtischen Bibliothek gastiert. Kuh wimmelt den lästigen Anrufer ab und warnt Lessing, den er persönlich nicht kennt, telephonisch vor dem, wie er argwöhnt, Nazi-Schergen, der wer weiß was im Schilde führt.[28] Diesmal kommt Lessing noch davon. Vier Monate darauf, am 31. August, erliegt er den Schußverletzungen, die ihm drei nationalsozialistische Attentäter tags davor in seinem Haus in Marienbad / Mariánské Lázně zugefügt hatten.[29] Schon im Juni 1926, als Lessing auf massiven Druck deutschnationaler und völkischer Kreise, deren haßerfüllte Gegnerschaft er sich durch seine kritische Einschätzung Paul von Hindenburgs zugezogen hatte, seinen Dozentenposten an der Technischen Universität Hannover endgültig hatte räumen müssen, hatte Kuh eine böse Vorahnung: »Theodor Lessing wird nicht ruhen können, bis er Schule, Haus und Stadt verlassen hat – und wer bürgt selbst dann für sein Leben?«[30]

Am Samstag, dem 20. Mai, spricht Kuh auf Einladung des Unterstützungsvereins für jüdische Hochschüler unter dem Titel »Die Weltpest oder Die Diktatur der Postbeamten« im Brünner Dopž-Saal, wo seine Ausführungen »teils mit atemloser Stille, teils mit schallender Heiterkeit« aufgenommen werden;[31] am Mittwoch darauf, wieder heftig akklamiert,[32] im Vortragssaal der Prager Städtischen Bibliothek am Marienplatz.

<small>Brünn / Brno, Dopž-Saal, 20.5.1933, 20 Uhr: Die Weltpest oder Die Diktatur der Postbeamten</small>

Ob nun in Brünn – oder anderen regionalen Zentren der Tschechoslowakei wie Olmütz, Preßburg, Karlsbad, Teplitz –, Prag oder Wien, ob unter dem Titel »Die Weltpest«, »Der Geist des Mittelalters, »Die Metaphysik als Hausknecht« oder »Das konfizierte Gehirn«: Kuh, der sich seinem Publikum nach 1933 stolz als »Asphaltliterat«* vorstellt, spricht zur Sache, Tacheles – wenn auch nicht immer Klartext. Schon im Dezember 1931 hatte ein Berliner Rezensent anläßlich des Vortrags »Warum haben wir kein Geld?« den Wechsel des Kuhschen Tenors in die Formel gegossen: »Die Zeiten ändern sich: Abraham a Santa Clara ist zum Conférencier geworden, der vergeblich versucht, seiner Gemeinde die Gewalt der Stunde zu erklären.«[33] Und ob er nun – Physiognom der Tonfälle – vom neudeutschen Wortschatz her dem Geist Nazi-Deutschlands bis ins Innerste leuchtet oder »mit den scharfgeschliffenen Klingen seiner verblüffenden Dialektik, mit hinreißendem Schwung gekreuzt und mit kabarettistischen Finten pariert«[34], Breschen in die geistesgeschichtliche Unterfütterung der nationalsozialistischen Machtpolitik schlägt – Stichwort: Mißbrauch Nietzsches; ob er, mentalitätsgeschichtlich argumentierend, statuiert, daß jeder deutsche Soldat seinen Kant im Tornister trage; ob er davor warnt, naivem Heroismus das Mäntelchen sittlicher Sendung umzuhängen; oder vor der Untertanenmentalität und vor dem autonom gewordenen Lakaientum vom Typus des Staats- oder Postbeamten, das nun die Geschicke Deutschlands leite; ob er sich über den Antagonismus

<small>Prag, Städtische Bücherei, 24.5.1933, 20 Uhr: Die Weltpest oder Die Diktatur der Postbeamten. Von Asch über Wien nach Berlin und zurück</small>

---

* Ironische Verwendung und Selbstzuschreibung des gegen die urbane Moderne zielenden völkischen Kampfbegriffs.

Macht – Geist, die Naivität und Dummheit des waffenscheuen Geistes ausläßt; über die Politik-Verachtung jener allzu intellektuellen Epoche, die dazu geführt hat, daß dieser nunmehr vogelfreie und verfemte Geist sich in die ohnmächtige Satire flüchten muß und sich »mit solchem Machiavellismus der Anspielung behelfen muß, wie ihn er selbst, der bewährte Aphoristiker des Antiphilistertums, übt«[35]; oder über die Herrschaft brutaler, geistloser Gewalt über eine entrechtete, sittlich und geistig in ohnmächtige Lethargie verfallene Menschheit; ob er die Sünde der Zeit anprangert: sich dem Ungeist anzupassen – die Grundthese seiner Ausführungen ist stets dieselbe: Geist, dem nicht der Wille zur Machtbewahrung innewohnt, ist Dummheit – aber deshalb ist Dummheit, die sich eine Patronentasche umhängt, noch lange nicht Geist. Kuh gibt sich indessen keinen Illusionen darüber hin, was mit dem »Knüppel des gut zugepaßten, richtig hauenden Worts«[36] gegen die Knüppel in den Händen der Nazi-Horden auszurichten sei.

Anfang Juni ist Kuh in Paris, trifft dort mehrmals mit Harry Graf Kessler zusammen, der aus einem spätabendlichen Gespräch mit Xavier Marcu und Anton Kuh am 6. Juni in seinem Tagebuch festhält: »Marcu hält einen durch die Nazis provozierten Krieg spätestens in zwei Jahren für unvermeidlich. Sie würden ›nicht weiterkönnen‹ und dann lieber einen Krieg machen als verzichten. Auf meinen Einwand, dass Deutschland doch garnicht für einen Krieg gerüstet sei, erwiderte Marcu: er halte Deutschland für das einzige Land in Europa, das moralisch auf einen Krieg gerüstet sei, das einzige, das einen Krieg führen könne; was nicht heisse, dass es ihn gewinnen könne. Kuh sagte, auch er sei dieser Ansicht. Deutschland rieche ›morgig‹, Frankreich und die Tschechoslowakei durchaus gestrig; Deutschland sei 20tes Jahrhundert, Frankreich neunzehntes. Ein Geruch von Fäulnis, von intellektueller Fäulnis, herrsche in Prag u. Paris. Deutschland mit seiner ungeistigen Brutalität repräsentiere die neue Zeit. Den Nazis fehle nur ein ›Kopf‹, wenn sie einen ›Kopf‹ fänden, könnten sie das übrige Europa besiegen.«

Ende Juni, Anfang Juli liefert er sich mit dem royalistischen Rechtsintellektuellen Léon Daudet im Pariser Magazin »LU« resp. in der »Action française« ein Scharmützel über die Indienstnahme Friedrich Nietzsches durch die Nationalsozialisten, die den Philosophen des »Übermenschentums« zu ihrem Hauspropheten gemacht und sich taxfrei zu seinen geistigen Erben erklärt hatten (wie er ja auch schon im Ersten Weltkrieg zum »Potsdam-Deutschen« verbogen worden war). Kuh entgegnet Daudet, der in einem Leitartikel eine direkte Linie von Nietzsche zu Hitler gezogen hatte,[37] stellt dieses Mißverständnis als Testamentsfälschung hin und klar, daß Adolf Hitler allenfalls ein falscher Apostel sei.³⁸ Worauf Daudet seinem »spirituel et aimable confrère viennois« zu bedenken gibt, daß Hitler doch vom Nietzscheschen »Willen zur Macht« inspiriert scheine, aber zugesteht, daß Dumpfheit und Antisemitismus kein Erbteil Nietzsches sind, und zu verstehen gibt, daß er die Verachtung, mit der Kuh den Nazis begegnet, nicht teile, und eine Parallele zieht zwischen Adolf Hitler und Martin Luther, dem – in der abschätzigen Sicht der zeitgenössischen Gegner – »Anstreicher« und dem »geilen Mönch, dem es nicht zugestanden habe, eine Kirche zu gründen«.³⁹ Worauf wiederum Kuh in seiner Duplik daran erinnert, was Nietzsche über Luther geschrieben hat: »›Er sei ein Wildschwein, gewesen, das in die Gevierte der Zivilisation einbrach.‹ Der Anstreicher würde Augen machen, wenn er diesem Zitat seines Leibphilosophen begegnete. Oder es – in dubio – für ›Greuelpropaganda‹ halten.«⁴⁰

Unter dem Zeichen der Propaganda von »drüben« steht auch Kuhs Nachbetrachtung der Salzburger Festspiele des Jahres 1933. Die »stahlblaue Spätsommerluft« in der Stadt, in der »die alte Zeit ihr leuchtendstes Domizil« habe, wirkt auf ihn noch »geheimnisvoller und märchenhafter« als je: »der Bahnhof trennt zwei Gegenwelten: schönstes Gestern und bösestes Heute. Man brauchte sich bloß unversehens in den Geleisen zu irren oder die Eisenstange zu heben, die den bayrischen Perron absperrt, und käme ohne Umsteigen aus dem Freilufttheater ins Konzentrationslager. Fünf Minuten von Mozart zu Röhm!«

Wenn Ewald Balser in der Max-Reinhardtschen »Faust I«-Inszenierung in der Felsenreitschule, die Schale mit dem todbringenden Trank zum Mund führend, mit dem Vers »Welch tiefes Summen, welch ein hoher Ton« innehält, »dann recken sich einige Zuschauerköpfe unwillkürlich zum samtblauen, sternenübersäten Nachthimmel, ob dort nicht wieder ein Flugzeug sichtbar wird, beladen mit Flugzetteln und Aufrufen wider Dollfuß, um die papierene Fracht sogleich gemächlich auf die Häupter hier zu streuen.« Und die »Oberon«-Aufführung vom 28. August im Festspielhaus unter dem Dirigat Bruno Walters – »eine Deutschheit ohne Kanten und Schroffen, vielmehr angetaut und luftig gemacht zum Spinnwebengewicht« – inspiriert Kuh wieder einmal zur Verklärung »des österreichischen Elements«: »Verhält es sich zum Rein-Deutschen nicht wie die Vegetation zum Programm? Dort leben sie das Gesetz, die Einstellung, den Vorsatz – hier das Sein. Dort planen sie glücklos – hier wird alles Atmen zum Glück.«

Salzburg ist ihm »die Hauptstadt der Welt«, ist ihm, auf ein paar Wochen im Sommer, letztes Refugium der internationalen Gesellschaft und Kultur; das kleine Café Bazar der »Kalkalpen-Ableger vom weiland

Romanischen Café in Berlin, vom Café du Dôme in Paris und vom Wiener Café ›Herrenhof‹«. – Wie lange noch?

Beim Umzug der Trachtenvereine und der Trachtenmusikkapellen am Sonntag, 27. August, wird Kuh entrisch zumute: »Dieser Umzug hatte etwas von des Pater Haspingers letztem Aufgebot aus 1809: wir wollen nicht Bayern sein, wir sind eigene Leut'. Am Straßenrand standen da und dort junge, kurzbehoste Leute, blickten fremd und gaben nichts für das heitere Farbenspiel. Braun in braun wäre ihnen lieber gewesen, der Klopfschritt verlockender als das Dulliäh. Morgen, wenn der Festlärm vorbei ist, sind sie nicht mehr Eckensteher. Die Saison ist aus, das Salzburger Lächeln wird wieder für einige Zeit abmontiert, der Sommer des Vergnügens weicht dem Winter der Einstellung. / Wer schützt dich jetzt, gutes, helles Trachtenvolk, vor den Scheeläugigen am Straßenrand, wenn der Fremdenverkehr* nicht mehr mit geschultertem Bajonett vor dir steht? ...«[41]

An den Fall Lessing erinnert Kuh im September des Jahres, als er im »Morgen« über die Umtriebe von Nazi-Agenten unter den Pariser Emigranten in den Cafés des Montparnasse berichtet und die »doppelte Buchhaltung aus Mord und Würde« beleuchtet, mit der die waggonweise Verschickung von »Abrechnern« ins Ausland begleitet wird. Wenn er auch um die Gefährdung jedes einzelnen weiß, und das aus eigener Erfahrung: schließlich ist es erst zehn Jahre her, daß sich nach einem Vortrag im Wiener Konzerthaus »ein paar hundert, mit Schürhaken, Totschlägern, Messern und Riemen bewaffnete junge Burschen vor der Ausgangstür ansammelten, um [ihn] – wie das spätere Protokoll sagte – ›ein bisserl‹ durchzuhauen«, gibt er sich dem »exportierten Mord« gegenüber, der unerbittlich jeden Schädel einschlagen will, der sich einmal durch das Vorhandensein von Hirn mißliebig bemerkbar gemacht hat, zuversichtlich: »Das Hirn ist unausrottbar. Und die Hüter der Logik wachsen nach wie die Köpfe der Hydra.«[42] Als er sich erlaubt, den Friedensschalmeien, mit denen Nazi-Deutschland Frankreich einzulullen versucht, nicht auf den Leim zu gehen,[43] wird er vom »Stürmer« grob angeblasen. Jener Herr Kuh, der seinerzeit »in Form einer ›freien Conférence‹ vor einem rein jüdischen und vor Entzücken

---

* Mit dem Reichsgesetz vom 1.6.1933 trat die sogenannte Tausend-Mark-Sperre, eine von der deutschen Reichsregierung erlassene Verfügung, wonach deutsche Staatsbürger bei der Ausreise nach Österreich eine Taxe von tausend Mark zu erlegen hatten, in Kraft; eine Wirtschaftssanktion, die das stark vom Fremdenverkehr abhängige Österreich politisch gefügig machen sollte.

brüllenden Publikum [...] das völlig hemmungslose Triebleben gefeiert« habe, betätige sich nun in Paris »als ein geistiger und ein sittlicher Vorkämpfer gegen das neue Deutschland«. Und verhöhne »die Bemühungen des deutschen Kanzlers um Friede und Verständigung zwischen den europäischen Völkern«. Und so wird Rolf Reimer wankend in seinem Glauben, daß man vom Namen auf den Charakter seines Trägers schließen könne. Jedermann wisse schließlich, daß die Kuh ein ebenso harmloses wie nützliches Geschöpf sei, woran schon das Sprichwort von der »Milch der frommen Denkungsart« erinnere. »Nehmen wir aber z. B. den Herrn *Anton Kuh*, so haben wir ein Geschöpf vor uns, das einen wesentlich anderen Charakter besitzt, als wir auf Grund seines Namens schließen möchten. Schon daß er Jude ist, läßt ihn viel weniger harmlos erscheinen, als das ihm namensgleiche milchspendende Geschöpf. Auch hat er nie Milch gespendet, sondern nur Tinte verspritzt. [...] Ein zweiter Heine, der ja auch für das französische Außenministerium seine Feder gegen Deutschland in Bewegung gesetzt hat.«[44]

Am 2. Dezember hält »Heine zwo« im Deutschen Klub in der Rue du Rocher vor den »interessantesten Köpfen der Emigranten« und »bekannten Repräsentanten der französischen Literatur«[45] unter dem Titel »Die Metaphysik als Hausknecht« einen Vortrag über das Deutschland von heute. Den Aufhänger für seine Improvisation nennt der »Paris-soir« in einer Ankündigung der Veranstaltung: »La sœur de Nietzsche offre une canne à Hitler!«[46]

Paris, Deutscher Klub, 2.12.1933, 21 Uhr: La métaphysique au service des domestiques (Die Metaphysik als Hausknecht)

Am 2. November 1933 stattet Adolf Hitler auf seiner Wahlreise durch Thüringen am späten Nachmittag dem Nietzsche-Archiv in Weimar einen halbstündigen Besuch ab. Dabei macht ihm Elisabeth Förster-Nietzsche nicht nur den silbernen Degenstock ihres Bruders, eines der ihr liebsten Erinnerungsstücke, zum Geschenk, sondern auch ein Exemplar der von ihrem Ehemann Bernhard Förster mitverfaßten und 1880 an Reichskanzler Otto von Bismarck adressierten »Antisemitenpetition«, die, so die Archivleiterin, »bereits alle die Forderungen nationaler Kreise in der Judenfrage enthält, die in neuerer Zeit vom Nationalsozialismus erhoben und zum großen Teil verwirklicht worden sind«.[47] Eine Geste, die unschwer als »Staffelübergabe« gemeint ist. Der Aberwitz dieser Szene – Friedrich Nietzsches Schwester überreicht Adolf Hitler »den Degenstock, der ihm sein liebstes Vermächtnis war, gleichwie einen Marschallsstab« – verschlägt für einmal sogar Anton Kuh das Wort: »In den Händen des Kanzlers

Prag, Städtische Bücherei, 18.1.1934, 20 Uhr: Die Metaphysik als Hausknecht oder Von Demosthenes zu Knieriem

383

Teplitz-Schönau / Teplice-Šanov, Städtisches Kurhaus, 22.1.1934, 20 Uhr: Die Metaphysik als Hausknecht oder Der bellende Rundfunk oder Von Demosthenes zu Knieriem

wurde so mit unerhörter Symbolik aus dem Degen Nietzsches der Stock Försters«![48]

Mitte Januar 1934 ist Kuh wieder in Prag, wo er am 18. des Monats in der Städtischen Bücherei unter demselben Titel wie in Paris spricht, am 22. Januar im Städtischen Kurhaus Teplitz. Vier Tage darauf wirkt er als Conférencier am Bunten Abend mit, den das Šalda-Hilfskomitee unter dem Titel »Akademie für Emigranten« zugunsten der deutschen Emigranten im großen Prager Radio-Saal veranstaltet.

»Erlaubte Karikaturen« nennt Kuh einen anläßlich der diplomatischen Turbulenzen, die eine Karikaturen-Ausstellung – darunter Werke von George Grosz, Th. Th. Heine und John Heartfield – im Pavillon des Künstlervereins Mánes auslöste, spontan für den 23. April angesetzten Vortrag in der Städtischen Bücherei. Der deutsche Gesandte in Prag hatte sich in einer Verbalnote beim tschechoslowakischen Außenministerium schärfstens gegen »diese erneuten Beleidigungen und Verunglimpfungen des Reichspräsidenten, des Reichskanzlers und anderer führender deutscher Staatsmänner sowie gegen die Herabwürdigung des deutschen politischen Lebens und der Staatssymbole« verwahrt und dringend ersucht, »für die beschleunigte Entfernung dieser Machwerke Sorge tragen zu wollen«.[49] Auf eine zweite Demarche des deutschen Gesandten – man hatte diesen wissen lassen, daß man sich nicht in eine künstlerische Angelegenheit, wie sie die Karikaturen-Ausstellung darstelle, einzumischen gedenke – hatte die Prager Bevölkerung mit einer spontanen Demonstration geantwortet: einem massenhaften Besuch der Ausstellung. Das Außenministerium gab dem politischen Druck indessen nach und ließ unter dem fadenscheinigen Vorwand »Erregung öffentlichen Ärgernisses« sieben Photomontagen John Heartfields entfernen.[50]

Prag, Städtische Bücherei, 23.4.1934, 20 Uhr: Erlaubte Karikaturen

»Die Photomontage ist entstanden aus dem hoffnungslosen Wettbewerb der Karikatur mit den Originalen«, so der Grundgedanke Anton Kuhs, der »im stark besetzten Saal« der Städtischen Bücherei »von Napoleon bis zu den Heutigen [...] eine Gesichter-Parade aufmarschieren [ließ]. Das Publikum dankte mit herzlichem Beifall.«[51]

Brünn / Brno, Typossaal, 16.5.1934, 20 Uhr: Nietzsches Spazierstock oder das Pimperltheater der Rasse

Am 16. Mai steht er, stimmlich indisponiert, mit »Nietzsches Spazierstock oder das Pimperltheater der Rasse« auf der Bühne des Brünner Typossaals, um wieder einmal den Versuch, Nietzsche als »Evangelisten des ›neuen Deutschland‹« einzuspannen, ad absurdum zu führen. Vom Rückübersetzungsfehler Léon Daudets, der Nietzsches »Umwertung aller Werte« als »Unterwertung aller Werte« wiedergegeben hatte – daran hatte sich schon der Streit im Jahr zuvor entzündet –, kommt Kuh darauf zu sprechen, daß erst Unterschätzung, dann Überschätzung die heutigen Verhältnisse möglich gemacht habe, und endet »bei einer Ausdeutung der Symbolik, daß Nietzsches Schwester den Spazierstock des Philosophen dem Führer Deutschlands als Angebinde überreichte«.⁵² Tags darauf ist er im Großen Saal des Deutschen Vereinshauses in Olmütz zu Gast.

Kuh engagiert sich mehr, als seiner labilen Gesundheit zuträglich ist, die ihn zu einer längeren Pause zwingt. Nach einem dreiwöchigen Sanatoriumsaufenthalt im mährischen Kurort Gräfenberg / Lázně Jeseník im Juli 1934 weit davon entfernt, wiederhergestellt zu sein, und noch immer nicht bei Stimme, tritt er am 10. August im Karlsbader Kurhaussaal auf, wo er unter dem Titel »Das konfiszierte Gehirn« nach »einigen wohlgezielten Durchziehern gegen die Ideologien eines großen Nachbarreiches« schnell vom Hirn zum Kehlkopf und von seinem laryngologischen Handicap, das ihn schon im Mai in Brünn geplagt hat, auf die »Technik des bekannten Demosthenes nordischer Ausgabe«, den er – immer wieder von Beifallsstürmen unterbrochen – »ätzenden Witzes voll, mit Geist und einem Schwung, der von innen heraus mächtig ins Äußere wird«⁵³, parodiert. Dann kramt er aus seiner akustischen Erinnerung einige der bekannten Redner aus dem alten österreichischen Reichstag hervor, die er alle auf die Bühne stellt – »Und damit klingt die Saite seines alten Österreichertums an. Da wird er warm und wärmer, er geißelt nicht mehr sondern streichelt fast liebevoll alle Schwächen dieser Vergangenheit und berauscht sich an der entschwundenen Buntheit dieses Erscheinungskomplexes«⁵⁴ –, bevor er im zweiten Teil des Abends einige typisch altösterreichische Figuren aus seinem »Unsterblichen Österreicher« lebendig werden läßt.

Olmütz / Olomouc, Deutsches Vereinshaus, Großer Saal, 17.5.1934, 20.30 Uhr: Heiter-parodistischer Abend

Karlsbad / Karlovy Vary, Kurhaussaal, 10.8.1934, 20.45 Uhr: Das konfiszierte Gehirn oder Tiergarten 1934

Ein Ausriß aus der »Deutschen Tages-Zeitung (Karlsbader Badeblatt)« mit der Ankündigung des Vortrags findet sich faksimiliert in einer sudetendeutschen Kampfschrift. Der Ausriß: »*Anton Kuh spricht heute in Karlsbad.* Auf dem Höhepunkt seiner Saison erlebt Karlsbad noch die sensationelle Begegnung mit einem Original: Es ist gelungen, Anton *Kuh*, den berühmten, in den deutschen Städten der Tschechoslowakei längst gefeierten Improvisations-Redner, der sich derzeit zum Kurgebrauch in Karlsbad aufhält, zu einem einmaligen Vortragsabend zu gewinnen. Dieser heitere Vortrag findet *heute* ¾9 Uhr *abends*, unter dem Titel ›*Das konfiszierte Gehirn*‹ im Kurhaussaale statt. Fritz Grünbaum hat dieses Ereignis in der vorgestrigen Vorstellung der ›Lustigen

385

Witwe‹ im Stadttheater mit den humoristischen Worten angekündigt: ›Ich bin *nur* ordinär. Wenn Sie Geist *und* Ordinärheit hören wollen, müssen Sie übermorgen zu Anton Kuh gehen!‹ Das große Interesse, welches diesem einmaligen Vortagsabend entgegengebracht wird, läßt auf einen vollen Saal schließen und empfiehlt es sich daher, Karten im Vorverkauf beim Friseur Urban im Kurhaus zu sichern. Preise der Plätze von 6 bis 28 *Kč*.«[55] Der Begleittext: »Gedrängt durch die Verhältnisse, macht sich überall im Sudetendeutschtum ein neuer Kulturwille bemerkbar. Aber die Gegner sind am Werke und suchen alles Echte und Gesunde durch einen volksfremden Geist zu zersetzen. Das Sudetendeutschtum will mit solchen internationalen Kulturschleichhändlern nichts zu tun haben.«[56]

Obwohl er sich der Ohnmacht des Wortes vis-à-vis nackter Gewalt bewußt ist, veröffentlicht Kuh weiterhin unverdrossen Satiren auf die Sprachverhunzungen der Chargen des »Tausendjährigen Reichs«, das die Wirklichkeit redigiert, »als wäre sie die Pfingstbeilage zum ›Rumburger Wochenblatt‹«[57], im Prager »Simplicus«, der für den »gleichgeschalteten« Münchner »Simplicissimus« in die Bresche springt, sowie im Nachfolgeblatt »Der Simpl«; schreibt er für das »Prager Tagblatt« bis zum August 1937 weiterhin neben politischen Kommentaren und vereinzelten Theater- und Musiktheaterkritiken auch launige Betrachtungen des Pariser Alltags aus der Perspektive des Zugereisten – letztere oft nachgedruckt in resp. übernommen aus der größten Tageszeitung der deutschsprachigen Emigration in Frankreich, dem »Pariser Tageblatt«, und dem Nachfolgeblatt, der »Pariser Tageszeitung« –, die selbstironische Beobachtung etwa, daß hier »das Radebrechen der französischen Sprache auf Frauenohren keinen erotischen Reiz übt« oder »daß es für einen distinguierten Ausländer kein größeres Malheur gibt, als ›Kuh‹ zu heißen«[58]; über das Staunen des Kontinentaleuropäers angesichts Londoner Art und Spleen, den Kulturbetrieb und das steife Gesellschaftsleben in der britischen Metropole; rauft er sich die Haare über das britische Währungs-, Maß- und Gewicht-System, dem die Ludolfsche Zahl Pate gestanden sein müsse, und fragt er sich, ob es der geheime Sinn dieses Verwirrspiels um die »krummen Zahlen« sei, »den Kontinental-Europäer nur mit möglichst viel Mühe ›hereinzulassen‹«[59].

Ab Juli 1934 schreibt Kuh wieder regelmäßig für die (inzwischen) »Neue Weltbühne«, die ihren Redaktionssitz nun in Prag hat, und das zuallererst als Physiognomiker von hohen Graden. Bereits im September 1933 empfiehlt er sich als oberster Sachverständiger einer zu gründenden »physiognomischen Polizei«, der die Mörder, die das NS-Regime den vor ihm Geflohenen selbst noch im Ausland an die Fersen heftet, nicht nur untrüglich aus ihrer Visage, sondern auch an ihrem Gehabe zu identifizieren imstande ist: an dieser »Eckigkeit und Ungelenkigkeit, diese[m] Hacken-Zusammenschlagen der Stimme bei gleichzeitigem Versuch, den Mund zu einem Lächeln zu zwingen, diese[m] Spitzmäulchen-Ziehen, während die Augen wie Stahl und Frost dreinsehen, diese[m] hoffnungslose[n] Bemühen, die ›Kaserne im Menschen‹ unsichtbar werden zu lassen«[60].

Zahlreich die Parodien auf die Phantasiesprache Adolf Hitlers, dieses »Schalltrichter[s] mit Umlegekragen«, dieser »behoste[n] Phrase«[61], der, »feiner Herr aus Tullnerbach, das ist sudetendeutsch mit einem Hauch Hannover«, es »nach Art österreichischer Postkontrolleure für ein Zeichen von Bildung [hält], die harten Konsonanten weich anzusetzen und die weichen hart, sagt ›Ichmöchtebedohnen‹ und ›Ichsähesiejagommendieherrendiblomatten‹ und jedes Wort klingt wie ein Kommando ins Leere«[62]; von Klein Adolf, der den bürokratisch-administrativen Nazi-Jargon schon so perfektioniert hat, als sei er aus Aktenpapier gekrochen,[63] über ein fingiertes Interview Antoine Delavaches mit dem deutschen Reichskanzler, das versehentlich nicht im »Paris-Midi« erschienen ist[64] »Daitschland. Eine neue Führer-Rede«[65] bis hin zu einem Deutsch-Aufsatz von Reichskanzler Adolf Hitler zum Thema »Die Winterhilfe«, dem »Studienrat Anton Kuh« leider »grammatikalische Rassenschändung« attestieren muß.[66] So wie er als »Professor Strengohr« 1932 schon der Regierungserklärung des Kabinetts Papen das zweifelhafte Kompliment machen mußte, in 35 Jahren Lehrtätigkeit keinen miserableren Deutsch-Aufsatz zu Gesicht bekommen zu haben: »Lauter papierene Amts-Partizipien und Kundmachungs-Genitive – kein wirkliches Tropfen Sprachblut!« Und erst die »möglichst gedrungen und deutschtümlich« wirken wollenden »furchtbarsten Neuprägungen. Ich möchte es das Schweinsblasen-Deutsch nennen, weil es sich vor dem Auge so künstlich aufplustert, wie es vor der Vernunft rasch zerplatzt.« Resümee der faksimilierten Korrekturen in Kurrent: Niemals vorher sei die deutsche Sprache so mißhandelt worden als gerade in diesem Goethe-Jahr – ergo: Nichtgenügend![67]

So genial wie der auf Hitler gemünzte Satz Pallenbergs, den Kuh in seinem Nachruf auf den Schauspieler kolportiert: »Er sieht aus wie ein Heiratsschwindler«[68], ist Kuhs Schöpfung – nach dem Motto: »Zum Topf passt Gericht wie zum Tropf das Gesicht« und nach der Erkenntnis, daß Phrasen physiognomiebildend wirken (Beispiel: das Durchhalter-in-Eisen-Antlitz Hindenburgs) – »Eintopfgesicht« für die gleichgeschaltete NS-Visage. Die kulinarische Gleichschaltung – der 1933 von den Nationalsozialisten zur Stärkung der Volksgemeinschaft verordnete »Eintopfsonntag« – habe als »Speisekarten-Manifestation der Weltgeschichte« physiognomische Wirkungen gezeitigt: das säuerlich verhärmte Eintopfgesicht: »Mittendrin ein fleischiger »wesen- und charakterloser Knollen [...], der zwei nackte Löcher in die Welt steckt«, gern mit ein bißchen Bart drunter: die Plebejernase.[69] Weil eben unter dem NS-Regime der Besitz eines »Originalgesichts« ein Delikt ist, ein Abweichen von der Uniformität, dem mit Argwohn begegnet wird.[70]

Mit dem dezenten Hinweis, man höre vielleicht ohnehin das »r« in der zweiten Silbe mit, das aus dem Eigennamen des Reichsstatthalters von Thüringen einen Gattungsnamen mache, leitet Kuh seine Betrachtungen zu den Sauckels ein, die – Vater, Mutter, neun Kinder – im »Illustrierten Beobachter« vom 9. September 1937 als nationalsozialistische Vorzeigefamilie eine ganze Bildstrecke bestreiten dürfen. Und da im »Land der Kerrle« Namen kein Zufall, sondern ihren Trägern aus dem Gesicht gerissen sind (oder aus dem Schlund gewürgt: etwa die »Rülps-Interjektion: ›Bürckel!‹«[71]), blickt Sauckels Antlitz »wie aus Wurst und Kohl geknetet« über die breite Hakenkreuzbinde auf dem Oberarm.[72]

Am 24. November 1936 wird Carl von Ossietzky, nach dreieinhalb Jahren »Schutzhaft« in den Konzentrationslagern Sonnenburg und Esterwegen bereits todkrank, der Friedensnobelpreis für 1935 zuerkannt – in den Augen des NS-Regimes eine »deutschfeindliche Demonstration«. Im Anschluß an eine dreistündige Rede Adolf Hitlers vor dem Reichstag am 30.1.1937 gibt Hermann Göring die Stiftung des »Deutschen Nationalpreises für Kunst und Wissenschaft« bekannt, die Hitler verfügt, »[u]m für alle Zukunft beschämenden Vorgängen vorzubeugen [...]. Die Annahme des Nobelpreises wird damit für alle Zukunft Deutschen untersagt« (Erlaß vom 30.1.1937). Kommentar Anton Kuh: »Der Ignoble-Preis hat seinen Einstein gefunden ... im Ausschreiber.« Und zwar für ebendie Rede vom 30. Januar, in der »his Hausmaster's voice« wieder einmal »ihren Kernspruch aus der Zeit des Meidlinger Obdachlosenasyls: ›Jud, Jud!‹ als Galiläisches: ›Eppur si muove ...!‹« verkündete.[73]

In Wien ist Kuh immer wieder zu Gast – mehr nicht. Er flieht die Atmosphäre des »Ständestaats«. Die parlamentarische Demokratie hat schon 1933 ein Ende gefunden, als die Koalitionsregierung aus Christlichsozialen, Landbund und Heimatblock, die nur über eine hauchdünne Mehrheit im Nationalrat verfügte, unter der Führung Bundeskanzler Dollfuß' eine Geschäftsordnungspanne, den gleichzeitigen Rücktritt aller drei Präsidenten des Nationalrats, dazu benutzt hatte, das Parlament staatsstreichartig auszuschalten und ab 15. März auf

Grundlage des Kriegswirtschaftlichen Ermächtigungsgesetzes aus dem Jahr 1917 per Notverordnungen autoritär zu regieren. Im Oktober 1933 richtet die Regierung des österreichischen Ständestaats auf dem Gelände der ehemaligen Munitionsfabrik in Wöllersdorf-Steinabrückl, Niederösterreich, ein Internierungslager für Regimegegner ein.

Mit der Schutzmacht Italien im Rücken geht das Dollfuß-Regime auch gegen die NSDAP vor, die mit Sprengstoffanschlägen die Lage zu destabilisieren versucht, und verhängt am 19. Juni 1933 ein Betätigungsverbot. Die Verhängung der Tausend-Mark-Sperre durch das Deutsche Reich per 1. Juni 1933 soll den wichtigsten Wirtschaftszweig Österreichs, den Fremdenverkehr, treffen.

In den Feberkämpfen des Jahres 1934 erreichen die Auseinandersetzungen die Dimension eines offenen Bürgerkriegs. Unmittelbarer Anlaß ist der bewaffnete Widerstand von Linzer Schutzbündlern gegen eine Waffensuchaktion der Heimwehren in Arbeiterheimen. Dem Kampf in Linz folgen von 12. bis 15. Feber Aufstände in Wien und zahlreichen Industriestädten Österreichs, die von der Exekutive mit äußerster Brutalität niedergeschlagen werden. Symbolkräftig: Die vom »Roten Wien« errichteten großen Gemeindebauten, in denen sich Arbeiter verschanzt haben, Reumannhof, Karl-Marx-Hof, Goethehof, werden vom Bundesheer mit schweren Geschützen sturmreif geschossen.

In der Folge wird die Sozialdemokratische Partei verboten, ihre Organisationen werden aufgelöst, ihr Vermögen wird beschlagnahmt, das Rote Wien steht unter der Verwaltung eines »schwarzen« Bundeskommissärs. Mit der Proklamation der berufsständischen, autoritären »Maiverfassung« 1934 wird auch in Österreich ein faschistisches Regime errichtet.

Der sogenannte »Juliputsch«, ein nationalsozialistischer Umsturzversuch, der am 25. Juli 1934 mit dem Überfall von als Soldaten des Bundesheeres und Polizisten verkleideten SS-Männern auf das Bundeskanzleramt in Wien beginnt, wird nach teils heftigen Gefechten zwischen Nationalsozialisten und den Streitkräften der Bundesregierung in der Steiermark, in Kärnten, Oberösterreich und Salzburg bis 30. Juli niedergeschlagen. Unter den mehr als 200 Menschen, die bei den Kampfhandlungen getötet werden, ist Bundeskanzler Engelbert Dollfuß.

Erklärte Absicht des deutsch-österreichischen Abkommens, das am 11. Juli 1936 bekanntgegeben wird, ist es, die Beziehungen zwischen den beiden Staaten – nach dem Propaganda- und Wirtschaftskrieg, den NS-Deutschland seit 1933 führt – »wieder normal und freundschaftlich zu gestalten«. Die deutsche Reichregierung hebt etwa die Tausend-Mark-Sperre auf, anerkennt die volle Souveränität Österreichs und sichert zu, sich nicht in die inneren Angelegenheiten des Nachbarstaats einzumischen. Im Gegenzug werde die österreichische Bundesregierung »ihre Politik im allgemeinen wie insbesondere gegenüber dem Deutschen Reiche stets auf jener grundsätzlichen Linie halten, die der Tatsache, daß Österreich sich als deutscher Staat bekennt, entspricht«. Ein nicht veröffentlichtes Zusatzprotokoll stellt diese Verlautbarungen indessen auf den Kopf. Es spiegelt die Verschiebung der Machtverhältnisse nach der Annäherung Roms an Berlin wider, durch die Österreich die Schutzmacht seiner Selbständigkeit, das faschistische Italien, verloren hat. In diesem sogenannten Gentlemen-Agreement verpflichtet sich Österreich zu einer engen politischen, wirtschaftlichen und kulturellen Zusammenarbeit mit Deutschland – eine Klausel sieht eine permanente Konsultation Deutschlands seitens Österreichs vor –, zu einer umfassenden Amnestie von Nationalsozialisten und zur Einbindung von Vertretern der den Nationalsozialisten nahestehenden »nationalen Opposition« in die Regierung. »Realpolitisch« also »kalter Anschluß«.

Die 41 Wiener »Meldezettel für Reisende« (bis Juni 1937 des Hotel Bristol, ab dann des Hotel Beatrix), die von Januar 1935 bis Feber 1938 überliefert sind, weisen als »ordentlichen Wohnsitz« Anton Kuhs bis Juni 1937 Paris, zumeist das Hotel »La Boëtie« unweit der Champs-Élysées, ab Juli 1937 London aus.

Gleich, ob Anton Kuh nun in Hinkunft von Paris oder London – wo er von Ende 1934 bis Mitte 1936 vorwiegend lebt – oder von New York aus (ab 1938) die Vorgänge in seiner Geburtsstadt kommentiert, tut er das bis (beinahe) zuletzt nicht als indifferenter Zaungast, sondern weiterhin als, mit Verlaub, verzweifelt Liebender.

Die Bürgerkriegsereignisse des Feber 1934 etwa, die Walther Rode markig kommentiert hatte: »Die Dollfußsche Kanonade kommt vom echt österreichischen Kretinismus her, ist der Kirchweihexzeß eines Dorftrottels«[74], und die Etablierung des österreichischen Ständestaats kommentiert Kuh in der Pariser Illustrierten »VU« unter dem Titel »La fin de Vienne«: Mit dem Fall dieser letzten Bastion der Zivilisation in Zentraleuropa sei der seit 1919 tobende Kampf der Provinz (des allzu platten Landes) gegen die Stadt entschieden und der Untergang der romanischen Lebensart, des »Leben und Lebenlassen« besiegelt.[75] Den »Juliputsch« 1934 sieht Kuh als Fanal des 15. Juli 1927, des »Tags des Wiener Bastillensturms«, »an dem die Sozialdemokratie in Österreich ihre Entscheidungsschlacht verloren hatte (die Febertumulte waren ja bloss ein hoffnungsloses Nachspiel)«.[76] »Die Milde der Justiz, welche den Eintags-Sturm von 1927 hervorrief, hat ihre bösen Früchte getragen, aus den Freigesprochenen wurden Terroristen. Ihre Helfershelfer aber sitzen auf erhabenem Stuhl im Landesgericht und im Justizpalast, es sind die Freisprecher von früher.« Walther Rode, rechtzeitig in die Schweiz emigriert, habe mit seiner Vorhersage recht behalten: »dass Österreichs Beamte (deren es nachweisbar um eine gute Hälfte zuviel gibt), nachdem sie dem Staat einmal das Mark herausgefressen und seine politischen Giftsäfte auf alle Art begünstigt hätten, dereinst selber ans Werk schreiten würden, um der Zivilisation und Ordnung im Lande den Garaus zu machen. Denn diese Beamten sind zum grössten Teil ihrer Herkunft nach gar nicht Österreicher, ihnen liegt an dem Geist toleranter Friedlichkeit nichts, der dem Volk von Wien tief im Blut sitzt, sie stammen aus Hitlers Landen, seiner Wahl- und Hirn-Heimat: aus den sudetendeutschen Gebieten. Dort wurde lang vor Hitler der Nationalsozialismus geboren, von dorther füllt sich in Wien alljährlich das Reservoir des sogenannten akademischen Nachwuchses auf, von dort kommt in Kurzhosen und Windjacke der nationale Gesinnungsträger anmarschiert«.[77] Daß die ganze Aktion in Berlin angezettelt worden war, darüber besteht für Kuh ohnehin kein Zweifel.

Mit einem offenen Brief reagiert Kuh, als ihm zu Ohren kommt, Franz Werfel könne der These der Ende Juli 1934 erschienenen »Fackel« Nr. 890-905 etwas abgewinnen, in der Karl Kraus auf 313 Seiten dartut, »Warum die Fackel nicht erscheint«: »die Wiener Sozialdemokratie sei zu schwach gewesen, die Sache gegen die große Barbarei zu halten«, also habe sie freiwillig dem »geringeren Übel« weichen müssen. »Daß das ›geringere Übel‹ dem ›größeren‹ vorzuziehen ist, ist nur eine Weisheit für Schweigende. Der Redende hat das Übel zu nennen, das kleinere noch bedingungsloser als das größere. Er hat zu sehen, nicht zu sondern. Er hat es, kurz gesagt, seiner Dialektik im Schutz des geringeren Feindes nicht gut gehen zu lassen.«

Aufgebracht über »diese vierhundertseitige Kabbala der hochgeputschten Feigheit«, wirft er Werfel vor, seine Haltung sei »durch die väterlichen Fabrikseinnahmen mehr bestimmt als durch die Menschenliebe«, und zieht, den kleinen Unterschied, daß »der eine unter dem Niveau der deutschen Sprache Papier kaut und der andere über ihm«, beiseite gesetzt – »Jener noch um Subjekt und Prädikat bangend und dieser bereits auf den Zinnen der Spitzfindigkeit« –, einen Vergleich, der, mag seine psychodynamische Motivation auch nicht gänzlich abwegig sein, doch nicht bloß aufs erste unangemessen wirkt: »Im Vertrauen: können Sie sich nicht alle beide, den Deutschböhmen, der in Berlin, und den anderen, der in Wien thront, den, der an sudetendeutschen, und den, der an liberalen Leitartikeln sich entzündete, als Mitschüler desselben altösterreichischen Untergymnasiums vorstellen,

Zöllners Sohn der eine und Fabrikantensproß der andere, wie sie der Reihe nach aufgerufen werden: Hitler? – Hier! – Kraus? – Hier! – Haben Sie ja doch sogar die Ethik gemein: im Dauerlauf der Angst die Kühnheit zu erleben und im Wortdampf die Wahrheit. Zwing sie, stehenzubleiben, und auf dem Erdboden liegt statt ihrer: ein Exemplar des ›Trautenauer Boten‹ und eins der ›Neuen Freien Presse‹.«[78]

Gut möglich, daß Kuhs Wechsel vom »Bristol« ins »Beatrix« mit dem Vorfall zu tun hat, den Irmgard Keun kolportiert: Weil Joseph Roth, mit dem sie in dieser Zeit liiert ist, und sie im März 1937 im »Bristol« kein gemeinsames Zimmer bekommen, sondern zwei separate mieten müssen, überläßt Roth, der in Keuns Zimmer logierte, das seine Anton Kuh. »Nur hatte Kuh die Gewohnheit, nackt durch die Korridore zu laufen; in dieser Verfassung überraschte ihn einmal das Zimmermädchen, und er wurde hinausbefördert.«[79]

Der Wechsel des Hotels ist durch zwei Meldezettel »belegbar«, ansonsten dünnen die »Quellen« für die Jahre ab 1933 aus zu Hörensagen, Hearsay, Ondit. Von Kuhs Aufenthalt in London ist kaum mehr überliefert als die dürre und nicht überprüfbare Information, daß er »bekanntlich Mitarbeiter Alexander Kordas in London« war. Kuh scheint allerdings in keiner »Filmographie« des ungarischstämmigen Filmmagnaten auf. Erhalten haben sich zwei Vertragsentwürfe über Treatments zwischen Kordas »London Film« und Kuh vom 1. November 1934 und vom 23. März 1935, in denen von einem provisorischen Titel »The Man without Laughter« (»a talking motion picture starring Charles Laughton«) resp. »The Abbé Liszt« die Rede ist. Adresse jeweils: »Mr. Anton Kuh, Savoy Hotel, Strand, W.C.« Leo Perutz trägt sich Ende Oktober 1936 mit der Idee, Korda seinen »Schwedischen Reiter« über Vermittlung Anton Kuhs zur Verfilmung anzutragen.[80] Auch eine briefliche Mitteilung Alfred Polgars an Berthold Viertel vom 29. Januar 1936 deutet auf ein Naheverhältnis hin: »Bei Korda wirst Du, mit mir und einem Wiener Stoff, kein Glück haben. Dort ist Anton Kuh Kind im Hause.«[81] Paul Marcus weiß gar zu berichten, daß der »Grandseigneur unter den Filmproduzenten« Kuh »ernährt« habe. »Mit ihm war er ein merkwürdiges Abkommen eingegangen: Kuh bekam wöchentlich einen bestimmten Betrag, für den er sich den ganzen Tag etwas einfallen lassen mußte; niemals aber durfte er abends Korda sagen, was ihm eingefallen war – unter Verlust seiner Gage.«[82]

Ein Gerücht auch und nicht verifizierbar, was der »Morgen« in seiner Ausgabe vom 16. September 1935 unter dem Titel »Anton Kuh kämpft um Millionenerbschaft« kolportiert: daß »der geistsprühende Kritiker theatralischen und politischen Geschehens, Wiens ›Anton‹«, um eine riesige Erbschaft kämpfe. Eine Tante Kuhs sei vor einigen Wochen verstorben und habe ein riesiges Vermögen hinterlassen, in ihrem Testament aber »das große *Enfant terrible* der menschlichen und privaten Familie« vergessen und dafür einem anderen Neffen, einem reichen Prager Anwalt, die ungeheuren Beträge vermacht. Nun liefen in Wien zwischen diesem ohnedies steinreichen Mann und Kuh Verhandlungen, »Anton ›aus dem Stegreif‹ zum Millionär zu machen«.[83] Daß Kuh zu dieser Zeit in Wien war – immerhin –, belegen ein Meldezettel sowie eine Eintragung in Klaus Manns Tagebuch, das unter dem 6. September ein Lunch im »Imperial« mit Karl Tschuppik und Anton Kuh festhält.[84]

Dokumentiert hingegen, und das mit Stempel und Siegel, ist das am 13. Feber 1936 vom »Preß-Bureau« der Wiener Bundespolizeidirektion verfügte Verbot von Kuhs »Unsterblichem Österreicher«, weil dessen »Verbreitung eine Propaganda für die kommunistische beziehungsweise sozialdemokratische Arbeiterpartei« darstelle.[85]

Nach dreijähriger Pause wieder einmal ein Stegreif-Vortrag von Anton Kuh in Wien – von dem keine Besprechung erscheint; auch die Ankündigungen in den Zeitungen gehen, mit Ausnahme jener in der »Wiener Sonn- und Montags-Zeitung«, über lakonische Einschaltungen der veranstaltenden Konzertdirektion Dr. A. Hollenberg nicht hinaus. Am 19. Feber 1936 stellt er im Mittleren Konzerthaussaal unter dem Titel »Das konfiszierte Gehirn oder Vom Hydepark zum Wurstelprater« einen Vergleich zwischen der englischen und der festländischen Demokratie an und müht sich redlich, seinen Zuhörern alle die Rätsel zu lösen, die der Begriff »England« dem Kontinentalen noch immer aufgibt.[86]

Wien, Konzerthaus, Mittlerer Saal, 19.2.1936, 19.30 Uhr: Das konfiszierte Gehirn oder Vom Hydepark zum Wurstelprater

»Ein Klavier auf dem Wintergletscher?!« –
»The Robber Symphony«

Im September 1936 ist Kuh zur Präsentation eines Films in Wien, dessen Kategorisierung selbst »Paimann's Filmlisten« – nie darum verlegen, verwegene Genre- und Subgenre-Bezeichnungen aus dem Hut zu zaubern – in arge Verlegenheit gebracht hätte. Noch der Untertitel, mit dem dieser bezaubernde Findling der Filmgeschichte 1964 im Verleih der Neuen Filmkunst Walter Kirchner in deutsche Kinos kam, »Eine skurrile Halunkenpostille«, vermittelt, daß dieser 1934, 1935 entstandene Wiedergänger, der auf die Ausdrucksmittel des Stummfilms setzt, in keine Schublade zu stecken ist. »Poetisch-musikalische Gaunerkomödie mit einem Minimum an Dialog und einem Maximum an optischer Beredsamkeit«[1] beschreibt diese moussierende Mischung aus Stummfilm und Musical, »Dreigroschenoper« und Slapstick-Komödie immerhin sehr treffend.

»The Robber Symphony«: ein Musikfilm im wahrsten Sinn des Wortes. Ein Film, der ganz auf Bild- und Musikwirkung setzt, mit ganz wenigen Untertitelblenden. Ein »komponierter Film«, in Filmbilder übersetzte Musik, konzipiert, geschrieben, gedreht und geschnitten nach Themen Friedrich Fehérs, der bei diesem ungewöhnlichen Werk Komponist, Orchester-Leiter, Drehbuchautor und Regisseur ist – Drehbuch-Coautor: Anton Kuh.

Entworfen anhand eines »akustischen Storyboards«, entlang zweier musikalischer Leitmotive sich entwickelnd – Ohrwürmer alle beide –, mit überreicher burlesker Erfindungsgabe. Bild- und musikalischer Rhythmus im Einklang. Mitreißende, eingängige, gut gelaunte, fidele Musik aus allen Genres und Weltteilen, die sich festsetzt und noch lange nachklingt. Eine Vorliebe für das Clair-obscur des expressionistischen Films (sowohl Kameramann Eugen Schüfftan als auch der unter »Bauten« firmierende Ernö Metzner hatten lange Jahre mit G. W. Pabst zusammengearbeitet).

Dargestellt von Schauspielern, die sich pantomimisch auszudrücken vermochten. Fehér holt sie sich vom britischen Varieté und vom Zirkus: den Seiltänzer mit Strohhut und Spazierstock (Michael Martin Harvey), den Klarinettisten (Al Marshall), den Fagottisten (Jack Tracey) (beide mit Melone, kreuzen sie in Slapstick-Manier ständig die Handlung), den Sänger à l'italienne (Webster Booth); daneben Magda Sonja als Mutter,

George Graves als Großvater Gianninos, Françoise Rosay als alte Wahrsagerin, Alexandre Rignault als »Schwarzer Teufel«, Tela Tchaï als vampige Kellnerin, Oskar Asche als Gendarmerie-Hauptmann – und in der Hauptrolle Hans Fehér, der Sohn Magda Sonjas und Friedrich Fehérs, als Giannino.

Der Plot: Eine Schaustellergruppe – Großvater, Mutter, Sohn – mit einem Walzenklavier verschlägt es in einem abgelegenen Dorf in ein Wirtshaus, das Schlupfloch einer Räuberbande ist. Die Ganoven, getarnt als ehrsames Orchester, sind hinter dem Strumpf einer Wahrsagerin her, in dem diese ihr Geld hortet. Gerade als einer der Räuber, der »Mann mit dem Strohhut«, diesen Strumpf entwendet, bricht ein Brand aus. In der Verwirrung versteckt er ihn in Gianninos Klavier. Die Banditen jagen hinter dem Jungen her, der unwissentlich in den Besitz des gesuchten Sparstrumpfs geraten ist, auch die Polizei ist hinter ihm als vermeintlichem Komplizen her.

Mit pittoresken Szenerien, häufig wechselnden Schauplätzen, schnellem Schnitt, der auf ein munteres Walzertempo unvermittelt eine behäbige Chaconne folgen läßt, auf eine Totale eine Nah- oder Halbnahaufnahme, gewinnt der Handlungsablauf, der sich auf die wunderlichen Abenteuer konzentriert, die der Junge zu bestehen hat, immer mehr an Dynamik, bis die wilde Jagd, in der schließlich nicht nur der entwendete Geldsack sichergestellt wird, sondern auch die Räuber dingfest gemacht werden, in einem märchenhaften Happy-End zum Stillstand kommt.

Überschäumend, sprühend vor Charme und Humor, Lebhaftigkeit und Munterkeit – zwischen furioser Zigeunermusik und getragener romantischer Oper – bringt die Szenenfolge wenn schon nicht die Verhältnisse, so doch die Darsteller und das Publikum zum Tanzen.

Surreal der Auftakt mit den maskenhaften Orchestermusikern, alle in Schwarz, alle mit dem nämlichen bleichen, ausdruckslosen Gesicht, mit steifgliedrigen, marionettenhaften Bewegungen, ein Orchester trauriger Clowns, alle mit der unbewegten Miene eines Buster Keaton; surreal eine Sarabande von Walzenklavieren auf Schlitten, verschneite Berghänge hinabgleitende Klaviere, das Klavier Gianninos, das, als es in einem Schneeloch versinkt, noch einmal einige gedämpfte Noten des Leitmotivs erklingen läßt, das es nach dem Auftakt vom Orchester übernommen hat, während dieses in der Abblende verschwunden ist. Surrealistisch das Verhör des mürrischen Polizeikommissars (Henri Valbel), das nahtlos aufgeht ins Gekrächz einiger Papageien.

Vordergründig ergeben Fabel, Figuren und Schauplätze die Versatzstücke eines Märchens: Archetypisch Gut gegen Böse, Giannino, die verfolgte Unschuld, über die die Vorsehung behütend ihre Hand hält, gegen eine Räuberbande, an deren Spitze der »Schwarze Teufel«, die aus ihrem skurrilen Versteck, einem riesigen Weinfaß, heraus durch auf und nieder wippende Sehschlitze die Gegend ausspioniert; ein Waldschrat mit der Anmutung eines Weihnachtsmanns, dessen kolossales Lachen den Schnee von den tiefverschneiten Tannen rieseln läßt; eine geldgierige Wahrsagerin; eine abgelegene Schenke in einem Bergdorf; ein Geldschatz in einem Wollstrumpf, der entwendet wird und dem ein Trupp Gendarmen und eine Räuberbande hinterherjagt; ein tief verschneiter Winterwald; ein Esel und ein Hund als treue Begleiter des kleinen Helden der Geschichte. Ein Märchen, wo – Ende gut, alles gut – es den Guten gelingt, die Bösen zu demaskieren und dingfest zu machen.

Auf einer zweiten Ebene gelesen, kann das Bärtchen, das die uniformen Räuber-Orchestermusiker tragen, sowohl als Hommage an Charlie Chaplin wie auch als Anspielung auf Adolf Hitler verstanden werden; mögen die Formation der clownesken Musiker und die operettenhaft karikierten Gendarmen viel von den Briganten Jacques Offenbachs an sich haben – wenn sie durch den Film paradieren, vermag man durchaus auch das Stampfen von Stiefeln im Gleichschritt zu vernehmen; auch die schnauzbärtigen Gendarmen mit Zweispitz und Cape, eigentlich Hüter der Ordnung, sind weniger hinter den als Biedermänner verkleideten Räubern her, als sie ihnen, im Gegenteil, zuweilen den Weg frei machen. Und wer beim musizierenden Landfahrervolk ohne festen Wohnsitz an die Situation des Exils denkt, sieht die politischen Verhältnisse mit verspielter Phantasie ins Märchenhaft-Skurrile verfremdet und verdichtet.

Gedreht in Großbritannien – die Innenaufnahmen wurden in den Londoner Elstree-Studios gedreht –, Österreich (Bad Gastein) in der Schweiz (Chamonix) und in Frankreich (am Mont-Blanc) mit Schauspielern aus Österreich, Deutschland, England und Frankreich, spielt und spricht auch die Musik alle Rhythmen und Sprachen dieser Welt.

Während das zeitgenössische Publikum mit dem Film, der keinen Verleih fand und im Palace Theatre im Londoner West End (an der Shaftesbury Avenue), einem Sprechtheater-Saal, im Mai 1936 einige Wochen lief,[2] nicht viel anfangen konnte, war Anton Kuh hörbar stolz auf seine Mitwirkung. Im Januar 1934 vermeldet er aus Chamonix: »Ein Klavier auf dem Wintergletscher?! Wer hat es hingestellt? Aus welcher Unterwelts-Bar ist es aufgestiegen? ... Nun, wo solche Wunder ans Licht treten, ist immer auch ein Filmregisseur in der Nähe. Man wird den Deus ex machina im Tal unten bei einer Kamera finden. Und der Verfasser will auch gleich gestehen, daß er an dem Naturphänomen:

Klavier plus Gletscher nicht ganz unschuldig ist. Es war übrigens leicht zu erraten. Ein Pianino auf einen Gletscher steigen zu lassen – auf einen solchen Einfall kann nur ein Asphaltliterat kommen.«³

Auf der Biennale soll heißen: Filmkunstausstellung in Venedig lief der Film Ende August 1936, wurde am Lido auch mit einer Medaille ausgezeichnet, die ihm indessen nicht den Weg in die Kinos ebnete. Anfang September führte Friedrich Fehér »Die Räubersymphonie« in Wien in einer Nachtvorstellung einem kleinen Kreis von Fachleuten vor,⁴ weitgehend unbeachtet, sieht man von einer begeisterten Besprechung in einer Musik- und Theaterzeitung ab.⁵

1936 – 1938

»Hamlet – Nero vor der Thronbesteigung«, das ist, der einzigen Besprechung zufolge, die Quintessenz und Pointe einer fünfviertelstündigen Rede, die Kuh unter dem Titel »Hamlet oder Das Genie auf dem Tandelmarkt« am 30. Oktober 1936 im Wiener Konzerthaus hält, in der er »die tragische Flucht des Geistes vor der Bürde der Macht packend darstellte. Hamlets richtigste Aufgabe und Erfüllung seines Wesens wäre gewesen, Shakespeare zu sein, der den Hamlet schreibt, statt sich in dem sinnlosen Schicksalsauftrag zu verbluten.«⁶

<small>Wien, Konzerthaus, Mittlerer Saal, 30.10.1936, 19.30 Uhr: Hamlet oder Das Genie auf dem Tandelmarkt</small>

Der Rezensentenpflicht stellvertretend nachkommend, präzisiert Kuh: »Kuh schilderte im ›Hamlet‹ die Tragödie des ehrgeizlosen Hochgeborenen, der in dieser Welt als Schopenhauerscher Zuschauer stehe und ›zuviel wisse‹, um in ihr Lust nach Aktion zu verspüren; seine Erlösung wäre es, den Hamlet wenn nicht: shakespearisch zu *schreiben*, so wenigstens zu *spielen* (wie Nero Theater gespielt hat), um den ›Albdruck des Daseins auf berauschende Art loszuwerden‹. Und das tue ja Hamlet in der Tat. Er stehe – anders als es Theaterdirektoren und Schauspieler glauben – jenseits von Gut und Böse, worauf nämlich geborene Prinzen ein Recht haben. So sei er ein Zwillingsbruder des jungen Nero, der – nach Suetonius – vor der Machtergreifung ebenfalls eine Hamlet-Natur war. Ist es ein Zufall, daß der Stiefvater und Vorgänger gleich dem Hamlets den Namen Claudius trage? Daß Hamlet zur Mutter in ähnlichem verdrängtem Gelüstverhältnis stehe wie Nero zu der seinen? Daß er den Polonius neronisch bestrafe, wie Nero seinen Moralehrer Seneca gestraft hat – der notabene in den Pflichtregeln des Polonius an seinen Sohn seine geistige Spur gelassen habe? ... Fazit: den Geist graut immer vor Ergreifung der Macht. Und

<small>Preßburg / Bratislava, Gremiumsaal, 26.11.1936, 20 Uhr: Hamlet und Faust oder Das Genie und der Bürger</small>

wer erbt sie dann logisch aus seinen Händen? ... Die Totengräber! ... Zur *Besetzungsfrage* lieferte Kuh das Bonmot: jeder Dramenheld bekomme mit der Zeit etwas von dem Darsteller, der ihn lange gespielt hat; so habe Faust bereits etwas von Dr. Wüllner – Hamlet freilich dafür von Josef Kainz. Bei diesem Wort entlud sich die lang aufgespeicherte Zustimmung des Saales zu Ausfälligkeiten gegen Dritte, die bis dahin vergeblich erwartet worden waren.«[7] – Auf Einladung des Vereins für internationale Kulturarbeit »wiederholt« Kuh diesen Vortrag am 26. November im Preßburger Gemiumsaal unter dem Titel »Hamlet und Faust oder Das Genie und der Bürger«.

Nach dreijähriger Pause steht er mit »Shakespeare und die englische Thronkrise« am 14. Dezember 1936 um acht Uhr abends im Saal der Städtischen Bücherei auch wieder einmal vor einem Prager Publikum, vor dem er sich über die »unbewußte Autorschaft« Shakespeares an der Tragödie »Eduard VIII.« ausläßt. Daß er den Umständen des Thronverzichts Eduards VIII. – als Oberhaupt der anglikanischen Kirche hätte der britische Souverän seine Geliebte, die geschiedene Wallis Simpson, nicht heiraten können – nicht trocken chronikal zu Leibe rücken würde, versteht sich. Vielmehr werde er »bei entsprechend guter Laune ein Bild des ganzen englischen Haus-, Hotel-, Ehe- und Gesellschaftslebens bieten – von den Zeitungsinseraten angefangen bis zum Akt der Thronentsagung«, kündigt er in einem Interview an. Es komme auf sein Publikum an, wie produktiv er sich verlieren werde.[8] Glaubt man »České slovo«, gelingt ihm das über die Maßen: »Eigentlich wollte er über Shakespeare und über die Thronkrise in England sprechen, benötigte dazu jedoch Nestroy, Voltaire, Heine, Börne, Göring, Maurois, die Bolschewiki, Byron, Shaw und mindestens noch drei Dutzend weiterer Namen, um seinen Vortrag richtig breit anzugehen. [...] Das Verhältnis des Engländers zum Staat sei wie das Verhältnis des Aktionärs zur eigenen Gesellschaft, im Gegensatz zum Mitteleuropäer, dessen Verhältnis zum Staat wie das Verhältnis des geschlagenen Hundes zu seinem Herrn sei.« »České slovo« weiter: »Großartig waren seine Hiebe gegen den Rassismus: ›Der einzige Mensch, der über eine reine oder unreine Rasse entscheiden kann‹, treibt Kuh mit dem Entsetzen Scherz, ›ist der Masseur im Dampfbad.‹«[9]

Wieder vergeht beinah ein halbes Jahr ohne Nachricht, ehe Kuh seinen Fuß auf kontinentalen Boden setzt: Dem von ihm als »geistige Luftschutzübung«[10] bezeichneten Vortrag »Was muß der Demokrat vom Fascismus wissen? oder Wie überlebe ich das Jahr 1937«, spendet seine Prager Gemeinde, die sich am 25. Mai 1937 trotz des frühsommer-

Prag, Städtische Bücherei, 14.12.1936, 20 Uhr: Shakespeare und die englische Thronkrise

lich heißen Abends im Großen Saal der Städtischen Bücherei einfindet, dem zwei Stunden hindurch zum Thema stegreifenden Anton Kuh langanhaltenden Beifall. Darin verzichtet der »attraktionelle Lieblingsredner intellektueller Publikumsschichten« streckenweise auf das gewohnte blendende Feuerwerk an Witz und Esprit, »da er vorwiegend auf die Kennzeichnung der Gegenwartssituation, auf die Unterscheidung zwischen dem Demokratentypus und der faschistischen Machtrausch-Erscheinung lossteuerte. [...] Man hörte glänzende Formulierungen über die Anhänger einer Weltanschauung, die den Menschen voraussetzt, der eine Denkfunktion zu erfüllen in der Lage ist und einer Politik der Unterordnung, die auf den selbständigen Menschen verzichtet.« Das Fazit, das der Rezensent des »Prager Mittags« über den »gesinnungsstarken Vortrag« zieht: »Man behielt den Wunsch, den bemerkenswert mutigen Vortrag, von überflüssigen Extravaganzen befreit und auf Kernpunkt zusammengedrängt, in Broschürenform zu lesen.«[11] In dieselbe Kerbe schlägt »Die neue Weltbühne«, die, »nach Kuhs Gedächtnisprotokoll«, eine Episode aus dem »grandiosen Vortrag« abdruckt, seine Einlassungen zum »Grundwesen fascistischer und namentlich nationalsozialistischer Geschichts*werdung*; nämlich die unfehlbare, über die noch ›sittlich gehemmte‹ Umwelt notwendig triumphierende Verschwörer-Methode, das ›Ereignis‹, womit man die Welt eines Tages überraschen wird, bereits fertig auf dem Papier stehen zu haben und daraus rückläufig alle die Handlungen zu schöpfen, alle die Verneblungen vorzunehmen, alle die Lügen auszusprechen, die diesem vorausbestimmten Endgeschehen biegsam voranzugehen haben. [...] Die Methode: zuerst das über jegliches Europa-Hemmnis, über Wahrheit und Unwahrheit hinwegstolpernde Endereignis *festlegen*, also: das Communiqué, in dem später von der Niedertracht der Umwelt, den heiligen Notwendigkeiten, dem – Gott ist unser Zeuge! – reinen Willen der Regierung die Rede sein wird, zum Druck befördern – und dann rückfolgernd, mit der Logik, die das Endergebnis den Voraussetzungen aufzwingt, bald an Europa angepasst, bald zu ihm in Widerspruch, bald als brav und friedenswillig verkleidet, bald zürnend und kreischend, alle die feineren und gröberen Fälschungen veranlassen, die später einmal ›Geschichte‹ heissen werden – ich erkenne diese Methode in jenem Zeitungserlebnis wieder. Sicherlich ist dem sarkastischen Conférencier des Dritten Reichs, wenn er mit ›Oho!‹ und ›Hehe!‹ gegen Widersacher auftrumpft, so wenig bekannt, wie er sein Recht später ›belegen‹ wird, wie ich damals unser ›Material‹ kannte; aber ebenso sicher kennt er den Endeffekt voraus und richtet Germanias Verhalten danach ein. Man

Prag, Städtische Bücherei, 25.5.1937, 20 Uhr: Was muß der Demokrat vom Fascismus wissen? oder Wie überlebe ich das Jahr 1937

könnte das die Geburt des Ereignisses aus dem antizipierten End-Communiqué nennen. Die Propaganda befiehlt solcherart in der Tat dem Ereignis. Aus dem bereits in der Schreibtischlade befindlichen Kriegsultimatum sozusagen wird das vorausgehende, anpassungsvolle Friedensgeplänkel betrieben. Wie will die Umwelt mit dieser Methode mitkommen! Wie kann sie, die den umgekehrten Weg nimmt, ohne tiefstes Misstrauen den Verschwörern gewachsen sein! – indem sie deren Redaktions-Methode sich zu eigen macht!«[12]

Weil der Vortrag von Hans Natonek in dessen Kolumne »Wochenrevue« nur kursorisch plaudrig und ohne auf den Inhalt einzugehen gestreift wird,[13] protestieren zahlreiche Leser, woraufhin der »Montag« eine ausführliche Besprechung von Dr. Arthur Lederer, Brünn, nachreicht, der sich dagegen verwahrt, daß Natonek Kuhs Ausführungen als »genial-unwiderstehlichen, rasanten Sprühregen einer Wortdusche« bezeichnet und über der brillanten Form sich dem Inhalt völlig verschlossen hatte. Wie schon die »Weltbühne«, die es bedauert hatte, daß der »grandiose Vortrag« nicht durch den Rundfunk übertragen worden ist, regt auch Lederer an, Kuhs meisterhafte Analyse des Faschismus als »Eintritt eines neuen Standes, nämlich der *entfesselten Subalternen*, in die Weltgeschichte«, in Broschürenform erscheinen zu lassen. Und empört sich über die Undankbarkeit, in einer derart substantiellen Rede bloß einen geistigen Sprühregen sehen zu wollen. Damit gebe man nämlich »das *Geschenk* des Redners: seine Gedanken nicht in öden akademischen Abstraktionen, sondern in wirklichkeitsvollen, fesselnden Bildern und Blitzen vorzutragen, als *Einwand* zurück! Es war ja von jeher ein Aberglaube unter den Deutschen, dass der ›seriöse Redner‹ ein würdevolles Vokabular gebrauchen und seine Hörer langweilen müsse. Aber ist – um wieder mit einem Ausspruch Kuhs zu reden – der Pythagoreische Lehrsatz etwa deshalb unwahrer, weil man über ihn auch lachen könnte?«[14]

Selbst wenn Kuh nicht Klartext redet, sondern sich den Zwang auferlegt, Dinge auszusprechen, ohne sie zu benennen, wie bei seinem letzten Vortrag in Wien am 18. November 1937 im Offenbach-Saal, fällt »manches Wort, das mit erschreckender Klarheit Situationsbericht und Deutung zugleich war«.[15]

Wien,
Offenbach-Saal,
18.11.1937,
20 Uhr:
Das dümmste
Jahrhundert seit
Christi Geburt

Gast der »Jüdischen Kulturstelle«, wird er ohnehin recht deutlich: »Was den Judenpunkt oder die *Judenfrage* anlangt, jonglierte Kuh mit dem Bonmot, die Juden seien dumm gewesen, weil sie all das, was ihnen der ›deutsche‹ Antisemitismus anhängte, *nicht* getan hätten; *nicht* auf Machteroberung und *nicht* auf Weltorganisation und *nicht* auf Herrschenwollen ausgegangen wären. Der großen Dummheit, die den Verlust der Gegenwart zur Folge hatte, drohe die zweite Dummheit zu folgen: nämlich auch die *Zukunft* zu verlieren.«[16] »*Sind die Juden gescheit?*« fragt er, »und muß ihnen dieses sonst niemals abgesprochene Attribut aberkennen, da er überlegt, und dies wird fast schon Bekenntnis und Erkenntnis der eigenen Schuld: daß dieses friedsame Volk der Welt wahl- und ziellos und *ohne Sicherung eigenen Lebensraumes* die Gaben seines Geistes und seines Herzens dargeboten hat, gleich dem Vogel, der hoch oben singt, mit seinem Jubel alles erfüllt, aber wenn es kalt und herbstlich und die Nahrung knapp wird, die Stätte seines friedlichen Tuns verlassen muß – von übermächtigen Gewalten vertrieben. Dieses Versäumnis lastet *Kuh* uns Juden an: *Sorge für deine eigene Zukunft, ehe du andere beglücken willst!*«[17] Und auch wenn Kuh bei dieser Gelegenheit leidenschaftlich gegen die Barbarei der Macht und gegen die Unterdrückung des freien Gewissens auftritt und er bewegt zu Menschlichkeit und Freiheit aufruft, löst er »immer wieder jenes befreiende dankerfüllte Lachen aus, das die Nebelschleier für einige Stunden zu zerreißen vermag«[18] – und bleibt das Publikum nach dem anderthalbstündigen Vortrag applaudierend im dichtgefüllten Saal stehen, als erwarte es noch Zugaben.[19]

Kuhs Umtriebigkeit bleibt jenseits der Grenze nicht unbemerkt. Die Abteilung IV des Reichssicherheitshauptamts führt Kuh ab 5. September 1936 in der »Liste der deutschfeindlich tätigen Journalisten und Schriftsteller«.[20] Mit 31. Dezember 1938 stehen seine sämtlichen Schriften auf der »Liste des schädlichen und unerwünschten Schrifttums«. Im August 1937 – Kuh berichtet für das »Prager Tagblatt« von den Salzburger Festspielen – entgeht der als »Kulturbolschewist« Angefeindete nur knapp der Verschleppung ins »Reich«.[21]

Auch 1937 ist Kuh weniger denn je bereit, die Sphäre über dem Strich von derjenigen darunter fein säuberlich zu trennen; er ist auch nun mitnichten willens, dem »alte[n], fade[n], verlogene[n] Spruch: Man soll Kunst nicht mit Politik verquicken!« auf den Leim zu gehen. Im Gegenteil – Kuh über das Auftreten von »Hitlers gehätscheltem Maestro« Wilhelm Furtwängler[22] bei den Salzburger Festspielen: »Ich werde hier sogleich verquicken. […] Aber die Welt, die zu Staatsräten und Musikführern ernennt, will den Künstlern eben nicht frei bleiben – daher es schon Politik ist, wenn ein Dortgebliebener anderwärts Musik macht.«[23] Wer, wie Furtwängler, »die barbarische Machtausübung durch sein musisches Dabeisein« ziert, habe jedes Recht verwirkt, auf jene »scheinheilige Harmonie« zu pochen, »die den Machthabern dann das Recht gibt, zu sagen: Unsere Musik steht über der Politik. Denn: keinem

401

schändlichen Machtgebrauch anheimgegeben – dies erst heisst ›über der Politik‹«. »Bayreuth, das Oberammergau des Antichrist, ist die musikalische Arena, in der sich die Macht sonnt. Salzburg ist, in seinem ursprünglichen wie heutigen Sinn, gegen solche gemeine Macht erbaut worden. In Bayreuth darf blühen, was sich der Macht beugt; in Salzburg, was sich nicht um sie kümmert.«

Kuh legt Toscanini, als der das Festspieldirektorium 1937 vor die Alternative »Ich oder Herr Furtwängler« stellt, die Worte in den Mund: »›Herr Furtwängler soll sich entscheiden!‹ rief er. ›Bayreuth oder Salzburg! – beides geht nicht.‹ [...] ›Nein!‹ rief er aus, ›es geht nicht, Herr Furtwängler kann nicht gleichzeitig die Früchte von Salzburg pflücken und den Lorbeer von Nürnberg auf dem Haupt behalten! [...] Das Werk von Salzburg ist ein Werk der Humanität, des musikalischen Europäertums. Wer sich dazu nicht bedingungslos bekennen kann oder darf, der soll seine Hand davon lassen!‹«[24]

Am Vormittag des 27. August, da Furtwängler ab 11 Uhr im Festspielhaus Beethovens Neunte dirigierte, »trafen aus Reichenhall, Berchtesgaden und sonstwo in Massen hakenkreuzbewimpelte Autobusse in Salzburg ein. [...] Dann stieg die Symphonie [...]. Furtwängler nimmt das Werk zu breit, zu weihrauchig-verschwommen, sagten sie; er lässt sich von den Wogen tragen, statt sie zu beschwören und aufzupeitschen; er duselt in olympischen Höhen; er reisst sich das reichserwünschte ›Gefühlsmässige‹ nur so aus dem Leib – es ist faustische Gebärde statt Beethovens Musik ...«[25] Zwei Tage »nach dem Krach im Festspielhaus dirigierte [Toscanini] die c-Moll-Symphonie des Deutschen, Über-Deutschen Johannes Brahms. Das Parterre sah ein bisschen anders aus als am Furtwängler-Tag. Statt der ausgespienen Autobus-Fracht wirkliche Hörer, Musikenthusiasten der ganzen Welt. Und statt eines verzückten Flammenbeschwörers mit Rückfahrt-Karte ins Dritte Reich: die fast grimmige Sachlichkeit dieses feinen Mannes, für den Musik idealer Militarismus ist: kampfbereite, tönende Exaktheit. [...] wie eine rauschende Polemik mit der furtwänglerischen Neunten.«[26]

»Österreich? – Eine Operette mit tödlichem Ausgang.« Dieses »bittere Wort«, das Anton Kuh 1930, gerade aus Wien kommend an der Pariser Gare de l'Est eingetroffen und nun vor einem Glas Bier bei »Heydt« sitzend auf die Frage »Und wie geht's denn in Österreich?« entfuhr, kommt dem mit dem Pseudonym »Erasmus« zeichnenden Journalisten wieder einmal in den Sinn, als er in der Nacht von Freitag, den 11., auf Samstag, den 12. März 1938, die unter Finis Austriae in die Weltgeschichte einging, mit Freunden gespannt vor dem Radioapparat verbringt und den abrupten Wechsel von Hiobsbotschaften und Walzern, Proklamationen und Marschmelodien miterlebt: »Nun hat der letzte Akt dieser fürchterlichen Operette ausgespielt. Der Ausgang ist diesmal definitiv tödlich, aber bis zur Estrade, auf der der Henker wartet, immer noch Operettenzauber, tragikomischer Singsang. In den Straßen, auf den Plätzen Wiens lauert der Tod, brüllen die Massen: Heil Hitler, Heil Schuschnigg! Am Mikrophon schreit, nein stottert ein geängstigter Speaker, und dann auf einmal erstirbt das Grauen. Kein Fading, keine Fehlübertragung, nein: An der schönen blauen Donau, Wien bleibt Wien ...«[27]

Im Feber und März 1938, in den fünf kritischen Wochen, in denen die »Operette mit tödlichem Ausgang« ihrer Peripetie entgegenrast, pendelt Kuh, der für ein (bislang nicht identifiziertes) »Prager Finanzblatt« über die dramatischen Ereignisse in Österreich resp. zwischen Österreich und dem Deutschen Reich berichtet,[28] mit der Frequenz eines Schlafwagenschaffners zwischen Wien und Prag.

Sein Paß trägt Stempel vom 2. Feber (Abreise von Wien); 11. Feber (Ankunft); 15. Feber (Abreise); 16. Feber (Ankunft); 20. Feber (Abreise); 24. Feber (Ankunft); 25. Feber (Abreise); 26. Feber (Ankunft); 28. Feber (Abreise); 9. März (Ankunft); 11. März (Abreise) – Wegmarken fast allesamt: Am 2. Feber dringen Gerüchte an die Öffentlichkeit, in den Wiener Büros der illegalen Nazis seien vor kurzem Pläne für eine Verschwörung gegen die Regierung entdeckt worden, die die Unterschriften von Hitlers Stellvertreter Rudolf Heß tragen, was allerdings aus diplomatischen Rücksichten nicht an die Öffentlichkeit gelangt war (der sogenannte Tavs-Plan, das Aktionsprogramm eines NS-Staatsstreichs, trägt die Initialen R. H.); am 12.2.1938 findet die Unterredung zwischen Adolf Hitler und Kurt Schuschnigg auf dem Obersalzberg in Berchtesgaden statt, bei der der österreichische Bundeskanzler unter massiven Drohungen den Forderungen des deutschen Reichskanzlers nachkommt (sogenanntes »Berchtesgadener Abkommen«), darunter: Amnestie für alle Nationalsozialisten, freie Betätigung der NSDAP, Übertragung des Sicherheitsressorts an den Nationalsozialisten Arthur Seyß-Inquart, Absetzung des österreichischen Generalstabschefs, Alfred Jansas, eines vehementen Befürworters militärischen Widerstands im Falle deutscher Aggression; am 16. Feber wird Seyß-Inquart im Rahmen einer Regierungsumbildung Innenminister; am 20. Feber gibt Hitler in einer Rede vor dem Deutschen Reichstag, die im österreichischen Rundfunk übertragen wird, kaum verhohlen zu verstehen, daß er »Deutsch-Österreich« heim ins Reich holen werde; am 24. Feber kündigt Schuschnigg in einer Rede vor dem Bundestag, dem »Parlament« des Ständestaats, an, die Unabhängigkeit Österreichs werde mit allen Mitteln verteidigt: »Bis in den Tod Rot-Weiß-Rot!«; am 9. März gibt er in Innsbruck bekannt, daß er am 13. des Monats eine Volksbefragung über die österreichische Unabhängigkeit durchführen werde; am 11. März überbringt Minister Edmund Glaise-Horstenau um 9.30 Uhr der Bundesregierung das deutsche Ultimatum: Die Volksbefragung muß abgesagt werden; um 18 Uhr tritt Schuschnigg, wie von Göring gefordert, zurück; um 18.14 Uhr meldet die RAVAG (Radio Verkehrs AG, d. i. der Österreichische Rundfunk), daß der »Bundeskanzler und Frontführer« sich entschlossen habe, »die für den 13. März angesetzte Volksbefragung zu verschieben«; anschließend getragene Musik; um 19.47 Uhr gibt Schuschnigg im Radio seinen Rücktritt bekannt und teilt mit, daß er vom Bundespräsidenten beauftragt wurde, »dem österreichischen Volk mitzuteilen, daß wir der Gewalt weichen«; daß das Bundesheer angewiesen sei, den einrückenden deutschen Truppen keinen Widerstand entgegenzusetzen, »weil wir um keinen Preis, auch in ernster Stunde nicht, deutsches Blut zu vergießen gesonnen sind«. Mit »einem deutschen Wort und einem Herzenswunsch« verabschiedet Schuschnigg sich »von dem österreichischen Volke«: »Gott schütze Österreich!«; um 20.18 Uhr fordert Seyß-Inquart die »Männer und Frauen in Österreich«, die »deutschen Volksgenossen«, im Rundfunk zu Ruhe und Ordnung auf: »Harret aus, tretet alle zusammen und helft, daß wir einer glücklichen Zukunft entgegengehen!«; um 23 Uhr verlangt die Präsidentschaftskanzlei die Verlesung folgender Verlautbarung in der inzwischen von den Nazis übernommenen RAVAG: »Der Bundespräsident hat unter dem innen- und außenpolitischen Druck und der Drohung des Einmarsches deutscher Truppen den Bundesminister Dr. Seyß-Inquart zur Aufrechterhaltung von Ruhe und Ordnung mit der Führung der Regierungsgeschäfte betraut«; um 23.14 wird folgender Wortlaut gesendet: »Der Bundespräsident hat unter dem Druck der innen- und außenpolitischen Verhältnisse den Bundesminister Dr. Seyß-Inquart zur Aufrechterhaltung von Ruhe und Ordnung mit der Führung der Regierungsgeschäfte betraut«; Musik: deutsche Märsche; am 12. März beginnt um 5.30 Uhr der Einmarsch der deutschen Wehrmacht in Österreich; am 13. März wird gleichzeitig in Wien und Berlin das »Gesetz über die Wiedervereinigung Österreichs mit dem Deutschen Reich« verkündet; am 15. März meldet Adolf Hitler am Wiener Heldenplatz »als Führer und Kanzler der deutschen Nation und des Reiches [...] vor der Geschichte nunmehr den Eintritt [s]einer Heimat in das Deutsche Reich«.[29]

In den Tagen vor dem »Anschluß« ist Anton Kuh in Wien. Er kommt am 9. März mit dem Zug aus Brünn. »Österreich ist das Land meiner Geburt. Jede Zuckung seines Daseins hatte mich, tiefer als viele andere, im Innersten aufgewühlt. Wenn Österreich ins Grab sank, wollte ich da sein.«[30] Unter seinen Mitreisenden einige führende Funktionäre der österreichischen Sozialdemokratie, die sich nach den Massakern des Feber 1934 in die Tschechoslowakei in Sicherheit brachten und die nun ihre Bündel geschnürt haben, um ihre Anhängerschaft für ein positives Votum bei der Volksabstimmung zu mobilisieren. Die Zuversicht der Sozialdemokraten – keiner der führenden Repräsentanten des Ständestaats war allerdings auf das Angebot einer Abordnung von Kommunisten und Revolutionären Sozialisten eingegangen, den Bundeskanzler im Kampf gegen den Nationalsozialismus zu unterstützen, das diese Schuschnigg am 3. März unterbreitet hat – lassen in Kuh eine Idee reifen, an deren Umsetzung er am Vormittag des 11. März geht. Siegfried Trebitsch, mit dem er tags davor darüber gesprochen hat, hat ihn dazu ermutigt und ihm geraten, über die Vermittlung Alma Mahler-Werfels seine Idee an Schuschnigg heranzutragen. Alma Mahler vermittelt ein Treffen mit Unterrichtsminister Hans Pernter, einem Vertrauten Schuschniggs, das im Atelier ihrer Tochter Anna – Initiatorin einer »Versöhnungsaktion«, die Regierung und Linke zusammenbringen sollte, um Österreich in letzter Minute noch zu retten[31] – in der Operngasse stattfindet.[32] Kuh eröffnet Minister Pernter, daß mit den halbherzigen Maßnahmen der Regierung bei der Abstimmung kein durchschlagender Erfolg zu erreichen sei. Es brauche eine große Geste: »Karl Seitz, der frühere Bürgermeister von Wien, im Feber inhaftiert, populärster und unbestechlichster Mann der Sozialdemokratischen Partei, muß im Radio zu den Arbeitern sprechen. Und er wird dies auch tun, läßt man ihn nur sagen, was er will.«[33] Pernter zieht den Vorschlag in Erwägung, erst recht, als Kuh ihm eröffnet, daß viele der Polizisten in den Autos, die die demonstrierenden Nazis in den Straßen Wiens begleiten, die Hand zum Hitlergruß erhoben haben.

Mitten in die Erwägungen, kurz nach 13 Uhr, platzt ein Sekretär Pernters, der diesem etwas ins Ohr flüstert. Pernter wird kreidebleich und stürzt grußlos davon. – Man hat ihn offenbar vom ersten Ultimatum aus Berchtesgaden unterrichtet.

Kuh eilt in sein Hotel, um den Zwei-Uhr-Zug nach Prag noch zu erwischen. Dort läßt sich ein junger Mann auf seinem Zimmer melden. Er stellt sich als »Kaufmann W. (ein jüdischer Name)« aus Prag vor. Er habe vom Hausmeister erfahren, daß Kuh diesen Nachmittag nach Prag wolle, und lädt diesen ein, ihn in seinem Wagen zu begleiten. Kuh fühlt Herrn W. auf den Zahn und kommt zu dem Schluß, daß der ein Sudetendeutscher ist, kein Jude und nicht aus Prag. Ihm ist, als sähe er den Wagen mit dem deutschen Kennzeichen in der einsamen Salzburger

Gasse mit den drei nonchalant wartenden finsteren Gestalten, die ihn ein halbes Jahr zuvor »heimholen« wollten ins »Reich«. Als ihn im Stiegenhaus auch noch der Hausbesorger und einer der Hausdiener, »beide stramme Hitler-Anhänger«, bestürmen, er möge das Zeit und Kosten sparende Angebot doch nicht ausschlagen, fühlt sich Kuh in seinem Entschluß bestätigt. Kurz darauf sitzt er im Zug nach Prag. Die Flüchtlinge, die mit dem Nachtzug in die rettende Tschechoslowakei aufbrechen, haben weniger Glück. Der Zug wird im Grenzort Lundenburg angehalten, die Fahrgäste unter dem grölenden Jubel der SA aus den Abteilen gezerrt und nach Wien rücktransportiert. Am Abend hört Kuh bei Freunden in Brünn Schuschniggs im Radio übertragene Abschiedsrede »Gott schütze Österreich!«.

Am 10. März 1938, kurz vor dem »Anschluß«, hält Kuh einen Nachruf (gerade noch) zu Lebzeiten auf die »Stadt, die von der UFA zu einer sentimentalen Kulisse des Deutschtums degradiert wurde, einem Wein-München mit einem bißchen Dreivierteltakt« – Der »Rachefeldzug der Provinzler, der diesseits wie jenseits der Grenzen, gegen die laue und waschlappige Hauptstadt« habe damit sein folgerichtiges Ende gefunden. »Die ›undeutsche‹ Stadt hilft den deutschen Frieden besiegeln. Ihre Waschlappigkeit hat wieder einmal die aristokratische Prüfung bestanden, lächelnd daneben zu stehen, während um ihren Kopf gewürfelt wird.«[34]

Die Erfolgsaussichten einer zivilisierenden Wirkung von sechseinhalb Millionen katholischer, friedliebender Österreicher auf den überkantigen norddeutsch-preußischen Charakter wurden schon in den dreißiger Jahren eher vorsichtig eingeschätzt. Und wie es um den mildernden Einfluß der »heimgeholten« Ostmärker auf den Teutonismus des »Altreichs« bestellt sein würde; wie weit es mit dem goldenen – ausgerechnet – Wiener Herz her war, erwies sich in den Tagen des »Umbruchs«. Noch in der Nacht zum 12. März begann der Pogrom gegen Juden, NS-Gegner und Vertreter des gestürzten Regimes. Minister Pernter ist einer der ersten, die in dieser Nacht verhaftet und kurz darauf ins KZ Dachau eingeliefert werden. »Zur ›Hetz‹ eines gaffenden Publikums wurden Juden unter Hohn und Mißhandlungen gezwungen, die Propagandaparolen der von Schuschnigg geplanten Volksbefragung mit scharfer Lauge und bloßen Händen vom Straßenpflaster zu waschen [auf gut wienerisch verharmlosend: »Reibpartien«]. Läden und Gaststätten jüdischer Inhaber wurden mit antijüdischen Symbolen und Parolen beschmiert.«[35]

Mit dem »Anschluß« ist denn auch Schluß mit dem Gerede von der »österreichischen Mission«, die nun als »ungeheure Lüge und Geschichtsfälschung«[36] »entlarvt« wird; mit dem Gerede vom »österreichischen Menschen«, der nun als Schimäre aus der Retorte abgetan wird, als »homunculus Austriacus«, der »in Wirklichkeit nur der Abklatsch eines gewissen verwaschenen ›Wiener‹tums war, das unter jüdischem, tschechischem und anderem fremdem Einfluß das Gefühl für sein Deutschtum fast verloren hatte«.[37] Das »Argument« vom »besseren Deutschen« kehrt sich nun gegen die österreichische Bricolage. Das Übernationale wird zum »charakterlosen humanitaristisch-internationalen Mischmasch«. Jedoch brauche niemand zu fürchten, »daß das nationalsozialistische Großdeutschland irgendeine berechtigte Eigenart im Rahmen des Ganzen niederwalzen« werde. Im Gegenteil: »Der österreichische Deutsche wird die besonderen Werte seiner menschlichen Art im neuen Großdeutschland viel freier und wirksamer entfalten können als in dem Kleinstaat, den man ihm aufzwingen wollte.« Er werde sich »auch befreien können von den Mängeln und Fehlern, die in seiner Art mitgegeben sind und die bei einer längeren Fortdauer des separatistischen Daseins bestimmt das Gute und Große in ihm rettungslos überwuchert hätten.« Goebbels hatte drei Tage davor in einer Rede in der Nordwestbahnhalle ebenso unmissverständlich gedroht: »Wien muß Wien bleiben. Aber darüber hinaus sind wir alle zuerst Deutsche.« Und dann war er auf »das Judenproblem« zu sprechen gekommen.

»Toten-Messe« ist der Artikel betitelt, in dem Joseph Roth seiner Verzweiflung Ausdruck gibt: »Eine Welt ist dahingeschieden, und die überlebende Welt gewährt der toten nicht einmal eine würdige Leichenfeier. Keine Messe und kein Kaddisch wird Österreich zugebilligt.«[38] Tatsächlich sollte nur Mexiko in einer diplomatischen Demarche gegen die Okkupation Österreichs protestieren.

»Undesired expert« in den USA – New York, in Etappen

Auf der S. S. Aquitania, die am 13. April in Southampton abgefahren ist, kommt Anton Kuh am 19. April 1938 mit einem am 28. März 1938 in Prag ausgestellten Permit in New York an. Anders als er den US-Einwanderungsbehörden gegenüber angegeben hat,[1] beherrscht er Englisch weder in Wort noch in Schrift. Als er am Abend des 11. Mai 1938 im Town Hall Club, 123 West 43rd Street, beim Second Annual Dinner Meeting of the American Guild for German Cultural Freedom zu Ehren Thomas Manns und unter dem Vorsitz von Governor Wilbur L. Cross nach Ernst Toller, der zum Thema »The Duty Of The Creative Artist In These Times« spricht, und vor dem Ehrengast eine Rede hält, entschuldigt er sich bei seinem honorigen Auditorium gleich vorweg für sein Englisch. Governor Cross, der Kuh als »distinguished author, lecturer and journalist from Vienna who had the good fortune to leave Austria by the last train prior to the coming of the Nazi terror« vorstellt, weist nachdrücklich darauf hin, daß Kuh, »off the record« spricht, und ersucht die anwesenden Presseleute, nicht über dessen Ausführungen zu berichten.[2] Was diesen ohnehin schwergefallen wäre, denn, »Anton Kuh's speech is hardly understandable«.[3] Soweit rekonstruierbar, spricht er über die letzten Tage Wiens und Österreichs vor dem »Anschluß« und das Los jener, die den Nazis in die Hände fielen. Er warnt davor, die Meldungen von den Verbrechen der Nazis für übertrieben zu halten, und plädiert dafür, eine »Weltgesundheitspolizei« ins Leben zu rufen, um den Nationalsozialismus im Keim auszurotten.[4] Das Ganze allerdings so verworren vorgetragen, daß Thomas Mann im Tagebuch vermerkt: »schlimm«.[5]

Anfang August ist Kuh zurück in Paris. Im September erscheint in der Pariser Tageszeitung »Ce soir« eine sechsteilige Artikelserie mit dem Enthüllungstitel »Une Révélation: M. Hitler est enfant de Bohême!« (Aufgedeckt; Herr Hitler stammt aus Böhmen!), in der Kuh seine bekannten Thesen vom Sieg der Provinz über die Stadt – wieder einmal »aus falschen Prämissen zu brillanten Folgerungen gelangend«[6] – zuspitzt und darlegt, daß am 12. März 1938 die »symbolische Herrschaft von Eger über Wien« begonnen habe und Wien nur eine Etappe, Prag hingegen das Ziel sei.[7]

Hier erdichtet sich die gängige Schmähung Adolf Hitlers als »Anstreicher«* ein biographisches Substrat resp. verdichtet sie sich zum biographischen Substrat – der »Führer« habe in jungen Jahren eine Maler- und Anstreicherlehre absolviert, und das im Sudetenland –, das indessen Fiktion ist, wenn es auch immer wieder kolportiert wird. So zum Beispiel als dokumentarisches Einsprengsel in Karl Kraus' »Dritter Walpurgisnacht« (geschrieben 1933) der Befund des »Tapezierermeister[s] F. Židek in Olmütz«: »Da ich während der Probezeit feststellte, daß [Hitlers] Fachkenntnisse sehr stark hinter seiner rednerischen Begabung und Eloquenz nachhinkten, verlangte ich von ihm nicht mehr ein Personaldokument, sondern entließ ihn.«[8]

Und irgendwann in diesem Spätsommer fährt Kuh Friedrich Sieburg, ehemals Pariser Korrespondent der »Frankfurter Zeitung« und Autor des Erfolgsbuches »Gott in Frankreich?«, nunmehr Auslandsagent Goebbels', der bei einem internationalen Journalistenfrühstück »den deutschen Gewaltstandpunkt gegen Österreich verteidigt«, in die Parade. Er entgegnet »mit gewohnter geistiger Schärfe, aber, wie er selbst bedauernd feststellte, in einem mühselig schwerfälligen Französisch, wobei er, zu Sieburg gewandt, die glänzende Formulierung fand: ›Ist es nicht ein Paradox, daß der Anwalt des Barbarentums hier das große Kulturinstrument der französischen Sprache vollkommen beherrscht und die edle Sprache mißbraucht, um in ihr die Gemeinheiten des Staates zu vertreten, dessen Dienstbote er in Paris ist?‹ / Sieburg wurde rot und versuchte, ironisch zu lächeln. Es sprach ja nur ein Literat mit Charakter gegen den Agenten ohne Skrupel. Es stand der besoldete Nazi, dem Devisen ins Ausland geschickt wurden, damit er einen Pariser Salon unterhalten konnte, dem armen Emigranten gegenüber, der für seine Gesinnung auch Opfer gebracht hatte.«[9]

---

* Im spöttischen Beinamen »Anstreicher« konvergieren zwei gängige Schmäh-Topoi: zum einen der des gescheiterten Kunstmalers, der sich zweimal – im Herbst 1907 und 1908 – vergeblich um die Aufnahme in die Allgemeine Malerklasse der Akademie der bildenden Künste in Wien bewirbt und in den Jahren 1909 bis 1913 einen gut Teil seines Lebensunterhalts aus dem Verfertigen von Aquarellen nach Wiener Postkartenmotiven bestreitet (»Kleckser«); zum anderen jener der (leeren) Versprechungen von Politikern der Weimarer Republik aller Couleurs, das »Haus« von Grund auf zu erneuern, die sich darin erschöpfen, es bloß neu anzustreichen (vgl dazu: Bert Brecht: Das Lied vom Anstreicher Hitler, 1933). – Vgl. dazu: Günter Scholdt: »Anstreicher Hitler«. Zur Problematik politischer Polemik in der Auseinandersetzung mit dem Nationalsozialismus. In: Internationales Archiv für Sozialgeschichte der deutschen Literatur, Bd. 10 (1985), S. 135-153.

409

Außer einer Erwähnung in einem Brief Walter Hasenclevers[10] und einem vierzeiligen Brief der »Pariser Tageszeitung« an Kuh, der »p. A. Mme Troller / Hôtel Burdigala / 81, Rue La Boëtie / Paris 8e« adressiert ist[11], zeugt weiter nichts von seinem zweimonatigen Aufenthalt in Paris. Immerhin der erste Hinweis auf die Frau, die Kuh in den USA heiraten wird.[12]

Kuh kommt am 1. Oktober 1938 auf der S. S. Paris, die am 24. September 1938 in Le Havre abgelegt hat, in New York an. Auf der »List or Manifest of Alien Passengers for the United States Immigrant Inspector at Port of Arrival« immerhin eine Adresse: »Home, 118 East 42nd Str. New York City«.[13]

Am 11. Januar 1939 kommt Kuh auf der S. S. Paris, die acht Tage davor in Southampton abgefahren ist, in New York an. Auf der »List or Manifest of Alien Passengers for the United States Immigrant Inspector at Port of Arrival« neben Angaben zur Person immerhin eine Angabe zum letzten Aufenthaltsort: »Hotel Howard, Norfolk Str., London, England«.[14]

Helen Blank, geborene Bilber, Jg. 1917, ehemals Lehrerin an der jüdischen Volksschule in der Wiener Malzgasse, die im Januar 1939 in New York ankam und bis Juni 1939 als »Hat-check girl« (Garderobiere) im »Austrian nightclub« »Old Grinzing« arbeitete[15], einer Art Stadt-Heuriger und Veranstaltungslokal an der 79. Straße, Ecke Zweite Avenue, hat Anton Kuh in guter Erinnerung. »Er kam oft. Er sass allein an einem kleinen runden Tisch, sprach fast nie mit jemandem, machte einen traurigen Eindruck. (Der stille Zecher.) Er trug circa 5 × 7 Inches grosse weisse unbeschriebene Karten mit sich. Wenn ihm etwas einfiel, schrieb er fleissig auf einer dieser Karten. Eines Abends winkte er mich zu seinem Tisch und reichte mir eine von oben bis unten vollgeschriebene Karte. Es war ein langes Gedicht in Odenform. Die Ueberschrift war ›An Helene‹, also an mich. In hoechst erotischem Stil eine Beschreibung seines Eindrucks einer jungen Wiener Frau. Ich kann mich an kein Wort erinnern, nur dass es sehr sinnlich auf mich wirkte. Sie hatten mich in ein dekolletiertes Dirndl mit einem schwarzen Samtband um den Hals gesteckt. Auch um den Hals ein Band mit einem grossen Tablett, das an meinem Busen saß. ›Zigarren, Zigaretten!‹ war mein staendiger gut wienerischer Ruf. À la Ottakring. / Kuhs poetisches Portrait von mir – sicher gut gemeint – hat mich dummes Maedel schrecklich geniert. Nur einmal las ich das Gedicht und versteckte es in einer Schublade, bis ich es kurz vor meiner Ehe im August 1940 hervorholte und vernichtete, damit es mein Mann nicht zu Gesicht bekomme.«[16]

Am 10. Feber 1939 erreicht Kuh ein Brief von Prinz Löwenstein, der folgende Adresse trägt: »Herrn Anton Kuh / 10 East 83rd Street / New York City«. Zu seinem fünfzigsten Geburtstag am 12. Juli 1940 stellt sich Rudolf Kommer brieflich gratulierend ein. Postwendend bedankt sich Kuh für die Glückwünsche und für ein mitgesandtes Buch von Oskar Levy, das insofern von ihm, Kuh, sein könnte, »als es aus falschen Prämissen zu brillanten Folgerungen gelangt«.[17]

Ob sein Mäzen aus europäischen Tagen dem Buch ein paar Scheine beigelegt hatte, bleibt ungewiß. Gottfried Reinhardt, den Kuh bei dessen kurzen Aufenthalten in New York »ebenso erbarmungslos wie unterhaltend auszurauben pflegt«,* gibt er auf dessen Frage, weshalb er denn

---

* »Mein Telefon läutete in New Yorks Sherry Netherland-Hotel und weckte mich. Ich war verkatert und ziemlich verärgert, denn ich hatte am Abend zuvor ausdrückliche Anweisung gegeben, keine Anrufe durchzustellen, bis ich von mir hören ließ. Außerdem galt meine generelle Anweisung, vor einer Verbindung immer den Namen des Anrufers durchzugeben. Doch diesem Anrufer war keine Zentrale gewachsen. Wenn es – für ihn – darauf ankam, war ihm niemand gewachsen. / ›Gottfried Reinhardt‹, stürzte es auf mich ein, ›Sie sollten sich schämen! Vor mir wollen Sie Versteck spielen? Ich weiß, daß Sie seit drei Tagen in der Stadt sind. Und Sie melden sich nicht. Ja, Sie lassen sich verleugnen. Und all das, weil Sie sich die lausigen fünfhundert Dollar ersparen möchten, die Sie mir geben werden!‹ ›Zweihundertfünfzig‹, brachte meine schwache Stimme zuwege. ›Also gut, dreihundertfünfzig‹, beendete er die Diskussion. ›Wann sehen wir uns?‹ / ›Kommen Sie um sechs Uhr heute abend in die Bar.‹ ›Warum? Wollen Sie nicht, daß ich sehe, wie feudal Sie residieren?‹ ›Um sechs Uhr in der Bar‹, beendete diesmal ich die Diskussion. Ich war Punkt sechs in der Bar, doch Anton Kuh verspätete sich. Als Grund dafür gab er dann an, daß es für ihn wichtig sei, sich mit dem Lebensstil seiner Kunden vertraut zu machen, ehe er sich in irgendwelche Geschäfte mit ihnen einließe. Er habe sich die Mühe gemacht, meine Unterkunft zu besichtigen, und daraufhin 500 Dollar für zu niedrig eingeschätzt. ›Sie kennen mich, lieber Gottfried Reinhardt. Ich bin ein sozial denkender Mensch. Was ich meiner Kundschaft berechne, ist stets ihren finanziellen Umständen angepaßt.‹ [...] ›Kuh, strapazieren Sie nicht meine Geduld! Vierhundert Dollar und keinen Cent mehr! Es ist meine letzte Offerte!‹ ›Bestellen Sie mir bitte einen doppelten Cognac.‹ [...] Ich sah meinen Reisen nach New York [...] mit klaffender Ambivalenz entgegen. Ich konnte es nicht erwarten, Stunden mit Kuh zu verbringen, andererseits versuchte ich die Tage zu beschränken, die er mir oder vielmehr ich ihm zur Verfügung stünde, um nicht mit einem zu großen Loch in der Tasche den Rückweg anzutreten. [...] / Mit Kuh zu rechten hatte keinen Sinn. Er war der bessere Advokat, bestimmt des Teufels, ging es um Geld, aber auch gerechter Sachen, wo er stets den richtigen Stand bezog. / Der doppelte Cognac hatte sich inzwischen verdoppelt. Er wurde zur Flasche. Und die 400 Dollar wurden

nicht nach Hollywood komme, wo doch so viele seiner früheren »Kunden« leben, zu verstehen: »Da passe ich nicht hin. Da sind lauter Kopien. Statt mir haben sie dort Billy Wilder, statt Reinhardt Lubitsch, statt Molnár Vajda (ein erfolgreicher Drehbuchautor), statt Hofmannsthal Walter Reisch. Das einzige Original, das sie haben, ist Chaplin, und der ist für seine Knickrigkeit bekannt. Warum soll ich also nach Hollywood gehen?«[18]

zu 500. Doch war das ›Geschäft‹, auf das er sich mit mir ›einließ‹, in Wahrheit ein Gelegenheitskauf für mich, nirgend anderswo für ein Dreifaches zu erstehen. Eine Kaskade freier Rede in perfekter Grammatik voll tiefgründigen Inhalts mit haarsträubend witzigen Formulierungen ergoß sich über einen. Man war durchtränkt, erfrischt und erschöpft. Kein Klischee, nichts Überflüssiges oder Überschüssiges, nur Interessantes, Provozierendes, Apartes rollte von seiner rapiden Zunge. Wenn es ihn nach neuer Munition verlangte und er sich einschenkte, unterbrach er seine Expertisen, seine Kritiken, seine Aphorismen, seine Parodien, seine mannigfaltigen Kriegs- und raren Liebeserklärungen, indem er, abrupt aus der Rolle fallend, gleichsam von der Bühne ins Parkett sprang und sich erkundigte: ›Unterhalte ich Sie? Sind Sie gefesselt? Habe ich mir die fünfhundert Dollar schon verdient oder erst zwei Drittel? Sicher doch schon über die Hälfte!‹ / Und schon ist er wieder auf der Bühne und die Kaskade gischt von neuem.«
Sam Behrman, der ein Porträt Anton Kuhs für den »New Yorker« schreiben will – er würde sich die zweitausend Dollar Honorar mit Kuh teilen –, bittet Reinhardt, diesem sein Anliegen nahezubringen. Kuh lehnt ab. Seine Begründung: »›Ich gehe jedes Wochenende hinüber nach New Jersey zu dem bekannten Matze-Fabrikanten Mani[s]chewitz. Er ist mir sehr gewogen, aber leider auch der Kammermusik. Mich langweilt Kammermusik tödlich. Besonders die langsamen Sätze. Doch muß ich sie mir anhören, denn Herr Mani[s]chewitz rückt sonst nicht mit der Apanage heraus. Nie weniger als 200 Dollar die Woche! Oft mehr. Je nachdem, wie gut ich in Form bin. Das ist ein gutes Einkommen, mit dem ich rechnen kann. Jetzt stellen Sie sich vor, Herrn Mani[s]chewitz, obwohl sicher nicht seine Frühstückslektüre, gerät durch Zufall der ›New Yorker‹ in die Hand, und er kommt mir hinter meine Schliche, erfährt ungeschminkt, aufs Haar, bis aufs i-Tüpfelchen meine schwer erworbene Technik, den Leuten ihr Geld zu entlocken. Und da Mr. Behrman sein Metier versteht, würde ich glänzend wegkommen und [m]eine Opfer stünden gelackmeiert da. Glauben Sie, ich bekäme in New York noch einen Cent? Nein, lieber Gottfried Reinhardt, ich danke Ihnen sehr herzlich für Ihre Bemühung und Mr. Behrman für sein generöses Angebot. Aber es zahlt sich für mich à la longue nicht nur nicht aus, es würde mein ganzes Geschäft ruinieren‹« (Gottfried Reinhardt: Der Apfel fiel vom Stamm. Anekdoten und andere Wahrheiten aus meinem Leben. München 1992, S. 382-387).

Anatol Jaro weiß zu berichten, daß Kuh sich bei einem Amerikaner als Ghostwriter verdingt habe, der via »Fernuniversität« seinen Doktor machen wollte. »Sein Auftraggeber hatte sich Diskretion ausbedungen und ersuchte Kuh, geschäftliche oder, wie in diesem Falle, wissenschaftliche Erörterungen nicht in Gegenwart anderer, sondern nur über das Telephon zur Diskussion zu stellen. Kuh hatte den besten Willen, eine Arbeit über das Gebiet der Psychoanalyse zu verfassen. Woher aber die Zeit nehmen? Sein ›Boß‹ las zwar Freud, hatte aber nie was von Adler gehört. So erschien Kuh mehrere Male in der Woche in meinem Appartement, nahm sich die Werke Adlers vor, rief seinen Schüler an und las ihm über die Telephonleitung in die herrlichsten ›Abhandlungen‹ vor, die dem Zuhörer elektrisierende, revolutionierende Ideen eingaben, Kuh hoch belohnten und dem ambitionierten Studenten zum Doktorhut verhalfen. Ein echter Kuh!«[19] Gottfried Reinhardt gegenüber ließ Kuh sich detailliert über seine Ghostwriterei aus, und er nennt auch den Auftraggeber: Gert von Gontard.[20] Zwei Indizien: Gontard, ehemals Herausgeber der »Neuen Revue«, an der Kuh mitarbeitete, stattet im Vorwort seiner antipsychoanalytischen Monographie »In Defense of Love. A Protest Against ›Soul Surgery‹« Anton Kuh Dank für dessen Mitarbeit ab.[21] Und am 18. März 1940 teilt Ferdinand Bruckner Anton Kuh zwei englische Versionen dieser Danksagung mit, um deren Übersetzung aus dem Deutschen Kuh ihn offenbar gebeten hatte.[22] Daß Kuh häufig im Lesesaal der New York Public Library in der 42nd Street zugange war, könnte, muß aber nicht mit Recherchen für das Buch zu tun haben.[23]

Ebenso unsicher sind die spärlichen Informationen über Kuhs Lebensumstände und seinen Umgang in New York – »Hearsay« –, sie werden hier nur kolportiert. Dokumentiert ist allenfalls seine Verheiratung mit Thea Tausig (geb. Goldmann) am 3. August 1939, schwarz auf weiß belegt ist durch Berichte im »Aufbau« allenfalls seine Teilnahme an einigen offiziösen* und weniger offiziösen** Veranstaltungen.

---

* Etwa an einem vom Emergency Rescue Committee veranstalteten Festessen im Hotel Commodore – »New Yorker Patriziat und europäischer Parnass in freundgeselligem Beisammensein« –, das mit 1500 Gästen »einer geistigen Heerschau ähnlicher [ist] als einer landläufigen Dinner-Party«. Unter den Anwesenden (auf der Ehren-Estrade): Jules Romains, Somerset Maugham, Thomas Mann, Dorothy Thompson, Heinrich Mann, Franz Werfel, Konrad Heiden und Franz Höllering; (wie Anton Kuh unten im Saal): Carl Zuckmayer, Martin Gumpert, Emil Julius Gumbel, Gottfried Bermann-Fischer, Hermann Kesten, Leo Lania, Lucien Vogel, Erika, Klaus und Golo Mann (Hans T. Anton: Die gerettete Literatur. Europa in einem New Yorker Hotel. In: Aufbau, Vol. 6, No. 45, November 8, 1940, p. 9).

Ernster sei er geworden in New York, gesetzter, für die »Landsleut'« soll er sich die Füße wund gelaufen haben, um Quartiere und Stellen für sie zu finden. Jeden Sonntag habe er einen »Jour« gehabt, »immer in einem anderen für die Gelegenheit geliehenen Heim. ›Wiener lassen bitten‹ nannte eine sehr gastfreundliche amerikanische ›Hostess‹ diese Sonntage, an denen Anton Kuh das ›beste Wien‹, das er je ergattern konnte, einer distinguierten Gesellschaft vorstellte.«²⁴

Als Franz Werfel in Amerika ankam, soll Kuh im Apartment eines Bekannten dem Freund aus Wiener und Prager Tagen und Alma Mahler-Werfel einen Empfang gegeben haben. »Zu diesem Abend erschien Carl Zuckmayer, Frau Stresemann, die Witwe des früheren deutschen Reichsministers, Heinrich Mann, Luise Rainer, Fritz Kortner, Erwin Piscator, Paul Henreid, der österreichische Dichter und Mitglied des Schuschnigg-Kabinettes Zernatto, Professor Suida, Liesl Glück und viele andere. Franz Werfel, der einst sehr Feurige, stand schweigsam versonnen, beglückt, weil ihm dieses kleine Stück Europa im tosenden New York für einige Stunden Geborgenheit und Wärme bedeutete. Dann hob er sein Glas und leerte es: ›Zur Ehre und zum Lobe dessen, der uns hier alle vereint, dem blitzenden Geist vom schöneren Wien, Anton Kuh.‹«²⁵ Daß die Werfels Kuh jedenfalls im Herbst 1940 in New York getroffen haben, ist verbürgt.²⁶ Ebenso der Umgang mit Irmgard Keun²⁷ und Stef(f)i und Friedrich Kiesler.²⁸

1938 – 1941

So wenig über seine privaten Verhältnisse verlautet, so gut vernehmlich ist hingegen der Publizist Anton Kuh. Schon in seiner Rede »Geschichte und Gedächtnis« auf dem New Yorker Sender WEVD im Rahmen der »Radio-Stunde des German-Jewish Club²⁹ am 26. November 1938 schlägt er den Ton an, auf den seine Wortmeldungen in den USA programmatisch gestimmt sind: »Ich werde konkret sein, schrill und unangenehm konkret.« Er fordert seine Hörerinnen und Hörer, »als Emigrant zu Emigranten und als Emigrant zu Amerikanern«, dringlich auf: »Tun Sie sich selber weh, behalten Sie Ihr Gedächtnis […] frisch […] für die grosse historische Gerichtsverhandlung«, die da kommen wird.

** Etwa an einer »Mondscheinfahrt auf einem Dampfer – Cocktails für die Erwachsenen, Tanz für die Kinder – bis auf die Höhe von Yonkers und wieder retour« ([t-r]: Mond über dem Hudson. In: Aufbau, Vol. 6, No. 30, July 26, 1940, p. 6).

Auch als er am 20. März 1940 abends im Saal des Kaufmann Auditoriums, Lexington Ave., Ecke 92. Str., »vor einem aus den prominentesten Köpfen Mitteleuropas bestehenden Publikum«³⁰ über »Die Kunst, Hitler zu überleben« spricht³¹ – immer wieder von Beifall unterbrochen und bedankt mit einem »Applaus, der an eine Ovation grenzte«³² –, schließt er: »Wir sind in vorherigen Stadien der Weltgeschichte genug ›taktvoll‹ und ›unsichtbar‹ geblieben. Es ist an der Zeit, dass wir endlich taktlos und sichtbar werden – unsere Aufgabe darf nicht sein, uns zu verbergen, sondern danach zu trachten, dass Hitler uns nicht überlebt.« Und so wie er im Oktober 1918 vehement dafür plädiert hatte, »am Tourniquet der neuen Zeit« Kontrollorgane aufzustellen, »um jeden Staatsuntertan, Plakatträger und Apologeten der alten Zeit zurückzuweisen, der behutsam hinüberschlüpfen will«³³, möchte er dann »der Emigranten-Officer am Strande drüben sein, der den nach Hause Eilenden einmal sagen wird: ›Sie wollen zurück zu Josef Wirth, zu Schuschnigg, zu Hodža? Nichts damit! Drüben bleiben!!‹«³⁴

<small>New York City, Kaufmann Auditorium, 20.3.1940, 20.45 Uhr: Die Kunst, Hitler zu überleben</small>

Als »Einführung in die Lektüre der ›New York Times‹ für ausgediente Leser des ›Berliner Tageblatts‹, der ›Neuen Freien Presse‹ und anderer Organe« angekündigt,³⁵ dreht sich der Vortrag, den Kuh drei Wochen darauf im German-Jewish Club hält, unter anderem um »den Unwert des Zahlenerfolges Hitlers und die Sinnlosigkeit des Massentriumphs. Die Analyse des Geheimnisses von Hitlers ›Durchbruch‹ war klar und schlagend. Kuh ist aber trotz seines Wissens kein Bagatellisierer, im Gegenteil: er weiss genau um die Furchtbarkeit des Gegners, seien es kleine Korporale oder ausgediente Gefreite. Und so hatte sein Hinweis auf die Einsatzprophetie von André Suarez ›Wenn es so weiter geht, wird eines Tages der Papst den Mann aus Braunau als Kaiser des heiligen römischen Reiches deutscher Nation salben‹ mehr als den Wert eines kühnen Zitats. / Es war ein Abend, der in der Reihe der immer interessanten Donnerstage des ›German Jewish Club‹ zweifellos ein Höhepunkt war.«³⁶

<small>New York City, Clubhaus des German-Jewish Club, 11.4.1940, 21 Uhr: Wie man die richtige Kriegsprognose stellt</small>

Vehement polemisiert Kuh gegen die im Magazin »Life« veröffentlichten »Rules for Refugees«³⁷, die den Emigranten nahelegen, sich tunlichst möglichst unauffällig zu verhalten. Er verbittet sich derlei gute Ratschläge von seiten jener, die für »Befriedung und Verständigung« plädieren, und sieht sich wie alle »literarischen Flüchtlinge« dezidiert in der Rolle des »*undesired expert*‹ – des Sachverständigen, der einen im Nichts-wissen-Wollen stört«.³⁸

Ein vehementes Plädoyer für Nichtassimilation auch seine zwei Beiträge zu »Jewish Frontier«, »These Are the Refugees«³⁹, und »The

Broker With the Willkie Button«: »Undiplomatic? Tactless? So much the better. We, the new arrivals, have suffered the consequences of ›tact‹ and ›diplomacy‹ on the other side. [...] And since then, tactlessness became our mission in life!« ⁴⁰

Kuh ist konkret, er nennt sie beim Namen, die bekanntesten Vertreter des in den 1920er und 1930er Jahren auch in den USA virulenten Antisemitismus: Coughlin, Ford, McWilliams, Lindbergh.* Und er ist so taktlos, die in den USA herrschende, gesetzlich sanktionierte und geregelte Rassentrennung zwischen Afroamerikanern und Weißen anzusprechen, die einem Neuankömmling im Alltagsleben ins Auge stechen muß, und die Diskriminierung von Juden, denen in den USA der 1930er Jahre auch der Zugang zu vielen Wohn- und Urlaubsgebieten, Bildungseinrichtungen, Organisationen, Hotels, Restaurants und Clubs verwehrt ist.

Ab Juni 1940 glossiert Kuh unter dem Pseudonym Yorick und unter dem programmatischen Kolumnentitel »The Skeptical Reader« im »Aufbau«, dem von Manfred George geleiteten »Nachrichtenblatt des German-Jewish Club«, das Tagesgeschehen. Er hat immer noch Galle über für – wie ein Leserbriefschreiber beanstandet – »Literatengezänk«⁴¹, steigt etwa Raoul Auernheimer – »eine[r] saubere[n] österreichische[n] Feder, in der herkömmlichen Wiener Kunst bewandert, die Welt etwas rosiger und parfümierter zu sehen, als sie ist« – auf die Zehen, weil der

---

* Der populäre katholische Priester Charles Coughlin (»Father Coughlin«) hetzt in seinen wöchentlichen Rundfunkpredigten und in seiner Zeitung »Social Justice« gegen Juden, die er für die wirtschaftlichen Probleme der USA verantwortlich macht, und fordert deren Ghettoisierung; am 18.12.1938 organisiert er in New York eine Demonstration gegen die Aufnahme aus Nazideutschland geflüchteter Juden. Der Industrielle Henry Ford lanciert in den 1920er Jahren in seinem »Dearborn Independent« eine antisemitische Kampagne und vertritt in Beiträgen zum »Independent« die Verschwörungstheorie, das »Weltjudentum« strebe danach, über die Kontrolle der Hochfinanz die Weltherrschaft zu erlangen (in den Jahren 1920 bis 1922 in vier Bänden unter dem Titel »The International Jew«, dt. »Der internationale Jude«, herausgegeben). Joseph E. McWilliams, Vorsitzender der »Christian Mobilizers« und der American Destiny Party, erregt als Bewerber für die Nominierung zum republikanischen Kandidaten für die Wahl zum Repräsentantenhaus mit antisemitischen Tiraden und Sympathiebekundungen für Adolf Hitler und den Nationalsozialismus im Sommer und Herbst 1940 Aufsehen. Der Flieger Charles Lindbergh ist in den Jahren 1940, 1941 der prominenteste Sprecher des isolationistischen »America First Committee«, er bezichtigt in Filmindustrie, Presse und Rundfunk »einflußreiche jüdische Kreise« der Kriegstreiberei.

im Sonntagsmagazin der »New York Times« eine Parallele zwischen Napoleon und Hitler gezogen hat: »Es war eine jener ›deutschen Schularbeiten‹, mit dem obligaten Zitatenflitter garniert und [...], wie sie die bürgerliche Presse in der diluvialen Zeit vor Hitler ihren Lesern am Sonntag gern zum Morgenkaffee kredenzte.« Was Kuh in Rage bringt, das ist – in anderen, wieder Kuhschen Worten, die diesmal auf das Feuilletonistische im allgemeinen zielen – die »widerliche [...] Mischung aus Schularbeitsoptimismus und Konditoreigrazie, Gedankenpunktironie und Parvenügeist«.[42] Und er stellte in seiner kurzen Glosse dreimal die Frage, ob »noch so fein appretierte Schulaufsätze in dieser Zeit« denn zu irgendetwas nütze seien.

Er betreibt weiterhin seine physiognomischen Studien Findet etwa im August 1940 beim Betrachtens eines Photos des Kabinetts der Vichy-Regierung alles versammelt – »bös verkniffenes Greisertum; die Kurzstirnigkeit unterer amtlicher Gehaltsklassen; heroische Stulpnasen; ausgehungerten Ehrgeiz in juvenilen Blassgesichtern« –, was »sogenannte ›tatentschlossene‹, ›diktatorial durchgreifende‹ Regierungen« auszeichne und angesichts der frappierenden Ähnlichkeit dieser Visagen, gleich ob deutscher, französischer, italienischer oder welcher nationalen Spielart auch immer, die erste und »*einzige* Internationale« darstelle, die »erste *physiognomische* Internationale.«[43] Ätzt über die Feierlichkeit und den Ernst, mit denen die Protagonisten des neuesten europäischen Gesellschaftsspiels, des »Pakt-Unterschreibens«, hohe Herrschaften mimen: »Was immer man dem Rang und der Klasse der heutigen Diplomaten nachsagen mag, schauspielerisch geschult sind sie aus dem Effeff. Vor dem Blitzlicht der Weltgeschichte zu sitzen, seine Feder für die Jahrtausende einzutunken, und zu wissen, dass das Ganze keine 24 Stunden lang wahr bleibt, das erfordert eine Anspannung der Gesichtsmuskeln, die kein Hollywood-Extra[44] aushält.«[45] Analysiert die »Führer«-Ikonographie und bürstet sie gegen den Strich, den leutseligen Schirmherrn seines Volks ebenso[46] wie den strammen Feldherrn, der »mit finsterer Entschlossenheit herumschaut und die Mimik des Sodbrennens aufs Schlachtfest mitnimmt«. Und entwirft eine Psychopathologie dauerfeuernder Wort-Kanonen vom Schlage eines Adolf Hitler und Benito Mussolini.[47]

Er verfolgt weiterhin das internationale Geschehen, sorgt sich etwa um Georges Mandel, den vehementesten Gegner von Nationalsozialisten und Faschisten in den französischen Vorkriegs- und Kriegskabinetten, um dessen Hals sich nach dem deutschen Blitzsieg die Schlinge zusammenzieht.[48] Beklagt das Los von Herschel Grynszpan, dessen tödliches Revolverattentat auf Botschaftssekretär Ernst vom Rath am 7. November 1938 in der Deutschen Botschaft in Paris in der Nazi-Propaganda als unmittelbarer Anlaß für den Ausbruch des »spontanen Volkszorns«, soll heißen der »Novemberpogrome«, hingestellt wird und der am 18. Juli 1940 von Frankreich an Deutschland ausgeliefert wird.[49] Ersucht die USA nach der Vernichtung der widerständigen tschechischen Hochschulen durch die Nazis im November 1939 um Gastfreundschaft für die vertriebenen jüdischen und liberalen Gelehrten.[50]

Im August 1940 schreibt Kuh sein geliebtes Wien ab: Als der durch Baldur von Schirach abgelöste ehemalige Reichsstatthalter und Gauleiter von Wien, Josef Bürckel, am 10. August 1940 zum Ehrenbürger der Stadt Wien er- und der Dr.-Ignaz-Seipel-Ring (der heutige Dr.-Karl-Renner-Ring) in Josef-Bürckel-Ring umbenannt wird, ermuntert ihn ein Bekannter, dieses Ereignis zu kommentieren. Er wimmelt ab: »›Hören Sie mir mit Wien auf! Sie wissen, dass es diese Stadt schon lange nicht mehr gegeben hatte, bevor sie für uns aufhörte.‹« Das Thema »Bürckel-Ring« gebe nichts her – außer der Erkenntnis, wie wenig ihn die Stadt, in der man ungestraft die »Rülps-Interjektion: ›Bürckel!‹ auf die Ringstraße schmieren darf, noch angeht – ›und wieviel mehr dagegen der Central-Park, der Times Square und die Fifth Avenue.‹«[51]

Franz F. Elbogen, ein guter Bekannter aus »Herrenhof«-Tagen, berichtet im Januar 1940 von einem Besuch bei Kuh »in seiner sehr vornehmen Einzimmerwohnung[52], wo er mit der ihm ehelich angetrauten Brünnerin lebt. (Sie war nicht zuhause, da sie arbeitet.) Er lag wieder mal im Sterben, mit einer schweren Herzattacke, die er sich durch einen Konflikt mit dem Maler Mopp [d. i. Max Oppenheimer] zugezogen hatte. Der Arzt oder besser die Ärzte, denn er scheint eine größere Auswahl davon zu beschäftigen, haben ihm strenge Bettruhe bei Rauch- und Trinkverbot verordnet. Das hinderte ihn nicht, jeden Augenblick einen langen Zug aus einer an Stelle eines zu füllenden Gefäßes unter dem Bett befindlichen Whiskyflasche zu machen, eine Zigarette an der anderen anzuzünden und im Bett wie eine Heuschrecke auf und ab zu springen. Er erzählte stets drei Geschichten gleichzeitig, so daß man – erfreulicher Weise – aus keiner klug wurde, aber eine köstlicher als die andere. Z. B. die Geschichte seiner Eheschließung, eine halbe Stunde vor Abgang seines Schiffes nach Europa, wohin er, selbstverständlich ohne Gattin – ›die Hochzeitsreise des Onanisten‹ – fahren wollte, um die Grete zu besuchen; wie er dann im letzten Moment vom fahrenden Schiff wieder absprang, den Krieg voraussahnend, einen Herzkrampf simulierte, um den Fahrpreis zurückzubekommen und abends plötzlich seine Gemahlin vom Büro abholte; wie er seinen Bruder – den seit Jahrzehnten von der Familie wegen seiner bürgerlichen Existenz in

Amerika verachteten – wiederfand und wie dieser, der jüngere, väterlich für ihn sorgt, ihm kocht etc; was er alles dem Mopp an geistvollen Aperçus an den Kopf geworfen hat, wie er seine Nächte mit Millionären durchzecht, wie er von den Frauen der amerikanischen Society umworben wird u.s.w., u.s.w. Es scheint ihm relativ glänzend zu gehen, er hat ein Bankkonto, lebt vergnügt, ein dauerhafter Sterbender, zwischen alten Zeitungen, schmutziger und reiner Wäsche, vollen und leeren Bier- und Whiskyflaschen, Büchern, Medikamenten, Smoking, Zigarettenasche – der alte, unsterbliche Kuh!«[53]

Am 18. Januar 1941 stirbt Anton Kuh – an einem jener Herzanfälle, die man ihm in Wien nicht glauben wollte.[54] Alma Mahler-Werfel an Willy Haas, Hollywood, 20. Januar 1941: »Eben schreibt Franz einen bittern Nekrolog für Anton Kuh,[55] der gestern einem Herzschlag erlegen ist. Wahrscheinlich wäre er auch in Wien oder Paris jetzt gestorben – er hat ja geradezu selbstmörderisch gelebt – aber jetzt bekommt alles so einen grauen Ton –«[56]

Anhang

Anmerkungen

Motti

1 Max Reinhardt an Rudolf K. Kommer, Pacific Palisades, 5.5.1942. In: Max Reinhardt. Leben für das Theater. Briefe, Reden, Aufsätze, Interviews, Gespräche, Auszüge aus Regiebüchern. Hg. v. Hugo Fetting. Berlin 1989, S. 333-352, hier S. 347-348.
2 Robert Musil: Der Mann ohne Eigenschaften. Hg. von Adolf Frisé. Neu durchgesehene und verbesserte Ausgabe 1978. Reinbek bei Hamburg 1990, S. 361.

Vorbemerkung

1 »Wenn mein Raisonnement nicht so bündig ist als das Baumgartensche, so werden doch meine Beispiele mehr nach der Quelle schmecken« (Gotthold Ephraim Lessing: Laokoon: oder über die Grenzen der Malerei und Poesie. In: Werke, Bd. 6: Kunsttheoretische und kunsthistorische Schriften, Darmstadt 1996, S. 7-187, hier S. 11 [erstmals Berlin 1766]).
2 Alexander Kluge: Die Patriotin. Texte/Bilder 1-6. Frankfurt am Main 1979, S. 41.
3 Zu methodischen Überlegungen im Detail vgl.: Walter Schübler: Vom Nachstellen. Zwölf Thesen wider die Biografie. In: TUMULT. Vierteljahresschrift für Konsensstörung, Nr. 04/2015, S. 52-57, sowie die Vorbemerkungen zu folgenden Biographie-Modellen: Walter Schübler Johann Heinrich Merck 1741-1791. Biographie. Weimar 2001 [»Pasticcio«]; Ders.: Nestroy. Eine Biographie in 30 Szenen. Salzburg, Wien 2001 [»Short cuts«]; Ders.: Bürger, Gottfried August. Biographie. Nordhausen 2012 [»Zoom«].

Personsbeschreibung

1 Konstatierungsbefund des k.u.k. Garnisonsspitals Nr. 2 in Wien vom September 1915 (ÖStA, KA, GB, Wien 1890, Kt. 1279).
2 So die behördlichen Identitätsausweise wie etwa der »Identitätsschein behufs Ablegung der Maturitätsprüfung«, ausgestellt am 14. Juli 1911, unter »Personsbeschreibung« (Státní okresní archiv v Českém Krumlově).
3 Anton Kuh: Ich lerne Ski. Leiden und Beobachtungen eines Anfängers. In: Morgenzeitung und Handelsblatt, Jg. 20, Nr. 45, 14.2.1922, S. 3-4 [Nr. 1224].
4 Anton Kuh: Der Haß gegen das Monokel. In: Der Querschnitt, Jg. 5, H. 8, August 1925, S. 683-685 [Nr. 745].
5 Anton Kuh: Traktat über das Mauscheln oder Herrn Faktors empfindliche Ohren. In: Die Stunde, Jg. 4, Nr. 955, 16.5.1926, S. 5 [Nr. 826].

6 Anonym: Hochwürden Kuh. In: Internationale Filmschau, Jg. 9, Nr. 10, 15.9.1927, S. 12.
7 Anonym: Damenspende. In: Der Götz von Berlichingen. Eine lustige Streitschrift gegen Alle (Wien), Jg. 2, Nr. 4, 25.1.1924, S. 7.
8 Vgl.: Wolfgang U. Eckart: Nervös in den Untergang. Zu einem medizinisch-kulturellen Diskurs um 1900. In: Zeitschrift für Ideengeschichte, H. III/1, Frühjahr 2009, S. 64-79.
9 Anton Kuh: »Nervöse Leute«. Kritik eines Nervösen. In: Prager Tagblatt, Jg. 39, Nr. 160, 13.6.1914, M, S. 1-2 [Nr. 28].
10 Vgl. u. a.: Anton Kuh: »Die gelbe Lilie«. Schauspiel in 3 Akten von Ludwig Biro. Erstaufführung an der »Neuen Wiener Bühne«. In: Der Morgen, Jg. 10, Nr. 38, 22.9.1919, S. 3 [Nr. 405]; Anton [d. i. Anton Kuh]: Der Freigesprochene und die Schuldigen. In: Der Morgen, Jg. 10, Nr. 47, 24.11.1919, S. 6 [Nr. 429]; Anton Kuh: Wedekind und die Wiener Kritik. In: Prager Presse, Jg. 2, Nr. 38, 7.2.1922, M, S. 4-6 [Nr. 473]; Anton Kuh: Der Aufruhr der Doppelgänger. In: Die neue Weltbühne, Jg. 31 [der Weltbühne], Nr. 41, 10.10.1935, S. 1298-1300 [Nr. 1393].
11 Anton [d. i. Anton Kuh]: Eisenbahn-Bekanntschaften. In: Prager Tagblatt, Jg. 56, Nr. 173, 26.7.1931, S. 4 [Nr. 1166].
12 Anton Kuh: Knigges Umgang mit Literaten (Statt jeder besonderen Anzeige). In: Der Querschnitt, Jg. 5, H. 12, Dezember 1925, S. 1090-1092 [Nr. 769].
13 Anton Kuh: Der unterstandslose Diogenes. In: Prager Tagblatt, Jg. 37, Nr. 239, 30.8.1912, M, S. 1-2 [Nr. 9].
14 Anton Kuh: Kuh, Ochs, Stier oder Leiden und Freuden eines Namensträgers. In: Süddeutsche Sonntagspost, Jg. 2, Nr. 17, 22.4.1928, S. 3 [Nr. 957].
15 Anton Kuh: Zweierlei Morgen. In: Prager Tagblatt, Jg. 46, Nr. 153, 2.7.1921, S. 6 [Nr. 455].
16 Anton Kuh: Die Polizisten Gottes. In: Neues Wiener Journal, Nr. 10.413, 12.11.1922, S. 6-7 [Nr. 500].
17 Anton Kuh: Wie zwitschern die Jungen? Eine Rundfrage und eine Idylle. In: Die Stunde, Jg. 4, Nr. 924, 8.4.1926, S. 5 [Nr. 804].
18 Anton [d. i. Anton Kuh]: Der Schammes von Pardubitz. In: Wiener Sonn- und Montags-Zeitung, Jg. 60, Nr. 24, 12.6.1922, S. 1-2 [Nr. 478].
19 Anton [d. i. Anton Kuh]: Sonderbare Wißbegier weiblicher Geschworner. In: Die Stunde, Jg. 1, Nr. 57, 9.5.1923, S. 3 [Nr. 549].
20 Anton Kuh: Abend des Adels. Max Reinhardts dritte Wiener Premiere. In: Prager Tagblatt, Jg. 49, Nr. 95, 20.4.1924, S. 10 [Nr. 636].
21 Anton Kuh: Revolution der Schüler. In: Der Morgen, Jg. 9, Nr. 51, 23.12.1918, S. 5-6 [Nr. 339].
22 Anton Kuh: Der Noble und die Feinen. Zu Hamsuns 70. Geburtstag am 4. August. In: Süddeutsche Sonntagspost, Jg. 3, Nr. 31, 4.8.1929, S. 1-2 [Nr. 1016].
23 Anton Kuh: Blauer Rauch und Buckelsack. Anton Kuh an Franz Fißlthaler. In: Süddeutsche Sonntagspost, Jg. 4, Nr. 37, 14.9.1930, S. 20-21 [Nr. 1086].

24 Irmgard Keun, zit. n.: David Bronsen: Joseph Roth. Eine Biographie. Köln 1974, S. 500-501.
25 Leo Perutz an Hugo und Anna Lifczis, 26. Juni 1941 (DNB, DEA, EB 87/70 I.A.3).
26 Mr. Anatole [d. i. Anatol Jaro]: Der Schnorrer von Wien – König von Amerika. In: Neues Österreich, Jg. 18, Nr. 299 (lfde. Nr. 5359), 29.12.1962, S. 14.
27 Anton Kuh: Dr. Wüllner. In: Prager Tagblatt, Jg. 41, Nr. 327, 25.11.1916, M, S. 6 [Nr. 92].
28 Anton Kuh: Der Trick. Ein Nachwort zum Fall Bronnen. In: Berliner Tageblatt, Jg. 54, Nr. 273, 11.6.1925, A [S. 2] [Nr. 731].
29 Anton Kuh: Adalbert Sternberg. In: Die Weltbühne, Jg. 26, Nr. 19, 6.5.1930, S. 689-693 [Nr. 1065].
30 Von Goethe abwärts. Essays in Aussprüchen von Anton Kuh. Leipzig, Wien, Zürich 1922 [Nr. 505].
31 Anton [d. i. Anton Kuh]: Was ich in Deutschland nicht mehr sehen möchte. In: Der Querschnitt, Jg. 11, H. 5, Ende Mai 1931, S. 342 [Nr. 1150].
32 Anton Kuh: Hans Nebbich im Glück. Eine Chaplin-Studie. In: Die Bühne, Jg. 3, H. 79, 13.5.1926, S. 41 [Nr. 824].
33 Anton Kuh: Der Geist marschiert. In: Der Friede, Bd. 2, Nr. 48 und 49, 23.12.1918, S. 529-530 [Nr. 337].
34 Anton Kuh: Rabindranath usw. Bekenntnisse eines Nichtlesers. In: Der Morgen, Jg. 12, Nr. 25, 20.6.1921, S. 4-5 [Nr. 454].
35 Berthold Viertel: »Pogrom«. In: Der Friede, Bd. 1, Nr. 20, 7.6.1918, S. 471-473, hier S. 471.
36 Von Goethe abwärts. Essays in Aussprüchen von Anton Kuh. Leipzig, Wien, Zürich 1922, S. 19 [Nr. 505].
37 Physiognomik. Aussprüche von Anton Kuh. München o. J. [1931], S. 121 [Nr. 1209].
38 Anton Kuh: Herr v. Nigerl und der Numerus clausus. In: Wiener Sonn- und Montags-Zeitung, Jg. 60, Nr. 49, 18.12.1922, S. 4-5 [Nr. 514].
39 Anton Kuh: Die Kollegin. In: Süddeutsche Sonntagspost, Jg. 2, Nr. 50, 9.12.1928, S. 5 [Nr. 986].
40 Anton Kuh: In Paris überrascht. In: Prager Tagblatt, Jg. 59, Nr. 140, 17.6.1934, S. 4 [Nr. 1358].
41 Anton Kuh: Der Hund als Stammgast. In: Der Querschnitt, Jg. 7, H. 10, Oktober 1927, S. 760-761 [Nr. 928].
42 Anton Kuh: Wie Adalbert Sternberg aus Wien abreiste. In: Der Querschnitt, Jg. 5, H. 10, Oktober 1925, S. 861-865 [Nr. 756].
43 Ludwig Ullmann: Heimat in der Fremde. Ein Buch der Erinnerung und der Gegenwart (unveröffentlichtes Manuskript, Dokumentationsstelle für neuere österreichische Literatur, Wien, Handschriftensammlung, DST.N1.37: Ludwig Ullmann).
44 Viktor Suchy im Gespräch mit Theodor Sapper. Dokumentationsstelle für neuere österreichische Literatur, Wien, Tonarchiv, DST.TB:029.A.1, auf

der Hülle datiert: 29.6.1966 [»Erinnerungen an Anton Kuh (gespr. v. Theodor Sapper)«].

45 Fred Hildenbrandt: ... ich soll dich grüßen von Berlin. 1922-1932. Berliner Erinnerungen ganz und gar unpolitisch. Post mortem herausgegeben von zwei Freunden. 5. Aufl. München 1979 (erstmals 1966), S. 128.

»Eine wahre Wedekind-Tragödie« – Wie er wurde

1 Auguste Kuh an Hermann Bahr, undatiert [kurz nach Georg Kuhs Tod am 27.11.1919], Theatermuseum Wien, AM 19927 Ba.

2 Laut Margarete Oehring, geb. Margarethe Kuh, hat ihre Mutter vor der Geburt Georgs »3 Kinder in einer Nacht an Diphterie, 4 Jahre, 2 Jahre, ein Jahr alt«, verloren (Margarete Oehring an Ulrike Lehner, Amsterdam, 16. November 1977. – Mit Dank an Ulrike Lehner für die Überlassung einer Kopie des Briefs). Diese Angaben konnten anhand der Matrikeln der Prager jüdischen Kultusgemeinde im Státní ústřední archiv v Praze nicht verifiziert werden.

3 Berthold Viertel: »Pogrom«. In: Der Friede, Bd. 1, Nr. 20, 7.6.1918, S. 471-473, hier S. 471.

4 So in der Rubrik »Charakter (Beschäftigung)« des Meldezettels vom 19.1.1917 (Wiener Stadt- und Landesarchiv, Historische Meldeunterlagen).

5 Nähere Informationen zu (vor allem) Marianne, Margarethe und Nina Kuh in: Heuer Gottfried: »Die Lichtgestalt, die ich mein Leben lang gesucht habe«: Neues über eine Unbekannte: Marianne »Mizzi« Kuh. Fragmente einer Biographie. In: Raimund Dehmlow, Ralf Rother, Alfred Springer (Hg.): ... da liegt der riesige Schatten Freud's jetzt nicht mehr auf meinem Weg. Die Rebellion des Otto Gross. 6. Internationaler Otto-Gross-Kongress. Marburg an der Lahn 2008, S. 404-437.

6 Gottfried Heuer: Die spirituelle Revolution: Psychoanalyse und sakrale Politik – Otto Gross, Johannes Nohl und Erich Mühsam. Zum Ursprung der Synthese von Psychoanalyse, Religion und radikaler Politik. Entstehungsgeschichte und Rezeption. Anhang »Es ist doch nichts geschehen« (mit einer editorischen Vorbemerkung von Gottfried Heuer). In: Ders. (Hg.): Utopie und Eros. Der Traum von der Moderne. 5. Internationaler Otto-Gross-Kongress. Marburg an der Lahn 2006, S. 151-159, hier S. 155.

7 Anonym: Emil Kuh gestorben. In: Neues Wiener Tagblatt, Jg. 46, Nr. 144, 28.5.1912, S. 8.

8 R.: Emil Kuh als »Gelber Esel«. In: Prager Tagblatt, Jg. 37, Nr. 146, 29.5.1912, M, S. 2.

9 Totenbeschauprotokoll, Wiener Stadt- und Landesarchiv.

10 Margarete Oehring an Ulrike Lehner, Amsterdam, 16. November 1977. – Mit Dank an Ulrike Lehner für die Überlassung einer Kopie des Briefs.

11 Vgl. Auguste Kuh an Arne Laurin, undatiert [ca. 1926], Literární archiv Památníku národního písemnictví v Praze (PNP), Fond Laurin, Arne. S. 46/21/D/9.

12 Viktor Suchy im Gespräch mit Theodor Sapper. Dokumentationsstelle für neuere österreichische Literatur, Wien, Tonarchiv, DST.TB:029.A.1, auf der Hülle datiert: 29.6 1966 [»Erinnerungen an Anton Kuh (gespr. v. Theodor Sapper)«].

13 Auguste Kuh an Arne Laurin, undatiert [ca. 1926], Literární archiv Památníku národního písemnictví v Praze (PNP), Fond Laurin, Arne. S. 46/21/D/9.

14 U. a. Auguste Kuh an [Herrn] Reitler, undatiert [23.1 1926]: »Zu Bett geschrieben. / Lieber Herr Reitler! Ich war gestern 71 Jahre alt geworden. Darf ich Sie bitten mir bei diesem Anlass einen Beitrag von 10 Schilling zu senden. Damit ich wieder einen Tag von meinen grossen Sorgen ausspannen kann. Sind Sie mir nicht böse, ich liege krank zu Bett. Wollen Sie die Güte haben der Überbringerin dieser Zeilen den Betrag einzuhändigen. / Mit vielem Dank u. grösster Achtung. / Auguste Kuh« (Wienbibliothek im Rathaus, Handschriftensammlung, Autograph von Auguste Kuh, H.I.N. 238.838).

15 »5840 Kuh Anton, Redakteur, 12./7.1890 Wien g.u.z. hat im J. 1924 z. Nacht. des Hermann Pleß in Bad Ischl betrügerische Kost- u. Quartierschulden, Gesamtschaden 242.68 S, hinterlassen. GPK Bad Ischl« (Zentralpolizeiblatt, 8.1.1927). / »5841 Kuh Auguste, Redakteursw[itwe]., […], hat im Sommer 1927 z[um] Nacht[eil] des Dr. Franz Pammesberger, im J. 1925 z[um] Nacht[eil] des Anton Köstler u. im J. 1924 z[um] Nacht[eil] des Hermann Pleß in Bad Ischl betrügerische Kost- und Quartierschulden, Gesamtschaden 368.68 S, hinterlassen. GPK Bad Ischl« (Zentralpolizeiblatt, 8.1.1927).

16 Auguste Kuh an Arne Laurin, 15. Januar 1924: »Für Antons Verhalten bin ich nicht verantwortlich. Er weist mir das Honorar eines Artikels beim Tagblatt an, u. hat bereits ein à conto von mindestens 20 Artikeln« (Literární archiv Památníku národního písemnictví v Praze [PNP], Fond Laurin, Arne. S. 46/21/D/9).

17 Paul Medina an Anton Kuh, Wien, 9. Januar 1920: »Ich bin sehr oft bei Ihrer Mutter, die ins Spital geht. – Ihr Pelz ist längst versetzt u. der Versatzzettel scheinbar verkauft« (NL Kuh, ÖLA 227/04).

18 Auguste Kuh an Hermann Bahr, undatiert [kurz nach Georg Kuhs Tod am 27.11.1919], Theatermuseum Wien, AM 19927 Ba.

19 Auguste Kuh an Arthur Schnitzler, undatiert [kurz nach Georgs Tod am 27. November 1919] (dla Marbach, A:Schnitzler, 85.1.3824).

20 Margarete Oehring an Ulrike Lehner, Amsterdam, 16. November 1977. – Mit Dank an Ulrike Lehner für die Überlassung einer Kopie des Briefs.

21 Alfred Springer: Vorwort. In: Raimund Dehmlow, Ralf Rother, Alfred Springer (Hg.): ... da liegt der riesige Schatten Freud's jetzt nicht mehr auf meinem Weg. Die Rebellion des Otto Gross. 6. Internationaler Otto-Gross-Kongress. Marburg an der Lahn 2008, S. 7-10, hier S. 7.

22 Meldezettel im Wiener Stadt- und Landesarchiv resp. Heuer Gottfried: »Die Lichtgestalt, die ich mein Leben lang gesucht habe«: Neues über eine Unbekannte: Marianne »Mizzi« Kuh. Fragmente einer Biographie. In: Raimund Dehmlow, Ralf Rother, Alfred Springer (Hg.): ... da liegt der riesige Schatten Freud's jetzt nicht mehr auf meinem Weg. Die Rebellion des Otto Gross. 6. Internationaler Otto-Gross-Kongress. Marburg an der Lahn 2008, S. 404-437, hier S. 407.

23 Gottfried Heuer: Die spirituelle Revolution: Psychoanalyse und sakrale Politik – Otto Gross, Johannes Nohl und Erich Mühsam. Zum Ursprung der Synthese von Psychoanalyse, Religion und radikaler Politik. Entstehungsgeschichte und Rezeption. Anhang. In: Ders. (Hg.): Utopie und Eros. Der Traum von der Moderne. 5. Internationaler Otto-Gross-Kongress, club voltaire, Dada-Haus, Zürich 16.-18. September 2005, 151-159, hier S. 156.
24 Siegfried Kracauer: Geschichte – Vor den letzten Dingen. Frankfurt am Main 2009 (= Siegfried Kracauer: Werke. Hg. v. Inka Mülder-Bach und Ingrid Belke, Bd. 4), S. 202.
25 Anton Kuh betreffende Unterlagen haben sich in den Archiven folgender Wiener Schulen erhalten: Bundesgymnasium und Bundesrealgymnasium Wohlmutstraße 3 (Wien II), Bundesgymnasium und Bundesrealgymnasium Hagenmüllergasse 30 (Wien III), Bundesgymnasium und Bundesrealgymnasium Kundmanngasse 20-22 (»Landstraßer Gymnasium«) (Wien III), Bundesrealgymnasium Radetzkystraße 2 A (Wien III).
26 »Veröffentlicht am Schlusse des Schuljahres 1911/1912« (Krumau 1912).
27 Samek, Foliobox 1, 15.11.
28 Gastspielkontrakt in Mappe »Finanzielles, Adressen«, 4. Oktober 1919 (NL Kuh, ÖLA 227/04).
29 Neue Wiener Bühne an Anton Kuh, 8.2.1917, unterzeichnet von Emil Geyer (NL Kuh, ÖLA 227/04).
30 Anton Kuh: Nachruf auf einen Professor. In: Der Morgen, Jg. 28, Nr. 1, 4.1.1937, S. 10 [Nr. 1442].
31 Anton Kuh: Kuh, Ochs, Stier oder Leiden und Freuden eines Namensträgers. In: Süddeutsche Sonntagspost, Jg. 2, Nr. 17, 22.4.1928, S. 3 [Nr. 957].
32 Anton Kuh: Wie ich wurde. Fingerzeige für meine Biographen. In: Morgenzeitung und Handelsblatt, Jg. 20, Nr. 335, 4.12.1932, S. 4-5 [Nr. 1291].
33 Das Privileg des »einjährig-freiwilligen« (statt des üblichen dreijährigen) Dienstes (»EF«), eine verkürzte Form des Wehr- bzw. Präsenzdienstes, wurde Wehrpflichtigen mit Matura eingeräumt, um jenen, »die sich höheren Studien widmen, durch die dreijährige Präsenz-Dienstzeit nicht in einer für ihre spätere Laufbahn empfindlichen Weise zu schädigen« (vgl.: Ernst Zehetbauer: Die »Einjährigen« in der alten Armee. Das Reserveoffizierssystem Österreich-Ungarns 1868-1914. Osnabrück 1999).
34 Anton Kuh: Einjähriger Bourbon. In: Neues Wiener Journal, Jg. 35, Nr. 12.011, 1.5.1927, S. 11-12 [Nr. 902].
35 Stellungsliste C, Geburtsjahrgang 1890 (ÖStA, KA, Ergänzungs-Bezirks-Kommando Nr. 4, VI. Bd., von Los Nr. 8001 bis Los Nr. 9365).
36 Hauptgrundbuchblatt und Unterabteilungsgrundbuchblatt (ÖStA, KA, GB, Wien 1890, Kt. 1279).
37 In einem mit »Neues Wiener Tagblatt, Schriftleitungs-Archiv, Beilage 06« gestempelten Typoskript mit dem Titel »Geschichte des ›Neuen Wiener Tagblatt‹« scheint Emil Kuh auf einer Liste der »internen Redaktionsmitglieder seit der Gründung des Blattes« für diesen Zeitraum mit dieser Funktionsbezeichnung auf (Wienbibliothek im Rathaus, Tagblatt-Sachmappen, TS 2232/2).

38 Anton Kuh: Der Bauchredner. In: Prager Tagblatt, 43. Jg., Nr. 80, 7. April 1918, MA, S. 3.
39 Physiognomik. Aussprüche von Anton Kuh. München o. J. [1931], S. 106 [Nr. 1209].
40 Berthold Viertel: »Pogrom«. In: Der Friede, Bd. 1, Nr. 20, 7.6.1918, S. 471-473, hier S. 471.
41 Das dokumentieren einige wenige Briefe und Briefentwürfe von und an Zeitungsherausgeber(n) und -redakteure(n) (NL Kuh, ÖLA 227/04).
42 Anton Kuh an Unbekannt, Fragment, undatiert, NL Kuh, ÖLA 227/04.
43 Anton Kuh an Karl Tschuppik, Fragment, 7.III.[1917], NL Kuh, ÖLA 227/04.
44 Anton Kuh an Maximilian Schreier, Fragment, 5.11 [1917], NL Kuh, ÖLA 227/04.
45 Friedrich Nietzsche: Sämtliche Werke. Kritische Studienausgabe in 15 Bänden. Hg. v. Giorgio Colli und Mazzino Montinari. München 1999, Bd. 1, S. 247.
46 Anton Kuh: Mein heutiger Vortrag. In: Die Stunde, Jg. 4, Nr. 957, 19.5.1926, S. 7 [Nr. 827].
47 Anton Kuh: Rabindranath usw. Bekenntnisse eines Nichtlesers. In: Der Morgen, Jg. 12, Nr. 25, 20.6.1921, S. 4-5 [Nr. 454].
48 Anton Kuh: Nietzsche, gestorben am 25. August 1900. In: Die neue Rundschau, Jg. 36 der Freien Bühne, H. 8, August 1925, S. 857-865 [Nr. 744].
49 Anton Kuh: Nietzsche bei Reclam. Das »freigewordene« Denken – Praktische Vernunft für 40 Pfennige. In: Süddeutsche Sonntagspost, Jg. 5, Nr. 8, 22.2.1931, S. 2 [Nr. 1125].
50 Anton Kuh: Nietzsches Degenstock. In: Der Wiener Tag, Jg. 12, Nr. 3767, 12.11.1933, S. 19 [Nr. 1336].
51 Otto Gross: Die kommunistische Grundidee in der Paradiessymbolik. In: Otto Gross: Von geschlechtlicher Not zur sozialen Katastrophe. Hg. v. Kurt Kreiler. Frankfurt am Main 1980, S. 41-54, hier S. 43.
52 Otto Gross: Die kommunistische Grundidee in der Paradies-Symbolik. In: Sowjet. Kommunistische Monatsschrift 1, S. 12-27, hier S. 21.
53 Anton Kuh: 1000 Jahre und 1 Tag oder Habsburgs Ende im Spiegel des Literaturcafés. Zum zehnjährigen Gedächtnis. In: Der Tag, Jg. 7, Nr. 2123, 28.10.1928, [Beil.] Der Tag am Sonntag, S. 17-18 [Nr. 978].
54 Anton Kuh: Don Juan, der Psychoanalytiker. Glosse zu einem Prozeß. In: Neues Wiener Journal, Jg. 34, Nr. 11.827, 24.10.1926, S 8 [Nr. 861].
55 Juden und Deutsche. Ein Resumé von Anton Kuh. Berlin o. J. [1921], S. 17-18 [Nr. 450].
56 C. Lipschütz an Max Schreier, Karte, Poststempel unleserlich [Ende April 1918], NL Kuh, ÖLA 227/04.
57 Prager Tagblatt an Anton Kuh, 31.10.1918, NL Kuh, ÖLA 227/04.
58 Prager Tagblatt an Anton Kuh, 12.6.1919, NL Kuh, ÖLA 227/04.
59 Ein Leo Gach legt seiner höflichen Aufforderung vom 15.1.1920 auch gleich einen ausgefüllten Erlagschein über 100 tschechische Kronen bei – NL Kuh, ÖLA 227/04.

60 NL Kuh, ÖLA 227/04.
61 NL Kuh, ÖLA 227/04. – Margarete Oehring erinnert sich an zahlreiche »Plänkeleien« ihres Bruders mit Couleurstudenten inklusive Duellforderungen (Margarete Oehring an Ulrike Lehner, Amsterdam, 16. November 1977. – Mit Dank an Ulrike Lehner für die Überlassung einer Kopie des Briefs.).
62 NL Kuh, ÖLA 227/04.
63 Bibiana Amon an Anton Kuh, Wien, 7.12.1918, NL Kuh, ÖLA 227/04.
64 Anton Kuh: »Central« und »Herrenhof«. In: Der Querschnitt, Jg. 6, H. 8, August 1926, S. 612-617 [Nr. 845]. – Dort: »zu des Unterzeichneten Helena«.
65 Anton Kuh: Zehn Bibiana-Gebote, »MS mit rückwärtigen Notizen«, 1 Blatt, schwarze Tinte (NL Kuh, ÖLA 227/04).
66 Paul Elbogen: Der Flug auf dem Fleckerlteppich. Wien – Berlin – Hollywood. Hg. v. Günter Rinke, mit einem Nachwort von Günter Rinke und Hans-Harald Müller. Wien 2002, S. 109.
67 Anton Kuh: »Central« und »Herrenhof«. In: Ders.: Der unsterbliche Österreicher. München 1931, S. 18-23, hier S. 18.
68 Frater Antonius [d. i. Anton Kuh]: Franz Blei. Zum 18. Januar. In: Neue Revue, Jg. 1, H. 11, Januar 1931, S. 278 [Nr. 1107].
69 Physiognomik. Aussprüche von Anton Kuh. München o. J. [1931], S. 74 [Nr. 1209].
70 Ebd., S. 12 [Nr. 1209].
71 Anton Kuh: »Central« und »Herrenhof«. Winke für einen Kulturhistoriker. In: Neues Wiener Journal, Jg. 35, Nr. 12.066, 26.6.1927, S. 12.
72 Anton Kuh: »Central« und »Herrenhof«. In: Ders.: Der unsterbliche Österreicher. München 1931, S. 18-23, hier S. 20.
73 Ebd., S. 18-19.
74 NL Kuh, ÖLA 227/04.
75 Anton Kuh: »Central« und »Herrenhof«. In: Ders.: Der unsterbliche Österreicher. München 1931, S. 18-23, hier S. 18 u. 19.
76 Ebd., S. 22.
77 Ernst Polak an Milan Dubrovic, 1. September 1946. Zit. n.: Hartmut Binder: Ernst Polak – Literat ohne Werk. Zu den Kaffeehauszirkeln in Prag und Wien. In: Jahrbuch der deutschen Schillergesellschaft, Jg. 23 (1979), S. 306-415, hier S. 404.
78 Milan Dubrovic: Veruntreute Geschichte. Die Wiener Salons und Literatencafés. Wien, Hamburg 1985, S. 35.
79 Hartmut Binder: Ernst Polak – Literat ohne Werk. Zu den Kaffeehauszirkeln in Prag und Wien. In: Jahrbuch der deutschen Schillergesellschaft, Jg. 23 (1979), S. 306-415.
80 Friedrich Torberg an Gina Kaus, Alt-Aussee, 11.2.1973, NL Gina Kaus, DNB, DEA, EB 96/082 I.A.098.
81 Anton Kuh: »Central« und »Herrenhof«. In: Ders.: Der unsterbliche Österreicher. München 1931, S. 18-23, hier S. 23.
82 Milan Dubrovic: Veruntreute Geschichte. Die Wiener Salons und Literatencafés. Wien, Hamburg 1985, S. 78.

83 Von Goethe abwärts. Essays in Aussprüchen von Anton Kuh. Leipzig, Wien, Zürich 1922, S. 45 [Nr. 505].
84 Milan Dubrovic: Veruntreute Geschichte. Die Wiener Salons und Literatencafés. Wien, Hamburg 1985, S. 95-96.
85 Anton Kuh: »Central« und »Herrenhof«. In: Der unsterbliche Österreicher. München 1931, S. 18-23, hier S. 22.
86 So Wilhelm Stekel, bei dem Otto Gross in psychoanalytischer Behandlung war, der kryptisch den Mantel der Diskretion über die näheren Umstände breitet: »Die ganze Familie kam in den Bann dieses dämonischen Menschen und die Geschwister der Geliebten waren noch mehr in ihn verliebt als sein Ideal. [...] Die ganze Familie betrachtete er als seinen Privatharem. Von weiteren Verwirrungen und Überschreitungen will ich aus Gründen der Diskretion schweigen« (Gottfried Heuer: Die spirituelle Revolution: Psychoanalyse und sakrale Politik – Otto Gross, Johannes Nohl und Erich Mühsam. Zum Ursprung der Synthese von Psychoanalyse, Religion und radikaler Politik. Entstehungsgeschichte und Rezeption. Anhang »Es ist doch nichts geschehen« (mit einer editorischen Vorbemerkung von Gottfried Heuer). In: Ders. (Hg.): Utopie und Eros. Der Traum von der Moderne. 5. Internationaler Otto-Gross-Kongress. Marburg an der Lahn 2006, S. 151-159, hier, S. 152).
87 Bibiana Amon an Anton Kuh, 23.6.1919, Fragment, NL Kuh, ÖLA 227/04.
88 Milan Dubrovic: Veruntreute Geschichte. Die Wiener Salons und Literatencafés. Wien, Hamburg 1985, S. 45.
89 Anton Kuh: »Central« und »Herrenhof«. In: Ders.: Der unsterbliche Österreicher. München 1931, S. 18-23, hier S. 23.
90 Gerhard M. Dienes: »Brutstätten revolutionärer Ideen«. Politik im/und Kaffeehaus. In: Raimund Dehmlow, Ralf Rother, Alfred Springer (Hg.): ... da liegt der riesige Schatten Freud's jetzt nicht mehr auf meinem Weg. Die Rebellion des Otto Gross. 6. Internationaler Otto-Gross-Kongress. Marburg an der Lahn 2008, S. 305-323.
91 Ludwig Hirschfeld: Das Buch von Wien. München 1927 (= Was nicht im »Baedeker« steht, Bd. II: Wien), S. 46.
92 Ebd., S. 38-39.
93 Dr. Elbogen an Anton Kuh, 2.1.1917, NL Kuh, ÖLA 227/04.
94 Johannes Urzidil: Café »Arco«. In: Prager Tagblatt, Jg. 50, Nr. 284, 6.12.1925, 1. Beil.: Dichtung und Erlebnis, S. 3-4, hier S. 4. Siehe dazu auch: Hans Demetz: Der Prager Dichterkreis oder die Arco-Nauten. In: Tiroler Tageszeitung, Nr. 30, 6.2.1971, S. 17.
95 In den »Tagebüchern« Leo Perutz' – Taschenkalender (ca. DIN A6) mit lakonischen Einträgen in Gabelsberger-Kurzschrift –, der Quelle für Anton Kuhs private Aktivitäten, scheint dieser erstmals im März 1916 auf, einigermaßen regelmäßig ab Juli 1917 – DNB, DEA, EB 86/94 II.E.1.
96 Friedrich Torberg: Die Tante Jolesch oder Der Untergang des Abendlandes in Anekdoten. München 1975 (= Gesammelte Werke in Einzelausgaben, Bd. VIII), S. 207.
97 Leo Perutz: Taschenkalender, 19.12.1917, DNB, DEA, EB 86/94 II.E.1.
98 Ebd.

99 Hans Reimann: Mein blaues Wunder. Lebensmosaik eines Humoristen. München 1959, S. 344.
100 Anton Kuh: Ein Diener: Herr Moser. In: Der Querschnitt, Jg. 8, H. 7, Juli 1928, S. 480-481.
101 Graf, Oskar Maria: Gelächter von außen. Aus meinem Leben 1918-1933. München/Leipzig 1994 (= Oskar Maria Graf: Werkausgabe, Bd. X, hg. v. Wilfried F. Schoeller; erstmals München 1966), S. 17.
102 Paul Elbogen: Der Flug auf dem Fleckerlteppich. Wien – Berlin – Hollywood. Hg. v. Günter Rinke, mit einem Nachwort von Günter Rinke und Hans-Harald Müller. Wien 2002, S. 111.
103 Anton Kuh: Wiener Brief. Der Festzugsrummel. In: Montagsblatt aus Böhmen, Jg. 30, Nr. 23, 8.6.1908, S. 3-4 [Nr. 2].

1907 – 1909

104 Margarete Oehring, eine Schwester Anton Kuhs, in einem Brief an Ulrike Lehner, Amsterdam, 16.11.1977. – Mit Dank an Ulrike Lehner für die Überlassung einer Kopie des Briefs.
105 Anton Kuh: Der Sommer-Lebemann. In: Prager Tagblatt, Jg. 38, Nr. 204, 27.7.1913, M, S. 4-5 [Nr. 18].
106 Anton Kuh: Wiener Mittagsständchen. In: Prager Tagblatt, Jg. 39, Nr. 148, 31.5.1914, M, S. 13 [Nr. 26].
107 Anton Kuh: Buki-Domino. In: Prager Tagblatt, Jg. 39, Nr. 103, 16.4.1914, M, S. 2 [Nr. 25].
108 Anton Kuh: Wiener Hochsommer. In: Prager Tagblatt, Jg. 41, Nr. 188, 9.7.1916, M, S. 2-3 [Nr. 66].
109 Anton Kuh: Wedekind. Zu des Dichters 50. Geburtstag. In: Prager Tagblatt, Jg. 39, Nr. 201, 24.7.1914, M, S. 5-6 [Nr. 32].
110 Anton Kuh: Weltfeiertag. In: Prager Tagblatt, Jg. 41, Nr. 113, 23.4.1916, M, S. 6 [Nr. 63].
111 a. k. [d. i. Anton Kuh]: Gustav Freytag. Zu seinem 100. Geburtstag. In: Prager Tagblatt, Jg. 41, Nr. 193, M, 14.7.1916, S. 6 [Nr. 67].
112 Anton Kuh: »Zwischen Wien und Berlin«. Entdeckungen eines Zugereisten. In: Prager Tagblatt, Jg. 39, Nr. 164, 17.6.1914, M, S. 2-3 [Nr. 29].
113 Ebd., S. 2.
114 Anton Kuh: Wiener Bilder und Rubriken. In: Prager Tagblatt, Jg. 38, Nr. 181, 4.7.1913, M, S. 8 [Nr. 17].
115 Pester Lloyd, Jg. 61, Nr. 258, 24.10.1914, A, S. 3.
116 Pester Lloyd, Jg. 61, Nr. 299, 27.11.1914, M, S. 6.
117 Vgl. Klaus Böhme (Hg.): Aufrufe und Reden deutscher Professoren im Ersten Weltkrieg. Stuttgart 1975; Kurt Flasch: Die geistige Mobilmachung. Die deutschen Intellektuellen und der Erste Weltkrieg. Berlin 2000.
118 Kriegsausstellung Wien 1917. Hg. vom Arbeitsausschuss. Wien 1917, Vorwort, S. 3.
119 Offizieller Katalog der Kriegsausstellung Wien 1916. Hg. vom Arbeits-Ausschuß. Wien 1916, Vorwort, S. 6.
120 Karl Kraus: Es zieht. In: Die Fackel, Jg. 18, Nr. 431-436, 2.8.1916, S. 109.

121 Anton Kuh: Der Haß gegen das Deutschtum. In: Prager Tagblatt, Jg. 39, Nr. 263, 24.9.1914, M, S. 5 [Nr. 35]; Anton Kuh: Episoden des Deutschtums. In: Prager Tagblatt, Jg. 39, Nr. 341, 11.12.1914, M, S. 2-3 [Nr. 40]; Anton Kuh: Vor dem Regal. In: Prager Tagblatt, Jg. 40, Nr. 38, 7.2.1915, M, S. 11 [Nr. 43].
122 k. [d. i. Anton Kuh]: Die solide Silvesternacht. In: Prager Tagblatt, Jg. 40, Nr. 361, 31.12.1915, M, S. 4 [Nr. 55 a].
123 Anton [d. i. Anton Kuh]: Nachtleben zu Hause. In: Prager Tagblatt, Jg. 42, Nr. 12, 14.1.1917, M, S. 4 [Nr. 116].
124 k. [d. i. Anton Kuh]: Der abgestellte Stellwagen. In: Prager Tagblatt, Jg. 42, Nr. 32, 3.2.1917, M, S. 5 [Nr. 122].
125 Anton Kuh: Die Sommerzeit und wir. Klageruf eines Neurasthenischen. In: Prager Tagblatt, Jg. 41, Nr. 119, 30.4.1916, M, S. 4 [Nr. 64].
126 Anton Kuh: Das Wirtshausproblem. In: Prager Tagblatt, Jg. 41, Nr. 202, 23.7.1916, M, S. 2-3 [Nr. 68].
127 Vgl. Alfred Pfoser, Andreas Weigl (Hg.): Im Epizentrum des Zusammenbruchs. Wien im Ersten Weltkrieg. Wien 2013, Chronik 1915, S. 604-605, und Chronik 1916, S. 632.
128 Anonym: Brotverteilung im Burgtheater. In: Neue Freie Presse, Nr. 18732, 14.10.1916, M, S. 10.
129 Anton [d. i. Anton Kuh]: Hatz auf die Junggesellen. In: Der Morgen, Jg. 8, Nr. 50, 10.12.1917, S. 7 [Nr. 216].
130 a. k. [d. i. Anton Kuh]: 30%. In: Prager Tagblatt, Jg. 42, Nr. 59, 2.3.1917, M, S. 34 [Nr. 130 a].
131 Anton [d. i. Anton Kuh]: Ein Raucherdrama. In: Prager Tagblatt, Jg. 42, Nr. 185, 8.7.1917, M, S. 4 [Nr. 168].
132 [–uh] [d. i. Anton Kuh]: Ema. In: Prager Tagblatt, Jg. 43, Nr. 149, 29.6.1918, M, S. 2 [Nr. 287].
133 Ausstellungspräsident Adolf Schiel in seiner Eröffnungsansprache, zit. n.: Fremden-Blatt, Jg. 72, Nr. 153, 8.6.1918, A, S. 2.
134 Anton [d. i. Anton Kuh]: Melange = Milch + Kaffee. In: Prager Tagblatt, Jg. 42, Nr. 80, 23.3.1917, M, S. 4 [Nr. 139].
135 Anton Kuh: Notizen. In: Prager Tagblatt, Jg. 43, Nr. 75, 31.3.1918, M, S. 3-4 [Nr. 258].
136 Anonym: O. T. (Rubrik »Vorträge«). In: Prager Tagblatt, Jg. 42, Nr, 17, 19.1.1917, M, S. 5.
137 a. st. [d. i. Anton Steiner]: Ein Vortrag über Meyrinks »Golem«. In: Deutsche Zeitung Bohemia, Jg 90, Nr. 18, 20.1.1917, M, S. 7.
138 f. st. [d. i. Franz Steiner]: Vortrag Anton Kuh. Gestern im Klub Deutscher Künstlerinnen. In: Prager Tagblatt, Jg. 42, Nr. 18, 20.1.1917, M, S. 7.

»Sodbrennen im Artisten-Café« – Der Sprechsteller

1 [s–y]: Von Kant bis Patzenhofer. In: B. Z. am Mittag, Jg. 55, Nr. 285, 7.12.1931, 1. Beibl. [S. 3].

2 K.: Anton Kuh über Sachlichkeit und Erotik. Deutsches Künstler-Theater. In: Der Tag [Berlin], Nr. 42, 18.2.1930 [S. 2].
3 Anonym: Anton Kuh über Békessy und Karl Kraus. In: Neues Wiener Journal, Nr. 11.806, 3.10.1926, S. 25.
4 H. Sp.: Vorlesung Anton Kuh. In: Wiener Morgenzeitung, Jg. 4, Nr. 1054, 5.1.1922, S. 6.
5 Wem nicht allem die Prägung dieses Epithetons zugeschrieben wird! – Alfred Polgar, Egon Friedell, Alfred Kerr ... zuletzt auch ihm, Anton Kuh, selbst (Lothar Müller: Der ewige Sohn. Anton Kuhs Attacke auf Karl Kraus. In: Bernhard Greiner, Christoph Schmidt [Hg.]: Arche Noah. Die Idee der ›Kultur‹ im deutsch-jüdischen Diskurs. Freiburg im Breisgau 2002 [= Rombach Wissenschaften, Reihe Cultura, hg. von Gabriele Brandstetter, Ursula Renner und Günter Schnitzler, Bd. 26], S. 305-319, hier S. 309). Zumeist bleibt's dann doch an Kurt Tucholsky hängen, der Kuh im Feber 1932 so tituliert (Peter Panter [d. i. Kurt Tucholsky]: Auf dem Nachttisch. In: Die Weltbühne, Jg. 28, Nr. 5, 2.2.1932, S. 177-180, über »Physiognomik« S. 179-180, »Sprechsteller« S. 179). Schon ein halbes Jahr davor verwendet Walther Rode diese Bezeichnung (Walther Rode: Josef Melnik. In: Prager Tagblatt, Jg. 56, Nr. 202, 30.8.1931, S. 4). Zu lesen steht sie allerdings auch schon im März 1924 in einer Rezension des Wiener Kritiker Leopold Jacobson (Leopold Jacobson: Der erlaubte und der unerlaubte Wedekind. Nachtvorstellung in den Kammerspielen. In: Neues Wiener Journal, Jg. 32, Nr. 10.904, 28.3.1924, S. 11). Und in einem Text über die Wiener Kaffeehausszene eines ungenannt bleiben Wollenden taucht sie gar sechs Jahre davor schon auf (K. Eyner v. Inen: Die Wiener Literatur beim Schwarzen. In: Wiener Sonn- und Montags-Zeitung, Jg. 56, Nr. 3, 28.1.1918, S. 6). Mit »Redsteller« versucht Robert Müller das Phänomen zu fassen (Robert Müller: Deutsche und Juden. In: Wiener Allgemeine Zeitung, Nr. 12854, 5.3.1921, S. 6).
6 o. r.: Sachlichkeit in der Erotik. In: Prager Tagblatt, Jg. 55, Nr. 57, 7.3.1930, S. 6.
7 [s–y]: Von Kant bis Patzenhofer. In: B. Z. am Mittag, Jg. 55, Nr. 285, 7.12.1931, 1. Beibl. [S. 3].
8 K.: Anton Kuh, der Prophet. In: Der Tag [Berlin], Nr. 293, 8.12.1931 [S. 2].
9 Alfred Kerr: Anton Kuh. In: Berliner Tageblatt, Jg. 60, Nr. 576, 7.12.1931, A [S. 4].
10 v.: [Wedekind-Conférence, 1. April 1919] In: Illustrirtes Wiener Extrablatt, Jg. 48, Nr. 91, 2.4.1919, S. 8.
11 [s–y]: Von Kant bis Patzenhofer. In: B. Z. am Mittag, Jg. 55, Nr. 285, 7.12.1931, 1. Beibl. [S. 3].
12 Berthold Viertel: Anton Kuh, der Sprecher. In: Prager Tagblatt, Jg. 43, Nr. 108, 11.5.1918, S. 4.
13 Inquit: Improvisationen am Sonntag. Anton Kuh über Caro – Petschek. In: Vossische Zeitung, Nr. 522, 31.10.1932, A, Ubl. Nr. 303 [S. 1].
14 [–g.]: Die Selbstladeschnauze. Zum Vortrag Anton Kuhs im Renaissancetheater. In: Berliner Volks-Zeitung, Jg. 75, Nr. 51, 31.1.1927, A [S. 2].

15 Dbd. [d. i. Bernhard Diebold]: Stegreif-Conférence. In: Frankfurter Zeitung, Jg. 74, Nr. 948, 20.12.1929, A, S. 1.
16 L. H.: Zu Anton Kuhs Sonntagsrede. In: Berliner Tageblatt, Jg. 57, Nr. 591, 14.12.1928, A [S. 4].
17 Franz Blei: Zu Anton Kuhs Sonntagsrede. In: Berliner Tageblatt, Jg. 57, Nr. 591, 14.12.1928, A [S. 4]. Unter dem Titel »Der Stegreifredner« wiederabgedruckt in: Prager Tagblatt, Jg. 54, Nr. 11, 12.1.1929, S. 2.
18 Anton Kuh: Zu lustig, um wahr zu sein? oder Shaw und der andere. In: B. Z. am Mittag, Jg. 56, Nr. 257, 27.10.1932, 1. Beibl. [S. 1] [Nr. 1286].
19 Anton Kuh: Wie ich es rede. Bekenntnisse eines Improvisators. In: Neues Wiener Journal, Jg. 32, Nr. 10.927, 20.4.1924, S. 10-11 [Nr. 635].
20 F.: Vortragsreihe des »Prager Tagblatt« III. In: Montagsblatt aus Böhmen, Jg. 40, Nr. 19, 13.5.1918, S. 5.
21 Anton Kuh: Über das Reden. In: Prager Tagblatt, Jg. 57, Nr. 93, 19.4.1932, S. 3 [Nr. 1238].
22 Ebd.
23 Pallenberg hat beim Konkurs der holländischen Amstelbank, bei der auch viele seiner Schauspielerkollegen ihr Geld angelegt haben, einen Batzen Geld verloren und angekündigt, seinen Unmut öffentlich zu äußern.
24 R. L.: [Anton Kuh]. In: Reichspost, Jg. 38, Nr. 317, 17.11.1931, S. 9.
25 hd. [d. i. Heimito Doderer]: Anton Kuh. In: Der Wiener Tag, Jg. 11, Nr. 3169, 15.3.1932, S. 4.
26 Piero Rismondo: Goethe, gesehen von Anton Kuh. Zu seinem gestrigen Vortrag im Theater in der Josefstadt. In: Wiener Allgemeine Zeitung, Jg. 53, Nr. 16136, 15.3.1932, S. 3-4.
27 Berthold Viertel: Anton Kuh, der Sprecher. In: Prager Tagblatt, Jg. 43, Nr. 108, 11.5.1918, S. 4.
28 Alfred Kerr: Anton Kuh. In: Berliner Tageblatt, Jg. 60, Nr. 576, 7.12.1931, A [S. 4].
29 Anton Kuh: Mein heutiger Vortrag. In: Die Stunde, Jg. 4, Nr. 957, 19.5.1926, S. 7 [Nr. 827].
30 a. st. [d. i. Anton Steiner]: Ein Vortrag über Meyrinks »Golem«. In: Deutsche Zeitung Bohemia, Jg. 90, Nr. 18, 20.1.1917, M, S. 7.
31 Anonym: Über Meyrinks »Golem«. In: Selbstwehr, Jg. 11, Nr. 4, 26.1.1917, S. 7.
32 Utis: Anton Kuh in Aussig. »Was würde Goethe dazu sagen.« In: Aussiger Tagblatt, Jg. 76, Nr. 271, 24.11.1932, S. 8.
33 Heimito Doderer: Anton Kuh in der Josefstadt. In: Der Morgen, Jg. 21, Nr. 9, 3.3.1930, S. 5.
34 f. s. [d. i. Felix Salten]: Theater in der Josefstadt. In: Neue Freie Presse, Nr. 23517, 4.3.1930, S. 9.
35 Anonym: O. T. (Rubrik »Bühne und Kunst«). In: Prager Tagblatt, Jg. 47, Nr. 26, 31.1.1922, S. 5; Anonym: O. T. (Rubrik »Bühne und Kunst«). In: Deutsche Zeitung Bohemia, Jg. 95, Nr. 26, 31.1.1922, S. 4.
36 o. p. [d. i. Otto Pick]: Der unverstandene Wedekind. Vortrag Anton Kuh im Urania-Saal. In: Prager Presse, Jg. 2, Nr. 36, 5.2.1922, M, S. 6 u. 11.

37 a. st. [d. i. Anton Steiner]: Der unverstandene Wedekind. In: Deutsche Zeitung Bohemia, Jg. 95, Nr. 30, 4.2.1922, S. 4.
38 Peter Suhrkamp: Stegreif-Conférence. In: Berliner Tageblatt, Jg. 59, Nr. 85, 19.2.1930, A [S. 4].
39 Anonym: O. T. (Rubrik »Bühne und Kunst«). In Deutsche Zeitung Bohemia, Jg. 94, Nr. 244, 18.10.1921, S. 4.
40 Anonym: O. T. (Rubrik »Bühne und Kunst«). Deutsche Zeitung Bohemia, Jg. 94, Nr. 246, 20.10.1921, S. 6.
41 [–ei–]: Stunde mit Anton Kuh. In: Vossische Zeitung, [Post-Ausgabe] Nr. 301, 18.12.1929, Ubl. Nr. 295 [S. 3].
42 E. C.: Mit Anton Kuh in Grinzing. In: Die Stunde, Jg. 6, Nr. 1474, 9.2.1928, S. 5.
43 Anton Kuh: »Stegreif-Reden«. In: B. Z. am Mittag, Jg. 51, Nr. 337, 8.12.1928, 1. Beibl. [S. 1] [Nr. 985].
44 Anton Kuh: »Die sexuelle Revolution«. Vortrag, gehalten von *mir* am Freitag im Saal der »Sezession«. In: Neue Berliner Zeitung, Jg. 2, Nr. 45, 23.2.1920 [S. 3] [Nr. 432].
45 Anonym: Der Wedekind-Abend in den Kammerspielen. In: Die Stunde, Jg. 2, Nr. 321, 29.3.1924, S. 5.
46 Anton Kuh: Über das Reden. In: Prager Tagblatt, Jg. 57, Nr. 93, 19.4.1932, S. 3 [Nr. 1238].
47 O. K.: Von Grinzing bis Peking. In: Neues Wiener Journal, Jg. 36, Nr. 12.289, 9.2.1928, S. 10.
48 Heimito Doderer: Anton Kuh in der Josefstadt. In: Der Morgen, Jg. 21, Nr. 9, 3.3.1930, S. 5.
49 Anonym: O. T. (Rubrik »Theater und Kunst«). In: Neues Wiener Journal, Nr. 13.641, 12.11.1931, S. 19.
50 Anonym: O. T. (Rubrik »Vorträge«). In: Prager Tagblatt, Jg. 58, Nr. 118, 20.5.1933, S. 5.
51 Anonym: O. T. (Rubrik »Veranstaltungen«). In: Tagesbote, Jg. 83, Nr. 230, 18.5.1933, M, S. 6.
52 Anonym: O. T. (Rubrik »Vorträge«). In: Prager Tagblatt, Jg. 58, Nr. 118, 20.5.1933, S. 5.
53 Gestaltetes Inserat in: Grenzbote, Jg. 66, Nr. 322, 26.11.1936, S. 4.
54 Anonym: O. T. (Rubrik »Mitteilungen der Prager Theaterkanzlei«). In Deutsche Zeitung Bohemia, Jg. 95, Nr. 234, 5.10.1922, S. 6.
55 Anonym: O. T. (Rubrik »Aus der Theaterkanzlei«). In: Prager Tagblatt, Jg. 47, Nr. 235, 7.10.1922, S. 7.
56 Anonym: O. T. (Rubrik »Mitteilungen der Prager Theaterkanzlei«). In: Deutsche Zeitung Bohemia, Jg. 98, Nr. 87, 12.4.1925, S. 8.
57 Anonym: O. T. (Rubrik »Mitteilungen der Prager Theaterkanzlei«). In: Deutsche Zeitung Bohemia, Jg. 98, Nr. 89, 16.4.1925, S. 5.
58 Anton Kuh: Die Kollegin. In: Süddeutsche Sonntagspost, Jg. 2, Nr. 50, 9.12.1928, S. 5 [Nr. 986].
59 Anonym: Vortrag über Jeßners Richard III. In: Neues Wiener Tagblatt, Jg. 56, Nr. 5, 5.1.1922, M, S. 6.

60 Franz Blei: Zu Anton Kuhs Sonntagsrede. In: Berliner Tageblatt, Jg. 57, Nr. 591, 14.12.1928, A [S. 4]. Unter dem Titel »Der Stegreifredner« wiederabgedruckt in: Prager Tagblatt, Jg. 54, Nr. 11, 12.1.1929, S. 2.
61 Alfred Kerr: Anton Kuh. In: Berliner Tageblatt, Jg. 60, Nr. 576, 7.12.1931, A [S. 4].
62 o. r.: Warum haben wir kein Geld? Vortrag Anton *Kuh* in der Urania. In: Prager Tagblatt, Jg. 55, Nr. 274, 25.11.1931, S. 7.
63 Anton Kuh: Der Bauchredner. In: Prager Tagblatt, Jg. 43, Nr. 80, 7.4.1918, M, S. 3 [Nr. 260].
64 Anton Kuh: »Die Erotik des Bürgers«. (Vortrag Anton Kuh in der »Urania«). In: Prager Tagblatt, Jg. 46, Nr. 242, 15.10.1921, S. 4 [Nr. 466].
65 Anton Kuh: Essays in Aussprüchen. In: Berliner Börsen-Courier, Jg. 54, Nr. 341, 23.7.1922, M, 1. Beil., S. 5 [Vorabdruck aus »Von Goethe abwärts«].
66 Anton Kuh: Wie ich es rede. Bekenntnisse eines Improvisators. In: Neues Wiener Journal, Jg. 32, Nr. 10.927, 20.4.1924, S. 10-11 [Nr. 635].
67 Anton Kuh: Die Kollegin. In: Süddeutsche Sonntagspost, Jg. 2, Nr. 50, 9.12.1928, S. 5 [Nr. 986].
68 Anton Kuh: Wie ich es rede. Bekenntnisse eines Improvisators. In: Neues Wiener Journal, Jg. 32, Nr. 10.927, 20.4.1924, S. 10-11 [Nr. 635].
69 Anton Kuh: Aus der Schule geplaudert. In: Berliner Tageblatt, Jg. 61, Nr. 514, 29.10.1932, M [S. 2]. [ZD, bis auf diese Ergänzung und einige Kürzungen mit dem Text »Über das Reden« identisch].
70 Anton Kuh: Über das Reden. In: Prager Tagblatt, Jg. 57, Nr. 93, 19.4.1932, S. 3 [Nr. 1238].
71 Ebd.
72 Anton Kuh: Wie spreche ich Stegreif? Bekenntnisse und Winke eines Improvisators. In: Scherl's Magazin, Jg. 2, H. 11, November 1926, S. 1021-1023 [Nr. 864].
73 Anton Kuh: Wie ich es rede. Bekenntnisse eines Improvisators. In: Neues Wiener Journal, Jg. 32, Nr. 10.927, 20.4.1924, S. 10-11 [Nr. 635].
74 Ebd.
75 Anton Kuh: Wie spreche ich Stegreif? Bekenntnisse und Winke eines Improvisators. In: Scherl's Magazin, Jg. 2, H. 11, November 1926, S. 1021-1023 [Nr. 864].
76 Anton Kuh: »Stegreif-Reden«. In: B. Z. am Mittag, Jg. 51, Nr. 337, 8.12.1928, 1. Beibl. [S. 1] [Nr. 985].
77 Anton Kuh: Wie ich es rede. Bekenntnisse eines Improvisators. In: Neues Wiener Journal, Jg. 32, Nr. 10.927, 20.4.1924, S. 10-11 [Nr. 635].
78 Anton Kuh: »Stegreif-Reden«. In: B. Z. am Mittag, Jg. 51, Nr. 337, 8.12.1928, 1. Beibl. [S. 1] [Nr. 985].
79 Anton Kuh: Wie ich es rede. Bekenntnisse eines Improvisators. In: Neues Wiener Journal, Jg. 32, Nr. 10.927, 20.4.1924, S. 10-11 [Nr. 635].
80 Ebd.
81 Anton Kuh: Wie spreche ich Stegreif? Bekenntnisse und Winke eines Improvisators. In: Scherl's Magazin, Jg. 2, H. 11, November 1926, S. 1021-1023 [Nr. 864].

82 Anton Kuh: Wie ich es rede. Bekenntnisse eines Improvisators. In: Neues Wiener Journal, Jg. 32, Nr. 10.927, 20.4.1924, S. 10-11 [Nr. 635].
83 Anton Kuh: Wie spreche ich Stegreif? Bekenntnisse und Winke eines Improvisators. In: Scherl's Magazin, Jg. 2, H. 11, November 1926, S. 1021-1023 [Nr. 864].
84 Friedrich Torberg: Die Tante Jolesch oder Der Untergang des Abendlandes in Anekdoten. München 1975 (= Gesammelte Werke in Einzelausgaben, Bd. VIII), S. 249.
85 Adriaen [d. i. Rudolf Olden]: Kuhrtoisie. In: Berliner Tageblatt, Jg. 58, Nr. 615, 31.12.1929, A [S. 3].
86 tsch. [d. i. Karl Tschuppik]: Anton Kuh. In: Prager Tagblatt, Jg. 43, Nr. 103, 5.5.1918, M, S. 5.
87 Peter Panter [d. i. Kurt Tucholsky]: Auf dem Nachttisch. In: Die Weltbühne, Jg. 28, Nr. 5, 2.2.1932, S. 177-180, hier S. 180.
88 Anton Kuh: Demosthenes auf der Tour. In: Berliner Tageblatt, Jg. 60, Nr. 572, 4.12.1931, A [S. 4] [Nr. 1210].
89 Anton Kuh: Plagiat am gesprochenen Wort. In: Berliner Tageblatt, Jg. 62, Nr. 23, 14.1.1933, M [S. 2] [Nr. 1303].

1917 – 1919

90 Der Reichsrat, das Parlament der Königreiche und Länder der österreichischen Reichshälfte der österreichisch-ungarischen Monarchie (Cisleithaniens), das aus dem Herrenhaus (dessen 291 Mitglieder 1914 vom Kaiser ernannt wurden) und dem Abgeordnetenhaus (mit den 1911 auf sechs Jahre gewählten 516 Mitgliedern) besteht, wird am 16. März 1914 von Kaiser Franz Joseph auf Vorschlag der Regierung Stürgkh vertagt. Kaiser Karl I. beruft den Reichsrat zum 30. Mai 1917 wieder ein, an dem die Eröffnungssitzung der XXII. Session des Hauses der Abgeordneten stattfindet.
91 A. K. [d. i. Anton Kuh]: Der Minister spricht ... In: Prager Tagblatt, Jg. 42, Nr. 160, 13.6.1917, M, S. 4 [Nr. 160].
92 Anton Kuh: Parlamentarischer Bilderbogen. In: Prager Tagblatt, Jg. 42, Nr. 154, 7.6.1917, M, S. 2 [Nr. 157].
93 a. k. [d. i. Anton Kuh]: Redner und Danebenredner. Impressionen aus dem Parlament. In: Prager Tagblatt, Jg. 42, Nr. 164, 17.6.1917, M, S. 2 [Nr. 162].
94 A. K. [d. i. Anton Kuh]: Das Kapitel vom Hochverrat. In: Prager Tagblatt, Jg. 42, Nr. 181, 4.7.1917, M, S. 5 [Nr. 167].
95 Der Paragraph 14 des Staatsgrundgesetzes vom 21.12.1867, RGBl Nr. 141, ist ein Notverordnungsparagraph, der die Regierung – in der zeitgenössischen Nomenklatur: das »Gesamtministerium« – zu Zeiten, wo der Reichsrat nicht tagt, ermächtigt, Anordnungen per Kaiserliche Verordnung mit provisorischer Gesetzeskraft zu erlassen.
96 Stenographisches Protokoll, Haus der Abgeordneten, 13. Sitzung der XXII. Session am 3.7.1917, S. 598-604.
97 Anonym: Das Riesenmaul der Vaterlandspartei. Graf Reventlow und der »Morgen«. In: Der Morgen, Jg. 9, Nr. 6, 11.2.1918, S. 7.

98 Anonym: Ein angenehmer Zeitgenosse. In: Deutsche Tageszeitung, Jg. 25, Nr. 90, 18.2.1918, A [S. 3].
99 Die Schmelz: Parade- und Exerzierplatz in Rudolfsheim-Fünfhaus, dem 15. Wiener Gemeindebezirk.
100 Anton [d. i. Anton Kuh]: Buntes Allerlei. In: Der Morgen, Jg. 9, Nr. 8, 25.2.1918, S. 6 [Nr. 245].
101 Anton Kuh: Patriotismus auf Straßentafeln. In: Der Morgen, Jg. 8, Nr. 27, 2.7.1917, S. 6 [Nr. 166].
102 U. a. A. K. [d. i. Anton Kuh]: Das Kapitel vom Hochverrat. In: Prager Tagblatt, Jg. 42, Nr. 181, 4.7.1917, M, S. 5 [Nr. 167]; Anton [d. i. Anton Kuh]: Buntes Allerlei. In: Der Morgen, Jg. 9, Nr. 8, 25.2.1918, S. 6 [Nr. 245]; Anton [d. i. Anton Kuh]: Buntes Allerlei. In: Der Morgen, Jg. 9, Nr. 10, 11.3.1918, S. 6-7 [Nr. 253]; Anton Kuh: Pogrom. In: Der Friede, Bd. 1, Nr. 19, 31.5.1918, S. 449-450 [Nr. 281]; Anton Kuh: Epilog. In: Der Morgen, Jg. 9, Nr. 32, 12.8.1918, S. 5-6 [Nr. 299].
103 Anton [d. i. Anton Kuh]: Zwei Verbote. In: Der Morgen, Jg. 9, Nr. 4, 28.1.1918, S. 7 [Nr. 235].
104 Anton [d. i. Anton Kuh]: Frauen im Café. In: Der Morgen, Jg. 8, Nr. 41, 8.10.1917, S. 7 [Nr. 184].
105 Ebd.
106 Anton [d. i. Anton Kuh]: Der Schmutzian. In: Der Morgen, Jg. 8, Nr. 46, 12.11.1917, S. 6-7 [Nr. 200].
107 Simplizius [d. i. Anton Kuh]: Lieber Simplizissimus! In: Der Morgen, Jg. 8, Nr. 42, 15.10.1917, S. 7 [Nr. 187].
108 Anton [d. i. Anton Kuh]: Die schlechte Akustik. In: Der Morgen, Jg. 8, Nr. 52, 24.12.1917, S. 7 [Nr. 220].
109 Anton [d. i. Anton Kuh]: Die Frau im Käfig. In: Der Morgen, Jg. 9, Nr. 29, 22.7.1918, S. 6 [Nr. 293].
110 Anton [d. i. Anton Kuh]: Buntes Allerlei. In: Der Morgen, Jg. 9, Nr. 9, 4.3.1918, S. 6 [Nr. 249].
111 Anonym: Literar'sche Kritik. In: Die Muskete, Bd. 25, Nr. 651, 21.3.1918, Beibl. [S. IV].
112 Anonym: Der Burgtheaterdirektor und seine Widersacher. In: Reichspost, Jg. 25, Nr. 113, 10.3.1918, S. 8.
113 Vgl. Anton [d. i. Anton Kuh]: Was man nicht erfährt. In: Der Morgen, Jg. 9, Nr. 27, 8.7.1918, S. 6 [Nr. 291]. – Die einschlägigen Passagen von der Zensur unterdrückt.
114 Anton Kuh: Epilog. In: Der Morgen, Jg. 9, Nr. 32, 12.8.1918, S. 5-6 [Nr. 299], sowie: Anton Kuh: Epilog zum Epilog. In: Der Morgen, Jg. 9, Nr. 33, 19.8.1918, S. 6 [Nr. 300].
115 Berthold Viertel: Anton Kuh, der Sprecher. In: Prager Tagblatt, Jg. 43, Nr. 108, 11.5.1918, M, S. 4.
116 Gis. w.: Vortrag Anton Kuh. In: Prager Abendblatt, Jg. 52, Nr. 104, 8.5.1918, S. 3.
117 Berthold Viertel: Anton Kuh, der Sprecher. In: Prager Tagblatt, Jg. 43, Nr. 108, 11.5.1918, M, S. 4.

118 Anonym: O. T. (Rubrik »Vorträge und Vereinsnachrichten«): Vortrag Anton Kuh. In: Prager Tagblatt, Jg. 43, Nr. 119, 25.5.1918, M, S. 4.
119 F.: Vortragsreihe des »Prager Tagblatt« III. In: Montagsblatt aus Böhmen, Jg. 40, Nr. 19, 13.5.1918, S. 5.
120 Berthold Viertel: Kuh spricht über die »neue Generation«. In: Prager Tagblatt, Jg. 43, Nr. 123, 30.5.1918, M, S. 5.
121 »Eljen!«: (ung.) »Hoch!«.
122 Anton Kuh: Hoch die Palatschinken! In: Prager Tagblatt, Jg. 43, Nr. 255, 2.11.1918, M, S. 2 [Nr. 323].
123 Richard A. Bermann alias Arnold Höllriegel: Die Fahrt auf dem Katarakt. Eine Autobiographie ohne einen Helden. Mit einem Beitrag von Brita Eckert. Hg. v. Hans-Harald Müller. Wien 1998, S. 234-235.
124 Der Sozialdemokrat Julius Deutsch ist von 1918 bis 1920 Unterstaatssekretär resp. Staatssekretär für Heerwesen.
125 Hans Bleyer-Härtl: Ringen um Reich und Recht. Zwei Jahrzehnte politischer Anwalt in Österreich. Berlin 1939, S. 32-33.
126 Anton Kuh: Ehrlich gestanden ... In: Der Morgen, Jg. 10, Nr. 29, 22.7.1919, S. 5-6 [Nr. 393].
127 Das Herrenhaus, das Oberhaus des österreichischen Reichsrats mit seinen (ausgenommen die auf Funktionsdauer berufenen Bischöfe) auf Lebenszeit berufenen Vertretern des Adels, des Klerus und besonders verdienter Bürger, wird von der Provisorischen Nationalversammlung Deutschösterreichs am 12.12.1918 für abgeschafft erklärt.
128 Anton [d. i. Anton Kuh]: Die Taktvollen. In: Der Morgen, Jg. 9, Nr. 47, 25.11.1918, S. 6 [Nr. 330].
129 Der »tschecho-slowakische« Staat wird am 28.10.1918 ausgerufen. Zum provisorisch umrissenen Territorium der Republik Deutschösterreich gehören auch die neugegründeten Länder »Deutsch-Böhmen« und »Sudetenland«, die zwei so gut wie geschlossen deutschen Siedlungsgebiete der ehemaligen Kronländer Böhmen resp. Mähren und Schlesien. Sie werden im Vertrag von Saint-Germain-en-Laye im Herbst 1919 der Tschechoslowakei zugesprochen, Südtirol, das ab dem Tag des Waffenstillstands nach dem Ersten Weltkrieg, dem 3.11.1918, von italienischen Truppen besetzt ist, dem Königreich Italien.
130 Anton Kuh: 1000 Jahre und 1 Tag. In: Ders.: Der unsterbliche Österreicher. München 1931, S. 93-102, hier S. 99.
131 So betreibt etwa der überparteiliche Österreichisch-Deutsche Volksbund (wie sein deutsches Pendant, der Deutsch-Österreichische Volksbund) den Anschluß auf dem Abstimmungsweg und mit Genehmigung des Völkerbunds. Doch sowohl 1922 (»Genfer Protokolle«, 4.10.1922) wie auch 1932 (Vertrag von Lausanne, 15.7.1932) ist die Gewährung einer Völkerbundanleihe mit einem Verzicht Österreichs auf den Anschluß an das Deutsche Reich verknüpft.
132 Hans Hautmann: Geschichte der Rätebewegung in Österreich 1918-1924. Wien, Zürich 1987.
133 Anonym: Theaterskandal im Deutschen Volkstheater. Vorbereitete Hetze gegen Hermann Bahrs »Die Stimme«. In: Reichspost, Jg. 25, Nr. 520, 10.11.1918, S. 8.

134 Anonym: [Deutsches Volkstheater] (Rubrik »Theater und Kunst«). In: Wiener Sonn- und Montags-Zeitung, Jg. 56, Nr. 44, 11.11.1918, S. 7.
135 Anonym: [Der Theaterskandal im Wiener Stadttheater] (Rubrik »Tagesbericht«). In: Reichspost, Jg. 25, Nr. 560, 4.12.1918, N, S. 2.
136 Anton [d. i. Anton Kuh]: Über Demonstrationen. In: Der Morgen, Jg. 9, Nr. 48, 9.12.1918, S. 6 [Nr. 332].
137 Von Goethe abwärts. Essays in Aussprüchen von Anton Kuh. Leipzig, Wien, Zürich 1922, S. 25 [Nr. 505].
138 Anton Kuh: Der Geist marschiert. In: Der Friede, Bd. 2, Nr. 48 und 49, 23.12.1918, S. 529-530 [Nr. 337].
139 Anton Kuh: Die Kappen der Schulbuben. In: Prager Tagblatt, Jg. 41, Nr. 85, 25.3.1916, M, S. 5 [Nr. 60].
140 Anton Kuh: Revolution der Schüler. In: Der Morgen, Jg. 9, Nr. 51, 23.12.1918, S. 5-6 [Nr. 339].
141 Anton Kuh: 1914 – ? In: Der Morgen, Jg. 9, Nr. 30, 29.7.1918, S. 5 [Nr. 294].
142 Anton Kuh: Proskriptionsliste. In: Der Friede, Bd. 2, Nr. 38, 11.10.1918, S. 272-273 [Nr. 311].
143 Ebd., S. 273.
144 Ebd., S. 272.
145 Anonym: Ein Jahr »Friede«. In: Der Friede, Bd. 2, Nr. 52, 17.1.1919, S. 603-604, hier S. 603.
146 Von der Kriegspressezensur beanstandete Passagen wurden »aus der gegossenen Platte mit der Fräsemaschine ausgeschabt« (Karl Tschuppik: Staatsanwalt Schwejk. In: Berliner Volkszeitung, Jg. 77, Nr. 8, 5.1.1929, M, S. 2).
147 Anton Kuh: Pogrom. In: Der Friede, Bd. 1, Nr. 19, 31.5.1918, S. 449-450 [Nr. 281].
148 Anonym: O. T. In: Der Friede, Bd. 2, Nr. 33, 6.9.1918, S. 145.
149 Das letzte Heft mit der Nummer 83 erscheint am 22.3.1919.
150 Alfred Polgar: Zeitschrift in Wien. In: Der Friede, Bd. 1, Nr. 2, 2.2.1918, S. 46-47, hier S. 46.
151 Anton Kuh: Abend des Adels. Max Reinhardts dritte Wiener Premiere. In: Prager Tagblatt, Jg. 49, Nr. 95, 20.4.1924, S. 10 [Nr. 636]. – Hervorhebung (Kursivierung) von W. S.
152 Anton Kuh: Der Mut zum Pathos. In: Prager Tagblatt, Jg. 40, Nr. 3, 3.1.1915, M, S. 4 [Nr. 41].
153 Anton Kuh: Material! Material! In: Der Querschnitt, Jg. 7, H. 8, August 1927, S. 632-634, hier S. 634 [Nr. 922]. – Hervorhebung (Kursivierung) von W. S.
154 Anton Kuh: Bettauer. In: Die Stunde, Jg. 3, Nr. 773, 6.10.1925, S. 5 [Nr. 759].
155 »Ein Feuilleton schreiben heißt auf einer Glatze Locken drehen; aber diese Locken gefallen dem Publikum besser als eine Löwenmähne der Gedanken« (Karl Kraus: Heine und die Folgen. In: Die Fackel, Jg. 13, Nr. 329/330, 31.8.1911, S. 1-33, hier S. 10).

156 Von Goethe abwärts. Essays in Aussprüchen von Anton Kuh. Leipzig, Wien, Zürich 1922, S. 19 [Nr. 505].
157 Physiognomik. Aussprüche von Anton Kuh. München o. J. [1931], S. 121 [Nr. 1209].
158 Anton Kuh: Brief an einen Toten. In: Die neue Weltbühne, Jg. 30 [der Weltbühne, Jg. 3 der Wiener Weltbühne], Nr. 34, 23.8.1934, S. 1072-1075, hier S. 1074 [Nr. 1369].
159 Anonym: Ein Jahr »Friede«. In: Der Friede, Bd. 2, Nr. 52, 17.1.1919, S. 603-604, hier S. 604.
160 Berthold Viertel: »Pogrom«. In: Der Friede, Bd. 1, Nr. 20, 7.6.1918, S. 471-473, hier S. 471 u. 473; wieder in: Selbstwehr, Jg. 12, Nr. 25, 5.7.1918, S. 3-5.
161 Max Brod: Ein Wort über Anton Kuh. In: Selbstwehr, Jg. 12, Nr. 23, 21.6.1918, S. 1-2, hier S. 2.
162 Anton Kuh: Die vier Worte des Demokraten. In: Die Weltbühne, Jg. 24, Nr. 24, 12.6.1928, S. 893-897, hier S. 897 [Nr. 965].
163 Berthold Viertel: »Pogrom«. In: Der Friede, Bd. 1, Nr. 20, 7.6.1918, S. 471-473, hier S. 471 u. 473.
164 Anonym: Was sie schmerzt ... In: Reichspost, Jg. 25, Nr. 255, 6.6.1918, N, S. 3.
165 Anonym: Massenkundgebung christlich-sozialer Arbeiter. In: Reichspost, Jg. 25, Nr. 312, 11.7.1918, M, S. 6.
166 Berthold Viertel: »Pogrom«. In: Der Friede, Bd. 1, Nr. 20, 7.6.1918, S. 471-473, hier S. 471. – Allerdings vergrault Kuh Siegfried Jacobsohn, indem er der »Schaubühne« angebotene Texte schon vorab anderswo veröffentlicht.
167 l. k.: »Wedekind, der Revolutionär«. In: Wiener Allgemeine Zeitung, Nr. 12270, 15.3.1919, S. 4.
168 Robert Bogyansky: Anton Kuh über Wedekind. In: Der Friede, Bd. 3, Nr. 61, 21.3.1919, S. 216.
169 l. k.: »Wedekind, der Revolutionär«. In: Wiener Allgemeine Zeitung, Nr. 12270, 15.3.1919, S. 4.
170 Anonym: Anton Kuh wird Schauspieler. Als Wedekind-Darsteller verpflichtet. In: Prager Tagblatt, Jg. 44, Nr. 62, 16.3.1919, S. 6.
171 Anonym: [Neue Wiener Bühne] (Rubrik »Theater und Kunst«). In: Arbeiter-Zeitung, Jg. 31, Nr. 92, 3.4.1919, S. 7.
172 Anton Kuh: Die Büchse der Pandora. Leitpunkte einer Conférence. In: Der Morgen, Jg. 10, Nr. 14, 7.4.1919, S. 5 [Nr. 367].
173 [–bs–]: Neue Wiener Bühne (Zum erstenmal: »Die Büchse der Pandora«, Tragödie in drei Akten von Frank Wedekind). In: Neues Wiener Journal, Jg. 27, Nr. 9129, 2.4.1919, S. 8.
174 Benno Karpeles: »Der Neue Tag«. In: Der Friede, Bd. 3, Nr. 59, 7.3.1919, S. 147-148, hier S. 147.
175 Anton [d. i. Anton Kuh]: Bei den Gladiatoren. In: Der Neue Tag, Jg. 1, Nr. 29, 20.4.1919, M, S. 7-8 [Nr. 371].
176 Solche Exzesse kommentiert Anton Kuh wiederholt: Anton [d. i. Anton Kuh]: Sie spielen »Staat«. In: Der Morgen, Jg. 10, Nr. 17, 28.4.1919, S. 6

[Nr. 375]; a. [d. i. Anton Kuh]: Dumdum! In: Der Morgen, Jg. 10, Nr. 21, 26.5.1919, S. 7 [Nr. 387].
177 Arthur Rundt: Der Mythus »Wien«. In: Simplicissimus, Jg. 32, Nr. 31, 31.10.1927, S. 406.
178 Anton Kuh: [Vorrede]. In: Ders.: Der unsterbliche Österreicher. München 1931, S. 5-9 [Nr. 1104].
179 Anton Kuh: Das unsterbliche Lesebuch. Zum republikanischen Schulbeginn. In: Der Morgen, Jg. 10, Nr. 37, 15.9.1919, S. 5 [Nr. 403].
180 Anton Kuh: Epilog. In: Der Morgen, Jg. 9, Nr. 32, 12.8.1918, S. 5-6 [Nr. 299]; Anton Kuh: Epilog zum Epilog. In: Der Morgen, Jg. 9, Nr. 33, 19.8.1918, S. 6 [Nr. 300].
181 Anton Kuh: Der Herr Sturm. In: Neue Berliner Zeitung, [Jg. 1] Nr. 18, 4.2.1919 [S. 2] [Nr. 346].
182 Anfang September 1919 treten die Schüler des Greifswalder Gymnasiums in den Streik, weil per Erlaß des preußischen Kultusministeriums über die Entfernung von Wahrzeichen der alten Staatshoheit aus den Schulen die Bilder Wilhelms II. und des Kronprinzen abgehängt worden sind. Am 6.9. auch die Schüler der höheren Lehranstalten in Stolp, am 8.9. große Teile der oberen Klassen in Breslau. Am 13.9.1919 fordern die Schüler der Stettiner Bismarck-Oberrealschule bei einer Versammlung auf dem Schulhof, die Hohenzollernbilder wieder anzubringen, und entrollen eine schwarz-weiß-rote Fahne (Schwarz-Weiß-Rot sind in der Weimarer Republik die Farben der monarchistischen, nationalistischen und nationalsozialistischen Gruppierungen. Die per Verfassung festgelegten Flaggenfarben des Deutschen Reichs, Schwarz-Rot-Gold, werden von diesen als Verhöhnung der »nationalen Würde« betrachtet).
183 Anton [d. i. Anton Kuh]: Hepp, hepp, hurra! In: Der Morgen, Jg. 10, Nr. 39, 29.9.1919, S. 7 [Nr. 411].
184 Anonym: Die Affäre des Prinzen Joachim. In: Pester Lloyd, Jg. 67, Nr. 59, 9.3.1920, M, S. 4.
185 Anton [d. i. Anton Kuh]: Zurück zum Staberl! In: Der Morgen, Jg. 10, Nr. 43, 27.10.1919, S. 7 [Nr. 418].

»Polemische Lassos« –
Der »apostolische Denunzius« Karl Kraus

1 Vgl.: Karl-Markus Gauß: Karl Kraus und seine »kosmischen Schlieferln«. Zur Rehabilitation von Albert Ehrenstein, Hugo Sonnenschein und Georg Kulka. In: Zeitgeschichte, Jg. 10, H. 2 (November 1982), S 43-59.
2 Karl Kraus: Proteste. In: Die Fackel, Jg. 21, Nr. 514-518, Ende Juli 1919, S. 1-20, hier S. 1.
3 Neues Wiener Abendblatt, Jg. 53, Nr. 168, 20.6.1919, S. 3; Neue Freie Presse, Nr. 19691, 20.6.1919, A, S. 4; Der Neue Tag, Jg. 1, Nr. 89, 21.6.1919, M, S. 5.
4 Anonym: Eine ernste Satire. In: Arbeiter-Zeitung, Jg. 31, Nr. 169, 21.6.1919, M, S. 4.
5 Anonym: Ein Protest und seine Mystifikation. In: Arbeiter-Zeitung, Jg. 31, Nr. 173, 25.6.1919, M, S. 4.

6 Karl Kraus: Proteste. In: Die Fackel, Jg. 21, Nr. 514-518, Ende Juli 1919, S. 1-20, hier S. 6.
7 Ebd., S. 8.
8 Ebd., S. 9.
9 Ebd., S. 9.
10 Ebd., S. 10.
11 Karl Kraus: Gespenster. In: Die Fackel, Jg. 21, Nr. 514-518, Ende Juli 1919, S. 21-86, hier S. 65.
12 Ebd., S. 64.
13 Ebd., S. 35.
14 Ebd., S. 64.
15 Ebd., S. 29.
16 Ebd., S. 35.
17 Albert Ehrenstein an Stefan Zweig, 16.8.1919. In: Albert Ehrenstein: Werke. Hg. v. Hanni Mittelmann. Bd. 1: Briefe. München 1987, S. 192.
18 Karl Kraus: Sehnsucht nach aristokratischem Umgang. In: Die Fackel, Jg. 16, Nr. 400-403, 10.7.1914, S. 90-95, hier S. 92.
19 Karl Kraus: Die Kinder der Zeit. In: Die Fackel, Jg. 14, Nr. 354-356, 29.8.1912, S. 68-72, hier S. 71.
20 Karl Kraus: Nachruf. In: Die Fackel, Jg. 20, Nr. 501-507, 25.1.1919, S. 17.
21 Siehe dazu: Edward Timms: Karl Kraus, das Militär und der »innere Feind« 1914-1918. In: Karl Kraus et son temps / Karl Kraus und seine Zeit. Hg. von Gilbert Krebs und Gerald Stieg. Asnières 1989 (= Publications de l'Institut d'Allemand de l'Université de la Sorbonne Nouvelle, N° 10), S. 93-99.
22 Karl Kraus: Literatur. In: Die Fackel, Jg. 21, Nr. 521-530, Januar 1920, S. 65-88, hier S. 83.
23 Karl Kraus: Literatur. In: Die Fackel, Jg. 21, Nr. 521-530, Januar 1920, S. 65-88.
24 Hugo Sonnenschein: Karl Kraus oder die Kunst der Gesinnung. In: Neues Wiener Journal, Jg. 28, Nr. 9467, 14.3.1920, S. 4.
25 Karl Kraus: Sehnsucht nach aristokratischem Umgang. In: Die Fackel, Jg. 16, Nr. 400-403, 10.7.1914, S. 90-95.
26 Karl Kraus: Franz Ferdinand und die Talente. In: Die Fackel, Jg. 16, Nr. 400-403, 10.7.1914, S. 1-4.
27 Karl Kraus: Innsbruck und Anderes. In: Die Fackel, Jg. 22, Nr. 531-543, April 1920, S. 1-206, hier S. 140.
28 Karl Kraus: Proteste. In: Die Fackel, Jg. 21, Nr. 514-518, Ende Juli 1919, S. 1-20, hier S. 9.
29 Ebd., S. 8.
30 Ebd., S. 9.
31 Ebd., S. 7.
32 Ebd., S. 6.
33 Karl Kraus: Literatur. In: Die Fackel, Jg. 21, Nr. 521-530, Januar 1920, S. 65-88, hier S. 82.
34 Karl Kraus: Ein neuer Mann. In: Die Fackel, Jg. 22, Nr. 546-550, Juli 1920, S. 45-67.

35 Ebd., S. 45.
36 Ebd., S. 67.
37 Georg Kulka: Der Götze des Lachens. In: Die Gefährten, Jg. 3, H. 7 (Ende August 1920), S. I-VIII.
38 Albert Ehrenstein: Karl Kraus. In: Die Gefährten, Jg. 3, H. 7 (Ende August 1920), S. 1-22.
39 Ebd., S. 17.
40 Karl Kraus: Die Gefährten. In: Die Fackel, Jg. 22, Nr. 552-553, Oktober 1920, S. 5-13, hier S. 8-9 u. S. 10.
41 Karl Kraus: Gespenster. In: Die Fackel, Jg. 21, Nr. 514-518, Ende Juli 1919, S. 21-86, hier S. 33.
42 Karl Kraus: Innsbruck und Anderes. In: Die Fackel, Jg. 22, Nr. 531-543, April 1920, S. 1-206, hier S. 119.
43 Karl Kraus: Ein neuer Mann. In: Die Fackel, Jg. 22, Nr. 546-550, Juli 1920, S. 45-67, hier S. 48.
44 Albert Ehrenstein: Karl Kraus. In: Die Gefährten, Jg. 3., H. 7 (Ende August 1920), S. 1-22, hier S. 12.
45 Karl Kraus: Die Gefährten. In: Die Fackel, Jg. 22, Nr. 552-553, Oktober 1920, S. 5-13, hier S. 7.
46 Elias Canetti: Karl Kraus, Schule des Widerstands. In: Macht und Überleben. Drei Essays. Berlin 1972, S. 25-37, hier S. 35.
47 Anton Kuh: Ehrlich gestanden... In: Der Morgen, Jg. 10, Nr. 29, 22.7.1919, S. 5-6 [Nr. 393].

1919 – 1920

48 a. st. [d. i. Anton Steiner]: Anton Kuh über Sexualrevolution. In: Deutsche Zeitung Bohemia, Jg. 92, Nr. 222, 19.12.1919, S. 6.
49 Ebd.
50 st. [d. i. Ludwig Steiner]: O. T. (Rubrik: »Vorträge«) In: Prager Tagblatt, Jg. 44, Nr. 296, 19.12.1919, S. 4.
51 Anonym: »Die Tragik des Judentums«. In: Prager Tagblatt, Jg. 44, Nr. 301, 25.12.1919, S. 7.
52 Anonym: O. T. (Rubrik »Bühne und Kunst« / »Aus der Theaterkanzlei«). In: Prager Tagblatt, Jg. 45, Nr. 1, 1.1.1920, S. 7.
53 Ebd.
54 [–tsch] [d. i. Felix Weltsch]: Die Tragik des Judentums. Vortrag Anton Kuh. In: Selbstwehr, Jg. 14, Nr. 1, 2.1.1920, S. 5.
55 Juden und Deutsche. Ein Resumé von Anton Kuh. Berlin o. J. [1921], S. 62 [Nr. 450].
56 [–tsch] [d. i. Felix Weltsch]: Die Tragik des Judentums. Vortrag Anton Kuh. In: Selbstwehr, Jg. 14, Nr. 1, 2.1.1920, S. 5.
57 Anton Kuh: Schnitzlerputsch in Teplitz. In: Wiener Sonn- und Montags-Zeitung, Jg. 60, Nr. 23, 6.11.1922, S. 2 [Nr. 499].
58 Am 8.11.1920 ordnet die Bezirkshauptmannschaft die Entfernung von Franz Metzners Statue Josefs II. vom Teplitzer Marktplatz an. Unter heftigen Protesten der deutschen Abgeordneten im tschechoslowakischen Parlament

und unter massiver militärischer Bewachung wird das zweieinhalb Tonnen schwere Bronzedenkmal am Nachmittag des 11.11. von 35er Legionären aus Pilsen und Sappeuren eigenmächtig vom Sockel genommen und in den Hof des städtischen Museums verbracht.

59 J.: »Sexualrevolution«. In: Teplitz-Schönauer Anzeiger, Jg. 60, Nr. 6, 9.1.1920, S. 5.

60 E. G.: Anton Kuh über Sexualrevolution. In: Teplitzer Zeitung, Jg. 51, Nr. 7, 10.1.1920, S. 4.

61 J.: »Tragik des Judentums« (2. Vortrag Dr. Anton Kuh.). In: Teplitz-Schönauer Anzeiger, 19.1.1920, Beil. zu Nr. 15 [vom 20.1.1920], S. 5.

62 Anonym: Anton Kuhs zweiter Vortrag. In: Teplitzer Zeitung, Jg. 51, Nr. 15, 20.1.1920, S. 4.

63 Anton Kuh: Der Benedikt. In: Berliner Börsen-Courier, Jg. 52, Nr. 145, 26.3.1920, M, 1. Beil., S. 5 [Nr. 433].

64 Anton Kuh: Der Volksprinz. In: Berliner Tageblatt, Jg. 49, Nr. 146, 30.3.1920, M [S. 2] [Nr. 434].

65 [–ls]: Sexuelle Revolution. In: Vossische Zeitung, Nr. 106, 27.2.1920, M [S. 2].

66 Anton Kuh: »Die sexuelle Revolution«. Vortrag, gehalten von *mir* am Freitag im Saal der »Sezession«. In: Neue Berliner Zeitung, Jg. 2, Nr. 45, 23.2.1920 [S. 3] [Nr. 432].

67 ß: Über sexuelle Revolution. In: Berliner Tageblatt, Jg. 49, Nr. 96, 21.2.1920, A, [S. 2].

68 Lg.: Vortrag Anton Kuh in der Sezession. In: Berliner Börsen-Courier, Jg. 52, Nr. 90, 23.2.1920, A, 1. Beil. [S. 6].

69 Anonym: »Die Tragik des Judentums«. In: 8 Uhr-Abendblatt, Jg. 73, Nr. 60, 10.3.1920 [S. 3]; C. B.: O. T. In: Neue Berliner Zeitung, Jg. 2, Nr. 60, 11.3.1920 [S. 3]; hso.: [Über die Tragik des Judentums]. In: Vorwärts, Jg. 37, Nr. 134, 13.3.1920, M, S. 2.

70 Robert Weltsch: Der Fall Anton Kuh. In: Jüdische Rundschau, Jg. 25, Nr. 21, 26.3.1920, S. 144-145.

71 Anton Kuh: Diktatur der Tertianer. In: Prager Tagblatt, Jg. 45, Nr. 77, 31.3.1920, S. 2 [Nr. 435].

72 Vgl. dazu sowie zum »Reigen«-Prozeß: Anton Kuh: Schnitzlers »Reigen«. In: Prager Tagblatt, Jg. 45, Nr. 301, 28.12.1920, S. 4 [Nr. 448]; Anton Kuh: Die Sachverständigen. Eine Glosse zum Berliner »Reigen«-Prozeß. In: Prager Tagblatt, Jg. 46, Nr. 266, 13.11.1921, S. 8-9 [Nr. 468]. – Zu Vorgeschichte und gerichtlichem Nachspiel vgl.: Alfred Pfoser, Kristina Pfoser-Schewig, Gerhard Renner: Schnitzlers ›Reigen‹. Zehn Dialoge und ihre Skandalgeschichte. Analysen und Dokumente, 2 Bde. Frankfurt am Main 1993.

73 Anton [d. i. Anton Kuh]: Der Student von Wien. In: Prager Tagblatt, Jg. 45, Nr. 100, 28.4.1920, S. 3 [Nr. 437].

74 Anton Kuh: [Shakespeare und Dada]. In: Neue Berliner Zeitung, Jg. 2, Nr. 237, 26.10.1920 [S. 5] [Nr. 443].

75 R–th [d. i. Joseph Roth]: Shakespeare und Dada. In: Neue Berliner Zeitung, Jg. 2, Nr. 241, 30.10.1920 [S. 3]. – Im Tenor ganz ähnlich: Lg.: Shakespeare und Dada. In: Berliner Börsen-Courier, Jg. 53, Nr. 513, 2.11.1920, M, 1. Beil., S. 5.

76 Joseph Roth: Der Herr Hauptmann unter Literaten. Eine Prügelszene im Café Größenwahn. In: Neue Berliner Zeitung, Jg. 2, Nr. 253, 13.11.1920 [S. 3]. – Entgegnung u.d.T. »Der Herr Hauptmann unter Literaten« von Freist in: Neue Berliner Zeitung, Jg. 2, Nr. 255, 16.11.1920, [S. 3].

77 Anonym: O. T. (Rubrik »Theater, Musik und Kunst«). In: Berliner Börsen-Courier, Jg. 53, Nr. 532, 2.11.1920, A, 1. Beil., S. 7.

78 Anonym: Der Fall Georg Kaiser. In: Vossische Zeitung, Nr. 533, 30.10.1920, M [S. 3].

79 Georg Kaiser wird von der Dritten Strafkammer des Münchener Landgerichts am 15. Feber 1921 »wegen fortgesetzter Unterschlagung in mehreren Fällen« zu einem Jahr, Margarete Kaiser wegen eines Falls vor Unterschlagung zu vier Monaten Gefängnis verurteilt.

80 Rudolf Leonhard: Die Pflicht zum Hochstapler. In: Vossische Zeitung, Nr. 541, 4.11.1920, M [S. 2].

81 P. W. [d. i. Paul Wiegler]: Vortrag Anton Kuh. In: B. Z. am Mittag, Jg. 43, Nr. 271, 20.11.1920 [S. 3].

82 Ebd.

83 Von Goethe abwärts. Essays in Aussprüchen von Anton Kuh. Leipzig, Wien, Zürich 1922, S. 27 [Nr. 505].

Reinstes Deutsch vs. beste Mehlspeis –
Anton Kuhs »Prager Herkunft«

1 P. W. [d. i. Paul Wiegler]: Vortrag Anton Kuh. In: B. Z. am Mittag, Jg. 43, Nr. 271, 20.11.1920, [S. 3].

2 Anonym (Rubrik »Theater, Konzerte, Vorträge«). In: B. Z. am Mittag, Jg. 43, Nr. 275, 25.11.1920 [S. 3].

3 aeo: Die dementierte Prager Abstammung. In: Deutsche Zeitung Bohemia, Jg. 93, Nr. 277, 28.11.1920 [S. 2].

4 Anton Kuh: Die dementierte Prager Abstammung. In: Deutsche Zeitung Bohemia, Jg. 93, Nr. 295, 19.12.1920, 1. Beibl. [S. 2] [Nr. 446].

5 aeo: Die dementierte Prager Abstammung. In: Deutsche Zeitung Bohemia, Jg. 93, Nr. 277, 28.11.1920 [S. 2].

6 Anton Kuh: Die dementierte Prager Abstammung. In: Deutsche Zeitung Bohemia, Jg. 93, Nr. 295, 19.12.1920, 1. Beibl. [S. 2] [Nr. 446].

»Mit den Waffen von Otto Gross
und Sigmund Freud ins jüdische Schlafzimmer« –
»Juden und Deutsche«

1 Juden und Deutsche. Ein Resumé von Anton Kuh. Berlin o. J. [1921], S. 1 [Nr. 450].

2 Ebd.

3 Nach Thomas Koebner (Unbehauste. Zur deutschen Literatur in der Weimarer Republik, im Exil und in der Nachkriegszeit. München 1992, bes.

S. 116-118) ist es nun der US-amerikanische Germanist Paul Reitter, der nachdrücklich auf die zentrale Rolle hinweist, die Kuh in der Geschichte dieses Begriffs zukommt. Nicht nur hat Kuh ihn geprägt, Theodor Lessing, durch dessen Buch »Jüdischer Selbsthaß« (1930) er Verbreitung fand, hat mit einiger Sicherheit auf Kuhs in »Juden und Deutsche« dargelegtes Konzept zurückgegriffen (vgl.: Paul Reitter: Interwar Expressionism, Zionist Self-Help Writing, and the Other History of ›Jewish Self-Hatred‹. In: Leo Baeck Institute Year Book, Vol. 55 [2010], p. 175-192, bes. p. 184-185 und 189; Paul Reitter: On the Origins of Jewish Self-Hatred. Princeton, Oxford 2012, bes. S. 39-40 u. S. 61-71).

4 Juden und Deutsche. Ein Resumé von Anton Kuh. Berlin o. J. [1921], S. 109-114, hier S. 109-110 [Nr. 450].

5 Am 30.12.1919 in der Prager Urania; am 18.1.1920 im Saal des Kurhauses »Kaiserbad« in Teplitz-Schönau / Teplice-Šanov; am 9.3.1920 im Schubert-Saal in der Berliner Bülowstraße.

6 Juden und Deutsche, S. 6 resp. S. 10.

7 Max Brod: Der Nietzsche-Liberale (Bemerkungen zu dem Buch von Anton Kuh »Juden und Deutsche«). In: Jüdische Rundschau, Jg. 26, Nr. 23/24, 23.3.1921, S. 163-164, hier S. 163.

8 Juden und Deutsche, S. 23-24 resp. 22.

9 Ebd., S. 50.

10 Ebd., S. 25.

11 Ebd., S. 25.

12 Wie Andreas B. Kilcher akribisch nachgewiesen hat (Anti-Ödipus im Land der Ur-Väter: Franz Kafka und Anton Kuh. In: Conditio Judaica 50. Studien und Quellen zur deutsch-jüdischen Literatur- und Kulturgeschichte. Hg. v. Hans Otto Horch in Verbindung mit Alfred Bodenheimer, Mark H. Gelber und Jakob Hessing. Tübingen 2004, S. 69-88, hier S. 82). Vor ihm sind bereits Hartmut Binder (Kafka in neuer Sicht. Mimik, Gestik und Personengefüge als Darstellungsform des Autobiographischen. Stuttgart 1976, S. 385-395) sowie Giuliano Baioni (Kafka. Literatur und Judentum. Stuttgart 1994, S. 196-199, 269-171 [ursprünglich unter dem Titel: Kafka: letteratura ed ebraismo. Turin 1984]) den Verbindungen Kafkas mit Kuh nachgegangen. – Einzelne Wendungen und Denkfiguren Kuhs nicht in der »Verwandlung«, versteht sich, sondern in Tagebucheinträgen und Briefpassagen, in denen Kafka auf die Beklemmung schriftstellernder westjüdischer Söhne zu sprechen kommt, u. a. im Brief an Max Brod vom Juni 1921: »Weg vom Judentum, meist mit unklarer Zustimmung der Väter [...] wollten die meisten, die deutsch zu schreiben anfingen, sie wollten es, aber mit den Hinterbeinchen klebten sie noch am Judentum des Vaters und mit den Vorderbeinchen fanden sie keinen neuen Boden. Die Verzweiflung darüber war ihre Inspiration« (Franz Kafka: Gesammelte Werke. Hg. v. Max Brod. Briefe 1902-1924. Frankfurt am Main. Brief an Max Brod, Matliary, Juni 1921, S. 334-338).

13 Juden und Deutsche, S. 24.

14 Ebd., S. 30.

15 Juden und Deutsche, S. 26.

16 Anton Kuh: Pogrom. In: Der Friede, Bd. 1, Nr. 19, 31.5.1918, S. 449-450 [Nr. 281]. Ders.: Pogrom. In: Selbstwehr, Jg. 12, Nr. 23, 21.5.1918, S. 2. Max Brod: Ein Wort über Anton Kuh. In: Selbstwehr, Jg. 12, Nr. 23, 21.6.1918, S. 1-2.
17 Anton Kuh: Pogrom. In: Der Friede, Bd. 1, Nr. 19, 31.5.1918, S. 449-450, hier S. 449 [Nr. 281].
18 Ebd.
19 Juden und Deutsche, S. 62.
20 Ebd., S. 62.
21 Ebd., S. 67.
22 Juden und Deutsche, S. 37-45. »Der Morgen« druckt den Abschnitt über Karl Kraus unter dem Titel »Karl Kraus, der jüdische Advokat« vorab (Der Morgen, Jg. 12, Nr. 5, 31.1.1921, S. 4-5).
23 Juden und Deutsche, S. 40.
24 Ebd., S. 106.
25 Ebd., S. 114.
26 Bei Otto Gross hingegen läuft die mit dezidiert nietzscheanischem Anklang propagierte »Zurück-Umwertung aller Werte« (Otto Gross: Die kommunistische Grundidee in der Paradiessymbolik. In: Sowjet. Kommunistische Monatsschrift, Bd. 1, Nr. 2, Juli 1919, S. 12-27, hier S. 26) auf die »Wiederherstellung reinen Menschentums durch die Befreiung« von im Sozialisationsprozeß verinnerlichten »verbildenden und beschränkenden« Zwängen (Otto Gross: Zur neuerlichen Vorarbeit: vom Unterricht. In: Das Forum, Jg. 4, H. 4, Januar 1920, S. 315-320, hier S. 317), auf eine Rückkehr in eine als paradiesisch imaginierte »goldene erste Zeitperiode« (Die kommunistische Grundidee in der Paradiessymbolik, S. 15), auf eine vermeintliche ursprüngliche egalitäre, solidarische Gemeinschaft, eine Art »mutterrechtlichen Kommunismus« (Zur neuerlichen Vorarbeit, S. 320) zu. – Andreas B. Kilcher wies im Detail nach, wo Anton Kuh sich in »Juden und Deutsche« an Otto Gross' anarchistischer Geschlechter- und Gesellschaftstheorie entlangschreibt – ein fragmentarischer Durchschlag des Grossschen Aufsatzes »Die kommunistische Grundidee in der Paradiessymbolik« findet sich in Kuhs Splitternachlaß im Österreichischen Literaturarchiv – und wo dessen »sexualrevolutionäre Argumentation« »bei der Übertragung auf das Judentum politisch-theologisch erweitert« wird (Andreas B. Kilcher: Sexuelle Revolution und jüdische Befreiung. Otto Gross und Anton Kuh. In: Gottfried Heuer [Hg.]: Utopie und Eros. Der Traum von der Moderne. 5. Internationaler Otto-Gross-Kongress. Marburg an der Lahn 2006, S. 161-175, hier S. 169).
27 Etwa: Siegmund Meisels: Juden und Deutsche. In: Neues Wiener Journal, Jg. 29, Nr. 9930, 30.6.1921, M, S. 5-6; und Johannes Urzidil: Juden und Deutsche. In: Prager Tagblatt, Jg. 46, Nr. 272, 20.11.1921, U.-Beil. [S. 3].
28 Die neben »Juden und Deutsche« noch u. a. Albert Ehrensteins »Gedichte«, Oskar Kokoschkas »Der weiße Tiertöter« und Gustav Sacks »Werke« behandelt.
29 Ludwig Ullmann: Jenseits der Literatur. In: Wiener Mittags-Zeitung, Jg. 71, Nr. 50, 3.3.1921, S. 3.

30 Robert Müller. Deutsche und Juden. In. Wiener Allgemeine Zeitung, Nr. 12854, 5.3.1921, S. 6.
31 Rudolf Kayser: Anton Kuh: »Juden und Deutsche«. In: Berliner Börsen-Courier, Jg. 54, Nr. 1, 1.1.1922, M, S. 7 [Beil.: Der Bücherkarren].
32 Julian Gumperz: Anton Kuh: Juden und Deutsche. In: Der Gegner, Jg. 2 (1920/21), Nr. 6, S. 230.
33 Anton Kuh: Die Juden im Krieg. In: Jüdische Rundschau, Jg. 26, Nr. 12, 11.2.1921, S. 79-81.
34 Robert Weltsch: Der Fall Anton Kuh. In: Jüdische Rundschau, Jg. 25, Nr. 21, 26.3.1920, S. 144-145.
35 Elias Hurwicz: Völkerpsychologie: Anton Kuh: »Juden und Deutsche«. In: Der Jude. Eine Monatsschrift, Jg. 6 (1921/22), H. 1, S. 53-55.
36 Alfred Döblin: Zion und Europa. In: Der neue Merkur, Jg. 5 (April 1921 – März 1922), H. 5 (August 1921), S. 338-342 (über »Juden und Deutsche« S. 339).
37 Vgl. u. a. Der neue Merkur, Jg. 5 (April 1921 – März 1922), H. 8/9 (November/Dezember 1921), S. 648.
38 [Max] Dienemann: Anton Kuh: Juden und Deutsche. In: Allgemeine Zeitung des Judentums, Jg. 85, Nr. 21, 14.10.1921, S. 245-246.
39 Anton Kuh: Ritualmord in Ungarn. Tragödie in fünf Akten von Arnold Zweig. Uraufführung an der »Neuen Wiener Bühne«. In: Der Morgen, Jg. 10, Nr. 42, 20.10.1919, S. 3 [Nr. 415].
40 Anton Kuh: »Der Schatz«. Komödie in 4 Akten von D. Pinski. Aufführung im Komödienhaus. In: Der Morgen, Jg. 10, Nr. 19, 12.5.1919, S. 6-7 [Nr. 381]. – Die Königinhofer Handschrift, eine 1817 »aufgefundene« Liedersammlung in alttschechischer Sprache – auf das 13. Jahrhundert datiert und damit das damals älteste bekannte Dokument tschechischer Literatur –, das Grundlage eines romantisierenden nationaltschechischen Geschichtsbilds wurde, ist eine Fälschung.
41 Max Brod: Der Nietzsche-Liberale (Bemerkungen zu dem Buch von Anton Kuh »Juden und Deutsche«). In: Jüdische Rundschau, Jg. 26, Nr. 23/24, 23.3.1921, S. 163-164.
42 Juden und Deutsche, S. 12 resp. S. 75-77.
43 Brod: Der Nietzsche-Liberale, S. 163.
44 Johannes Urzidil: Juden und Deutsche. In: Prager Tagblatt, Jg. 46, Nr. 272, 20.11.1921, U.-Beil. [S. 3].
45 W.: Shakespeares Shylock, Grillparzers Isaak und ein Moderner. Literarische Streifzüge. In: Reichspost, Jg. 28, Nr. 143, 27.5.1921, M, S. 1-2 (über »Juden und Deutsche S. 1-2). – Die Seite 2 beschließt in der dritten Spalte, in horizontale Zierleisten gefaßt, in fetten, auf das Dreifache der Grundschrift aufgeblasenen Lettern, die zweizeilige Aufforderung: »In das christliche Haus / keine jüdischen Zeitungen!«
46 Siegmund Meisels: Juden und Deutsche. In: Neues Wiener Journal, Jg. 29, Nr. 9930, 30.6.1921, M, S. 5-6.
47 Max Brod: Ein Wort über Anton Kuh. In: Selbstwehr, Jg. 12, Nr. 23, 21.6.1918, S. 1-2.

48 Anton Kuh: »Hoch Gethe«. In: Prager Presse, Jg. 2, Nr. 118, 30.4.1922, M, S. 6 [Nr. 475].
49 Physiognomik. Aussprüche von Anton Kuh. München o. J. [1931], S. 91 [Nr. 1209].
50 Anton Kuh: Das Gesicht des deutschen Arztes. In: Pariser Tageblatt, Jg. 4, Nr. 888, 18.5.1936, S. 1-2 [Nr. 1405].

Wie der Herr, so 's G'scher –
»Kraushysterische Peter Zapfels«

1 Juden und Deutsche. Ein Resumé von Anton Kuh. Berlin o. J. [1921], S. 24 [Nr. 450].
2 Ebd. – Über Karl Kraus S. 37-45 [Nr. 450].
3 Anonym: Ein literarisches Rencontre. Wegen eines Artikels gegen Karl Kraus. In: Wiener Mittags-Zeitung, Jg. 71, Nr. 25, 1.2.1921, S. 2.
4 Anonym: Ein »Zwischenfall« des Herrn Anton Kuh. In: Arbeiter-Zeitung, Jg. 33, Nr. 32, 2.2.1921, M, S. 5.
5 Anton Kuh: »Der« »Überfall« »auf« »Herrn« »Kuh«. In: Der Morgen, Jg. 12, Nr. 6, 7.2.1921, S. 3 [Nr. 451]. – Die Anführungen spielen auf die bagatellisierenden Gänsefüßchen im Bericht der »Arbeiter-Zeitung« vom 2.2.1921 an: Ein »Zwischenfall« des Herrn Anton Kuh.
6 Karl Kraus: Aus der Sudelküche. In: Die Fackel, Jg. 22, Nr. 561-567, März 1921, S. 53-68.
7 Asis-Ponem: (jidd.) frecher, unverschämter Kerl.
8 Karl Kraus: Aus der Sudelküche. In: Die Fackel, Jg. 22, Nr. 561-567, März 1921, S. 53-68, hier S. 67.
9 Anton Kuh: Aus dem Spucknapf. Antwort auf die »Sudelküche«. In: Der Morgen, Jg. 12, Nr. 10, 7.3.1921, S. 4-5 [Nr. 453].
10 Karl Kraus: Elysisches. Melancholie an Kurt Wolff. In: Die Fackel, Jg. 18, Nr. 443-444, 16.11.1916, S. 26-27.
11 Karl Kraus: Aus der Sudelküche. In: Die Fackel, Jg. 22, Nr. 561-567, März 1921, S. 53-68, hier S. 61-62.
12 Ebd., S. 63.
13 Ebd., S. 64.
14 Anton Kuh: »Hoch Gethe!« In: Prager Presse, Jg. 2, Nr. 118, 30.4.1922, M, S. 6 [Nr. 475].
15 Karl Kraus: Literatur oder Man wird doch da sehn. Magische Operette. Wien 1921, zit. n.: Karl Kraus: Schriften. Hg. v. Christian Wagenknecht. Frankfurt am Main 1989, Bd. 11: Dramen, S. 7-75, hier S. 52 u. S. 53.

1921

16 Julius Meier-Graefe: Im alten Österreich-Ungarn. In: Berliner Tageblatt, Jg. 49, Nr. 370, 8.8.1920, M, 2. Beibl. [S. 1].
17 »Ein richtiger Wiener Hausmeister, einer, der Stilgefühl hat, öffnet dem geduldig fluchenden Einwohner nur mit Pantoffeln, einem nach Erzväterart geschwungenen Schlafrock und einer weithin sichtbaren Unterhose bekleidet,

das nächtlich verschlossene Tor« (Max Prels: Der Watschenmann. In: Prager Abendzeitung, Nr. 49, 2.6.1920, S. 3).
18 »Der Watschenmann ist eine Puppe mit dickgeschwollenem Gesicht; er sah immer nach Zahnweh aus. Man darf ihm für ein Sechserl eine Ohrfeige geben: ›Daß a Hetz is‹. Und irgendein Kraftmesser zeigt, wie stark die Ohrfeige war. Dem Ehrgeiz öffnet sich eine Gasse ...« (Max Prels: Der Watschenmann. In: Prager Abendzeitung, Nr. 49, 2.6.1920, S. 3).
19 Max Prels: Der Watschenmann. In: Prager Abendzeitung, Nr. 49, 2.6.1920, S. 3.
20 Vgl. Anton Kuh: Nasen und Pelze. In: Wiener Mittags-Zeitung, Jg. 71, Nr. 277, 6.12.1921, S. 2 [Nr. 469].
21 Anton Kuh: Die anderen schießen ... In: Der Morgen, Jg. 12, Nr. 35, 29.8.1921, S. 5 [Nr. 460].
22 Anton Kuh: Sie haben ihn erschlagen ... In: Der Morgen, Jg. 13, Nr. 26, 26.6.1922, S. 3 [Nr. 481].
23 Anton Kuh: Fall Harden. In: Neues Wiener Journal, Jg. 30, Nr. 10.293, 5.7.1922, S. 4 [Nr. 485].
24 Anton Kuh: Sie haben ihn erschlagen ... In: Der Morgen, Jg. 13, Nr. 26, 26.6.1922, S. 3 [Nr. 481].
25 Anton Kuh: Links und rechts. In: Der Morgen, Jg. 12, Nr. 37, 12.9.1921, S. 5 [Nr. 464].
26 Anton [d. i. Anton Kuh]: Schuld der Entente? Zu Rathenaus Ermordung. In: Wiener Sonn- und Montags-Zeitung, Jg. 60, Nr. 26, 26.6.1922, S. 2 [Nr. 482].
27 Anton Kuh: Bayern 1921. In: Wiener Mittags-Zeitung, Jg. 71, Nr. 188, 19.8.1921, S. 5; Wiener Mittags-Zeitung, Jg. 71, Nr. 189, 20.8.1921, S. 5 [Nr. 458].
28 Anonym: O. T. (Rubrik »Bühne und Kunst«). In: Deutsche Zeitung Bohemia, Jg. 94, Nr. 237, 9.10.1921, S. 10.
29 L. W. [d. i. Ludwig Winder]: O. T. In: Deutsche Zeitung Bohemia, Jg. 94, Nr. 242, 15.10.1921, S. 6.
30 Anton Kuh: »Die Erotik des Bürgers«. (Vortrag Anton Kuh in der »Urania«). In: Prager Tagblatt, Jg. 46, Nr. 242, 15.10.1921, S. 4 [Nr. 466].
31 Anonym: O. T. (Rubrik »Bühne und Kunst«). In: Deutsche Zeitung Bohemia, Jg. 94, Nr. 243, 16.10.1921, S. 10.
32 Anonym: O. T. (Rubrik »Bühne und Kunst«). In: Deutsche Zeitung Bohemia, Jg. 94, Nr. 247, 20.10.1921, S. 5.
33 Anonym: O. T. (Rubrik »Bühne und Kunst«). In: Deutsche Zeitung Bohemia, Jg. 94, Nr. 245, 19.10.1921, S. 7.
34 Anonym: »Die vergeistigte Liebe«. Morgen Freitag: Vortrag Anton Kuh. In: Prager Tagblatt, Jg. 46, Nr. 246, 20.10.1921, S. 6.
35 th.: Vergeistigte Liebe: In: Prager Tagblatt, Jg. 46, Nr. 249, 23.10.1921, S. 8.
36 L. W. [d. i. Ludwig Winder]: O. T. In: Deutsche Zeitung Bohemia, Jg. 94, Nr. 249, 23.10.1921, S. 7.

37 th.: Vergeistigte Liebe: In: Prager Tagblatt, Jg. 46, Nr 249, 23.10.1921, S. 8.

Beim »Personal der Welt« – Etabliert

1 Z. B. sein Wedekind-Text zum 50. Geburtstag des Autors aus dem »Prager Tagblatt« vom 24.7.1914 (Anton Kuh: Wedekind. Zu des Dichters 50. Geburtstag. In: Prager Tagblatt, Jg. 39, Nr. 201, 24.7.1914, M, S. 5-6 [Nr. 32]) in: Das literarische Echo. Halbmonatsschrift für Literaturfreunde, Jg. 16, H. 23, 1.9.1914, Sp. 1622-1623.
2 Anton Kuh: Pogrom. In: Der Friede, Bd. 1, Nr. 19, 31.5.1918, S. 449-450 [Nr. 281]. Ders.: Pogrom. In: Selbstwehr. Unabhängige jüdische Wochenschrift, Jg. 12, Nr. 23, 21.6.1918, S. 2. Max Brod: Ein Wort über Anton Kuh. In: Selbstwehr, Jg. 12, Nr. 23, 21.6.1918, S. 1-2.
3 Berthold Viertel: »Pogrom«. In: Der Friede, Bd. 1, Nr. 20, 7.6.1918, S. 471-473.
4 Anonym: O. T. In: Der Friede. Wochenschrift für Politik, Volkswirtschaft und Literatur, Bd. 2, Nr. 29, 9.3.1918, S. 50-51, hier S. 50.
5 Anton Kuh: Die Mörder. In: Prager Tagblatt, Jg. 43, Nr. 181, 7.8.1918, M, S. 2-3 [Nr. 297].
6 R.A.B. [d. i. Richard A. Bermann]: Das zu Tode gerettete Gymnasium. In: Der Friede. Wochenschrift für Politik, Volkswirtschaft und Literatur, Bd. 2, Nr. 27, 26.7.1918, S. 13-14, hier S. 50.
7 Anton Kuh: Das gerettete Gymnasium. In: Der Friede, Bd. 1, Nr. 26, 19.7.1918, S. 616-617 (ED in: Prager Tagblatt, Jg. 41, Nr. 293, 22.10.1916, M, S. 5 [Nr. 75]).
8 Ernst Alker: Norwegischer Brief. In: Die Literatur. Monatsschrift für Literaturfreunde, Jg. 27 [des »Literarischen Echo«], H. 1, Oktober 1924, S. 617-618, hier S. 617. – »Strindberg nämlich, wie Ibsen und wahrscheinlich alle Nordländer, war ein Kleinstädter der Seele. Seinen prometheischen Trotz die Stubentapeten entlangkriechen zu sehen ist so grotesk wie grauenhaft. Er klebte an ihnen, kam nicht von ihnen los, blieb mit dem, was sie umsäumen, in ewig-pedantischer Verrechnung« (Anton Kuh: Strindberg und Elisabeth Bergner. »Debet und Kredit« – »Fräulein Julie« [Raimund-Theater]. In: Die Stunde, Jg. 2, Nr. 355, 10.5.1924, S. 7 [Nr. 639]).
9 Datura: Zeichen der Zeit. In: Tagblatt. Organ für die Interessen des werktätigen Volkes [Linz], Jg. 7 (26), Nr. 155, 11.7.1922, S. 1.
10 Paul Stefan: Entdeckung von Linz. In: Prager Tagblatt, Jg. 45, Nr. 232, 1.10.1920, S. 1-2, hier S. 2.
11 Hans Liebstoeckl: Theater. In: Wiener Sonn- und Montags-Zeitung, Jg. 59, Nr. 50, 12.12.1921, S. 2-3, hier S. 2.
12 Stefan Grossmann: Ehe-Biegen oder Brechen. In: Prager Tagblatt, Jg. 47, Nr. 62, 14.3.1922, S. 3.

1921 – 1922

13 Alfred Döblin: Von Berliner Bühnen. In: Prager Tagblatt, Jg. 47, Nr. 279, 29.11.1922, S. 5. – Döblin bezieht sich auf: Anton Kuh: Götze und Ketzer. Zu Gerhart Hauptmanns 60. Geburtstag. In: Prager Tagblatt, Jg. 47, Nr. 274, 23.11.1922, S. 3 (ED in: Wiener Sonn- und Montags-Zeitung, Jg. 60, Nr. 45, 20.11.1922, S. 6 [Nr. 502]).
14 Anton Kuh: Der Dienstmann. In: Die Stunde, Jg. 1, Nr. 207, 8.11.1923, S. 5 [Nr. 586].
15 Hermann Bessemer: »Wien gib acht!«. Die große Revue des Ronachertheaters. In: Neues Montagblatt, Jg. 30, Nr. 46, 13.11.1923, S. 5.
16 Theodor Lessing: Der Maupassant der Kriminalistik. In: Prager Tagblatt, Jg. 50, Nr. 109, 10.5.1925, U.-Beil. [S. 3]. – Mit Dank an Rainer Marwedel für den Hinweis.
17 Joe Gribitz: Das Grammophon. In: Die Muskete, Jg. 23, Nr. 21, 24.5.1928, S. 474-475, hier S. 474.
18 K. Eyner v. Inen: Die Wiener Literatur beim Schwarzen. In: Wiener Sonn- und Montags-Zeitung, Jg. 56, Nr. 3, 28.1.1918, S. 6.
19 Zit. n.: Hugo Bettauer: Kampf um Wien. Ein Roman vom Tage. Salzburg 1980 [erstmals Wien 1923] (= Gesammelte Werke, Bd. 1), hier S. 82. – Zu Details vgl. das Nachwort von Murray G. Hall zur Neuauflage Wien 2012.
20 Ludwig Hirschfeld: Das Buch von Wien. München 1927 (= Was nicht im »Baedeker« steht, Bd. 2: Wien), S. 47, Karikatur S. 46.
21 Vgl. Anton Kuh: Das Personal der Welt. In: Münchner Illustrierte Presse, Jg. 7, Nr. 25, 22.6.1930, S. 875 [Nr. 1072].
22 Egon Erwin Kisch: Harlem, das Ghetto der Neger. In: Prager Tagblatt, Jg. 54, Nr. 77, 30.3.1929, S. 2-3, hier S. 2.
23 Anonym: O. T. (Rubrik »Theater- und Kunstnachrichten«). In: Neue Freie Presse, Nr. 20556, 20.11.1921, M, S. 12.
24 Paul Kurmann: »Die Erotik des Bürgers«. Ein Vortrag von Anton Kuh: In: Neues Wiener Journal, Nr. 10.075, 22.11.1921, S. 4.
25 p. f.: Der Sprecher Anton Kuh. In: Der Morgen, Jg. 12, Nr. 49, 5.12.1921, S. 4-5.
26 Anonym: »Die Erotik des Bürgers«. Der gestrige Vortrag Anton Kuhs. In: Wiener Sonn- und Montags-Zeitung, Jg. 59, Nr. 47, 21.11.1921, S. 3.
27 Ast. [d. i. Alexander Stern]: Vortrag Anton Kuh. In: Wiener Mittags-Zeitung, Jg. 71, Nr. 272, 30.11.1921, S. 3.
28 v.: Vortrag von Anton Kuh. In: Illustriertes Wiener Extrablatt, Jg. 50, Nr. 329, 1.12.1921, M, S. 6-7.
29 Anton Kuh: Grabrede auf einen Intendanten. In: Die Weltbühne, Jg. 26, Nr. 3, 14.1.1930, S. 97-100 [Nr. 1044].
30 a. st. [d. i. Anton Steiner]: Der unverstandene Wedekind. In: Deutsche Zeitung Bohemia, Jg. 95, Nr. 30, 4.2.1922, S. 4.
31 Anonym: [Anton Kuh]. In: Prager Tagblatt, Jg. 47, Nr. 33, 8.2.1922, S. 7.
32 Anonym (Rubrik »Mitteilungen der Prager Theaterkanzlei«): Anton

Kuh in Prag. In: Deutsche Zeitung Bohemia, Jg. 95, Nr. 234, 5.10.1922, S. 6.

33 Anonym (Rubrik »Aus der Theaterkanzlei«): »Juden und Deutsche«. Vortrag Anton Kuh. In: Prager Tagblatt, Jg. 47, Nr. 235, 7.10.1922, S. 7.

34 Anonym (Rubrik »Mitteilungen der Prager Theaterkanzlei«): Anton Kuh in Prag. In: Deutsche Zeitung Bohemia, Jg. 95, Nr. 239, 11.10.1922, S. 6.

35 Anonym (Rubrik »Aus der Theaterkanzlei«): Die jüdischen Reichen. In: Prager Tagblatt, Jg. 47, Nr. 233, 11.10.1922, S. 5.

36 a. st. [d. i. Anton Steiner]: Anton Kuh über die jüdischen Reichen. In: Deutsche Zeitung Bohemia, Jg. 95, Nr. 242, 14.10.1922, S. 6.

37 Ebd.

38 Max Brod: Der Nietzsche-Liberale (Bemerkungen zu dem Buch von Anton Kuh »Juden und Deutsche«). In: Jüdische Rundschau, Jg. 26, Nr. 23/24, 23.3.1921, S. 163-164, hier S. 164).

39 Max Brod: Vortrag Anton Kuh. In: Prager Abendblatt, Jg. 56, Nr. 232, 14.10.1922, S. 6.

40 O. K.: Vortrag Anton Kuh. In: Sozialdemokrat, Jg. 2, Nr. 242, 14.10.1922, S. 6.

41 Felix Weltsch: Anton Kuh über die jüdischen Reichen. In: Selbstwehr, Jg. 16, Nr. 42, 20.10.1922, S. 5.

42 Atta Troll: O. T. (Spitzmarke »Anton Kuh«). In: Prager Tagblatt, Jg. 47, Nr. 241, 14.10.1922, S. 4.

43 »Würde man den Zeitungslesern ein nur halb so schlecht gemachtes *geschriebenes* Blatt vorsetzen, so würde es wahrscheinlich einen Leserstreik geben. Auch das Publikum des am Samstag ausverkauften Konzerthaussaales protestierte lebhaft und streikte auch: es ergriff gegen Schluß die Flucht. Diejenigen, die in der Erwartung gekommen waren, eine geistvoll-witzige Verulkung des Zeitungswesens zu hören – die auf den Plakaten stehenden Namen Wiener Schriftsteller ließen diese Erwartung gerechtfertigt erscheinen –, sahen sich arg enttäuscht. Es war nur öde und langweilig, ohne Humor. Vor allem waren mehrere der ›Redakteure‹ des *Journal parlé* nicht erschienen, so Hans Liebstöckl, Ludwig Hirschfeld und Anton Kuh« (Anonym: »Das Blatt im Frack«. In: Wiener Allgemeine Zeitung, Jg. 43, Nr. 13.333, 23.10.1922, S. 8).

44 »Die gesprochene Zeitung«. In: Wiener Allgemeine Zeitung, Jg. 43, Nr. 13.334, 24.10.1922, S. 6.

45 Anonym: O. T. (Rubrik »Theater und Kunst«). In: Neues Wiener Journal, Jg. 30, Nr. 10.391, 21.10.1922, S. 8.

46 Anton Kuh: Nochmals die »gesprochene Zeitung«. In: Wiener Allgemeine Zeitung, Jg. 43, Nr. 13.338, 28.10.1922, S. 6.

47 Anton Kuh: Zwischen zwei Julitagen. Die Bedeutung der Wiener Ereignisse. In: Pariser Tageblatt, Jg. 2, Nr. 238, 7.8.1934, S. 1-2 [Nr. 1366].

48 Anton Kuh: Schnitzlerputsch in Teplitz. In: Wiener Sonn- und Montags-Zeitung, Jg. 60, Nr. 43, 6.11.1922, S. 2 [Nr. 499].

49 Anonym: Rektorat Steinherz. Eine Zuschrift der deutscharischen Studenten. In: Prager Tagblatt, Jg. 47, Nr. 165, 18.7.1922, S. 3 (Zitate aus der dort

reproduzierten Eingabe der »Deutscharischen Studentenschaft« an den akademischen Senat der Deutschen Universität in Prag).
50 Anonym: Der Rassenkampf an der Universität. Äußerungen des Unterrichtsministers Bechyně. In: Prager Tagblatt, Jg. 47, Nr. 269, 17.11.1922 S. 4.
51 Karl Tschuppik: Die Rache des Trottels. Zu den Exzessen der deutschen Studenten in Prag. In: Wiener Sonn- und Montags-Zeitung, Jg. 60, Nr. 45, 20.11.1922, S. 4.
52 Dr. B.: »Die Rache des Trottels«. In: Deutschösterreichische Tages-Zeitung, Jg. 32, F. 311, 21.11.1922, S. 4.
53 [–k] [d. i. Karl Sedlak]: »Die Rache des Trottels«. In: Deutschösterreichische Tages-Zeitung, Jg. 32, F. 311, 21.11.1922, S. 4.
54 Karl Diener: Das Memorandum der deutschen Studentenschaft. In: Reichspost, Jg. 29, Nr. 330, 10.12.1922, M, S. 1.
55 Anonym: Verschärfung des Hochschulkonfliktes. Ein Artikel des Rektors der Wiener Universität. In: Neues Wiener Tagblatt, Jg. 56, Nr. 331, 11.12.1922, S. 1-2.
56 Anton Kuh: Herr v. Nigerl und der Numerus clausus. In: Wiener Sonn- und Montags-Zeitung, Jg. 60, Nr. 49, 18.12.1922, S. 4-5 [Nr. 514].
57 Anton Kuh: Pimperlheroismus. In: Wiener Sonn- und Montags-Zeitung, Jg. 60, Nr. 47, 4.12.1922, S. 4 [Nr. 508].
58 Anton Kuh: Die Ekschtatigkeit. In: Neues Wiener Journal, Jg. 30, Nr. 10.439, 8.12.1922, S. 5-6 [Nr. 509].
59 Ebd.
60 a. f.: Die Judenfrage im Vortragssaal. Anton Kuh über die neuen jüdischen Reichen. In: Wiener Morgenzeitung, Jg. 4, Nr. 1391, 24.12.1922, S. 8.
61 Vgl. Anton Kuh: Der exportierte Mord. In: Der Morgen, Jg. 24, Nr. 36, 4.9.1933, S. 9 [Nr. 1335].
62 Anonym: Eine Geschichte zum Gruseln. In: Deutschösterreichische Tages-Zeitung, Jg. 32, F. 344, 24.12.1922, S. 8. – Zitate aus der anonymen Notiz »Mißglückter Anschlag auf Anton Kuh. Die Rache der Hakenkreuzler« in: Neues Wiener Journal, Jg. 30, Nr. 10.454, 23.12.1922, S. 3.

»Akustischer Kehraus einiger Nachmittage« –
»Von Goethe abwärts«

1 Von Goethe abwärts. Essays in Aussprüchen von Anton Kuh. Leipzig, Wien, Zürich 1922, S. 51 [Nr. 505].
2 Hérault de Séchelles: Theorie des Ehrgeizes. Mit einem Anhang: Gedanken über Vortragskunst und Reflexionen und Anekdoten. Übersetzt und mit einem Nachwort von Henning Ritter. München 1997, S. 106.
3 Von Goethe abwärts. Essays in Aussprüchen von Anton Kuh. Leipzig, Wien, Zürich 1922, S. 9 (Vorwort) [Nr. 505]. – Hervorhebung (Kursivierung) von W. S.
4 Karl Kraus: Sprüche und Widersprüche. München 1909, S. 178.

5 Anonym: Literarische Bosheiten. In: Leipziger Tageblatt, Jg. 116, Nr. 178, 2.8.1922 [S. 7].
6 Essays in Aussprüchen. In: Berliner Börsen-Courier, Jg. 54, Nr. 341, 23.7.1922, M, 1. Beil., S. 5.
7 Aussprüche. In: Prager Tagblatt, Jg. 47, Nr. 239, 12.10.1922, S. 5. – Weitere Vorabdrucke resp. Abdrucke zum Erscheinen des Bandes in: Hamburger Anzeiger, Jg. 35, Nr. 171, 25.7.1922, S. 2 (Von Goethe abwärts. Charakteristische Glossen – Glossatorische Charakteristiken); De Telegraaf [Amsterdam], Jg. 30, Nr. 11.627, 25.7.1922, Avondblad, Derde blad, S. 9 (Litteratuur-splinters); Frankfurter Zeitung, Jg. 67, Nr. 5, 3.1.1923, A, S. 1 (»Von Goethe abwärts«); Hamburger Anzeiger, Jg. 36, Nr. 6, 8.1.1923, S. 1 (Von Goethe abwärts. Kurze Charakteristiken, Aphorismen und Nachdenklichkeiten); Bécsi Magyar Ujság, Jg. 5, Nr. 15, 19.1.1923, S. 5 (Aforizmák).
8 Franz Blei: [Rubrik] Tisch mit Büchern. In: Prager Presse, Jg. 3, Nr. 32, 3.2.1923, A, S. 4.
9 Alfred Döblin: Die geistige Revolution. In: Prager Tagblatt, Jg. 48, Nr. 28, 4.2.1923, U.-Beil. [S. IV].
10 Georg Hermann: Brieven over Duitsche Litteratuur. In: Algemeen Handelsblad [Amsterdam], Jg. 96, Nr. 30834, 13.1.1923, Avondblad, Derde blad, S. 9.
11 Max Rychner: Satire und Polemik. In: Wissen und Leben [Zürich], Bd. 16 (1922/23), H. 11, 1.4.1923, S. 537-542.
12 hm.: Von Goethe abwärts. Essays in Aussprüchen. Von Anton *Kuh*. (Verlag E. P. Tal & Co., Leipzig, Wien, Zürich). In: Reichspost, Jg. 29, Nr. 310, 20.11.1922, S. 6.
13 Anton Kuh: Was ich nicht sah. In: Wiener Sonn- und Montags-Zeitung, Jg. 60, Nr. 46, 27.11.1922, S. 4-5 [Nr. 504].
14 Richard Euringer: Kuh, Anton, Von Goethe abwärts. Essays in Aussprüchen. In: Die schöne Literatur, Jg. 25, Nr. 1, 15.1.1924, S. 33.
15 Anton Kuh: Gute Aphorismen und schlechte Gehirne. Eine Selbstanzeige. In: Neues Wiener Journal, Jg. 30, Nr. 10.441, 10.12.1922, S. 8 [Nr. 510].
16 Anton Kuh: Berichtigung zu einer Selbstanzeige. In: Neues Wiener Journal, Jg. 30, Nr. 10.443, 12.12.1922, S. 5 [Nr. 512].

»Die Druckerschwärze ist noch frisch« –
»Börne, der Zeitgenosse«

1 [-k.]: Goethe – Börne – Kuh. In: Deutschösterreichische Tages-Zeitung, Jg. 32, F. 344, 24.12.1922, S. 8.
2 Franz Blei: [Rubrik] Tisch mit Büchern. In: Prager Presse, Jg. 3, Nr. 32, 3.2.1923, A, S. 4.
3 Hermann Wendel: Ein Börne-Buch. In: Frankfurter Zeitung, Jg. 74., Nr. 953, 22.12.1929, 2. M, Literaturblatt, Jg. 62., Nr. 51 [S. 1] (Besprechung von Ludwig Marcuses Börne-Buch »Revolutionär und Patriot«).
4 Börne, der Zeitgenosse. Eine Auswahl, eingeleitet und herausgegeben von Anton Kuh. Leipzig, Wien 1922, Vorrede, S. XVII [Nr. 506].

5 Eine Anspielung auf den »Überzeitlichkeitsgestus« des späten Gerhart Hauptmann (vgl. Anton Kuh: Dichter Hauptmann und Genosse Geyer. [Impressionen von einem Theaterabend]. In: Wiener Mittags-Zeitung, Jg. 71, Nr. 205, 9.9.1921, S. 4 [Nr. 463]).
6 Börne, der Zeitgenosse. Eine Auswahl, eingeleitet und herausgegeben von Anton Kuh. Leipzig, Wien 1922, Vorrede, S. XXV [Nr. 506].
7 Anton Kuh: Kronzeuge Börne. Zum Harden-Prozeß. In: Neues Wiener Journal, Jg. 30, Nr. 10.448, 17.12.1922, S. 5 [Nr. 513].
8 Ebd.
9 Auch die »Sozialistischen Monatshefte« referieren »Börne, der Zeitgenosse« unter der Rubrik »Geistige Bewegung« (Herbert Kühnert: Geistige Bewegung / Lesebücher. In: Sozialistische Monatshefte, Jg. 33, Bd. 64, H. 2, Februar 1927, S. 135-142 [über »Börne, der Zeitgenosse« S. 141]). – Neutral referierend: Anonym [Rubrik: Duitsche Letteren]: Anton Kuh. Börne der Zeitgenosse. Eine Auswahl. In: Nieuwe Rotterdamsche Courant, Jg. 80, Nr. 19, 20.1.1923, Avondblad A, Letterkunde, S. 4.
10 Alfred Döblin: Die geistige Revolution. In: Prager Tagblatt, Jg. 48, Nr. 28, 4.2.1923, U.-Beil. [S. IV].
11 Leo Parth [d. i. Hermann Wendel]: Zeitgenosse Börne. In: Die Glocke. Wochenschrift für Politik, Finanz, Wirtschaft und Kultur [Berlin], Jg. 8, Bd. 2, Oktober 1922-März 1923, H. 49, 5.3.1923, S. 1260.
12 Eduard Castle: Wiener Brief. In: Beiblatt der Zeitschrift für Bücherfreunde, N. F., Jg. 15, H. 3 (Mai/Juni 1923), Sp. 101-108, über »Börne, der Zeitgenosse« Sp. 107.
13 Dr. L. H.: Börne – der Zeitgenosse. In: Reichspost, Jg. 30, Nr. 90, 3.4.1923, S. 6.

1923 – 1924

14 Anonym: O. T. In: Die Stunde, Jg. 1, Nr. 1, 2.3.1923, S. 7.
15 Anton [d. i. Anton Kuh]: Sie tragen Schnurrbart. Das neue Gent-Gesicht. In: Die Stunde, Jg. 4, Nr. 929, 14.4.1926, S. 5 [Nr. 809].
16 k. [d. i. Anton Kuh]: Der renovierte Strauß. »Eine Nacht in Venedig« im Theater a. d. Wien. Dirigent: Korngold. In: Die Stunde, Jg. 1, Nr. 198, 27.10.1923, S. 3 [Nr. 583]; vgl. dazu auch: Anton [d. i. Anton Kuh]: Die Antishimmyten. Siegfried Wagner und die »Neue Freie Stunde«. In: Die Stunde, Jg. 3, Nr. 841, 29.12.1925, S. 5 [Nr. 776], sowie: Anton Kuh: Der Strauß-Walzer als Gesinnung. In: Blätter der Reinhardt-Bühnen, Spielzeit 1928/29, H. IX [erschienen zur Premiere der Max-Reinhardtschen »Fledermaus«-Inszenierung am Deutschen Theater am 6.6.1929] [S. 6-8] [Nr. 998].
17 Anton [d. i. Anton Kuh]: Sie tragen Schnurrbart. Das neue Gent-Gesicht. In: Die Stunde, Jg. 4, Nr. 929, 14.4.1926, S. 5 [Nr. 809].
18 Anonym: Urteil im Fall Nicolai. Entscheidung des Senats der Berliner Universität. In: Vossische Zeitung, Nr. 127, 9.3.1920, A [S. 4].
19 Anonym: Sexualforschung im Gerichtssaal. In: Neues Wiener Journal, Jg. 31, Nr. 10.559, 12.4.1923, S. 10.

20 Anton Kuh: Pimperlheroismus. In: Wiener Sonn- und Montags-Zeitung, Jg. 60, Nr. 47, 4.12.1922, S. 4 [Nr. 508].
21 Anton [d. i. Anton Kuh]: Kappeln auf dem Korso. In: Die Stunde, Jg. 1, Nr. 64, 18.5.1923, S. 5 [Nr. 551].
22 Anonym: Die Sperrung der Universität. Krawallszenen während der Räumung. In: Neue Freie Presse, Nr. 21263, 20.11.1923, M, S. 7.
23 Platte: (österr.) Verbrecherbande; Pülcher: (mda.) Stro_ch, Gauner.
24 Anton [d. i. Anton Kuh]: Der heilige Boden. Zu den Studentenexzessen. In: Die Stunde, Jg. 1, Nr. 217, 22.11.1923, S. 3 [Nr. 593].
25 Anton [d. i. Anton Kuh]: Der Windjackenbub. In: Die Stunde, Jg. 1, Nr. 102, 5.7.1923, S. 3 [Nr. 567].
26 A. K. [d. i. Anton Kuh]: Schutz vor der Wiener Polizei! In: Prager Tagblatt, Jg. 49, Nr. 163, 12.7.1922, S. 3 [Nr. 642].
27 Anton [d. i. Anton Kuh] Mit dem Stiefel ins Gesicht. In: Die Stunde, Jg. 1, Nr. 99, 1.7.1923, S. 3 [Nr. 565]; A. K. [d. i. Anton Kuh]: Der Sieg über Sachsen. In: Die Stunde, Jg. 1, Nr. 201, 31.10.1923, S. 3 [Nr. 584]; Anton [d. i. Anton Kuh]: Sipo, Schupo, Apo und Po-grom. Zu den Berliner Unruhen. In: Die Stunde, Jg. 1, Nr. 207, 8.11.1923, S. 3 [Nr. 585]; Anton [d. i. Anton Kuh]: Nietzsche und Hindenburg. In: Die Stunde, Jg. 3, Nr. 631, 16.4.1925, S. 7 [Nr. 717]; Anton Kuh: [Gegen das Leipziger Todesurteil!] In: Die Welt am Abend, Jg. 3, Nr. 104, 5.5.1925 [S. 2] [Nr. 720]; Anton [d. i. Anton Kuh]: Berliner Notizbuch. In: Die Stunde, Jg. 3, Nr. 647, 6.5.1925, S. 5 [Nr. 721]; Anton [d. i. Anton Kuh]: Der andere Affenprozeß. In: Die Stunde, Jg. 3, Nr. 711, 24.6.1925, S. 5 [Nr. 743]; Anton [d. i. Anton Kuh]: Kleinstadt Deutschland. Der Fall Lessing. In: Die Stunde, Jg. 4, Nr. 978, 15.6.1926, S. 5 [Nr. 839].
28 A. K. [d. i. Anton Kuh]: Der Sieg über Sachsen. In: Die Stunde, Jg. 1, Nr. 201, 31.10.1923, S. 3 [Nr. 584].
29 Anton [d. i. Anton Kuh]: Sipo, Schupo, Apo und Po-grom. Zu den Berliner Unruhen. In: Die Stunde, Jg. 1, Nr. 207, 8.11.1923, S. 3 [Nr. 585].
30 Anton [d. i. Anton Kuh]: Mit dem Stiefel ins Gesicht. In: Die Stunde, Jg. 1, Nr. 99, 1.7.1923, S. 3 [Nr. 565].
31 a. k. [d. i. Anton Kuh]: Das homosexuelle Deutschland. Haarmann und das deutschnationale Laster – Historische und psychologische Ursachen – Der »Kant der Schwulen«. In: Die Stunde, Jg. 2, Nr. 533, 14.12.1924, S. 5 [Nr. 677].
32 Anton [d. i. Anton Kuh]: Wien am Gebirge. In: Die Stunde, Jg. 1, Nr. 101, 4.7.1923, S. 3 [Nr. 566].
33 Anonym [Federkiel] [d. i. Anton Kuh]: Die heilige Magdalena aus Hirtenfeld. In: Der Morgen, Jg. 9, Nr. 4, 28.1.1918, S. 5 [Nr. 234].
34 Anton Kuh: Bayern 1921. In: Wiener Mittags-Zeitung, Jg. 71, Nr. 188, 19.8.1921, S. 5; Wiener Mittags-Zeitung, Jg. 71, Nr. 189, 20.8.1921, S. 5 [Nr. 458].
35 Anton [d. i. Anton Kuh]: Sagt man »Schlieferl«? Eine gelehrte Untersuchung. In: Die Stunde, Jg. 1, Nr. 223, 29.11.1923, S. 3 [Nr. 595].
36 Anton Kuh: Der Strauß-Walzer als Gesinnung. In: Blätter der Reinhardt-Bühnen, Spielzeit 1928/29, H. IX [erschienen zur Premiere der Max-Rein-

hardtschen »Fledermaus«-Inszenierung am Deutschen Theater am 6.6.1929]
[S. 6-8] [Nr. 998].
37 Anton [d. i. Anton Kuh]: »Damen ohne Begleitung«. In: Die Stunde,
Jg. 1, Nr. 53, 4.5.1923, S. 3 [Nr. 544].
38 Felix Salten: Die Mädchen. In: Neue Freie Presse, Nr. 21297, 25.12.1923,
M, S. 3-6, Zitate S. 3 u. 6.
39 Anton [d. i. Anton Kuh]: Die sanierte Jungfernschaft. Eine Fastenpredigt
am Weihnachtstag. In: Die Stunde, Jg. 1, Nr. 245, 28.12.1923, S. 3 [Nr. 605].
40 Felix Salten: Wien, gib acht! In: Neue Freie Presse, Nr. 21342, 10.2.1923,
S. 1-3, hier S. 3.
41 Anton [d. i. Anton Kuh]: Mutzenbacher kontra Ronacher. Eine neue
Salten-Predigt. In: Die Stunde, Jg. 2, Nr. 282, 12.2.1924, S. 3 [Nr. 615].
42 Anonym: Vortrag Anton Kuh. In: Prager Tagblatt, Jg. 48, Nr. 287,
8.12.1923, S. 6.
43 Harald Seyrl: Der Fall Kadivec. In: Edith Cadivec. Bekenntnisse und
Erlebnisse. Hg. v. Michael Farin. München 2008, S. 391-396.
44 Anton Kuh: Was ich sagte und was noch zu sagen ist. Eine Kadivec-
Bilanz. In: Die Stunde, Jg. 2, Nr. 301, 5.3.1924, S. 3 [Nr. 617].
45 Eine Erklärung Eugen Klöpfers. In: Neues 8 Uhr-Blatt, Jg. 11, Nr. 2824,
17.3.1924, S. 6.
46 Anonym: Schauspieler und Kritiker. Eugen Klöpfer gegen Anton Kuh.
In: Die Stunde, Jg. 2, Nr. 312, 18.3.1924, S. 4.
47 Anton Kuh: Gastspiel Klöpfer. »Michael Kramer« von Gerhart Hauptmann (Raimund-Theater). In: Die Stunde, Jg. 2, Nr. 311, 16.3.1924, S. 5
[Nr. 621].
48 Anton Kuh: Klöpfer kontra Hauptmann. Zum Zwischenfall im Raimundtheater. In: Die Stunde, Jg. 2, Nr. 313, 19.3.1924, S. 5 [Nr. 622].

»Der Rest ist Speiben« – Theater-Kritiker

1 Anton Kuh: Robert Hirschfeld. Ein Nachruf. In: Prager Tagblatt, Jg. 39,
Nr. 93, 5.4.1914, M, S. 8-9, hier S. 8 [Nr. 23].
2 Anton Kuh: Burgtheaterkrise. In: Prager Tagblatt, Jg. 42, Nr. 78, 21.3.1917,
M, S. 5 [Nr. 138].
3 Anton Kuh: Die Burgtheaterlüge. In: Wiener Sonn- und Montags-Zeitung, Jg. 60, Nr. 48, 11.12.1922, S. 2-3 [Nr. 511].
4 Anton Kuh: Frau Bleibtreu geht ... In: Prager Tagblatt, Jg. 43, Nr. 89,
18.4.1918, M, S. 4 [Nr. 263].
5 Anton Kuh: Ritualmord in Ungarn. Tragödie in fünf Akten von Arnold
Zweig. Uraufführung an der »Neuen Wiener Bühne«. In: Der Morgen, Jg. 10,
Nr. 42, 20.10.1919, S. 3 [Nr. 415].
6 Anonym. In: Der Maßstab. Blätter zur Kritik der Wiener Theaterkunst,
H. 1 [Anfang Oktober 1919], U 3.
7 Anton Kuh: Darf der Kritiker klatschen? In: Der Maßstab. Blätter zur
Kritik der Wiener Theaterkunst, H. 1 [Anfang Oktober 1919], S. 29-30
[Nr. 413].

8 Anton Kuh: Stadttheater. Eröffnungsvorstellung: »Die Weber«. In: Der Morgen, Jg. 10, Nr. 35, 1.9.1919, S. 10 [Nr. 400].
9 Anton Kuh: Was ich nicht sah. In: Wiener Sonn- und Montags-Zeitung, Jg. 60, Nr. 46, 27.11.1922, S. 4-5 [Nr. 504].
10 Anton Kuh: Ein Gespräch über Theaterkritik. In: Berliner Tageblatt, Jg. 54, Nr. 480, 10.10.1925, M [S. 3] [Nr. 761].
11 Anton Kuh: Der entrüstete Mime. In: Der Morgen, Jg. 12, Nr. 50, 12.12.1921, S. 4-5 [Nr. 470].
12 Anton Kuh: Schauspieler vor Gericht. Zum Wiener Theater-Prozeß. In: Prager Tagblatt, Jg. 42, Nr. 123, 6.5.1917, M, S. 6 [Nr. 151].
13 Anton Kuh: Er, Sie, Es. In: Wiener Sonn- und Montags-Zeitung, Jg. 61, Nr. 1, 1.1.1923, S. 6-7 [Nr. 515].
14 Ebd. – Als »Mittelstandswedekind« in »Von Goethe abwärts« [Nr. 505].
15 Anton Kuh: Anton Wildgans' »Liebe«. (Gestern in den »Kammerspielen«). In: Prager Tagblatt, Jg. 41, Nr. 349, 17.12.1916, M, S. 6 [Nr. 103].
16 Anton Kuh: Wedekind. In: Der Morgen, Jg. 9, Nr. 10, 11.3.1918, S. 4 [Nr. 252].
17 Anton Kuh: Die Büchse der Pandora. Leitpunkte einer Conférence. In: Der Morgen, Jg. 10, Nr. 14, 7.4.1919, S. 5 [Nr. 367].
18 Anton Kuh: Die Kaiserin von Neufundland. Die Wedekind-Pantomime am Raimundtheater. In: Die Stunde, Jg. 2, Nr. 517, 25.11.1924, S. 6 [Nr. 675].
19 Anton Kuh: Was ich nicht sah. In: Wiener Sonn- und Montags-Zeitung, Jg. 60, Nr. 46, 27.11.1922, S. 4-5 [Nr. 504].
20 [-uh] [d. i. Anton Kuh]: Gastspiel Claire Wallentin. »Heimat« von Sudermann. In: Prager Tagblatt, Jg. 41, Nr. 315, 13.11.1916, Mi, S. 3 [Nr. 81].
21 Anton Kuh: Hans Müllers »Könige«. Schauspiel in drei Akten; Erstaufführung Sonntag im Neuen Deutschen Theater. In: Prager Tagblatt, Jg. 41, Nr. 337, 5.12.1916, M, S. 2-3 [Nr. 98].
22 [-uh] [d. i. Anton Kuh]: Das weiße Lämmchen. Mit Pallenberg; gestern im Raimundtheater. In: Die Stunde, Jg. 1, Nr. 53, 4.5.1923, S. 5 [Nr. 545].
23 [-uh] [d. i. Anton Kuh]: Der neue Schönherr. Uraufführung im Burgtheater. In: Österreichische Morgenzeitung und Handelsblatt, Jg. 5, Nr. 313, 11.11.1917, S. 5 [Nr. 197].
24 Anton Kuh: »Und Pippa tanzt!«. Vorbemerkung zur morgigen Aufführung. In: Prager Tagblatt, Jg. 42, Nr. 17, 19.1.1917, M, S. 2 [Nr. 117].
25 Anton Kuh: Dichter Hauptmann und Genosse Geyer. (Impressionen von einem Theaterabend). In: Wiener Mittags-Zeitung, Jg. 71, Nr. 205, 9.9.1921, S. 4 [Nr. 463].
26 Anton Kuh: Neues Wiener Stadttheater. »Stützen der Gesellschaft«. In: Der Morgen, Jg. 10, Nr. 38, 22.9.1919, S. 10 [Nr. 407].
27 [-uh] [d. i. Anton Kuh]: »Die Hose« an der Neuen Wiener Bühne. In: Prager Tagblatt, Jg. 42, Nr. 59, 2.3.1917, M, S. 5 [Nr. 131].
28 Anton Kuh: »Fink und Fliederbusch«. Das neue Schnitzler-Stück am Deutschen Volkstheater. In: Österreichische Morgenzeitung und Handelsblatt, Jg. 5, Nr. 317, 15.11.1917, S. 5 [Nr. 201].

29 Anton Kuh: Die Schnitzler-Welt. »Freiwild« von Arthur Schnitzler. Aufführung am »Stadttheater«. In: Der Morgen, Jg. 10, Nr. 42, 20.10.1919, S. 6 [Nr. 416].
30 Anton Kuh: Schnitzlers »Reigen«. In: Prager Tagblatt, Jg. 45, Nr. 301, 28.12.1920, S. 4 [Nr. 448].
31 ak [d. i. Anton Kuh]: Der neue Schnitzler. Zur Uraufführung der »Komödie der Verführung«. In: Die Stunde, Jg. 2, Nr. 480, 9.10.1924, S. 3 [Nr. 652].
32 Anton Kuh: Nachträgliches zu Schnitzler. Uraufführung der »Komödie der Verführung« am Burgtheater. In: Prager Tagblatt, Jg. 49, Nr. 241, 12.10.1924, S. 10 [Nr. 655].
33 Tanzpalast, Kabarett- und Varieté-Lokal in Wien I, Walfischgasse 11.
34 Anton Kuh: »Anatol« bei Reinhardt. In: Die Stunde, Jg. 3, Nr. 597, 5.3.1925, S. 5 [Nr. 702].
35 Anton Kuh: Georg Kaisers »Nebeneinander«. Gestern im Raimund-Theater. In: Die Stunde, Jg. 2, Nr. 278, 7.2.1924, S. 6 [Nr. 613].
36 [-uh] [d. i. Anton Kuh]: »Kolportage«. Das neue Kaiser-Stück am Volkstheater. In: Die Stunde, Jg. 2, Nr. 471, 28.9.1924, S. 6 [Nr. 646].
37 Anton Kuh: Das Drama auf der Rutschbahn. Die Eröffnung der »Raumbühne«. In: Prager Tagblatt, Jg. 49, Nr. 235, 5.10.1924, S. 11 [Nr. 651].
38 Anton Kuh: Haus Habsburg bei Reinhardt. Franz Werfels »Juarez und Maximilian«. In: Die Stunde, Jg. 3, Nr. 665, 28.5.1925, S. 5 [Nr. 728].
39 Anton Kuh: »Sechs Personen suchen einen Autor«. Überraschungen im Raimund-Theater. In: Die Stunde, Jg. 2, Nr. 327, 5.4.1924, S. 5 [Nr. 627].
40 [-uh] [d. i. Anton Kuh]: Eroberung des seriösen Theaters durch »Max und Moritz«. Gestern: Die »Neue Wiener Bühne«. In: Die Stunde, Jg. 3, Nr. 594, 1.3.1925, S. 8 [Nr. 701].
41 [-uh] [d. i. Anton Kuh]: Gastspiel Claire Wallentin. In: Prager Tagblatt, Jg. 41, Nr. 316, 14.11.1916, M, S. 6 [Nr. 82].
42 Anton Kuh: Molnár und die Wiener Kritik. Nochmals: »Riviera«. In: Die Stunde, Jg. 4, Nr. 844, 1.1.1926, S. 5-6 [Nr. 781].
43 Anton Kuh: »Endstation«. Lustspiel in drei Akten von Béla Szenes. (Uraufführung am Deutschen Volkstheater). In: Die Stunde, Jg. 1, Nr. 22, 27.3.1923, S. 7 [Nr. 531].
44 [-uh] [d. i. Anton Kuh]: Einakterabend in den Kammerspielen. In: Die Stunde, Jg. 1, Nr. 31, 7.4.1923, S. 4 [Nr. 533].
45 [-uh] [d. i. Anton Kuh]: Josefstädter Theater. (»Jeanne qui rit«) (»Sie lacht«. Lustspiel in 3 Akten von Maurice Soulié und Charles Darantière). In: Der Morgen, Jg. 10, Nr. 39, 29.9.1919, S. 3 [Nr. 410].
46 Anton Kuh: Pallenberg-Gastspiel. »Dardamelle, der Betrogene« (»Le cocu«) von Mazaud (deutsche Übersetzung von Alfred Polgar); »Mimensiege« von Courteline. Zur gestrigen Generalprobe am Raimund-Theater. In: Die Stunde, Jg. 1, Nr. 37, 14.4.1923, S. 5 [Nr. 535].
47 Anton Kuh: Sardou in der Josefstadt. »Die guten Freunde«. In: Die Stunde, Jg. 4, Nr. 933, 18.4.1926, S. 7 [Nr. 811].
48 [-uh] [d. i. Anton Kuh]: »Mein Vater hat recht gehabt«. Das Guitry-Stück in den Kammerspielen. In: Die Stunde, Jg. 1, Nr. 242, 22.12.1923, S. 5 [Nr. 603].

49 Anton Kuh: Blaufuchs. Komödie in drei Akten von Franz Herczeg. Zum erstenmal aufgeführt am Theater i. d. Josefstadt. In: Der Morgen, Jg. 8, Nr. 36, 3.9.1917, S. 7 [Nr. 174].
50 Ebd.
51 [-uh] [d. i. Anton Kuh]: Gülstorff. Einakterabend an der »Neuen Wiener Bühne«. In: Der Morgen, Jg. 13, Nr. 25, 19.6.1922, S. 4 [Nr. 479].
52 Anton Kuh: Die neue Reinhardt-Sensation. »Artisten« mit Varieté und Moser. In: Prager Tagblatt, Jg. 53, Nr. 139, 13.6.1928, S. 7 [Nr. 966].
53 Anton Kuh: Ein Diener: Herr Moser. In: Der Querschnitt, Jg. 8, H. 7, Juli 1928, S. 480-481 [Nr. 968].
54 Anton Kuh: Der Dienstmann. In: Die Stunde, Jg. 1, Nr. 207, 8.11.1923, S. 5 [Nr. 586].
55 Anton Kuh: »Mrs. Cheneys Ende«. Elisabeth Bergner am Deutschen Volkstheater. In: Die Stunde, Jg. 4, Nr. 972, 8.6.1926, S. 5 [Nr. 834].
56 Anton Kuh: Strindberg und Elisabeth Bergner. »Debet und Kredit« – »Fräulein Julie« (Raimund-Theater). In: Die Stunde, Jg. 2, Nr. 355, 10.5.1924, S. 7 [Nr. 639].
57 »Sie muß die Tonfälle der Wiener Gasse genial in ihr Ohr gefangen haben. Die ganze I. B klingt da durch. alle Phonetik des Anmäuerl-Spiels und aller Antisemitismus des gezwungenen Hochdeutsch; förmlich wie zur Rache an dem Schulzimmer und der Vorortgasse, wo sie ihre Jugend verlebte« (Anton Kuh: Berliner Abende. II. Die Bergner als Christopherl. In: Die Stunde, Jg. 4, Nr. 906, 17.3.1926, S. 5 [Nr. 795]).
58 Ebd.
59 Anton Kuh: Gisela Werbezirk. In: Der Querschnitt, Jg. 7, H. 8, August 1927, S. 578-579 [Nr. 921].
60 Anton Kuh: Volksbühne. Gastspiel Werbezirk. In: Der Morgen, Jg. 10, Nr. 9, 3.3.1919, S. 4 [Nr. 353].
61 [-uh] [d. i. Anton Kuh]: Richard Romanowskys Debüt. Am Modernen Theater. In: Die Stunde, Jg. 2, Nr. 475, 3.10.1924, S. 5 [Nr. 650].
62 Anton Kuh: Reinhardts »Sommernachtstraum«. Lokalaugenschein. In: Die Stunde, Jg. 3, Nr. 574, 6.2.1925, S. 6 [Nr. 695].
63 Anton Kuh: Berliner Abende. I. »Viktoria« bei Reinhardt. In: Die Stunde, Jg. 4, Nr. 901, 11.3.1926, S. 5 [Nr. 793].
64 Anton Kuh: Abend des Adels. Max Reinhardts dritte Wiener Premiere. In: Prager Tagblatt, Jg. 49, Nr. 95, 20.4.1924, S. 10 [Nr. 636].
65 Anton Kuh: Blanche Câline. Burgtheater. In: Die Stunde, Jg. 2, Nr. 326, 4.4.1924, S. 3 [Nr. 625].
66 Anton Kuh: Kunst- und Fruchtabtreibung. In: Morgenzeitung und Handelsblatt, Jg. 6, Nr. 343, 11.12.1918, S. 2 [Nr. 333].
67 Anton Kuh: Burgtheater. Thaddäus Rittners »Garten der Jugend«. In: Österreichische Morgenzeitung und Handelsblatt, Jg. 5, Nr. 348, 16.12.1917, S. 5 [Nr. 217].
68 [-uh] [d. i. Anton Kuh]: »Prokurist Poldi«. Erstaufführung an der »Neuen Wiener Bühne«. In: Der Morgen, Jg. 8, Nr. 49, 3.12.1917, S. 7 [Nr. 212].
69 [-uh] [d. i. Anton Kuh]: Kammerspiele. »Die Hausdame« von Erik Hostrup. In: Der Morgen, Jg. 8, Nr. 52, 24.12.1917, S. 11 [Nr. 221].

70 [–uh] [d. i. Anton Kuh]: »Marc«. Schauspiel von Oskar Maurus Fontana. Erstaufführung an der »Neuen Wiener Bühne«. In: Der Morgen, Jg. 8, Nr. 48, 26.11.1917, S. 4 [Nr. 207].
71 [–uh] [d. i. Anton Kuh]: »Lady Fanny und die Dienstbotenfrage«. Lustspiel von Jerome K. Jerome. Deutsche Uraufführung am Raimund-Theater. In: Die Stunde, Jg. 3, Nr. 559, 18.1.1925, S. 7 [Nr. 690].
72 [–uh] [d. i. Anton Kuh]: Kammerspiele. In: Der Morgen, Jg. 8, Nr. 41, 8.10.1917, S. 4 [Nr. 183].
73 [–uh] [d. i. Anton Kuh]: Kammerspiele. In: Der Morgen, Jg. 8, Nr. 50, 10.12.1917, S. 4 [Nr. 215].
74 Anton Kuh: Neue Wiener Bühne. »Alte Freunde«. 3 Einakter von Viktor Fleischer. In: Der Morgen, Jg. 10, Nr. 10, 10.3.1919, S. 7 [Nr. 359].
75 Anton Kuh: »Das neue Gold« und die »Braven Leut'«. Erstaufführungen an der Neuen Wiener Bühne und am Stadttheater. In: Der Morgen, Jg. 8, Nr. 38, 17.9.1917, S. 4 [Nr. 176].
76 Ebd.
77 Anton Kuh: Volksbühne. »Bosporus«, Schauspiel in drei Akten von Melchior Lengyel und Emmerich Farkas. In: Der Morgen, Jg. 9, Nr. 2, 14.1.1918, S. 4 [Nr. 229].
78 Anton Kuh: Schnitzlers »Reigen«. In: Prager Tagblatt, Jg. 45, Nr. 301, 28.12.1920, S. 4 [Nr. 448].
79 Anton Kuh: »Du sollst nicht töten!« Ein Schauspiel von Leonid Andrejew; Erstaufführung in der Josefstadt. In: Die Stunde, Jg. 2, Nr. 501, 4.11.1924, S. 5 [Nr. 664].
80 Anton Kuh: Gastspiel der »Münchener Kammerspiele«. »Wie es euch gefällt«. In: Der Morgen, Jg. 9, Nr. 18, 6.5.1918, S. 11 [Nr. 276].
81 Anton Kuh: Ehrenrettung der Tenöre. In: Prager Tagblatt, Jg. 61, Nr. 250, 27.10.1936, S. 3 [Nr. 1432].
82 Anton Kuh: Breitner, Tacitus, Molnár. Bruchstücke aus einem Vortrag. In: Die Stunde, Jg. 4, Nr. 959, 21.5.1926, S. 5 [Nr. 829].
83 Anton [d. i. Anton Kuh]: Buntes Allerlei. In: Der Morgen, Jg. 9, Nr. 13, 1.4.1918, S. 7 [Nr. 259].
84 E. M.: Anton Kuh spricht in der Komödie. In: B. Z. am Mittag, Jg. 53, Nr. 34, 4.2.1929, 1. Beibl. [S. 2].
85 Anton Kuh: Aber das Publikum …! Berlin, Die Komödie, 2.2.1929.
86 Anton Kuh: »Theaterkrisen«. Prinzipielles zu einem Spezialfall. In: Prager Tagblatt, Jg. 40, Nr. 302, 31.10.1915, M, S. 11 [Nr. 48].
87 ü.: Kuhs Kulturkritik. Im Kurfürstendamm-Theater. In: Vossische Zeitung, Nr. 576, 7.12.1931, A, Ubl. Nr. 292 [S. 3] (Besprechung von Anton Kuhs Stegreif-Vortrag »Warum haben wir kein Geld? [Von Kant bis Patzenhofer]«, Berlin, Kurfürstendamm-Theater, 5.12.1931).
88 Anton Kuh: Darf der Kritiker klatschen? In: Der Maßstab. Blätter zur Kritik der Wiener Theaterkunst, H. 1 [Anfang Oktober 1919], S. 29-30 [Nr. 413].

1924 – 1925

89 Die acht Aufführungen von 27.3. bis 3.4.1924 sind – von der Zensur verfügte – »geschlossene Vorstellungen«, jene vom 4.4. und 5.4.1924 sind frei zugänglich.
90 Anonym: »Das Sonnenspektrum«. In: Illustrierte Kronen-Zeitung, Jg. 25, Nr. 8690, 29.3.1924, S. 5.
91 Leopold Jacobson: Der erlaubte und der unerlaubte Wedekind. Nachtvorstellung in den Kammerspielen. In: Neues Wiener Journal, Jg. 32, Nr. 10.904, 28.3.1924, S. 11.
92 Anton Kuh: Anton Kuh über sein Debüt auf den Brettern. In: Komödie. Wochenrevue für Bühne und Film, Jg. 5, Nr. 14, 5.4.1924, S. 5 [Nr. 626].
93 Béla Balázs: Wedekind im Geheimen. In: Der Tag, Jg. 3, Nr. 479, 29.3.1924, S. 7.
94 Ebd.
95 Richard Götz: Öffentliche Glossen zu geheimen Vorgängen. In: Der Morgen, Jg. 15, Nr. 13, 31.3.1924, S. 4.
96 Anton Kuh: »Waren Sie schon in einer geschlossenen Anstalt?« Was sich ein Bezirksrichterl heute erlauben darf! In: Die Stunde, Jg. 2, Nr. 335, 15.4.1924, S. 3 [Nr. 632].
97 Anonym: Der kategorische Imperativ. In: Neues Wiener Journal, Jg. 32, Nr. 10.864, 17.2.1924, S. 25.
98 Anonym: Das Monokel als Friedensstörer. In: Arbeiter-Zeitung, Jg. 36, Nr. 103, 13.4.1924, M, S. 12-13, hier S. 13; Anonym: Wie sich das Souveränitätsgefühl eines Anton Kuh ausdrückt. In: Reichspost, Jg. 31, Nr. 103, 13.4.1924, S. 12; Anonym: Ehrenbeleidigung. In: Neues 8 Uhr-Blatt, Jg. 11 Nr. 2847, 14.4.1924, S. 4.
99 Anonym: Ehrenbeleidigung. In: Neues 8 Uhr-Blatt, Jg. 11, Nr. 2847, 14.4.1924, S. 4.
100 Anton Kuh: »Waren Sie schon in einer geschlossenen Anstalt?« Was sich ein Bezirksrichterl heute erlauben darf! In: Die Stunde, Jg. 2, Nr. 335, 15.4.1924, S. 3 [Nr. 632].
101 Relliam [d. i. Hermann Mailler]: Kuh. In: Reichspost, Jg. 31, Nr. 104, 14.4.1924, S. 5.
102 Anonym: O. T. (Rubrik »Theater und Kunst«). In: Neues Wiener Journal, Nr. 10.926, 19.4.1924, S. 12.
103 Anonym: Anton Kuh über Sittlichkeit. In: Wiener Allgemeine Zeitung, Nr. 13777, 23.4.1924, S 4.
104 wr.: Anton Kuh über »unsittliche Kunst«. In: Neues Wiener Journal, Nr. 10.932, 26.4.1924, S. 9.
105 Ebd.
106 Robert Musil: Das Theater in den Festwochen. Gute Hoffnung und unerlaubter Eingriff. In: Der Morgen, Jg. 15, Nr. 39, 29.9.1924, S. 3-4.
107 Anton Kuh: Theaterfest in Wien. Ein Premierenbericht. In: Prager Tagblatt, Jg. 49, Nr. 231, 1.10.1924, S. 3 [Nr. 647].
108 Anton Kuh: Zwei Sommernachtsträume. Eine Theaterbetrachtung mit

einer politischen Folgerung. In: Die Stunde, Jg. 3, Nr. 573, 5.2.1925, S. 3 [Nr. 694].
109 Vgl.: Murray G. Hall: Der Fall Bettauer. Wien 1978.
110 Anonym: Bettauers Schicksal: In: Deutschösterreichische Tages-Zeitung, Jg. 36, F. 69, 11.3.1925, S. 4.
111 Am 5. Oktober 1925, findet im Landesgericht Wien I die Hauptverhandlung gegen Otto Rothstock statt. Vor Gericht wird der Mörder, der sich damit verantwortet, »aus sittlicher Empörung« gehandelt, und dabei angibt, nie eine Zeile des »Jugendverderbers« gelesen zu haben, vom ehemaligen Führer der österreichischen Nationalsozialisten, Walter Riehl, unentgeltlich verteidigt. Er wird freigesprochen und wegen »Gemeingefährlichkeit« in psychiatrische Pflege überstellt, aus der er nach zwanzig Monaten als freier Mann entlassen wird. Vgl. dazu: Anton [d. i. Anton Kuh]: Rund um Rothstock. In: Die Stunde, Jg. 3, Nr. 774, 7.10.1925, S. 5 [Nr. 760].
112 [–k] [d. i. Karl Sedlak]: Das Echo der Presse. Zum Anschlag auf Bettauer. In: Deutschösterreichische Tages-Zeitung, Jg. 36, F. 70, 12.3.1925, S. 3.
113 [–go–] [vermutlich »Mungo«, d. i. Valentin Schuster]: Die Schüsse auf Dr. Seipel. In: Deutschösterreichische Tages-Zeitung, Jg. 34, F. 153, 3.6.1924, S. 1-2, hier S. 1 u. 2.
114 M.: Judas Werk! In: Deutsche Arbeiter-Presse. Nationalsozialistisches Kampfblatt für Deutschösterreich, Jg. 16, F. 23, 7.6.1924, S. 1-2, hier S. 2.
115 Anonym: Nicht der »Mörder« – die Behörden sind schuldig. Unsere Stellung zum Fall Bettauer. In: Deutsche Arbeiter-Presse. Nationalsozialistisches Kampfblatt für Deutschösterreich, Jg. 17, F. 11, 14.3.1925, S. 1-2, hier S. 1 u. 2.
116 Flankiert allenfalls von einer von Robert Musil und Karl Oskar Piszk initiierten und in einer Handvoll Wiener Tageszeitungen am 14. resp. 15. März veröffentlichten »Kundgebung für Bettauer« des »Schutzverbands deutscher Schriftsteller in Österreich«. – Vgl. dazu: Murray G. Hall: Robert Musil und der Schutzverband deutscher Schriftsteller in Österreich. In: Österreich in Geschichte und Literatur, Jg. 21, H. 4, Juli, August 1977, S. 202-221, insbes. S. 207-209.
117 Anton Kuh: Bettauer. In: Die Stunde, Jg. 3, Nr. 773, 6.10.1925, S. 5 [Nr. 759].
118 Anton Kuh: Vor dem Bettauerprozeß. Ein Komplott ohne Gehilfen? In: Prager Presse, Jg. 5, Nr. 271, 4.10.1925, M, S. 4 [Nr. 757].
119 Anton Kuh: Bettauer. In: Die Stunde, Jg. 3, Nr. 773, 6.10.1925, S. 5 [Nr. 759].
120 Ebd.
121 Ebd.
122 Bundespolizeidirektion Wien – Archiv. Dr.-Schober-Archiv. Karton Nr. 17: Notizen – Tagesprogramm 1924, Kuvert »Notizen 1./4. – 30./4.24«.
123 Bundespolizeidirektion Wien – Archiv. Schober-Archiv. Karton Nr. 5: Tagesprogramme 1925, Kuvert »1.–31. März 1925«.
124 Hans Habe: Ich stelle mich. Meine Lebensgeschichte. Wien, München, Basel 1954, S. 111.

125 Herwig Hartner: Erotik und Rasse. Eine Untersuchung über gesellschaftliche, sittliche und geschlechtliche Fragen. München 1925, S. 136.
126 Anonym: [Urania] (Rubrik »Bühne und Kunst«). In: Deutsche Zeitung Bohemia, Jg. 98, Nr. 92, 19.4.1925, S. 7.
127 Anonym: Vídeňský problém, německý nacionalism a součinnost s Němci [Das Wiener Problem, deutscher Nationalismus und die Zusammenarbeit mit den Deutschen]. In: Právo Lidu, Jg. 36, Nr. 93, 21.4.1925, S. 7. – Übersetzung: Hana Blahová.
128 Anonym: Anton Kuh über die bösartige Form des unsterblichen Bürokratismus. In: Deutsche Zeitung Bohemia, Jg. 98, Nr. 91, 18.4.1925, S. 6.
129 Anton Kuh: Die Politik Wiens. In: Prager Tagblatt, Jg. 50, Nr. 91, 18.4.1925, S. 3 [Nr. 718].
130 Anonym: Anton Kuh über die bösartige Form des unsterblichen Bürokratismus. In: Deutsche Zeitung Bohemia, Jg. 98, Nr. 91, 18.4.1925, S. 6.
131 [–ê]: Prag und Wien. In: Montagsblatt, Jg. 47, Nr. 17, 27.4.1925, S. 2.
132 Anonym: Roste jím hřebínek [Es schwillt ihnen der Kamm]. In: Národní politika, Jg. 43, Nr. 115, 27.4.1925, N, S. 5.
133 Anonym: Der Pfiff nach dem Pöbel. In: Montagsblatt, Jg. 47, Nr. 18, 4.5.1925, S. 2.
134 Anton Kuh: Wie Adalbert Sternberg aus Wien abreiste. In: Der Querschnitt, Jg. 5, H. 10, Oktober 1925, S. 861-865 [Nr. 756].
135 Anonym: Neuerliche Ausweisung Adalbert Sternbergs. Ein amtliches Kommuniqué. In: Neues Wiener Journal, Jg. 33, Nr. 11.363, 11.7.1925, S. 3.
136 Bundespolizeidirektion Wien – Archiv. Dr.-Schober-Archiv. Karton Nr. 27/4: Notizen – Tagesprogramm 1925, Kuvert »Verschiedenes Jahr 1925«.
137 Ilse Reiter: Adel verpflichtet – Der Jockeiklub gegen Adalbert Sternberg 1922-1924. In: Dies.: Gustav Harpner (1864-1924). Vom Anarchistenverteidiger zum Anwalt der Republik. Wien, Köln, Weimar 2008, S. 504-508, dort auch die Sternberg-Zitate.
138 Ingrid Steuer: Adalbert Graf Sternberg (1868-1930). Persönlichkeit und Werk eines politischen Außenseiters im alten Österreich. Phil. Diss. Wien 1970, S. 140.
139 Anton Kuh: Abschied vom Grafen Sternberg. In: Neues Wiener Journal, Jg. 33, Nr. 11.363, 11.7.1925, S. 3-4 [Nr. 739].
140 Anonym: Adalbert Sternbergs Abreise. Die gestrigen Szenen auf dem Ostbahnhof. In: Die Stunde, Jg. 3, Nr. 706, 18.7.1925, S. 4
141 Anonym: Erregte Szenen bei der Abreise Adalbert Sternbergs. Eine Kundgebung für den ausgewiesenen Grafen. In: Neues Wiener Journal, Jg. 33, Nr. 11.369, 17.7.1925, S. 5.

»Eine Unternehmung wie jede andere« – »Die Stunde«

1 Emmerich Békessy: Meine Freundschaft und Feindschaft mit Camillo Castiglioni. In: Békessy's Panoptikum. Eine Zeitschrift gegen Dummheit und Lüge, Nr. 1-5, April-Mai 1928, S. 83-127, hier S. 86.

2 Walther Federn, Gustav Stolper: Das Schandblatt. Eine Erklärung. In: Der österreichische Volkswirt, Jg. 15, Nr. 40, 7.7.1923, S. 1116-1117, hier S. 1117.

3 Emmerich Békessy: Inseriert nur bei Stolper! Eine Betrachtungsserie über Feinde und Freunde. Bemerkungen des Herausgebers. S. I-III eines zehnseitigen Dossiers zum Prozeß mit dem Titel »Die Rache des Untalents. Beweise und Gegenbeweise zur Affäre Stolper-Federn«, die der »Börse« vom 22.11.1923 (Jg. 4, Nr. 47) beiliegt, hier S. I.

4 Der Prozeß Békessy. Stenographisches Protokoll der Schwurgerichtsverhandlung über die Privatanklage der Herausgeber des »Österreichischen Volkswirt«, Walther Federn u. Dr. Gustav Stolper, gegen Emmerich Békessy, Herausgeber der »Börse« und »Stunde«, am 18. und 19. Januar 1924. Wien 1924, S. 8 u. 9.

5 »›Meiner Sendung Amt / Ließ manches mich erleben hier in Wien: Ich sah wie hier Verderbnis dampft und siedet / Und überschäumt. Gesetz für jede Sünde; / Doch Sünden so beschützt, daß eure Satzung / Wie Warnungstafeln in des Baders Stube / Da steht, und was verpönt, nur wird verhöhnt‹« (Karl Kraus: Sittlichkeit und Criminalität. In: Die Fackel, Jg. 4, Nr. 115, 17.9.1902, S. 1-24, hier S. 1).

6 »Von allen Kämpfenden, Hintermännern und Rufern im Streite in meiner Affäre mit den Stolper und Federn hat allein Karl Kraus recht: ›Shakespeare hat alles vorausgewußt.‹ Er schrieb es im Jahre 1902, als ich 15 Jahre alt war und dieser Stadt und ihrem Moralbewußtsein noch nichts angetan hatte; in einer Zeit, die Karl Kraus zu der Betrachtung über ›Sittlichkeit und Kriminalität‹ drängte. […] Shakespeare hat alles vorausgewußt. […] Er hat gewußt, daß ›meiner Sendung Amt‹ mich manches würde hier in Wien erleben lassen« (Emmerich Békessy: Die Rache des Untalents. Eine Betrachtungsserie über Freunde und Feinde II. … Nur nicht locker lassen, lieber Freund, nur nicht locker lassen … Bemerkungen des Herausgebers. In: Die Börse, Jg. 4, Nr. 48, 29.11.1923, S. 17-19, hier S. 17).

7 Sittlichkeit und Criminalität: Unter diesem Titel läßt Karl Kraus eine Auswahl seiner ursprünglich in der »Fackel« erschienenen (und für die Buchpublikation revidierten) Abhandlungen über Sexualmoral, Sexualgesetzgebung und Sexualrechtsprechung erscheinen (1. Aufl. Wien, Leipzig 1908).

8 Anonym: O. T. In: Die Stunde, Jg. 1, Nr. 1, 2.3.1923, S. 7.

9 Karl Kraus: Metaphysik der Haifische. In: Die Fackel, Jg. 25, Nr. 632-639, Mitte Oktober 1923, S. 150-158, Zitate S. 150, 151 u. 152.

10 Karl Kraus: Békessys Sendung. In: Die Fackel, Jg. 25, Nr. 640-648, Mitte Januar 1924, S. 84-101, hier S. 88.

11 Ebd., S. 91.

12 Karl Kraus: Höher geht's nimmer. In: Die Fackel, Jg. 26, Nr. 668-675, Dezember 1924, S. 6-9.

13 Anonym: Die Planke. In: Die Stunde, Jg. 2, Nr. 494, 25.10.1924, S. 1.

14 Karl Kraus: Ein kalter Schauder über den Rücken. In: Die Fackel, Jg. 26, Nr. 668-675, Dezember 1924, S. 158-160, hier S. 159-160.

15 Anonym [Anton Kuh]: Ein Bruderzwist im Hause Karl Kraus. Der

Packel-, der Sackel-, der Lackel- und der »Fackel«-Kraus. In: Die Stunde, Jg. 3, Nr. 569, 30.1.1925, S. 3 [Nr. 691].
16 Karl Kraus: Zu Ferdinand Lassalles hundertstem Geburtstag. In: Die Fackel, Jg. 26, Nr. 679-685, März 1925, S. 1-9, Zitate S. 3. u. 4.
17 Karl Kraus: Die »Stunde« bietet die Darstellung der wirklichen Ereignisse des Lebens. In: Die Fackel, Jg. 26, Nr. 679-685, März 1925, S. 126-140, hier S. 135.
18 Ebd., S. 135 u. 136.
19 Anonym: Baronin Reitzes hat Wien verlassen. In: Die Stunde, Jg. 3, Nr. 583, 17.2.1925, S. 5-6.
20 Karl Kraus: Die »Stunde« bietet die Darstellung der wirklichen Ereignisse des Lebens. In: Die Fackel, Jg. 26, Nr. 679-685, März 1925, S. 126-140, hier S. 135.
21 Anonym: Mörder und kein Ende. Das Attentat gegen den Schriftsteller Bettauer. In: Neue Freie Presse, Nr. 21728, 11.3.1925, M, S. 1-2, hier S. 1.
22 Anonym: Der Hausjud des Hakenkreuzmordes. In: Die Stunde, Jg. 3, Nr. 604, 13.3.1925, S. 3.
23 »[Ernst] Benedikt wieder selbst konnte sich den Luxus leisten, die sich teils selbst genügende, **teils selbst befriedigende** Talentlosigkeit zum Erben einzusetzen« [Fettdruck in der »Stunde«] (Anonym: Der publizistische Schurkenstreich der »Neuen Freien Presse«. In: Die Stunde, Jg. 3, Nr. 603, 12.3., S. 5); »[Ernst Benedikts] Willenlosigkeit und Charakterschwäche erstreckte sich auch auf das Sexualgebiet. Er lief noch als Fünfundzwanzigjähriger immer mit rotgeränderten Augen und bleichem Gesicht umher, bis sein Vater ihn rasch verheiratete und dadurch dem Unfug ein Ende machte« (Anonym: Der Benedikt und der Mord. In: Die Stunde, Jg. 3, Nr. 606, 15.3.1925, S. 3-4, hier S. 4).
24 Karl Kraus: Entlarvt durch Békessy. In: Die Fackel, Jg. 27, Nr. 691-696, Juli 1925, S. 68-128, hier S. 79.
25 Ebd., S. 124.
26 Karl Kraus: Die »Stunde« bietet die Darstellung der wirklichen Ereignisse des Lebens. In: Die Fackel, Jg. 26, Nr. 679-685, März 1925, S. 126-140.
27 Samek, Foliobox 1, 13.13.
28 Anonym: Wer ist schöner? Karl Kraus berichtigt sein Bild. In: Die Stunde, Jg. 3, Nr. 632, 17.4.1925, S. 1.
29 Anonym: War Karl Kraus ein schönes Kind? Eine hochbedeutsame Frage vor dem Strafrichter. – Ein Bild ist nicht berichtigungsfähig. In: Die Stunde, Jg. 3, Nr. 641, 28.4.1925, S. 6; Anonym: Ein Streit um Photographien. Karl Kraus, der Hühneraugenoperateur und Richard III. In: Die Stunde, Jg. 3, Nr. 659, 20.5.1925, S. 6; Anonym: War Karl Kraus ein schönes Kind? In: Die Stunde, Jg. 3, Nr. 712, 28.7.1925, S. 1; Anonym: War Karl Kraus ein schönes Kind? In: Die Stunde, Jg. 3, Nr. 777, 10.10.1925, S. 1.
30 »Mulatschag, oder vom Privatauto zur Bar ist nur ein Schritt« (Die Stunde, Jg. 3, Nr. 663, 26.5.1925, S. 1).
31 5. Rätsel-Karikatur / Visitenkarten-Rätsel. R. R. Laus-Kak. Wer verbirgt sich hinter diesem Pseudonym (Die Stunde, Jg. 3, Nr. 669, 3.6.1925, S. 11).

32 Alfred Kerr: Antwort an Karl Kraus: In: Die Stunde, Jg. 3, Nr. 661, 23.5.1925, S. 5.
33 Anonym: Karl Kraus und das große Herz Peter Altenbergs. In: Die Stunde, Jg. 3, Nr. 834, 18.12.1925, S. 7.
34 Anonym: War Karl Kraus ein schönes Kind? Eine hochbedeutsame Frage vor dem Strafrichter. – Ein Bild ist nicht berichtigungsfähig. In: Die Stunde, Jg. 3, Nr. 641, 28.4.1925, S. 6.
35 Anonym: Ein Streit um Photographien. Karl Kraus, der Hühneraugenoperateur und Richard III. In: Die Stunde, Jg. 3, Nr. 659, 20.5.1925, S. 6.
36 Karl Kraus: Aus der Sudelküche. In: Die Fackel, Jg. 22, Nr. 561-567, März 1921, S. 53-68, hier S. 58.
37 Karl Kraus: Hinaus aus Wien mit dem Schuft! In: Die Fackel, Jg. 27, Nr. 697-705, Oktober 1925, S. 145-176, hier S. 174.
38 Karl Kraus: Die Stunde des Gerichts. In: Die Fackel, Jg. 28, Nr. 730-731, Anfang Juli 1926, S. 1-32, hier S. 7.
39 Karl Kraus: Entlarvt durch Békessy. In: Die Fackel, Jg. 27, Nr. 691-696, Juli 1925, S. 68-128.
40 Anonym [Anton Kuh]: Kraus, der Nachtigallenfreund. Sein Auto war ein »Gelegenheitskauf«. In: Die Stunde, Jg. 3, Nr. 706, 18.7.1925, S. 5 [Nr. 742].
41 Karl Kraus: Hinaus aus Wien mit dem Schuft! In: Die Fackel, Jg. 27, Nr. 697-705, Oktober 1925, S. 145-176.
42 Ebd., S. 169.
43 Emmerich Békessy: Meine Freundschaft und Feindschaft mit Camillo Casiglioni. In: Békessy's Panoptikum, Nr. 1-5, April – Mai 1928, S. 83-123, hier S. 104.
44 Ernst Spitz: Békessys Revolver. Wien 1926.
45 Anonym: Ein Bedränger kleiner Mädchen. In: Die Stunde, Jg. 4, Nr. 990, 29.6.1926, S. 7.
46 Anonym: Wer ist's? In: Die Stunde, Jg. 4, Nr. 993, 3.7.1926, S. 6.
47 Emmerich Békessy: Wie es zu meiner Abdankung kam. In: Békessy's Panoptikum, Nr. 1-5, April – Mai 1928, S. 59-73, hier S. 61-63.
48 Ebd., S. 64-68.
49 Karl Kraus: Warum die Fackel nicht erscheint. In: Die Fackel, Jg. 36, Nr. 890-905, S. 1-313, hier S. 182-183.
50 Die Redaktion der »Stunde«: Austerlitz, Benedikt und wir. In: Die Stunde, Jg. 4, Nr. 1004, 16.7.1926, S. 2.
51 Anonym: Besitzwechsel in der Majorität der Kronos-Verlag A. G. In: Die Stunde, Jg. 4, Nr. 1009, 22.7.1926, S. 2.
52 Emmerich Békessy: Eine Erklärung des Chefredakteurs Emmerich Békessy. In: Die Stunde, Jg. 4, Nr. 1009, 22.7.1926, S. 2.
53 Karl Kraus: Die Stunde des Todes. In: Die Fackel, Jg. 28, Nr. 732-734, Mitte August 1926, S. 1-56, hier S. 49.

»An seinen Früchteln sollt ihr ihn erkennen« –
»Der Affe Zarathustras«

1 Anton Kuh: Die Schule des Ethos. In: Neue Revue, Jg. 2, H. 5/6, Ende August/September 1931, S. 288-289 [Nr. 1181].
2 Karl Tschuppik an Anton Kuh, undatiert [vermutlich Anfang 1917] [Briefpapier »CHEFREDAKTEUR KARL TSCHUPPIK«] (NL Kuh, ÖLA, 227/04).
3 Anton Kuh: Paul Kornfelds »Verführung«. Notizen zur heutigen Aufführung. In: Der Morgen, Jg. 5, Nr. 6, 11.2.1918, S. 11 [Nr. 239].
4 Anton Kuh: An einen Kraus-Jünger. In: Die neue Weltbühne, Jg. 30 [der Weltbühne, Jg. 3 der Wiener Weltbühne], Nr. 42, 18.10.1934, S. 1323-1325 [Nr. 1376].
5 Der Affe Zarathustras (Karl Kraus). Eine Stegreifrede von Anton Kuh, gehalten am 25. Oktober 1925 im Wiener Konzerthaussaal (Stenographisches Protokoll). Wien 1925, S. 36 [Nr. 765].
6 Ebd.
7 Berthold Viertel: Anton Kuh, der Sprecher. In: Prager Tagblatt, Jg. 43, Nr. 108, 11.5.1918, S. 4 (wieder in: Die Stunde, Jg. 3, Nr. 788, 23.10.1925, S. 5).
8 Bundespolizeidirektion Wien – Archiv. Dr.-Schober-Archiv. Karton Nr. 18: Kuvert »1.10.-31.12.1925, unter dem 24.10.1925.
9 Bundespolizeidirektion Wien – Archiv. Dr.-Schober-Archiv. Karton Nr. 18: Kuvert »1.10.-31.12.1925«, unter dem 26.10.1925.
10 Dieses wie auch alle folgenden Zitate aus dem Vortrag nach: Der Affe Zarathustras (Karl Kraus). Eine Stegreifrede von Anton Kuh, gehalten am 25. Oktober 1925 im Wiener Konzerthaussaal (Stenographisches Protokoll). Wien 1925 [Nr. 765].
11 »Nachhausebegleitungssprache. Ich werde Ihnen schildern, was das ist. Der Mann, der Welt in sich hat, Mut gegen Mut, Erlebnis gegen Erlebnis setzt, der sagt seine Sache, drückt dem Hörer die Hand und geht. Der Mensch aber, der sich nur vermöge des Wortes behauptet, der überall, wo ein Loch in der Tapete entsteht, es mit Wortkalk verschmiert, der, so wie es im ›Zerrissenen‹ von Nestroy geschieht, hier eine Falltür niederdrückt, worauf eine andere sich öffnet, dann dorthin eilt und sie wieder niederdrückt und das so hin und her weitertut und in dreißigjähriger mönchsartiger Hirnmühe immer wieder die durch die Wirklichkeit entstandenen Löcher mit Worten verstopft – eine lächerliche Clownarbeit –, dieser Mann muß seinen Stil so schreiben, daß alles präventiv vorweggenommen ist, was sich irgendeiner noch dagegen denken könnte. (Und er wird doch nie, nie damit fertig.) Sie wissen, daß es die Art eitler Menschen ist, daß sie von einer Gesellschaft nicht Abschied nehmen können, weil sie immer das unangenehme Gefühl haben, daß hinter ihrem Rücken gesagt wird: Nun, ganz gescheit, aber man muß schon sagen ... – oder daß sie unerhörte Thesen entwickelt haben und fürchten, der Mann, der ihnen zugehört hat, könne sagen: Ja, ich habe ihm zugehört, um ihm nicht zu zeigen, daß ich pikiert bin, aber es wäre doch etwas dagegen anzuführen – der un-

dialektische Mensch denkt sich da: ›Habts mich gern!‹ – dem dialektischen aber ist die Möglichkeit, daß irgendein Tapetenriß entstehen könnte, ein furchtbarer Schreck. Und er wird eine Prosa schreiben, die alles das, was man sich noch mit einem letzten Gehirnrest dagegen denken könnte, antizipiert.«
12 Karl Kraus: Vor neunhundert Zeugen. In: Die Fackel, Jg. 27, Nr. 706-711, Dezember 1925,S. 101-120, S. 104-105.
13 Friedrich Torberg im Gespräch mit Ulrike Lehner, 30.4.1977. In: Ulrike Lehner: Die Kontroverse Anton Kuh – Karl Kraus. Ein Beitrag zur österreichischen Satire der Zwischenkriegszeit (Hausaufgabe aus Deutsch als Hauptfach. Universität Wien 1980), S. 66-67.
14 Ebd., S. 16.
15 Paul Schick: Karl Kraus in Selbstzeugnissen und Bilddokumenten. Reinbek 1965, S. 113.
16 Die »Manifest«-Stelle – die Bezeichnung des am 28. Juli 1914 von Kaiser Franz Joseph I. unterzeichneten, in den Morgenblättern des 29. Juli 1914 publizierten und als »Anschlag« plakatierten Manifests »An meine Völker!«, das diesen den Allerhöchsten Entschluß des Monarchen mitteilte, mit Waffengewalt gegen das Königreich Serbien vorzugehen, als »erhabene[s] Manifest«, als »Gedicht, das die tatenvolle Zeit eingeleitet«, als »menschlichsten Anschlag, den die Straße unserm Auge widerfahren lassen konnte« – in der »Anrede« »In dieser großen Zeit« vom November 1914 (am 19.11.1914 im Mittleren Konzerthaussaal gesprochen, am 5.12.1914 in der »Fackel«[Jg. 16, Nr. 404, S. 1-19, hier S. 3] veröffentlicht – war wiederholt Anlaß, Kraus kriegsverherrlichende Tendenz zu unterstellen. Kraus bezeichnet sie im September 1928 als »eine der schartigsten Waffen meiner ›Feinde‹, doch immer wieder hervorgeholt« (Karl Kraus: Der größte Schuft im ganzen Land. In: Die Fackel, Jg. 30, Nr. 787-794, S. 1-208, hier S. 68). Kurt Krolop weist auf deren ironische Markierung hin: »Über jenem erhabenen Manifest, jenem Gedicht, das die tatenvolle Zeit eingeleitet, dem einzigen Gedicht, das sie bis nun hervorgebracht hat, über dem menschlichsten Anschlag, den die Straße unserm Auge widerfahren lassen konnte, hängt der Kopf eines Varietékomikers, überlebensgroß« (Kurt Krolop: »Der Korrektor ist der Dichter«. Karl Kraus und die kaiserliche »Manifestzeile«. In: Germanistica Pragensia XIV [1999], S. 35-50. – Kraus geht außerdem in »Innsbruck« auf die fast gleichlautenden Vorwürfe Sonkas im Detail ein, unter anderem auf den »Manifest«-Vorwurf.
17 Anton Kuh: »Verjährtes Lob«. In: Die Stunde, Jg. 3, Nr. 796, 1.11.1925, S. 5 [Nr. 766].
18 »Max Brod, Franz Kafka and a witty Viennese journalist, Anton Kuh, came sometimes for supper. I remember that once the main dish was spinach and that I could not grasp the witticisms of Anton Kuh, who made political jokes about it« (Salka Viertel: The Kindness of Strangers. New York, Chicago, San Francisco 1969, S. 82-83).

1925 – 1926

19 Max Herrmann-Neiße: Berliner Kabaretts im März. In: Berliner Tageblatt, Jg. 55, Nr. 130, 18.3.1926, M [S. 2-3].

20 Anton Kuh: Einer, der Wien haßt. Gegen die Überfüllung Berlins mit Wiener Kabarettiers. In: Die Stunde, Jg. 4, Nr. 913, 25.3.1926, S. 5 [Nr. 798].
21 Das Tage-Buch, Jg. 7, H. 13, 27.3.1926, S. 512-513.
22 Max Herrmann-Neiße an Friedrich Grieger, Berlin, 8.6.1926. In: Max Herrmann-Neiße: Briefe. Ausgabe in zwei Bänden. Hg. v. Klaus Völker und Michael Prinz. Berlin 2012, Bd. 1, S. 864-865, hier S. 864.

»Wehe dem, der das letzte Wort hat«
oder: Außer Spesen nichts gewesen

1 Anton Kuh: Preisausschreiben. In: Die Stunde, Jg. 3, Nr. 778, 11.10.1925, S. 5 [Nr. 762].
2 Karl Kraus: Hinaus aus Wien mit dem Schuft! In: Die Fackel, Jg. 27, Nr. 697-705, Oktober 1925, S 145-176, hier S. 148.
3 Anonym: Der »Affe Zarathustras« vor dem Bezirksgericht. Zwei Ehrenbeleidigungsklagen Karl Krausens gegen Anton Kuh. In: Die Stunde, Jg. 4, Nr. 858, 20.1.1926, S. 5-6.
4 Anonym: Der »Affe Zarathustras« vor dem Bezirksgericht. Die Klage Karl Krausens gegen Anton Kuh und gegen unseren verantwortlichen Redakteur Dr. Fritz Kaufmann. In: Die Stunde, Jg. 4, Nr. 860, 22.1.1926, S. 2 u. S. 9.
5 Anonym: Der neue Affenprozeß. Die Klage Karl Krausens wegen des Wortes »Vortragsaffe«. In: Die Stunde, Jg. 4, Nr. 861, 23.1.1926, S. 5-6.
6 Ebd.
7 Anonym: Der »Vortragsaffe« vor dem Bezirksgericht. Eine Klage Karl Krausens gegen Anton Kuh. In: Die Stunde, Jg. 4, Nr. 941, 28.4.1926, S. 8.
8 Die Klagsschrift, die Karl Kraus in dem wegen Ehrenbeleidigung in Anton Kuhs Vortrag »Der Affe Zarathustras« angestrengten Verfahren einreicht, enthält den Passus: »zumal da die Persönlichkeit des Beschuldigten nicht zum Objekt einer literarischen Befassung, die er um jeden Preis anstrebt, sondern bloss zur strafrechtlichen Abwehr der Beleidigungen taugt« (Samek, Foliobox 2, 34.1.). Vgl.: Karl Kraus contra ... Die Prozeßakten der Kanzlei Oskar Samek in der Wiener Stadt- und Landesbibliothek. Bearbeitet und kommentiert von Hermann Böhm, Bd. 1 (1922-1927). Wien 1995, S. 137.
9 Epilog zum »Vortragsaffen«. Aus dem Plädoyer Anton Kuhs. In: Die Stunde, Jg. 4, Nr. 942, 29.4.1926, S. 5.
10 Samek, Foliobox 1, 19.38.
11 Karl Kraus: Warum ich an der Republikfeier nicht mitwirkte. In: Die Fackel, Jg. 27, Nr. 706-711, Dezember 1925, S. 58-70.
12 Anonym: Der Vorzugsschüler. In: Die Stunde, Jg. 3, Nr. 666, 29.5.1925, S. 6.
13 Karl Kraus: Notizen. In: Die Fackel, Jg. 28, Nr. 726-729, Mai 1926, S. 66-80, hier S. 79-80 (Karl Kraus an die Redaktion der »Arbeiter-Zeitung«, 28.4.1926).
14 Samek, Foliobox 2, 34.1.
15 Samek, Foliobox 5, 74.1.

16 Karl Kraus: Entlarvt durch Békessy. In: Die Fackel, Jg. 27, Nr. 691-696, Juli 1925, S. 68-128, hier S. 113.
17 Karl Kraus contra ... Die Prozeßakten der Kanzlei Oskar Samek in der Wiener Stadt- und Landesbibliothek. Bearbeitet und kommentiert von Hermann Böhm, Bd. 1 (1922-1927). Wien 1995, S. 140-142.
18 Anton Kuh: Sittlichkeit und Kriminalität oder Privatdetektivinstitut »Ethos«. In: Die Stunde, Jg. 4, Nr. 973, 9.6.1926, S. 4 [Nr. 835].
19 Aussage Kuhs zit. n.: Protokoll der öffentlichen Hauptverhandlung vom 11. November 1926. Samek, Foliobox 2, 34.1. Ergänzend die Prozeßberichterstattung der Tagespresse.
20 Anonym: Der Wiener Affenprozeß. Karl Kraus klagt Anton Kuh. In: Neues Wiener Journal, Jg. 34, Nr. 11.845, 12.11.1926, S. 20-21, hier S. 20.
21 Ebd., S. 21.
22 Anonym: Eine Ehrenbeleidigungsklage gegen Anton Kuh. In: Arbeiter-Zeitung, Jg. 39, Nr. 314, 14.11.1926, M, S. 14.
23 Anonyme Notiz in: Arbeiter-Zeitung, Jg. 39, Nr. 314, 14.11.1926, M, S. 14.
24 Samek, Foliobox 2, 35.3 bis 35.24.
25 Inquit: Improvisationen am Sonntag. Anton Kuh über Caro – Petschek. In: Vossische Zeitung, Nr. 522, 31.10.1932, A, Ubl. Nr. 303 [S. 1].
26 Brief Samek an Katz, 3.11.1932 (Samek, Foliobox 2, 35.51).

1926

27 Anton Kuh: Mein heutiger Vortrag. In: Die Stunde, Jg. 4, Nr. 957, 19.5.1926, S. 7 [Nr. 827].
28 O. K.: Der Breitner ist schuld! In: Neues Wiener Journal, Jg. 34, Nr. 11.670, 19.5.1926, S. 9.
29 Anton Kuh: Breitner, Tacitus, Molnár. Bruchstücke aus einem Vortrag. In: Die Stunde, Jg. 4, Nr. 959, 21.5.1926, S. 5 [Nr. 829].

»In jeder Beziehung die freieste Stadt der Welt« – Berlin

1 Anton Kuh: [Gefällt es Ihnen noch in Wien?]. In: Die Bühne, Jg. 3, H. 84, 17.6.1926, S. 26 [Nr. 840].
2 Anton Kuh: Österreicher gegen Österreich. Ein Brief an die Redaktion. In: Pester Lloyd, Jg. 78, Nr. 20, 25.1.1931, M, S. 2-3 [Nr. 1116].
3 »Aus den Veröffentlichungen des Statistischen Reichsamtes über die Ausländerbewegung der letzten Monate ergibt sich die interessante Feststellung, daß unter den 130.000 Ausländern in Berlin sich 32.000 österreichische Staatsangehörige befinden, also nahezu 25 % der in Berlin lebenden Ausländer. Hiebei sind nur jene gezählt, die ständig in Berlin leben, ohne Berücksichtigung der zahlreichen Oesterreicher, die sich vorübergehend in der deutschen Hauptstadt aufhalten [...] Die in Berlin wohnenden Oesterreicher rekrutieren sich aus allen Gesellschaftsschichten und Berufen. Neben Kaufleuten gibt es hier zahlreiche Künstler, Schriftsteller, Journalisten usw. Die Geschäftswelt wohnt zum großen Teil im Zentrum, die Angehörigen der freien Berufe zumeist in

den westlichen Bezirken. Die österreichische Kolonie in Berlin ist, was Zahl der Mitglieder und gesellschaftliche Organisation betrifft, die größte Gemeinschaftsinstitution von allen Auslandskolonien« (Dr. E. K. Wien in Berlin. Die österreichische Kolonie zählt 32.000 Köpfe. In: Neues Wiener Journal, Jg. 35, Nr. 12.018, 8.5.1927 S. 6).
4 Anton Kuh: [Vorrede]. In: Ders.: Der unsterbliche Österreicher. München 1931, S. 5-9 [Nr. 1104].
5 Ebd., S. 7.
6 Anton Kuh: Grabrede auf einen Intendanten. In: Die Weltbühne, Jg. 26, Nr. 3, 14.1.1930, S. 97-100 [Nr. 1044].
7 all.: Anton Kuh über Wien–Berlin. Der »feudale Roßknödel«. In: Wiener Allgemeine Zeitung, Jg. 51, Nr. 15525, 1.3.1930, S. 3.
8 Siehe dazu: Christian Jäger, Erhard Schütz: Städtebilder zwischen Literatur und Journalismus. Wien, Berlin und das Feuilleton der Weimarer Republik. Wiesbaden 1999, hier S. 9.
9 Arthur Kahane: Die beiden Städte. In: Berliner Börsen-Courier, Jg. 58, Nr. 219, 13.5.1926, 1. Beil., S. 5-6.
10 Anton [d. i. Anton Kuh]: Warum geht's in Berlin? Nach Informationen durch Bürgermeister Reicke. In: Der Morgen, Jg. 9, Nr. 38, 23.9.1918, S. 5-6 [Nr. 305].
11 all.: Anton Kuh über Wien–Berlin. Der »feudale Roßknödel«. In: Wiener Allgemeine Zeitung, Jg. 51, Nr. 15525, 1.3.1930, S. 3.
12 Anton Kuh: Moderner Folterprozeß. In: Der Morgen, Jg. 19, Nr. 7, 13.2.1928, S. 7 [Nr. 948].
13 Anton Kuh: Zum Steglitzer Schülerprozeß. In: Prager Tagblatt, Jg. 53, Nr. 32, 7.2.1928, S. 3 [Nr. 946].
14 Antonius [d. i. Anton Kuh]: Das junge Mädchen auf dem Theater. In: Der Querschnitt, Jg. 12, H. 9, Ende September 1932, S. 665-666 [Nr. 1279].
15 Anton Kuh: Kleiner Führer durch das große Hotel. In: Das Magazin, Jg. 4 (1927/28), Nr. 43, März 1928, S. 1993-2000 [Nr. 951].

Eleve am Theater in der Josefstadt –
Als Kritiker Gunn in »Fannys erstes Stück«

1 Anton Kuh: Der Kritiker spielt sich selber. Als ich im Josefstädter Theater als Schauspieler wirkte. In: Der Tag, Jg. 9, Nr. 2534, 1.3.1930, S. 5 [Nr. 1048].
2 Ebd.
3 Anton Kuh: Wie spielt man Theater? Probenerfahrungen eines Dilettanten. In: Neues Wiener Journal, Jg. 34, Nr. 11.799, 26.9.1926, S. 9 [Nr. 857].
4 Anton Kuh: Ich spiele einen Kritiker. Probenerfahrungen eines Amateurs. In: Berliner Tageblatt, Jg. 56, Nr. 43, 26.1.1927, A [S. 2] [Nr. 880].
5 Ebd.
6 Anton Kuh: Mein Debüt als Schauspieler. Wie ich mir meine Kritiken vorstelle. In: Neues Wiener Journal, Jg. 34, Nr. 11.789, 16.9.1926, S. 10 [Nr. 856].

7 Anton Kuh: Ich spiele einen Kritiker. Probenerfahrungen eines Amateurs. In: Berliner Tageblatt, Jg. 56, Nr. 43, 26.1.1927, A [S. 2] [Nr. 880].
8 Ebd.
9 Leopold Jacobson: »Fannys erstes Stück«. Komödie in drei Akten von Bernard Shaw. In: Neues Wiener Journal, Jg. 34, Nr. 11.791, 18.9.1926, S. 3.
10 h. l. [d. i. Hans Liebstoeckl]: Shaw-Première in der Josefstadt. »Fannys erstes Stück«. In: Die Stunde, Jg. 4, Nr. 1059, 18.9.1926, S. 6.
11 f. s. [d. i. Felix Salten]: »Fannys erstes Stück«. Theater in der Josefstadt. In: Neue Freie Presse, Nr. 22275, 18.9.1926, M, S. 9.
12 h. l. [d. i. Hans Liebstoeckl]: Shaw-Première in der Josefstadt. »Fannys erstes Stück«. In: Die Stunde, Jg. 4, Nr. 1059, 18.9.1926, S. 6.
13 Leopold Jacobson: »Fannys erstes Stück«. Komödie in drei Akten von Bernard Shaw. In: Neues Wiener Journal, Jg. 34, Nr. 11.791, 18.9.1926, S. 3.

»Herzlich grüßt Anton Kuh!« – Trittbrettfahrer einer aktennotorischen Fehde

1 Samek, Foliobox 4, 63.1.
2 Berliner Herold, Jg. 28, Nr. 52, 24.-30.12.1932, 1. Beil. [S. 5].

1926

3 Anonym: O. T. (Rubrik »Theater und Kunst« / »Veranstaltungen der Konzertdirektion Georg Kugel«). In: Neues Wiener Journal, Nr. 11.804, 1.10.1926, S. 11.
4 Anton Kuh: [Skandal in Wien]. Stegreif-Vortrag, 1.10.1926, ab 19.30 Uhr, Wien, Mittlerer Konzerthaussaal. Fragmentarische Mitschrift [Nr. 859]. Samek, Foliobox 2, 34.22 – Mit freundlicher Genehmigung der Wienbibliothek.
5 Anton Kuh: Békessy. In: Pesti Futár, Jg. 19, Nr. 17, 18.8.1926, S. 6-9 [Nr. 850].

Ethos und »Ethospetetos« – Anton Kuh vs. Karl Kraus

1 Anton Kuh: Die Schule des Ethos. In: Neue Revue, Jg. 2, H. 5/6, Ende August/September 1931, S. 288-289 [Nr. 1181].
2 Ein Preßprozeß gegen die »Stunde«. In: Arbeiter-Zeitung, Jg. 39, Nr. 24, M, 24.1.1926, S. 15 (Zuschrift und Berichtigung Anton Kuhs); Karl Kraus und Anton Kuh. In: Wiener Morgenzeitung, Jg. 8, Nr. 2773, 16.11.1926, S. 4.
3 Paul Schick: Karl Kraus in Selbstzeugnissen und Bilddokumenten. Reinbek 1965, S. 113.
4 Samek, Foliobox 1, 13.8.
5 Samek, Foliobox 1, 15.11.
6 Anton Kuh: Die Schule des Ethos. In: Neue Revue, Jg. 2, H. 5/6, Ende August/September 1931, S. 288-289 [Nr. 1181].
7 Anton Kuh: Abschied vom Grafen Sternberg. In: Neues Wiener Journal, Jg. 33, Nr. 11.363, 11.7.1925, S. 3-4 [Nr. 739]; teilweiser Nachdruck unter

dem Titel »Ausweisung und Einbürgerung. Abschied vom Grafen Sternberg« in: Die Fackel, Jg. 27, Nr. 697-705, Oktober 1925, S. 138-139, hier S. 139.
8 Karl Kraus: Literatur und Lüge. In: Die Fackel, Jg. 27, Nr. 697-705, Oktober 1925, S. 103-105, hier S 103. – Bezieht sich auf: [–uh] [d. i. Anton Kuh]: Die Garderobefrau und die Revue. Als man »Wien gib acht!« in Berlin gab. In: Die Stunde, Jg. 3, Nr. 698, 9.7.1925, S. 5 [Nr. 736].
9 Karl Kraus: Der Nichtgenannte. In: Die Fackel, Jg. 28, Nr. 726-729, Ende April 1926, S. 1-9, hier S. 6-7. Zitiert: Anton Kuh: Sardou in der Josefstadt. »Die guten Freunde«. In: Die Stunde, Jg. 4, Nr. 933, 18.4.1926, S. 7 [Nr. 811]. »Die ›Stunde‹: / Sardou in der Josefstadt / – – Dann Carl Götz! Leimriechend, verwittert, modrig; schleimzüngig und schraubbrüstig; in einer sardonischen Kümmerlichkeit strahlend, die vom Giftgrün der Mißgunst bis zum Ockergelb der Schadenfreude alle Farben spielt; der Zerspringer, wie ihn die konjunkturlose, ausgesackelte Gegenwart in so vielen Exemplaren hervorbringt – das wahre Spuckträgerl des *Neides*, den die Zeit in ihren Leitartikeln, Versammlungsreden und Moralismen aushustet. *(Von den Staatsanwaltsplädoyers gar nicht zu sprechen.)*« (Karl Kraus: Der Nichtgenannte. In: Die Fackel, Jg. 28, Nr. 726-729, Mai 1926, S. 1-9, hier S. 6-7. – In der »Fackel« spationierte Passagen hier kursiv.
10 Samek, Foliobox 1, 19.16.
11 U. a.: Anonym: [Karl Kraus]. In: Die Stunde, Jg. 1, Nr 185, 12.10.1923, S. 5; o. h.: Liederabend Karl Kraus. In: Die Stunde, Jg. 3, Nr. 698, 9.7.1925, S. 7.
12 Karl Kraus: Aus der Sudelküche. In: Die Fackel, Jg. 22, Nr. 561-567, März 1921, S. 53-68.
13 Samek, Foliobox 2, 34.1.
14 Karl Kraus: Literatur oder Man wird doch da sehn. Magische Operette. Wien 1921, zit. n.: Karl Kraus: Schriften. Hg. v. Christian Wagenknecht. Frankfurt am Main 1989, Bd. 12: Dramen, S. 7-75, hier S. 52 u. S. 53.
15 Karl Kraus: Vorne Sittlichkeit, hinten Kriminalität. In: Die Fackel, Jg. 27, Nr. 697-705, Oktober 1925, S. 49-59, hier S. 53.

1926

16 Alexander Stern: Der Weg zurück. Von Berlin nach Wien. In: Der Morgen, Jg. 23, Nr. 32, 8.8.1932, S. 8.
17 Ebd.
18 Ulrich Weinzierl: Hofmannsthal. Skizzen zu seinem Bild. Wien 2005, S. 47.
19 Anton Kuh: [Gegen das Leipziger Todesurteil!] In: Die Welt am Abend, Jg. 3, Nr. 104, 5.5.1925 [S. 2] [Nr. 720].
20 Anton [d. i. Anton Kuh]: Sie tragen Schnurrbart. Das neue Gent-Gesicht. In: Die Stunde, Jg. 4, Nr. 929, 14.4.1926, S. 5 [Nr. 809].
21 Anton [d. i. Anton Kuh]: Der Dauertänzer. Vom Hungerturm des Rhythmus. In: Vossische Zeitung, Nr. 159, 5.7.1929, 4. Beil. [S. 1] [Nr. 1008].
22 Anton Kuh: Submarine. In: Die Weltbühne, Jg. 25, Nr. 25, 18.6.1929, S. 942-944 [Nr. 1000].

23 Anton Kuh: Der allmächtige Taufschein. »Wie alt sind Sie?« – »Bedauere – zu alt!« – Der allmächtige Geburtsschein. In: Süddeutsche Sonntagspost, Jg. 5, Nr. 3, 18.1.1931, S. 4 [Nr. 1113].
24 Anton Kuh: Das süße Mädel in seiner »Jugendzeit«. In: Das Leben, Jg. 8, Nr. 8, Februar 1931, S. 11-15 [Nr. 1122]; Anton Kuh: Die Legende vom süßen Mädel. Arthur Schnitzlers volkstümliche Figur. In: Süddeutsche Sonntagspost, Jg. 5, Nr. 44, 1.11.1931, S. 16 [Nr. 1202].
25 Hermann von Wedderkop: Der Querschnitt im Propyläen-Verlag. In: Der Querschnitt, Jg. 4, H. 5, November 1924 [oberhalb des nicht paginierten und nicht in die laufende Paginierung einbezogenen Inhaltsverzeichnisses].
26 Hermann von Wedderkop: Der Siegeszug des »Querschnitt«. In: Der Querschnitt, Jg. 4, H. 1, Frühjahr 1924, S. 90-92.
27 Anton Kuh: Der Backfisch. In: Der Querschnitt, Jg. 12, H. 4, Ende April 1932, S. 257-258 [Nr. 1240]; Anton [d. i. Anton Kuh]: Das k.k. Ballettmädel. In: Der Querschnitt, Jg. 7, H. 2, Februar 1927, S. 96-98 [Nr. 884]; k. [d. i. Anton Kuh]: Jockeis. In: Der Querschnitt, Jg. 12, H. 6, Ende Juni 1932, S. 433-434 [Nr. 1253].
28 Anton Kuh: [Propyläen-Weltgeschichte]. In: Der Querschnitt, Jg. 10, H. 7, Ende Juli 1930, S. 493 [Nr. 1077]; k. [d. i. Anton Kuh]: [Das Erwachen der Menschheit]. In: Der Querschnitt, Jg. 11, H. 7, Ende Juli 1931, S. 500 [Nr. 1169]; k. [d. i. Anton Kuh]: [Hellas und Rom]. In: Der Querschnitt, Jg. 11, H. 8, Ende August 1931, S. 574 [Nr. 1179].
29 [–uh] [d. i. Anton Kuh]: [Munkepunkes Bowlenbuch]. In: Der Querschnitt, Jg. 10, H. 5, Ende Mai 1930, S. 349 [Nr. 1069].
30 uh [d. i. Anton Kuh]: [André Gide, L'école des femmes]. In: Der Querschnitt, Jg. 9, H. 9, Ende September 1929, S. 685 [Nr. 1031].
31 Anton Kuh: [Ringelnatz, Allerdings]. In: Der Querschnitt, Jg. 9, H. 1, Ende Januar 1929, S. 74 [Nr. 992].
32 Anton Kuh: [Max Brod, Zauberreich der Liebe]. In: Der Querschnitt, Jg. 9, H. 5, Ende Mai 1929, S. 377 [Nr. 997].
33 Anton Kuh: [Dr. Josef Löbel, Von der Ehe bis zur Liebe]. In: Der Querschnitt, Jg. 9, H. 6, Ende Juni 1929, S. 450 [Nr. 1006].
34 Anton Kuh: [Ödön Horváth, Der ewige Spießer]. In: Der Querschnitt, Jg. 10, H. 12, Ende Dezember 1930, S. 852 [Nr. 1101].
35 K. [d. i. Anton Kuh]: [Hermann Ungar, Colberts Reise]. In: Der Querschnitt, Jg. 11, H. 1, Ende Januar 1931, S. 70 [Nr. 1121].
36 [–uh] [d. i. Anton Kuh]: [Franz Werfel, Kleine Verhältnisse]. In: Der Querschnitt, Jg. 11, H. 7, Ende Juli 1931, S. 501 [Nr. 1170].
37 [–uh] [d. i. Anton Kuh]: [Felix Salten: Mizzi]. In: Der Querschnitt, Jg. 12, H. 11, Ende November 1932, S. 918 [Nr. 1289].
38 Anton Kuh: [Walther Rode: Justiz]. In: Der Querschnitt, Jg. 9, H. 7, Ende Juli 1929, S. 526 [Nr. 1014].
39 Anton Kuh: [Walther Rode, Knöpfe und Vögel]. In: Der Querschnitt, Jg. 11, H. 5, Ende Mai 1931, S. 354 [Nr. 1151].

In einem Gefühl »unterirdischen Corpsgeistes« – Bewerbung bei Maximilian Harden

1 B. Uwe Weller: Maximilian Harden und die »Zukunft«. Bremen 1970 (= Studien zur Publizistik. Hg. von Elger Blühm, Bremer Reihe, Deutsche Presseforschung, Bd. 13); Harry F. Young: Maximilian Harden. Censor Germaniae. Den Haag 1959 (= International Scholars Forum, Vol. 11).
2 Karl Kraus: Der kleine Pan ist tot. In: Die Fackel, Jg. 12, Nr. 319-320, 31.3.1911, S. 1-6, hier S. 4.
3 Siehe u. a. Karl Kraus: Maximilian Harden. Eine Erledigung. In: Die Fackel, Jg. 9, Nr. 234-235, 31.10.1907, S. 1-36.
4 Ebd., S. 6.
5 Karl Kraus: Nachts. In: Die Fackel, Jg. 15, Nr. 389-390, 15.12.1913, S. 28-44, hier S. 42.
6 Tyll red.: Karlchen Mießnicks Haß und Liebe. (Ein Kapitel Päderastenmoral.). In: Wiener Montags-Journal, Jg. 27, Nr. 1374, 8.6.1908, S. 8.
7 Karl Kraus: Seine Antwort. In: Die Fackel, Jg. 10, Nr., 257-258, 19.6.1908, S. 15-48, hier S. 47.
8 Karl Kraus: Desperanto. Neuerlicher Versuch einer Übersetzung aus Harden. In: Die Fackel, Jg. 12, Nr. 307-308, 22.9.1910, S. 42-50.
9 Z. B.: Übersetzung aus Harden. In: Die Fackel, Jg. 10, Nr. 251-252, 28.4.1908, S. 15-18; Übersetzung aus Harden. In: Die Fackel, Jg. 10, Nr. 254-255, 22.5.1908, S. 41-45; Harden-Lexikon. In: Die Fackel, Jg. 10, Nr. 261-262, 13.10.1908, S. 33-41; Desperanto. Neuer Kurs. Für Vorgeschrittene. In: Die Fackel, Jg. 14, Nr. 360-362, 7.11.1912, S. 56-63.
10 Kurt Tucholsky: Maximilian Harden. In: Die Weltbühne, Jg. 23, Nr. 45, 8.11.1927, S. 704-707, hier S. 705-706.
11 Anton Kuh: Der Irrtum. In: Der Morgen, Jg. 8, Nr. 29, 16.7.1917, S. 7 [Nr. 169].
12 Anton Kuh: Fall Harden. In: Neues Wiener Journal, Jg. 30, Nr. 10.293, 5.7.1922, S. 4 [Nr. 485].
13 Ebd.
14 Ebd.
15 Anton Kuh: Kronzeuge Börne. Zum Harden-Prozeß. In: Neues Wiener Journal, Jg. 30, Nr. 10.448, 17.12.1922, S. 5 [Nr. 513].
16 Ankermann wurde 1923 in Wien verhaftet und im Juni 1924 zu sechs Jahren Zuchthaus verurteilt – und im Juli 1928 amnestiert.
17 Robert Breuer: Maximilian Harden. In: Das Blaue Heft, Jg. 9, H. 23, 1.12.1927, S. 679-681, hier S. 679.
18 Berthold Jacob: Unveröffentlichte Briefe Maximilian Hardens. Zu seinem 10. Todestag, 30. Oktober. In: Das Neue Tage-Buch, Jg. 5, H. 44, 30.10.1937, S. 1052-1053.
19 Anton Kuh an Maximilian Harden, Berlin, undatiert [vermutlich Frühsommer 1927] (BArch N 1062/62, Heft 8, fol. 4).
20 Kurt Tucholsky: Maximilian Harden. In: Die Weltbühne, Jg. 23, Nr. 45, 8.11.1927, S. 704-707.

21 Der Geburtsname Maximilian Hardens lautete Ernst Felix Witkowski.
22 Dr. G. [d. i. Joseph Goebbels]: O. T. In: Der Angriff, Jg. 1, Nr. 19, 7.11.1927, S. 3.

1927

23 O. K.: Vortrag Anton Kuh. »Warum haben wir kein Geld?«. In: Neues Wiener Journal, Jg. 39, Nr. 13.645, 16.11.1931, S. 2.
24 sl.: Anton Kuh über »Schmutz und Schund«. In: Vossische Zeitung, Nr. 52, 1.2.1927, M, Ubl., Nr. 26 [S. 3].
25 F. S.: »Külz und Kunst«. In: Vorwärts, Jg. 44, Nr. 51, 31.1.1927, A, S. 2.
26 Lbg.: »Külz und Kunst«. Matinee im Renaissance-Theater. In: Der Tag, Nr. 27, 1.2.1927, Ausg. für Groß-Berlin [S. 2-3].
27 Zitiert in: Anton Kuh: Der Wiener in Berlin und der Berliner aus Wien. Was ich nach einem Vortrag erlebte. In: Neues Wiener Journal, Jg. 35, Nr. 11.928, 6.2.1927, S. 10-11 [Nr. 886]. – Nicht ermittelt.
28 Haf. [d. i. Hans Feld]: Külz und Kunst. Ein Vortrag. In: Film-Kurier, Jg. 9, Nr. 26, 31.1.1927 [S. 2].
29 So etwa H. Z. unter dem Titel »Kuh plaudert ...« (Berliner Lokal-Anzeiger, Jg. 45, Nr. 52, 1.2.1927, M [S. 3]; oder [– g.] unter dem Titel »Die Selbstladeschnauze« (Berliner Volks-Zeitung, Jg. 75, Nr. 51, 31.1.1927, A [S. 2]).
30 »›Jeder Tag bringt einige Waggons Wiener‹, sagte mit witziger Bonhomie ein Berliner Industrieller. [...] Der Berliner hat im allgemeinen gegen den Wiener gar nichts einzuwenden. [...] Unangenehm empfinden den Zuwachs nur die in Berlin bereits ansässigen Wiener. Sie haben in Berlin ihre Bäumchen gepflanzt und wollen deren Schatten mit niemandem teilen; sie haben zudem als einzige die Seele Berlins entdeckt, sie sind die Baedeker für die Auffindung der metaphysischen Schönheiten ihrer neuen Heimatstadt. Ich glaube, ihr Lieblingslied ist: ›Wien, Wien, nur du allein, kannst mir in Berlin gestohlen sein ...‹« (Jobs [d. i. Ernst Ely]: Wiener in Berlin. In: Die Stunde, Jg. 5, Nr. 1193, 2.3.1927, S. 5).
31 Anton Kuh: Der Wiener in Berlin und der Berliner aus Wien. Was ich nach einem Vortrag erlebte. In: Neues Wiener Journal, Jg. 35, Nr. 11.928, 6.2.1927, S. 10-11 [Nr. 886].
32 Walter Tschuppik: Meine Zeitung. Die »SS« an ihre Leser. In: Süddeutsche Sonntagspost, Jg. 2, Nr. 52, 23.12.1928, S. 14.
33 Walter Tschuppik: Vater unser. In: Süddeutsche Sonntagspost, Jg. 6, Nr. 51, 18.12.1932, S. 2.
34 Anton Kuh: Berlin an der Seine. Leiden und Freuden eines Sketchübersetzers. In: Neues Wiener Journal, Jg. 35, Nr. 11.991, 10.4.1927, S. 14-15 [Nr. 896].
35 »Dazu hat die französische Revue – gelobt sei sie – nicht unsere Komiker, die jüdische Witze erzählen und einen zähen roten Faden hinter sich herziehen. (So schlimm allerdings wie der im deutschen Sketch amtierende Humorbeamte sind unsere Berliner Herren nicht. Man streiche ihn und den überflüssigen Sketch.)« (Walther von Hollander: Pariser Revue in Berlin. In: Vossische Zeitung, Nr. 80, 3.4.1927, 4. Beil. [S. 1]; »Mitten im guten Tempo des Pro-

gramms wird ein entsetzlich langweiliger Sketch gegeben, an sich ein gut französischer Sketch, deutsch übersetzt von Anton Kuh. Der mag wohl in Paris, besetzt mit tollen Komikern, noch anstandslos vorübergehen, der mag dort wimmeln von Wortspielen und Scherzen, hier war er unerträglich, und es ist gut, daß er gestern abend zum ersten und auch einzigen Male gespielt worden ist« (Fred Hildenbrandt: Französische Revue. Das Gastspiel des Pariser Palace-Theaters. In: Berliner Tageblatt, Jg. 56, Nr. 157, 2.4.1927, A [S. 4]).
36 Anton Kuh: Der Rundreise-Befreier. Karl Kraus übersiedelt nach Berlin. In: Neues Wiener Journal, Jg. 36, Nr. 12.396, 27.5.1928, S. 8 [Nr. 963].
37 Erich Urban: Vive la femme! Pariser Revue im Admiralspalast. In: B. Z. am Mittag, Jg. 50, Nr. 90, 2.4.1927, 1. Beibl. [S. 5].
38 Anton *Kuh* schreibt uns. In: B. Z. am Mittag, Jg. 50, Nr. 92, 4.4.1927, 1. Beibl. [S. 3].
39 Von Goethe abwärts. Essays in Aussprüchen von Anton Kuh. Leipzig, Wien, Zürich 1922, S. 51 [Nr. 505].
40 Anton Kuh: P. A. und die deutsche Gegenwart. Aus einem Rundfunkvortrag. In: Frankfurter Zeitung, Jg. 72, Nr. 701, 21.9.1927, 1. M, S. 1-2 [Nr. 926].
41 Hugo Huppert: Wanduhr mit Vordergrund. Stationen eines Lebens. Halle an der Saale 1977, S. 106.
42 Anonym: Der Film auf Ferien. In: Altonaer Nachrichten, Jg. 75, Nr. 176, 30.7.1927, S. 9.
43 »Anton *Kuh* mit Frau«, logiert in der Pension Habsburgerhof (Kurliste Bad Ischl, Jg. 1927, Nr. 27, 23.8.1927, laufende Zahl 5448).
44 Gottfried Reinhardt: Der Apfel fiel vom Stamm. Anekdoten und andere Wahrheiten aus meinem Leben. München 1992, S. 50.
45 Mit Dank an Anatol Regnier für die Erlaubnis, die Tagebücher seiner Tante einzusehen, sowie für seine Gastfreundschaft.

»Verpatzter Äther« – Im Radio

1 Anton Kuh: Angst vor dem Radio. In: Der Querschnitt, Jg. 10, H. 4, Ende April 1930, S. 243-244 [Nr. 1050].
2 Bertolt Brecht: Der Rundfunk als Kommunikationsapparat. Rede über die Funktion des Rundfunks. In: Gesammelte Werke, Bd 18: Schriften zur Literatur und Kunst I. Frankfurt am Main 1967, S. 132-140, hier S. 132 [ursprünglich 1932].
3 Anton [d. i. Anton Kuh]: Der Kanari. In: Süddeutsche Sonntagspost, Jg. 6, Nr. 30, 24.7.1932, S. 10 [Nr. 1264].
4 Anton Kuh: Der Tag des Rundfunks. In: Prager Tagblatt, Jg. 56, Nr. 167, 19.7.1931, [Beil.] Der Sonntag, S. II [Nr. 1165].
5 Friedrich Torberg: Die Tante Jolesch oder Der Untergang des Abendlandes in Anekdoten. München 1975 (= Gesammelte Werke in Einzelausgaben, Bd. VIII), S. 250-251.
6 Max Bruns in seiner Antwort auf eine Umfrage des »Börsenblatts für den Deutschen Buchhandel« zum Thema »Kino und Buchhandel« (Jg. 8 [1913],

Nr. 127, 128, 129, 130, 132, 135, 136). Zit. n.: Jörg Schweinitz (Hg.): Prolog vor dem Film. Nachdenken über ein neues Medium 1909-1914. Leipzig 1992, S. 272-289, Max Bruns S. 272-277, hier S. 275.
7 Rudolf Arnheim: Der Rundfunk sucht seine Form. In: Die Weltbühne, Jg. 28, Nr. 10, 8.3.1932, S. 374-377, hier S. 376 (wieder in: Rudolf Arnheim: Rundfunk als Hörkunst und weitere Aufsätze zum Hörfunk. Mit einem Nachwort von Helmut H. Diederichs. Frankfurt am Main 2001, S. 185-189).
8 Ebd., S. 374.
9 Rundfunk im neuen Jahr. Vortrag, gehalten im Berliner Rundfunk am 1. Januar 1930 von Intendant Dr. Hans Flesch. Abgedruckt in: Anbruch, Jg. 12, Nr. 2, Februar 1930, S. 58-64, hier S. 59.
10 Walter Benjamin: Gespräch mit Ernst Schoen. In: Die Literarische Welt, Jg. 5, Nr. 35, 30.8.1929, S. 7.
11 Die Referate und die Beiträge zu den anschließenden Diskussionen dokumentiert der Sammelband »Dichtung und Rundfunk. Reden und Gegenreden«. Berlin 1930.
12 Ebd., S. 11.
13 Ebd., S. 77.
14 Bertolt Brecht: Der Rundfunk als Kommunikationsapparat. Rede über die Funktion des Rundfunks. In: Gesammelte Werke, Bd. 18: Schriften zur Literatur und Kunst I. Frankfurt am Main 1967, S. 132-140, hier S. 134 [ursprünglich 1932].
15 Bertolt Brecht: Erläuterungen zum »Ozeanflug«. In: Gesammelte Werke, Bd. 18: Schriften zur Literatur und Kunst I. Frankfurt am Main 1967, S. 128-131, hier S. 130 [ursprünglich 1930].
16 Walter Benjamin: Reflexionen zum Rundfunk. In: Blätter des hessischen Landestheaters, Darmstadt, Jg. 1931/32, H. 16, S. 184-190 (wieder in: Gesammelte Schriften, Bd. II, 3, hg. v. Rolf Tiedemann und Hermann Schweppenhäuser. Frankfurt am Main 1991, S. 1506-1507. Vgl. auch: Walter Benjamin und Wolf Zucker: Gehaltserhöhung?! Wo denken Sie hin! [Rundfunkspiel, uraufgeführt am 26.3.1931 im Frankfurter Rundfunk] In: Gesammelte Schriften, Bd. IV, 2, hg. v. Tillman Rexroth. Frankfurt am Main 1991, S. 629-640. Vgl. auch die kurze Einführung zu den Hörmodellen ebd., S. 628.
17 Stiftung Archiv der Akademie der Künste (Hg.): Dichtung und Rundfunk 1929. Ausstellungskatalog Berlin 2000, S. 54.
18 Vgl. Reinhart Meyer-Kalkus: Stimme und Sprechkünste im 20. Jahrhundert. Berlin 2001, S. 367.
19 W. N.: Peter-Altenberg-Stunde im Radio. In: B. Z. am Mittag, Jg. 50, Nr. 135, 19.5.1927, 1. Beibl. [S. 2].
20 Auch die Zitate, die die »B. Z. am Mittag« bringt und die sich im gedruckten Text im »Berliner Tageblatt« nicht wiederfinden, deuten darauf hin, daß der »Berliner-Tageblatt«-Text nicht ein (vermutlich nie vorhandenes) Manuskript wiedergibt.
21 F. S.: O. T. (Rubrik »Funkwinkel«). In: Vorwärts, Jg. 44, Nr. 234, 19.5.1927, M, 1. Beil. [S. 2].

22 Anton Kuh: Der lebende und der tote P. A. In: Berliner Tageblatt, Jg. 56, Nr. 233, 18.5.1927, A [S. 2-3] [Nr. 907].
23 Anton Kuh: Der dichtende Österreicher. In: Süddeutsche Sonntagspost, Jg. 2, Nr. 1, 1.1.1928, S. 10 [Nr. 941].
24 »Auf Anton Kuhs sonst sprühend-überwältigendem Reservoir an Bildung und Bildungen liegt, hörbar, schwerer Druck. Die vielgerühmte Leichtigkeit immer neuer Wendungen eines Thema, bis es wie ein geschliffener Diamant funkelt, haben wir bei seinem Vortrag über ›Wedekind zum 15. Todestag‹ wohl nicht vermißt, aber – welche Maßstäbe darf man an Anton Kuhs Kunst legen!! – von Schleiern unausgesprochener Sorge überdeckt gehört. Trotzdem war sein Bekenntnis zum toten Wedekind eigenartig, neu, zwingend, blendend in der Beleuchtung des Begriffes ›Moralist‹, und gescheit bis zum letzten Wort« (Johannes Ilg: Radio-Notiz. Vorträge. In: Wiener Allgemeine Zeitung, Jg. 54, Nr. 16439, 17.3.1933, S. 6).
25 Rudolph Lothar: Rundfunk der Woche. In: Der Morgen, Jg. 24, Nr. 12, 20.3.1933, S. 10.
26 Anton Kuh: Geschichte und Gedächtnis. In: Aufbau, Vol. 5, No. 1, January 1, 1939, S. 7-8 [Nr. 1469].
27 Anton Kuh: Die abgedrehte Stimme. In: Uhu. Das neue Monats-Magazin, Jg. 4, H. 1, Oktober 1927, S. 104 [Nr. 929].
28 Anton Kuh: Wie ich tonfilmte. Eindrücke eines Amateurs. In: Münchner Illustrierte Presse, Jg. 7, Nr. 40, 5.10.1930, S. 1350 [Nr. 1090].

Tonfilmdrama »A conto« – Drehbuchautor

1 Béla Balázs: Der Geist des Films. In: Béla Balázs: Schriften zum Film. Hg. von Helmut H. Diederichs, Wolfgang Gersch und Magda Nagy. Bd. 2. Budapest, München, Berlin 1984, S. 49-205, hier S. 150 [ursprünglich 1930].
2 Rudolf Arnheim: Stumme Schönheit und tönender Unfug. In: Die Weltbühne, Jg. 25, Nr. 41, 8.10.1929, S. 557-562.
3 Ernst Blass: Tausend Meter Sprechfilm. Universum. In: Berliner Tageblatt, Jg. 58, Nr. 472, 6.10.1929, M, 10. Beibl. [»Lichtspiel-Rundschau«] [S. 1].
4 Herbert Ihering: Der erste Tonfilm. In: Berliner Börsen-Courier, Jg. 61, Nr. 254, 4.6.1929, A, S. 2.
5 Siegfried Kracauer: Der erste amerikanische Tonfilm. In: Frankfurter Zeitung, 5.6.1929. Zit. n.: Ders.: Werke. Hg. v Inka Mülder-Bach und Ingrid Belke. Bd. 6.2 [Kleine Schriften zum Film 1928-1931], S. 254-256, hier S. 254 u. 255.
6 Herbert Ihering: Der erste Tonfilm. In: Berliner Börsen-Courier, Jg. 61, Nr. 254, 4.6.1929, A, S. 2.
7 Siegfried Kracauer: Submarine. In: Frankfurter Zeitung, 17.6.1929. Zit. n.: Ders.: Werke. Hg. v. Inka Mülder-Bach und Ingrid Belke. Bd. 6.2 [Kleine Schriften zum Film 1928-1931], S. 257-258, hier S. 257.
8 Anton Kuh: Submarine. In: Die Weltbühne, Jg. 25, Nr. 25, 18.6.1929, S. 942-944 [Nr. 1000].
9 Anton Kuh: Kinomoral. In: Prager Tagblatt, Jg. 37, Nr. 302, 1.11.1912, M, S. 1-2 [Nr. 11].

10 Anton [d. i. Anton Kuh]: Hausse in Tönen. In: B. Z. am Mittag, Jg. 53, Nr. 170, 25.6.1929, Film-B. Z. [S. 1] [Nr. 1003].
11 Anton [d. i. Anton Kuh]: Der Einfall. In: Prager Tagblatt, Jg. 60, Nr. 71, 24.3.1935, [Beil.] Der Sonntag, S. I [Nr. 1382]; Anton Kuh: Frei nach dem Leben oder Wie komme ich ins Film-Geschäft? Ein Capriccio. In: Argentinisches Tageblatt, Jg. 45, Nr. 13.350, 22.2.1933, S. 12 [Nr. 1316].
12 Anton Kuh: »Im Prater, da liebt' ich ein Mädel vom Rhein!« Filmnacherzählung aus der illustrierten Programmbeilage. In: Ulk, Jg. 60, Nr. 3, 15.1.1931 [S. 3] [Nr. 1112].
13 Anton Kuh: Ein Sujet – ein Sujet! Einem Filmdramaturgen nacherzählt. In: Film-Kurier, Jg. 9, Nr. 85, 9.4.1927 [S. 3] [Nr. 895].
14 Anton Kuh: Der Schriftsteller filmt. Oder: Das Schicksal des »interessanten Gesichts«. In: Berliner Tageblatt, Jg. 56, Nr. 492, 18.10.1927, M [S. 2] [Nr. 931].
15 Anton Kuh: Wie ich Leibarzt Maria Stuarts war. In: Süddeutsche Sonntagspost, Jg. 1, Nr. 44, 30.10.1927, S. 3 [Nr. 932].
16 Anton Kuh: Sach-Lexikon. In: Der Querschnitt, Jg. 11, H. 1, Ende Januar 1931, S. 38 [Nr. 1118].
17 Anton [d. i. Anton Kuh]: Antworten der Film-Redaktion. In: Der Querschnitt, Jg. 11, H. 1, Ende Januar 1931, S. 62 [Nr. 1119].
18 Anton [d. i. Anton Kuh]: In der Filmkantine. In: Prager Tagblatt, Jg. 61, Nr. 243, 18.10.1936, [Beil.] Der Sonntag, S. II [Nr. 1429].
19 Anton Kuh: Sind Sie »fotogénique« und wie kommen Sie tonlich? In: Das Leben, Jg. 10, Nr. 2, August 1932, S. 34-41 [Nr. 1263].
20 Anton Kuh: Der Sohn der Wäscherin. Ein Denkmal für das alte Österreich – Wer steckt hinter Erich von Stroheim? – Die k.u.k. Monarchie im Film. In: Süddeutsche Sonntagspost, Jg. 3, Nr. 33, 18.8.1929, S. 9-10 [Nr. 1018].
21 Anton Kuh: Wie ich tonfilmte. Eindrücke eines Amateurs. In: Münchner Illustrierte Presse, Jg. 7, Nr. 40, 5.10.1930, S. 1350 [Nr. 1090].
22 Willy Haas: Die Berliner Neujahrs-Uraufführungen. Maria Stuart. (Tauentzienpalast.) In: Film-Kurier, Jg. 10, Nr. 1, 1.1.1928, 1. Beibl. [S. 7].
23 Oly. [d. i. Fritz Olimsky]: Maria Stuart. Tauentzien-Palast. In: Berliner Börsen-Zeitung, Jg. 73, Nr. 1, 1.1.1928, M, S. 27.
24 Anonym: Maria Stuart. In: Kinematograph, Jg. 22, Nr. 1089, 1.1.1928, S. 22.
25 M. J. [d. i. Monty Jacobs]: Der »Maria-Stuart«-Film. Tauentzien-Palast. In: Vossische Zeitung, Nr. 1, 1.1.1928, S, 5. Beil. [S. 3].
26 Ebd.
27 D.: »Maria Stuart«. (Tauentzien-Palast). In: Vorwärts, Jg. 45, Nr. 1, 1.1.1928, M, 5. Beil. [S. 1].
28 Dr. Roland Schacht: Der letzte Film des Jahres. »Maria Stuart« im Tauentzien-Palast. In: B. Z. am Mittag, Jg. 50, Nr. 332, 31.12.1927, 1. Beibl. [S. 1].
29 Franz Blei: Vom Filmen. In: Berliner Tageblatt, Jg. 56, Nr. 615, 29.12.1927, A [S. 2].
30 Willy Haas: Die Berliner Neujahrs-Uraufführungen. Maria Stuart. (Tauentzienpalast.) In: Film-Kurier, Jg. 10, Nr. 1, 1.1.1928, 1. Beibl. [S. 7].

31 Anonym: Maria Stuart. In: Kinematograph, Jg. 22, Nr. 1089, 1.1.1928, S. 22.
32 Anton Kuh: Wie ich Leibarzt Maria Stuarts war. In: Süddeutsche Sonntagspost, Jg. 1, Nr. 44, 30.10.1927, S. 3 [Nr. 932].
33 D.: »Maria Stuart«. (Tauentzien-Palast). In: Vorwärts, Jg. 45, Nr. 1, 1.1.1928, M, 5. Beil. [S. 1].
34 P. W.: (»Die Tragödie einer Königsdirne«.) In: Neue Freie Presse, Nr. 22970, 26.8.1928, S. 14.
35 H. W-g [d. i. Hans Wollenberg]: Maria Stuart. Leopold Jeßner-Film der National / Tauentzien-Palast. In: Licht-Bild-Bühne. Fachzeitung der Filmindustrie, Jg. 21, Nr. 2, 2.1.1928 [S. 2].
36 Anonym: Maria Stuart. In: Kinematograph, Jg. 22, Nr. 1089, 1.1.1928, S. 22.
37 Willy Haas: Die Berliner Neujahrs-Uraufführungen. Maria Stuart. (Tauentzienpalast.) In: Film-Kurier, Jg. 10, Nr. 1, 1.1.1928, 1. Beibl. [S. 7].
38 Ebd.
39 Paimann's Filmlisten. Wochenschrift für Lichtbild-Kritik, Jg. 13, Nr. 617, 3.2.1928, S. 13-14, hier S. 14. – Die Abstufungen der »Gesamtqualifikationen«: »Schlager«, »fast ein Schlager«, »stark über dem Durchschnitt«, »über dem Durchschnitt«, »guter Mittelfilm«, »passabler Mittelfilm«, »unter dem Durchschnitt«; höchste Auszeichnung (halbfett gedruckt): »Ein Kulturfilm«.
40 E. S-t: (»Madame Steinheil.«). In. Neue Freie Presse, Nr. 22963, 19.10.1928, S. 13.
41 Siegfried Kracauer: Der Sensationsprozeß. In: Frankfurter Zeitung, 20.4.1928, Stadt-Blatt. Zit. n.: Ders.: Werke. Hg. v. Inka Mülder-Bach und Ingrid Belke. Bd. 6.2 [Kleine Schriften zum Film 1928-1931], S. 66-67, hier S. 67.
42 Schriftgutarchiv der Deutschen Kinemathek, Berlin.
43 Paimann's Filmlisten, Jg. 13, Nr. 623, 16.3.1928, S. 32-33, hier S. 33.
44 Hier zit. n.: Kinematograph. Das älteste Film-Fachblatt, Jg. 23, Nr. 66, 19.3.1929 [S. 4].
45 Hans Feld: Hotelgeheimnisse. (Primus-Palast). In: Film-Kurier, Jg. 11, Nr. 69, 20.3.1929 [S 2].
46 Anonym: Der Sieg des deutschen Tonfilmliedes. In: Licht-Bild-Bühne, Jg. 23, Nr. 30, 4.2.1930 [S. 1].
47 Hans Wollenberg: Ich glaub' nie mehr an eine Frau. Richard Tauber-Film der Emelka / Verleih Bayerische. Festvorstellung im »Capitol«. In: Licht-Bild-Bühne, Jg. 23, Nr. 30, 4.2.1930 [S. 2].
48 ps.: Ich glaub' nie mehr an eine Frau. Richard Tauber-Film der Emelka / Verleih Bayerische. Festvorstellung im »Capitol«. In: Licht-Bild-Bühne, Jg. 23, Nr. 30, 4.2.1930 [S. 2].
49 Ejott [d. i. Ernst Jäger]: Wochenschau Nr. 42: In. Film-Kurier, Jg. 12, Nr. 259, 1.11.1930, 1. Beibl. [S. 1].
50 bon.: Ich glaub' nie mehr an eine Frau. Erster Tauber-Film im Capitol. In: B. Z. am Mittag, Jg. 54, Nr. 34, 4.2.1930, Film-B. Z. [S 1].
51 Rudolf Arnheim: Tauberton und Studio. In: Die Weltbühne, Jg. 26, Nr. 7, 11.2.1930, S. 246-248, hier S. 246-247.

52 Siegfried Kracauer: Richard Tauberfilm in Frankfurt. In: Frankfurter Zeitung, 1.3.1930. Zit. n.: Ders.: Werke. Hg. v Inka Mülder-Bach und Ingrid Belke. Bd. 6.2 [Kleine Schriften zum Film 1928-1931], S. 343-344, hier S. 344.
53 Anonym: Ein großer Sänger – ein kleiner Film. In: Der Kinematograph, Jg. 24, Nr. 29, 4.2.1930 [S. 1].
54 H. P.: »Ich glaub' nie mehr an eine Frau«. Capitol. In: Vossische Zeitung, Nr. 31, 5.2.1930, Post-Ausgabe, 1. Beil. [S. 1].
55 Betz: Richard Tauber-Tonfilm im Capitol. Ich glaub' nie mehr an eine Frau. In: Der Film, Jg. 15, Nr. 8, 8.2.1930, 2. Beil. [S. 1].
56 F. O. [d. i. Fritz Olimsky]: Das Land des Lächelns. Capitol. In: Berliner Börsen-Zeitung, Jg. 76, Nr. 540, 18.11.1930, A, S. 3.
57 Siegfried Kracauer: Bemerkungen zum Tonfilmen. In: Frankfurter Zeitung, 26.11.1930. Zit. n.: Ders.: Werke. Hg. v. Inka Mülder-Bach und Ingrid Belke. Bd. 6.2 [Kleine Schriften zum Film 1928-1931], S. 423-425, hier S. 424.
58 F. O. [d. i. Fritz Olimsky]: Das Land des Lächelns. Capitol. In: Berliner Börsen-Zeitung, Jg. 76, Nr. 540, 18.11.1930, A, S. 3.
59 Ebd.
60 Felix Cleve: Der neue Richard-Tauber-Film. »Das Land des Lächelns.« In: Neue Freie Presse, Nr. 23766, 11.11.1930, M, S. 10.
61 Richard Tauber: Der Gesangsfilm, seine Tücken und Gefahren. In: B. Z. am Mittag, Jg. 55, Nr. 29, 4.2.1931, 1. Beibl. [S. 1].
62 [Umfrage] »Was soll besser werden?«. Konzertleiter, Fabrikanten, Verleiher, Theaterbesitzer, Autoren und Schriftsteller über Pläne und Aufgaben im Jahre 1928. In: Film-Kurier, Jg. 10, Nr. 1, 1.1.1928, 1. Beibl. [S. 1].
63 Welche Filme möchten Sie sehen? Das Ergebnis unserer großen Preisfrage: Richtlinien für Filmregisseure und Filmproduzenten! In: Mein Film. Illustrierte Film- und Kinorundschau, Nr. 213 [Januar 1930], S. 11-12.
64 Anonym: Die große Attraktion. In: Kinematograph, Jg. 25, Nr. 194/195, 25.8.1931 [S. 2].
65 hs.: Der neue Tauber-Film. »Die grosse Attraktion« im Capitol. In: Berliner Tageblatt, Jg. 60, Nr. 399, 25.8.1931, A [S. 4].

1928 – 1930

66 Anton [d. i. Anton Kuh]: Was die Woche mir zuträgt. Tagebuch eines Angeschlossenen. In: Der Morgen, Jg. 19, Nr. 12, 19.3.1928, S. 5 [Nr. 953].
67 Ebd.
68 Anonym (Rubrik »Veranstaltungen der Konzertdirektion Georg Kugel«). In: Neues Wiener Journal, Jg. 36, Nr. 12.278, 29.1.1928, S. 27.
69 Ralf [d. i. Rafael Hualla]: Anton Kuh spricht. In: Der Tag, Jg. 7, Nr. 1862, 8.2.1928, S. 5.
70 Ebd.
71 Ebd.
72 Anonym: Anton Kuh am Vortragstisch. In: Neues Wiener Journal, Jg. 36, Nr. 12.333, 24.3.1928, S. 9.

73 h. d. [d. i. Heimito Doderer]: [Anton Kuh]. In: Der Tag, Jg. 7, Nr. 1906, 23.3.1928, S. 7.
74 Anonym: Anton Kuh am Vortragstisch. In: Neues Wiener Journal, Jg. 36, Nr. 12.333, 24.3.1928, S. 9.
75 Anton Kuh: Brief an eine Wiener Küchengehilfin. In: Berliner Tageblatt, Jg. 57, Nr. 268, 8.6.1928, A [S. 2] [Nr. 964].
76 Anton Kuh: Der Rundreise-Befreier. Karl Kraus übersiedelt nach Berlin. In: Neues Wiener Journal, Jg. 36, Nr. 12.396, 27.5.1928, S. 3 [Nr. 963].
77 Brief vom 7.6.1928 (Samek, Foliobox 7, 104.2).
78 Anton Kuh: Die vier Worte des Demokraten. In: Die Weltbühne, Jg. 24, Nr. 24, 12.6.1928, S. 893-897 [Nr. 965].
79 Anonym: Staat und Presse. Eine Rede des Kultusministers Dr. Becker in Köln. In: Berliner Tageblatt, Jg. 57, Nr. 259, 3.6.1928, M, 1. Beibl. [S. 2].
80 Anton Kuh: Adalbert Sternberg. In: Die Weltbühne, Jg. 26, Nr. 19, 6.5.1930, S. 689-693 [Nr. 1065].
81 Anton Kuh: Von Salzburg bis Leningrad. In: Prager Tagblatt, Jg. 53, Nr. 188, 9.8.1928, S. 3 [Nr. 972].
82 Anton Kuh: Wiener Neustadt. In: Vossische Zeitung, Nr. 240, 7.10.1928, 4. Beil. [S. 1] [Nr. 975].
83 Ernst Hanisch: Der lange Schatten des Staates. Österreichische Gesellschaftsgeschichte im 20. Jahrhundert. Wien 1994, S. 287.
84 Kurt Bauer: Die kalkulierte Eskalation. Nationalsozialismus und Gewalt in Wien um 1930. In: Wolfgang Kos (Hg.): Kampf um die Stadt. Politik, Kunst und Alltag um 1930 [Katalog zur 361. Sonderausstellung des Wien Museums, 19. November 2009 bis 28. März 2010]. Wien 2009, S. 35-45, hier S. 39-40.
85 Anton Kuh: Der Goldfüllfederkönig. In: Simplicissimus, Jg. 33 (1928/29), Nr. 4, 23.4.1928, S. 43 [Nr. 958].
86 Anonym: Die Schloßjungfrauen von Rosenburg vor Gericht. Die Teilnehmerinnen der Raxtragödie als Zeuginnen vor Gericht. In: Arbeiter-Zeitung, Jg. 41, Nr. 285, 13.10.1928, S. 8-9, hier S. 9.
87 h. d. [d. i. Heimito Doderer]: [Anton Kuh]. In: Der Tag, Jg. 7, Nr. 2142, 20.11.1928, S. 3.
88 Zit. n.: K.: Die Komödie. / »Der Snob von Berlin«. In: Der Tag, Nr. 296, 11.12.1928, Unterhaltungs-Rundschau [S. 3].
89 Anton Kuh: Der Snob von Berlin. In: Vossische Zeitung, Nr. 301, 18.12.1928, Ubl. Nr. 296 [S. 1] [Nr. 987].
90 F.H.L.: »Der Snob von Berlin«. In: Hamburger Fremdenblatt, Jg. 101, Nr. 9a, 9.1.1929, M, S. 2.
91 D.: [Anton Kuh]. In: Deutsche Zeitung Bohemia, Jg. 102, Nr. 13, 15.1.1929, S. 6.
92 Anonym: Anton Kuh spricht. In: Neues Wiener Journal, Jg. 37, Nr. 12.630, 20.1.1929, S. 23.
93 Ebd.
94 Anton Kuh: Über das Reden. In: Prager Tagblatt, Jg. 57, Nr. 93, 19.4.1932, S. 3 [Nr. 1238].

95 L. Ein.: Der Fall Anton Kuh (Zu seinem Vortrag). In: Freiheit!, Jg. 3, Nr. 447, 21.1.1929, S. 4.
96 Rdl.: Hetze, Tinte und Bombast. Die Deutsche Liga für Menschenrechte gegen das Schundgesetz. In: Der Tag, Nr. 24., 27.1.1929 [S. 2].
97 Ebd.
98 Gestaltetes Inserat der »Direktion Max Reinhardt« in: Berliner Tageblatt, Jg. 58, Nr. 56, 2.2.1929, M, Anzeigenteil.
99 Elow [d. i. Erich Lowinsky]: Von der Jägerstraße zum Kurfürstendamm. In: Frauke Deißner-Jenssen (Hg.): Die zehnte Muse. Kabarettisten erzählen. Berlin 1982, S. 283-309, hier S. 291-292.
100 René Lauret: La vie à Berlin. In: Le Temps, 70e année, N° 24971, 2-3 janvier 1930, p. 2.
101 Heinz Stroh: Anton Kuh. In: Berliner Börsen-Zeitung, Jg. 75, Nr. 586, 16.12.1929, A, S. 3.
102 Ebd.
103 Dbd. [d. i. Bernhard Diebold]: Stegreif-Conférence. In: Frankfurter Zeitung, Jg. 74, Nr. 948, 20.12.1929, A, S. 1.
104 [–ei–]: Stunde mit Anton Kuh. In: Vossische Zeitung, [Post-Ausgabe] Nr. 301, 18.12.1929, Ubl. Nr. 295 [S. 3].
105 lj.: Anton Kuh. In: Das Blaue Heft, Jg. 11, H. 1, 5.1.1929, S. 37.
106 Anton Kuh: Verfemt! – – durchs Lokal ... Ein Vortrag und seine Folgen. In: B. Z. am Mittag, Jg. 53, Nr. 350, 23.12.1929 [S. 2] [Nr. 1041].
107 Adriaen [d. i. Rudolf Olden]: Kuhrtoisie. In: Berliner Tageblatt, Jg. 58, Nr. 615, 31.12.1929, A [S. 3].
108 Berliner Herold, Jg. 26, Nr. 1, 5.-11. Januar 1930 [S. 2].
109 Die aus Berlin übernommene Falschmeldung in: Der Tag, Jg. 9, Nr. 2487, 5.1.1930, S. 5; die Berichtigung in: Der Tag, Jg. 9, Nr. 2489, 8.1.1930, S. 5.
110 Anton Kuh: Ich warne Stellungsuchende. In: B. Z. am Mittag, Jg. 54, Nr. 17, 18.1.1930, 1. Beibl. [S. 2] [Nr. 1045].
111 Anton Kuh: Nachruf auf ein Lokal. In: B. Z. am Mittag, Jg. 55, Nr. 234, 7.10.1931, 1. Beibl. [S. 1] [Nr. 1195].
112 H. Str. [d. i. Heinz Stroh]: Anton Kuh spricht ... Im Deutschen Künstler-Theater. In: Berliner Börsen-Zeitung, Jg. 75, Nr. 81, 18.2.1930, M, [Beil.] Kunst – Welt – Wissen, Nr. 41, S. 8.
113 J. M.: »Sachlichkeit in der Erotik« (Vortrag von Anton Kuh). In: Berliner Börsen-Courier, Jg. 62, Nr. 87, 21.2.1930, M, 1. Beil., S. 7.
114 [– ü –]: Sachlichkeit in der Erotik. Anton Kuh spricht. In: Vossische Zeitung, Nr. 82, 18.2.1930, M, Ubl. Nr. 41 [S. 2].
115 K.: Anton Kuh über Sachlichkeit und Erotik. Deutsches Künstler-Theater. In: Der Tag, Nr. 42, 18.2.1930 [S. 2].
116 [– ü –]: Sachlichkeit in der Erotik. Anton Kuh spricht. In: Vossische Zeitung, Nr. 82, 18.2.1930, M, Ubl. Nr. 41 [S. 2].
117 J. M.: »Sachlichkeit in der Erotik« (Vortrag von Anton Kuh). In: Berliner Börsen-Courier, Jg. 62, Nr. 87, 21.2.1930, M, 1. Beil., S. 7.
118 [– ü –]: Sachlichkeit in der Erotik. Anton Kuh spricht. In: Vossische Zeitung, Nr. 82, 18.2.1930, M, Ubl. Nr. 41 [S. 2].

119 W. N. [d. i. Walther Nissen]: Sachlichkeit und Erotik. Anton Kuh über die Beziehungen zwischen den Menschen. In: B. Z. am Mittag, Jg. 54, Nr. 47, 17.2.1930 [S. 3].
120 K.: Anton Kuh über Sachlichkeit und Erotik. Deutsches Künstler-Theater. In: Der Tag, Nr. 42, 18.2.1930 [S. 2].
121 Anonym: O. T. In: Völkischer Beobachter. Bayernausgabe, Jg. 43, Ausgabe 41, 19.2.1930, Münchener Beobachter [Tägliches Beiblatt zum »Völkischen Beobachter«] [S. 1].
122 Anonym: Eine Kuh im Theater in der Josefstadt. In: Deutschösterreichische Tages-Zeitung, Jg. 41, F. 60, 2.3.1930, S. 3.
123 Heimito Doderer: Anton Kuh in der Josefstadt. In: Der Morgen, Jg. 21, Nr. 9, 3.3.1930, S. 5.
124 Anonym: »Muh!«. In: Deutschösterreichische Tages-Zeitung, Jg. 41, F. 61, 3.3.1930, S. 2.
125 Anonym: »Muh und Kuh! / »Muh!«. In: Der eiserne Besen, Jg. 11, F. 11, 14.3.1930, S. 4.
126 h. m. [d. i. Heinrich Müller]: Ochs. In: Das Reibeisen, Jg. 5 (1930), Nr. 21, S. 3.
127 o. r.: Sachlichkeit in der Erotik. In: Prager Tagblatt, Jg. 55, Nr. 57, 7.3.1930, S. 6.
128 [-tw-]: Vortrag Anton Kuh. In: Sozialdemokrat, Jg. 10, Nr. 58, 8.3.1930, S. 6.
129 Anonym: Bühne und Film in Westerland. In: Altonaer Nachrichten, Jg. 78, Nr. 161, 14.7.1930, S. 2.
130 Kurliste Bad Ischl, Jg. 1930, Nr. 17, 26.7.1930, laufende Zahl 3286.
131 Ludwig Ullmann: Esplanade (Ischl, Ende Juli). In: Wiener Allgemeine Zeitung, Jg. 51, Nr. 15648, 29.7.1930, S. 3.
132 Anton Kuh: Es sucht der Bruder seine Brüder ... Bayreuth, Oberammergau, Salzburg und Amerika. In: Süddeutsche Sonntagspost, Jg. 4, Nr. 34, 24.8.1930, S. 2 [Nr. 1078].
133 Anton Kuh: Der blaue Rauch von Salzburg. Salzburg als europäisches Kunstzentrum – Bruno Walter, Reinhardt und die anderen. In: Süddeutsche Sonntagspost, Jg. 4, Nr. 35, 31.8.1930, S. 4-5 [Nr. 1081].
134 Anton Kuh: Was ist pensch? In: Neue Revue, Jg. 1, H. 11, Januar 1931, S. 290-293 [Nr. 1108].
135 Kurt Robitschek: Kleine Wichtigkeiten. In: Die Frechheit, Jg. 6, H. 10, Oktober 1930, S. 13-14, hier S. 14.
136 Kurt Robitschek: Geschriebene Conférencen. In: Die Frechheit, Jg. 6, H. 12, Dezember 1930, S. 2.
137 Werbung des Kabaretts der Komiker: »Jeden Dienstag / und / jeden Donnerstag / 4.30 Uhr Nachm. / 2½ Stunden Lachen / bei Kaffee und Kuchen / (Die Nachmittage der Hausfrau) / [...] / Alle Parkettplätze (einschl. Kaffee, Kuchen, Garderobe und Programm) 2,- Mark« (Die Frechheit, Jg. 7, H. 4, April 1931, S. 12).
138 Heinz Grohmann [d. i. Anton Kuh]: Lachen bei Robitschek. In: Neue Revue, Jg. 1, H. 12, Ende Februar/März 1931, S. 381-383 [Nr. 1127].

139 Die Frechheit. Ein Magazin des Humors. Zugleich Programm des Kabaretts der Komiker (Herausgeber: Kurt Robitschek und Paul Morgan).
140 k. rob. [d. i. Kurt Robitschek]: Anton Kuh: Der unsterbliche Österreicher. In: Die Frechheit, Jg. 7, H. 2, Februar 1931, S. 16.

A. E. I. O. U. ? – L. M. I. A. ! – »Der unsterbliche Österreicher«

1 Anton Kuh: Das Marine-Archiv. In: Der unsterbliche Österreicher. München 1931, S. 106-107 (erstmals in: Simplicissimus, Jg. 31 (1926/27), Nr. 39, 27.12.1926, S. 526 [Nr. 870]).
2 Anton Kuh: Der unsterbliche Österreicher. München 1931.
3 [x–x]: Österreicher gegen Österreicher. Wiener Literatur in Berlin. In: Pester Lloyd, Jg. 78, Nr. 5, 8.1.1931, M, S. 1-3.
4 Anton Kuh: [Vorrede]. In: Der unsterbliche Österreicher. München 1931, S. 5-9, hier S. 5 [Nr. 1104].
5 Recte: Kaiser Friedrichs III.
6 Anton Kuh: Österreicher gegen Österreicher. Ein Brief an die Redaktion. In: Pester Lloyd, Jg. 78, Nr. 20, 25.1.1931, M, S. 2-3 [Nr. 1116].
7 [x–x]: O. T. (in einer redaktionellen Vorbemerkung als »Schlußwort« bezeichnet). In: Pester Lloyd, Jg. 78, Nr. 20, 25.1.1931, M, S. 3.
8 Hans Maurer: Anton Kuh: Der unsterbliche Österreicher. In: Reichspost, Jg. 38, Nr. 5, 5.1.1931, S. 8.
9 Anton Kuh: Lärm vor dem Hause. Thema mit Variationen. In: Ders.: Der unsterbliche Österreicher. München 1931, S. 92 (ED).
10 Anton Kuh: Der unsterbliche Österreicher. In: Der Morgen, Jg. 21, Nr. 50, 15.12.1930, S. 7-8 [Nr. 1099]: »Wenn einst nichts mehr von mir übrig ist – diese Kanonade der Ungeniertheit, die ich einmal im Konzerthaus auf die verblüfften Ohren meiner Zuhörer losließ, wird mich überdauern. Leider begegnet sie nicht in gleichem Maße dem Verständnis norddeutscher Leser. Ein Berliner, der mein Buch las, meinte: »Sehr amüsant – nur sag'n Se mal: wer is denn der Mann, von dem Sie da immer reden – dieser Herr O-a-rsch?«
11 Anton Kuh: [Vorrede]. In: Der unsterbliche Österreicher. München 1931, S. 5-9, hier S. 7 [Nr. 1104].
12 Der Vierzeiler, den Anton Kuh des öfteren zitiert, ist im Werk Franz Stelzhamers nicht nachweisbar.
13 Anton Kuh: [Vorrede]. In: Der unsterbliche Österreicher. München 1931, S. 5-9, hier S. 8-9 [Nr. 1104].
14 Ebd.
15 W. G. Sebald: Ein Kaddisch für Österreich – Über Joseph Roth. In: Unheimliche Heimat. Essays zur österreichischen Literatur. Salzburg, Wien 1991, S. 104-117, hier S. 117 (erstmals in: Frankfurter Rundschau, 27.5.1989).
16 Richard Wiener: Anton Kuh, Der unsterbliche Österreicher. In: Der Querschnitt, Jg. 11, H. 3, Ende März 1931, S. 211.
17 Anton Kuh: Pallenberg plappert. In: Der unsterbliche Österreicher,

S. 27-29 (u.d.T. »Pallenberg« erstmals in: Prager Tagblatt, Jg. 46, Nr. 250, 25.10.1921, S. 4, u. Jg. 46, Nr. 251, 26.10.1921, S. 2 [Nr. 467]).
18 Anton Kuh: Bezirk der Werbezirk. In: Der unsterbliche Österreicher, S. 71-72, hier S. 71 (u.d.T. »Gisela Werbezirk« erstmals in: Der Querschnitt, Jg. 7, H. 8, August 1927, S. 578-579 [Nr. 921]).
19 Anton Kuh: Der Dienstmann. In: Der unsterbliche Österreicher, S. 47-48, hier S. 48 (erstmals in: Die Stunde, Jg. 1, Nr. 207, 8.11.1923, S. 5 [Nr. 586]).
20 Anton Kuh: Der Bürger als Komödiant. In: Der unsterbliche Österreicher, S. 88-91 (erstmals in: Vossische Zeitung, Nr. 126, 28.5.1929, Ubl. Nr. 121 [S. 1-2] [Nr. 995]).
21 Anton Kuh: Der Vorstadt-Hypochonder. In: Der unsterbliche Österreicher, S. 125-127 (erstmals in: Münchner Neueste Nachrichten, Jg. 80, Nr. 236, 31.8.1927, S. 3 [Nr. 924]).
22 Anton Kuh: Schopenhauer im Wurstelprater. In: Der unsterbliche Österreicher, S. 144-146 (erstmals in: Berliner Tageblatt, Jg. 58, Nr. 295, 25.6.1929, A [S. 2] [Nr. 1002]).
23 Anton Kuh: Der Traum eines österreichischen Reservisten. In: Der unsterbliche Österreicher, S. 150-154, hier S. 151 (u.d.T. »Der Sohn der Wäscherin. Ein Denkmal für das alte Österreich – Wer steckt hinter Erich von Stroheim?« erstmals in: Süddeutsche Sonntagspost, Jg. 3, Nr. 33, 18.8.1929, S. 9-10 [Nr. 1018]).
24 Anton Kuh: Der Bürger als Komödiant. In: Der unsterbliche Österreicher, S. 88-91, hier S. 89 (erstmals in: Vossische Zeitung, Nr. 126, 28.5.1929, Ubl. Nr. 121 [S. 1-2] [Nr. 995]).
25 Anton Kuh: »Central« und »Herrenhof«. In: Der unsterbliche Österreicher, S. 18-23, hier S. 20-21 (erstmals in: Der Querschnitt, Jg. 6, H. 8, August 1926, S. 612-617 [Nr. 845]).
26 Anton Kuh: 1000 Jahre und 1 Tag. In: Der unsterbliche Österreicher, S. 93-102, hier S. 96 (erstmals in: Der Tag, Jg. 7, Nr. 2123, 28.10.1928, [Beil.] Der Tag am Sonntag, S. 17-18 [Nr. 978], im »Unsterblichen Österreicher« mit zahlreichen Erweiterungen).
27 Anton Kuh: Mendel, der Eingeweihte. In: Der unsterbliche Österreicher, S. 121-124, hier S. 122 (u.d.T. »Mendel Singer (Das Symbol des alten Österreich)« erstmals in: Der Querschnitt, Jg. 7, H. 1, Januar 1927 S. 50-52 [Nr. 871], im »Unsterblichen Österreicher« mit Erweiterungen).
28 Anton Kuh: Das Hofauto. In: Der unsterbliche Österreicher S. 40-41, hier S. 40 (erstmals in: General-Anzeiger der Stadt Frankfurt am Main, Jg. 53, Nr. 284, 3.12.1928, S. 3 [Nr. 984]).
29 Anton Kuh: Wien. In: Die neue Weltbühne, Jg. 34 [der Weltbühne], Nr. 10, 10.3.1938, S. 313-315, hier S. 314 [Nr. 1466].
30 Anton Kuh: Hysterie. In: Der unsterbliche Österreicher, S. 42-43 (erstmals in: Prager Tagblatt, Jg. 41, Nr. 320, 18.11.1916, A, S. 3 [Nr. 86]).
31 Anton Kuh: Lenin und Demel. In: Der unsterbliche Österreicher, S. 111-112 (erstmals in: Prager Tagblatt, Jg. 44, Nr. 77, 30.3.1919, M, S. 3 [Nr. 365]).

32 Anton Kuh: Der Schöffe ist unbestechlich! In: Der unsterbliche Österreicher, S. 30-31, hier S. 31 (erstmals in: Simplicissimus, Jg. 32 (1927/28), Nr. 31, 31.10.1927, S. 409 [Nr. 936]).
33 Anton Kuh: Mendel, der Eingeweihte. In: Der unsterbliche Österreicher, S. 121-124, hier S. 121 (u.d.T. »Mendel Singer (Das Symbol des alten Österreich)« erstmals in: Der Querschnitt, Jg. 7, H. 1, Januar 1927, S. 50-52 [Nr. 871], im »Unsterblichen Österreicher« mit Erweiterungen).
34 Anton Kuh: Der dichtende Österreicher. In: Süddeutsche Sonntagspost, Jg. 2, Nr. 1, 1.1.1928, S. 10 [Nr. 941].
35 Ludwig Ullmann: Enfant terrible Anton Kuh. »Der unsterbliche Österreicher«. In: Wiener Allgemeine Zeitung, Jg. 52, Nr. 15778, 6.1.1931, S. 6.
36 Valeriu Marcu: Tränen um das vergangene Österreich. In: Münchner Neueste Nachrichten, Jg. 83., Nr. 333, 7.12.1930, S. 3.
37 Franz Blei: Anton Kuh: Der unsterbliche Österreicher. In: Die Literarische Welt, Jg. 6, Nr. 50, 12.12.1930, S. 8.
38 L. W. [d. i. Ludwig Winder]: »Der unsterbliche Österreicher« von Anton Kuh. In: Deutsche Zeitung Bohemia, Jg. 103, Nr. 293, 14.12.1930, S. 24.
39 o. p. [d. i. Otto Pick]: Anton Kuh: Der unsterbliche Österreicher. In: Prager Presse, Jg. 10, Nr. 351, 23.12.1930, S. 3-4.
40 Ludwig Ullmann: Enfant terrible Anton Kuh. »Der unsterbliche Österreicher«. In: Wiener Allgemeine Zeitung, Jg. 52, Nr. 15778, 6.1.1931, S. 6.
41 Richard Wiener: Anton Kuh, Der unsterbliche Österreicher. In: Der Querschnitt, Jg. 11, H. 3, Ende März 1931, S. 211.
42 Michael Walter: Traum und Schicksal. Bücher jüdischer Autoren. In: Jüdische Rundschau, Jg. 36, Nr. 65, 21.8.1931, S. 402.
43 Hermann Sinsheimer: Donauländische Berauschtheit. Anton Kuh: »Der unsterbliche Österreicher«. In: Berliner Tageblatt, Jg. 60, Nr. 161, 5.4.1931, M, 6. Beibl. [Literarische Rundschau] [S. 1].
44 Robert Neumann: Der unsterbliche Österreicher. Von Anton Kuh. In: Die Literatur. Monatsschrift für Literaturfreunde. Jg. 33 (Oktober 1930 – September 1931), H. 7, April 1931, S. 416.
45 R. E.: Der unsterbliche Österreicher. In: Das kleine Blatt [Wien], Nr. 127, 10.5.1933, S. 14.
46 w. s.: Anton Kuh: »Der unsterbliche Österreicher«. In: Vossische Zeitung, Nr. 589, 14.12.1930, M, 6. Beil. [S. 3].
47 Anonym: Der unsterbliche Österreicher. In: Münchner Telegramm-Zeitung und Sport-Telegraph, Jg. 9, Nr. 246, 23.12.1930, S. 2.
48 H. G. [d. i. Heinz Grohmann, d. i. Anton Kuh]: Anton Kuh: »Der unsterbliche Österreicher«. In: Neue Revue, Jg. 2, H. 1, April 1931, S. 67 [Nr. 1138].
49 Alexander Lernet-Holenia: Österreichische Komödie. Berlin 1927, S. 14.
50 Anton Kuh: 1000 Jahre und 1 Tag. In: Der unsterbliche Österreicher, S. 93-102, hier S. 99 (erstmals in: Der Tag, Jg. 7, Nr. 2123, 28.10.1928, [Beil.] Der Tag am Sonntag, S. 17-18 [Nr. 978], im »Unsterblichen Österreicher« mit zahlreichen Erweiterungen).

51 Hugo von Hofmannsthal: Preuße und Österreicher. Ein Schema. In: Vossische Zeitung, Nr. 657, 25.12.1917, M [S. 2-3], hier [S. 3]
52 Karl Tschuppik: Der kleine Unterschied. In: Wiener Sonn- und Montags-Zeitung, Jg. 73, Nr. 17, 29.4.1935, S. 8.
53 Kurt Schuschnigg: Österreichs Sendung [Rede im Katholischen Volksverein Linz, 10.2.1935]. In: Österreichs Erneuerung. Die Reden des Bundeskanzlers Dr. Kurt Schuschnigg. Hg. v. Österreichischen Bundespressedienst, Bd. 2, Wien 1936, S. 154-159, hier S. 155.
54 Karl Kraus: Vom großen Welttheaterschwindel. In: Die Fackel, Jg. 25, Nr. 601-607, November 1922, S. 1-7, Zitat S. 2-3.
55 Karl Kraus: Das österreichische Selbstgefühl. In: Die Fackel, Jg. 25, Nr. 632-639, Mitte Oktober 1923, S. 1-26, Zitate S. 1, 2 u. 3.
56 Oscar A. H. Schmitz: Der österreichische Mensch. Zum Anschauungsunterricht für Europäer, insbesondere für Reichsdeutsche. Wien, Leipzig 1924, Zitate S. 16 u. S. 67.
57 Anton Wildgans: Rede über Österreich [am 1. Januar 1930 im Wiener Rundfunk gehalten]. Wien, Leipzig 1930, Zitate S. 31, 32 u. 34.
58 Anton Wildgans: Das große Händefalten. Ein Gebet für Österreichs Volk und Kämpfer. Wien 1914, Strophe 14.
59 Ludwig Steinecke: Österreich in Ewigkeit. In: Die Literarische Welt, Jg. 6, Nr. 33/34, 15.8.1930 (Sondernummer »Österreich«), S. 1.
60 Gedruckt in: Wiener Politische Blätter, Jg. 4, Nr. 5/6, 24.5.1936, S. 195-200, hier S. 199.
61 Oscar A. H. Schmitz: Der österreichische Mensch. Zum Anschauungsunterricht für Europäer, insbesondere für Reichsdeutsche. Wien, Leipzig 1924, S. 15.
62 Robert Müller: Der letzte Österreicher. In: Die neue Rundschau, Jg. 34, H. 6, Juni 1923, S. 550-569, hier S. 562.
63 Anton Kuh: Lueger (Gestorben vor 15 Jahren). In: Die Stunde, Jg. 3, Nr. 602, 11.3.1925, S. 5 [Nr. 706].
64 Franz Blei: Besuch in Wien. In: Berliner Tageblatt, Jg. 57, Nr. 125, 14.3.1928, M [S. 2-3].
65 Klaus Amann: Im Schatten der Bücherverbrennung. In: Wespennest Nr. 52 (1983), S. 16-25. Zit. n.: Klaus Amann: Die Dichter und die Politik. Essays zur österreichischen Literatur nach 1918. Wien 1992, S. 60-73, hier S. 71.
66 Friedrich Schreyvogl: Antwort aus Wien. In: Berliner Tageblatt, Jg. 57, Nr. 163, 5.4.1928, M [S. 2-3].
67 Eine Verfügung der deutschen Reichsregierung, mit der die Einreise deutscher Staatsbürger nach Österreich an eine Taxe von 1000 Mark geknüpft wird und deren Übertretung unter besonderen Strafsanktionen gestellt wird.
68 Anonym: Zwei deutsche Staaten. In: Prager Tagblatt, Jg. 58, Nr. 130, 3.6.1933, S. 1.
69 Oscar A. H. Schmitz: Der österreichische Mensch. Zum Anschauungsunterricht für Europäer, insbesondere für Reichsdeutsche. Wien, Leipzig 1924, S. 7-8.
70 Franz Blei: O. T. [Stellungnahme zu: Für und gegen den Anschluß an

Deutschland! Enquete der »Wiener Allgemeinen Zeitung«] In: Wiener Allgemeine Zeitung, Jg. 46, Nr. 14097, 24.5.1925, S. 7.
71 Fritz Wittels: O. T. [Antwort auf die Rundfrage: Gefällt es Ihnen noch in Wien?]. In: Die Bühne. Zeitung für Theater, Literatur, Film, Mode, Kunst, Gesellschaft und Sport, Jg. 3, H. 84, 17.6.1926, S. 26.
72 Walther Rode: O. T. [Stellungnahme zu: Für und gegen den Anschluß an Deutschland! Enquete der »Wiener Allgemeinen Zeitung«]. In: Wiener Allgemeine Zeitung, Jg. 46, Nr. 14080, 3.5.1925, S. 7.
73 Anton Kuh: [Vorrede]. In: Der unsterbliche Österreicher. München 1931, S. 5-9„ hier S. 6 [Nr. 1104].
74 Österreichisches Staatsarchiv, Wien. Zit. n. einer Kopie im Nachlaß Traugott Krischke, ÖLA 84/97.
75 Anzeiger für den Buch-, Kunst- u. Musikalienhandel, Jg. 77, Nr. 5, 22.2.1936, S. 26. Mit der harschen Drohung: »Das Zurschaustellen, weiters der Vertrieb [...], sei es durch Verkauf, Entgegennahme von Bestellungen, könnten unbeschadet der allfälligen Bestrafung u. a. ohne vorhergehende Warnung den Entzug der Konzession zur Folge haben.«
76 Kurt von Schuschnigg: Ein Requiem in Rot-Weiss-Rot. »Aufzeichnungen des Häftlings Dr. Auster«. Zürich 1948, S. 462.

1930

77 Ernst von Salomon: Die Geächteten. Berlin 1930.
78 [-uh] [d. i. Anton Kuh]: [Ernst von Salomon, Die Geächteten]. In: Der Querschnitt, Jg. 11, H. 3, Ende März 1931, S. 212 [Nr. 1133].

»Wenn der Literat den Raufbold spielt ...« – Anton Kuh vs. Arnolt Bronnen

1 Physiognomik. Aussprüche von Anton Kuh. München o. J. [1931], S. 76 [Nr. 1209].
2 Anton Kuh: Exzesse. In: Prager Tagblatt, Jg. 47, Nr. 248, 22.10.1922, S. 8-9 [Nr. 496].
3 Ebd.
4 Anton Kuh: Der Renommist. Prinzipielles zu einem Literaturfall. In: Neues Wiener Journal, Jg. 30, Nr. 10.406, 5.11.1922, S. 6 [Nr. 498].
5 arnolt bronnen gibt zu protokoll. beiträge zur geschichte des modernen schriftstellers. Hamburg 1954, S. 93 u. 95.
6 Anton Kuh: Ein Drama des Rassenhasses. Galsworthys »Loyalties« (»Gesellschaft«) bei Reinhardt. In: Die Stunde, Jg. 3, Nr. 627, 10.4.1925, S. 5 [Nr. 713].
7 Anton Kuh: »Anarchie in Sillian«. Gestern am Raimund-Theater. In: Die Stunde, Jg. 2, Nr. 337, 17.4.1924, S. 6 [Nr. 634].
8 Ebd.
9 Friedbert Aspetsberger: Lebensdaten Arnolt Bronnens. In: Arnolt Bronnen: Werke: Mit Zeugnissen zur Entstehung und Wirkung herausgegeben von Friedbert Aspetsberger, Bd. 1. Klagenfurt o. J. [1989], S. 7-16, hier S. 9-10.

10 Anton Kuh: Der Trick. Ein Nachwort zum Fall Bronnen. In: Berliner Tageblatt, Jg. 54, Nr. 273, 11.6.1925, A [S. 2] [Nr. 731].
11 Ebd.
12 Ignaz Wrobel [d. i. Kurt Tucholsky]: Ein besserer Herr. In: Die Weltbühne, Jg. 25, Nr. 26, 25.6.1929, S. 953-960.
13 Ebd. – Tucholsky zitiert mit dieser Formulierung Lord Northcliffe.
14 Anton Kuh: Schmelz, der Nibelunge. In: Die Weltbühne, Jg. 25, Nr. 27, 2.7.1929, S. 35-36, hier S. 35-36 [Nr. 1007].
15 Anton Kuh: Berliner Abende. II. Die Bergner als Chr. stopherl. In: Die Stunde, Jg. 4, Nr. 906, 17.3.1926, S. 5 [Nr. 795].
16 Ernst von Salomon: Der Fragebogen. Hamburg 1951, S. 300.
17 Ignaz Wrobel [c. i. Kurt Tucholsky]: Ein besserer Herr. In: Die Weltbühne, Jg. 25, Nr. 26, 25.6.1929, S. 953-960, hier S. 953.
18 Joseph Goebbels: Arnolt Bronnens »O. S.«. In: Der Angriff, 30.9.1929. Zit. n.: Friedbert Aspetsberger O. S. – ein so infames wie gelungenes Werk, vielleicht ein k.u.k.-Skandal in der Weimarer Republik. In: Arnolt Bronnen: O. S. Nach dem Text der Erstausgabe von 1929. Mit einem Vorwort von Wojciech Kunicki und einem Nachwort von Friedbert Aspetsberger. Klagenfurt 1995, S. 369-414, hier S. 396.
19 Anonym: Arnolt Bronnen. Ein Halbjude, der in seinen Werken die geschlechtliche Revolution predigt. Also trotz seines Romanes »O. S.« ein Schädling für deutsches Volkstum. In: Völkischer Beobachter, 8.10.1929. Zit. n.: Friedbert Aspetsberger: C. S. – ein so infames wie gelungenes Werk, vielleicht ein k.u.k.-Skandal in der Weimarer Republik. In: Arnolt Bronnen: O. S. Nach dem Text der Erstausgabe von 1929. Mit einem Vorwort von Wojciech Kunicki und einem Nachwort von Friedbert Aspetsberger. Klagenfurt 1995, S. 369-414, hier S. 397.
20 St. [d. i. Wilhelm Stapel]: Ein nicht rangelassener Herr. In: Deutsches Volkstum. Monatsschrift für das deutsche Geistesleben, Jg. 11 (1929), H. 8, S. 628-631, hier S. 630.
21 St. [d. i. Wilhelm Stapel]: Zwiesprache. In: Deutsches Volkstum. Monatsschrift für das deutsche Geistesleben, Jg. 12 (1930), H. 12, S. 967-968, hier S. 967.
22 Arnolt Bronnen: Statt Sternchen. In: Ders.: O. S., 16.-25. Tausend, Berlin 1930, S. VI.
23 Thomas Mann nimmt am 17. Oktober 1930 in einer Rede im Beethovensaal zu den Reichstagswahlen vom 14. September – sie hatten Verluste der Deutschnationalen und der bürgerlichen Parteien gebracht, Gewinne der Kommunisten und einen Anstieg der Mandate der Nationalsozialisten von 12 auf 107 – und gegen den Nationalsozialismus Stellung sowie für eine Koalition von Bürgerlichen und Sozialisten. Bronnen und sein Kumpan Veit Roßkopf provozieren durch fortgesetzte Zwischenrufe, Tumulte und Proteststürme, die sich erst legen, als Bronnen von der Polizei aus dem Saal geführt wird. Still verhalten sich nur die zwanzig von Goebbels entsandten SA-Männer, »die in ihren Leih-Smokingen saßen und Angst hatten, da man ihnen unter fürchterlichen Drohungen eingeschärft hatte, sich nur geistig zu betätigen«, wie Bron-

nen in seiner Autobiographie schreibt, in der er seinen Stolz auf die Störung der honorigen Gesellschaft nicht verhehlen will (arnolt bronnen gibt zu protokoll. beiträge zur geschichte des modernen schriftstellers. Hamburg 1954, S. 253). – Bronnens aktionistische »Kulturarbeit«, seine Rolle als »Führer eines Literatur-Rollkommandos« (Lehnau [d. i. Walter Kiaulehn]: Roßbach und Bronnen. In: B. Z. am Mittag, Jg. 54, Nr. 287, 20.10.1930 [S. 3]), war auch Kuh schon sauer aufgestoßen. Mehrfach kommt er auf die Störung einer Arthur-Schnitzler-Aufführung durch Brecht und Bronnen zu sprechen (Anton Kuh: »Anatol« bei Reinhardt. In: Die Stunde, Jg. 3, Nr. 597, 5.3.1925, S. 5 [Nr. 702]; Anton Kuh: Heimweh. In: Die Weltbühne, Jg. 24, Nr. 32, 7.8.1928, S. 221-222 [Nr. 971].) Brecht und Bronnen stören am 18. September 1924 die Premiere der Inszenierung von Arthur Schnitzlers Drama »Der einsame Weg« an der Berliner Tribüne durch »lausbübisches Benehmen«, wie Schnitzler in seinem Tagebuch vermerkt, konkret: durch lautes Lachen, höhnische Bemerkungen wie »Unbegreiflich, daß man einen solchen ›Schund‹ überhaupt spielen könne« (Anonym: Ein peinliches Nachspiel zur Berliner Schnitzler-Première: In: Wiener Sonn- und Montags-Zeitung, Jg. 62, Nr. 39, 29.9.1924, S. 4) und ostentatives Verlassen des Theaters während des zweiten Akts –, und »seit ihn in Berlin die jungdeutsche Diebsgeneration der Brust und Brechte angeblasen hat«, wuchs ihm Schnitzler »immer wärmer ans Herz« (Anton Kuh: »Anatol« bei Reinhardt. In: Die Stunde, Jg. 3, Nr. 597, 5.3.1925, S. 5 [Nr. 702]).

24 Lehnau [d. i. Walter Kiaulehn]: Roßbach und Bronnen. In: B. Z. am Mittag, Jg. 54, Nr. 287, 20.10.1930 [S. 3]. – Kiaulehn weiter: »Roßbach, den ich aus einigen Gesprächen kenne, hat, was ihm Ehre macht, nie mit leichtem Herzen oder lächelnden Mundes über diese traurigen Dinge gesprochen. Arnolt Bronnen tut es. [...] Das hat nicht einmal Roßbach verdient, daß noch zu seinen Lebzeiten der leibhaftige Bronnen über ihn kommt und ihm eingibt, Hand in Hand mit ihm durch die deutsche Sprache zu rennen.«

25 Arnolt Bronnen: »Es ist unwahr, daß ich Jude bin. Wahr ist vielmehr, daß ich christlicher Deutscher und Sohn christlich-deutscher Eltern bin« (Lehnau [d. i. Walter Kiaulehn]: Roßbach & Bronnen II. In: B. Z. am Mittag, Jg. 54, Nr. 297, 30.10.1930 [S. 3].) – Daß er »Nationalsozialist« sei, dementiert Bronnen nicht.

26 Arnolt Bronnen: Wie es war – und wie es ist. In: Deutsche Allgemeine Zeitung, Jg. 69, Nr. 515, 4.11.1930, Ausgabe Groß-Berlin, Beibl. [S. 1] (wieder in u. zit. n.: Arnolt Bronnen: Sabotage der Jugend. Kleine Arbeiten 1922-1934. Hg. von Friedbert Aspetsberger. Innsbruck 1989 (= Innsbrucker Beiträge zur Kulturwissenschaft, Germanistische Reihe, Bd. 37), S. 36-39, hier S. 38.

27 Willi Frischauer: Arnolt Bronnen macht Karriere. In: Wiener Sonn- und Montags-Zeitung, Jg. 73, Nr. 18, 6.5.1936, S. 8.

28 Zit. n.: Friedbert Aspetsberger: ›arnolt bronnen‹. Biographie. Wien, Köln, Weimar 1995, S. 24.

29 Barbara Bronnen: Meine Väter. Berlin 2012, S. 82.

30 Zit. n.: Friedbert Aspetsberger: ›arnolt bronnen‹. Biographie. Wien, Köln, Weimar 1995, S. 25.

31 Barbara Bronnen: Meine Väter. Berlin 2012, S. 330.

Nestroy, verpreußt –
Anton Kuhs »Lumpacivagabundus«-Bearbeitung

1 Erich Krafft: Der verschandelte Nestroy. In: Deutsche Tageszeitung, Jg. 38, Nr. 250, 29.5.1931, A [S. 2]; Hans Feld: Nestroy – stark geschminkt. Volksbühne. In: Film-Kurier, Jg. 13, Nr. 123, 29.5.1931 [S. 2].
2 Julius Knopf: Der entzauberte Nestroy. »Lumpacivagabundus« in der Volksbühne. In: Berliner Börsen-Zeitung, Jg. 76, Nr. 244, 29.5.1931, A, S. 3.
3 W. Fiedler: Der »Lumpaci« vom Bülowplatz. Kuhs Bearbeitung in der Volksbühne. In: Deutsche Allgemeine Zeitung, Jg. 70, Nr. 238, 29.5.1931, Ausgabe Groß-Berlin, A [S. 1].
4 Hans Feld: Nestroy – stark geschminkt. Volksbühne. In: Film-Kurier, Jg. 13, Nr. 123, 29.5.1931 [S. 2].
5 Alfred Kerr: Lumpacivagabundus. Volksbühne. In: Berliner Tageblatt, Jg. 60, Nr. 249, 29.5.1931, A [S. 4].
6 Julius Knopf: Der entzauberte Nestroy. »Lumpacivagabundus« in der Volksbühne. In: Berliner Börsen-Zeitung, Jg. 76, Nr. 244, 29.5.1931, A, S. 3.
7 Hans Feld: Nestroy – stark geschminkt. Volksbühne. In: Film-Kurier, Jg. 13, Nr. 123, 29.5.1931 [S. 2].
8 Ebd.
9 Emil Faktor: Volksbühne: Lumpacivagabundus. In: Berliner Börsen-Courier, Jg. 63, Nr. 244, 29.5.1931, A, S. 2.
10 M. H. [d. i. Max Hochdorf]: Nestroys »Lumpazi-Vagabundus«. In der Volksbühne. In: Vorwärts, Jg. 48, Nr. 246, 29.5.1931, A [S. 3].
11 Alfred Kerr: Lumpacivagabundus. Volksbühne. In: Berliner Tageblatt, Jg. 60, Nr. 249, 29.5.1931, A [S. 4].
12 Monty Jacobs: Nestroy auf preußisch. »Lumpacivagabundus« auf der Volksbühne. In: Vossische Zeitung, Nr. 128, 30.5.1931, Ubl. Nr. 123 [S. 2].
13 Anton Kuh: Lumpazi, ich und die anderen. In: B. Z. am Mittag, Jg. 55, Nr. 127, 4.6.1931, 1. Beibl. [S. 2] [Nr. 1152].
14 Lumpacivagabundus. Johann Nestroys Zauberposse in freier Bearbeitung von Anton Kuh. Berlin 1931 (S. Fischer Verlag), S. 136 [Nr. 1214].
15 Ebd.
16 k. [d. i. Anton Kuh]: Nestroy und der »Lumpaci«. In: Zettel [Programmheft] der Volksbühne [Theater am Bülowplatz] zu: Lumpacivagabundus. Johann Nestroys Zauberposse in freier Bearbeitung von Anton Kuh [hier jener vom 11. Juni 1931] [Nr. 1147].
17 Anton Kuh: Der geschändete Nestroy. In: Die Weltbühne, Jg. 27, Nr. 25, 23.6.1931, S. 920-924 [Nr. 1153].
18 Aus der Kritik der Premiere der »Gleichheit der Jahre« in der »Wiener Zeitschrift für Kunst, Literatur, Theater und Mode«, 14.10.1834.
19 Zitate aus: Moritz Gottlieb Saphir: Didaskalien. Vaudeville. – Posse. – Bäuerle. – Nestroy: dessen neues Stück: »Nur Ruhe!«. In: Der Humorist, 20.11.1843; und Moritz Gottlieb Saphir: Ausflüge in die Vorstadttheater. 1. Josephstädter »Todtentanz«. In: Der Humorist, 25.11.1843. – 2. Ein Wort an das bessere Theaterpublikum. In: Der Humorist, 29.11.1843.

20 Anton Kuh: Der geschändete Nestroy. In: Die Weltbühne, Jg. 27, Nr. 25, 23.6.1931, S. 920-924 [Nr. 1153].
21 k. [d. i. Anton Kuh]: Nestroy und der »Lumpaci«. Zettel [Programmheft] der Volksbühne / Theater am Bülowplatz zu: Lumpacivagabundus. Johann Nestroys Zauberposse in freier Bearbeitung von Anton Kuh, erstmals ausgegeben zur UA am 28.5.1931 [S. 1-2] [Nr. 1147].
22 P. W. [d. i. Paul Wiegler]: Der »Lumpazivagabundus« der Volksbühne. Nestroy, revidiert von Anton Kuh. In: B. Z. am Mittag, Jg. 55, Nr. 122, 29.5.1931, 1. Beibl. [S. 3].
23 Anton Kuh: Der geschändete Nestroy. In: Die Weltbühne, Jg. 27, Nr. 25, 23.6.1931, S. 920-924 [Nr. 1153].
24 Béla Balázs: Nestroy einst und jetzt. In: Die Weltbühne, Jg. 27, Nr. 23, 9.6.1931, S. 848-851.
25 Anton Kuh: Diktatur des Jüngels. In: Neue Revue, Jg. 2, H. 3/4, Ende Juni/Juli 1931, S. 216-221 [Nr. 1161].
26 Ebd.
27 Johann Nestroy: Ausgewählte Werke. Hg. v. Leopold Liegler. 3. Bändchen: Eine Wohnung ist zu vermieten in der Stadt. Eine Wohnung ist zu verlassen in der Vorstadt. Eine Wohnung mit Garten ist zu haben in Hietzing. Wien 1925, U 4.
28 Häuptling Abendwind oder Das greuliche Festmahl. Operette in einem Aufzug von Johann Nestroy. Bearbeitet von Leopold Liegler. In: Der Pflug. Monatsschrift der Wiener Urania. September 1926, S. 3-42. Nachwort: S. 39-42, hier S. 41-42.
29 Ebd., S. 42.
30 Karl Kraus: Nestroy und das Burgtheater. In: Die Fackel, Nr. 676-678, Januar 1925, S. 1-40, hier S. 25-26, Fußnote.
31 Ebd., S. 26.
32 Karl Kraus: Nestroy und die Nachwelt. In: Die Fackel, Nr. 349/350, 13.5.1912, S. 1-23, hier S. 15.
33 Franz H. Mautner: Nestroy. Heidelberg 1974, S. 65-66.
34 Rolf Nürnberg: Johann Nestroy und Anton Kuh. Lumpacivagabundus. In der Volksbühne. In: Das 12 Uhr Blatt, Jg. 13, Nr. 123, 29.5.1931 [S. 8].
35 k. [d. i. Anton Kuh]: Nestroy und der »Lumpaci«. In: Zettel der Volksbühne [Theater am Bülowplatz] zu: Lumpacivagabundus. Johann Nestroys Zauberposse in freier Bearbeitung von Anton Kuh [hier jener vom 11. Juni 1931] [Nr. 1147].
36 Anonym: Nestroy und Kuh. In: Deutscher Theaterdienst [Berlin], Jg. 4, Nr. 112/113, 5./6.5.1931, Bl. 270.
37 Anton Kuh: Diktatur des Jüngels. In: Neue Revue, Jg. 2, H. 3/4, Ende Juni/Juli 1931, S. 216-221, hier S. 220 [Nr. 1161].
38 Rolf Nürnberg: Ein Autor kränkt sich. In: Das 12 Uhr Blatt, Jg. 13, Nr. 133, 10.6.1931 [S. 10].
39 Anton Kuh: Die Schule des Ethos. In: Neue Revue, Jg. 2, H. 5/6, Ende August/September 1931, S. 288-289 [Nr. 1181].

40 Während einer viertelstündigen Pause im musikalischen Wettstreit um das »Goldne Saxophon«, der am 29.4.1931 von 12 bis 14 Uhr auf der Bühne des Großen Schauspielhauses ausgetragen wird, überreicht Anny Ahlers Willi Schaeffers feierlich den Harry-Lambertz-Paulsen-Ring, den Peter Sachse nach dem Vorbild des Iffland-Rings zum Gedenken an den 1928 jungverstorbenen Kabarettier Harry Lambertz-Paulsen gestiftet hat und der Schaeffers von einer Jury, der u. a. Joachim Ringelnatz, Erich Kästner, Kurt Robitschek und Peter Sachse angehörten, zugesprochen wurde.
41 Heinz Grohmann [d. i. Anton Kuh]: Der Lambertz-Paulsen-Ring. In: Neue Revue, Jg. 2, H. 3/4, Ende Juni/Juli 1931, S. 158-161 [Nr. 1159].
42 Der Abend, Jg. 17, Nr. 95, 24.4.1931, S. 8.
43 Anonym: Weaner Schmarrn. Geschichten aus dem Wiener Blätter-Wald. In: Berliner Tageblatt, Jg. 60, Nr. 202, 30.4.1931, M, 1. Beibl. [S. 1].
44 [W–r]: Das ungemütliche Berlin. Kleine häusliche Differenz. In: Der Abend, Jg. 17, Nr. 102, 4.5.1931, S. 3.
45 »Von einem Emigranten« [d. i. Anton Kuh]: Geiselmord an Österreichern? In: Neue Revue, Jg. 2, H. 3/4, Ende Juni/Juli 1931, S. 192-193 [Nr. 1160].

1931 – 1932

46 all.: Anton Kuh über Wien–Berlin. Der »feudale Roßknödel«. In: Wiener Allgemeine Zeitung, Jg. 51, Nr. 15525, 1.3.1930, S. 3.
47 Anton Kuh: »Stella« in Salzburg. In: B. Z. am Mittag, Jg. 55, Nr. 190, 17.8.1931, 1. Beibl. [S. 4] [Nr. 1176].
48 Anton Kuh: Gluck vor Plutokraten und Literaten. »Orpheus und Eurydike« in Salzburg. In: B. Z. am Mittag, Jg. 55, Nr. 192, 19.8.1931, 1. Beibl. [S. 2-3] [Nr. 1177].
49 Anton Kuh: Salzburger Festspiele / 100 Mark. Ein Anfang mit Hindernissen. In: B. Z. am Mittag, Jg. 55, Nr. 176, 31.7.1931, 1. Beibl. [S. 2] [Nr. 1167].
50 Anton Kuh: Salzburger Kehraus. In: Prager Tagblatt, Jg. 56, Nr. 205, 3.9.1931, S. 6 [Nr. 1182].
51 Anton Kuh: Kinder spielen »Jedermann«. In: Süddeutsche Sonntagspost, Jg. 5, Nr. 36, 6.9.1931, S. 10-11 [Nr. 1183].
52 Willi Frischauer: Salzburgs Sensationspublikum. Die Stars der Finanz- und Kunstwelt – Anton Kuhs Entrevue mit Morgan und Rothschild. In: Wiener Allgemeine Zeitung, Jg. 52, Nr. 15962, 18.8.1931, S. 3.

»Kuhrioses« – In der Anekdote

1 Ludwig Börne: Aphorismen und Miszellen. In: Sämtliche Schriften. Neu bearbeitet und hg. von Inge und Peter Rippmann. Düsseldorf 1964, Bd. 2, S. 193-378, hier S. 245.
2 Wolfgang Hildesheimer: Mozart. Frankfurt am Main 1993, S. 351.
3 Bd. 7: Das 20. Jahrhundert. Hg. v. Herbert Zeman. Graz 1999, bes. S. 391. Als »Quelle« ausgewiesen: Johannes Twaroch: Literatur in Anekdoten. Wiener Neustadt 1992, S. 184.

4 Anton Kuh: Der Schnorrer als Krösus. Der Lebensroman des Wiener Finanziers Bosel. In: Süddeutsche Sonntagspost [ohne Jg., ohne Nr.], 12.12.1926, S. 13 [Nr. 867].
5 Anonym: Umgang mit Mäzenen. Der Bohemien und der Geldkomplex. [Mit einem Vorspann, der eine Stegreif-Rede Anton Kuhs in Prag ankündigt.] In: Prager Tagblatt, Jg. 56, Nr. 272, 22.11.1931, S. 3.
6 Anton Kuh: Ist das Pumpen noch in Mode? In: Münchner Illustrierte Presse, Jg. 7, Nr. 30, 27.7.1930, S. 1036 [Nr. 1075].
7 Anonym: Anekdoten. In: Hüben und Drüben (Beil. des »Argentinischen Tageblatts«), Jg. 32, Nr. 1618, S. 8.
8 Dr. Josef Löbel: Eine Romanfigur schreibt an ihren Autor. In: B. Z. am Mittag, Jg. 56, Nr. 253, 22.10.1932, 1. Beibl. [S. 1].
9 Anonym: Umgang mit Mäzenen. Der Bohemien und der Geldkomplex. [Mit einem Vorspann, der eine Stegreif-Rede Anton Kuhs in Prag ankündigt.] In: Prager Tagblatt, Jg. 56, Nr. 272, 22.11.1931, S. 3.
10 Paul Morgan: Zeitgenossen. In: B. Z. am Mittag, Jg. 53, Nr. 167, 22.6.1929, 1. Beibl. [S. 1]. Dasselbe unter dem Titel »Paul Morgan klagt« in: Wiener Sonn- und Montags-Zeitung, Jg. 70, Nr. 7, 15.2.1932, S. 16.
11 Fred Heller: Wiener Literatur-Café. In: Die Bühne, Jg. 4, H. 132, 19.5.1927, S. 17-19, Kuh-Anekdote S. 18.
12 Anton Kuh: Wiener Literatur-Café. In: Die Bühne, Jg. 4, H. 135, 9.6.1927, S. 13 [Nr. 914].
13 J. K.: Anekdoten. In: Frankfurter Zeitung, Jg. 70, Nr. 160, 1.3.1926, A, S. 1.
14 Leo Perutz: Geschichten aus dem Café Herrenhof. In: Das Stachelschwein. Jg. 1925, H. 11, Mitte Juni, S. 31-32, hier S. 32.
15 Billie Wilder: Künstler-Anekdoten. In: Thüringer Allgemeine Zeitung, Jg. 77, Nr. 333, 1.12.1926, 3. Beibl. [S. 1].
16 Leo Perutz: Geschichten aus dem Café Herrenhof. In: Das Stachelschwein. Jg. 1925, H. 11, Mitte Juni, S. 31-32, hier S. 31.
17 Friedrich Torberg: Die Tante Jolesch oder Der Untergang des Abendlandes in Anekdoten. München 1975 (= Gesammelte Werke in Einzelausgaben, Bd. 8), S. 257.
18 Anonym: Dialog. In: Prager Tagblatt, Jg. 52, Nr. 126, 28.5.1927, S. 5.
19 Friedrich Torberg: Die Tante Jolesch oder Der Untergang des Abendlandes in Anekdoten. München 1975 (= Gesammelte Werke in Einzelausgaben, Bd. 8), S. 253.
20 Anton Kuh: Wie entsteht eine Anekdote? In: Münchner Illustrierte Presse, Jg. 6, Nr. 39, 29.9.1929, S. 1299-1301 [Nr. 1028].
21 »Anton *Kuh* kommt von einem Vortrag aus Berlin zurück und verkündet am Stammtisch: ›Sonnabend hatte ich in Berlin einen großen Erfolg!‹ Alfred *Polgar* erwidert gallig: ›*Sonnabend?* Mensch, gehabe dich nur nicht gleich so berlinerisch – ich erinnere mich an eine Zeit, wo du den Tag nicht einmal als *Samstag* bezeichnet hast!‹« (Anonym: Schabbes. In: Der Götz von Berlichingen [Wien], Jg. 1, Nr. 22, 25.11.1928, S. 8).
22 J.H.R.: Kuhrioses. In: Der Götz von Berlichingen [Berlin], Jg. 1, Nr. 11, 9.9.1928, S. 9.

23 Anton Kuh: Wie entsteht eine Anekdote? In: Münchner Illustrierte Presse, Jg. 6, Nr. 39, 29.9.1929, S. 1299-1301 [Nr. 1028].
24 Anonym: »Warum haben wir kein Geld?«. In: Vossische Zeitung, Nr. 569, 3.12.1931, M [S. 3].
25 Anonym: Max Pallenberg in einer funkelnagelneuen Rolle! Als öffentlicher Ankläger der bösen Bankdirektoren. In: Illustrierte Kronen-Zeitung, Jg. 32, Nr. 11.355, 2.9.1931, S. 4.
26 Anonym: Pallenberg und Rothschild. In: Arbeiter-Zeitung, Jg. 44, Nr. 241, 2.9.1931, S. 3.
27 lb.: Wie wir es sehen. Privatmann Pallenberg. In: Vossische Zeitung, Nr. 414, 3.9.1931, M [S. 3].
28 Willi Frischauer: Anton Kuh hält Pallenbergs abgesagten Vortrag über die Amstelbank. In: Wiener Allgemeine Zeitung, Jg. 52, Nr. 16014, 17.10.1931, S. 4.
29 Anonym: Anton Kuhs Vortrag. Matinee im Theater in der Josefstadt. In: Der Morgen, Jg. 22, Nr. 46, 16.11.1931, S. 5.
30 Bill: Was Anton Kuh zu sagen hat. Sein Vortrag in der Josefstadt. In: Wiener Allgemeine Zeitung, Jg. 52, Nr. 16038, 15.11.1931, S. 4.
31 ü.: Kuhs Kulturkritik. Im Kurfürstendamm-Theater. In: Vossische Zeitung, Nr. 576, 7.12.1931, A, Ubl. Nr. 292 [S. 3].
32 Und dem »Nachbehalt«: »Mag sein, daß andere aus dem Vortrag Anton *Kuhs* anderes herausgehört haben. Mag sein, daß aus der Fülle seiner Formulierungen manche gute verlorengegangen ist. Es gibt nur einen Anton Kuh und nur er selbst kann die Dinge bei dem Namen nennen den er ihnen gibt. Namen, die bleibenden Wert haben.«
33 Anonym: Anton Kuh spricht: »Wie komme ich zu Geld?« Sein Vortrag in der Josefstadt – Geld und Kultur. In: Wiener Sonn- und Montags-Zeitung, Jg. 69, Nr. 46, 16.11.1931, S. 7.
34 R. B.: »Warum haben wir kein Geld?« Anton Kuhs geistiges Varieté. In: Berliner Lokal-Anzeiger, Jg. 49, Nr. 577, 7.12.1931, A [S. 2].
35 Anonym: Anton Kuhs Vortrag. Matinee im Theater in der Josefstadt. In: Der Morgen, Jg. 22, Nr. 46, 16.11.1931, S. 5.
36 s. kl.: Anton Kuh improvisiert. Redematinee im Josefstädter Theater. In: Neue Freie Presse Nr. 24129, 16.11.1931, A, S. 4.
37 [s-y]: Von Kant bis Patzenhofer. In: B. Z. am Mittag, Jg. 55, Nr. 285, 7.12.1931, 1. Beibl. [S. 3].
38 s. kl.: Anton Kuh improvisiert. Redematinee im Josefstädter Theater. In: Neue Freie Presse, Nr. 24129, 16.11.1931, A, S. 4.
39 R. B.: »Warum haben wir kein Geld?« Anton Kuhs geistiges Varieté. In: Berliner Lokal-Anzeiger, Jg. 49, Nr. 577, 7.12.1931, A [S. 2].
40 g. m.: Warum haben wir kein Geld? Was Anton Kuh dazu meint. In: Hamburger Fremdenblatt, Jg. 104, Nr. 25, 25.1.1932, A, S 2.
41 Ha.: Anton Kuh beantwortet die aktuellste Frage: ›Warum haben wir kein Geld?«. In: Altonaer Nachrichten, Jg. 80, Nr. 22, 27.1.1932, S. 2.

»Bis aufs psychologische Beuschel« – »Physiognomik« und Physiognomik

1 Peter Panter [d. i. Kurt Tucholsky]: Auf dem Nachttisch. In: Die Weltbühne, Jg. 28, Nr. 5, 2.2.1932, S. 177-180, über Kuhs »Physiognomik« S. 179-180.
2 Er stellt den Ausspruch unter anderem als Motto seinen »Memoiren aus der Kaiserzeit« voran (Die Weltbühne, Jg. 27, Nr. 12, 24.3.1931, S. 426-430) und zitiert ihn zustimmend in einem Brief an Hedwig Müller vom 21.8.1935 (Kurt Tucholsky: Gesamtausgabe. Texte und Briefe, Bd. 21, S. 304-306, hier S. 306).
3 Anton Kuh: Sein Aphorismenschatz. In: Vossische Zeitung, Nr. 213, 6.9.1931, Briefe an die Vossische Zeitung [S. 2] [Nr. 1184].
4 Physiognomik. Aussprüche von Anton Kuh. München o. J. [1931], Aus dem Vorwort zur nächsten Auflage (a. d. Jahr 2030), S. 7-8 [Nr. 1209].
5 o. p. [d. i. Otto Pick]: Aussprüche von Anton Kuh. In: Prager Presse, Jg. 11, Nr. 316, 22.11.1931, S. 11.
6 Rudolf Freydorff: Anton Kuh: Physiognomik. In: Reichspost, Jg. 39, Nr. 150, 30.5.1932, S. 7.
7 Anton Kuh: Du sollst nicht paradox sein! Eine Selbstanzeige. In: Berliner Tageblatt, Jg. 60, Nr. 474, 8.10.1931, M [S. 2] [Nr. 1196].
8 Ebd.
9 Siehe dazu die Arbeiten Claudia Schmölders': Claudia Schmölders: Das Vorurteil im Leibe. Eine Einführung in die Physiognomik. 3. Aufl. Berlin 2007 (1. Aufl. 1995); Claudia Schmölders: Hitlers Gesicht. Eine physiognomische Biographie. München 2000; Claudia Schmölders, Sander Gilman (Hg.): Gesichter der Weimarer Republik. Eine physiognomische Kulturgeschichte. Köln 2000.
10 Johann Caspar Lavater: Von der Physiognomik. Leipzig 1772. Zit. n. der Ausgabe von Karl Riha und Carsten Zelle. Frankfurt am Main, Leipzig 1991, S. 10.
11 Johann Caspar Lavater: Physiognomische Fragmente, zur Beförderung der Menschenkenntniß und Menschenliebe. Erster Versuch. Leipzig, Winterthur 1775, Vorrede.
12 Johann Heinrich Merck an Johann Caspar Lavater und Giovanni Alberto de Baselli, Darmstadt, 20. u. 21.1.1775, u. Johann Heinrich Merck an Johann Caspar Lavater, Darmstadt, 15.2.1775. In: Johann Heinrich Merck: Briefwechsel. Hg. von Ulrike Leuschner in Verbindung mit Julia Bohnengel, Yvonne Hoffmann und Amélie Krebs. Göttingen 2007, Bd. 1, S. 525-529 resp. S. 539-541.
13 Vgl. Claudia Schmölders: Hitlers Gesicht. Eine physiognomische Biographie. München 2000, S. 37.
14 Ebd., S. 109-110.
15 Ebd., S. 71.
16 Hans F. K. Günther: Rassenkunde des jüdischen Volkes. München 1930.
17 Claudia Schmölders: Hitlers Gesicht. Eine physiognomische Biographie. München 2000, S. 133.

18 Walter Benjamin: Kleine Geschichte der Photographie. Zit. n.: Walter Benjamin: Gesammelte Schriften. Hg. von Rolf Tiedemann und Hermann Schweppenhäuser, Bd. II.1. 2. Aufl. Frankfurt am Main 1999, S. 368-385, hier S. 380-381 (erstmals in: Die Literarische Welt, Jg. 7, Nr. 38, 18.9.1931, S. 3-4.; Jg. 7, Nr. 39, 25.9.1931, S. 3-4; Jg. 7, Nr. 40, 2.10.1931, S. 7-8). – Zitiert bei Claudia Schmölders: Hitlers Gesicht. Eine physiognomische Biographie. München 2000, S. 99-100.
19 Anton Kuh: Wiener Hochsommer. In: Prager Tagblatt, Jg. 41, Nr. 188, 9.7.1916, M, S. 2-3 [Nr. 66].
20 Anton Kuh: Die Mörder. In: Prager Tagblatt, Jg. 43, Nr. 181, 7.8.1918, M, S. 2-3 [Nr. 297].
21 Anton Kuh: Der exportierte Mord. In: Der Morgen, Jg. 24, Nr. 36, 4.9.1933, S. 9 [Nr. 1335].
22 [–uh] [d. i. Anton Kuh]: Russisches romantisches Theater. Im Apollo-Theater. In: Die Stunde, Jg. 1, Nr. 210, 11.11.1923, S. 6 [Nr. 587].
23 Anton [d. i. Anton Kuh]: Das Gesicht von heute. 1830-1930 / Die Herrschaft der Phrase im Antlitz der Menschen. In: Süddeutsche Sonntagspost, Jg. 4, Nr. 38, 21.9.1930, S. 10-11 [Nr. 1088].
24 Anton Kuh: Der Doppelgänger. In: Uhu. Das neue Monats-Magazin, Jg. 2, H. 5, Februar 1926, S. 60-61 [Nr. 787].
25 Physiognomik. Aussprüche von Anton Kuh. München o. J. [1931], S. 120 [Nr. 1209, Bd. V, S. 268].
26 Anton Kuh: Erlebnisse meines Monocles. In: Das Magazin, Jg. 5 (1928/29), Nr. 60, August 1929, S. 3789, 3790, 3792 [Nr. 1015].
27 Anton Kuh: Tristan von Nr. 264 und Isolde aus der Hauszentrale. In: Scherl's Magazin, Jg. 4, H. 5, Mai 1928, S. 483-486 [Nr. 959].
28 Anton Kuh: Lenin und Demel: In: Ders.: Der unsterbliche Österreicher. München 1931, S. 111-112, hier S. 112.
29 Anton Kuh: Feudaler Totentanz. In: Der Morgen, Jg. 9, Nr. 43, 28.10.1918, S. 5-6 [Nr. 321].
30 Anton Kuh: Der Unnobel-Preis. In: Die neue Weltbühne, Jg. 33 [der Weltbühne], Nr. 6, 4.2.1937, S. 183-184 [Nr. 1445].
31 Yorick [d. i. Anton Kuh]: Ein zweiter Napoleon? In: Aufbau, Vol. 6, No. 30, July 26, 1940, p. 4 [Nr. 1477].
32 A. K. [d. i. Anton Kuh]: Das Wort »heiraten« auf der Bühne. In: Der Querschnitt, Jg. 13, H. 4, Ende April 1933, S. 290 [Nr. 1324].
33 Anton Kuh: Johann Schober. In: Die Weltbühne, Jg. 25, Nr. 40, 1.10.1929, S. 527-528 [Nr. 1033].
34 Anton Kuh: Pimperlheroismus. In: Wiener Sonn- und Montags-Zeitung, Jg. 60, Nr. 47, 4.12.1922, S. 2 [Nr. 508].
35 Anton Kuh: Die drei ei. In: Der Querschnitt, Jg. 7, H. 6, Juni 1927, S. 479-480 [Nr. 911].
36 Anton Kuh: Der Backfisch. In: Der Querschnitt, Jg. 12, H. 4, Ende April 1932, S. 257-258 [Nr. 1240].
37 Anton [d. i. Anton Kuh] Das k. k. Ballettmädel. In: Der Querschnitt, Jg. 7, H. 2, Februar 1927, S. 96-98 [Nr. 884].

38 Anton Kuh: Der Ausrufer. In: Die Bühne, Jg. 2, H. 36, 16.7.1925, S. 5 [Nr. 741].
39 k. [d. i. Anton Kuh]: Jockeis. In: Der Querschnitt, Jg. 12, H. 6, Ende Juni 1932, S. 433-434 [Nr. 1253].
40 Anton Kuh: Die Kellner. In: Prager Tagblatt, Jg. 41, Nr. 290, 19.10.1916, M, S. 2-3 [Nr. 74]; Anton [d. i. Anton Kuh]: Gespräch mit einem Ober. In: Der Morgen, Jg. 10, Nr. 18, 5.5.1919, S. 6 [Nr. 376].
41 Anton [d. i. Anton Kuh]: Frauen im Café. In: Der Morgen, Jg. 8, Nr. 41, 8.10.1917, S. 7 [Nr. 184].
42 Anton [d. i. Anton Kuh]: Nekrolog auf den Greisler. In: Der Morgen, Jg. 10, Nr. 22, 2.6.1919, S. 5 [Nr. 389].
43 Anton Kuh: Pimperlheroismus. In: Wiener Sonn- und Montags-Zeitung, Jg. 60, Nr. 47, 4.12.1922, S. 4 [Nr. 508].
44 Anton Kuh: Betrachtungen über den Gigolo. In: Blätter der Reinhardt-Bühnen, Spielzeit 1930/31, H. V [erschienen zur Premiere der Max Reinhardtschen Inszenierung von Edouard Bourdets »Das schwache Geschlecht« am Kurfürstendamm-Theater am 27.1.1931] [S. 6-8] [Nr. 1117].
45 Anton [d. i. Anton Kuh]: Eisenbahn-Bekanntschaften. In: Prager Tagblatt, Jg. 56, Nr. 173, 26.7.1931, S. 4 [Nr. 1166].
46 Anton Kuh: »Der Unbestechliche«. Ein Lustspiel von Hofmannsthal mit Pallenberg in der Hauptrolle (Raimund-Theater). In: Die Stunde, Jg. 1, Nr. 15, 18.3.1923, S. 7 [Nr. 527].
47 Anton [d. i. Anton Kuh]: Geehrte Redaktion! In: Der Morgen, Jg. 9, Nr. 40, 7.10.1918, S. 6 [Nr. 309].
48 Anton [d. i. Anton Kuh]: Die Stimmen der Presse. Sechs Kritiker und eine Leistung. In: Die Bühne, Jg. 1, H. 2, 14.11.1924, S. 17 [Nr. 669].
49 Anton Kuh: Mein Debüt als Schauspieler. Wie ich mir meine Kritiken vorstelle. In: Neues Wiener Journal, Jg. 34, Nr. 11.789, 16.9.1926, S. 10 [Nr. 856].
50 Anton Kuh: Das Gesicht des deutschen Arztes. In: Pariser Tageblatt, Jg. 4, Nr. 888, 18.5.1936, S. 1-2 [Nr. 1405].
51 Physiognomik. Aussprüche von Anton Kuh. München o. J. [1931], S. 123 [Nr. 1209].

»Einen Knobel-Penez ...« oder »Ein Bier für Herrn Kraus!«? – Das Geheimnis hinter dem roten Vorhang

1 Anonym: Kulissen-Geflüster. In: Berliner Herold, Jg. 28, Nr. 4, 24.-30. Januar 1932, 2. Beil. [S. 10].
2 Anonym: Das Geheimnis des roten Vorhanges. Anton Kuh und Karl Kraus bei Alice. In: Berliner Herold, Jg. 28, Nr. 5, 31. Januar-6. Februar 1932, 1. Beil. [S. 6].
3 Anonym: Das Geheimnis hinter dem roten Vorhang. In: Berliner Herold, Jg. 28, Nr. 7, 14.-20. Februar 1932, 1. Beil. [S. 7].
4 Samek, Foliobox 11, 174.2.
5 Samek, Foliobox 11, 174.6.

1932 – 1933

6 Anton Kuh: Vorschlag zum Goethe-Jahr. In: B. Z. am Mittag, Jg. 55, Nr. 230, 2.10.1931, 1. Beibl. [S. 1] [Nr. 1192].
7 Willi Frischauer: Ernstes Gespräch mit Anton Kuh. Zu seinem Gastspiel in der Josefstadt in Wien eingetroffen. In: Wiener Allgemeine Zeitung, Jg. 53, Nr. 16124, 1.3.1932, S. 6.
8 Anonym: Anton Kuhs Gastspiel in der Josefstadt abgesagt. In: Wiener Allgemeine Zeitung, Jg. 53, Nr. 16130, 8.3.1932, S. 5.
9 Anonym: Anton Kuhs Conférence im Theater in der Josefstadt. In: Neue Freie Presse, Nr. 24246, 14.3.1932, A, S. 5-6.
10 Piero Rismondo: Goethe gesehen von Anton Kuh. Zu seinem gestrigen Vortrag im Theater in der Josefstadt. In: Wiener Allgemeine Zeitung, Jg. 53, Nr. 16136, 15.3.1932, S. 3-4.
11 Anonym: Schändung Goethes. In: Wiener Neueste Nachrichten, Jg. 8, Nr. 2298, 15.3.1932, S. 5.
12 Anton Kuh: Nachklang zu meinem Goethe-Vortrag. In: Wiener Allgemeine Zeitung, Jg. 53, Nr. 15.141, 20.3.1932, S. 7-8 [Nr. 1229].
13 Anonym: Goethe-Schändung der Prager Urania. In: Sozialdemokrat, Jg. 12, Nr. 93, 19.4.1932, S. 5.
14 Anonym: Deutsche Kultur in Prag. Die Urania und ihr Anton Kuh. In: Sozialdemokrat, Jg. 12, Nr. 96, 22.4.1932, S. 5.
15 Anonym: Was heißt »mickrig«? Berliner Philologie vor einem tschechischen Gericht. In: B. Z. am Mittag, Jg. 56, Nr. 244, 12.10.1932, 1. Beibl. [S. 2].
16 Anton Kuh: Noch mickriger ... In: B. Z. am Mittag, Jg. 56, Nr. 245, 13.10.1932, 1. Beibl. [S. 4].
17 Anonym: Deutsche Kultur in Prag. Die Urania und ihr Anton Kuh. In: Sozialdemokrat, Jg. 12, Nr. 101, 28.4.1932, S. 6.
18 o. r.: »Was würde Goethe dazu sagen?«. In: Prager Tagblatt, Jg. 57, Nr. 95, 21.4.1932, S. 6.
19 Am 11. Mai wird die opulente Ausstellung »Kunst und Kultur zur Goethezeit« im Historischen Museum eröffnet, von 12. bis 14. Mai findet eine prominent besetzte Tagung des Völkerbund-Ausschusses für Literatur und Kunst mit festlichem musikalischem und theatralem Rahmenprogramm (inklusive Festakt in der Oper am 14. Mai) statt, selbigen Tags wird auch das vom Freien Deutschen Hochstift gestaltete neue Goethe-Museum am Großen Hirschgraben feierlich eröffnet.
20 Anonym: Kuh und das Geld. In: General-Anzeiger der Stadt Frankfurt am Main, Jg. 56, Nr. 102, 2.5.1932, S. 5.
21 Hans Gert Heinrichs: Zur Kritik des Goethejahres. Ein soziologischer Versuch. Würzburg 1935, S. 30-31.
22 Heinz Jäger [d. i. Walter Kreiser]: Windiges aus der deutschen Luftfahrt. In: Die Weltbühne, Jg. 25, Nr. 11, 12.3.1929, S. 402-407.
23 Carl von Ossietzky: Der Prozeß der Offiziere. In: Die Weltbühne, Jg. 26, Nr. 40, 1.10.1930, S. 501-503.

24 Kurt Tucholsky: Für Carl v. Ossietzky. General-Quittung. In: Die Weltbühne, Jg. 28, Nr. 20, 17.5.1932, S. 734-736.
25 Anton Kuh: An Carl von Ossietzky. In: Berliner Tageblatt, Jg. 61, Nr. 220, 10.5.1932, A [S. 4] [Nr. 1242].
26 Anton Kuh: Berlin in Salzburg. In: B. Z. am Mittag, Jg. 56, Nr. 175, 23.7.1932, 1. Beibl. [S. 1] [Nr. 1262].
27 Anton Kuh: Neue Aussprüche. In: Berliner Tageblatt, Jg. 61, Nr. 475, 6.10.1932, A [S. 2] [Nr. 1282].
28 Anton [d. i. Anton Kuh]: Legende auf Bestellung. In: Berliner Tageblatt, Jg. 61, Nr. 487, 13.10.1932, A [S. 4] [Nr. 1285].
29 Anonym (Rubrik »Antworten«). In: Die Weltbühne, Jg. 28, Nr. 45, 8.11.1932, S. 703.
30 Anton Kuh: Zu lustig, um wahr zu sein? oder Shaw und der andere. In: B. Z. am Mittag, Jg. 56, Nr. 257, 27.10.1932, 1. Beibl. [S. 1] [Nr. 1286].
31 Sy.: »Caro und Petschek«. Anton-Kuh-Matinee im Deutschen Künstlertheater. In: B. Z. am Mittag, Jg. 56, Nr. 260, 31.10.1932, 1. Beibl. [S. 2].
32 [– uh. –]: Vortrag mit gepfändetem Honorar. Anton Kuh über den Caro-Petschek-Prozeß. In: Berliner Börsen-Zeitung, Jg. 78, Nr. 512, 31.10.1932, A, S. 4.
33 Bur.: »Caro und Petschek«. In: Berliner Tageblatt, Jg. 61, Nr. 517, 31.10.1932, A [S. 3].
34 Utis: Anton Kuh in Aussig. »Was würde Goethe dazu sagen.« In: Aussiger Tagblatt, Jg. 76, Nr. 271, 24.11.1932, S. 8.
35 R. F.: Vortrag Anton Kuh: CARO UND PETSCHEK. In: Prager Tagblatt, Jg. 57, Nr. 281, 29.11.1932, S. 6.
36 Anton Kuh: Kuhs Ohrfeige. In: Vossische Zeitung, Nr. 581, 4.12.1932, M, Briefe an die Vossische Zeitung [S. 2] [Nr. 1292].
37 Physiognomik. Aussprüche von Anton Kuh. München o. J. [1931], S. 98 [Nr. 1209].
38 hgm.: O. T. (Rubrik »Kleines Feuilleton«). In: Hamburger Anzeiger, Jg. 45, Nr. 287, 7.12.1932 [S. 7].
39 Anonym: O. T. (Rubrik »Kunst, Wissenschaft, Literatur« / »Theater, Musik, Vorträge«). In: Vossische Zeitung, Nr. 530, 4.11.1932, A, Ubl. Nr. 307 [S. 3].
40 R. K.: Dichter in der Scala. Nachtvorstellung für den Schutzverband. In: Vossische Zeitung, Nr. 26, 16.1.1933, A [S. 4].
41 Anton Kuh: Pferde, Autoren und Heilige. Kleines Abenteuer hinter den Kulissen. In: B. Z. am Mittag, Jg. 57, Nr. 15, 18.1.1933, 1. Beibl. [S. 1] [Nr. 1307].

»Weit? ... Von wo?« –
Der »Emigrant in Permanenz« im Exil

1 Alfred Polgar: Schicksal in drei Worten. In: Die Nation, Jg. 4, Nr. 40, 1.10.1936, S. 8.
2 all.: Anton Kuh über Wien–Berlin. Der »feudale Roßknödel«. In: Wiener Allgemeine Zeitung, Jg. 51, Nr. 15525, 1.3.1930, S. 3.

3 Willi Frischauer: Politisches Gespräch mit Anton Kuh. Von Franz Joseph I. bis Adolf Hitler. In: Wiener Allgemeine Zeitung, Jg. 54, Nr. 16407, 8.2.1933, S. 3.
4 Anonym: Von Franz Joseph I. bis Adolf Hitler. In: Wiener Allgemeine Zeitung, Jg. 54, Nr. 16407, 9.2.1933, S. 3.
5 Anonym: Anton Kuh spricht. In: Der Wiener Tag, Jg. 12, Nr. 3496, 10.2.1933, S. 3.
6 Piero Rismondo: Anton Kuh und die »Freigelassenen«. Zu seinem gestrigen Vortrag im Konzerthaus. In: Wiener Allgemeine Zeitung, Jg. 54, Nr. 16410, 11.2.1933, S. 4.
7 Robert Breuer: Anton Kuh: »Schützet Kaiser Franz Josef!« In: Das Blaue Heft, Jg. 12, Nr. 15, 1.3.1933, S. 469.
8 Anonym: Stimmt! (Rubrik »Lieber Kikeriki«). In: Kikeriki! Wiener humoristisches Volksblatt, Jg. 73, F. 9, 26.2.1933, S. 5.
9 Anton Kuh: Wabruschek oder Das Genie und der Profoß. In: Vossische Zeitung, Nr. 49, 29.1.1933, M, Ubl. Nr. 29 [S. 2-3] (ED in Der Wiener Tag, Jg. 12, Nr. 3478, 23.1.1933, S. 6 [Nr. 1310]).
10 Anonym: Die Flucht des geistigen Deutschland nach Wien. Namen als Anklagen gegen das »Dritte Reich«. In: Wiener Allgemeine Zeitung, Jg. 54, Nr. 16436, 14.3.1933, S. 2.
11 Anonym: Musik- und Theaterchronik (Rubrik »Kunst und Bühne«). In: Deutschösterreichische Tages-Zeitung, Jg. 44, F. 73, 14.3.1933, S. 7.
12 Mungo [d. i. Valentin Schuster]: Grünbaum ante portas! In: Deutschösterreichische Tages-Zeitung, Jg. 44, F. 74, 15.3.1933, S. 5-6.
13 Anonym: Die Geistigen. In: Die neue Welt, Jg. 7, Nr. 288, 17.3.1933, S. 6.
14 Anonym: Vortrag Anton Kuhs: »Der überholte Wedekind«. In: Der Wiener Tag, Jg. 12, Nr. 3528, 14.3.1933, S. 7.
15 NL Kuh, ÖLA, 227/04.
16 Anton Kuh: Emigranten. In: Prager Tagblatt, Jg. 58, Nr. 91, 16.4.1933, S. 3 [Nr. 1322].
17 Ebd.
18 [-x-]: O. T. In: Prager Tagblatt, Jg. 59, Nr. 22, 27.1.1934, S. 7.
19 Harry Graf Kessler. Das Tagebuch 1880-1937. Hg. von Roland S. Kamzelak und Ulrich Ott. Neunter Band: 1926-1937. Hg. von Sabine Gruber und Ulrich Ott (= Veröffentlichungen der deutschen Schillergesellschaft, Bd. 50.9), S. 580.
20 Am 12.4.1933 beginnt die von der Deutschen Studentenschaft getragene und von massiver Propaganda begleitete »Aktion wider den undeutschen Geist«, eine systematische Verfolgung »zersetzerischer«, vor allem jüdischer und linker Autoren, die am 10.5.1933 in den öffentlichen Verbrennungen der Bücher verfemter Schriftsteller in 22 deutschen Universitätsstädten kulminiert.
21 Anton [d. i. Anton Kuh]: Asphalt und Scholle. In: Prager Tagblatt, Jg. 58, Nr. 101, 29.4.1933, S. 7 [Nr. 1323].
22 Anton Kuh: Über das Reisen. In: Prager Tagblatt, Jg. 57, Nr. 93, 19.4.1932, S. 3 [Nr. 1238].
23 Neunzeiliger Eintrag »*Kuh*, Anton« in: Kürschners Deutscher Literatur-

Kalender auf das Jahr 1932. Herausgegeben von Gerhard Lüdtke. 46. Jg. Berlin, Leizpig 1932, Sp. 780.
24 Gerhard Lüdtke: Vorwort. In: Kürschners Deutscher Literatur-Kalender auf das Jahr 1934. Herausgegeben von Gerhard Lüdtke. 47. Jg. Berlin, Leizpig 1934, S. V-VII, hier S. VI.
25 Herrmann A. L. Degener: Der X. Ausgabe zum Geleite. In: Degeners Wer ist's? Eine Sammlung von rund 18000 Biographien mit Angaben über Herkunft, Familie, Lebenslauf, Veröffentlichungen und Werke, Lieblingsbeschäftigung, Mitgliedschaft bei Gesellschaften, Anschrift und anderen Mitteilungen von allgemeinem Interesse. Herausgegeben von Herrmann A. L. Degener. X. Ausgabe. Berlin 1935, S. V.
26 Ebd., S. XXVIII.

1933 – 1936

27 r. f.: Vortrag Anton Kuh: In: Prager Tagblatt, Jg. 58, Nr. 98, 26.4.1933, S. 7.
28 Anton Kuh: Der exportierte Mord. In: Der Morgen, Jg. 24, Nr. 36, 4.9.1933, S. 9 [Nr. 1335.].
29 Siehe dazu im Detail: Rainer Marwedel: Theodor Lessing, 1872-1933. Eine Biographie. Darmstadt, Neuwied 1987, S. 341-371.
30 Anton [d. i. Anton Kuh]: Kleinstadt Deutschland. Der Fall Lessing. In: Die Stunde, Jg. 4, Nr. 978, 15.6.1926, S. 5 [Nr. 839].
31 A. St.: Vorträge Theodor Lessing und Anton Kuh. In: Selbstwehr, Jg. 27, Nr. 22, 2.6.1933, S. 6.
32 r. f.: Vortrag Anton Kuh. In: Prager Tagblatt, Jg. 58, Nr. 123, 26.5.1933, S. 6.
33 K.: Anton Kuh, der Prophet. In: Der Tag, Nr. 293, 8.12.1931 [S. 2].
34 Mf.: Vortrag Anton Kuh. In: Tagesbote [Brünn], Jg. 83, Nr. 237, 22.5.1933, A, S. 2.
35 u.: Anton Kuh und die Dummheit. In: Der Morgen, Jg. 28, Nr. 47, 22.11.1937, S. 3.
36 Yorick [d. i. Anton Kuh]: »Boche«, sprich Bosch. In: Aufbau, Vol. 6, No. 43, October 25, 1940, p. 4 [Nr. 1489].
37 Léon Daudet: De Nietzsche à Hitler. In: L'Action française, 26ᵉ année, N° 174, 23.6.1933, p. 1.
38 Anton Kuh: Hitler n'est qu'un faux apôtre. In: LU dans la presse universelle, 3ᵉ année, N° 26 (108), 30.6.1933, p. 14 [Nr. 1329].
39 Léon Daudet: Autour d'un lapsus. In: L'Action française, 26ᵉ année, N° 186, 5.7.1933, p. 1.
40 Anton Kuh: Surestimé ? ... In: LU dans la presse universelle, 3ᵉ année, N° 28 (110), 14.7.1933, p. 12 [Nr. 1330].
41 Anton Kuh: Adieu Salzburg! In: Prager Tagblatt, Jg. 58, Nr. 205, 2.9.1933, S. 4 [Nr. 1334].
42 Anton Kuh: Der exportierte Mord. In: Der Morgen, Jg. 24, Nr. 36, 4.9.1933, S. 9 [Nr. 1335].
43 Anton Kuh: Deutsche Worte und Pariser Enthüllungen. In: Der Morgen, Jg. 24, Nr. 48, 27.11.1933, S. 9 [Nr. 1337].

44 Rolf Reimer: Die Kuh und »der Kuh«. In: Der Stürmer. Überparteiliches Wochenblatt für alle Schaffenden [Wien], Jg. 1, F. 17, 9.12.1933, S. 8. – Mit Dank an Gerald Krieghofer für den Hinweis.
45 Anonym: [Anton Kuh]. In: Prager Tagblatt, Jg. 58, Nr. 288, 9.12.1933, S. 4.
46 Anonym: O. T. (Rubrik »Dernières Nouvelles«). In: Paris-soir, Vol. 11, No. 3709, 3.12.1933, IVième édition, p. 3.
47 Bericht über die achte ordentliche Mitgliederversammlung der Gesellschaft der Freunde des Nietzsche-Archivs vom 6. Dezember 1933, S. 6.
48 Anton Kuh: Nietzsches Degenstock. In: Der Wiener Tag, Jg. 12, Nr. 3767, 12.11.1933, S. 19 [Nr. 1336].
49 Zit. n.: Anonym: Deutscher Protest gegen die Mánes-Karikaturen. Verbalnote des Gesandten Dr. Koch: »Gefährdung der Beziehungen«. In: Deutsche Zeitung Bohemia, Jg. 107, Nr. 86, 13.4.1934, S. 1.
50 Siehe dazu: John Heartfield. Leben und Werk. Dargestellt von seinem Bruder Wieland Herzfelde. Dresden 1962, S. 60.
51 Anonym: O. T. (Rubrik »Vorträge«). In: Prager Tagblatt, Jg. 59, Nr. 96, 25.4.1934, S. 5.
52 Mf.: O. T. In: Tagesbote [Brünn], Jg. 84, Nr. 229, 18.5.1934, A, S. 2.
53 f. s.: Anton Kuh im Kurhaus zu Karlsbad. In: Tschechoslowakische Bäder-Zeitung, Jg. 13, Nr. 181, 12.8.1934 [S. 8].
54 Ebd.
55 Anonym: Anton Kuh spricht heute in Karlsbad. In: Deutsche Tages-Zeitung (Karlsbader Badeblatt), Jg. 75, Nr. 182, 10.8.1934, S. 4.
56 Karl Hermann Frank: Sudetendeutschtum in Kampf und Not. Ein Bildbericht. Kassel 1936, S. 65.
57 Anton Kuh: Von Pöchlarn bis Braunau. In: Die neue Weltbühne, Jg. 31 [der Weltbühne], Nr. 13, 28.3.1935, S. 394-400, hier S. 395 [Nr. 1383].
58 Anton Kuh: In Paris überrascht. In: Prager Tagblatt, Jg. 59, Nr. 140, 17.6.1934, S. 4 [Nr. 1358]. – »Kuh«, französisch ausgesprochen – »Kü« –, hat dieselbe Lautung wie (frz.) »cul« (Arsch).
59 Anton Kuh: Das Land der krummen Zahlen. In: Prager Tagblatt, Jg. 60, Nr. 68, 21.3.1935, S. 3 [Nr. 1381].
60 Anton Kuh: Der exportierte Mord. In: Der Morgen, Jg. 24, Nr. 36, 4.9.1933, S. 9 [Nr. 1335].
61 Anton Kuh: Personally. In: Die neue Weltbühne, Jg. 32 [der Weltbühne], Nr. 10, 5.3.1936, S. 314-315 [Nr. 1396].
62 Anton Kuh: Pallenberg über Hitler. In: Die neue Weltbühne, Jg. 30 [der Weltbühne, Jg. 3 der Wiener Weltbühne], Nr. 28, 12.7.1934, S. 873-876 [Nr. 1362].
63 Anton Kuh: Schachtelsätze. In: Die neue Weltbühne, Jg. 32 [der Weltbühne], Nr. 33, 13.8.1936, S. 1046-1047 [Nr. 1421].
64 Anton Kuh: Friedensangebote. In: Die neue Weltbühne, Jg. 32 [der Weltbühne], Nr. 11, 12.3.1936, S. 345-346 [Nr. 1397].
65 Anton Kuh: Daitschland. Eine neue Führer-Rede. In: Der Simpl, Jg. 2, Nr. 13-14, 31.3.1935, S. 148 [Nr. 1384].

66 Anton Kuh: Die Winterhilfe. In: Die neue Weltbühne, Jg. 31 [der Weltbühne], Nr. 42, 17.10.1935, S. 1331 [Nr. 1394].
67 Anton [d. i. Anton Kuh]: Deutsch: nichtgenügend! Ein Deutschprofessor über Papens Regierungserklärung. In: Der Morgen, Jg. 23, Nr. 24, 13.6.1932, S. 8 [Nr. 1246].
68 Anton Kuh: Pallenberg über Hitler. In: Die neue Weltbühne, Jg. 30 [der Weltbühne, Jg. 3 der Wiener Weltbühne], Nr. 28, 12.7.1934, S. 873-876 [Nr. 1362].
69 Anton Kuh: Beschreibung einer Nase. In: Die neue Weltbühne, Jg. 31 [der Weltbühne], Nr. 26, 27.6.1935, S. 825-826 [Nr. 1392].
70 Anton Kuh: Der Aufruhr der Doppelgänger. In: Die neue Weltbühne, Jg. 31 [der Weltbühne], Nr. 41, 10.10.1935, S. 1298-1300 [Nr. 1393].
71 Yorick [d. i. Anton Kuh]: Ein schlechtes Thema. In: Aufbau, Vol. 6, No. 35, August 30, 1940, p. 4 [Nr. 1481].
72 Anton Kuh: Familie Sauckel. In: Die neue Weltbühne, Jg. 33 [der Weltbühne], Nr. 39, 23.9.1937, S. 1236-1237 [Nr. 1459].
73 Anton Kuh: Der Unnobel-Preis. In: Die neue Weltbühne, Jg. 33 [der Weltbühne], Nr. 6, 4.2.1937, S. 183-184 [Nr. 1445].
74 Walther Rode: Das österreichische Antlitz. In: Aufruf. Streitschrift für Menschenrechte [Prag], Jg. 4, Nr. 11, 1.3.1934, S. 293-294.
75 Un Viennois [d. i. Anton Kuh]: La fin de Vienne. In: VU, 7e année, N° 310, 21.2.1934, p. 253 [Nr. 1344].
76 Anton Kuh: Zwischen zwei Julitagen. Die Bedeutung der Wiener Ereignisse. In: Pariser Tageblatt, Jg. 2, Nr. 238, 7.8.1934, S. 1-2 [Nr. 1366]. – Vgl. dazu auch: k. [d. i. Anton Kuh]: Das Ende der Großdeutschen. In: Prager Tagblatt, Jg. 59, Nr. 182, 7.8.1934, S. 1 [Nr. 1365].
77 Ebd.
78 Anton Kuh: An einen Kraus-Jünger. In: Die neue Weltbühne, Jg. 30 [der Weltbühne, Jg. 3 der Wiener Weltbühne], Nr. 42, 18.10.1934, S. 1323-1325 [Nr. 1376].
79 David Bronsen: Joseph Roth. Eine Biographie. Köln 1974, S. 500.
80 Leo Perutz, Tagebuchkalender, 31.10.1936 (DNB, DEA, EB 86/094. II.E.1).
81 dla A: Viertel, 69.2663/13.
82 Pem [d. i. Paul Marcus]: Der letzte Schnorrer. In: Der Weg / Berliner Allgemeine, Nr. 13 (Zeitungsausschnitt im Dossier »Kuh, Anton« in der Dokumentationsstelle für neuere österreichische Literatur, Literaturhaus Wien – keine näheren bibliographischen Angaben).
83 Anonym: Anton Kuh kämpft um Millionenerbschaft. In: Der Morgen, Jg. 26, Nr. 37, 16.9.1935, S. 10.
84 Klaus Mann: Tagebücher 1934 bis 1935. Hg. von Joachim Heimannsberg, Peter Laemmle und Wilfried F. Schoeller. München 1989, S. 126.
85 Österreichisches Staatsarchiv, Wien. Zit. n. einer Kopie im Nachlaß Traugott Krischke, ÖLA 84/97.
86 Anonym: Anton Kuh über England / Zu seinem heutigen Vortrag [Interview]. In: Der Prager illustrierte Montag, Jg. 2, Nr. 50, 14.12.1936, S. 5.

»Ein Klavier auf dem Wintergletscher?!« –
»The Robber Symphony«

1 fv: Neuer Film. In: Süddeutsche Zeitung, 25.2.1964 (Schriftgutarchiv der Deutschen Kinemathek, Berlin).
2 Anonym: »Robber Symphony« (Rubrik »Im Ausland liefen an«). In: Film-Kurier, Jg. 18, Nr. 131, 8.6.1935 [S. 2].
3 Anton Kuh: Wunder in Chamonix. In: Prager Tagblatt, Jg. 59, Nr. 9, 12.1.1934, S. 3 [Nr. 1339].
4 Anonym: Friedrich Fehér und Magda Sonja in Wien. In: Mein Film, Nr. 559, 11.9.1936, S. VIII.
5 H. T.: Fünf-Klaviere-Oper. Um ein abenteuerliches Filmwerk. In: Tonfilm, Theater, Tanz, Jg. 4 (1936), H. 10, S. 9. – 1956 wurde in den Niederlanden aus erhalten gebliebenen Kopien – das Negativ war bei einem Bombenangriff auf London vernichtet worden – eine generalüberholte Fassung mit holländischen Untertiteln hergestellt. Der Film, der erst in den 1960er Jahren in deutsche Kinos kam, machte dreißig Jahre nach seinem Entstehen doch noch Furore.

1936 – 1938

6 [–a–]: Anton Kuh über Hamlet. In: Der Wiener Tag, Jg. 15, Nr. 4808, 1.11.1936, S. 11.
7 Anton Kuh: Mein »Hamlet«-Vortrag. In: Der Morgen, Jg. 27, Nr. 44, 2.11.1936, S. 5 [Nr. 1433 a].
8 Anonym: Anton Kuh über England / Zu seinem heutigen Vortrag [Interview]. In: Der Prager illustrierte Montag, Jg. 2, Nr. 50, 14.12.1936, S. 5.
9 jer: Anton Kuh o Shakespearovi a jiných. In: České Slovo, roč. 28, čislo 292, 16.12.1936, S. 4. – Übersetzung: Hana Blahová.
10 Anonym: O. T. (Rubrik »Kunst«). In: Prager Mittag, Jg. 5, Nr. 118, 25.5.1937, S. 3.
11 [–r]: Anton Kuh spiegelt die Zeit. Zu seinem gestrigen Vortrag. In: Prager Mittag, Jg. 5, Nr. 119, 26.5.1937, S. 3.
12 Anton Kuh: [Was muss der Demokrat vom Fascismus wissen?]. In: Die neue Weltbühne, Jg. 33 [der Weltbühne], Nr. 23, 3.6.1937, S. 731-732 [Nr. 1451].
13 Hans Natonek: O. T. (Rubrik »Wochenrevue«). In: Der Prager illustrierte Montag, Jg. 3, Nr. 22, 31.5.1937, S. 4.
14 Arthur Lederer: Der Redner Anton Kuh. In: Der Prager illustrierte Montag, Jg. 3, Nr. 22, 7.6.1937, S. 7.
15 Anonym: Vortrag Anton Kuh. In: Neue Freie Presse, Nr. 26.293, 21.11.1937, S. 13.
16 O. r.: »Sind die Juden gescheit?«. In: Die neue Welt, Jg. 11, Nr. 704, 26.11.1937, S. 7.
17 Julius Ebenstein: Anton Kuh – in der jüdischen Kulturstelle. In: Der jüdische Weg, Jg. 7, Nr. 4, 7.12.1937 (3. Tebet 5698), S. 4.
18 Ebd.

19 Anonym: Über das dümmste Jahrhundert unserer Zeitrechnung. In: Der Wiener Tag, Jg. 16, Nr. 5187, 21.11.1937, S. 13.
20 BArch, R 58/2409, Sign. F.-St. 3/409.
21 Anton Kuh: Escape from the Mousetrap [I]. In: The Nation, Vol. 146, No. 23, June, 4, 1938, p. 645-647 [Nr. 1467].
22 Furtwängler unterschreibt im August 1934 den »Aufruf der Kulturschaffenden« und versichert darin den »Führer« seiner Gefolgschaft.
23 Anton Kuh: Der übernationale Dirigent. In: Die neue Weltbühne, Jg. 33 [der Weltbühne], Nr. 38, 16.9.1937, S. 1188-1192, hier S. 1190 u. 1191 [Nr. 1458].
24 Ebd.
25 Ebd.
26 Ebd.
27 Erasmus: Zwischen Walzer und Schafott. In: Escher Tageblatt, Nr. 64, 17.3.1938, S. 5. – Mit Dank an Achim Heerde für den Hinweis.
28 Anton Kuh: Escape from the Mousetrap [I]. In: The Nation, Vol. 146, No. 23, June, 4, 1938, p. 645-647 [Nr. 1467].
29 Gestützt auf die Dokumentation in: Winfried R. Garscha: Der Weg zum »Anschluß«. In: Historisches Museum der Stadt Wien: Wien 1938 [110. Sonderausstellung, 11. März bis 30. Juni 1988, Katalog], S. 25-33; sowie: Dokumentationsarchiv des österreichischen Widerstandes (Hg.): »Anschluß« 1938. Eine Dokumentation. Wien 1988.
30 Anton Kuh: Escape from the Mousetrap II. In: The Nation, Vol. 146, No. 24, June 11, 1938, p. 674-676 [Nr. 1467]. – Übersetzung: Wilfried Preinfalk.
31 Friedrich Scheu: Der Weg ins Ungewisse. Österreichs Schicksalskurve 1929-1938. Wien, München, Zürich 1972, S. 277-278.
32 Alma Mahler-Werfel: Mein Leben. Frankfurt am Main 1960, S. 273.
33 Anton Kuh: Escape from the Mousetrap III. In: The Nation, Vol. 146, No. 25, June 18, 1938, p. 701-703 [Nr. 1467]. – Übersetzung: Wilfried Preinfalk.
34 Anton Kuh: Wien. In: Die neue Weltbühne, Jg. 34 [der Weltbühne], Nr. 10, 10.3.1938, S. 313-315 [Nr. 1466].
35 Wolfgang Häusler: Das Jahr 1938 und die österreichischen Juden. In: Dokumentationsarchiv des österreichischen Widerstandes (Hg.): »Anschluß« 1938. Eine Dokumentation. Wien 1988, S. 85-92, hier S. 87.
36 Anonym: Österreichs Mission: In: Neues Wiener Tagblatt, Jg. 72, Nr. 92, 3.4.1938, S. 27.
37 n. m.: »Österreichischer Mensch« und österreichischer Deutscher. In: Reichspost, Jg. 45, F. 91, 1.4.1938, S. 4.
38 Joseph Roth: Toten-Messe. In: Das Neue Tage-Buch, Jg. 6, H. 12, 19.3.1938, S. 276-277.

»Undesired expert« in den USA –
New York, in Etappen

1 U. S. National Archives & Records Administration, Passenger Arrival Records.
2 Memorandum for Governor Cross (DNB, DEA, American Guild, Thomas-Mann-Dinner).
3 Muriel Lurie an Mrs. Brandes, May 12, 1938 (DNB, DEA, American Guild, Thomas-Mann-Dinner).
4 Address of Anton Kuh (DNB, DEA, American Guild, Thomas-Mann-Dinner).
5 Thomas Mann: Tagebücher 1937-1939. Hg. von Peter de Mendelssohn. Frankfurt am Main 1980, S. 221.
6 Anton Kuh bedankt sich am 13.7.1940 brieflich bei Rudolf Kommer für ein übersandtes Buch von Oskar Levy, das insofern von ihm, Kuh, sein könnte, als es »aus falschen Prämissen zu brillanten Folgerungen gelangt« (ÖNB, Autogr. 520/12-3).
7 Anton Kuh: Une Révélation: M. Hitler est enfant de Bohême! In: Ce soir, 8-13 septembre 1938 [Nr. 1463].
8 Karl Kraus: Schriften. Hg v. Christian Wagenknecht. Bd. 12: Dritte Walpurgisnacht. Frankfurt am Main 1989, S. 285.
9 Anonym: Anton Kuh contra Friedrich Sieburg. In: Weltpresse, Jg. 2, Nr. 193, 23.8.1946, S. 2.
10 Walter Hasenclever an Robert Klein, Paris, 25.9.1938. In: Walter Hasenclever: Briefe in zwei Bänden 1907-1940. In Zusammenarbeit mit Dieter Breuer herausgegeben von Bert Kasties. Mainz 1994, Bd. II, 1933-1940, S. 219-221, hier S. 220.
11 »Pariser Tageszeitung« an Anton Kuh, Paris, 6.10.1938. – BArch R 8045 / 6.
12 Georg Stefan Troller zufolge hat Kuh »[s]einem Onkel Nori in Brünn seine schöne Frau Thea abspenstig gemacht« (Georg Stefan Troller: Das fidele Grab an der Donau. Mein Wien 1918-1938. Düsseldorf, Zürich ³2005, S. 241), was er dem Autor gegenüber in einem telefonischen Gespräch 2010 bestätigte.
13 U. S. National Archives & Records Administration, Passenger Arrival Records.
14 U. S. National Archives & Records Administration, Passenger Arrival Records.
15 Interview with Helen Blank (AHC 1928). Interviewed by Sebastian Markt, Leo Baeck Institute. Interviewed on July 20, 2001, in New York. – Vermutlich: »Eberhardt's Café Grinzing« (vgl.: Hans Weiss, Ronald Leopoldi: Hermann Leopoldi und Helly Möslein. »In einem kleinen Café in Hernals ...« Eine Bildbiographie. Wien 1992, S. 77-79).
16 Helen Blank an Walter Schübler, New York, 21.8.2006.
17 Anton Kuh an Rudolf Kommer, 13.71940 (ÖNB, Autogr. 520/12-3).
18 Gottfried Reinhardt: Der Liebhaber. Erinnerungen seines Sohnes Gottfried Reinhardt an Max Reinhardt. München, Zürich 1973, S. 257.

19 Mr. Anatole [d. i. Anatol Jaro]: Der Schnorrer von Wien – König von Amerika. In: Neues Österreich, Jg. 18, Nr. 299 (lfde. Nr. 5359), 29.12.1962, S. 14.
20 Gottfried Reinhardt: Der Apfel fiel vom Stamm. Anekdoten und andere Wahrheiten aus meinem Leben. München 1992, S. 385-386.
21 »On this occasion I desire to express my special gratitude for the cooperation of a man whose spontaneous discourse is appreciated by all those who have been exposed to his elusive and imaginative rhetoric both in the circle of his intimate friends and in the larger public audiences, and whose remarks unfortunately are too seldom preserved in their lively utterances: my fullest acknowledgment to Anton Kuh, whose flashes of creative wit should have been perpetuated long ago« (Gert v. Gontard: In Defense of Love. A Protest Against »Soul Surgery«. New York 1940, Foreword, p. XIX-XX).
22 Stiftung Archiv der Akademie der Künste, Ferdinand-Bruckner-Archiv, Sign. 239.
23 Vgl. dazu: Steffi Kiesler: Österreich in der Public Library. In: Austro American Tribune. Anti-Nazi Monthly, Vol. II, Nr. 3, November 1943, p. 7; Steffi Kiesler: »Meet Me at the Library«. In: Aufbau, Vol. 11, No. 22, June 1, 1945, p. 32.
24 Mr. Anatole [d. i. Anatol Jaro]: Der Schnorrer von Wien – König von Amerika. In: Neues Österreich, Jg. 18, Nr. 299 (lfde. Nr. 5359), 29.12.1962, S. 14.
25 Ebd.
26 Peter Stephan Jungk: Franz Werfel. Eine Lebensgeschichte. Frankfurt am Main 1987, S. 286.
27 Irmgard Keun an Arnold Strauss, New York, 9. Juli 1938: »Rief im Hotel den Dr. Gumpert und Kuh an. Daraus ergab sich ein geradezu phantastisches Herbeifluten von Menschen« (Irmgard Keun. Dargestellt von Hiltrud Häntzschel. Reinbek 2001, S. 101-102).
28 Mit Dank an Jill Meißner (Archiv der Österreichischen Friedrich-und-Lillian-Kiesler-Privatstiftung) für die Übermittlung der Erwähnungen Anton Kuhs in Stefi Kieslers Kalender-Tagebuch.

1938 – 1941

29 Anton Kuh: Geschichte und Gedächtnis. In: Aufbau, Vol. 5, No. 1, January 1, 1939, p. 7-8, hier p. 7 u. 8. [Nr. 1469].
30 W.: Kuh – Redner und Rebell. In: Aufbau, Vol. 4, No. 13, March 29, 1940, p. 10.
31 »Der deutsch-mitteleuropäischen Kolonie New Yorks bietet sich die Gelegenheit, Anton Kuhs produktive ›Taktlosigkeiten‹ nach langer Zeit wieder vom Podium herab zu vernehmen«, kündigt der »Aufbau« den Vortrag an (Anonym: Anton Kuhs erstes New Yorker Auftreten. In: Aufbau, Vol. VI, No. 10, March 8, 1940, p. 10).
32 W.: Kuh – Redner und Rebell. In: Aufbau, Vol. 4, No. 13, March 29, 1940, p. 10.
33 Anton Kuh: Proskriptionsliste. In: Der Friede, Bd. 2, Nr. 38, 11.10.1918, S. 272-273 [Nr. 311].

34 W.: Kuh – Redner und Rebell. In: Aufbau, Vol. 4, No. 13, March 29, 1940, p. 10.
35 Anonym: Anton Kuh spricht über: »Wie man die richtige Kriegsprognose stellt«. In: Aufbau, Vol. VI, No. 15, April 12, 1940, p. 5.
36 m. g. [d. i. Manfred George]: Über historische Grösse. Anton Kuh spricht im »G.J.C.«. In: Aufbau, Vol 6, No. 16, April 19, 1940, p. 8.
37 Abgedruckt in: Anton Kuh: Werke. Hg. v. Walter Schübler. Göttingen 2016, Bd. 7, S. 532-533.
38 Anton Kuh: Strange Coincidence. In: Aufbau, Vol. 7, No. 3, January 17, 1941, p. 9 [Nr. 1498].
39 Anton Kuh: These Are the Refugees. In: Jewish Frontier, Vol. 7, No. 12, December 1940, p. 7-11 [Nr. 1494].
40 Anton Kuh: The Broker With the Willkie Button. In: Jewish Frontier, Vol. 7, No. 10, October 1940, p. 16-19 [Nr. 1486]. – »[U]ndiplomatisch? Taktlos? Umso besser. Wir Neuankömmlinge von drüben mußten unter den Folgen von ›Takt‹ und ›Diplomatie‹ leiden. [...] Seither ist uns die Taktlosigkeit zum Lebensmotto geworden, das wir nie mehr missen wollen!« – Übersetzung: Wilfried Preinfalk.
41 J. A. Tross: Letter to the Editor. In: Aufbau, Vol. 6, No. 31, August 2, 1940, p. 8. – Während der völkische Publizist und Publizistikwissenschaftler Wilmont Haacke Kuh und Auernheimer gerade in einem Atemzug nennt: »Von Heinrich Heine und Luwig Börne an bis zu den letzten Verlautbarungen der emigrieren Anton Kuh und Raoul Auernheimer, die 1933 das Reich, 1938 die Ostmark und 1939 Prag verließen, hört man stets die gleichen abfälligen Bemerkungen über Gentz. Unter den Juden war seit je die Schar der Gentz-Hasser groß« (Wilmont Haacke: Friedrich von Gentz. Ein deutscher Publizist gegen Frankreich. In: Bücherkunde. Organ des Amtes Schrifttumspflege bei dem Beauftragten des Führers für die Überwachung der gesamten geistigen und weltanschaulichen Schulung und Erziehung der NSDAP, Jg. 7, H. 5, Mai 1940, S. 117-120, hier S. 118).
42 a. k. [d. i. Anton Kuh]: Einer über den anderen. In: Prager Tagblatt, Jg. 41, Nr. 302, 31.10.1916, M, S. 4 [Nr. 75 a].
43 Yorick [d. i. Anton Kuh]: Wo kommen die Gesichter her? In: Aufbau, Vol. 6, No. 34, August 23, 1940, p. 2 [Nr. 1480].
44 Extra: (engl.) Statist.
45 Yorick [d. i. Anton Kuh]: Unterschreiben! In: Aufbau, Vol. 6, No. 48, November 29, 1940, p. 4 [Nr. 1493].
46 Yorick [d. i. Anton Kuh]: Das Märchen im Luftschutzkeller. In: Aufbau, Vol. 6, No. 40, October 4, 1940, p. 4 [Nr. 1487].
47 Yorick [d. i. Anton Kuh]: Was reden sie miteinander? In: Aufbau, Vol. 6, No. 42, October 18, 1940, p. 6 [Nr. 1488]; Yorick [d. i. Anton Kuh]: Der martialische Piccolo. In: Aufbau, Vol. 6, No. 47, November 22, 1940, p. 4 [Nr. 1492].
48 Yorick [d. i. Anton Kuh]: Der Fall Georges Mandel. In: Aufbau, Vol. 6, No. 31, August 2, 1940, p. 4 [Nr. 1478].
49 Yorick [d. i. Anton Kuh]: Erinnyen und Menschenfresser. In: Aufbau, Vol. 6, No. 37, September 13, 1940, p. 4 [Nr. 1482].

50 Anton Kuh: The March Against Culture. In: The Nation, Vol. 148, I, No. 2, January 7, 1939, p. 47-48 [Letters to the Editors] [Nr. 1470].
51 Yorick [d. i. Anton Kuh]: Ein schlechtes Thema. In: Aufbau, Vol. 6, No. 35, August 30, 1940, p. 4.
52 Laut Thea Kuh-Tausig ein Zimmer mit Bad und Kochgelegenheit (Thea Kuh-Tausig im Gespräch mit Ulrike Lehner). – Mit Dank an Ulrike Lehner für die Überlassung einer Kopie der Mitschrift.
53 Franz F. Elbogen an Grete und Leo Perutz, Washington, 17.1.1940 (DNB, DEA, EB 86/94, I.A.21, Nr. 9).
54 Leo Perutz an Gerty Kelemen, Tel Aviv, 10.11.1945: »Auch Anton Kuh ist in New York gestorben, an einem jener Herzanfälle, die wir ihm in Wien nicht glauben wollten« (DNB, DEA, NL Leo Perutz, I C 13 b).
55 Franz Werfel: Anton Kuh. In: Aufbau, Vol. 7, No. 5, January 31, 1941, p. 9.
56 Franz Werfel und Alma Mahler-Werfel an Willy Haas, Hollywood, 20.1.1941 (DNB, DEA, EB autogr. 532/2, 532/3).

Chronologie

1890
12.7.: Anton Kuh wird in Wien geboren. Vater: Emil Kuh (1856-1912), Redakteur beim »Neuen Wiener Tagblatt«; Mutter: Auguste Kuh, geb. Perlsee (1855-1934), »Hausfrau« mit »unbürgerlichem« Lebenswandel. Die Eltern waren Mitte der 1880er Jahre aus Prag nach Wien übersiedelt.

1896
Im September Einschulung.

1900
Im September Übertritt ins Gymnasium.

1908
4.5.: erste (unterzeichnete) Veröffentlichung (im »Montagsblatt aus Böhmen«).

1909
13.8.: erster (unterzeichneter) Beitrag zum »Prager Tagblatt«.

1911
Laut Stellungsliste vom 14.6. »Schriftsteller«. Im Herbst als Externer Matura am k.k. Staats-Gymnasium in Krumau / Český Krumlov.

1914
Laut Meldezettel vom 12.5. »Schriftsteller u. Cabarettier«.

1915
Am 18.6. assentiert und als Einjährig-Freiwilliger dem k.u.k. Infanterie-Regiment Nr. 84, I. Ersatz-Kompanie, eingereiht. Am 29.9. mit der Diagnose »Ticker-Krankheit (maladie de tics)« als »invalid, waffenunfähig«, »bürgerlich erwerbsfähig« entlassen.

1916
Ab Mitte Oktober in Prag (bis Anfang Feber 1917).

1917
19.1.: Erster öffentlicher Auftritt als Stegreif-Redner im Klub deutscher Künstlerinnen, Prag: Über Meyrinks »Golem«. Glossiert ab März Woche für Woche die laufenden Ereignisse in der Wiener Montagszeitung »Der Morgen«. 19.7.: erster Beitrag zur »Schaubühne«.

1918
Ab März Mitarbeit an der pazifistischen Wochenschrift für Politik, Volkswirtschaft und Literatur »Der Friede«. Von 28.8. bis 22.9. als Redakteur des »Morgen« in Berlin.

1919
Feber, März: Mitarbeit an der »Neuen Berliner Zeitung«. 14.3.: erste öffentliche Stegreif-Rede in Wien (Österreichischer Ingenieur- und Architektenverein): »Wedekind, der Revolutionär«. Ab 23.3. Mitarbeit am »Neuen Tag«. 6. bis 26.6.: zur Kur im Sanatorium Tobelbad.

1920
Lebt ab Mitte Januar in Berlin (bis Anfang 1921). 20.2.: erste öffentliche Stegreif-Rede in Berlin (Sezession): »Die sexuelle Revolution«.

1921
Ende Feber, Anfang März 1921: »Juden und Deutsche« (Erich Reiß Verlag, Berlin). Im August Reise durch Bayern.

1922
Ab Feber sporadisch Beiträge zur »Prager Presse«. 22.12.: nach dem Stegreif-Vortrag »Die jüdischen Reichen« im Mittleren Konzerthaussaal, Wien, von Hakenkreuzlern überfallen. Dezember: »Börne, der Zeitgenosse. Eine Auswahl, eingeleitet von Anton Kuh« (Verlag der Wiener Graphischen Werkstätte, Leipzig, Wien), »Von Goethe abwärts. Essays in Aussprüchen« (E. P. Tal & Co. Verlag, Leipzig, Wien, Zürich).

1923
Ab 1.3. Mitarbeiter und Erster Theaterkritiker der (von Imre / Emmerich Békessy) neugegründeten Wiener Tageszeitung »Die Stunde« (bis August 1924 Redakteur, bis Juni 1926 freier regelmäßiger Mitarbeiter).

1924
6.11.: erster Beitrag in: »Die Bühne. Zeitung für Theater, Literatur, Film, Mode, Kunst, Gesellschaft und Sport«.

1925
Ab Januar (einigermaßen) regelmäßig Beiträge zum »Berliner Tageblatt«, ab Juni zur »B. Z. am Mittag«, ab Juli zur »Vossischen Zeitung«, ab August zum »Querschnitt«. Am 16.7. bei der Verabschiedung Adalbert Sternbergs auf dem Wiener Ostbahnhof festgenommen. 25.10.: Stegreif-Rede »Der Affe Zarathustras« im Mittleren Konzerthaussaal (gegen Karl Kraus und, mehr noch, die »Krausianer«).

Mitte Dezember: »Der Affe Zarathustras (Karl Kraus)«, stenographische Mitschrift der Konzerthaus-Rede (Verlag J. Deibler, Wien).

1926
Ab April sporadisch Beiträge zu den »Münchner Neuesten Nachrichten« und regelmäßig zum »Simplicissimus«. Lebt ab Sommer in Berlin. 16.9.: Premiere von George Bernard Shaws Komödie »Fannys erstes Stück« im Theater in der Josefstadt (bis 8.3.1927 auf dem Spielplan), Kuh 29mal in der Rolle des Kritikers Gunn. 12.12.: erster Beitrag zur neugegründeten »Süddeutschen Sonntagspost«.

1927
18.5.: erster Radio-Auftritt, »Peter Altenberg. Aus seinem Leben« (»Funkstunde«, Berlin, zeitgleich ausgestrahlt von der »Deutschen Welle«). Im Sommer (gemeinsam mit Friedrich Fehér) Arbeit am Drehbuch zu »Maria Stuart« (D 1927; Produktionsfirma: National-Film AG; Regie: Friedrich Fehér; UA: Berlin, 30.12.1927).

1928
Ab Feber regelmäßig Beiträge zur »Weltbühne«.

1929
25.1.: Mitwirkung an der von der Deutschen Liga für Menschenrechte veranstalteten Protestversammlung »Gegen Zensur, für Geistesfreiheit!« im Langenbeck-Virchow-Haus (Berlin). 15.12.: Stegreif-Rede »Schwanneke oder Die Pleite des Geistes« (Berlin, Deutsches Künstlertheater).

1930
Im August als Sonderberichterstatter der »Süddeutschen Sonntagspost« bei den Salzburger Festspielen. Dezember: »Der unsterbliche Österreicher« (Knorr & Hirth, München).

1931
28.5.: Premiere von Kuhs »Lumpacivagabundus«-Bearbeitung an der Berliner »Volksbühne«. Oktober, November: »Physiognomik. Aussprüche von Anton Kuh« (R. Piper & Co. Verlag, München).

1932
10.5.: Im »Berliner Tageblatt« offener Brief an Carl von Ossietzky am Tag von dessen Haftantritt.

1933
14.1.: Mitwirkung an der »Nachtparade« in der Scala (Berlin) für den Schutzverband deutscher Schriftsteller. Von 6.2. bis 29.3. in Wien, Weiterreise nach Paris (bis Feber 1935 »ordentlicher Wohnsitz«). Im

Sommer bei den Salzburger Festspielen. 2.12.: Stegreif-Rede »Die Metaphysik als Hausknecht« (Paris, Deutscher Klub).

1934
26.1.: Mitwirkung am Bunten Abend, den das Šalda-Hilfskomitee zugunsten der deutschen Emigranten im großen Prager Radio-Saal veranstaltet. Ab Januar Beiträge zum »Pariser Tageblatt«. Im Juli dreiwöchige Kur in Gräfenberg / Lázně Jeseník.

1935
Lebt ab Feber (bis Dezember 1936) abwechselnd in London und Paris.

1936
13.2.: »Der unsterbliche Österreicher« wird vom »Preß-Bureau« der Wiener Bundespolizeidirektion verboten, weil seine »Verbreitung eine Propaganda für die kommunistische beziehungsweise sozialdemokratische Arbeiterpartei darstellt«. Im September zur Präsentation von »The Robber Symphony« (UK, A, F 1936; Produktionsfirma: Concordia Films, Ltd.; Regie: Friedrich Fehér; UA: London, Ende Mai, Anfang Juni 1936) in Wien (Kuh Drehbuchautor, gemeinsam mit Friedrich Fehér).

1937
Ende Juli und den August über bei den Salzburger Festspielen. 18.11.: Letzte Stegreif-Rede in Wien, »Das dümmste Jahrhundert seit Christi Geburt« (Offenbach-Saal).

1938
11.3.: Flucht von Wien nach Brünn / Brno. 19.4.: Ankunft in New York City. Im August und September in Paris. 26.11.: Radio-Auftritt im New Yorker Sender WEV, »Geschichte und Gedächtnis«. Mit 31.12. stehen seine sämtlichen Schriften auf der »Liste des schädlichen und unerwünschten Schrifttums«.

1939
3.8.: Heirat mit Thea Tausig, geb. Sahavi (1911-1992).

1940
20.3.: Stegreif-Rede »Die Kunst, Hitler zu überleben« (New York City, Kaufmann Auditorium). 11.4.: letzte Stegreif-Rede »Wie man die richtige Kriegsprognose stellt« (Clubhaus des German-Jewish Club). Ab Juni regelmäßig Beiträge (Kolumne »The Skeptical Reader«) zum »Aufbau« unter dem Pseudonym Yorick.

1941
18.1.: Stirbt in New York City an einem Herzinfarkt.

Dank

Für Handreichung und Hilfestellung dankt der Autor folgenden Personen und Institutionen:
Hans-Joachim Heerde (Berlin) für unverdrossene Zuarbeit über Jahre und bis zuletzt; Ulrike Lehner (Wien) für die uneigennützige Überlassung zahlreicher Materialien. Weiters: Gregor Ackermann (Aachen), Fabian Berglechner (München), Helen Blank (New York), Barbara Denscher (Wien), Gerti Fischer (Österreichisches Theatermuseum, Wien), Rotraut Hackermüller (Wien), Julia Hadwiger (Hamburg), Murray G. Hall (Wien), Philipp Haydn (Leo Baeck Institute, New York), Deborah Holmes (Canterbury), Johann Hüttner (Wien), Hermann Kantner (Wien), Johann Kodnar (Dorotheum, Wien), Gerald Krieghofer (Wien), Martin Krist (Wien), Eugen Kupper (Münster), Jitka Ludvová (Národní muzeum, Prag), Zdeněk Matušík (Národní knihovna České rebubliky, Prag), Jill Meißner (Wien), Susanne Moldau (Wien), Martin Anton Müller (Wien), Anatol Regnier (Amberg), Klaus Rubasch (Wien), Sylvia Schönwald (Deutsche Nationalbibliothek Leipzig), Reiner Stach (Berlin), Patricia Steines (Wien), Katalin Teller (Budapest, Wien), Sophie Templer Kuh (Berlin), Detlef Thiel (Wiesbaden), Markéta Trávníčková (Národní muzeum, Prag), Georg Stefan Troller (Paris), Andreas Wagner (Wien), Andreas Weigel (Wien), Martin Willems (Heinrich-Heine-Institut, Düsseldorf), Günther Windhager (Wien), Michael Winter (Bundespolizeidirektion Wien, Archiv), W. Edgar Yates (Exeter). Weiters: den Mitarbeiterinnen und Mitarbeitern der Österreichischen Nationalbibliothek, der Bibliothek des Österreichischen Theatermuseums, des Literaturarchivs der ÖNB, des Deutschen Exilarchivs 1933-1945, Frankfurt am Main, des Deutschen Literaturarchivs Marbach, des Depot Hostivař der Národní knihovna České rebubliky (Prag), der Vědecká knihovna v Olomouci (Olmütz) und nicht zuletzt dem Austrian Science Fund / Wissenschaftsfonds (FWF), der das Projekt »Anton Kuh: Monographie« (FWF-Projekt P26346-G23, Laufzeit: 1.1.2014 bis 30.4.2017) finanziert hat.

Siglen und Abkürzungen

A	Abend, Abend-Ausgabe, Abendblatt
ABGB	Allgemeines bürgerliches Gesetzbuch
Abl.	Ableitung
Abt.	Abteilung
aka	also known as
Aufl.	Auflage
Ausg.	Ausgabe
b.	bei
BArch	Bundesarchiv
Bd.	Band
Beibl.	Beiblatt
Beil.	Beilage
bfi	British Film Institute
BPD	Bundespolizeidirektion
CSP	Christlichsoziale Partei
ČSR	Československá republika (Tschechoslowakische Republik)
čís.	číslo (tschech.: Nr.)
DNB, DEA	Deutsche Nationalbibliothek, Deutsches Exilarchiv 1933-1945, Frankfurt am Main
Ders.	Derselbe
d. i.	das ist
Dies.	Dieselbe
dla	Deutsches Literaturarchiv
DÖW	Dokumentationsarchiv des österreichischen Widerstandes
dt.	deutsch
DV	Druckvorlage
EA	Erstaufführung
E-A	Expreß-Abendblatt
Ebd.	Ebenda
ED	Erstdruck
F.	Folge
fam.	familiensprachlich
Fn.	Fußnote
FWF	Fonds zur Förderung der wissenschaftlichen Forschung (Austrian Science Fund – Wissenschaftsfonds)
geb.	geboren / geborene / geborener
gest.	gestorben

H.	Heft
hg.	herausgegeben
Hg.	Herausgeber/in
hs.	handschriftlich
IKG	Israelitische Kultusgemeinde
Jg.	Jahrgang
Jh.	Jahrhundert
jidd.	jiddisch
Jt.	Jahrtausend
jüd.	jüdisch
Kap.	Kapitel
k.k.	kaiserlich-königlich
k.u.k.	kaiserlich und königlich
KZ	Konzentrationslager
LBI	Leo Baeck Institute
Lfg.	Lieferung
M	Morgen, Morgen-Ausgabe, Morgenblatt
1. M	Erstes Morgenblatt
2. M	Zweites Morgenblatt
mda.	mundartlich
Mi	Mittag-Ausgabe, Mittagblatt
ms.	maschinschriftlich
N	Nachmittag-Ausgabe, Nachmittagsblatt
NL	Nachlaß
No.	Number
N°	Numéro
Nr.	Nummer
NS	nationalsozialistisch
ÖLA	Österreichisches Literaturarchiv
ÖNB – HAN	Österreichische Nationalbibliothek, Sammlung von Handschriften und alten Drucken
ÖStA, KA	Österreichisches Staatsarchiv, Kriegsarchiv
österr.	österreichisch
o. J.	ohne Jahr
o. T.	ohne Titel
p.	page (engl.)
p.	page (frz.)
pej.	pejorativ
Pl.	Plural
Ps.	Pseudonym

resp.	respektive
RGBl	Reichs-Gesetzblatt
roč.	ročník (tschech.: Jg.)
Rohö	Reichsorganisation der Hausfrauen Österreichs
S	Sonntags-Ausgabe
s.	siehe
S.	Seite
s.	strana (tschech.: S.)
s. a.	siehe auch
SA	Sturmabteilung
Samek	Wienbibliothek im Rathaus, Handschriftensammlung, Sammlung Prozeßakten Oskar Samek / Karl Kraus, ZPH 1545
StGB	Strafgesetzbuch
StPO	Strafprozeßordnung
sz.	szám (ungar.: Nr.)
u. a.	unter anderem
UA	Uraufführung
U.-Beil.	Unterhaltungs-Beilage
Ubl.	Unterhaltungsblatt
u.d.T.	unter dem Titel
Ufa	Universum Film Aktiengesellschaft
ugs.	umgangssprachlich
UK	United Kingdom
ung.	ungarisch
Univ.	Universität
US	United States
USPD	Unabhängige Sozialdemokratische Partei Deutschlands
v.	von
V/A	Vorabdruck / Abdruck (aus Monographien resp. Autorsammlungen)
v. Chr.	vor Christi Geburt
verehel.	verehelicht
vgl.	vergleiche
Vol.	Volume
ZD	Zweitdruck (jeder Wiederdruck)
zit. n.	zitiert nach

Quellen und Literatur (Auswahl)

Archive

Deutschland
Akademie der Künste (Berlin), Archiv
Bayerisches Hauptstaatsarchiv
Bundesarchiv (BArch), Berlin
Bundesarchiv – Filmarchiv, Berlin
Bundesarchiv Koblenz
Deutsche Nationalbibliothek, Deutsches Exilarchiv 1933-1945, Frankfurt am Main (DNB, DEA)
Deutsche Kinemathek, Berlin
Deutsches Literaturarchiv (dla), Marbach am Neckar
Heinrich-Heine-Institut, Archiv, Düsseldorf
Landesarchiv Berlin
Privatarchiv Regnier
Stiftung Deutsches Rundfunkarchiv

Frankreich
Archives nationales, Paris und Fontainebleau

Großbritannien
British Film Institute, London (bfi)
London Metropolitan Archives (LMA)
The National Archives (of England, Wales and the United Kingdom)

Israel
National Library of Israel

Österreich
Archiv der Universität Wien, Universitäts-Hauptmatrikel
Archiv der Österreichischen Friedrich-und-Lillian-Kiesler-Privatstiftung
Archiv Salzburger Festspiele
Bundespolizeidirektion Wien (BPD), Schober-Archiv
Dokumentationsarchiv des österreichischen Widerstandes (DÖW), Wien
Dokumentationsstelle für neuere österreichische Literatur im Literaturhaus, Wien
Filmarchiv Austria
Israelitische Kultusgemeinde (IKG), Wien
Österreichische Exilbibliothek, Wien

Österreichische Nationalbibliothek, Sammlung von Handschriften und alten
 Drucken (ÖNB – HAN)
Österreichisches Literaturarchiv (ÖLA)
Österreichisches Staatsarchiv, Kriegsarchiv (ÖStA, KA)
ORF, Dokumentationsarchiv Funk
Theatermuseum Wien
Wiener Stadt- und Landesarchiv (WSLA)

Tschechien

Archiv Českého rozhlasu, Praha
Archiv hlavního města Prahy
Archiv Ministerstva vnitra, Praha
Archiv Národní knihovny, Praha
Archiv Národního muzea, Praha
Archiv Univerzity Karlovy, Praha
Archiv Židovského musea, Praha
Divadelní ustav, Praha
Literární archiv Památníku národního písemnictví v Praze (PNP)
Moravský zemský archiv, Brno
Národní archiv, Praha
Státní okresní archiv v Českém Krumlově
Státní ústřední archiv v Praze

USA

Binghamton University Libraries, Max Reinhardt Archive and Collection
Federal Bureau of Investigation (FBI), Record Information/Dissemination
 Section, Winchester
Leo Baeck Institute (LBI), New York
U. S. National Archives, Washington

Zur Biographik

Walter Schübler: Vom Nachstellen. Zwölf Thesen wider die Biografie. In:
 TUMULT. Vierteljahresschrift für Konsensstörung, Nr. 04/2015, S. 52–57.

Texte Anton Kuhs

Selbständige Publikationen

Juden und Deutsche. Ein Resumé von Anton Kuh. Berlin o. J. [1921].
Von Goethe abwärts. Wien 1922.
Börne, der Zeitgenosse. Eine Auswahl. Eingeleitet und hg. v. Anton Kuh.
 Wien 1922.

Der Affe Zarathustras (Karl Kraus). Eine Stegreifrede vor Anton Kuh. Gehalten am 25. Oktober 1925 im Wiener Konzerthaussaal (Stenographisches Protokoll). Wien 1925.
Der unsterbliche Österreicher. München 1931.
Lumpacivagabundus. Johann Nestroys Zauberposse in freier Bearbeitung von Anton Kuh. Berlin 1931.
Physiognomik. Aussprüche von Anton Kuh. München o. J. [1931].

Posthume Sammlungen unselbständiger Publikationen

Anton Kuh: Von Goethe abwärts. Aphorismen, Essays, Kleine Prosa. [Hg. von Hermann Hakel]. Wien, Hannover, Bern 1963.
Anton Kuh: Luftlinien. Feuilletons, Essays und Publizistik. Hg. v. Ruth Greuner. Berlin 1981. [Als Taschenbuch u.d.T. »Metaphysik und Würstel«. Zürich 1987.]
Anton Kuh: Zeitgeist im Literatur-Café. Feuilletons, Essays und Publizistik. Neue Sammlung. Hg. v. Ulrike Lehner. Wien 1983. Als Taschenbuch u.d.T. »Hans Nebbich im Glück«. Zürich 1987.]
Anton Kuh: Sekundentriumph und Katzenjammer. Hg. v. Traugott Krischke. Wien 1994.
Anton Kuh: Der unsterbliche Österreicher. Hg. v. Ulrich N. Schulenburg. Wien 2001.
Anton Kuh: Jetzt können wir schlafen gehen! Zwischen Wien und Berlin. Hg. u. kommentiert v. Walter Schübler. Wien 2012.
Anton Kuh: Werke 7 Bde. Hg. u. kommentiert v. Walter Schübler. Göttingen 2016.

Sekundärliteratur zu Anton Kuh

Catani, Stephanie: Das *Licht der Vernunft* im jüdischen Schlafzimmer. Jüdische Söhne bei Anton Kuh und Franz Kafka. In: Julia Schöll (Hg.): Literatur und Ästhetik. Texte von und für Heinz Gockel. Würzburg 2008, S. 133-150.
Greuner, Ruth: Nachwort. In: Dies. (Hg.): Anton Kuh: Luftlinien. Feuilletons, Essays und Publizistik. Berlin 1981, S. 499-525.
Grill, Markus: Anton Kuhs *Lumpacivagabundus* (1931). Analyse und Kommentar. Masterarbeit der Studienrichtung Austrian Studies – Cultures, Literatures, Languages. Universität Wien 2016.
Kilcher, Andreas B.: Der Sinn der Diaspora. Anton Kuh und sein Essay »Juden und Deutsche«. In: Das Jüdische Echo. Europäisches Forum für Kultur und Politik, Vol. 48 (1999), S. 173-180.
Kilcher, Andreas B.: Physiognomik und Pathognomik der jüdischen Moderne. Anton Kuhs anarchistische *Sendung des Judentums*. In: Aschkenas.

Zeitschrift für Geschichte und Kultur der Juden, Jg. 10 (2000), H. 2, S. 361-388.

Kilcher, Andreas B. (Hg.): Anton Kuh: Juden und Deutsche. Hg. u. mit einer Einleitung von Andreas B. Kilcher. Wien 2003.

Kilcher, Andreas B.: Anti-Ödipus im Land der Ur-Väter: Franz Kafka und Anton Kuh. In: »Ich bin Ende und Anfang«. Franz Kafka, Zionism and Beyond. Hg. v. Mark Gelber. Tübingen 2004 (= Conditio Judaica. Studien und Quellen zur deutsch-jüdischen Literatur- und Kulturgeschichte, Bd. 50), S. 69-88.

Kilcher, Andreas B.: Der Nietzsche-Liberale in Prag. Die Debatte um Anton Kuhs »Juden und Deutsche«. In: Marek Nekula / Walter Koschmal (Hg.): Juden zwischen Deutschen und Tschechen. Sprachliche und kulturelle Identität in Böhmen 1800-1945. München 2006, S. 103-118.

Kilcher, Andreas B.: Sexuelle Revolution und jüdische Befreiung. Otto Groß und Anton Kuh. In: Gottfried Heuer (Hg.): Utopie und Eros. Der Traum von der Moderne. Marburg an der Lahn 2006, S. 161-175.

Lehner, Ulrike: Die Kontroverse Anton Kuh – Karl Kraus. Ein Beitrag zur österreichischen Satire der Zwischenkriegszeit. Hausaufgabe aus Deutsch im Hauptfach. Univ. Wien Januar 1980.

Nürnberger, Elisabeth: Anton Kuh. Ein österreichischer, jüdischer Journalist und seine politische Berichterstattung in der Zwischenkriegszeit und im Exil. Phil. Diss. Wien 1989.

Reitter, Paul: On the Origins of Jewish Self-Hatred. Princeton University Press 2012.

Schübler, Walter: Weandorf. Anton Kuh und die Provinzialisierung der Metropole. In: Wolfgang Kos (Hg.): Kampf um die Stadt. Politik, Kunst und Alltag um 1930 [Katalog zur 361. Sonderausstellung des Wien Museums, 19. November 2009 bis 28. März 2010]. Wien 2009, S. 108-113.

Schübler, Walter: A.E.I.O.U.? – L.M.I.A.! Anton Kuhs »Unsterblicher Österreicher« – und sein sterblicher Nachfahr. In: Wespennest. Zeitschrift für brauchbare Texte und Bilder, Nr. 161, November 2011, S. 81-85.

Schübler, Walter: Jüngelismus & Operettenvertrottlung. Über die verzerrte Wahrnehmung Anton Kuhs. In: Recherche. Zeitung für Wissenschaft, Nr. 2/2012, S. 4-5.

Schübler, Walter: Vor dem Edieren oder: Im Bergwerk mit Anton Kuh (1890-1941). In: Zeitschrift für Germanistik, Neue Folge, 22. Jg., Heft 3/2012, S. 648-652.

Schübler, Walter: Eine Wiener »Lokalgröße«? – Mitnichten! Anton Kuh: eine Richtigstellung. In: Anton Kuh: Jetzt können wir schlafen gehen! Zwischen Wien und Berlin, hg. u. kommentiert v. Walter Schübler. Wien 2012, S. 218-224.

Schübler, Walter: »Der Börsejud als Übermensch« oder Anton Kuhs Anamnese der jüdischen Moderne und deren Rezeption in Prag. In: brücken. Germanistisches Jahrbuch Tschechien–Slowakei. Neue Folge 23/1-2 (2015), S. 53-64.

Schübler, Walter: »Beim Genick packen und hinauswerfen!« – Anton Kuhs

Aversion gegen den ›Feuilletonismus‹ als Weltanschauung. In: Simone Jung, Hildegard Kernmayer: Feuilleton. Schreiben an der Schnittstelle zwischen Journalismus und Literatur. Bielefeld 2017, S 67-77.

Schübler, Walter: »Prag blickt in Berlin immer gern auf Wien herab«. Anton Kuh zieht die Koordinaten der Donau-Metropole. In: Kathrin Janka, Manfred Weinberg, Irina Wutsdorff, Štěpán Zbytovský (Hg.): Prager Moderne(n). Transkulturelle Perspektiven [in der Reihe: Interkulturalität. Studien zu Sprache, Literatur und Gesellschaft des transcript Verlags). Bielefeld 2018, S. 149-164.

Schübler, Walter: Idiosynkratisch: Anton Kuhs Aversion gegen die »Ironiebastardln«. In: Vahidin Preljević, Clemens Ruthner (Hg.): Nähe und Distanz. Wahrnehmungsgeschichtliche Grundlagen der ästhetischen Moderne in Österreich und ihre kulturellen Implikationen (= Identifizierungen. Poetiken des Eigenen und seines Anderen / Identifications. Poetics of the Self and the Other, Vol. 2). Würzburg 2018 [im Druck].

Weinzierl, Ulrich: Typische Wiener Feuilletonisten? Am Beispiel Salten, Blei, Friedell, Polgar und Kuh. In: Literatur und Kritik, Heft 191/192 (Februar/März 1985), S. 72-86.

Allgemeines

Althaus, Hans Peter: Mauscheln. Ein Wort als Waffe. Berlin, New York 2002.

Amann, Klaus (Hg.): Karl Tschuppik: Von Franz Joseph zu Adolf Hitler. Polemiken, Essays und Feuilletons. Wien, Köln, Graz 1982 (= Österreich-Bibliothek, Bd. 1).

Amann, Klaus / Berger, Albert (Hg.): Österreichische Literatur der dreißiger Jahre. Ideologische Verhältnisse – Institutionelle Voraussetzungen – Fallstudien. Wien, Köln, Graz 1985.

Becher, Peter / Heumos, Peter: Drehscheibe Prag. Zur deutschen Emigration in der Tschechoslowakei 1933-1939. München 1992 (= Veröffentlichungen des Collegium Carolinum, Bd. 75).

Berthold, Werner / Eckert, Brita / Wende, Frank: Deutsche Intellektuelle im Exil. Ihre Akademie und die »American Guild for German Cultural Freedom«. Eine Ausstellung des Deutschen Exilarchivs 1933-1945 der Deutschen Bibliothek Frankfurt am Main, München, London, New York, Paris 1993 [Katalog].

Betz, Albrecht: Exil und Engagement. Deutsche Schriftsteller im Frankreich der dreißiger Jahre. München 1986.

Clark, Christopher: Die Schlafwandler. Wie Europa in den Ersten Weltkrieg zog. Aus dem Englischen von Norbert Juraschitz. München 2016.

Dokumentationsarchiv des österreichischen Widerstandes (Hg.): Österreicher im Exil. USA 1938-1945. Eine Dokumentation. Einleitungen, Auswahl und Bearbeitung: Peter Eppel. Wien 1999.

Flasch, Kurt: Die geistige Mobilmachung. Die deutschen Intellektuellen und der Erste Weltkrieg. Ein Versuch. Berlin 2000.

Gauß, Karl-Markus: Karl Kraus und seine »kosmischen Schlieferln«. Zur Rehabilitation von Albert Ehrenstein, Hugo Sonnenschein und Georg Kulka. In: Zeitgeschichte, Jg. 10, H. 2 (November 1982), S. 43-59.

Hall, Murray G.: Der Fall Bettauer. Wien 1978.

Hautmann, Hans: Geschichte der Rätebewegung in Österreich 1918-1924. Wien, Zürich 1987.

Jäger, Christian / Schütz, Erhard: Städtebilder zwischen Literatur und Journalismus. Wien, Berlin und das Feuilleton der Weimarer Republik. Wiesbaden 1999.

Kadrnoska, Franz (Hg.): Aufbruch und Untergang. Österreichische Kultur zwischen 1918 und 1938. Wien, München, Zürich 1981.

Kesten, Hermann (Hg.): Deutsche Literatur im Exil. Briefe europäischer Autoren 1933-1949. Wien, München, Basel 1964.

Kesten, Hermann: »La doulce France« oder Exil in Frankreich. Erstdruck. Mit einem Kommentar von Hendrik Weber. In: Walter Fähnders / Hendrik Weber (Hg.): Dichter – Literat – Emigrant. Über Hermann Kesten. Bielefeld 2005, S. 227-236.

Koebner, Thomas: Unbehauste. Zur deutschen Literatur in der Weimarer Republik, im Exil und in der Nachkriegszeit. München 1992, insbes. S. 116-118.

Leonhard, Jörn: Die Büchse der Pandora. Geschichte des Ersten Weltkriegs. München 2014.

Meyer-Kalkus, Reinhart: Stimme und Sprechkünste im 20. Jahrhundert. Berlin 2001.

Müller, Lothar: Die zweite Stimme. Vortragskunst von Goethe bis Kafka. Berlin 2007.

Nirenberg, David: Anti-Judaismus: Eine andere Geschichte des westlichen Denkens. Aus dem Englischen von Martin Richter. München 2015.

Prutsch, Ursula / Zeyringer, Klaus: Die Welten des Paul Frischauer. Ein »literarischer Abenteurer« im historischen Kontext Wien – London – Rio – New York – Wien (= Literatur und Leben, Bd. 51). Wien, Köln, Weimar 1997).

Saint Sauveur-Henn, Anne (Hg.): Fluchtziel Paris. Die deutschsprachige Emigration 1933-1940. Berlin 2002 (= Reihe Dokumente – Texte – Materialien, veröffentlicht vom Zentrum für Antisemitismusforschung der Technischen Universität Berlin, Bd. 48).

Scheichl, Sigurd Paul: Ohrenzeugen und Stimmenimitatoren. Zur Tradition der Mimesis gesprochener Sprache in der österreichischen Literatur. In: Sigurd Paul Scheichl / Gerald Stieg (Hg.): Österreichische Literatur des 20. Jahrhunderts. Französische und österreichische Beiträge. Akten der Jahrestagung 1982 der französischen Universitätsgermanisten (A.G.E.S.) in Innsbruck. Innsbruck 1986 (= Innsbrucker Beiträge zur Kulturwissenschaft, Germanistische Reihe, Bd. 21), S. 57-95.

Scheichl, Sigurd Paul: Judentum, Antisemitismus und Literatur in Österreich 1918-1938. In: Conditio Judaica. Judentum, Antisemitismus und deutschsprachige Literatur vom Ersten Weltkrieg bis 1933/1938. Interdisziplinäres

Symposion der Werner-Reimers-Stiftung Bad Homburg v.d.H., Dritter Teil. Hg. v. Hans Otto Horch und Horst Denkler. Tübingen 1993, S. 55-91.

Schmidt-Dengler, Wendelin: Ohne Nostalgie. Zur österreichischen Literatur der Zwischenkriegszeit (= Literaturgeschichte in Studien und Quellen, Bd. 7). Wien, Köln, Weimar 2002.

Spitz, Ernst: Bekessy's Revolver. Wien 1926 (= Flugschriften-Reihe, Nr. 1).

Stieg, Gerald: Sein oder Schein. Die Österreich-Idee von Maria Theresia bis zum Anschluss. Wien, Köln, Weimar 2016.

Taschwer, Klaus: Hochburg des Antisemitismus. Der Niedergang der Universität Wien im 20. Jahrhundert. Wien 2015.

Wacks, Georg: Die Budapester Orpheumgesellschaft. Ein Varieté in Wien 1889-1919. Wien 2002.

Werfel, Ruth (Hg.): Gehetzt. Südfrankreich 1940. Deutsche Literaten im Exil. Zürich 2007.

Memoiren, Autobiographien, Biographien, Tagebücher, Dokumentationen

Adlon, Hedda: Hotel Adlon. Das Haus, in dem die Welt zu Gast war. München 1955.

Asad, Muhammad: Der Weg nach Mekka. Düsseldorf 2009.

Richard A. Bermann alias Arnold Höllriegel: Die Fahrt auf dem Katarakt. Eine Autobiographie ohne einen Helden. Wien 1998.

Richard A. Bermann alias Arnold Höllriegel. Österreicher – Demokrat – Weltbürger. Eine Ausstellung des Deutschen Exilarchivs 1933-1945. Die Deutsche Bibliothek, Frankfurt am Main, München New Providence, London, Paris 1995.

Blei, Franz: Erzählung eines Lebens. Leipzig 1930.

Brod, Max: Streitbares Leben Autobiographie 1884-1986. Frankfurt am Main 1979.

Bronsen, David: Joseph Roth. Eine Biographie. Köln 1974.

Corino, Karl: Robert Musil. Eine Biographie. Reinbek 2003.

Cziffra, Géza von: Der Kuh im Kaffeehaus. Die Goldenen Zwanziger in Anekdoten. München 1981.

Doderer, Heimito von. Tagbücher 1920-1939, 2 Bde. Hg. v. Wendelin Schmidt-Dengler, Martin Loew-Cadonna und Gerald Sommer. München 1996.

Dubrovic, Milan: Veruntreute Geschichte. Wien, Hamburg 1985.

Elbogen, Paul: Der Flug auf dem Fleckerlteppich. Wien – Berlin – Hollywood. Hg. v. Günter Rinke, mit einem Nachwort von Günter Rinke und Hans-Harald Müller. Wien 2002.

Fohsel, Hermann-J.: Im Wartesaal der Poesie. Else Lasker-Schüler, Benn und andere. Zeit- und Sittenbilder aus dem Café des Westens und dem Romanischen Café. Berlin 1996.

Frei, Bruno: Der Papiersäbel. Autobiographie. Frankfurt am Main 1972.

Graf, Oskar Maria: Gelächter von außen. Aus meinem Leben 1918-1933. München, Leipzig 1994 (= Oskar Maria Graf: Werkausgabe, Band X, hg. v. Wilfried F. Schoeller.
Großmann, Stefan: Ich war begeistert. Eine Lebensgeschichte von Stefan Großmann. Berlin 1930.
Habe, Hans: Ich stelle mich. Meine Lebensgeschichte. Wien, München, Basel 1954.
Hackermüller, Rotraud: Einen Handkuß der Gnädigsten. RODA RODA. Bildbiographie. Wien, München 1986.
Hildenbrandt, Fred: ... ich soll dich grüßen von Berlin. 1922-1932. Berliner Erinnerungen ganz und gar unpolitisch. Post mortem herausgegeben von zwei Freunden. 5. Aufl. München 1979 (erstmals 1966).
Holmes, Deborah: Langeweile ist Gift. Das Leben der Eugenie Schwarzwald. Biografie. St. Pölten 2012.
Hutter, Andreas: Rasierklingen im Kopf. Ernst Spitz – Literat, Journalist, Aufklärer. Eine Biografie und ein Lesebuch. Wien 2005.
Kaus, Gina: Von Wien nach Hollywood. Erinnerungen. Neu herausgegeben und mit einem Nachwort versehen von Sibylle Mulot. Frankfurt am Main 1990.
Kessler, Harry Graf. Das Tagebuch 1880-1937. Hg. von Roland S. Kamzelak und Ulrich Ott. Neunter Band: 1926-1937, hg. von Sabine Gruber und Ulrich Ott. Stuttgart 2010 (= Veröffentlichungen der deutschen Schillergesellschaft, Bd. 50.9).
Kesten, Hermann: Dichter im Café. Wien, München, Basel 1959.
Kiaulehn, Walther: Mein Freund der Verleger. Ernst Rowohlt und seine Zeit. Reinbek bei Hamburg 1967.
Kiaulehn, Walther: Berlin. Schicksal einer Weltstadt. München, Berlin 1958.
Kugel, Wilfried: Der Unverantwortliche. Das Leben des Hanns Heinz Ewers. Düsseldorf 1992.
Lehmann, Klaus-Dieter (Hg.): Leo Perutz 1882-1957. Eine Ausstellung der Deutschen Bibliothek Frankfurt am Main. Wien, Darmstadt 1989 (= Sonderveröffentlichungen der Deutschen Bibliothek, Nr. 17).
Lothar, Ernst: Das Wunder des Überlebens. Erinnerungen und Ergebnisse. Wien, Hamburg 1961 (= Ausgewählte Werke, Band V).
Mahler-Werfel, Alma: Mein Leben. Frankfurt am Main 1960.
Mann, Erika und Klaus: Escape to Life. Deutsche Kultur im Exil. Hg. und mit einem Nachwort von Heribert Hoven. München 1991.
Mann, Klaus: Tagebücher 1934 bis 1935. Hg. v. Joachim Heimannsberg, Peter Laemmle und Wilfried F. Schoeller. München 1989.
Mann, Klaus: Tagebücher 1940 bis 1943. Hg. v. Joachim Heimannsberg, Peter Laemmle und Wilfried F. Schoeller. München 1991.
Mann, Klaus: Der Wendepunkt. Ein Lebensbericht. München 1969.
Marcuse, Ludwig: Mein zwanzigstes Jahrhundert. Auf dem Weg zu einer Autobiographie. München 1960.
Neumann, Robert: Ein leichtes Leben. Bericht über mich selbst und Zeitgenossen. Wien, München, Basel 1963.

Olden, Balder: Paradiese des Teufels. Biographisches und Autobiographisches. Schriften und Briefe aus dem Exil. Berlin 1977.
Olden, Rudolf und Ika: »In tiefem Dunkel liegt Deutschland«. Von Hitler vertrieben – Ein Jahr deutsche Emigration. Hg. und eingeleitet von Charmian Brinson und Marian Malet. Berlin 1994 (= Dokumente · Texte · Materialien. Veröffentlicht vom Zentrum für Antisemitismusforschung der Technischen Universität Berlin, Band 11).
Pem [d. i. Paul Marcus]: Heimweh nach dem Kurfürstendamm. Aus Berlins glanzvollsten Tagen und Nächten. Berlin 1952.
Ransmayr, Georg: Der arme Trillionär. Aufstieg und Untergang des Inflationskönigs Sigmund Bosel. Wien, Graz, Klagenfurt 2016.
Reimann, Hans: Mein blaues Wunder. Lebensmosaik eines Humoristen. München 1959.
Reinhardt, Gottfried: Der Apfel fiel vom Stamm. Anekdoten und andere Wahrheiten aus meinem Leben. München 1992.
Reinhardt, Gottfried: Der Liebhaber. Erinnerungen seines Sohnes Gottfried Reinhardt an Max Reinhardt. München, Zürich 1973.
Schebera, Jürgen: Damals im Romanischen Café. Künstler und ihre Lokale im Berlin der zwanziger Jahre. Berlin 2005.
Schnitzler, Arthur: Tagebuch. Unter Mitwirkung von Peter Michael Braunwarth, Susanne Pertlik und Reinhard Urbach herausgegeben von der Kommission für literarische Gebrauchsformen der Österreichischen Akademie der Wissenschaften, Obmann: Werner Welzig. Wien 1983-2000.
Siebauer, Ulrike: Leo Perutz – »Ich kenne alles. Alles, nur nicht mich«. Eine Biographie. Gerlingen 2000.
Spiel, Hilde: Glanz und Untergang. Wien 1866-1938. Autorisierte Übersetzung aus dem Englischen von Hanna Neves. Mit Photographien von Franz Hubmann. 2., ergänzte Aufl. München 1988.
Spiel, Hilde: Die hellen und die finsteren Zeiten. Erinnerungen 1911-1946. München 1989.
Stiefel, Dieter: Camillo Castiglioni oder Die Metaphysik der Haifische. Wien, Köln, Weimar 2012.
Szatmari, Eugen: Das Buch von Berlin (= Was nicht im »Baedeker« steht, Bd. 1). München 1927.
Szittya, Emil: Das Kuriositäten-Kabinett. Begegnungen mit seltsamen Begebenheiten, Landstreichern, Verbrechern, Artisten, religiös Wahnsinnigen, sexuellen Merkwürdigkeiten, Sozialdemokraten, Syndikalisten, Kommunisten, Anarchisten, Politikern und Künstlern. Konstanz 1923.
Timms, Edward: Karl Kraus. Satiriker der Apokalypse. Leben und Werk 1874-1918. Aus dem Englischen von Max Looser und Michael Strand. Wien 1995.
Timms, Edward: Karl Kraus: Apocalyptic Satirist. The Post-War Crisis and the Rise of the Swastika. London 2005.
Timms, Edward (Hg.): Freud und das Kindweib. Die Erinnerungen von Fritz Wittels. Aus dem Englischen übersetzt von Marie-Therese Pitner. Wien, Köln, Weimar 1996 (= Literatur in der Geschichte, Geschichte in der Literatur, Bd. 37).

Torberg, Friedrich: Die Tante Jolesch oder Der Untergang des Abendlandes in Anekdoten (= Gesammelte Werke in Einzelausgaben, Band VIII). München 1975.
Trebitsch, Siegfried: Chronik eines Lebens. Zürich, Stuttgart, Wien 1951.
Weinzierl, Ulrich: Er war Zeuge. Alfred Polgar. Ein Leben zwischen Publizistik und Literatur. Wien 1978.
Willimowski, Thomas: Stefan Lorant. Eine Karriere im Exil. Berlin 2005.

Bildnachweise

Umschlag: Karikatur von L. Unger. Illustration zu: H. G.: Leim, Zwirn und Knieriem. Eine alte Posse wird modern. In: Süddeutsche Sonntagspost, Jg. 5, Nr. 22, 31.5.1931, S. 11.
S. 326 oben: Photograph unbekannt. Photo auf »Identitätsschein behufs Ablegung der Maturitätsprüfung«, ausgestellt am 14.7.1911. Státní okresní archiv v Českém Krumlově.
S. 326 unten: Photograph unbekannt. Wienbibliothek im Rathaus, Handschriftensammlung, Nachlaß Milan Dubrovic / ZPH 944, Foliobox 7, 180.
S. 327 oben: Photograph: Max Fenichel. © ÖNB Wien Pf 4052:C(1).
S. 327 unten: Photograph unbekannt. Wienbibliothek im Rathaus, Handschriftensammlung, Nachlaß Milan Dubrovic / ZPH 944, Foliobox 7, 180. Der handschriftliche Kommentar von Anton Kuh in: »Zum Konterfei das Autogramm!«. Widmungsphotographien der Wiener Sammlerin Hermine Kunz-Hutterstrasser (1873-1948). Hg. von Marcel Atze und Michael Davidis unter Mitarbeit von Kyra Waldner. Wien 2012, S. 225.
S. 328 oben: Photograph: Atelier Leo Ernst – Albert Hilscher. © ÖNB Wien: H 551.
S. 328 unten: Photograph unbekannt. In: Stefan Lorant: Ich war Hitlers Gefangener. Ein Tagebuch 1933. München 1985, nicht paginiert.
S. 329 oben: Photograph unbekannt. Illustration zu: Anton Kuh: Wie ich tonfilmte. In: Münchner Illustrierte Presse, Jg. 7, Nr. 40, 5.10.1930, S. 1350.
S. 329 unten: Photograph unbekannt. In: Stefan Lorant: SIEG HEIL! Eine deutsche Bildgeschichte von Bismarck zu Hitler. Aus dem Amerikanischen von Johanna Borek und Reinhard Kaiser. Frankfurt am Main 1979, S. 158.
S. 330 oben: Karikatur von Jacques Kapralik. Illustration zu: h. l. [d. i. Hans Liebstoeckl]: Shaw-Première in der Josefstadt. »Fannys erstes Stück«. In: Die Stunde, Jg. 4, Nr. 1059, 18 9.1926, S. 6.
S. 330 unten: Karikatur von B. F. Dolbin. Illustration zu: W. Sch. [d. i. Will Schaber]: Anton Kuhs Doppelgesicht [Besprechung von: Anton Kuh: Luftlinien. Feuilletons, Essays und Publizistik. Hg. v. Ruth Greuner. Berlin 1981]. In: Aufbau [New York], Jg. 47, Nr. 49, 4.12.1981, S. 14.
S. 331: Serie von Jacques Kapralik. Illustration zu: Anton Kuh: Wie spreche ich Stegreif? Bekenntnisse und Winke eines Improvisators. In: Scherl's Magazin, Jg. 2, H. 11, November 1926, S. 1021-1023.

S. 332: Serie von Adalbert Sipos. Illustration zu: Anton Kuh: Wie werde ich Conférencier? Winke eines Kabarettfeindes. In: Die Bühne, Jg. 1, H. 4, 27.11.1924, S. 31.

S. 333: Armin Stern: Anton Kuh, 1932, Bleistift auf Papier (Rückseite einer Speisekarte des Hotels Carlton in Bratislava), 34 × 24 cm, Nachlaß Armin Stern, Berlin. Foto: Gerhard Haug, Berlin. © 2018 Anita Lochner, Berlin.

Personen- und Werkregister

Das Personen- und Werkregister erfaßt die erwähnten historischen Personen (auch Namensableitungen wie »altenbergeln«, »angekainzelt« oder »Anzengrube«) sowie deren erwähnte Werke. Nicht erfaßt werden mit (nicht aufgelösten) Kürzeln sowie Pseudonymen gezeichnete unselbständige Publikationen sowie solche ohne Titel. Bei gleichlautenden Titeln resp. Kolumnentiteln von Publikationen Anton Kuhs wird zur Identifizierung die in den »Werken« (Göttingen 2016) dafür vergebene Nummer angeführt. Variante Namensschreibungen finden sich nach Schrägstrichen. Gerade gesetzte Angaben verweisen auf eine Erwähnung im Text, kursive auf eine Erwähnung in den Fuß- resp. Endnoten, Angaben in runden Klammern auf eine indirekte Erwähnung.

Abeles, Otto 110
Abraham a Santa Clara 379
Adamus, Franz → Bronner, Ferdinand
Adler, Alfred 30, 413
Adler, Friedrich 298
Adler, Victor 206, 298
Adriaen → Olden, Rudolf
Äsop (Aisopos von Sardes) 106
Ahlers, Anni/Anny 499
Alker, Ernst 453
– *Norwegischer Brief* 122, 453
Altenberg, Peter (»P. A.«) 15, 26, 29, 59, 137ff., 178, 192, 218, 243, 251, 299
Amon, Maria Liliana (»Bibiana«) 26, 32, 430f.
Andrássy, Julius/Gyula Graf (»der Jüngere«) 66
Andrejew, Leonid Nikolajewitsch 173, 464
– *Du sollst nicht töten* 173, 464
Angel, Walter 124
Ankermann, Walter 239, 479
Antonius → Marc Anton

Anzengruber, Ludwig 172f., 320
– *Brave Leut' vom Grund* 172f.
Arnheim, Rudolf 248, 253, 267, 482f.
– *Der Rundfunk sucht seine Form* 248, 482
– *Stumme Schönheit und tönender Unfug* 253, 483, 485
– *Tauberton und Studio* 267, 485
Arnold, Karl 297
Asad, Muhammad [geb. Leopold Weiss] 261
– *The Road to Mecca / Der Weg nach Mekka* 261
Asche, Oskar 395
Auernheimer, Raoul 226f., 352, 416, 515
– *Two Conquerors, Two Kinds of Men* (417)
Austerlitz, Friedrich 194f., 281

Bahr, Hermann 17, 19, 70, 74, 218, 426f.
– *Die Stimme* 70, 440

537

Baioni, Giuliano *448*
- *Kafka. Literatur und Judentum 448*
Baker, Josephine 271, 274
Balázs, Béla 253, 318, *465*, *483*, 498
- *Der Geist des Films* 253, *483*
- *Nestroy einst und jetzt* 318, *498*
- *Wedekind im Geheimen* 175, *465*
Balfour, Arthur James 1st Earl of Balfour 106
Balser, Ewald 381
Balzac, Honoré de 278
Bartsch, Rudolf Hans 178
Baruch, Löw → Börne, Ludwig
Baselli, Giovanni Alberto de 502
Bataille, Henry 171
Baudelaire, Charles 256
Bauer, Julius 70
- *Der Kongreß tanzt* 70
Bauernfeld, Eduard von 170f.
Baum, Oskar 33
Baumgarten, Alexander von 363
Baumgarten, Alexander Gottlieb 423
Becker, Carl Heinrich 275f.
Beer-Angerer, Else 66
Beethoven, Ludwig van 37, 58, 402
- *Neunte Symphonie* 402
Behrman, Sam 412
Békessy, Emmerich/Imre 182, 187-191, 193ff., 197, 200, 208, 230f., 233, 322, 360f., 467f., 470, 518
- *Eine Erklärung des Chefredakteurs Emmerich Békessy* 195, 470
- *Inseriert nur bei Stolper! Eine Betrachtungsserie über Feinde und Freunde* 187, 468
- *Meine Freundschaft und Feindschaft mit Camillo Castiglioni* 187, 194, 467, 470
- *Die Rache des Untalents. Eine Betrachtungsserie über Freunde und Feinde II* 468
- *Wie es zu meiner Abdankung kam* 195, 470
Benedikt, Ernst 191, 194, 469

Benedikt, Moriz 73, 94, 218
Benesch, Julius 218
Benjamin, Walter 248ff., 349, *482*
- *Gehaltserhöhung?! Wo denken Sie hin!* 482
- *Gespräch mit Ernst Schoen* 249, *482*
- *Kleine Geschichte der Photographie* 349, *503*
- *Reflexionen zum Rundfunk* 250, *482*
Berg, Armin 217, 251
Berger, Friedrich 176f.
Bergner, Elisabeth 78, 169f., 310
Berisch, Siegfried 263
Berlichingen, Gottfried/»Götz« von 12, 42, 175f., 296f.
Bermann, Richard A[rnold] [Ps. Arnold Höllriegel] 30, 33, 67, 74, 78, 440, 453
- *Die Fahrt auf dem Katarakt. Eine Autobiographie ohne einen Helden* 67, 440
- *Das zu Tode gerettete Gymnasium* 122, 453
Bermann-Fischer, Gottfried 413
Bessemer, Hermann 123, 454
- *»Wien gib acht!«. Die große Revue des Ronachertheaters* 123, 454
Bettauer, Hugo 123, 179ff., 182, 191, 454
- *Bettauers Wochenschrift. Probleme des Lebens* 179
- *Er und Sie. Wochenschrift für Lebenskultur und Erotik* 179
- *Kampf um Wien* 123, 454
Beyle, Henri → Stendhal
Binder, Hartmut 430, *448*
- *Ernst Polak – Literat ohne Werk. Zu den Kaffeehauszirkeln in Prag und Wien* 430
- *Kafka in neuer Sicht. Mimik, Gestik und Personengefüge als Darstellungsform des Autobiographischen 448*

Birinski, Leo 172
- *Rodion Raskolnikow* 172
Bismarck-Schönhausen, Otto Fürst von 81, 127, 131, 239, *303*, 383
Blank, Helen 410, *513*, 521
Blank (Ehemann von Helen) (410)
Blass, Ernst *483*
- *Tausend Meter Sprechfilm* 254, *483*
Blei, Franz *14*, 28, 31, 45, 54ff., 71, 78, 84, 116, 123, 137f., 142, 218, 256, 259, 261, 299, 303, 337, 435, 437, 457, 484, 492ff.
- O. T. *[Stellungnahme zu: Für und gegen den Anschluß an Deutschland! Enquete der »Wiener Allgemeinen Zeitung«]* 304, *493f.*
- *Anton Kuh: Der unsterbliche Österreicher* 299, *492*
- *Besuch in Wien* 303, *493*
- *[Rubrik] Tisch mit Büchern* 138, 142, *457f.*
- *Vom Filmen* 259, *484*
- *Zu Anton Kuhs Sonntagsrede* 45, 54, *435, 437*
Bleibtreu, Hedwig 40
Bleichröder(s) (unspezifisch, als Inbegriff von »Krösus«) 189
Bleyer-Härtl, Hans 67f., *440*
- *Ringen um Reich und Recht. Zwei Jahrzehnte politischer Anwalt in Österreich* 67f., *440*
Blüher, Hans 121
Boelsche/Bölsche, Wilhelm 168
Börne, Ludwig 131, 141-146, 334, 398, 499, 515
- *Aphorismen und Miszellen* 334, *499*
- *Briefe aus Paris* 142
- *Fragmente und Aphorismen* 142
- *Ludwig Börne's gesammelte Schriften* 142
- *Kritiken* 142
- *Vermischte Aufsätze* 142

Bogyansky, Robert *442*
- *Anton Kuh über Wedekind* 77, *442*
Bolfras, Arthur Frh. von 22
Booth, Webster 294
Borchardt, Rudolf 139
Bormann, Martin 153
Bosel, Sigmund 187, 189, 194, 334f.
Bracht, Franz 365
Brahe, Tycho 102
Brand, Karl 33
Brahms, Johannes 402
- *Symphonie Nr. 1, c-Moll, op. 68* 402
Braun, Alfred 250
Braun, Curt J. 267f.
Brecht, Bertolt 165ff., 245, 248, 250, 309, 373, 409, 481f., 496
- *Die Dreigroschenoper* 313, 394
- *Erläuterungen zum »Ozeanflug«* 250, 482
- *Das Lied vom Anstreicher Hitler* 409
- *Der Rundfunk als Kommunikationsapparat. Rede über die Funktion des Rundfunks* 245, 250, 481f.
Breisach, Paul 325
Breitner, Hugo 54, 195, 221
Brett, Adolf 165
Breuer, Robert 239, 479, 507
- *Anton Kuh: »Schützet Kaiser Franz Josef!«* 172, 507
- *Maximilian Harden* 239, 479
Brieux, Eugène 171
Broch, Hermann 31
Brod, Max 33, 46, 76f., 104f., 109f., 122f., 127, 236, 262, 264, 375, 442, 448ff., 453, 455
- *Der Nietzsche-Liberale (Bemerkungen zu dem Buch von Anton Kuh »Juden und Deutsche«)* 104, 109, 127, 448, 450, 455
- *Prozeß Bunterwart* 262
- *Vortrag Anton Kuh* 128, 455

539

- *Ein Wort über Anton Kuh* 76, 105, 122, 442, 449f., 453
- *Zauberreich der Liebe* 236

Bronnen, Arnolt [geb. Arnold Hans Bronner] 165ff., 249f., 307-312, *495f.*
- *Anarchie in Sillian* 308, *494*
- *arnolt bronnen gibt zu protokoll. beiträge zur geschichte des modernen schriftstellers* 308, *494, 496*
- *Die Exzesse* 307f.
- *O. S.* 309ff., *495*
- *Die Septembernovelle* 307f.
- *Statt Sternchen* 311, *495*
- *Wie es war – und wie es ist* 311, *496*

Bronnen, Barbara 311f., *496*
- *Meine Väter* 311f., *496*

Bronner, Eliezer Feivel → Bronner, Ferdinand

Bronner, Etiel 311

Bronner, Ferdinand [geb. Eliezer Feivel Bronner] [Ps. Franz Adamus] (309f.), 311f.
- *Schmelz, der Nibelunge* (309), 310, *495*

Bronner, Hinde Ester 312

Bronner, Martha (312)

Bruckner, Ferdinand → Tagger, Theodor

Brukner, Fritz 319
- *Johann Nestroy: Sämtliche Werke* 319

Bruns, Max *481f.*
- *[Kino und Buchhandel]* 247, *481*

Brust, Alfred 166f., *496*

Bryck, Hugo 220

Büchner, Georg 307

Buek, Otto 148

Bürckel, Josef 388, 418

Burnadz, Julian 274

Busch, Ernst 313

Byron, George Gordon Noel Lord (»Lord Byron«) 398

Cadivec/Kadivec, Edith 54, 156, 182, 460
- *Bekenntnisse und Erlebnisse* 460

Canetti, Elias 90, *445*
- *Karl Kraus, Schule des Widerstands* 90, *445*

Caro, Nicodemus/Nikodem 44, 220, 367

Caro, Vera 367

Castiglioni, Camillo 187, 189f., 195

Castle, Eduard 146, *458*
- *Wiener Brief* 146, *458*

Chamberlain, Houston Stewart 81

Chaplin, Charles Spencer (»Charlie«) 396, 412

Clam-Martinic, Heinrich Karl Maria Graf 60

Claudius [d. i. Tiberius Claudius Caesar Augustus Germanicus] 397

Claudius, Matthias 193

Cleopatra/Kleopatra [d. i. Kleopatra VII. Philopator] 345

Cleve, »Dr.« [geb. Levy] 337

Cleve, Felix 486
- *Der neue Richard-Tauber-Film. »Das Land des Lächelns«* 269, *486*

Colette 285

Conrad von Hötzendorf, Franz Frh. Graf 62

Coudenhove-Kalergi, Richard Nikolaus Graf 297

Coughlin, Charles (»Father Coughlin«) 416

Courteline, Georges 168, *462*
- *Mimensiege* 168, *462*

Courths-Mahler, Hedwig 181, 255, 270

Crosland, Alan
- *The Jazz Singer / Der Jazzsänger* 253
- *The Singing Fool / Der singende Narr* 254

Cross, Wilbur L. 408

Daghofer, Fritz 226f.
Dahn, Felix 137
Dambron, Wolfgang Sylvain 27f.
Danton, Georges Jaques 347
Darantière, Charles 168, 462
- *Sie lacht* 168, 462
Darvas, Lili 226
Däubler, Theodor 137, 249
Dauber, Dol 277
Daubmann, Oskar → Hummel, Karl Ignaz
Daudet, Léon 380f., 384, 508
- *Autour d'un lapsus* 381, 508
- *De Nietzsche à Hitler* 380, 508
Daumier, Honoré 257
Davit, Emmo 122
Degener, Herrmann A. L.
- *Degeners Wer ist's? Eine Sammlung von rund 18000 Biographien mit Angaben über Herkunft, Familie, Lebenslauf, Veröffentlichungen und Werke, Lieblingsbeschäftigung, Mitgliedschaft bei Gesellschaften, Anschrift und anderen Mitteilungen von allgemeinem Interesse* 337, 508
Demosthenes 385
Dergan, Bianca 173
Dessau, Paul 268
Deutsch, Julius 67, 70
Diebold, Bernhard 45, 322, 435, 488
- *Stegreif-Conférence* 45, 286, 435, 488
- *Volksstück ohne Volk. »Lumpacivagabundus« in der Volksbühne* 322
Diemer, Michael Zeno 38
- *Die Schlacht am Berg Isel bei Innsbruck am 13. August 1809* 38
Dienemann, Max 108, 450
- *Anton Kuh: Juden und Deutsche* 108, 450
Diener, Karl 132, 456
- *Das Memorandum der deutschen Studentenschaft* 132, 456
Diessl, Gustav 263

Dietrich, Hermann 358
Dietrichstein, Egon 28, 33, 123
Diogenes von Sinope 243
Dirmoser, Herbert 226
Doderer, Heimito 47f., 278, 290, 435f., 487, 489
- *Anton Kuh* 47, 435
- *[Anton Kuh]* 273, 487
- *Anton Kuh in der Josefstadt* 48f., 290, 435f., 489
Döblin, Alfred 108, 123, 138, 145, 249f., 270, 284, 450, 454, 457f.
- *Die geistige Revolution* 138, 457f.
- *Von Berliner Bühnen* 123, 454
- *Zion und Europa* 108, 450
Dörmann, Felix 129
Dolbin, B. F. 535
Dollfuß, Engelbert 388ff.
Donizetti, Gaetano
- *Regimentstochter* 314
Dostojewski, Fjodor Michailowitsch 172, 256
Dranem 243
Du Bois-Reymond, Emil 37
Dubrovic, Milan 430f., 535
- *Veruntreute Geschichte. Die Wiener Salons und Literatencafés* 430f.
Dühring, Eugen 239
Duesterberg, Theodor 358
Dumas, Alexandre (»der Jüngere«) 266

E., Franziska 274
Ebenstein, Julius 511
- *Anton Kuh – in der jüdischen Kulturstelle* 401, 511
Edthofer, Anton 325
Edward VIII. / Eduard VIII. 398
Eggert, Martha 325
Ehrenfest, Fritz 340
Ehrenstein, Albert 31, 84-87, 89ff., 108, 116, 139, 218, 444f., 449
- *Briefe an Gott* 108
- *Den ermordeten Brüdern* 85
- *Gedichte* (107), 449

- *Karl Kraus* 89, *445*
- *Der Mensch schreit* 85
- *Die rote Zeit* 85
Ehrenzweig, Stefan 373
Ehrhardt, Hermann (»Kapitän Ehrhardt«) 96, 118, 130
Einstein, Albert 97, 148, 218, 285, 388
Eisenbach, Heinrich 166, 172
Eisenstein, Sergej Michailowitsch
- *Panzerkreuzer Potemkin* 255
Elbogen, Franz 28, 33, 123, 418
Elbogen, Paul 27, 34, *430, 432,* 516
- *Der Flug auf dem Fleckerlteppich. Wien – Berlin – Hollywood* 27 f., 33 f., *430, 432*
Ely, Ernst [Ps. Jobs] 182, *480*
- *Wiener in Berlin* 241, *480*
Engländer, Georg 218
Englisch, Lucie 325
Ernst, Otto 206
Erzberger, Matthias 118
Escherich, Georg 99
Eschstruth, Nataly von 164
Ettlinger, Karl 262
Eugen Franz, Prinz von Savoyen-Carignan (»Prinz Eugen«) 74
Eulenberg, Herbert 137, 249
Eulenburg, Philipp zu 236
Euringer, Richard 139, *457*
- *Kuh, Anton, Von Goethe abwärts. Essays in Aussprüchen* 139, *457*
Ewers, Hanns Heinz 121
Eysoldt, Gertrud 97, 265

Faktor, Emil 94, *423,* 497
- *Volksbühne: Lumpacivagabundus* 314, *497*
Farkas, Emmerich/Imre 464
- *Bosporus* 173, *464*
Farkas, Karl
- *Wien gib acht!* 123, 169, *454, 460, 477*
Federn, Walther 187, *468*
- *Das Schandblatt. Eine Erklärung* 187, *468*

Fehér, Friedrich 243, 258, 261, 263, 266, 394 f., 397, 519 f.
- *Hotelgeheimnisse. Die Abenteurerin von Biarritz* 264 ff., *485*
- *Maria Stuart* 243 f., 256, 258-261, *484* f., *519*
- *The Robber Symphony / Die Räubersymphonie* 394-397, *511, 520*
- *Sensations-Prozeß / Madame Steinheil* 261-264, *485*
Fehér, Hans 395
Feigl, Ernst 33
Fekete, Alfred 172
- *Die Verhüllte* 172
Feld, Hans 266, 313, *480, 485,* 497
- *Hotelgeheimnisse* 266, *485*
- *Külz und Kunst. Ein Vortrag* 241, *480*
- *Nestroy – stark geschminkt. Volksbühne* 313, 497
Ferrari, Angelo 265
Fichte, Johann Gottlieb 131
Fiedler, W. 497
- *Der »Lumpaci« vom Bülowplatz. Kuhs Bearbeitung in der Volksbühne* 313, 497
Finkler, Grete 325
Fischer, Ernst 179
- *Das Schwert des Attila* 179
Fischer, Samuel 306
Flaubert, Gustave
- *Madame Bovary* 172
Fleischer, Victor/Viktor 172, *464*
- *Alte Freunde* (172), *464*
- *Der Kollegentag* (172), *(464)*
- *Der Nimbus* (172), *(464)*
- *Das Vermächtnis* (172), *(464)*
Flesch, Hans 248 ff., *482*
- *Rundfunk im neuen Jahr* 248, *482*
Fönss/Fønss, Olaf 166
Förster, Bernhard 383 f.
Förster, Bernhard (»Korporal Haller«) 69
Foerster, Wilhelm Julius 148

Förster-Nietzsche, Elisabeth 383, 385
Fontana, Oskar Maurus 171, 464
– Marc 171, 464
Ford, Henry 416
– The International Jew / Der internationale Jude 416
Forda, Eugen 195
Forster, Rudolf 325
Frank, Harry 265
Frank, Karl Hermann
– Sudetendeutschtum in Kampf und Not (385), 509
Frank, Paul 30, 33
Franke, Kurt 122
Frankl, Oskar Benjamin 360
Franz Joseph I. / Franz Josef I. 34, 36, 41, 185, 206, 278, 296, 298, 325, 371f., 438, 472
Franz Salvator, Erzherzog von Österreich 36, 41
Freist, Hermann 99
Frenzel, Arthur (224)
Frenzel, Gertrud(e) 224
Freud, Sigmund 24, 29, 104, 218, 377, 413
Freydorff, Rudolf 502
– Anton Kuh: Physiognomik (346), 502
Freytag, Gustav 35
Friedell, Egon 28, 213, 225ff., 325, 337, 434
– Die Geliebte des Kaisers Joseph 213
Friedmann, Armin
– Onkel Bernhard 171
– Prokurist Poldi 171
Friedrich III. 490
Frisch, Efraim 108
Frischauer, Willi 324, 371, 374, 496, 499, 501, 505, 507
– Anton Kuh hält Pallenbergs abgesagten Vortrag über die Amstelbank 340, 502
– Arnolt Bronnen macht Karriere 311, 496

– Ernstes Gespräch mit Anton Kuh. Zu seinem Gastspiel in der Josefstadt in Wien eingetroffen 358, 505
– Politisches Gespräch mit Anton Kuh. Von Franz Joseph I. bis Adolf Hitler 371, 507
– Salzburgs Sensationspublikum. Die Stars der Finanz- und Kunstwelt – Anton Kuhs Entrevue mit Morgan und Rothschild 324f., 499
Frondaie, Pierre 171
Fryda, Karl 210, (210)
Fuchs, Rudolf 33
Fürstenberg, Maximilian Egon II. Fürst 351
Furtwängler, Wilhelm 401f., 512

Gach, Leo 429
Gärtner, Josef (»Rolf«) 272
Ganghofer, Ludwig 377
Garbo, Greta 257
Gebauer, Olly 325
Gedö, Leopold 124
Gentz, Friedrich von 515
George, Manfred 416, 515
– Über historische Grösse. Anton Kuh spricht im »G.J.C.« 416, 515
Geßner, Adrienne 226
Geyer, Emil 78, 160, 226, 428
Geyer, Siegfried
– Das neue Gold 172
Gide, André 236, 478
– L'école des femmes 236, 478
Girardi, Alexander 169, 297, 325
Glaise-Horstenau, Edmund 404
Glück, Liesl 414
Gluck, Christoph Willibald 246
– Alkestis 246
– Orpheus und Eurydike 324
Goebbels, Joseph 240, 282, 310, 407, 409, 480, 495
– Arnolt Bronnens »O. S.« 310, 495
Göring, Hermann 277, 388, 398, 403

Goethe, Johann Wolfgang von 37, 58, 65, 127, 131, 138, 141-144, 256, 283, 358-362, 368, 387, 389, 505
– *Faust* 172, 282, 381
– *Götz von Berlichingen* 40
– *Kophtisches Lied* 144
– *Die Leiden des jungen Werthers* (279)
– *Stella* 324
Götz von Berlichingen → Berlichingen, Gottfried/»Götz« von
Goetz/Götz, Carl/Karl 226, 232, 262, 477
Götz, Richard 465
– *Öffentliche Glossen zu geheimen Vorgängen* 175, 465
Gogol, Nikolai 256
Goltz, Bogumil 59f.
Goltz, Rüdiger Graf von der 96
Gontard, Gert von 413, 514
– *In Defense of Love. A Protest Against »Soul Surgery«* 413, 514
Gottfried von Berlichingen → Berlichingen, Gottfried/»Götz« von
Grabbe, Christian Dietrich 307
Graetz, Paul 370
Graf, Oskar Maria 432
– *Gelächter von außen. Aus meinem Leben 1918–1933* 33, 432
Granach, Alexander 124
Grautoff, Erna 285
Graves, George 395
Grenz, Albert Wilhelm 145
Gretler, Heinrich 313
Gribitz, Joe 123, 454
– *Das Grammophon* 123, 454
Grieger, Friedrich 473
Grillparzer, Franz 33, 164, 352
– *Die Ahnfrau* 33
Grimm, Jacob 123
Grimm, Wilhelm 123
Grohmann, Heinz → Kuh, Anton
Gross, Frieda 19
Groß, Gustav 60
Gross, Hans 25

Gross, Otto 19, 24f., 32f., 53, 104, 121, 123, 429, 431, 449
– *Drei Aufsätze über den inneren Konflikt* 32
– *Die kommunistische Grundidee in der Paradiessymbolik* 25, 429, 449
– *Zur neuerlichen Vorarbeit* 449
Grossmann, Stefan 78, 122, 207, 453
– *Ehe-Biegen oder Brechen* 123, 453
– *Die Krise der modernen Ehe* [Vortrag, Prag, Urania] 123
Grosz, George 384
Grünbaum, Fritz 325, 385
Gründgens, Gustaf 267
Grüner, Franz 28
Grüner, Gustav 28, 30ff.
Grynszpan, Herschel 417f.
Günther, Hans F. K.
– *Rassenkunde des deutschen Volkes* 349
– *Rassenkunde des jüdischen Volkes* 349, 502
Gütersloh, Albert Paris 71, 84
Guitry, Sacha 168
Gumbel, Emil Julius 119, 413
– *Vier Jahre politischer Mord* 119
– *Zwei Jahre Mord* 119
Gumpert, Martin 413, 514
Gumperz, Julian 107, 450
– *Anton Kuh: Juden und Deutsche* 101, 450
Gutmann (Konzertdirektion) 219

Haacke, Wilmont 515
– *Friedrich von Gentz. Ein deutscher Publizist gegen Frankreich* 515
Haarmann, Friedrich Heinrich Karl (»Fritz«) 153
Haas, Robert 344
Haas, Willy 33, 258, 260, 419, 484f., 516
– *Die Berliner Neujahrs-Uraufführungen. Maria Stuart* 258, 260f., 484f.

Habe, Hans 182, 466
- *Ich stelle mich. Meine Lebensgeschichte* 182, 466
Haefner, Friedl 270
Hall, Murray G. *454, 466,* 521
- *Der Fall Bettauer* 179, *466*
- *Robert Musil und der Schutzverband deutscher Schriftsteller in Österreich* 466
Hamsun, Knut 13
Harden, Maximilian [geb. Ernst Felix Witkowski] 118, 135, 142, 144f., 206, 213, 218, 233, 237-240
Hardt, Ernst 249
Hartig, Theodor Graf *36*
Hartner, Herwig 182, *467*
- *Erotik und Rasse* 182, *467*
Harvey, Michael Martin 394
Hasenclever, Walter 111, 282, 370, 410, *513*
Haspinger, Joachim 382
Hasselmann, Carl 263
Hauffe (»Oberleutnant«) 26
Hauptmann, Gerhart 33, 127, 137, 157, 164, 171, 270, 359, 458, 460
- *Michael Kramer* 157, 460
- *Die Weber* 33
Hawliczek (»Herr«) 79
Heartfield, John 349, 384
- *Deutschland, Deutschland über alles* 349
Hebbel, Friedrich 137
Hechy, Alice 354f.
Heerde, Hans-Joachim *512*, 521
Hegner, Jakob 139
Heiden, Konrad *413*
Heiduk, Josef 175f.
Heim, Paul 328
Heine, Heinrich 131, 201, 218, 378, 383, 398, *515*
Heine, Thomas Theodor (»Th. Th.«) 384
Heinrichs, Hans Gert 505
- *Zur Kritik des Goethejahres. Ein soziologischer Versuch* 362, *505*

Heller, Fred 336, 500
- *Wiener Literatur-Café* 336, 500
Henreid, Paul 414
Herberstein, Herbert 185
Herczeg, Franz 168
- *Blaufuchs* 168
Hermann, Georg 138, 457
- *Brieven over Duitsche Litteratuur* 138, *457*
Herriot, Édouard 242, 285
Herrmann-Neiße, Max 207, 472f.
- *Berliner Kabaretts im März* 207, *472*
Hertzka, Julius 71
Herzer, Ludwig 268
- *Das Land des Lächelns* 268
- *Morphium* 122
Herzer, R. 26
Herzl, Hans 106
Herzl, Theodor 106
Herzog, Rudolf 270
Heß/Hess, Rudolf 403
Hielscher, Friedrich 308
Hildenbrandt, Fred 232, *338, 426, 481*
- *Französische Revue. Das Gastspiel des Pariser Palace-Theaters* 242, *480f.*
- *... ich soll dich grüßen von Berlin. 1922-1932. Berliner Erinnerungen ganz und gar unpolitisch* 15f., *338f., 426*
Hildesheimer, Wolfgang 334, *499*
- *Mozart* 499
Hiller, Kurt 72
Hindenburg von Beneckendorff, Paul 184, 341, *358*, 372, 379, (384), 387
Hirschfeld, Ludwig 124, *431*, 454f.
- *Das Buch von Wien* 124, *431*, 454
Hirschfeld, Magnus 139, 285, 289
Hitler, Adolf / »der Führer« 150, 153, 199, 206, 293, 316, 351, *358*, 363, 372, 376, 380f., 383, (384), 387f., 391f., 396, 401, 403-406, 408f., (409), 415ff.

545

Hochdorf, Max 497
– Nestroys »Lumpazi-Vagabundus«. In der Volksbühne 314, 497
Hodža, Milan 415
Höflmayr, Christoph 208 ff.
Höllering, Franz 413
Höllriegel, Arnold → Bermann, Richard A[rnold]
Hölty, Ludwig Christoph Heinrich 193
Hörbiger, Paul 325
Höß, Rudolf 153
Hoffmann, Ernst Theodor Amadeus (E.T.A.) 95
Hofmannsthal, Hugo von 74, 137, 171, 301, 352, 412, 493, 504
– Jedermann 324
– Preuße und Österreicher 300f., 493
– Der Schwierige 171
– Der Unbestechliche 352, 504
Hohenzollern, die 81, 443
Hollander, Walther von 370, 480
– Pariser Revue in Berlin 242, 480
Hollenberg, A. (Konzertdirektion) 393
Hollitzer, Carl/Karl 218
Hopkins, Arthur
– Artisten 169
Horváth, Ödön/Oedön von 236, 478
– Der ewige Spießer 236, 478
Hostrup, Erik → Kempner-Hochstädt, Max
Hualla, Rafael [Ps. Ralf] 486
– Anton Kuh spricht 273, 486
Hueber, Franz 277
Hübl (»Soldatenrat«) 82
Hugenberg, Alfred 293
Hummel, Karl Ignaz [alias Oskar Daubmann] 365 f.
Huppert, Hugo 481
– Wanduhr mit Vordergrund. Stationen eines Lebens 243, 481

Hurwicz, Elias 108 f., 450
– Völkerpsychologie: Anton Kuh: »Juden und Deutsche« 108, 450

Ibsen, Henrik 137, 164, 171 f., 453
– Rosmersholm (164)
– Stützen der Gesellschaft 164
Ihering, Herbert 249, 254 f., 282, 483
– Der erste Tonfilm 254 f., 483
Ilg, Johannes (251), 483
– Radio-Notiz 251, 483

Jacob(-Salomon), Berthold 240, 479
– Unveröffentlichte Briefe Maximilian Hardens. Zu seinem 10. Todestag, 30. Oktober 239 f., 479
Jacobs, Montague (»Monty«) 259, 314, 484, 497
– Der »Maria-Stuart«-Film 258 f., 484
– Nestroy auf preußisch. »Lumpacivagabundus« auf der Volksbühne 314, 497
Jacobsohn, Siegfried 77, 137, 160, 234, 442, 465
Jacobson, Leopold 175, 226 f., 352, 434, 465, 476
– Der erlaubte und der unerlaubte Wedekind. Nachtvorstellung in den Kammerspielen 175, 434, 465
– »Fannys erstes Stück«. Komödie in drei Akten von Bernard Shaw 227, 476
Jäger, Ernst [Ps. Ejott] 485
– Wochenschau Nr. 42 267, 485
Jäger, Heinz → Kreiser, Walter
Jakubowski, Josef 367 f.
Janowitz, Franz 33
Janowitz, Hans 33
Jansa, Alfred 403
Janssen, Walter 261
Jaray, Karl Hans 243

Jaro, Anatol [Ps. Mr. Anatole] 413, 425, 514
- *Der Schnorrer von Wien – König von Amerika* 13, 413, 425, 514
Jean Paul [d. i. Johann Paul Friedrich Richter] 88f.
- *Vorschule der Ästhetik* 89
Jelusich, Mirko 74
Jerome, Jerome K[lapka] 172, 464
- *Lady Fanny und die Dienstbotenfrage* 172, 464
Jeßner/Jessner, Leopold 54, 125, 126, 163f., 258f., 279
Jesus 208
Joachim Albrecht von Preußen 81
Joël-Heinzelmann 228
Jünger, Ernst 308
Jünger, Friedrich Georg 308
Jung, Franz 14

Kadivec, Edith → Cadivec, Edith
Kadow, Walter 153
Kästner, Erich 284, 370, 499
- *Fabian* 284
Kafka, Franz 33, 105, 123, 270, 448, 472
- *Die Verwandlung* 105, 448
Kahane, Arthur 223, 475
- *Die beiden Städte* 223, 475
Kahr, Gustav Ritter von 152
Kainz, Margarethe (Grete) 243
Kainz, Josef/Joseph 202, 243, 398
Kaiser, Georg 99ff., 165f., 447
- *Europa* 100
- *Kolportage* 166
- *Nebeneinander* 165
Kaiser, Margarethe 99, 447
Kalmar, Annie 238
Kant, Immanuel 37, 59, 131, 167, 235, 289, 341, 379
- *Kritik der reinen Vernunft* 120
Kapp, Wolfgang 95, 98
Kapralik, Jacques 262, 375, 535
Karger, Konrad 151
Karinthy, Frigyes 167
Karl I. 60, 186, 298, 438

Karl IV. 102
Karl V. / Karl der Fünfte 29, 74
Karpeles, Benno 74, 78, 442
- »*Der Neue Tag*« 78, 442
Kasack, Hermann 249
Katz, Willy 220f., 474
Kaufmann, Fritz 194, 208, 212
Kaus, Gina 30, 430
Kayser, Rudolf 107, 450
- *Anton Kuh:* »*Juden und Deutsche*« 107, 450
Keaton, Buster 395
Kempner-Hochstädt, Max [Ps. Erik Hostrup] 171
- *Die Hausdame* 171, 470
Kerr, Alfred 48, 54, 192, 313f., 370, 434, 497
- *Anton Kuh* 43, 48, 434f., 437
- *Antwort an Karl Kraus* 192, 470
- *Caprichos* 192
- *Lumpacivagabundus. Volksbühne* 314, 497
Kessler, Harry Graf 376, 380, 507
- *Das Tagebuch 1880–1937* 376, 507
Kesten, Hermann 413
Keun, Irmgard 392, 414, 425, 514
Kiaulehn, Walter [Ps. Lehnau] 311, 496
- *Roßbach und Bronnen* 311, 496
- *Roßbach & Bronnen II* 311, 496
Kierkegaard, Søren 29
Kiesler, Friedrich 414
Kiesler, Stephanie (»Stef[f]i«) 414, 514
- *Österreich in der Public Library* 413, 514
- »*Meet Me at the Library*« 413, 514
Kilcher, Andreas B. 448f.
- *Anti-Ödipus im Land der Ur-Väter: Franz Kafka und Anton Kuh* 105, 448
- *Sexuelle Revolution und jüdische Befreiung. Otto Gross und Anton Kuh* 449

547

Kirchner, Walter 394
Kisch, Egon Erwin 28, 33, 69, 78, 123f., 234, 337f., 454
- Harlem, das Ghetto der Neger 124, 454
Kiwi (»Frau«) [Ehefrau von Emil Kiwi] 284
Kleiber, Erich 325
Klein, Robert 513
Kleist, Heinrich von 137
- Penthesilea 347
Kleopatra → Cleopatra
Klimt, Gustav 178
Klinger, Friedrich Maximilian 307
Klöpfer, Eugen 157f., 175
- Eine Erklärung Eugen Klöpfers 157, 460
Kluge, Alexander 423
- Die Patriotin 9, 423
Knepler, Hugo 219
Kniže (Nobelschneider) 11
Knopf, Julius (313), 497
- Der entzauberte Nestroy. »Lumpacivagabundus« in der Volksbühne 313, 497
Koebner, Thomas 447
- Unbehauste. Zur deutschen Literatur in der Weimarer Republik, im Exil und in der Nachkriegszeit 447f.
Köppen, Edlef 249
Köstler, Anton 427
Kokoschka, Oskar 178, 449
- Der weiße Tiertöter (107), 449
Kommer, Rudolf 13, 411, 423, 513
Korda, Alexander 13, 392
Kornfeld, Paul 111, 197
- Die Verführung 197
Korseck, Ilse 329
Kortner, Fritz 54, 125f., 163, 173, 259, 261, 325, 414
Kotzebue, August von 137
Kracauer, Siegfried 20, 254f., 264, 267, 428, 483, 485f.
- Bemerkungen zum Tonfilmen 269, 486

- Der erste amerikanische Tonfilm 254, 483
- Geschichte – Vor den letzten Dingen 20, 428
- Richard Tauberfilm in Frankfurt 267, 486
- Der Sensationsprozeß 264, 485
- Submarine 255, 483
Krafft, Erich 497
- Der verschandelte Nestroy 313, 497
Kramář, Karel 61
Krantz, Paul Albert 271
Kraus, Alfred 190
Kraus, Jacob/Jakob (190)
Kraus, Josef 190
Kraus, Karl 31, 38, 50, 57, 84-91, 106, 111-117, 125, 137, 188-206, 208ff., 212-221, 228-233, 238, 275, 280f., 297, 302, 318ff., 322, 354-357, 361, 369, 391f., 409, 432, 441, 443ff., 449, 451, 456, 468ff., 472ff., 477, 479, 493, 498, 518
- Apokalypse 89
- Aus der Sudelküche 114, 192, 233, 451, 470, 477
- Békessys Sendung 189, 468
- Desperanto. Neuer Kurs. Für Vorgeschrittene 238, 479
- Desperanto. Neuerlicher Versuch einer Übersetzung aus Harden 238, 479
- Dritte Walpurgisnacht 409
- Elysisches. Melancholie an Kurt Wolff 115, 451
- Entlarvt durch Békessy 191f., 214, 469f., 474
- Es zieht 38, 432
- Der Fall Diebold 322
- Franz Ferdinand und die Talente 87, 444
- Die Gefährten 89, 445
- Gespenster 84ff., 444f.
- Der größte Schuft im ganzen Land 472
- Harden-Lexikon 238, 479

- Heine und die Folgen 218, 441
- Hinaus aus Wien mit dem Schuft! 193, 208, 470, 473
- Höher geht's nimmer 185, 468
- Innsbruck und Anderes 87, 90, 444f.
- Ein kalter Schauder über den Rücken 189f., 458
- Die Kinder der Zeit 86, 444
- Der kleine Pan ist tot 237, 479
- Literatur 444
- Literatur oder Man wird doch da sehn 115f., 204, 217f., 233, 451, 477
- Literatur und Lüge 232, 477
- Maximilian Harden. Eine Erledigung 237, 479
- Metaphysik der Haifische 188, 468
- Nachruf 86, 444
- Nachts 238, 479
- Ein neuer Mann 88, 444f.
- Nestroy und das Burgtheater 319, 498
- Nestroy und die Nachwelt 320, 498
- Der Nichtgenannte 232, 477
- Notizen 212, 473
- Das österreichische Selbstgefühl 302, 493
- Proteste 84f., 87, 443f.
- Sehnsucht nach aristokratischem Umgang 87, 444
- Seine Antwort 238, 479
- Sittlichkeit und Criminalität 188, 468
- Sprüche und Widersprüche 200, 456
- Die »Stunde« bietet die Darstellung der wirklichen Ereignisse des Lebens 191, 469
- Die Stunde des Gerichts 192, 470
- Die Stunde des Todes 190, 470
- Übersetzung aus Harden 238, 479
- Die Unüberwindlichen 319
- Vom großen Welttheaterschwindel 302, 493
- Vor neunhundert Zeugen 205, 472
- Vorne Sittlichkeit, hinten Kriminalität 233, 477
- Warum die Fackel nicht erscheint 391, 470
- Warum ich an der Republikfeier nicht mitwirkte 212, 473
- Zu Ferdinand Lassalles hundertstem Geburtstag 190, 469

Kraus, Rudolf 190
Krauss, Clemens 281
Kreiser, Walter [Ps. Heinz Jäger] 363f., 505
- Windiges aus der deutschen Luftfahrt 363, 505
Krischke, Traugott 494, 510
Krolop, Kurt 472
- »Der Korrektor ist der Dichter«. Karl Kraus und die kaiserliche »Manifestzeile« 472
Krünes, Erik 149
Krzyzanowski, Otfried 28, 33, 123, 298
Křenek, Ernst 271
- Jonny spielt auf 271
Kühnert, Herbert 458
- Geistige Bewegung / Lesebücher 458
Külz, Wilhelm 241f.
Kürnberger, Ferdinand 60
- Soll und Haben eines Naturgenies 60
Kugel, Georg 219
Kuh, Anna (»Nina«) 17ff., 32f., 426
Kuh, Anton [Ps. Antoine, Anton, Antonius, Frater Antonius, Heinz Grohmann, Yorick] 14, 17-35, 39f., 42-60, 62-69, 71-82, 84, 91-99, 101-131, 133-147, 149, 151-161, 164-179, 181-186, 192ff., 197-248, 252, 255-258, 260ff., 264ff., 268, 271-277, 280-301, 303,

305-311, 313-322, 324f., 334-343, 345ff., 349-356, 358-362, 364-388, 390-394, 396-406, 408-419, 423ff., 427-443, 445-467, 471-481, 483-492, 494-511, 513-516, 517-520
- *1000 Jahre und 1 Tag oder Habsburgs Ende im Spiegel des Literaturcafés. Zum zehnjährigen Gedächtnis* 24, 69, 298, 429, 440, 491f.
- *1914 – ?* 73, 441
- *30 %* 41, 433
- *Abend des Adels. Max Reinhardts dritte Wiener Premiere* 13, 76, 171, 424, 441, 463
- *Aber das Publikum ...!* [Stegreif-Rede, Berlin, Die Komödie] 283, 464
- *Die abgedrehte Stimme* 252, 483
- *Der abgestellte Stellwagen* 40, 433
- *Abschied vom Grafen Sternberg* 185, 232, 467, 476
- *Adalbert Sternberg* [Nr. 1065] 13, 276, 425, 487
- *Adieu Salzburg!* 382, 508
- *Der Affe Zarathustras* [Stegreif-Rede, Wien, Konzerthaus] 197-205, 208, 213, 219, 233, 473, 518
- *Der Affe Zarathustras (Karl Kraus)* 197, 471, 519
- *Der allmächtige Taufschein. »Wie alt sind Sie?« – »Bedauere – zu alt!« – Der allmächtige Geburtsschein* 235, 478
- *Der alte Goethe und der junge Schopenhauer* [Stegreif-Rede, Prag, Hotel Zentral] 46, 64f.
- *An Carl von Ossietzky* 364f., 506
- *An einen Kraus-Jünger* 197, 391f., 471, 510
- *»Anarchie in Sillian«. Gestern am Raimund-Theater* 308, 494
- *»Anatol« bei Reinhardt* 165, 462, 496

- *Der andere Affenprozeß* (152), 459
- *Die anderen schießen ...* 118, 452
- *[André Gide, L'école des femmes]* 236, 478
- *Angst vor dem Radio* 245, 481
- *Die Antishimmyten. Siegfried Wagner und die »Neue Freie Stunde«* 458
- *Anton Kuh: »Der unsterbliche Österreicher«* [Nr. 1138] 299f., 492
- *Anton Kuh liest Zeitung (mit entsprechenden Randbemerkungen)* [Stegreif-Rede, Wien, Konzerthaus] 281
- *Anton Kuh über sein Debüt auf den Brettern* 175, 465
- *Anton Kuhs Panoptikum. Von Grinzing bis Peking* [Stegreif-Rede, Wien, Konzerthaus] 52, 273
- *Anton Wildgans' »Liebe«. (Gestern in den »Kammerspielen«)* 162, 461
- *Antworten der Film-Redaktion* 257, 484
- *Asphalt und Scholle* 376f., 507
- *Der Aufruhr der Doppelgänger* 388, 424, 510
- *Aus dem Spucknapf. Antwort auf die »Sudelküche«* 114, 451
- *Aus der Schule geplaudert* 55, 437
- *Der Ausrufer* 351, 504
- *Der Backfisch* 235, 351, 478, 503
- *Der Bauchredner* 22, 55, 429, 437
- *Bayern 1921* 119, 154, 452, 459
- *Bei den Gladiatoren* 78f., 442
- *Békessy* 229f., 476
- *Der Benedikt* 94, 446
- *Berichtigung zu einer Selbstanzeige* 140, 457
- *Berlin an der Seine. Leiden und Freuden eines Sketchübersetzers* 242, 480
- *Berlin in Salzburg* 365, 506

- Berliner Abende. I. »Viktoria« bei Reinhardt 170, 463
- Berliner Abende. II. Die Bergner als Christopherl 170, 310, 463, 495
- Berliner Notizbuch (152), 459
- Beschreibung einer Nase 387f., 510
- Betrachtungen über den Gigolo 352, 504
- Bettauer 76, 181, 441, 466
- Bezirk der Werbezirk 297, 491
- Blanche Câline. Burgtheater 171, 463
- Der blaue Rauch von Salzburg. Salzburg als europäisches Kunstzentrum – Bruno Walter, Reinhardt und die anderen 291f., 489
- Blauer Rauch und Buckelsack. Anton Kuh an Franz Fißlthaler 13, 424
- Blaufuchs. Komödie in drei Akten von Franz Herczeg. Zum erstenmal aufgeführt am Theater i. d. Josefstadt 168f., 463
- Börne, der Zeitgenosse. Eine Auswahl, eingeleitet und herausgegeben von Anton Kuh 141-146, 457f., 518
- »Boche«, sprich Bosch 382, 508
- Der Breitner ist schuld! [Stegreif-Rede, Wien, Konzerthaus] 54, 221
- Breitner, Tacitus, Molnár. Bruchstücke aus einem Vortrag 174, 221, 464, 474
- Brief an eine Wiener Küchengehilfin 274f., 487
- Brief an einen Toten 76, 442
- The Broker With the Willie Button 415f., 515
- Die Büchse der Pandora. Leitpunkte einer Conférence 78, 442
- Der Bürger als Komödiant 297, 491

- Buki-Domino 34, 432
- Buntes Allerlei [Nr. 245] 62, (62), 439
- Buntes Allerlei [Nr. 249] 63, 439
- Buntes Allerlei [Nr. 253] (62), 439
- Buntes Allerlei [Nr. 259] (174), 464
- Burgtheater. Thaddäus Rittners »Garten der Jugend« 171, 463
- Burgtheaterkrise 159, 460
- Die Burgtheaterlüge 159, 460
- Caro und Petschek von William Shakespeare in freier Rede übertragen [Stegreif-Rede, Hamburg, Kleines Schauspielhaus] 369f.
- »Caro und Petschek« von William Shakespeare, in freier Rede übertragen von AntonKuh [Stegreif-Rede, Mähr.-Ostrau, Deutsches Theater] 369
- »Caro und Petschek« von William Shakespeare. In freier Rede übertragen von Anton Kuh [Stegreif-Rede, Berlin, Deutsches Künstlertheater] 367
- »Central« und »Herrenhof« 28ff., 32, 298, 430f., 491
- Conférence zu Frank Wedekinds »Sonnenspektrum« [Stegreif-Rede, Wien, Kammerspiele, 27.3.1924] 175
- Conférence zu Frank Wedekinds »Sonnenspektrum« [Stegreif-Rede, Wien, Kammerspiele, 28.3.1924] 175
- Daitschland. Eine neue Führer-Rede 387, 509
- »Damen ohne Begleitung« 154, 460
- Darf der Kritiker klatschen? 160, 174, 460, 464
- Der Dauertänzer. Vom Hungerturm des Rhythmus 235, 477
- Die dementierte Prager Abstammung 102f., 447

- Demosthenes auf der Tour 59, 438
- Deutsch: nichtgenügend! Ein Deutschprofessor über Papens Regierungserklärung 387, 510
- Deutsche und Juden [Stegreif-Rede, Iglau/Jihlava, Dreifürsten-Saal] 155
- Deutsche Worte und Pariser Enthüllungen 382, 508
- Der dichtende Österreicher 251, 483, 492
- Dichter Hauptmann und Genosse Geyer. (Impressionen von einem Theaterabend) 164, 458, 461
- [Dr. Josef Löbel, Von der Ehe bis zur Liebe] 236, 478
- Ein Diener: Herr Moser 33, 169, 432, 463
- Der Dienstmann 123, 169, 297, 454, 463, 491
- Diktatur der Tertianer 96, 446
- Diktatur des Jüngels 321, 498
- Dilettanten der Liebe [Stegreif-Rede, Wien, Konzerthaus] 53, 125
- Don Juan, der Psychoanalytiker. Glosse zu einem Prozeß 24f., 429
- Der Doppelgänger 350, 503
- Dr. Wüllner 13, 425
- Das Drama auf der Rutschbahn. Die Eröffnung der »Raumbühne« 166, 462
- Ein Drama des Rassenhasses. Galsworthys »Loyalties« (»Gesellschaft«) bei Reinhardt 308, 494
- Die drei ei 351, 503
- Du sollst nicht paradox sein! Eine Selbstanzeige 346, 502
- »Du sollst nicht töten!« Ein Schauspiel von Leonid Andrejew; Erstaufführung in der Josefstadt 173, 464
- Das dümmste Jahrhundert seit Christi Geburt [Stegreif-Rede,

Wien, Offenbach-Saal] 400f., 520
- Dumdum! 79, 443
- Ehrenrettung der Tenöre 174, 464
- Ehrlich gestanden ... 68, (68), 91, 440, 445
- Einakterabend in den Kammerspielen 168, 462
- Einer, der Wien haßt. Gegen die Überfüllung Berlins mit Wiener Kabarettiers 207, 473
- Einer über den anderen 417, 515
- Der Einfall 256, 484
- Einjähriger Bourbon 22, 428
- Einleitende Worte zur Aufführung von Frank Wedekinds »Büchse der Pandora« [Stegreif-Rede, Wien, Neue Wiener Bühne] 78
- Eisenbahn-Bekanntschaften 12, 352, 424, 504
- Die Ekschtatigkeit 134, 456
- Ema 41, 433
- Emigranten 375f., 507
- Das Ende der Großdeutschen 510
- »Endstation«. Lustspiel in drei Akten von Béla Szenes. (Uraufführung am Deutschen Volkstheater) 167f., 462
- Der entrüstete Mime 161, 461
- Epilog (62), 64, 80, 439, 443
- Epilog zum Epilog 64, 80, 439, 443
- Episoden des Deutschtums (39), 433
- Er, Sie, Es 161f., 461
- Erinnyen und Menschenfresser 417f., 515
- Erlaubte Karikaturen [Stegreif-Rede, Prag, Städtische Bücherei] 54, 384
- Erlebnisse meines Monocles 350, 503
- [Ernst von Salomon, Die Geächteten] 305f., 494

- Eroberung des seriösen Theaters durch »Max und Moritz«. Gestern: Die »Neue Wiener Bühne« 166, 462
- Die Erotik der Bürgers [Stegreif-Rede, Prag, Urania] 119f.
- Die Erotik des Bürgers [Stegreif-Rede, Wien, Österreichischer Ingenieur- und Architektenverein] 124f.
- »Die Erotik des Bürgers«. (Vortrag Anton Kuh in der »Urania«) 55, 120, 437, 452
- [Das Erwachen der Menschheit] 235, 478
- Es sucht der Bruder seine Brüder ... Bayreuth, Oberammergau, Salzburg und Amerika 291, 489
- Escape from the Mousetrap 401, 511
- Essays in Aussprächen 55, 437
- Der exportierte Mord 349f., 378, 382, 386f., 456, 503, 508f.
- Expressionismus, Dadaismus, Kommunismus [Stegreif-Rede, Prag, Mozarteum] 127
- Exzesse 307, 494
- Der Fall Georges Mandel 417, 515
- Fall Harden 118, 238, 452, 479
- Familie Sauckel 388, 510
- [Felix Salten: Mizzi] 236, 478
- Feudaler Totentanz 351, 503
- La fin de Vienne 390, 510
- »Fink und Fliederbusch«. Das neue Schnitzler-Stück am Deutschen Volkstheater 165, 461
- Franz Blei. Zum 18. Januar 28, 430
- [Franz Werfel, Kleine Verhältnisse] 236, 478
- Frau Bleibtreu geht ... 159, 460
- Die Frau im Käfig 109, 439
- Frauen im Café 62, 352, 439, 504
- Frei nach dem Leben oder Wie komme ich ins Film-Geschäft? Ein Capriccio 256, 484
- Der Freigesprochene und die Schuldigen 424
- Friedensangebote 387, 509
- Die Garderobefrau und die Revue. Als man »Wien gib acht!« in Berlin gab 477
- Gastspiel Claire Wallentin 167, 462
- Gastspiel Claire Wallentin. »Heimat« von Sudermann 164, 461
- Gastspiel der »Münchener Kammerspiele«. »Wie es euch gefällt« 173f., 464
- Gastspiel Klöpfer. »Michael Kramer« von Gerhart Hauptmann (Raimund-Theater) 157f., 460
- Geehrte Redaktion! 352, 504
- [Gefällt es Ihnen noch in Wien?] 222, 474
- [Gegen das Leipziger Todesurteil!] (152), 234f., 459, 477
- Geiselmord an Österreichern? 324, 499
- Der Geist des Mittelalters oder Worüber man nicht sprechen darf [Stegreif-Rede, Prag, Produktenbörse] 51, 378f.
- Der Geist marschiert 14, 72, 425, 441
- »Die gelbe Lilie«. Schauspiel in 3 Akten von Ludwig Biro. Erstaufführung an der »Neuen Wiener Bühne« 12, 424
- Georg Kaisers »Nebeneinander«. Gestern im Raimund-Theater 165f., 462
- Das gerettete Gymnasium 122, 453
- Der geschändete Nestroy 317, 497f.
- Geschichte und Gedächtnis 252, 414, 483, 514
- Geschichte und Gedächtnis [Radio-Auftritt] 252, 414, 520
- Das Gesicht des deutschen Arztes 110, 352f., 451, 504

553

- Das Gesicht von heute. 1830-1930 / Die Herrschaft der Phrase im Antlitz der Menschen 350, 503
- Gespräch mit einem Ober 352, 504
- Ein Gespräch über Theaterkritik 161, 461
- Gisela Werbezirk 170, 463
- Gluck vor Plutokraten und Literaten. »Orpheus und Eurydike« in Salzburg 324, 499
- Goethe und die deutsche Reichspräsidentenwahl [Stegreif-Rede, Wien, Theater in der Josefstadt] 358
- Götze und Ketzer. Zu Gerhart Hauptmanns 60. Geburtstag 454
- Der Goldfüllfederkönig 278, 487
- Grabrede auf einen Intendanten 125 ff., 222, 454, 475
- Die große Attraktion [Drehbuch] 268
- Gülstorff. Einakterabend an der »Neuen Wiener Bühne« 169, 463
- Gustav Freytag. Zu seinem 100. Geburtstag 35, 432
- Gute Aphorismen und schlechte Gehirne 140, 457
- Die »Guten« 72
- Hamlet oder Das Genie auf dem Tandelmarkt [Stegreif-Rede, Wien, Konzerthaus] 397 f.
- Hamlet und Faust oder Das Genie und der Bürger [Stegreif-Rede, Preßburg/Bratislava, Gremiumsaal] 53, 398
- Hans Müllers »Könige«. Schauspiel in drei Akten 164, 461
- Hans Nebbich im Glück. Eine Chaplin-Studie 14, 425
- Der Haß gegen das Deutschtum (39), 433
- Der Haß gegen das Monokel 11, 423
- Hatz auf die Junggesellen 41, 433
- Haus Habsburg bei Reinhardt. Franz Werfels »Juarez und Maximilian« 166, 462
- Hausse in Tönen 256, 484
- Der heilige Boden. Zu den Studentenexzessen 151, 459
- Die heilige Magdalena aus Hirtenfeld 154, 459
- Heimweh 496
- Heiter-parodistischer Abend [Stegreif-Rede, Olmütz/Olomouc, Deutsches Vereinshaus] 385
- [Hellas und Rom] 235, 478
- Hepp, hepp, hurra! 81, 443
- [Hermann Ungar, Colberts Reise] 236, 478
- Der Herr Surm 80, 443
- Herr v. Nigerl und der Numerus clausus 14, 133, 425, 456
- Hitler n'est qu'un faux apôtre 380 f., 508
- Hoch die Palatschinken! 66 f., 440
- »Hoch Gethe!« 110, 451
- Das Hofauto 298, 491
- Das homosexuelle Deutschland. Haarmann und das deutschnationale Laster – Historische und psychologische Ursachen – Der »Kant der Schwulen« 153, 459
- »Die Hose« an der Neuen Wiener Bühne 164, 461
- Hotelgeheimnisse. Die Abenteurerin von Biarritz [Drehbuch] 264
- Der Hund als Stammgast 15, 425
- Hysterie 298, 491
- Ich glaub' nie mehr an eine Frau [Drehbuch] 266, 268
- Ich lerne Ski. Leiden und Beobachtungen eines Anfängers 11, 423
- Ich spiele einen Kritiker. Probenerfahrungen eines Amateurs 225 f., 475 f.
- Ich warne Stellungsuchende 287, 488

- »Im Prater, da lebt' ich ein Mädel vom Rhein!« Filmnacherzählung aus der illustrierten Programmbeilage 256, 484
- In der Filmkantine 257, 484
- In Paris überrascht 14f., 386, 425, 509
- In Wien spukt's [Stegreif-Rede, Wien, Konzerthaus] 273 f.
- Der Irrtum 238, 479
- Ist das Pumpen noch in Mode? 335, 500
- Jockeis 235, 352, 478, 504
- Johann Schober 351, 503
- Josefstädter Theater. (»Jeanne qui rit«) (»Sie lacht«. Lustspiel in 3 Akten von Maurice Soulié und Charles Darantière) 168, 462
- Die Juden im Krieg 107, 450
- Juden und Deutsche 53, 104-111, 116f., 127, 233, 310, 448-451, 518
- Die jüdischen Reichen [Stegreif-Rede, Prag, Urania] 53, 127f.
- Die jüdischen Reichen [Stegreif-Rede, Wien, Konzerthaus] 134, 518
- Das junge Mädchen auf dem Theater 224, 475
- Das k. k. Ballettmädel 235, 351, 478, 503
- Die Kaiserin von Neufundland. Die Wedekind-Pantomime am Raimundtheater 163, 461
- »Kaiserismus« [Stegreif-Rede, Berlin, Graphisches Kabinett] 99-101
- Kammerspiele [Nr. 183] 172, 464
- Kammerspiele [Nr. 215] 172, 464
- Kammerspiele. »Die Hausdame« von Erik Hostrup 171, 463
- Der Kanari 245, 481
- Das Kapitel vom Hochverrat 60, (62), 438f.
- Kappeln auf dem Korso 150, 459
- Die Kappen der Schulbuben 72, 441

- Karl Kraus, der jüdische Advokat 111f., 449
- Die Kellner 352, 504
- Kinder spielen »Jedermann« 324, 499
- Kinomoral 255, 483
- Kleiner Führer durch das große Hotel 224, 475
- Kleinstadt Deutschland. Der Fall Lessing (152), 379, 459, 508
- Klöpfer kontra Hauptmann. Zum Zwischenfall im Raimundtheater 158, 460
- Knigges Umgang mit Literaten 12, 424
- Die Kollegin 14, 53, 55, 425, 436f.
- »Kolportage«. Das neue Kaiser-Stück am Volkstheater 166, 462
- Das konfiszierte Gehirn oder Tiergarten 1934 [Stegreif-Rede, Karlsbad / Karlovy Vary, Kurhaussaal] 379, 385f.
- Das konfiszierte Gehirn oder Vom Hydepark zum Wurstelprater [Stegreif-Rede, Wien, Konzerthaus] 393
- Kraus, der Nachtigallenfreund 192f., 470
- Der Kritiker spielt sich selber. Als ich im Josefstädter Theater als Schauspieler wirkte 225, 475
- Kronzeuge Börne. Zum Harden-Prozeß 145, 239, 458, 479
- Kuh, Ochs, Stier oder Leiden und Freuden eines Namensträgers 12, 21f., 424, 428
- Kuhs Ohrfeige 369, 506
- Kultur. Impressionen eines Passanten (517)
- Die Kunst, Hitler zu überleben [Stegreif-Rede, New York, Kaufmann Auditorium] 415, 520
- Kunst- und Fruchtabtreibung 171, 463
- Lachen bei Robitschek 293, 489

- »Lady Fanny und die Dienstbotenfrage«. Lustspiel von Jerome K. Jerome. Deutsche Uraufführung am Raimund-Theater 172, 464
- Lärm vor dem Hause. Thema mit Variationen 296, 490
- Der Lambertz-Paulsen-Ring 322f., 499
- Das Land der krummen Zahlen 386, 509
- Das Land des Lächelns [Drehbuch] 268
- Der lebende und der tote P. A. 251, 483
- Legende auf Bestellung 366, 506
- Die Legende vom süßen Mädel. Arthur Schnitzlers volkstümliche Figur 235, 478
- Lenin und Demel 298, 350, 491, 503
- Lieber Simplizissimus! 63, 439
- Links und rechts 119, 452
- Lobrede auf den Snobismus [Radio-Auftritt] 251
- Lueger (Gestorben vor 15 Jahren) 303, 493
- Lumpacivagabundus. Johann Nestroys Zauberposse in freier Bearbeitung von Anton Kuh 313-322, 519
- Lumpazi, ich und die anderen 314f., 497
- Das Märchen im Luftschutzkeller 417, 515
- »Marc«. Schauspiel von Oskar Maurus Fontana. Erstaufführung an der »Neuen Wiener Bühne« 171, 464
- The March Against Culture 418, 516
- Maria Stuart [Drehbuch] 243, 258, 519
- Das Marine-Archiv 294, 490
- Der martialische Piccolo 417, 515
- Material! Material! 76, 441
- [Max Brod, Zauberreich der Liebe] 236, 478
- Mein Debüt als Schauspieler. Wie ich mir meine Kritiken vorstelle 225, 352, 475, 504
- Mein »Hamlet«-Vortrag 397f., 511
- Mein heutiger Vortrag 23, 48, 221, 429, 435, 474
- »Mein Vater hat recht gehabt«. Das Guitry-Stück in den Kammerspielen 168, 462
- Melange = Milch + Kaffee 41, 433
- Mendel, der Eingeweihte 298f., 491f.
- Die Metaphysik als Hausknecht oder Der bellende Rundfunk oder Von Demosthenes zu Knieriem [Stegreif-Rede, Teplitz-Schönau / Teplice-Šanov, Städtisches Kurhaus] 384
- Die Metaphysik als Hausknecht oder Von Demosthenes zu Knieriem [Stegreif-Rede, Prag, Städtische Bücherei] 383f.
- La métaphysique au service des domestiques / Die Metaphysik als Hausknecht [Stegreif-Rede, Paris, Deutscher Klub] 375, 383f., 520
- Der Minister spricht ... 60, 438
- Mit dem Stiefel ins Gesicht (152), 153, 459
- Moderner Folterprozeß 223, 475
- Die Mörder 122, 349, 453, 503
- Molnár und die Wiener Kritik. Nochmals: »Riviera« 167, 462
- [Munkepunkes Bowlenbuch] 235f., 478
- »Mrs. Cheneys Ende«. Elisabeth Bergner am Deutschen Volkstheater 169, 463
- Der Mut zum Pathos 76, 441
- Mutzenbacher kontra Ronacher. Eine neue Salten-Predigt 155, 460

- Nachklang zu meinem Goethe-Vortrag 359 f., 505
- Nachruf auf ein Lokal 287 f., 488
- Nachruf auf einen Professor 21, 428
- Nachtleben zu Hause 39, 433
- Nachträgliches zu Schnitzler. Uraufführung der »Komödie der Verführung« am Burgtheater 165, 462
- Nasen und Pelze 118, 452
- Nekrolog auf den Greisler 352, 504
- »Nervöse Leute«. Kritik eines Nervösen 11, 424
- Nestroy und der »Lumpaci« 316 f., 497 f.
- Neue Aussprüche 365, 506
- Die neue Generation [Stegreif-Rede, Prag, Mozarteum] 65
- »Das neue Gold« und die »Braven Leut'«. Erstaufführungen an der Neuen Wiener Bühne und am Stadttheater 172, 464
- Die neue Reinhardt-Sensation. »Artisten« mit Varieté und Moser 169, 463
- Der neue Schnitzler. Zur Uraufführung der »Komödie der Verführung« 165, 462
- Der neue Schönherr. Uraufführung im Burgtheater 164, 461
- Neue Wiener Bühne. »Alte Freunde«. 3 Einakter von Viktor Fleischer 172, 464
- Neues Wiener Stadttheater. »Stützen der Gesellschaft« 164, 461
- Nietzsche bei Reclam. Das »freigewordene« Denken – Praktische Vernunft für 40 Pfennige 24, 429
- Nietzsche, gestorben am 25. August 1900 23 f., 429
- Nietzsche und Hindenburg (152), 459
- Nietzsches Degenstock 24, 383 f., 429, 509

- Nietzsches Spazierstock oder das Pimperltheater der Rasse [Stegreif-Rede, Brünn/Brno, Typossaal] 384 f.
- Der Noble und die Feinen. Zu Hamsuns 70. Geburtstag am 4. August 13, 424
- Nochmals die »gesprochene Zeitung« 129, 455
- Noch mickriger... 361, 505
- Notizen [Nr. 258] 41, 433
- [Ödön Horváth, Der ewige Spießer] 34, 478
- Österreich 1924 [Stegreif-Rede, Wien, Musikverein] 156 f.
- Österreich und der Goldfüllfederkönig [Stegreif-Rede, Wien, Konzerthaus] 220, 278
- Österreicher gegen Österreich. Ein Brief an die Redaktion 222, 294 f., 474, 490
- Österreichischer Abend (mit Musik). Einleitende Worte [Radio-Auftritt] 299
- P. A. und die deutsche Gegenwart. Aus einem Rundfunkvortrag 243, 481
- Pallenberg über Hitler 387, 509 f.
- Pallenberg-Gastspiel. »Dardamelle, der Betrogene« (»Le cocu«) von Mazaud (deutsche Übersetzung von Alfred Polgar); »Mimensiege« von Courteline 168, 462
- Pallenberg plappert 297, 490
- Parlamentarischer Bilderbogen 60, 438
- Patriotismus auf Straßentafeln 62, 439
- Paul Kornfelds »Verführung«. Notizen zur heutigen Aufführung 197, 471
- Das Personal der Welt 124, 454
- Peter Altenberg. Aus seinem Leben [Radio-Auftritt] 251, 519

557

- *Ein Pferd, ein Pferd ...* [Stegreif-Rede, Wien, Musikverein] 54, 126
- *Pferde, Autoren und Heilige. Kleines Abenteuer hinter den Kulissen* 370, 506
- *Personally* 387, 509
- *Pimperlheroismus* 133f., 150, 351, 456, 459, 503f.
- *Physiognomik* 344-353, 519
- *Plagiat am gesprochenen Wort* 59f., 438
- *Pogrom* (62), 75f., 105, 122, 439, 441, 449, 453
- *Die Politik Wiens* 183, 467
- *Die Polizisten Gottes* 12, 424
- *Prag. Eine Vision der Wirklichkeit* 18
- *Preisausschreiben* 193f., 208f., 212, 473
- *»Prokurist Poldi«. Erstaufführung an der »Neuen Wiener Bühne«* 171, 463
- *[Propyläen-Weltgeschichte]* 235, 478
- *Prozeß Caro – Petschek* [Stegreif-Rede, Prag, Produktenbörse] 44, 220, 369
- *Proskriptionsliste* 73f., (415), 441, 514
- *Rabindranath usw. Bekenntnisse eines Nichtlesers* 14, 23, 425, 429
- *Ein Raucherdrama* 41, 433
- *Redner und Danebenredner. Impressionen aus dem Parlament* 60, 438
- *Reinhardts »Sommernachtstraum«. Lokalaugenschein* 170, 463
- *Der Renommist. Prinzipielles zu einem Literaturfall* 307f., 494
- *Der renovierte Strauß. »Eine Nacht in Venedig« im Theater a. d. Wien.* 147, 458
- *Une Révélation: M. Hitler est enfant de Bohême!* 408, 513
- *Revolution der Schüler* 13, 73, 424, 441
- *Richard Romanowskys Debüt. Am Modernen Theater* 170, 463
- *[Ringelnatz, Allerdings]* 236, 478
- *Ritualmord in Ungarn. Tragödie in fünf Akten von Arnold Zweig. Uraufführung an der »Neuen Wiener Bühne«* 108, 160, 450, 460
- *The Robber Symphony / Die Räubersymphonie* [Drehbuch] 394-397
- *Robert Hirschfeld. Ein Nachruf* 159, 460
- *Rund um Rothstock* 466
- *Der Rundreise-Befreier. Karl Kraus übersiedelt nach Berlin* 242, 275, 481, 487
- *Russisches romantisches Theater. Im Apollo-Theater* 350, 503
- *Sach-Lexikon* 257, 484
- *Sachlichkeit in der Erotik* [Stegreif-Rede, Berlin, Deutsches Künstlertheater] 52, 288f.
- *Sachlichkeit in der Erotik* [Stegreif-Rede, Prag, Urania] 52, 291
- *Sachlichkeit in der Erotik* [Stegreif-Rede, Wien, Theater in der Josefstadt] 49, 52, 289-291
- *Die Sachverständigen. Eine Glosse zum Berliner »Reigen«-Prozeß* 446
- *Sagt man »Schlieferl«? Eine gelehrte Untersuchung* 154, 459
- *Salzburger Festspiele / 100 Mark. Ein Anfang mit Hindernissen* 324, 499
- *Salzburger Kehraus* 324, 499
- *Die sanierte Jungfernschaft. Eine Fastenpredigt am Weihnachtstag* 154f., 460
- *Sardou in der Josefstadt. »Die guten Freunde«* 168, 462, 477
- *Schachtelsätze* 387, 509
- *Der Schammes von Pardubitz* 12, 424

- *»Der Schatz«. Komödie in 4 Akten von D. Pinski*. Aufführung im Komödienhaus 108, 450
- *Schauspieler vor Gericht. Zum Wiener Theater-Prozeß* 161, 461
- *Die schlechte Akustik* 63, 439
- *Ein schlechtes Thema* 388, 418, 510, 516
- *Schmelz, der Nibelunge* 309, 495
- *Der Schmutzian* 62f., 439
- *Schnitzlerputsch in Teplitz* 93, 129f., 445, 455
- *Die Schnitzler-Welt. »Freiwild« von Arthur Schnitzler. Aufführung am »Stadttheater«* 165, 461f.
- *Schnitzlers »Reigen«* 165, 173, 446, 462, 464
- *Der Schnorrer als Krösus. Der Lebensroman des Wiener Finanziers Bosel* 334, 500
- *Der Schöffe ist unbestechlich* 298f., 492
- *Schopenhauer im Wurstelprater* 297, 491
- *Der Schriftsteller filmt. Oder: Das Schicksal des »interessanten Gesichts«* 256, 484
- *Schützet Franz Joseph!* [Stegreif-Rede, Wien, Konzerthaus] 371f.
- *Schuld der Entente? Zu Rathenaus Ermordung* 119, 452
- *Die Schule des Ethos* 197, 231, 321f., 471, 476, 498
- *Schutz vor der Wiener Polizei!* 152, 459
- *Schwanneke oder Die Pleite des Geistes* [Stegreif-Rede, Berlin, Deutsches Künstlertheater] 45, 50, 285f., 519
- *»Sechs Personen suchen einen Autor«. Überraschungen im Raimund-Theater* 166, 462
- *Sein Aphorismenschatz* 344, 502
- *Semper der Sumper* (517)
- *Sensations-Prozeß / Madame Steinheil* [Drehbuch] 262, 264
- *Sexualrevolution* [Stegreif-Rede, Teplitz-Schönau / Teplice-Šanov, Kaiserbad-Veranda] 93f.
- *Die sexuelle Revolution* [Stegreif-Rede, Berlin, Sezession] 94-96, 518
- *»Die sexuelle Revolution«. Vortrag, gehalten von mir am Freitag im Saal der »Sezession«* 436, 446
- *Shakespeare und Dada* [Stegreif-Rede, Berlin, Graphisches Kabinett] 98f.
- *[Shakespeare und Dada]* 98, 446
- *Shakespeare und die englische Thronkrise* [Stegreif-Rede, Prag, Städtische Bücherei] 398
- *Sie haben ihn erschlagen …* 118, 452
- *Sie spielen »Staat«* 442
- *Sie tragen Schnurrbart. Das neue Gent-Gesicht* 147, 235, 458, 477
- *Der Sieg über Sachsen* (152), 152, 459
- *Sind Sie »fotogénique« und wie kommen Sie tonlich?* 257, 484
- *Sipo, Schupo, Apo und Po-grom. Zu den Berliner Unruhen* (152), 152f., 459
- *Sittlichkeit und Kriminalität oder Privatdetektivinstitut »Ethos«* 215f., 474
- *Skandal in Wien* [Stegreif-Rede, Wien, Konzerthaus] 229, 476
- *Der Snob von Berlin* 279f., 487
- *Der Snob von Berlin* [Stegreif-Rede, Berlin, Die Komödie] 278-280
- *Der Sohn der Wäscherin* 257, 484
- *Die solide Silvesternacht* 39, 433
- *Der Sommer-Lebemann* 34, 432
- *Die Sommerzeit und wir. Klageruf eines Neurasthenischen* 40, 433

- Sonderbare Wißbegier weiblicher Geschworner 12, 424
- Stadttheater. Eröffnungsvorstellung: »Die Weber« 161, 461
- »Stegreif-Reden« 52, 436f.
- »Stella« in Salzburg 324, 499
- Die Stimmen der Presse 352, 504
- Strange Coincidence 415, 515
- Der Strauß-Walzer als Gesinnung 154, 458f.
- Strindberg und Elisabeth Bergner. »Debet und Kredit« – »Fräulein Julie« 169f., 453, 463
- Der Student von Wien 99, 446
- Submarine 235, 255, 477, 483
- Das süße Mädel in seiner »Jugendzeit« 235, 478
- Ein Sujet – ein Sujet! Einem Filmdramaturgen nacherzählt 256, 484
- Surestimé? ... 381, 508
- Der Tag des Rundfunks 245f., 481
- Die Taktvollen 68, 440
- Theaterfest in Wien. Ein Premierenbericht 178f., 465
- »Theaterkrisen«. Prinzipielles zu einem Spezialfall 174, 464
- These Are the Refugees 415, 515
- Die Tragik des Judentums [Stegreif-Rede, Prag, Urania] 46, 92f., 104
- Die Tragik des Judentums [Stegreif-Rede, Teplitz-Schönau / Teplice-Šanov, Kaiserbad-Veranda] 94, 104
- Die Tragik des Judentums [Stegreif-Rede, Berlin, Graphisches Kabinett] 96, 104
- Traktat über das Mauscheln oder Herrn Faktors empfindliche Ohren 11, 423
- Der Traum eines österreichischen Reservisten 297, 491
- Der Trick. Ein Nachwort zum Fall Bronnen 13, 308f., 425, 495
- Tristan von Nr. 264 und Isolde aus der Hauszentrale 350, 503
- Über das Reden 46, 52, 56, 282, 377, 435ff., 487, 507
- Über Demonstrationen 71, 441
- Über die Grenzen des Erlaubten oder Külz und Kunst [Stegreif-Rede, Berlin, Renaissance-Theater] 241f., 288
- Über Meyrinks »Golem« [Stegreif-Rede, Prag, Klub deutscher Künstlerinnen] 42, 517
- Über Sexualrevolution [Stegreif-Rede, Prag, Urania] 91f.
- »Der« »Überfall« »auf« »Herrn« »Kuh« 113f., 451
- Der überholte Wedekind [Radio-Auftritt] 251, 374
- Der übernationale Dirigent 401f., 512
- »Der Unbestechliche«. Ein Lustspiel von Hofmannsthal mit Pallenberg in der Hauptrolle (Raimund-Theater) 352, 504
- »Und Pippa tanzt!«. Vorbemerkung zur morgigen Aufführung 164, 461
- Der Unnobel-Preis 351, 388, 503, 510
- Das unsterbliche Lesebuch. Zum republikanischen Schulbeginn 80, 443
- Der unsterbliche Österreicher 293-305, 490, 519f.
- [»Der unsterbliche Österreicher« – Vorrede] 80, 222, 295, 305, 443, 475, 490, 494
- Unterschreiben! 417, 515
- Der unterstandslose Diogenes 12, 424
- Der unverstandene Wedekind [Stegreif-Rede, Prag, Urania] 49, 126f.
- Verfemt! – – durchs Lokal ... Ein Vortrag und seine Folgen 286, 488

- Vergeistigte Liebe [Stegreif-Rede, Prag, Mozarteum] 50, 120f.
- »Verjährtes Lob« 206, 472
- Die vier Worte des Demokraten 77, 275, 442, 487
- Volksbühne. »Bosporus«, Schauspiel in drei Akten von Melchior Lengyel und Emmerich Farkas 173, 464
- Volksbühne. Gastspiel Werbezirk 170, 463
- Der Volksprinz 94, 446
- Von Goethe abwärts 14, 136-140, 346, 518
- Von Pöchlarn bis Braunau 386, 509
- Von Salzburg bis Leningrad 276, 487
- Vor dem Bettauerprozeß. Ein Komplott ohne Gehilfen? 281, 466
- Vor dem Regal (39), 433
- Vorschlag zum Goethe-Jahr 358, 505
- Der Vorstadt-Hypochonder 297, 491
- Wabruschek oder Das Genie und der Profoß 372, 507
- [Walther Rode: Justiz] 236, 478
- [Walther Rode, Knöpfe und Vögel] 236, 478
- »Waren Sie schon in einer geschlossenen Anstalt?« Was sich ein Bezirksrichterl heute erlauben darf! 175, 465
- Warum geht's in Berlin? Nach Informationen durch Bürgermeister Reicke 223, 475
- Warum haben wir kein Geld? [Stegreif-Rede, Prag, Urania] 52, 340-343
- Warum haben wir kein Geld? [Stegreif-Rede, Wien, Theater in der Josefstadt] 47, 52f., 328, 340-343
- »Warum haben wir kein Geld?«
  - Von Kant bis Kreuger [Stegreif-Rede, Frankfurt am Main, Neues Theater] 343, 362
- Warum haben wir kein Geld? (Von Kant bis Patzenhofer) [Stegreif-Rede, Berlin, Kurfürstendamm-Theater] 48, 52, 54, 340-343, 379
- Warum haben wir kein Geld? Von Kant bis Patzenhofer [Stegreif-Rede, Hamburg, Kammerspiele im Lustspielhaus] 52, 340-343
- Warum haben wir kein Geld? (Von Kant bis zur Pleite) [Stegreif-Rede, Mährisch-Ostrau / Moravská Ostrava, Deutsches Theater] 52, 340-343
- Was die Woche mir zuträgt. Tagebuch eines Angeschlossenen 271, 486
- Was ich in Deutschland nicht mehr sehen möchte 14, 425
- Was ich nicht sah 139, 163f., 457, 461
- Was ich sagte und was noch zu sagen ist. Eine Kadivec-Bilanz 156f., 460
- Was ist pensch? 292, 489
- Was ist unsittliche Kunst? [Stegreif-Rede, Wien, Konzerthaus] 177f., 182
- Was man nicht erfährt 64, 439
- [Was muss der Demokrat vom Fascismus wissen?] 399f., 511
- Was muß der Demokrat vom Fascismus wissen? oder Wie überlebe ich das Jahr 1937 [Stegreif-Rede, Prag, Städtische Bücherei] 398-400
- Was reden sie miteinander? 417, 515
- Was würde Goethe dazu sagen? [Stegreif-Rede, Aussig / Ústí nad Labem, Stadtbücherei] 48, 368

- *Was würde Goethe dazu sagen?* [Stegreif-Rede, Prag, Urania] 360-362
- *Wedekind* 163, 461
- *Wedekind, der Revolutionär* [Stegreif-Rede, Wien, Österreichischer Ingenieur- und Architektenverein] 77f., 518
- *Wedekind und die Wiener Kritik* 424
- *Wedekind. Zu des Dichters 50. Geburtstag* 35, 432, 453
- *Das weiße Lämmchen. Mit Pallenberg; gestern im Raimundtheater* 164, 461
- *Weltfeiertag* 35, 432
- *Die Weltpest oder Die Diktatur der Postbeamten* [Stegreif-Rede, Brünn/Brno, Dopž-Saal] 53, 379
- *Die Weltpest oder Die Diktatur der Postbeamten. Von Asch über Wien nach Berlin und zurück* [Stegreif-Rede, Prag, Städtische Bücherei] 53, 379
- *Wie Adalbert Sternberg aus Wien abreiste* 15, 184, 425, 467
- *Wie entsteht eine Anekdote?* 338f., 500f.
- *Wie ich es rede. Bekenntnisse eines Improvisators* 46, 55ff., 435, 437f.
- *Wie ich Leibarzt Maria Stuarts war* 256f., 260, 484f.
- *Wie ich tonfilmte. Eindrücke eines Amateurs* 252, 257f., 483f.
- *Wie ich wurde. Fingerzeige für meine Biographen* 22, 428
- *Wie man die richtige Kriegsprognose stellt* [Stegreif-Rede, New York, Clubhaus des German-Jewish Club] 415, 520
- *Wie spielt man Theater? Probenerfahrungen eines Dilettanten* 225, 475
- *Wie spreche ich Stegreif? Bekenntnisse und Winke eines Improvisators* 56f., 437f.
- *Wie zwitschern die Jungen? Eine Rundfrage und eine Idylle* 12, 424
- *Wien* 298, 406, 491, 512
- *Wien. Wie die Stadt war und wie sie ist* 223
- *Wien – Prag oder: Die Diktatur der Bureaukratie* [Stegreif-Rede, Prag, Urania] 53, 182f.
- *Wien – Prag – Berlin. Heiterer Abend* [Stegreif-Rede, Prag, Urania] 280f.
- *Wien am Gebirge* 153f., 459
- *Wiener Bilder und Rubriken* 35, 432
- *Wiener Brief. Der Festzugsrummel* 34, 432
- *Der Wiener in Berlin und der Berliner aus Wien. Was ich nach einem Vortrag erlebte* 241f., 480
- *Wiener Hochsommer* 34, 349, 432, 503
- *Wiener Literatur-Café* 336, 500
- *Wiener Mittagsständchen* 34, 432
- *Wiener Neustadt* 276, 487
- *Wiener Theaterbrief. Von Nachzüglern und Gastspielen* (517)
- *Der Windjackenbub* 151f., 459
- *Die Winterhilfe* 387, 510
- *Das Wirtshausproblem* 40, 433
- *Wo kommen die Gesichter her?* 417, 515
- *Das Wort »heiraten« auf der Bühne* 351, 503
- *Wunder in Chamonix* 396f., 511
- *Zehn Bibiana-Gebote* 26f., 430
- *Zu lustig, um wahr zu sein? oder Shaw und der andere* 46, 367, 435, 506
- *Zum Steglitzer Schülerprozeß* 223, 475
- *Zurück zum Staberl!* 82f., 443
- *Zwei Sommernachtsträume. Eine Theaterbetrachtung mit einer politischen Folgerung* 179, 465f.

- *Zwei Verbote* 62, *439*
- *Zweierlei Morgen* 12, *424*
- *Ein zweiter Napoleon?* 351, *503*
- *»Zwischen Wien und Berlin«. Entdeckungen eines Zugereisten* 35, *432*
- *Zwischen zwei Julitagen. Die Bedeutung der Wiener Ereignisse* 129, *390, 455, 510*

Kuh, Auguste 17ff., (32), *426f.*, 517
Kuh, David *17*, 22, 42
Kuh, Emil 17f., 22, 34, 42, 131, *428*, 517
Kuh, Georg 17, 19, *426f.*
Kuh, Johann (»Hans«) 17, 418
Kuh, Margarethe (»Grete«) [verehel. Oehring] 17ff., 32f., 418, *426, 432*
Kuh, Marianne (»Mizzi«) 17ff., 32f., *426f.*
Kuh, Oscar/Oskar 34, 184
Kuh, Sophie (nachmals Templer Kuh) 19
Kuh-Tausig, Thea [geb. Sahavi] 410, 413, 418, *516*, 520
Kulka, Georg 88-91, 116, *445*
- *Der Götze des Lachens* *445*
- *Der Gott des Lachens* 89
Kunschak, Leopold 77
Kurmann, Paul 124, *454*
- *»Die Erotik des Bürgers«. Ein Vortrag von Anton Kuh* 124, *454*
Kutzleb, Leopold 258, 266

La Bruyère, Jean de 236
Lafite, Carl 70
- *Der Kongreß tanzt* 70
Lalsky, Gertrud de 265
Lamberts-/Lambertz-Paulsen, Harry 322, *499*
Lampel, Peter Martin 282
- *Revolte im Erziehungshaus* 282f.
Lampl, Fritz 31
Landesmann (»Kaufmann«) 149
Lang, Fritz 282
- *Metropolis* 282
Lania, Leo 372, *413*

Lasker, Emanuel 124
Lassalle, Ferdinand 190
- *Die Feste, die Presse und der Frankfurter Abgeordnetentag. Drei Symptome des öffentlichen Geistes* 190
Laszlo, Leo 268
Laughton, Charles 257, 392
Lauret, René 285, *488*
- *La vie à Berlin* 285, *488*
Laurin, Arne 28, *426ff.*
Lavater, Johann Caspar 347ff., *502*
- *Physiognomische Fragmente, zur Beförderung der Menschenkenntniß und Menschenliebe* 348, *502*
- *Von der Physiognomik* 347, *502*
Lazar, Eugen 28
Lederer, Arthur 400, *511*
- *Der Redner Anton Kuh* 400, *511*
Lehár, Franz 165, 268f., *283*
- *Friederike* 283
- *Das Land des Lächelns* 268f.
Lehner, Ulrike *426f., 430, 432, 472, 516, 521*
- *Die Kontroverse Anton Kuh – Karl Kraus. Ein Beitrag zur österreichischen Satire der Zwischenkriegszeit* *472*
Lengyel, Melchior *464*
- *Bosporus* 173, *464*
Lenin [d. i. Wladimir Iljitsch Uljanow] 272
Lenz, Jakob Michael Reinhold 307
Léon, Viktor/Victor 268
- *Das Land des Lächelns* 268f.
Leonhard, Rudolf 100, *447*
- *Die Pflicht zum Hochstapler* 100f., *447*
Leopoldi, Hermann 207
Leppin, Paul 33
Lernet-Holenia, Alexander 300, *492*
- *Österreichische Komödie* 300, *492*
Lessing, Gotthold Ephraim 126, 135, 137
- *Laokoon: oder über die Grenzen der Malerei und Poesie* 9, *423*

Lessing, Theodor 104, 123, 308, 378f., 382
- *Der Maupassant der Kriminalistik* 123, 454
- *Jüdischer Selbsthaß* 448
- *Was soll mit den Juden geschehen?* [Vortrag, Prag, Städtische Bibliothek] 378
Levy, Oskar 411, 513
Lichtenberg, Georg Christoph 344
Lichtwitz (»Kaufmann«) 149
Liebenau, Manfred 257
Liebknecht, Karl
Liebstoeckl/Liebstöckl, Hans 110, 122, 187, 226f., 352, 455, 476, 535, 553
- *Shaw-Première in der Josefstadt. »Fannys erstes Stück«* 227, 476
- *Theater* 122f., 453
Liechtenstein, Aloys Prinz von und zu 94
Liegler, Leopold [Ps. Ulrich Brendel] 113, 319f., 498
- *Johann Nestroy: Ausgewählte Werke* 319, 498
Lifczis, Anna 425
Lifczis, Hugo 425
Liliencron, Detlev von 193
Lindbergh, Charles 416
Lindblad(-Kuh), Mina 291
Lipschütz, C. 429
Löbel/Löbel-Franzensbad, Josef 236, 335, 500
- *Eine Romanfigur schreibt an ihren Autor* 335, 500
- *Von der Ehe bis zur Liebe* 236
Löhner / Löhner-Beda, Fritz 268
- *Das Land des Lächelns* 268f.
Loerke, Oskar 249
Loewenstein/Löwenstein, Eugen 33
Löwenstein-Wertheim-Freudenberg, Hubertus Prinz zu 410
Lombroso, Cesare 348
London, Jack 313

Lorant, Stefan 328f., 535
- *Ich war Hitlers Gefangener* 535
- *SIEG HEIL!* 535
Lorre, Peter 355
Lothar, Rudolf/Rudolph 251, 483
- *Rundfunk der Woche* 251, 483
Lovric, Nicolaus 262
Lowinsky, Erich [Ps. Elow] 284f., 488
- *Von der Jägerstraße zum Kurfürstendamm* 284f., 488
Lubitsch, Ernst 412
Ludendorff, Erich 124, 143, 150, 153
Lueger, Karl 35, 303
Lüttwitz, Walther Frh. von 96, 98
Luther, Martin 62, 381

Machiavelli, Niccolò 236
Mackeben, Theo 313
Mahler, Anna 405
Mahler, Gustav 178
Mahler-Werfel, Alma 31, 405, 414, 419, 512, 516
- *Mein Leben* 405, 512
Mailler, Hermann [Ps. Relliam] (177), 465
- *Kuh* 177, 465
Mandel, Georges 417
Manischewitz, Jacob 412
Mann, Erika 413
Mann, Golo 413
Mann, Heinrich 142, 218, 234, 370, 413, 414
Mann, Klaus 393, 413, 510
Mann, Thomas 218, 280, 285, 311, 408, 413, 495, 513
- *Deutsche Ansprache* 311
- *Joseph und seine Brüder* 285
- *Tagebücher 1937–1939* 408, 513
Maran, Gustav 170
Marberg, Elsa Hedwig (»Lili«) 243
Marc Anton/Antonius 345
Marconi, Guglielmo 255
Marcu, Valeriu 299, 492
- *Tränen um das vergangene Österreich* (299), 492

Marcu, Xavier 380
Marcus, Paul [Ps. Pem] 375, 392, 510
- *Der letzte Schnorrer* 392, 510
Marcuse, Ludwig 457
- *Revolutionär und Patriot. Das Leben Ludwig Börnes* 457
Maria Stuart 260f.
Marlowe, Christopher 298
Marshall, Al 394
Martin, Karl Heinz/Karlheinz 314, 324
Marwedel, Rainer 454, 508
- *Theodor Lessing, 1872–1933. Eine Biographie* 508
Masaryk, Tomáš Garrigue 29
Massary, Fritzi 325, 339
Maupassant, Guy de 165
Maurer, Hans 490
- *Anton Kuh: Der unsterbliche Österreicher* 296, 490
Maurois, André 398
Mauthner, Fritz 123
Mautner, Franz H. 320
- *Nestroy* 320, 498
Maximilian I. 295
May, Karl 255
Mazaud, Émile 168, 462
- *Le cocu / Dardamelle, der Betrogene* 168, 462
McWilliams, Joseph E. (»Joe«) 416
Medina, Paul 427
Meier-Graefe, Julius 451
- *Im alten Österreich-Ungarn* 117, 451
Meisel, Siegmund 110, 449f.
- *Juden und Deutsche* 110, 449f.
Meißner, Jill 514, 521
Meivers, Ernst 266
Menjou, Adolphe 30
Menzel, Wolfgang 142
Merck, Johann Heinrich 347f., 502
Metzner, Ernö 266, 394
Metzner, Franz 93, 445
- *Denkmal Josefs II. in Teplitz-Schönau / Teplice-Šanov* 93, 445

Meyer, Alfred Richard [Ps. Munkepunke]
- *Des Herrn Munkepunke Cocktail- und Bowlenbuch* 235f.
Meyrink, Gustav 42
- *Der Golem* 42
Millenkovich, Max von [Ps. Max Morold] 63f.
Mitterwurzer, Friedrich 126
Moissi, Alexander 84, 169, 325
Moissi-Terwin, Johanna → Terwin-Moissi, Johanna
Molière [d. i. Jean-Baptiste Poquelin] 168
Molnár, Franz/Ferenc 166f., 173, 224, 412
- *Der Gardeoffizier* 167
- *Liliom* 167
- *Riviera* 167
Molo, Walter von 370
Moltke, Kuno Graf 236, 340
Mondschein, Fritz [nachmals Frederick Mont] 13
Montaigne, Michel de 236
Mopp → Oppenheimer, Max
Mordo, Renato 163
Moreno, Jakob/Jacob Levy 29
Morewski, Abraham/Avrom 134
- *Schauspielkunst und jüdisches Theater* 134
Morgan, John Pierpont (»J. P.«), Jr. 325
Morgan, Paul 325, 336, 490, 500
- *Zeitgenossen* 336, 500
Morgenstern, Christian 164
Morold, Max → Millenkovich, Max von
Moser, Hans 169, 226, 297
Mosheim, Grete 224
Mozart, Wolfgang Amadé 381
Müller / Müller-Einigen, Hans 74, 137
- *Könige* 164
Müller, Hedwig 502
Müller, Heinrich 489
- *Ochs* 291, 489

Müller, Jörgen/Jørgen Peter 289
Müller, Josef *36*
Müller, Lothar *434*
– *Der ewige Sohn. Anton Kuhs Attacke auf Karl Kraus 434*
Müller, Robert 29, 107, 116, 137, 303, *434, 450, 493*
– *Deutsche und Juden* 107, *434, 450*
– *Der letzte Österreicher* 303, *493*
Münz, Ludwig 31
Munkepunke → Meyer, Alfred Richard
Musil, Robert [5], 31, 78, 108, 179, *423, 465f.*
– *Der Mann ohne Eigenschaften* [5], *423*
– *Die Schwärmer* 108
– *Das Theater in den Festwochen. Gute Hoffnung und unerlaubter Eingriff* (179), *465*
Mussolini, Benito 174, 417

Napoleon / Napoleon I. Bonaparte 144, 417
Natonek, Hans 400, *511*
– *Wochenrevue* 400, *511*
Neher, Carola
Nero [d. i. Nero Claudius Drusus Germanicus Caesar] 397
Nestriepke, Siegfried 314
Nestroy, Johann 169, 297, 313-321, 322, 398, *471, 497f.*
– *Der böse Geist Lumpacivagabundus* 315 ff., 321, 322
– *Die Familien Zwirn, Knieriem und Leim oder Der Weltuntergangstag* 316
– *Häuptling Abendwind oder Das greuliche Festmahl* 319, *498*
– *Der Zerrissene 471*
Neumann, Robert 299, *492, 532*
– *Der unsterbliche Österreicher. Von Anton Kuh* (299), *492*
Nicolai, Georg Friedrich 148f.
– *Aufruf an die Europäer* 148

– *Deutsche Kultur* 148
– *Die Biologie des Krieges* 148
Niekisch, Ernst 308
Nielsen, Asta 370
Niese, Johanna (»Hansi«) 174
Nietzsche, Friedrich 22ff., 55, 128, 137, 143, 204, 214, 217f., 379ff., 383ff., *449, 509*
– *Also sprach Zarathustra* 204, 217f.
– *Unzeitgemässe Betrachtungen* 23
– *Vom Nutzen und Nachtheil der Historie für das Leben* 23
Nikolaus, Paul 323
Nissen, Walther *489*
– *Sachlichkeit und Erotik. Anton Kuh über die Beziehungen zwischen den Menschen* 288f., *489*
Norden, Ida von 173
Northcliffe, Alfred Charles William *495*
Novalis [d. i. Georg Philipp Wilhelm von Hardenberg] 281
Nowak, Heinrich 123
Nowosad, Rudolf 151
Nürnberg, Rolf/Rolferl 220, 318ff., *498*
– *Ein Autor kränkt sich* 321, *498*
– *Johann Nestroy und Anton Kuh. Lumpacivagabundus. In der Volksbühne* 320, *498*

Oehring, Margarete → Kuh, Margarethe
Offenbach, Jacques 322, 396
– *La Périchole* 322
– *Les Brigands* (396)
Olden, Rudolf [Ps. Adriaen] 58, 78, 286, 372, *438, 488*
– *Kuhrtoisie* 58, 286f., *438, 488*
Olimsky, Fritz (258), *484, 486*
– *Das Land des Lächelns* 269, *486*
– *Maria Stuart* 258, *484*
O'Nil, Suzette 243
Oppenheimer, Max [Ps. Mopp] 418f.

Ossietzky, Carl von 362 ff., 367 f., 388, 505, 519
- *Der Prozeß der Offiziere* 364, 505
Otten, Karl 31

Pabst, G. W. 269 f., 394
Paeschke, Georg 263
Pallenberg, Max 47, 283 f., 297, 325, 339-342, 370, 387, 435
Pammesberger, Franz 427
Pannwitz, Rudolf 139
Panter, Peter → Tucholsky, Kurt
Papen, Franz von 387
Paquet, Alfons 234
Pater, Walter 13
Paudler, Maria 325
Pavanelli, Livio 265
Pernerstorfer, Engelbert 61, 272, 296
Pernter, Hans 405 f.
Perutz, Leo 13, 28, 30 f., 33, 78, 123 f., 337, 392, 425, 431, 500, 516
- *Geschichten aus dem Café Herrenhof* 337, 500
- *Der schwedische Reiter* 392
Petschek, Ernst 357
Petschek, Ignaz 44, 220, 367
Pick, Otto 28, 33, 299, 435, 492, 502
- *Anton Kuh: Der unsterbliche Österreicher* (299), 492
- *Aussprüche von Anton Kuh* 346, 502
- *Der unverstandene Wedekind. Vortrag Anton Kuh im Urania-Saal* 49, 435
Piper, Reinhard 344
Pirandello, Luigi 166
- *Sechs Personen suchen einen Autor* 166
Piscator, Erwin 280, 283, 414
Piszk, Karl Oskar 466
Pleß, Hermann 427
Pointner, Anton 261 f., 325
Pol, Heinz 284
- *Die Namenlosen. Bajazzi des Podiums* 284

Polak, Ernst 28, 31 f., 116, 430
Polak, Milena [geb. Jensenská] 28, 31
Polgar, Alfred 28, 30, 74 f., 78, 123, 137, 226 f., 337 f., 352, 373, 377, 392, 434, 441, 462, 500, 506
- *Schicksal in drei Worten* 371, 506
- *Zeitschrift in Wien* 75, 441
Porten, Henny 166
Prels, Max 30, 451 f.
- *Der Watschenmann* 117, 451 f.
Prinz Eugen → Eugen Franz, Prinz von Savoyen-Carignan
Püchler [Vizebürgermeister von Wiener Neustadt] 82
Puschkin, Alexander Sergejewitsch 256
Pythagoras von Samos 400

Rabenalt, Arthur Maria 313, 315
Raimund, Ferdinand 58, 70, 169, 297, 313
Rainer, Louis/Luis 226 f.
Rainer, Luise 414
Rath, Ernst vom 417
Rathenau, Walther 118, 239, 305 f.
Regnier, Anatol 481, 521
Reichmann, Max 258, 268
- *Die große Attraktion* 268, 270
- *Ich glaub' nie mehr an eine Frau* 266, 268
- *Das Land des Lächelns* 268
- *Wie werde ich reich und glücklich?* 252, 257, 329
Reimer, Rolf 383, 509
- *Die Kuh und »der Kuh«* 382 f., 509
Reinhardt, Gottfried 244, 411, 413, 481, 513
- *Der Apfel fiel vom Stamm. Anekdoten und andere Wahrheiten aus meinem Leben* 244, 411 f., 481, 514
- *Der Liebhaber. Erinnerungen seines Sohnes Gottfried Reinhardt an Max Reinhardt* 412, 513

Reinhardt, Max [5], 169f., 179, 226, 276, 324, 343, 373, 381, 412, *423*, 488, *504*
- *Leben für das Theater. Briefe, Reden, Aufsätze, Interviews, Gespräche, Auszüge aus Regiebüchern* [5], *423*

Reisch, Walter 268, 412
Reiß, Erich 104, 518
Reitler (»Herr«) 427
Reitter, Paul *448*
- *Interwar Expressionism, Zionist Self-Help Writing, and the Other History of ›Jewish Self-Hatred‹ 448*
- *On the Origins of Jewish Self-Hatred 448*

Reitzes von Marienwerth, Hans 191
Reitzes von Marienwerth, Gabriele (191)
Remarque, Erich Maria 13, *282*
- *Im Westen nichts Neues 282*

Renner, Karl 69, 82, 418
Reutter, Otto 267
Reventlow, Ernst Graf zu 61f., 81
Richard, Frieda 325
Rickelt, Gustav 263
Riehl, Walter 149, *466*
Rignault, Alexandre 395
Ringelnatz, Joachim 236, *499*
- *Allerdings 236*

Rismondo, Piero 47, 359, *505*
- *Anton Kuh und die »Freigelassenen«. Zu seinem gestrigen Vortrag im Konzerthaus 372, 507*
- *Goethe, gesehen von Anton Kuh. Zu seinem gestrigen Vortrag im Theater in der Josefstadt 47, 359, 435, 505*

Rittner, Thaddäus 171
- *Garten der Jugend 171*

Robert, Eugen 220
Roberts, Ralph Arthur 175
Robespierre, Maximilien de 347

Robitschek, Kurt 292f., 323, *489f.*, *499*
- *Anton Kuh: Der unsterbliche Österreicher* (293), *490*
- *Geschriebene Conférencen* 292f., *489*
- *Kleine Wichtigkeiten* 292, *489*

Roda Roda, Alexander 370
Rode, Walther 30, 78, 236, 304, 390f., *434*, *494*, *510*
- *O. T. [Stellungnahme zu: Für und gegen den Anschluß an Deutschland! Enquete der »Wiener Allgemeinen Zeitung«]* 305, *494*
- *Josef Melnik 434*
- *Justiz* 236
- *Knöpfe und Vögel. Lesebuch für Angeklagte* 236
- *Das österreichische Antlitz* 390, *510*

Röhm, Ernst 381
Roeld, Otto [geb. Otto Rosenfeld] 33
Rohan-Chabot, Guy-Auguste de 376
Roland, Ida 84
Romains, Jules *413*
Romanowsky, Richard 170
Romberg, Hermann 226
Rommel, Otto 319
- *Johann Nestroy: Sämtliche Werke* 319

Rosay, Françoise 395
Rosen, Lia 33
Rosenberg, Alfred 310
Rosenfeld, Otto → Roeld, Otto
Roßbach, Gerhard 152f., 311, *496*
Rossi, Hedwig 179
- *Sieben Jahre und ein Tag 179*

Roßkopf, Veit *495*
Roth, Joseph 30, 78, 98, 335, 377, 392, 407, 446f., *512*
- *Der Herr Hauptmann unter Literaten. Eine Prügelszene im Café Größenwahn* 99, *447*
- *Radetzkymarsch* 335

- *Shakespeare und Dada* 98 f., 446
- *Toten-Messe* 407, 512
Rothschild(s) (unspezifisch, als Inbegriff von »Krösus«) 51, 189
Rothschild, Louis Nathaniel Frh. von / Louis de (›Präsident‹) 339 f.
Rothschild, Maurice de 325
Rothschild, Mayer Amschel 342
Rothstock, Otto 179-182, 191, 466
Rousseau, Jean-Jacques 347, 376
Rowohlt, Ernst 306, 310
Rundt, Arthur 443
- *Der Mythus »Wien«* (79), 443
Russell, Bertrand 108
- *Grundlagen für eine soziale Umgestaltung* 108
Rychner, Max 138, 457
- *Satire und Polemik* 138, 457

Sachs, Hans 126
Sachs, Jules 275
Sachse, Peter 370, 499
Sack, Gustav 449
- *Werke* (107), 449
Salomon, Ernst von 305 f., 308, 310, 494 f.
- *Der Fragebogen* 310, 495
- *Die Geächteten* 305, 494
Salten, Felix 74, 154 f., 226 f., 236, 352, 435, 460, 476
- *»Fannys erstes Stück«. Theater in der Josefstadt* (227), 476
- *Josefine Mutzenbacher* 154 f.
- *Die Mädchen* 154 f., 460
- *Theater in der Josefstadt* 49, 435
- *Wien, gib acht!* 155, 460
Samek, Oskar 209-215, 221, 228, 275, 356, 473 f.
Sander, August 349
- *Antlitz der Zeit. Sechzig Aufnahmen deutscher Menschen des 20. Jahrhunderts* 349

Sanson, Charles Henri 344
Saphir, Gottlieb Moritz 137, 497
- *Ausflüge in die Vorstadttheater. 1. Josephstädter »Todtentanz«* 317, 497
- *Ein Wort an das bessere Theaterpublikum* 317, 497
- *Didaskalien. Vaudeville. – Posse. – Bäuerle. – Nestroy: dessen neues Stück: »Nur Ruhe!«* 317, 497
Sapper, Theodor 425 ff.
Sardou, Victorien 168, 232, 266
- *Die guten Freunde* 168, 232
Saßmann, Han(n)s 164
- *Das weiße Lämmchen* 164
Sauckel, Bernhard 388
Sauckel, Dieter Heinz 388
Sauckel, Elisabeth 388
Sauckel, Erich Adolf 388
Sauckel, Friedrich 388
Sauckel, Fritz 388
Sauckel, Gudrun 388
Sauckel, Jörg 388
Sauckel, Rüdiger 388
Sauckel, Siegfried 388
Sauckel, Waltraut 388
Sauter, Ferdinand 298
Schacht, Roland (259), 484
- *Der letzte Film des Jahres. »Maria Stuart« im Tauentzien-Palast* 259, 484
Schaeffers/Schäffers, Willi 293, 322 f., 499
- *Erinnerungen eines Conférenciers* 293
Schaukal, Richard, 74
Scheff, Werner 268
Scheidl, Theodor 325
Scheller, Hildegard (»Hilde«) 223 f.
Scheu, Friedrich 512
- *Der Weg ins Ungewisse. Österreichs Schicksalskurve 1929–1938* 512

Schick, Paul (205), 232, *472, 476*
- *Karl Kraus in Selbstzeugnissen und Bilddokumenten* 205, 231 f., *472, 476*
Schidrowitz, Leo 163
Schiel, Adolf *433*
Schiele, Egon 178
Schildkraut, Josef 173
Schiller, Friedrich von 93, 131, 190, 259, 261, 321
- *Die Kraniche des Ibykus* 190
Schirach, Baldur von 418
Schlageter, Albert Leo 153
Schmidt, Klärchen 270
Schmitz, Oskar A. H. 302 ff., *493*
- *Der österreichische Mensch. Zum Anschauungsunterricht für Europäer, insbesondere für Reichsdeutsche* 302, 304, *493*
Schmölders, Claudia 502 f.
- *Gesichter der Weimarer Republik. Eine physiognomische Kulturgeschichte [gem. mit Sander Gilman]* 502
- *Hitlers Gesicht. Eine physiognomische Biographie* 349, 502 f.
- *Das Vorurteil im Leibe. Eine Einführung in die Physiognomik* 502
Schnepp, Friedrich 208 f., 216
Schneider-Edenkoben, Richard 268
Schnitzler, Arthur 19, 79, 82, 129, 137, 165, 171, 173, 358, *427, 496*
- *Anatol* (165)
- *Fink und Fliederbusch* 165
- *Freiwild* 165
- *Komödie der Verführung* 165
- *Professor Bernhardi* 82
- *Reigen* 165, 173
- *Das weite Land* 358
- *Der einsame Weg 496*
Schober, Johann 182, 184, 194, 351
Schoen, Ernst 248 f.
Schönherr, Karl 137, 162, 164
- *Frau Suitner* 164

Scholdt, Günter 409
- *»Anstreicher Hitler«. Zur Problematik politischer Polemik in der Auseinandersetzung mit dem Nationalsozialismus* 409
Schopenhauer, Arthur 58, 297, 316, 397
Schreier, Maximilian 23, 25, *429*
Schreyvogl, Friedrich 303 f., *493*
- *Antwort aus Wien* 303, *493*
Schubert, Franz 165
Schüfftan, Eugen 394
Schumpeter, Joseph 78
Schuschnigg, Kurt 301, 304, 403-406, 414 f., *493 f.*
- *Österreichs Sendung* 301 f., *493*
- *Ein Requiem in Rot-Weiss-Rot. »Aufzeichnungen des Häftlings Dr. Auster«* 305, *494*
Schuster, Valentin [Ps. Mungo] 373, *466, 507*
- *Grünbaum ante portas!* 373, *507*
- *Die Schüsse auf Dr. Seipel* 180, *466*
Schwanneke, Viktor 286
Schwarz, Ludwig 262
Schwarzenberg, »Prinz« 157
Schwarzschild, Leopold 373
Schwarzwald, Eugenie (»Genia«) 243
Sebald, W. G. 297, *490*
- *Ein Kaddisch für Österreich – Über Joseph Roth* 297, *490*
Séchelles, Hérault de 136, *456*
- *Theorie des Ehrgeizes* 136, *456*
Sedlak, Karl 131, 180, *456, 466*
- *Das Echo der Presse. Zum Anschlag auf Bettauer* 180, *466*
- *»Die Rache des Trottels«* 131, *456*
Seeberg, Reinhold 148
Seidel, Ina 249
Seidler von Feuchtenegg, Ernst [Ps. Wilhelm Engelhardt] 60
Seipel, Ignaz 154, 180, 221, 351, 418
Seitz, Karl 66, (67), 405
Seneca, Lucius Annaeus 397

Seyrl, Harald 460
– *Der Fall Kadivec* 460
Seyß-Inquart / Seyss-Inquart, Arthur 403f.
Shakespeare, William 35, 59, 98, 126, 134, 163, 165, 169, 172, 174, 179, 188, 256, 325, 369, 397f., 468
– *Hamlet* 397
– *Heinrich VI.* 126
– *Macbeth* 246
– *Maß für Maß* 188
– *Othello* 344
– *Richard III.* 54, 163f., 279
– *Ein Sommernachtstraum* 170, 179
– *Was ihr wollt* 324
Shaw, George Bernard 137, 140, 165, 226f., 251, 352, 398, 519
– *Fannys erstes Stück* 226f., 352, 519
Sieburg, Friedrich 409
– *Gott in Frankreich?* 409
Sima, Oskar 325
Simpson, Wallis 398
Singer, Emanuel Edler von (»Mendel«) 298
Singer, Mendel → Singer, Emanuel Edler von
Sinsheimer, Hermann 243, 299, 492
– *Donauländische Berauschtheit. Anton Kuh: »Der unsterbliche Österreicher«* (299), 492
Sipos, Adalbert 436
Sladek, Maximilian 97
Smith, Jack (»Whispering Jack« / »Flüsternder Bariton«) 277f.
Sokrates 227
Somerset Maugham, William 413
Sonja, Magda 243, 261ff., 265f., 394f., 519
Sonka → Sonnenschein, Hugo
Sonnenschein, Hugo [Ps. Sonka] 84, 86ff., 116, 444
– *Karl Kraus oder die Kunst der Gesinnung* 87, 444

– *Die Legende vom weltverkommenen Sonka* 86
– *Ekel vor Europa* 88
Sonnenthal, Adolf von 340, 358
Soulié, Maurice 168, 462
– *Sie lacht* 168, 462
Soyka, Otto 28, 223
Speelmans, Hermann 314
Spengler, Oswald 139
Sperber, Hugo 30, 31, 33
Sperber, Manès 30
Spitz, Ernst 194, 470
– *Békessy's Revolver* (194), 470
Spoliansky, Mischa 252, 257f.
– *Wie werde ich reich und glücklich?* 252, 257, 329
Stapel, Wilhelm 310, 495
– *Ein nicht rangelassener Herr* 310, 495
– *Zwiesprache* 310f., 495
Starhemberg, Ernst Rüdiger (Graf) (»der Jüngere«) 277
Staude, Franz 113
Steckel, Leonhard 314
Stefan, Paul 33, 122, 453
– *Entdeckung von Linz* 122, 453
Steinbach, Walter 272
Steinberg, Hans Wilhelm 355
Steinecke, Ludwig 493
– *Österreich in Ewigkeit* 302, 493
Steiner, Anton (91), (48f.), (126), 433, 435f., 445, 454f.
– *Anton Kuh über die jüdischen Reichen* 127, 455
– *Anton Kuh über Sexualrevolution* 92, 445
– *Ein Vortrag über Meyrinks »Golem«* 42, 48, 433, 435
– *Der unverstandene Wedekind* 49f., 126f., 436, 454
Steiner, Franz 433
– *Vortrag Anton Kuh. Gestern im Klub Deutscher Künstlerinnen* 42, 433
Steinherz, Samuel 130
Stekel, Wilhelm 19, 431

Stelzhamer, Franz 272, 296, *490*
Stendhal [d. i. Henri Beyle] 53, 137
Stern, Alexander *454, 477*
- *Der Weg zurück. Von Berlin nach Wien* 234, *477*
- *Vortrag Anton Kuh* 125, *454*
Stern, Armin 333, 536
Sternberg, Adalbert (Graf) 184ff., 232, *467*, 518
Sternheim, Carl 164
- *Die Hose* 164
Stnost, Anny 270
Stolper, Gustav 187, *468*
- *Das Schandblatt. Eine Erklärung* 187, *468*
Storfer, Adolf Josef 28, 31
Strakosch, Alexander 202
Strasser, Gregor 308
Strasser, Otto 308
Stratz, Rudolph 270
Strauss, Arnold *514*
Strauß, Johann [Sohn] 147, 271
Strauß/Strauss, Richard 171
Strawinsky, Igor 280
Stresemann, Gustav 280, (414)
Stresemann, Käte 414
Strindberg, August 137, 139, 162, 169, *453*
- *Debet und Kredit* 169
Stroh, Heinz *488*
- *Anton Kuh* 285, *488*
- *Anton Kuh spricht ... Im Deutschen Künstler-Theater* 288, *488*
Stroheim, Erich von 257, 297
- *Hochzeitsmarsch* 257
Stürgkh, Karl Graf 61, 298, *438*
Stumpf, Friedrich 298
Suarez, André 415
Suchy, Viktor *425f.*
Sudermann, Hermann 101, 164ff., 172
- *Heimat* 164
Suetonius [d. i. Gaius Suetonius Tranquillus] 397
Suhr, Edward 314

Suhrkamp, Peter *436*
- *Stegreif-Conférence* 50, *436*
Suida, Wilhelm/William 414
Swedenborg, Emanuel 164
Szamuely, Tibor 84
Szenes, Béla *462*
- *Endstation 462*
Szép, Ernő/Ernst 167

Tabarelli, Hans 356
Tagger, Theodor [Ps. Ferdinand Bruckner] 241, 372f., 413
- *Die Marquise von O* 373
Tal, E. P. 30, 136, 518
Tartaruga, Ubald 129
Tauber, Richard 258, 266-269ff., 283, *486*
- *Der Gesangsfilm, seine Tücken und Gefahren* 269, *486*
Tavs, Leo 403
Tchaï, Tela 395
Terwin-Moissi / Moissi-Terwin, Johanna 226
Thälmann, Ernst *358f.*
Theophrast(os) [von Eresos] 236
Thimig, Hans 226
Thimig, Hugo 226
Thoma, Ludwig 143, 172
Thompson, Dorothy 413
Thugut, Johann Amadeus Franz de Paula Frh. von 74
Timon von Athen 168
Tirpitz, Alfred von 81
Toller, Ernst 84, 408
- *The Duty Of The Creative Artist In These Times* 408
Tolstoi, Leo/Lew 282
Topolansky, Muz 270
Torberg, Friedrich *15*, *57*, 246, 337f., *430f.*, *438*, *472*, *481*, *500*
- *Die Tante Jolesch oder Der Untergang des Abendlandes in Anekdoten* *15*, 33, *57*, 246f., 338, *431*, *438*, *481*, *500*
Toscanini, Arturo 402
Tracey, Jack 394

Trebitsch, Siegfried 405
Treitschke, Heinrich von 143
Trenk-Trebitsch, Willy 325
Troller, Georg Stefan 513, 521
- *Das fidele Grab an der Donau. Mein Wien* 513
Troller, »Mme« → Kuh-Tausig, Thea
Tschuppik, Karl 23, 30, 33, 35, 58, 74, 78, 130f., 147, 183, 197, 229, 301, 393, 429, 438, 441, 456, 471, 493
- *Anton Kuh* 58, 438
- *Der kleine Unterschied* 301, 493
- *Die Rache des Trottels. Zu den Exzessen der deutschen Studenten in Prag* 130, 456
- *Staatsanwalt Schwejk* 441
Tschuppik, Walter 242, 480
- *Meine Zeitung* 242, 480
- *Vater unser* 242, 480
Tucholsky, Kurt [Ps. Kaspar Hauser, Peter Panter, Theobald Tiger, Ignaz Wrobel] 59, 240, 309f., 344, 349, 364, 434, 438, 479, 495, 502, 506
- *Auf dem Nachttisch* 59, 344, 434, 438, 502
- *Ein besserer Herr* 310, 495
- *Deutschland, Deutschland über alles* 349
- *Für Carl v. Ossietzky. General-Quittung* 364, 506
- *Maximilian Harden* 240, 479
- *Memoiren aus der Kaiserzeit* 502
Turnowsky, Marie [geb. Kraus] 231
Tyrolt, Rudolf 169

Ullmann, Ludwig 107, 291, 299, 425, 449, 489, 492
- *Enfant terrible Anton Kuh. »Der unsterbliche Österreicher«* (299), 492
- *Esplanade* 291, 489
- *Heimat in der Fremde* 15, 425
- *Jenseits der Literatur* 107, 449

Ungar, Hermann 236
Urban [Friseur in Karlsbad] 386
Urban, Erich 242, 481
- *Vive la femme! Pariser Revue im Admiralspalast* 242f., 481
Urzidil, Johannes 33, 109, 449f.
- *Café »Arco«* 33, 431
- *Juden und Deutsche* 109, 449f.

Vajda, Ernest 412
Valbel, Henri 395
Van Ceulen, Ludolph/Ludolf 386
Van de Velde, Theodoor Hendrik 289
- *Het volkomen huwelijk / Die vollkommene Ehe. Eine Studie über ihre Physiologie und Technik* 289
Vaugoin, Carl 277
Vetter, Hans 31
Viertel, Berthold 23, 43, 47, 64, 77, 122, 198, 206, 392, 425f., 429, 434f., 439f., 442, 453, 471
- *Anton Kuh, der Sprecher* 43f., 47f., 65, 198, 434f., 439, 471
- *Kuh spricht über die »neue Generation«* 65f., 440
- *»Pogrom«* 14, 17, 23, 77, 122, 425f., 429, 442, 453
Vogel, Lucien 413
Vojan, Eduard 169
Voltaire [d. i. François Marie Arouet] 53, 376, 398

Wabruschek (Zensor) (372)
Wagner (»Ingenieur«) 149f.
Wagner, Richard 58, 121, 131
- *Tristan und Isolde* 31, 121
Walter, Bruno 281, 324, 381
Walter, Michael 299, 492
- *Traum und Schicksal. Bücher jüdischer Autoren* (299), 492
Wassermann, Stephan 99
Watters, George
- *Artisten* 169

Weber, Carl Maria von
- *Oberon* 381
Weber, Max 108
- *Gesammelte politische Schriften* 108
Wedderkop, Hermann von 235, 478
- *Der Querschnitt im Propyläen-Verlag* 235, 478
- *Der Siegeszug des »Querschnitt«* 235, 478
Wedekind, Frank 35, 44, 46, 49, 52f., 77f., 125f., 139, 161-164, 175, 243, 261, 276, 307, 442, 453, 483
- *Die Büchse der Pandora* 78, 163, 442, 461
- *Das Sonnenspektrum* 52, 161, 175
- *Totentanz* 162
Wedekind, Kadidja 243f.
Wedekind, Tilly 243f.
Weichardt, Herbert 144f.
Weil, Robert [Ps. Homunculus] 129
Weill, Kurt
- *Die Dreigroschenoper* 313, 394
Weinheber, Josef 30
Weininger, Otto 28f., 139
Weiß/Weiss, Ernst 31f.
Weitberg, Salo 216
Weitz, Klemens 129
Weller-O'Brien, Harry 194
Wellesz, Egon 78
Weltsch, Felix 92f., 128, 445, 455
- *Anton Kuh über die jüdischen Reichen* 128, 455
- *Die Tragik des Judentums. Vortrag Anton Kuh* 92f., 445
Weltsch, Robert 96, 108, 446, 450
- *Der Fall Anton Kuh* 96, 108, 446, 450
Wendel, Hermann [Ps. Leo Parth] 142, 145, 303, 457f.
- *Ein Börne-Buch* 142, 457
- *[Wo liegt Österreichs Zukunft?]* 303
- *Zeitgenosse Börne* 145, 458
Werbezirk, Gisela 170 297

Werfel, Franz 28-33, 71, 84, 102, 108, 111, 115f., 123, 137, 166, 206, 218, 233, 236, 377, 391, *413*, *414*, *419*, *516*
- *Anton Kuh* (419), *516*
- *Juarez und Maximilian* 166
- *Spiegelmensch* 108, 115f., 233
Werner, Zacharias 95
Wiegler, Paul 102, 318, *447*, *498*
- *Der »Lumpazivagabundus« der Volksbühne. Nestroy, revidiert von Anton Kuh* 318, *498*
- *Vortrag Anton Kuh* 102, *447*
Wiener, Richard 31, (297), 299, *490*, *492*
- *Anton Kuh, Der unsterbliche Österreicher* 297, (299), *490*, *492*
Wiesenthal, Fritz 207, 293
Wilde, Oscar 139
Wilder, Billie/Billy 412, *500*
- *Künstler-Anekdoten* 337, *500*
Wildgans, Anton 125, 137f., 162, 167, 178, 302, *493*
- *Das große Händefalten. Ein Gebet für Österreichs Volk und Kämpfer* 302, *493*
- *Liebe* 162, *461*
- *Rede über Österreich* 302, *493*
Wilhelm II. 62, 99, 237, 239, *443*
Wilhelm Friedrich von Preußen (»Kronprinz«) *443*
Willkie, Wendell 416
Winder, Ludwig 120, 299, *452*, *492*
- *»Der unsterbliche Österreicher« von Anton Kuh* (299), *492*
Winkler, Ernst 278
Winter, Adolf Gustav *358*
Winter, Ernst Karl 302
- *Der österreichische Mensch* 302
Wirth, Josef 415
Wittels, Fritz 304, *494*
- *O. T. [Antwort auf die Rundfrage: Gefällt es Ihnen noch in Wien?]* 304, *494*
Witkowsky, Isidor → Harden, Maximilian

Wittmann, Hugo 70
- *Der Kongreß tanzt* 70
Wittner, Victor/Viktor 31
Woiwode, Lina 226, 325
Wolff, Gustav (»Oberst Wolff«) 272
Wolff, Hermann 275
Wolff, Kurt 88, 115
Wollenberg, Hans *485*
- *Ich glaub' nie mehr an eine Frau. Richard Tauber-Film der Emelka* 266, *485*
- *Maria Stuart. Leopold Jeßner-Film der National* 261, *485*

Wreede, Fritz (»Kabarettier W.«) 27
Wrobel, Ignaz → Tucholsky, Kurt
Wüllner, Ludwig 398

Zernatto, Guido 414
Židek, F. 409
Zimmerman, Alfred Rudolph 118
Zola, Émile 282
Zuckerkandl(-Széps), Berta 377
Zuckmayer, Carl *413*, 414
Zweig, Arnold 108, *450*, 460
- *Ritualmord in Ungarn* 108, *450*, 460
Zweig, Stefan 86, 137, 444

575

Bibliografische Information der Deutschen Nationalbibliothek
Die Deutsche Nationalbibliothek verzeichnet
diese Publikation in der Deutschen Nationalbibliografie;
detaillierte bibliografische Daten sind im Internet
über http://dnb.d-nb.de abrufbar.

© Wallstein Verlag, Göttingen 2018
2. Auflage 2019
www.wallstein-verlag.de
Vom Verlag gesetzt aus der Stempel Garamond
Umschlaggestaltung: Susanne Gerhards, Düsseldorf,
© SG-Image unter Verwendung einer Karikatur von L. Unger, 1931.
Druck und Verarbeitung: Hubert & Co, Göttingen
ISBN 978-3-8353-3189-1